기독교 영성(II)

기독교영성(II)
Christian Spirituality(II): High Middle Age & Reformation

초판 발행: 1999년 3월
재2판 발행: 2004년 10월 30일
제3판 발행: 2020년 9월 1일
편집 책임자: 질 라이트, 베르나르 맥긴, 존 마이엔도르프
옮긴이: 엄성옥
발행처: 은성출판사
등록: 1974년 12월 9일 제9-66호
ⓒ 1999. 2004. 2020
주소: 서울시 강동구 성내로3길 16(은성빌딩 3층)
전화: (031) 774-2102
팩스: (02) 6007-1154
http://eunsungpub.co.kr
e-mail: esp4404@hotmail.com

출판 및 판매에 관한 모든 권한은 본 출판사가 소유하고 있습니다. 출판사의 사전 서면 허락없이 번역, 재제작, 인용, 촬영, 녹음 등을 할 수 없음을 알려드립니다.

Originaly published in English under the title of *Christian Spirituality: High Middle Age & Reformation* Edited by Jill Rait published by Crossroad Publishing Company in 1994. All rights to this book, not specially assigned herein, are reserved by the copyrights owner. All non-English rights are contracted exclusively through Crossroad Publishing Company, 370 Lexinton Ave.New York, NY 10017, U. S. A.

Printed in Korea
ISBN 89-7236-210-7 33230

Christian Spirituality(II)
High Middle Ages and Reformation

Edited by

Jill Rait,
Bernard McGinn,
John Meyendorff,

기독교 영성(II)

편집 책임자:
질 라이트, 베르나르 맥긴, 존 마이엔도르프

옮긴이:
엄성옥

차례

서론 / 9
참고 문헌과 약어표 / 23
제1장 사도적 삶과 교회 개혁 / 25
    (George H. Tavard)

제1부 각 시대와 다양한 운동

제2장 탁발수도회 / 43
    1. 도미니크 수도회의 영성 / 43
       (Simon Tugwell)
    2. 프란시스 수도회의 영성 / 64
       (J. A. Wayne Hellmann)
    3. 갈멜 수도회의 영성 / 92
       (Keith J. Egan)
    4. 어거스틴 수도회의 영성 / 108
       (Adolar Zumkeller)

제3장 중세 후기 헌신운동의 주요 흐름 / 123
    (Richard Kieckhefer)

제4장 영성과 후기 스콜라주의 / 171
    (William J. Courtenay)

제5장 중세 후기의 여성 종교인들 / 187
    (Caroline Walker Bynum)

제6장 중세후기 신비주의 학파들 / 211
    (Alois Maria Haas)

제7장 근대 경건 / 259
    (Otto Grünler)

제8장 영국의 신비가들 / 283
    (Bernard McGinn)

제9장 팔라마스주의의 영성 생활 / 303
    (George Mantzaridis)

제10장 중세 후기의 러시아 수도원의 재산 소유 / 323
    (Sergei Hackel)

제11장 인문주의 / 341
   1. 르네상스 인문주의의 영성 / 341
    (William J. Bouwsma)
   2. 인문주의자들의 성서 이해: 영혼의 양식 / 364
    (James D. Tracy)

제12장 루터와 종교개혁의 태동 / 385
    (Marc Lienhard)

제13장 취리히의 종교개혁자 츠빙글리와 불링거의 영성 / 429
    (Fritz Büsser)

제14장 존 칼빈의 영성 / 453
    (William J. Bouwsma)

제15장 급진적 종교개혁의 영성 / 477
    (Timothy George)

제2부 주제

제16장 그리스도의 인성과 수난 / 537
    (Ewert Cousins)

제17장 서방 교회에서의 마리아 숭배 / 561
    (Elizabeth A. Johnson)

제18장 전례와 성찬 / 595
  1. 동방교회 / 595
    (Robert Taft)
  2. 서방교회 / 612
    (James F. McCue)

제19장 교회의 두 가지 이상: 근대 전야의 동방과 서방 / 629
    (John Meyendorff)

제20장 성인들과 죄인들: 16세기 로마 가톨릭과 개신교 영성 / 649
    (Jill Raitt)

참고 문헌 / 663
저자 소개 / 685
색인 / 689

서론

"무릇 하나님의 영으로 인도함을 받는 사람은 곧 하나님의 아들이라"(롬 8:14).

세 권으로 이루어진 『기독교 영성』의 제2권은 봉건 제도의 붕괴와 중산층의 발달로 말미암은 운동들, 그리고 불안정과 변화의 시대를 다룬다. 교황권은 관료 제도와 중앙 집권력을 증대시킴으로써 그런 변화들에 대응하려 했다. 교황들은 안으로는 공의회 주의자들의 반대에 부딪혔다. 마르시글리우스 파두아(Marsiglius of Padua)와 윌리엄 오캄(William of Ockham)과 같은 정치 이론가들은 공의회파 추기경들과 점차 세력이 강대해지는 국가의 우두머리들 양자를 도와 교황들과 교황청의 영적인 헤게모니와 영토 확장의 열망을 반대하게 했다. 민초들 수준에서, 사람들은 점점 더 무기력해 가는 성직자들과 이해할 수 없는 예배 의식을 보상할 방법을 강구했다. 피터 왈도의 것과 같은 몇몇 운동은 실패하고 지하로 들어갔다가 16세기에 다시 등장했다. 일부 운동은 알비파와 같은 이단을 낳았고, 다른 운동은 교황의 승인을 받은 도미니크회나 프란시스회와 같은 새로운 수도회를 형성했다. 이런 와중에 십자군과 순례자들은 서부 유럽의 활력을 얼마간 소진했으나, 거꾸로 동방의 산물과 사상에 대한 새로운 식견을 가지고 돌아왔으며 무역과 호기심을 더욱 자극했다.

동방 기독교에서는 총주교들이 남쪽으로부터의 이슬람의 침입과 서쪽으로부터의 십자군에 맞서 교회를 지키기 위해 최선을 다했다. 사실상 동방 기독교는 점차 기반을 잃어가다가 1453년에 중심지인 콘스탄티노플이 함락되었다. 그같은 계속적인 위협에도 불구하고, 동방 기독교는 이 책에서 다루는 기간을 넘어 그들이 가진 중세 방식들을 유지했다. 동방 기독교의 강점은 전례에 토착어를 사용한 것, 결혼한 성직자들, 건축과 성상과 언어와 전례에서 사람들에게 드러나는 우주의 전체성이었다. 그러나 정치적 배경 안에서, 혹은 그것에 맞서 싸운 청빈과 종교적 삶과 관련된 싸움들 역시 만만치 않았다.

한편 서방에서 로마 가톨릭 내의 개혁 실패는 20년이 지나지 않아 로마 가톨릭교회로부터 "항의자들" 즉 개신교를 영원히 분리시킬 한 가지 개혁을 초래했다. 마틴 루터에 의해 시작된 16세기의 종교개혁은 루터가 예견했던 것보다 훨씬 더 진전했으며, 루터파와 개혁파와 재세례파라는 유럽 개신교의 세 가지 기본 유형을 낳았다. 이런 발전에 충격을 받은 로마 가톨릭교회는 마침내 효과적인 개혁을 위해 트리엔트 공의회를 열었다. 그러나 트리엔트 공의회의 개혁은 이후 세기들의 영성의 뿌리가 되기 때문에 이 시리즈의 제 삼권을 위해 남겨 둘 것이다.

그러므로 이 책에서 다루는 기간에서는 서로 다른 세 가지 전통이 등장한다. 11세기에 로마 가톨릭과 동방 정교회가 분리되었으며, 16세기에는 개신교 종교개혁이 서방 기독교를 둘로 나누었다. 세 전통 모두에서 "영성"이란 낱말은 서로 다르게 해석되었다. 그것은 그리스도의 상속자와 추종자이자 성령의 삶에 참여하는 자로서 그리스도인의 소명을 서로 다르게 확언했음을 보여준다. 로마 가톨릭에서는 세례로 중생한 사람들을 하나님이 양자로 삼으시는 것은 법적인 허구가 아니라 세례받은 사람 안에 실제 변화를 초래한다. 그리스도 안에서 양자로 입양되는 그 변화를 토대로 그리스도인은 은혜에 반응하고 그들의 성화에 협력할 수 있다. 『기독교 영성』의 제1권에서 설명한 수도자와 평신도의 신앙 실천의 연속선상에서 그다음 세기에서도 사람들은 하나님과 연합하려 했다. 서방 기독교는 변화하는 사회들의 새로운 필요에 본질적으로 순응하면서 또 다른 길, 곧 "중도"를 발전시켰다. 탁발 수도회들은 신흥 소도시들과 초기 중세 시대의 새 대학들 주변에서 활동적인 삶과 관상적인 삶을 결합했다. 그 설립자들은 그들이 기도에서 발견한 능력과 기쁨을 설교와 가르침을 통해 다른 이들과 나누고자 했다. 이 새 수도회들과 제휴한 여성들에게는 탁발 수도사들처럼 유랑하는 것이나 가르치거나 설교하는 것이 허용되지 않았다. 그러나 그들은 그 설립자들의 정신을 그들 자신의 것으로 삼는 방법을 발견했고, 은둔하여 살면서도 그것들을 가르치고 설교했다. 사실 시에나의 캐더린(Catherine of Siena)의 경우에서처럼, 그들의 영향은 종종 매우 널리 전달되었다.

정교회 그리스도인들 역시 하나님이 세례 안에서 제한된 사람들과 나누시는 신적인 삶의 선물을 강조했다. 기도와 금욕으로 자신을 하나님께 바친 사람들은 '테오시스'(theōsis) 또는 신화의 은사를 받아 그들이 세상에서 참된 성상(icons), 즉 하나님의 참 형상이 될 수 있기를 원했다. 평신도들에게는 상징이 풍부한 정교회의 예전과 성상을 통해 일관성 있는 영성이 제시되었다. 비잔틴 그리스도인들은 그들 자신의 언어로 기도하며 찬송하며 설교와 성경을 들음으로써 영적인 영양을 공급받았다.

동방 기독교나 서방 기독교에서 모든 그리스도인이 거룩함을 추구하지는 않았다. 중세 시대에도 돈과 권력과 명예에 대한 종교의 착취는 오늘날과 다를 바 없었다. 13세기 무렵에는 너무도 많은 폐습이 로마 가톨릭교회의 지배권에 들어와 있었기 때문에, 교황 이노센트 3세는 1215년에 개혁 공회의인 제4차 라테란공의회를 소집했다. 그 개혁들이 무효로 돌아가자 개혁을 원하는 추기경들은 개혁을 지지하는 평신도와 성직자들과 함께 교회의 지배권을 정기적으로 소집되는 공의회 아래에 두고자 했다. "공회의파" 운동은 14세기에 거의 성공했으나 15세기 후반에 재난을 만났다. 서방 기독교의 개혁은 16세기 초에 마틴 루터라는 탁월한 어거스틴회 수도사에 의해 촉진되었다. 황제 찰스 5세와 독일의 영주들과 신학자들은 교회를 하나로 유지하기 위해 노력했으나, 1530년 필립 멜랑히톤이 황제에게 제출한 아우크스부르크 신앙고백이 거절당하면서 실패로 돌아갔다.

그리스도인이 되는 것이 무엇을 의미하는가에 대한 루터의 이해는 동방 기독교와 서방 기독교가 제시한 주요 모델과는 매우 달랐다. 루터는 타락하고 죄악된 사람의 상태는 사람이 심지어 은혜로도 하나님과 협동할 수 없게 만들었다고 이해했다. 죄인들이 그들의 죄성을 인식하고 하나님께 긍휼을 부르짖을 때 그들은 예수 그리스도 안에서 구원을 받게 된다. 죄인들이 예수 그리스도가 그들을 위하여 돌아가시고 부활하신 것을 믿을 때 그들은 그 믿음으로 의롭다 함을 얻는다. 그리스도의 의가 그들에게 전가되며 그들의 죄가 가려진다. 그들은 여전히 죄인이지만 그리스도 안에서 의인이다. 그토록 큰 선물에 대한 감사 때문에 그들은 이웃을 섬기는 데 자신을 내어주는 선한 그리스도인으로 살게 된다.

이 책은 하나님이 그리스도인들에게 어떻게 구원과 성화를 베푸시는가에 대한 이 세 가지 서로 다른 근본적인 시각을 각각 기반으로 삼고 있는 영성들을 다룬다. 그러나 이 책 내용을 간략하게 미리 살펴보기 전에, 독자들은 아마 왜 1150년에서 1600년의 연대가 선택되었으며, 그럼데도 왜 16세기 로마 가톨릭은 다루지 않았는지에 대해 질문할 수 있다. 과거의 모든 구분이나 시대별 분류는 역사가들의 다소 임의적인 판단에 의존했다. 이 기획에서 편집자들은 기독교 역사를 삼부작을 위한 자료로 구분해야 했다. 제1권은 십자군 운동과 상업과 소도시와 대학과 대 성당과 순례들과 거듭된 침략으로 인한 대 파괴에서 성공적으로 벗어난 세계의 모든 야단법석과 더불어 중세 중기가 시작되는 것에서 끝났다. 옛 수도원들은 여전히 남아 있었고, 그들의 고전적인 영성도 그러하였다. 그러나 새로운 종류가 나타나기 시작했고, 따라서 12세기는 하나의 전환점으로 보인다.

이 책은 또 중세 시대와 종교개혁 사이에는 연속적인 선이 있다고 보는 사람들 편에 있다. 비록 그 분열은 컸고 또 여전히 남아 있을지라도, 개신교 종교개혁은 여전히 "옛 교회" 안에서 시작된 개혁 운동이었다. 결정적인 분리는 화해를 위한 모든 노력이 실패로 돌아가고 차이점들이 1555년 아우크스부르크 종교평화회의에 의해 정치적 현실로 굳어졌을 때 비로소 일어났다. 만약 16세기 말에서야 분명해진 개신교의 가장 급진적인 형태들을 추적해야 할 필요가 없었다면, 이 책은 1555년을 최종 연대로 잡았을 것이다.

다른 한편으로 로마 가톨릭 영성은 종교개혁에 자극되어 새로운 형식들을 취했으며, 그것들은 17세기까지 계속되었다. 그러므로 『기독교 영성』 제3 권은 16세기에 살았던 인물과 사건들인 이냐시오 로욜라(Ignatius of Loyola)와 예수회, 트리엔트 공의회와 그 개혁, 아빌라의 테레사(Teresa of Avila), 십자가의 요한(John of the Cross), 프란시스 드 살레(Francis de Sales) 등을 다룰 것이다.

이 책은 제1부 "학파와 운동들"과 제2부 "주제들"로 크게 둘로 나뉘어 있다. 1부가 2부보다 훨씬 더 긴데 그것은 제1부에 포함되어야 할 것들이 다양하고 많았던 반면에, 제2부에서는 상세히 논의될 수 있는 주제가 얼마 되지 않았기 때문이다.

제1부, "학파와 운동"에서는 먼저 1150년에서 1500년 사이에 일어난 다양한 새 수도회들과 개혁 운동을 제시하고, 그다음에 개신교 종교개혁의 영성을 다룬다. 독자들은 16세기를 나누어 종교개혁을 중세 시대 영성에 부착시킨 반면 로마 가톨릭의 여러 개혁을 이 시리즈의 제삼 권을 위해 남겨 둔 것을 이상하게 생각할 수 있다. 시대별 분류나 구분은 어떤 것이나 의문시될 수 있다. 이

는 사람들의 삶은 이 시대 또는 저 시대만에 귀속되지 않기 때문이다. 그 삶은 사건의 연속체 안에서 이루어진다. 그리고 역사가들은 어디선가 구분이 필요하므로 개념화를 위한 목적으로 그것을 나눈다.

이 시리즈의 편집자들이 강조하려 한 연속점은 개혁과 영적인 혈족 관계의 연속점들이다. 개신교 종교개혁을 철저하게 불연속적인 것으로 보고 개신교도와 로마 가톨릭교도들이 공유한 공통된 뿌리를 무시하기는 너무도 쉽다. 여기에서 선택은 적어도 부분적으로는 에큐메니컬한 관심에서 비롯되었다. 16세기 로마 가톨릭을 그 시간적 배경과 16세기 개신교와의 관계에서 그것을 떼어내는 것 역시 문제가 될 수 있다. 여기서 편집자들의 결정은 16세기 로마 가톨릭의 개혁을 근대의 영적 발전의 뿌리로 본 것에 있었다. 편집자들은 그와 같은 배열이 "근대성의 시작"에 대한 끊임없는 논쟁에 기여하기보다 독자들의 유익한 숙고에 도움이 되기를 원한다.

개혁의 주제는 제1장에서 교회 역사가 조지 타바드(George Tavard)가 설명한다. 수도원과 수녀원은 계속하여 기도와 흥분의 장소들이었지만 13세기에 제4차 라테란공의회의 영향과 더불어 새로운 수도회들이 등장했으며 새로운 목소리들이 들리기 시작했다. 제1장은 이 시리즈 제1권과 제2권을 잇는 역할을 하며, 그다음에 제1부 "학파와 운동"이 나온다. 제2장은 새로운 주요 탁발 수도회들을 다룬다. 탁발 수도회들의 유사성에도 불구하고, 그들의 영성은 서로 다른 강조점과 학파들을 발전시켰고, 그런 것이 수도회들과 도시와 대학과 왕과 신성로마제국의 황제와의 관계와 유럽과 심지어 모슬렘 세계에서의 선교 사역에까지 영향을 미쳤다. 시몬 터그웰의 논설은 설교와 가르침에 대한 도미니크의 관심에서 영적인 융통성이 어떻게 허용되었는지를 보여준다. 웨인 헬만(Wayne Hellmann)은 도미니크와 동시대 사람인 아씨시의 프란시스(Francis of Assisi)를 개혁자로 제시한다. 프란시스의 인격과 삶은 프란시스 수도회 영성에 강력한 요소가 되었다. 그다음 그는 프란시스 회원들이 모든 형제가 "우리 주 예수 그리스도의 겸손과 가난을 따르도록" 힘써야 한다는 프란시스의 가르침을 어떻게 해석했으며, 그 해석에 따라 그들이 어떻게 나누어졌는지를 보여준다.

도미니크와 프란시스 두 성인의 영감을 통해 두 개의 탁발 수도회가 시작되었다. 그 둘은 기존의 어거스틴 집단과 갈멜 집단을 수정한 양식이었다. 그 둘 가운데 갈멜 집단의 기원은 불분명하다. 그래서 케이트 에간(Keith Egan)의 글은 "갈멜 수도회의 기원이 불분명함은…"이라고 시작한다. 그러나 그런 모호한 기원에서부터 정식 갈멜 수도회가 성지에서 형성되었으며, 13세기에 여러 차례에 걸쳐 유럽으로 이주했다. 1247년 즈음에는 갈멜 수도회 회칙이 이노센트 4세에 의해 승인되었다. 그들은 탁발 수도회들의 특징을 이룬 관상적인 삶과 활동적인 삶의 결합은 긴장을 지니고 있었다. 그래서 일부 갈멜 수도사들은 은둔생활을 선호했다. 갈멜 수도사의 영성에는 다른 세 수도회보다 묵상이 훨씬 더 강력한 요소로 존재했으며, 그것은 16세기에 위대한 두 갈멜 신비가 테레사 아빌라와 십자가의 요한이 이끈 개혁에서 열매를 맺는다.

1256년에 승인된 성 어거스틴 은둔자 수도회(The Order of the Hermits of St. Augustine)는 은둔자들에서 탁발수도사들로 순조롭게 이동했다. 이 수도회는 『성 어거스틴의 규율』(Rule of St. Augustine)에 따라 생활한 이탈리아 은둔자 공동체들을 결합하여 생겨났다. 어거스틴의 작품들에 분명히 강조된 바를 따라, 성 어거스틴 은둔자들은 하나님이 주신 자비의 은사, 하나님과 이웃에 대한 사랑을 실천하는 것을 중시했다. 아돌라 줌켈러(Adolar Zumkeller)의 글은, 그 공동체에서 실천되었고 그들의 설교와 가르침에 녹아든 형제 사랑을 강조한다. 그리스도인 속에서 은혜와 하나님의 역사를 강조한 것은 16세기 어거스틴회 수도사 마틴 루터의 개혁 신학의 토대가 된다.

제3장 "중세 후기 헌신운동(Devotion)의 주요 흐름"에서 리처드 키케퍼(Richard Kieckhefer)는 14, 15세기의 영성을 탐구한다. 키케퍼는 쉽게 접근할 수 없는 다양한 문학 작품들에서 표현된 대중적인 헌신운동의 복잡한 그림을 노련하게 제시한다. 그는 예배, 즉 미사와 성무일과, 그리스도 성체절이나 성인들을 기념하는 축일 행사들에서 대중적인 헌신운동을 찾아낸다. 키케퍼는 기록된 본문들 뿐 아니라 성상, 건축, 연극도 자료로 사용한다. 키케퍼가 소개한 일부 주요 주제들, 예를 들어 그리스도의 고난과 마리아 숭배와 성찬과 같은 것은 제2부 "주제들"에서 보다 상세히 다루어질 것이다.

중세 생활의 학문적인 면은 윌리엄 코트네이(William Courtenay)의 "영성과 후기 스콜라주의"에서 설명된다. 코트네이는 "보다 친숙한 대학 생활 표면들 속에" 있는 그것의 영성을 찾는다. 그는 수도회나 교구 또는 지리적 지역에 의해 운영된 "대학들"에서 성경 연구의 역할과 학자들의 삶과 석사들과 학생들의 공동생활이 어떠했는지를 살핀다.

탁발수도사들의 유랑 생활로부터는 물론 대학들로부터도 소외된 중세 시대의 여성들은 그런데도 보다 자유로운 형제들 못지않게 유력하고 중요한 자신들의 종교적 생활 양식을 발전시켰다. 캐롤라인 바이넘(Caroline Bynum)은 그녀의 글 『중세 후기의 종교적 여성들』에서 "기독교 역사상 처음으로 우리는 여성들의 운동(베긴 회)을 지적할 수 있으며 구체적으로 경건성 발전에 끼친 여성의 영향을 말할 수 있다"고 쓴다. 기도와 봉사에 삶을 헌신한 여성들이 급속히 늘어났으며, 거기서 점점 더 많은 여성 성인들이 나왔다. 여성들은 또 이단으로 딱지가 붙은 집단에게서 더 많은 자유를 발견했다. 그것은 초기 기독교의 일부 상황과 비슷했다. 종종 수녀원과 같은 보다 정통적인 형태 안에서 여성들이 영적인 지도자가 되어, 그들의 전기가 그들의 고해 신부나 추종자들에 의해 출간되기도 했다. 바이넘은 남성 우위의 종교적 세계에서 여성들이 어떻게 그들의 길을 찾았는지를 주시하고 남성이 지배하는 교회적 상황 안에서 여성의 영성이 보여주는 특수한 점들을 노련하게 가려낸다.

여성 신비가의 영향은 유럽—대륙과 영국—에서 중세 후기 신비주의 역사의 일부를 이룬다. 대륙의 역사는 알로아 하스(Alois Haas)가 다루며, 특별히 영향을 지녔던 운동 "근대 헌신운동"(devotio moderna)은 오토 그륀들러(Otto Gründler)가 다룬다. 베르나르 맥긴(Bernard McGinn)은 영국 신비주의를 개관한다.

하스는 그의 글 "중세 후기 신비주의 학파들"에서 우선 보다 초기의 여성 신비주의가 14세기와 15세기에 위대한 남녀 신비가들에게 영향을 끼쳤음을 보여준다. 그는 시토회의 베아트리체(Beatrice of Nazareth)와 베긴회의 하데위치(Hadewijch), 그리고 처음에 베긴회에 있었다가 나중에 시토회에 속한 막데부르크의 메히트힐드(Mechthild of Magdeburg)를 제시한다. 이 부분은 마거릿 포르트(Marguerite Porete)로 끝나는데, 그녀의 적멸(寂滅)과 자유에 대한 주제는 마이스터 에크하르트의 그것과 비슷했다. 그리고 나서 하스는 도미니크회 신비주의와 논쟁의 여지가 있는 마이스터 에크하르트와 그의 추종자인 타울러와 수소, 그리고 그들의 남성 상대자들에게 지도를 받는 동시에 영감을 주기도 한 수녀들을 다룬다. 그다음 하스는 하나님의 벗과 『독일신학』(Theologia Deutsch—후에 청년 마틴 루터가 번역함)과 프란시스회 신비주의와 루이스브렉의 절충적이면서도 통합적인 영성과 카르투지오회 영성을 살핀다. 그리고 알프스를 넘어 세 명의 캐더린—시에나의 캐더린, 볼로냐의 캐더린, 제노바의 캐더린—을 포함한다. 그는 위대한 두 명의 신비주의 신학자 장 게르송과 니콜라스 쿠사를 제시하는 것으로 글을 맺는다.

그리스도 중심의 경건을 개혁의 토대로 한 네덜란드인 데벤터의 게에르트 그로테(Geert Groote)는 14세기 말에 남자 공동생활 형제회와 여자 공동생활 형제회의 기반을 놓았다. 오트 그륀들러는 그 기원에서부터 가장 잘 알려진 그 집단의 저서 『그리스도를 본받아』(The Imitation of Christ)에 이르기까지 이 "근대 헌신운동"이 어떻게 발전되었는지를 살핀다. 그륀들러는 "근대 헌신운동"의 정신은 수도원 전통에 빚지고 있으며 "근대 헌신운동은 고대 헌신운동과 단절되었던 점에서 근대적이 아니라, 오히려 수도원 안과 밖에서 고대 헌신운동을 실천하려던 흐름을 옹호했던 점에서 근대적이었다"라고 단언한다.

14세기 신비가들이 지닌 풍요함은 대륙에만 국한되지 않았다. 영국 신비주의의 독특성은 영국 신비가들의 독특성 때문으로도 말할 수 있다. 리처드 롤(Richard Rolle)과 마저리 켐프(Margery Kempe)는 실로 특이했다. 월터 힐튼(Walter Hilton)은 어거스틴 전통 안에 있었으며, 반면에 그의 동시대인으로서 무명의 『무지의 구름』(Cloud of Unknowing)의 저자는 위 디오니시우스(Pseudo-Dionysius)를 따랐다. 맥긴은 노리지의 줄리안이 "영국 신비가 중에 가장 독창적이다"라고 쓴다. 실로 그녀가 본 환상들과 그 신학은 매우 독창적이며 신학적으로도 깊다. 특히 타락과 구속과 하나님이신 그리스도의 모성과 관련하여 그렇다.

14세기 초에 동방 정교회는 다른 문제를 다루었다. 데살로니가에서 헤시카스트(hesychast) 그레고리 팔라마스(Gregory Palamas)는 기도와 예전에 전념했다. 14세기에 헤시카스트의 관상 방법이 쟁점이 되었을 때, 팔라마스는 관상을 옹호하면서 글을 쓰기 시작했다. 그 결과 교회는 정교회 영성에 대한 알기 쉬운 설명 때문만이 아니라 성경과 헬라 교부에 근거한 신학적 영성과 영적 신학의 본질을 입증한 설명에 의해서 더욱 풍성해졌다. 조지 만차리디스(George Mantzaridis)는 유한한 피조물이 어떻게 무한하신 하나님의 빛을 알고 그것에 참여할 수 있는가에 대한 팔라마스의 글과 헬라 쪽 대답의 신학적 근거를 밝힌다.

러시아에서의 수도원 논쟁은 중세 후기와 16세기를 연결해 준다. 세르게이 해켈(Sergei Hackel)은 "소유자와 무소유자"의 문제를 논하는데, 그것은 프란시스회의 청빈에 관한 유럽인들의 논쟁을 반영하고 있다. 그러나 러시아의 문제는 수도원들이 사막 교부의 청빈으로 돌아가기를 원했던 원로 수도사 닐 마이코프(Nil Maikov)의 가르침에 초점이 있다. 토지 소유는 종교적인 문제일 뿐 아니라 정치적인 문제이기 때문에 그 논쟁에는 모스크바 대공 이반 3세도 관여했는데(그와 가까운 동시대 사람 헨리 8세가 그랬던 것처럼), 그는 수도원의 재산을 몰수함으로써 국가를 부유하게 하고자 했다. 이 논쟁의 배경을 이루는 것은 13세기의 몽골 침략과 황폐해진 수도원을 재건한 14세기 수도사들의 영적인 글들이었다. 해켈은 이 복잡한 세계를 지나 독자를 1503년의 회의 결과로 인도한다. 그 회의는 재산을 수도원 수중에 남겨 두었으며, 그로써 러시아 교회를 모스크바 공국의 유력한 정치 세력으로 확립했다.

러시아 인본주의 영성에 관한 두 논문은 중세 후기와 16세기 유럽의 종교개혁을 밀접하게 연결한다. 많은 인본주의자는 교회와 국가와 사회 개혁에 관심을 가졌다. 윌리엄 보우스마(William Bouwsma)는 페트라르크(Petrarch), 살루타티(Salutati), 발라(Valla)와 같은 주요 인물의 영성을 초점으로 르네상스 사상을 살펴본다. 제임스 트레이시(James Tracy)는 에라스무스(Erasmus)의 누가복음서 『의역』(Paraphrase)을 중심으로 하여 에라스무스와 르페브르 데타플(Lefèvre d'Étaples)에게서 인본주의자가들이 성경을 영적인 영양분으로 사용한 것을 검토한다.

이제 종교개혁의 무대가 마련되었다. 마크 린하드(Marc Lienhard)는 루터와 루터주의를 살피면서, 아무리 다른 개신교 전통에서 변경되었을지라도 그 모두에게 핵심이 되는 이신칭의의 신학적 근원을 설명한다. 로마 가톨릭의 많은 교리와 실천들에 대한 루터의 반대뿐 아니라 하나님을 신뢰하고 그 이웃을 섬기도록 개신교인들을 고무시킨 가르침도 바로 이 원리에서 나왔다.

루터가 그의 신학을 성경을 토대로 정교하게 다듬고 있는 동안 훌드리히 쯔빙글리(Huldrych Zwingli) 역시 취리히에서 개혁과 이신칭의 교리를 설교하고 있었다. 쯔빙글리는 그곳에서 개혁을 확립한 후에 1531년에 죽었지만, 하인리히 불링거(Heinrich Bullinger)가 그의 뒤를 이어 1575년 죽을 때까지 취리히를 이끌었다. 그 무렵 취리히의 학교와 불링거의 신학은 유럽 전역에 알려졌으며 특히 영국에서 유명했는데 그곳에서 불링거의 저서 *Decades*는 청교도 신학교의 독서 목록에 들었다. 프리츠 뷔저(Fritz Büsser)의 논문은 이 취리히 개혁가들의 그리스도 중심적 영성을 매우 훌륭하게 설명한다. 쯔빙글리가 죽고 15년 뒤에 한 젊은 프랑스인 존 칼빈이 스트라스부르크에 가려던 참에 제네바에 들렀다. 결국 칼빈은 제네바에 머물러 위대한 개혁자가 되었다. 윌리엄 보우스마는 칼빈 영성의 뿌리를 성경에 의해 성장하고 그리스도에 대한 믿음과 성령의 역사 위에 건축된 하나님에 대한 외곬의 헌신에서 찾는다. 특별히 흥미로운 것은 보우스마가 칼빈의 복합적인 생각에서 발견한 인본주의의 영향들이다.

"철저한 개혁"이란 이름 아래 모인 집단은 로마 가톨릭과 루터파와 스위스 개혁파의 맹렬한 추격을 받으면서 심한 박해를 당했다. 그리스도의 고난이 그들에게 너무도 많은 것을 의미했고, 그들이 깊이 생각하는 주요 주제가 된 것은 그리 놀라운 일이 아니다. 디모티 조지(Timothy George)는 그의 논문을 위해 그 사람들이 직접 기록하고 사용한 자료들과 기도문과 순교자들에 관한 이야기와 편지와 교리 문답집을 사용한다. 철저한 개혁 운동에는 루터나 쯔빙글리나 칼빈과 같은 유명한 지도자가 없었다. 그들은 학교를 설립하거나 대학에서 가르치지도 않았다. 이 사람들은 소박하게 살면서 오로지 "기독교 질서를 따른 새로운 회중"을 만들기 위해 뜨겁게 노력했다.

제1부에서 다룬 모든 집단이 가진 영성의 핵심은 그리스도이다. 12세기와 13세기에 그리스도의 인성에 관한 관심은 곧 그리스도의 고난에 관한 관심으로 이어졌다. 그리스도의 십자가상들은 십자가 위의 그리스도의 승리보다 고

뇌를 묘사했다. 예배자들은 그리스도가 그의 고난을 통해 표현한 사랑을 묵상하는 데 점점 더 끌리게 되었다. 에워트 커즌스(Ewert Cousins)는 아씨시의 프란시스와 보나벤투라에게서 십자가에 못 박힌 그리스도에 대한 이런 헌신을 연구한다. 그는 그리스도의 인성과 고난을 중심으로 한 영성의 발전을 감동적으로 다룬다.

십자가 밑에 예수의 어머니 마리아가 서 있다. 마리아 숭배는 중세 시대에 급속히 성장했으며 "성모찬가"(*Salve Regina*)와 "슬픔에 잠긴 성모"(*Stabat Mater*)와 같은 찬미가와 로사리오 기도와 안젤루스 기도와 같은 관행과 많은 형식의 성상을 통해 표현되었다. 마리아는 동정녀와 어머니와 보호자와 중보자로 기념되었다. 그리스도는 그녀의 무릎에 있는 갓난아기로 또는 십자가형을 당한 아들로 누워 있었다. 마리아는 십자가 아래 용감하게 서 있거나 기절해 있으며, 또는 별들을 머리에 왕관처럼 쓰고서 용의 머리 위에 의기양양하게 앉아 있다. 이런 모습들을 통해 엘리자벳 존슨(Elizabeth Johnson)은 마리아 숭배가 서방 교회에 끼친 유익과 폐단들을 추적한다.

동방 교회와 서방 교회에서 예전의 중심은 성찬이다. 로버트 태프트(Robert Taft)는 비잔틴 교회의 풍부한 예전을 살펴보고, 제임스 맥큐(James McCue)는 서방 교회에서 성찬과 관련된 유익과 폐단을 지적한다. 존 메엔도르프(John Meyendorff)는 동방과 서방의 슬픈 분열과 재통합의 노력과 동방 그리스도인과 서방 그리스도인을 계속하여 분리하는 신학적 차이점들을 면밀하게 설명한다. 이 논문은 1453년에 콘스탄티노플이 멸망할 때까지 동방 교회의 시각에서 중세 사건을 개관한다.

마지막 논문은 "성도들과 죄인들"이란 제목 아래 중세 영성과 종교개혁 영성 사이의 차이점과 일치점을 살핀다. 그것은 기독교 영성 제2권을 되돌아보며 또 제3권을 내다보는 장이다. 질 라이트(Jill Raitt)의 초점은 서로 다른 신학들이 칭의와 성화를 인식하는 방법, 그리고 그 결과 그것들이 어떻게 그 추종자들을 모든 기독교 영성의 처음이자 나중이신 성령의 영감 아래 그리스도와 더욱 친밀하게 했는지를 살펴보는 데 있다.

질 라이트

참고 문헌과 약어표

1차 자료

Classics of Western Spirituality. Edited by Richard J. Payne and John Farina. New York: Paulist Press. 1978-.50+ vols.

[PG] Migne, J.P., ed. *Patrologiae cursus completus. Series graeca.* Paris: J.P. Migne, 1857-66. 161 vols.

[PL] Migne, J.P., ed. *Patrologiae cursus completus. Series latina.* Paris: J.P. Migne, 1844-64. 221 vols. and 4 index vols.

[WA] Weimarer Ausgabe, D. Martin Luthers Werke. Kritische Gesamtausgabe. Weimar: H. Böhlau, 1883ff.

연구 도서

Bouyer, Louis, Jean Leclercq, and François Vandenbroucke. *A History of Christian Spirituality.* 3 vols. New York: Seabury, 1982. Vol. 1, *The Spirituality of the New Testament and the Fathers.* Vol. 2, *The Spirituality of the Middle Ages.* Vol 3. *Orthodox Spirituality and Protestant and Anglican Spirituality.* 이 시리즈의 원래 불어판은 Louis Cognet, *La spiritualité moderne*도 제3권의 제2부로 포함했다(Paris: Aubier, 1966).

Cross, F. L., and E. A. Livingstone. *The Oxford Dictionary of the Christian Church.* 2nd ed. Oxford: Oxford University Press, 1974.

[*Dict. Sp.*] *Dictionnaire de spiritualité ascétique et mystique doctrine et histoire.* Edited by Marcer Viller, assisted by F. Cavallera, J. de Guibert. Paris: Beauchesne, 1937-. 이것은 기독교 영성의 역사를 위해 가장 유익한 단일 작품이다. 1983년 현재 12권으로 글자 P까지 나왔다. 탁월한 참고 문헌과 풍부하고 상세한 소론들로 인해 기독교 영성 연구에 필수 불가결하다.

Dizionario degli Instituti di Perfezione. Rome: Edizioni Paoline, 1974-. 이 책은 종교 단체와 수도회들의 역사를 다루고 있으며 현재 글자 R까지 7권이 나왔다.

The Westminster Dictionary of Christian Spirituality. Edited by Gordon S. Wakefield. Philadelphia: Westminster, 1983.

제1장

사도적 삶과 교회 개혁

조지 H. 타바드(George H. Tavard)

"12세기의 문예부흥"이란 표현은 대개 별다른 이의 없이 수용된다.[1] 그것은 라틴 신학과 영성의 새로운 차원과 운동을 창조했던 12세기의 그중대한 국면을 가리킨다. 사실 가장 중요한 저술가들 가운데 많은 사람이 1150년경에 죽었다. 도이츠의 루퍼트(Rupert of Deutz), 성 빅톨 수도원의 휴(Hugh of St. Victor), 성 티에리의 윌리엄(William of St. Thierry), 베르나르(Bernard), 가경자 피터(Peter the Venerable) 등이 모두 1141년에서(휴) 1156년(피터) 사이에 죽었다. 물론 그 세기의 나머지 시기에도 많은 영향력 있는 인물이 있었다. 1150년 이후 일어난 여러 사건은 사실상 앞으로 있을 일을 결정했다. 예를 들어, 1154년 성 베르돌드(St. Berthold, d. 1195)가 팔레스타인에 갈멜 수도회를 설립했고, 이 수도회는 1209년에 예루살렘의 라틴 대주교 베르첼리의 알버트(Albert of Vercelli)로부터 최초의 규율을 받았다.

그 시기는 다른 면에서도 주목할 만했다. 스콜라 신학의 아버지인 피터 롬바르드(Peter Lombard)가 1150년 즈음에 『문장론』이란 저서를 완성했고 1164년에 죽었다. 중세 교회법이 1150-1151년에 그라티아누스 법전으로 편찬되었다.

---

1) H. Haskins, *The Renaissance of the Twelfth Century*(Cambridge, MA: Harvard University Press, 1927).

도미니크(Dominic)와 아씨시의 프란시스(Francis of Assisi)가 이 시기에 태어났다. 도미니크는 1206년 프랑스 남부 지방에서 설교하고 있었고, 프란시스는 1208년에 운동을 시작했다. 1163년 파리의 노트르담 대성당이 건축되기 시작하여 성 데니스(St. Denys) 수도원 교회 이후 고딕 양식 건축의 새 시대를 열었다.[2] 또 다른 방향에서 제4차 십자군 운동이 전과 다름없는 열심으로 시작되어 1204년 4월 13일 십자군이 콘스탄티노플을 공격하는 것으로 슬프게 끝났다.

  1150년에서 1215년에 이르는 시기는 신학에서뿐만 아니라 영성에서도 과도기였다. 이것은 그 시기의 영적인 저술에서 발견되는 서로 다른 두 경향에서 쉽게 알 수 있다. 12세기 후반기에 많은 영적인 저술이 쏟아져 나왔는데, 그것들의 대부분은 이전 세기들의 주된 경향을 답습했다. 그 문학은 종종 그것이 수도원에서 쓰였다는 이유로 "수도원적"이라고 불린다. 그것의 으뜸된 목적은 묵상과 관련하여 수도사들과 수녀들의 욕구를 채우는 데 있었다. 그러나 그중 일부는 무언가 새로운 것을 바라보았다. 그들은 그리스도인 삶의 새로운 종말론적 비전 쪽으로 기울었다. 그것은 다소 선지자적이었다. 이 선지자적 운동은 두 가지 양태를 띠었다. 첫째는 문학적이며 신학적인 것으로서 신학적 저술들과 성경주석들에서 발견되며, 둘째는 대중적이며 비신학적인 것으로서 이론의 공식화보다 바른 실천(orthopraxis)에 더 많은 관심을 가졌다. 본 장의 첫 세 부분에서는 그 시기의 이 세 가지 국면들을 다루고, 네 번째 부분에서는 그것에 덧붙여 이런 운동이 지닌 관심들이 1215년 제4차 라테란공의회로 수렴되는 것을 살펴볼 것이다. 그 공의회는 그 시기의 일부 가장 부조화한 국면들을 다루기 위해 소집되었다.

---

2) See Andrew Martindale, *Gothic Art* (London: Thames & Hudson, 1967); Ann Mitchell, *Cathedrals of Europe* (London: Hamlyn, 1968); *Larousse Encyclopedia of Byzantine and Medieval Art*, ed. René Hughe (New York: Prometheus, 1968).

관상 문학

많은 수도원적 저술가들은 대 수도회들의 영적 전통을 계속했다. 알프스의 그랜드 샤르트르에서 카르투지오 수도회 수도사 귀고(Guigue II, d. 1188)는 그의 『관상생활에 대한 편지』(Letter on the contemplative Life)에서 영적 사다리의 네 단계를 설명했다: 독서, 묵상, 기도, 관상. 그의 열두 『묵상집』(Meditations)은 이 단계를 통해 영적 성장을 이룰 수 있는 지침을 제공한다. 비슷한 맥락에서 영국 시토수도회의 아엘레드(Aelred of Rievaulx, 1110-1167)는 『은둔자들을 위한 규칙』(De Institutione Inclusarum)을 저술했다. 이들은 어떤 특정 교회와 회중을 섬기면서 기도와 독거의 삶을 사는 여성들(약간의 남자들 포함)로서 관상과 행동을 결합하는 이상을 실천했다.

연안 저지대에서 프레몽트레 수도회의 필립 하벵(Philip of Harvengt, d. 1183)은 아가서를 주석하면서 그것을 그리스도의 재림을 간절히 기다리는 영혼들의 모범으로 간주했다. 또 영국의 시토수도회 수도사며 캔터베리 대주교인 발드윈 포드(Baldwin of Ford, d. 1190)는 성찬에 근거하여 신약 성경 구절의 영적인 차원을 설명했다. 스콧 아담(Adam the Scot, d. ca. 1210)은 프레몽드레 수도회 내 수도원장을 지낸 후 카르투지오 수도회로 옮겨 관상에 관한 여러 논문을 썼다. 이처럼 영적 저술이 왕성했던 것은 그 시기에 유대교 안에서 신비주의 문학이 정착한 것을 고려할 때 13세기가 동트기 이전 서부 유럽의 성향을 표현하는 것으로 보인다. 스페인 코르도바에서 유대계 율법 학자인 마이모니데스(Maimonides, 1135-1204)가 활동한 것도 이 시기였다. 신비주의는 남부 스페인의 회교도 사이에도 깊이 침투했다. 세비야의 아부-마디안(Abu-Madyan, d. 1193)은 북아프리카에서 융성하게 될 사딜리(sadili) 학파의 창시자 가운데 하나로 간주한다.

그러나 모든 영적인 저술가 가운데 성 빅톨의 대(大) 리처드(Great Richard of St.

Victor, d. 1173)가 으뜸을 차지한다. 스코틀랜드 사람 리처드는 그의 영적 스승인 휴를 뒤이어 파리 부근의 성 빅톨 수도원 원장이 되었다. 리처드가 쓴 가장 유명한 신비주의 글은 아마 그의 논문 『열정적인 사랑의 네 단계』(The four Degrees of Passionate Love)일 것이다. 그러나 가장 기본적인 것은 『베냐민』(Benjamin)이라고 불리는 두 논문인데, 그렇게 이름이 붙여진 것은 야곱의 막내아들 베냐민이 관상 생활의 표본이었다는 가정에 근거했다. 그것은 라틴어 성경인 벌게이트의 시편 67장 28절에서 유래했다("거기에서 어린 베냐민은 마음의 황홀 가운데…). 『소 베냐민』(Benjamin Minor)에서 리처드는 심리적이며 동시에 영적인 자기 인식을 통해 영혼의 묵상을 준비한다. 이 자기 인식은 그 극한에서 하나님 인식과 일치해야 한다. 보다 긴 『대 베냐민』(Benjamin Major)에서 영혼은 은혜와 관상의 경험에 이른다. 리처드에 따르면, 관상에는 여섯 단계가 있다. 그 처음 네 단계는 자연적이거나 심리적이며 마지막 두 단계는 신비적이다. 그것은 "인간 위에 있으며 인간의 사고나 능력을 넘어선다." 다시 말해서 그것은 영혼이 그 자체 위로 일어서게 되는 것으로서 전적으로 신적인 은혜로 말미암는다.

선견자와 선지자들

독일 빙겐의 힐데가르트(Hildegard of Bingen, 1109-1179)는 보다 독창적인 방법으로 기도 생활에 접근했다. 공적인 교육을 받지 못한 은둔자 스판하임의 유타(Jutta of Spanheim)의 양육을 받고 자란 힐데가르트는 여러 글, 그리고 주교들과 수도원장들과 귀족들과 평민들과의 광범위한 서신 교환으로 너무 유명해서 "라인 지방의 시빌"이란 별명으로 불릴 정도였다. 그녀는 여러 수도원에서 수녀 생활을 하다가 1136년에 디시보덴베르크(Disibodenberg)에서 여수도원장으로 선임되었고, 몇 해 뒤에 그 공동체를 그곳에서부터 라인 유역의 빙겐으로 옮겼다. 그녀는 비전으로 인해 선견자란 명성을 얻었으며 일생 각광을 받았다. 그녀는 수녀와 사제로 구성된 여러 비서를 통해 민방 의학 분야에 관해 광범위하게 저술했으며, 1141년 성경의 영적인 의미에 관해 다소 심오한 통찰을 얻은 후에는 경건의 삶에 관해 역시 광범위하게 글을 썼다. 그녀는 대개 전례에 관한 많은 시를 지었으며, 심리적이며 도덕적 연극인 『덕목의 순서』(Ordo Virtutum)를 쓰기도 했다.

힐데가르트의 가장 중요한 신학적 작품은 『스키비아스』(Scivias lucis, 이 제목은 Scivias lucis를 한 단어로 줄인 제목으로서 "빛의 길을 알라"라는 뜻이다)이다. 그것은 1151년경에 완성된 일종의 영적 개론서로서 색깔 있는 삽화가 주목할 만하다. 이 그림은 분명히 그의 비전에서 영감을 얻은 것으로서 당시 유행하던 사본 색 장식을 따른 것으로 보아 여러 미술가가 그의 감독하에 그린 것으로 보인다. 힐데가르트는 민방 의학에서 그림과 상(像)이 지닌 치료 효과를 배웠다. 그는 이 기본적인 사상을 신학과 경건의 교훈으로 옮겨 놓았다. 주제와 색깔 모두 상징적인 의도를 지닌다. 힐데가르트의 영적 저술의 전통적인 내용과 목적은 곧바로 그를 그 시대의 정통 신비주의자 계열에 들게 한다. 힐데가르트의 영성은 매우 삼위일체적이나 삼위(三位)의 삶과 행동에 관해 자신이 지각한 바를 전하기 위해 자주 특이한 표상을 사용한다. 그의 후기 작품인 『하나님의 역사에 관하여』(De Operatione Dei, 1170)에 있는 그림과 묵상은 우주를 인간과 그 자체를 하나님이란 태 안에 담고 있는 일종의 우주적인 알(卵)로 보여준다. 그 그림은 『스키비아스』의 그림보다 더 예술적인 것으로서 힐데가르트 사후에 추가되었으나 충실하게 그의 글에 있는 설명을 따랐다. 힐데가르트는 하나님을 본질적인 사랑으로 생각한다. 힐데가르트의 특이한 교수법은 능히 그를 새로운 방법의 개척자로 간주되게 하였다. 힐데가르트 자신도 자신을 선지자로 여겼고 구약의 예언들과 계시록에 등장하는 표상을 자유롭게 전용했다.

신학과 경건 분야의 저자로서 힐데가르트에 비교할 만한 이들은 그의 전임자 간더샤임의 흐로스위타(Hroswitha of Gandersheim, ca. 1000)와 그의 후계자로서 헬프타의 게르트루데(Gertrude of Helfta, 1256-1302), 막데부르크의 메히트힐드(Mechthild of Magdeburg, 1210-1295), 하케본의 메히트힐드(Mechthild of Hackeborn, 1241-1299), 그리고 14, 15세기의 많은 여성 신비주의자들이다. 힐데가르트는 흐로스위타보다 더 종교적이었으며, 게르트루데보다 더 창의적이지만 게르트루데만큼 심오한 신비주의자는 아니었던 것으로 보인다.

힐데가르트는 그즈음의 다른 유명한 여성 신비주의자이자 쇠나우(Schönau)의 쌍둥이 수도원에 있던 베네딕트 수도회 수녀 엘리자베스(Elizabeth, 1129-1164)에게 직접적인 영향을 끼쳤다. 엘리자베스의 남동생인 쇠나우의 에크베르트(Eckbert of Schönau, 1132-1184)는 같은 수도원에서 수도사로 있다가 후에 수도원장이 되었다. 에크베르트는 영적으로 엘리자베스를 지도했고, 후에 그녀의 일생을 책으로 썼다. 엘리자베스의 『하나님의 길에 관한 책』(Book of the Way of God)은 주로 『스키비아스』(Scivias)에서 영감을 받았다. 엘리자베스의 비전은 1157년 그녀가 질병을 앓고 난 뒤 보게 된 것으로서 거의 환상적이었다. 에크베르트는 그것을 글로 기록하는 것을 도왔다. 에크베르트 자신도 유명한 영적인 저술가로서 종종 베르나르나 안셀름의 작품으로 오인되는 『사랑의 자극』(Stimulus amoris)의 실제 저자다.

힐데가르트의 일부 관심은 그녀를 간접적으로 피오르의 요아킴(Joachim of Fiore, ca. 1135-1202)[3]의 예언주의와 관련되게 한다. 비록 직접적인 연관은 없지

---

3) Henri de Lubac has studied Joachim's principles of biblical exegesis in *Exégèse médiévale: Les quatre sens de l'écriture*, vol. 3(Paris: Aubier, 1961) chap. 6. Joachim's influence has been widespread; de Lubac has traced it in both religious and secular movements until our own time(*La Postérité spirituelle de Joachim de*

만, 요아킴도 힐데가르트처럼 신학과 영성에서 삼위일체의 위치를 강조했고 영적인 삶에서 종말론을 지향했다. 그러나 그는 이 두 관심사를 다른 방식으로 다루었다.

요아킴은 성지 순례를 한 뒤에 시토수도회에 들어왔다가 1196년에 시토수도회를 떠나 교황 셀레스틴 3세(Celestine III)의 승인을 받아 칼라브리아의 피오르에 성 요한 수도회를 창설했다. 요아킴이 죽을 무렵, 그 수도회는 60개의 수도원으로 성장했는데, 그중 38개가 남부 이탈리아에 집중되어 있었다. 베르나르가 여전히 이 수도사들의 영적 모범이 되었지만, 요아킴은 그 새로운 수도회에 시토 전통에는 알려져 있지 않던 새로운 정신을 불어 넣었다. 그는 무엇보다 성경주석가였으며 공적인 신앙에서 매우 정통적이었다. 그러나 그는 성경을 주석하는 일에 새로운 정신과 새로운 원리를 도입했다. 그 새 정신은 성경 해석의 참 목적이 예언이라는 것이었다. 성경에 과거가 있는 것은 오직 미래를 위함이다. 그것을 연구함으로써 우리는 미래를 알 수 있다. 요아킴은 이 미래를 설명하려고 애썼다. 그 새로운 원리는 성경의 의미들을 찾는 열쇠며, 또는 오늘날 부르는 것에 따른다면 "정경 안의 정경"은 계시록이라는 것이었다. 계시록에 대한 관심은 중세 시대에 특이한 일은 아니었다. 요아킴을 독특하게 만든 것은 그가 계시록에서 다가올 새로운 시대, 곧 성령 시대에 대한 약속을 읽었다는 점이었다. 성자 시대가 이미 성부 시대(구약 시대와 일치)를 뒤이어 대신한 것처럼, 성령 시대는 성자 시대(신약 시대와 일치)를 뒤이어 대신할 것이다. 여기에서 그는 역사 이해와 교회 자체의 성격을 위해 주목할 만한 결론들을 끌어냈다. 요아킴을 영성의 역사와 관련되게 하는 것은 바로 이 점이다. 이는 그 결론들 자체가 그리스도인의 경건에 새로운 강조점을 부과했고 또 성삼

Flore (2 vols.; Paris: Lethielleux, 1978, 1981).

위일체와 창조 세계의 관계에 대한 어떤 새로운 개념을 전제했기 때문이었다.

요아킴의 주된 관심사의 하나는 신구약 성경이 병행함을 탐구하는 것이었다. 따라서 어거스틴 이후 그가 구약의 전개에서 밝힌 일곱 시대는 신약 역사 즉 교회의 전개에서 그 병행하는 내용을 가져야 했다. 그러나 어거스틴과는 달리, 요아킴은 칠중 양식의 의미를 좀 더 넓게 찾았다. 그는 천상의 세 위격 모델을 근거로 그 의미를 구축했다. 요아킴의 통찰은 1184년에 교황 루시우스 3세(Lucius III)를 깊이 감동하게 했고, 교황은 그에게 두 개의 주요 저서를 쓰는 일을 맡겼다. 그 책이 바로 신구약 성경의 『일치』(Concord)와 『계시록 주해』(Exposition on the Apocalypse)다. 역사와 관련하여, 요아킴은 그의 삼중 양식을 사용하여 어거스틴으로부터 물려받은 역사의 신학적 개요를(세상의 여섯 시대 또는 창조의 안식일에 해당하는 일곱째 시대를 여섯째 시대와 병행하는 것으로 보는가, 아니면 그 후에 오는 것으로 보는가에 따라 일곱 시대를) 재해석했다. 요아킴에게서 세상은 여섯째 시대의 마지막에 이르고 있다. 평신도 시대(구약과 성부 시대)와 성직자 시대(신약과 성육신 시대) 후에 수도사들의 시대(완전 상태와 성령 시대)가 곧 올 것이다. 새로운 종교적 질서가 기다려야 한다. 요아킴은 심지어 교황 우르반 3세(Urban III)의 후계자가 없을 것을 예언하기도 했다(물론 맞지 않았다). 어쨌든 요아킴은 계시록을 근거로 다가올 시대의 비전들을 기다리고 상상하는 기다리는 영성을 위한 풍토를 조성했다. 이 시대가 되면 성직자들을 토대로 세워진 제도적 교회는 끝나고 성령의 임재와 활동을 느낄 수 있는 수도원적 유형의 순전히 영적인 교회가 시작될 것이다.

요아킴이 영적 통찰의 특별한 은혜를 받은 신비가인지 아닌지는 의문의 여지가 있다. 그러나 분명히 그는 교수법에 타고난 재능을 지녔다. 사실 요아킴 저작의 풍부한 삽화들은 영적인 삶에 대한 힐데가르트의 전체론적인 접근과 유사하다. 요아킴의 그림들은 사본 색 장식뿐 아니라 고딕 건축 도안의 영향도 보여준다. 그것들은 이른바 거룩한 기하에 속한다. 거기에는 서로 얽힌 원들과 나무 모양의 독수리들과 삼각형과 원과 사각형과 직선들이 있으며, 그 전체는 성경에 나오는 이름과 낱말로 덮여 있다. 요아킴은 잎 무늬를 매우 좋아하지만, 실제든 또는 신비적이든 용과 뱀과 일곱 머리를 가진 짐승과 같은 야생 동물도 그린다. 요아킴의 그림은 영혼에 양식을 공급하는 것이 아니다. 그것들은 아직까지 인식되지 않은 원경(遠景)을 활짝 열어주는 만다라이기보다 정신의 기억을 돕는 장치이다. 그것들은 그의 저서와 사상이 놀라운 성공을 거두는 데 크게 기여했다. 그러나 그의 사후 그의 사상이 궁극적으로 실패한 원인을 가리키기도 한다. 그가 개인적으로 어떤 경건을 실천했든지 간에 요아킴의 업적은 기독교 경건과 신학을 왜곡시켰다. 그의 그림은 그의 역사에 대한 비전과 같이 머리를 위한 것일 뿐 마음을 위한 것은 아니다. 그것들은 머리를 채우고 혼란스럽게 할 뿐 그것을 자라게 하지 않는다. 성경의 어떤 새로운 의미는 실로 계속되는 경험과 묵상과 통찰에서 나오는 것이지 지적인 영리함을 통해 발명되는 것은 아니기 때문이다. 요아킴은 영리했다.

가난한 자들의 교회

민속(民俗)에 대한 힐데가르트의 관심은 그녀를 서구 기독교의 여러 분파에서 점점 크게 대두하는 영석인 검소함과 가난에 대한 관심과도 관련되게 한다. 12세기 전체에 걸쳐 검소한 기독교를 찾는 작은 집단은 특히 시골 지역에서 흔히 볼 수 있었다. 이런 종류의 운동은 그 세기의 초기로 거슬러 올라가 북부 이탈리아에서 조반니 돌라도(Giovanni d'Oldrado, d. 1159)가 『성 베네딕트 규율』을 따르는 수도원 양식의 작은 집단을 조직한 데서 처음 시작되었다. 그 집단은 겸손한 사람들(Humiliati)로 알려졌다. 동일한 이상을 가졌던 북부 이탈리아의 많

더햄 대성당 내부

샤르트르 대성당 내부

은 평신도가 롬바르디의 도시들에서 공예가들(artisans)과 같은 검소한 생활을 하고 살면서 자선과 묵상에 전념했다.

그런 운동 중에서 가장 유명한 것은 피터 왈도(Peter Waldo)의 운동이다.[4] 전하는 바에 의하면, 왈도는 리용의 부유한 상인이었는데 어떤 영적인 경험과 함께 가난과 검소함을 생활 방식으로 택하게 되었다. 이것은 부분적으로 성 알렉시스(St. Alexis)의 전설에 감화를 받은 것이기도 했다.[5] 이는 1170년대에 일어났는데, 아마 1176년의 큰 기근과 관련이 있었을 것으로 보인다. 곧 많은 사람이 왈도를 따랐는데, 그들이 왈도를 피터(베드로)로 불렀음직하다. 그들의 이상은 이곳저곳 떠돌며 자선에 의지하여 살고 설교하며 그리스도 사랑의 모범을 실천하는 것이었다. 그들은 예수께서 하나님 나라를 선포하도록 둘씩 짝지어 파송한 72인의 제자들을 모방하려 했다. 그들은 특별한 규율을 따르지는 않았으며 공중 앞에서 설교하고 검소하고 가난하게 생활하도록 사람들을 권고했다. 왈도와 몇몇 그의 동반자들은 제3차 라테란공의회 때(1179) 로마로 갔다. 그 목적은 아마 설교를 위한 교황의 보호와 허락을 얻기 위함이었던 것 같다. '리용의 가난한 사람들'로 알려진 그들을 교황 알렉산더 3세는 크게 환영했다. 그러나 그는 그들의 생활 방식은 승인했지만, 성직자의 요구가 있는 경우를 제외하고는 그들에게 설교할 수 있는 권리를 허락하지 않았다. 그 이유는 그들이

---

4) 그의 이름은 발데스(Valdès)라고도 하는데, 이것은 6세기 초 스페인의 영성 작가로서 가톨릭 복음주의 운동과 관련된 인물인 후앙 발데스(Juan Valdès)의 이름과 혼동해서는 안 된다. 왈도의 사망 연대는 알려지지 않으나, 아마도 그는 13세기까지 생존했던 듯하다.

5) 9세기에 처음 알려진 그리스 전설에 따르면, 5세기에 로마 원로원 의원의 아들인 한 부유한 시민이 결혼식 날 아내를 떠나 가난한 은둔자로 살았다고 한다. 그 전설은 서방에서 유명해졌다. 알렉시스로 불리는 이 성인은 17년이 지난 뒤 거지로 집에 돌아와 그곳에서 다시 17년을 종으로 살았는데, 죽을 때에서야 그 신분이 밝혀졌다. 그는 에뎃사(시리아)에 묻힌 것으로 전해진다. 성 알렉시스 축일은 로마 달력으로 7월 17일에 기념된다.

신학적 교육을 받지 않았기 때문이었다. 1180년에 리용의 한 지방 공의회가 왈도에게 신앙고백을 강요했다. 그는 삼위일체론을 강하게 신봉했으므로 그것을 어려움 없이 수락했으나, 여전히 설교할 수 있는 권리는 허용되지 않았다. 왈도 자신이 계속하여 설교했는지는 분명하지 않지만, 많은 그의 추종자들은 계속하여 설교했다. 때로 예외적이긴 하지만 여성 설교자도 있었다.

그러나 1184년 베로나의 한 지방 공의회에서 교황 루시우스 3세(Lucius III)는 겸손한 사람들 운동과 더불어 그 운동을 정죄했다(교서 *Ad Abolendam*, 1184년 11월 4일). 그 공의회는 또 북부 이탈리아와 남부 프랑스에서 왕성한 카타리파에 대해서도 조처를 했다.[6] 리용의 가난한 사람들은 곧 주교 캔터베리의 요한(John of Canterbury)에 의해 리용 교구에서 추방되었다. 그러나 이 추방은 오히려 그들의 성장을 도왔다. 그들은 롬바르디의 일부 겸손한 사람 집단과 얼마간 융합되었고, 후에는 프랑스 동부와 남부의 많은 지역과 북해 연안 저지대와 독일 남부와 오스트리아와 이탈리아 북부와 중부의 많은 지역으로 퍼졌다. 그들은 이단으로 알려지기도 했는데, 이는 아마 그들이 평신도 설교를 금하는 법규를 거부했기 때문이거나 또는 카타리파로 오인되었기 때문이다. 그러나 실상 그들은 카타리파 교리를 강하게 반대했다. 그들은 처음부터 정통 교리를 신봉한다는 것을 분명히 보여주었다. 성직 계급 제도를 반대한 것은 비교적 배우지 못했고 대부분 안수를 받지 못했지만, 설교를 하고 싶은 그들의 뜨거운 열정 때문이었다. 많은 점에서 리용의 가난한 사람들은 프란시스 운동을 앞질러 일어난 것이

---

6) 카타리파(the Cathars: "순결한 사람들"이란 뜻): 11세기에 프랑스에서 등장했다(1022년 오를레앙 공의회에서 정죄 됨). 그들은 알비파(the Albigensians: 프랑스 알비 시에서 유래)로도 불린다. 그들은 물질과 육이 악하다는 이원론을 가르쳤다. 13세기 초에 카타리파는 남부 프랑스에서 그 수가 너무 많아져서 그들을 소탕하기 위한 원정대가 소집되었다.

었다. 그러나 평신도 설교에 대한 주교들과의 갈등 때문에 그들은 주류에서 소외되어 결국 이단으로 지목되는 데까지 이르렀다.

제3, 4차 라테란공의회

제3차 라테란공의회는 일종의 개혁 공의회로서 주로 교황 하드리안 4세(Hadrian IV)의 사후에(1159년) 발생한 상황을 마무리하기 위해 소집되었다. 그 상황이란 경쟁 관계에 있던 두 추기경 파당에서 각각 서로 다른 교황을 선출한 것이었다. 소수 계열의 제 삼인자 칼리스투스 3세(Callistus III, 1164-1168)가 죽었을 때, 알렉산더 3세(1159-1181)는 1179년 제3차 라테란공의회를 소집하여 황제와 함께 분열의 주된 원인이 된 분쟁을 해결하려 했다. 그것을 여기에 언급할 가치가 있는 것은 단지 그 공의회가 카타리파 운동을 강하게 정죄했지만 왈도와 그의 제자들에 대해서는 전혀 반대하지 않았다는 점 때문이다. 그 두 집단의 차이는 그때까지 분명했다. 카타리파는 이단자들이었으나 리용의 가난한 사람들은 정통주의자들이있다.

단순함, 가난, 순결: 리용의 가난한 사람들은 단순함과 가난을 추구했다. 세 번째 것은 카타리파의 구호였다. 카타리파는 출발에서부터 비정통적이며, 크게는 페르시아의 마니교에까지 거슬러 올라가는 고대 이원론 전통의 영향을 받은 영적 운동이었다. 그 전통은 동부 유럽에서 부활하여 제1차 십자군 원정 당시 서쪽으로 이동해 오기 시작했다. 여러 차례 지방 공의회에서 정죄되었음에도 불구하고, 이 운동은 프랑스 남부와 이탈리아 중부와 북부의 여러 지역에서 활발했다. 또 특히 이탈리아에는 더욱 혁명적인 집단들이 있었다. 일종의 범신론을 가르치는 아마우리아파(1206년 즈음에 죽은 Amalric of Bene을 따르는 사람들), 로마 교회가 모든 유효성을 상실했다고 믿는 아놀드파(1155년에 처형된

Arnold of Brescia의 제자들), 엄격한 예정 교리를 가르치고 참 교회는 양심보다 더 내적이라고 믿는 점에서 퀘이커 교도들의 전조가 되는 스페로니파(브레스키아의 변호사 Ugo Speroni에 의해 창설됨)가 그들이었다.

그와 같은 운동의 급진성과 통제되지 않는 엄청난 확장에 깊은 우려를 한 교황 이노센트 3세(Innocent III, 1198-1216)는 정통론에 대한 점증하는 도전을 다루기 위해 1215년에 또 다른 "서방 전체 공의회"로 불리는 제4차 라테란공의회를 소집했다. 그러나 교황의 의도는 더욱 광범위했다. 먼저 그는 교회를 개혁함으로써 그와 같은 운동이 일어나는 원인을 제거하려고 했고 나아가 주교들과 그리스도인 군주를 설득하거나 명령하여 모든 이단설에 대해 공동 전선을 구축하고자 했다. 따라서 그 공의회는 가톨릭 신앙을 간명하게 진술하고, 작고한 요아킴의 삼위일체 개념과 "이단자들" 즉, 반(反)라틴 헬라인과 유대인을 반대하는 내용을 채택했다. 그 공의회는 새로운 종파 설립을 금지함으로써 비밀집회소가 생겨나는 것을 막고, 사제들이 예배와 관련된 문제에 정통하고 교회를 맡은 자들이 도덕성과 학문적 지식으로 인정받는 자들이 되기를 권장함으로써 목회를 개혁하려 했다. 그 공의회는 또 첩을 두거나 결투를 하는 일을 반대하는 안을 택하여 수도사와 성직자를 더욱 엄격하게 통제하려 했다. 이런 배경에서 왈도 파도 다른 운동과 더불어 문제가 되는 이단에 포함되었다.

그러나 리용의 가난한 사람들이 권위에 대한 불순종 때문에 추방되었던 바로 그때, 가난한 자들의 교회는 그 탄력성을 보여주었다. 도미니크와 프란시스가 문 앞에 다가와 있었다.

****

13세기에 신학적 권위의 장소는 수도원에서 대학으로 옮겨졌다. 그것은 경제력이 농업 지역에서 도시의 밀집된 상업 지역으로 옮겨진 것, 그리고 정치적 권력의 자리가 지방 귀족들로부터 중앙 수도의 궁정으로 이동하기 시작한 것과 때를 같이했다. 수도원 신학 시기와 스콜라 신학 시기 사이의 과도기인 1150년에서 1215년까지의 기간은 두 가지 기능을 담당했다. 그것은 이전 시대를 종결짓고 새로운 기독교 문화를 도래시켰다. 영성에 관한 한, 이전 시대는 수도원과 수도사들의 명상적인 글이 지배하였다. 영성과 신학이 서로 밀접하게 관련되어 하나로 간주하기도 했다. 그러나 스콜라 신학 시대에는 신학이 하나의 특수한 분야인 대학의 전공과목으로 발전됨으로써 신학과 영성은 분리되기 시작했다. 그것은 중세 말에 최고조에 이르러 근대가 동틀 무렵에는 당연한 것으로 받아들여졌다.

그 과도기에는 바로 이전 시대에서와같이 여전히 수도사들이 영적인 신학을 하거나 또는 그들의 수도원에서 신학적인 영성을 개발하였다. 이런 맥락에서 이 두 표현은 같은 것을 가리킨다. 그러나 다가올 미래에서와 같이 그 과도기에는 일종의 심리학이 영적인 묵상의 바로 그 씨줄과 날줄에 섞여지는 경향이 표면으로 부상했다. 가난한 자들의 교회 안에 있었던 대중적인 운동 안에서 이런 경향이 신학과 영적인 경험, 정통 교리와 정통 실천의 차이를 더욱 부추겨서 심지어 서로 무시하는 상태에까지 이르게 되었다.

물론 8세기가 지난 지금에 와서 과거의 잘못과 실수를 책망하는 것은 그리 유익한 일은 아니다. 그러나 우리는 당시에 지도적인 위치에 있던 사람들이 시대의 표징들을 읽지 못했고, 마침내 제4차 라테란공의회에서 채택된 안들과 같은 비상 수단이 불가피해졌다는 데 대해 유감을 느끼지 않을 수 없다.

제1부

학파와 운동들

제2장

탁발 수도회

1. 도미니크 수도회의 영성

시몬 터그웰(Simon Tugwell)

설교자 수도회

도미니크 수도회는 1216년 도미니크 구즈만(Dominic Guzman, ca. 1170-1221)에 의해 설교자들의 수도회로 설립되었다. 실제로 그 수도회의 공식적인 이름은 '설교자들의 수도회'이다. 1220년 그 설립 규정에 추가된 중요한 선언문에 다음과 같은 말이 있다: "알려진 대로 우리 수도회는 처음부터 설교와 영혼 구원을 위해 설립되었으며 우리 노력은 일차적으로 그리고 열정적으로 우리 이웃 사람들의 영혼에 유익을 끼치는 것을 목표로 해야 한다." 이 선언은 이런저런 형태로 현재까지 도미니크 수도회 설립 규정에 남아 있다.

설교가 되살아나야 할 필요가 있다는 것은 13세기 초 교회 안에서 이미 주지된 사실이었다. 하나님 말씀의 공적인 사역자들인 주교들은 이노센트 3세가 불평한 대로 너무도 자주 "짖지 않는 바보 개"였다. 종종 그들이 다른 책임들 때문에 설교를 할 수 없게 된다는 점을 인식하면서, 1215년 제4차 라테란공의회는 각 교구에 그들을 도와줄 보조 설교자를 임명하도록 규정했다. 이것은 같은 해 툴루즈 교구에서 풀크(Fulk) 주교가 도미니크와 그의 동료들을 공식적인 설교자로 임명하여 성공을 거둔 데서 영향을 받은 듯하다.

그러나 도미니크 자신은 이미 보다 넓은 견지에서 생각하고 있었다. 도미니크는 그의 형제들(탁발수도사들)을 그리스도께서 파송한 설교자들처럼 둘씩 짝지어 온 세계로 내보내는 것을 꿈꾸었다. 1216년 호노리우스 3세(Honorius III)는 도미니크 수도회를 한 교구에 국한되지 않고 주교의 허락 없이도 자유롭게 설교할 수 있는 '설교자 수도회'로 승인했다. 그 이후 도미니크 회원들은 설교하도록 초청을 받을 수 있는 사람들일 뿐 아니라 그 권리와 의미로 보아 그들이 곧 설교자들이었다.

도미니크는 이 일을 너무도 긴박하게 생각해서 처음에 겨우 두어 명, 그것도 대체로 어리고 제대로 교육을 받지 못한 형제들밖에 없었어도 설교를 위해 그들을 자신 있게 파송하며 자신이 기도해주는 것과 하나님을 의지하라는 권면으로 그들을 후원했다. 심지어 그는 툴루스에서 그의 첫 기반을 공고히 다지기보다 형제들을 해산시켜 그들이 나가서 복음을 전하고 새로운 근거지를 만들게 했다.

가난한 설교자들

그즈음의 수도원 규범으로 본다면, 도미니크의 행동은 다소 무모하였다. 수십 년간 도미니크 회원들은 프란시스 회원들과 같이 그들의 생활방식이 "지나치게 위험하다"라는 공격에 대해 스스로 방어해야 했다. 설교자들 특히 젊은 설교자들이 규율이 있는 수도원 안에 머무르기보다 세상을 이리저리 돌아다니는 것은 매우 부당한 것으로 생각되었다. 도미니크 회원들은 그리스도가 흑인 수도사나 백인 수도사가 아니라 가난한 설교자였으며 그들은 그리스도의 모범을 따르는 데 만족한다고 반박했다. 만약 그들이 "수도원을 순방하는 수도사들"이라면 그것도 좋다고 보았다. 사도 바울도 그랬다. 만약 그들 생활이 인간적으로 말해서 엄청난 모험을 안고 있다면, 그들은 하나님과 하나님 어머니를 의지하며 보호를 구할 것이었다.

도미니크 수도회의 제5대 원장인 훔버트 로만스(Humbert of Romans, ca. 200-1277)는 도미니크회 생활 양식의 가장 권위 있는 옹호자로서 "설교의 은혜"가 있는 사람은 누구든지 다른 모든 영적인 일들보다, 심지어 기도와 성례 집행보다 설교를 우선시해야 한다고 단언했다. 그러한 사람이 수도원 안에서 조용히 살기를 더 좋아하여 설교하기를 피한다면, 그것은 잘못된 일이었다. 심지어 그 설교자는 집에 돌아와 잠시 쉬고 있는 때라도 그의 일을 다시 시작할 준비를 해야 한다.

영국 도미니크 지부장 로버트 킬와드비(Robert Kilwardby)는 1270년 신입 회원들에게 인내를 격려하는 편지에서 그의 수도회를 이렇게 자랑했다.

> 사랑하는 신입 형제 여러분, 여러분은 우리 생활 방식이 매우 유용하다는 점에 주목해야 합니다. 만약 이 점에서 내가 틀리지 않다면 우리는 무엇보다 우리 생활 방식을 중시해야 합니다. 이는 모든 우리들의 책과 토론과 모든 수도원의 학습이 사람을 바로 준비시켜서 그들을 영혼 구원에 적합하게 만들어 그들이 갖추어지고 생활 방식과 지식에서 무장될 때 그들로 하여금 죄인들을 회심시키는 일을 감당하게 하는 것을 목표로 하기 때문입니다. 그래서 나는 어떤 다른 수도회도 이것을 위해 우리만큼 열심히 수고하지 않으며 또 그 수고로 그렇게 많은 성과를 거두지도 않는다고 생각합니다. 그러므로 그와 같은 소명을 가진 자들은 마땅히 기뻐해야 합니다. 왜냐하면, 잘 아는 대로 최후의 심판에서 사람들이 그들의 유용한 수고로 쌓은 공적에 따라 상급을 받게 될 것이기 때문입니다.[1]

---

1) Simon Tugwell, *Early Dominicans*, 150.

킬와드비는 전통적인 교리가 공적을 주입된 은혜인 사랑과 연결한다는 것을 잘 알고 있었다. 그러나 사랑은 다른 사람에게 유용하게 되고자 하는 데서 정확히 표현된다. 설교는 그 자체가 사랑에서 솟아나는 행위다. 도미니크는 다른 사람들의 구원을 위해 자신을 완전히 쏟아붓기를 갈망했고, 그렇게 함으로써만 실로 그리스도의 몸의 지체가 된다고 생각했다. 도미니크의 일부 추종자들은 낮에 한 사람에게도 복음을 전하지 않은 채 저녁 식사를 하는 것을 죄스럽게 생각했다. 전적으로 설교에 바친 생활은 그 나름대로 순교나 동정(童貞)과 같이 영웅적인 것으로 간주하였다.

교육받은 설교자들

13세기에 교리적 설교(주로 성직자의 몫이었다)와 권면은 상당히 예리하게 구분되었다. 도미니크 회원들은 본질적으로 교리적인 설교를 담당했는데, 이것은 그들이 그 일을 위해 지적으로 준비되어야 할 필요가 있다는 것을 의미했다. 라테란공의회는 이것 역시 교회에 중요하게 필요한 것으로 인정하여 교구 신학교들을 설립하도록 규정했다. 도미니크는 다시 한번 그 공의회를 기대했다. 툴루스에서 거의 첫 공동체가 형성되자마자 그는 그곳에서 열린 영국 신학자 알렉산더 스타벤스비(Alexander Stavensby)의 강의에 형제들과 함께 참석했다. 심지어 도미니크는 파리에서 신학 석사들을 초빙하여 툴루스에서 가르치게 하는 교서를 교황으로부터 받아내기도 했다. 그러나 도미니크는 실제로 이 교서를 사용하지는 않았다. 대신에 1217년 도미니크는 그의 몇몇 탁발수도사들을 파리로 보내 그곳 대학들에서 공부하게 했다. 그들이 1218년 처음 정착한 볼로냐에는 신학 교수들이 없었으나, 그들은 그중 한 사람의 지도로 매일 함께 학습했다.

공부는 도미니크의 생활에서 처음부터 필수적인 요소였다. 모든 수도원에

상주하는 신학 강사가 있었고, 많은 도미니크 수도원이 신학 교육의 중심지가 되었다. 1221년 메츠의 주교는 그의 성직자들이 그 탁발수도사들의 신학적 가르침을 통해 도움을 입도록 그의 교구에 수도원을 세우는 것을 후원했다.

처음 도미니크를 따랐던 사람들은 지적인 재능보다 열정으로 더 두드러졌다. 그러나 곧 교육받은 많은 신입 회원들이 수도회를 찾기 시작했다. 도미니크의 후계자 삭소니의 요르단(Jordan of Saxony, d. 1237)은 대학을 으뜸가는 신병 보충소로 간주했고 너무나 성공적으로 학생들을 그 수도회로 이끌었기 때문에 "학교의 매춘부"로 알려지기도 했다. 공부보다 경건에 더 많은 관심을 가졌던 이들과 수도회 일을 위해 공부가 가장 중요하다고 생각한 이들 사이에 다소 긴장이 있었던 것으로 보인다. 그러나 그 수도회 지도자들이 어느 편에 있었는지는 의문의 여지가 없다. 요르단은 1233년에 기록된 어떤 회칙에서 사람들의 삶 자체가 수도사들의 학습에 대한 열정 부족으로 위험에 빠진다고 경고한다. 로만스의 훔버트는 한 탁발수도사가 "과도한 헌신 때문에 어리석게 된" 것을 경멸스럽게 말하고 있다.

충분히 자격을 갖춘 교사들이 항상 있었던 것은 아니지만, 13세기 중반부터 도미니크 수도회는 정교한 학문 체계와 더불어 포괄적인 교육 프로그램을 확립했다. 도미니크 수도회는 대 알버트(Albert the Great, ca. 1200-1280), 토마스 아퀴나스(Thomas Aquinas, ca. 1225-1274)와 같은 당대의 가장 위대한 신학자들을 배출했다.

대학들과 점차 깊이 관련됨에 따라, 도미니크 수도회는 점점 더 지적인 임무를 맡게 되었다. 그 시대에 필요한 일의 하나는 정통론에 심각한 위협을 주는 새로운 아리스토텔레스 학파의 가르침에 신학적으로 대응하는 것이었다. 알버트와 토마스는 순수한 아리스토텔레스의 가르침을 추출하여 그것이 정통 신학에 어떻게 기여할 수 있는지를 보여주었다. 후에 이탈리아 문예부흥의 새로운 인본주의와 관련하여 비슷한 문제가 생겼을 때, 다시 한번 도미니크 회원들이 탁월하게 관여했다. 심지어 요한 도미니치(John Dominici, ca. 1355-1419)와 사보나롤라(Savonarola, 1452-1498)와 같이 공공연히 인본주의의 많은 면을 반대한 사람들조차 그것에 영향을 받았고 또 그것에 영향을 끼쳤다.

알버트와 토마스는 그리스도인의 삶에 대해 철저하게 지성주의적인 설명을 지지했다. 사람이 하나님과 연합되는 것은 지성을 통해서이며, 관상을 통해 하나님께 나아가는 것은 비록 그것이 자비로 동기 부여가 되고 정적(情的) 요소를 지녀야 할지라도 지적인 과정이다. 반지성적이지는 않더라도 거의 비지성적인 당시의 관상 생활 개념에 맞선 토마스의 그 말은 사색적인 관심이 탁월한 삶을 의미했다. 이런 뜻에서 그는 관상적인 사람의 생활이 더욱 천국 생활에 가깝다는 점에서 그들이 하나님에게 더 많은 사랑을 받을지라도, 실제 삶에 관여하는 사람들보다 하나님을 덜 사랑한다는 것을 현실적으로 인정한다.

사도적 설교자들

비록 설교에서 지적인 요소가 중요했지만, 사도적인 생활 양식을 모방하는 것 역시 처음부터 크게 강조되었다. 설교자 수도회가 생겨난 것은 프랑스 남부에서 이단자들에 대항해 설교 캠페인이 일어나면서 1206년 도미니크와 그의 주교 디에고(Diego)가 그것에 관여한 것에서부터였다. 디에고는 카타르파든지 왈도파든지 이단자들이 회심자를 얻는 것은 주로 그들의 생활 방식이 가톨릭 설교자와 성직자들의 생활 방식보다 훨씬 더 복음적인 것처럼 보이기 때문이라는 사실을 깨달았다. 따라서 그는 가톨릭 선교사들이 "모든 점에서 사도들의 양식을 따라야 할 것"[2]을 제안하고, 도미니크와 함께 이전에 교회에서 상당

---

2) Ibid., 87.

히 의심스럽게 간주하였던 탁발 설교와 순회 설교 방식을 새롭게 시도했다.

이 경험에서 도미니크는 프란시스만큼이나 극단적으로 청빈을 향한 헌신을 추구하게 되었다. 툴루스의 첫 공동체는 어느 정도 수입을 가졌으나, 그 형제들은 여행할 때 돈이나 양식을 가지고 갈 수 없었다. 더 나아가 1220년에 그는 수도회를 설득하여 형제들이 생활하는 실제 건물을 제외하고는 모든 재산을 포기하도록 했다. 그 후 그 수도회 전체는 오직 탁발을 통해 유지되어야 했다.

도미니크 자신은 형제들이 건물과 의복의 검소함에서 진정한 청빈을 보여주기를 원했으나, 그 형제들이 이 문제에 대해 그와 같은 생각을 가졌는지는 분명하지 않다. 공동체 내의 물건에 대해 개인적인 소유권을 가질 수 없는 것은 당연했다. 그러나 도미니크식 청빈의 가장 중요한 특색은 보장된 수입마저 포기한다는 점이었다. 프란시스 수도회를 포함한 다른 모든 종교 집단과 달리, 도미니크 회원은 임금을 받는 일이나 육체노동을 통해 생계를 꾸리는 일을 절대 하지 않았다. 도미니크 회원은 처음부터 탁발수도사들이었다.

그러나 해가 지나면서 청빈의 실천도 바뀌었다. 무엇보다 날마다 구걸에 의지하는 것이 너무 많은 시간을 빼앗는다는 점이 지적되었다. 그래서 1240년에 총회는 최고 일 년 치 양식은 수도원에 비치해 둘 수 있다고 규정했다. 나중에 탁발로 수도회를 운영하는 것이 점점 더 어렵게 되자 14세기 초부터 일부 수도원들은 흔히 그들에게 더욱 안정된 수입을 보장할 희사물을 받거나 돈을 벌 수 있는 부동산을 소유하게 되었다. 수도회의 법에 정통한 사람들과 신학자들은 이런 관행을 현실에 따른 순응으로 변호했다. 게다가 그 수도회의 상관들은 탁발에서의 면제를 포함하여 무슨 면제든지 필요에 따라 면제를 해줄 수 있는 권리를 가졌다. 마침내 황제는 1475년에 총회의 요청에 따라 그 수도회 전반에 부동산을 소유할 수 있는 권리를 허락했다. 그 이유는 탁발이 수도회 사역에 견딜 수 없는 방해가 되고 있다는 점이었다.

처음에 청빈은 사도적인 이유로 채택되었으나 보다 신학적인 다른 많은 동기도 첨가되었을 것이다. 이미 13세기 중반에 토마스 아퀴나스와 킬와드비 같은 저자들은 도미니크 회원들의 청빈을 거의 전적으로 기능적인 술어로 설명했다. 따라서 수도회가 결국 연구와 설교를 위해 탁발을 희생해야 한다고 결론을 내린 것은 그리 놀라운 일이 아니다.

탁발 제도 자체가 물품에 대한 공동체의 전통적인 원리를 수정해야 할 필요를 야기시켰다. 보통 있는 일로서 어떤 희사물들은 개인적으로 형제들에게 제공되었다. 예를 들어, 개인적인 친분을 통해 옷을 공급할 수 있는 사람들이 그렇게 하는 것은 당연했다. 이것은 형제들이 받는 희사품 사이에 큰 차이를 낳았고, 13세기 말엽에 "청빈한" 형제들이란 개인적인 후원자가 없는 자를 뜻하는 데까지 이르렀다.

그뿐 아니라 학생과 교수들은 적어도 자신의 책을 가져야 할 필요가 있다는 것이 곧 인정되었고, 이것은 다시 책을 구할 수 있도록 얼마간 그들 자신의 기금을 가지는 것이 유익하다는 인식으로 확대되었다. 14세기 중반쯤에 비록 형식적으로는 모든 물품이 공동체에 속했지만, 사실상 그 수도회 내에서 상당한 수준의 개인적인 소유권이 인정된 것으로 보인다. 토마스는 모두에게 속한 물건들은 아무도 돌보지 않는다는 점을 지적했고, 후에 라파엘 포르나시오(Raphael of Pornassio, d. 1467)는 당시의 완화된 관행을 변호하는 데 이 논지를 사용했다.

순종적인 설교자들

도미니크 수도회가 하나의 기관으로 존재하게 된 것은 1215년 두 명의 툴루스의 시민이 도미니크에게 "자신들을 바친" 때부터였다. 이전까지는 비록 그가 설교를 통해 많은 사람과 교분을 나누고 있었지만, 그중 아무도 순종을 고

여섯 명의 도미니크 수도사들의 탄생,
이탈리아, 1275년경

백함으로써 그에게 구속되려 하지는 않았다. 그 수도회가 교황의 승인을 받을 때 도미니크에 대한 순종의 약속은 구조적인 핵심으로 존재했고, 지금까지 도미니크 회원의 고백 문구에는 오직 순종의 서약만 들어 있다. 도미니크 회원들은 수도사나 다른 수도회 회원들의 고백식 같은 공적인 고백 의식을 취하지 않았다. 언제나 그 수도회의 통솔자에 대한 신입 회원의 개인적인 자기 봉헌이 가장 중요했다.

전통적인 수도회에 속한 사람들과 달리, 도미니크 회원은 집단의 체제에 먼저 복종하도록 요구되지 않았다. 그들은 그들을 가르치는 통솔자의 처분에 자신들을 맡겼다. 그 수도회의 규율은 중요했고 도미니크 자신이 그것을 매우 성실하게 지켰다. 그러나 그것은 도미니크 수도회 생활의 핵심적인 요소로 간주되지는 않았으며, 인간 본성의 연약성과 타락성 때문에 필요한 훈련으로 간주되지도 않았다. 사실상 많은 시간을 수도원 밖에서 보내야 하는 설교자들은 자신에 대해 스스로 책임을 져야 했다. 그러므로 도미니크 회원들은 전통적인 생각과는 특히 다르게 개인의 책임, 그리고 예방보다 아량을 강조했다.

도미니크는 오스마에서 한 개혁 수도회 회원으로 종교 생활을 시작했고, 라테란공의회 결과 그의 새 수도회는 기존의 규율 가운데 하나를 골라야 했기 때문에 자연히 그와 그의 동료들은 『성 어거스틴의 규율』을 선택했다. 그들은 또 개혁 수도회 회원들이 가진 다소 엄격한 몇 가지 실천을 채택하기도 했다. 그러므로, 그들은 자신들을 어느 정도 개혁 수도회 회원들에 가깝게 생각했을 것으로 보인다. 그러나 그들은 개혁 규율의 특징인 세세한 시간표까지 따르지는 않았으며, 형제들의 학습과 설교를 쉽게 하기 위해 수도원의 의무를 면제해 준다는 전례 없는 규정을 삽입했다.

이것은 불가피하게 도미니크 수도원에서는 전통적인 종교 공동체에서 기대되는 것보다 훈련에 대한 생각이 훨씬 적었다는 것을 의미한다. 로만스의 훔버트는 개인적으로 단일성을 좋아했지만 도미니크 수도회의 규율에는 그와 같은 많은 단일성이 있을 수 없음을 인정했다. 설교자들과 교사들은 그들 사역을 적절히 수행하기 위해 상당한 자유를 가져야 했다. 물론 어떤 이들은 이 자유를 남용할 수 있었다. 그러나 훔버트가 훈련을 강화하려 하기보다 신입 회원들이 되도록 불성실한 형제들과 사귀지 않고 시간을 선용하는 방법을 배우면서 처음부터 좋은 습관을 키우도록 배려한 것은 매우 큰 의미를 지닌다.

그러나 형제들이 누리는 면제가 쌓이면서 일상생활에서 많은 문제가 생겼음이 확실하다. 사태가 어느 정도였는지는 14세기 초 독일의 한 도미니크 수도원의 관례에서 알 수 있다. 거기에서는 형제들이 성찬을 받는 날에는 반드시 식당에서 함께 식사해야 한다고 규정했다. 다시 말해 일 년에 열다섯 번만! 후에 그 세기 중반 무렵에 열린 개혁 총회는 적어도 공동체의 반이 매일 식당에서 식사해야 한다고 규정했다. 찬양의 성무일과에서 면제되는 사람의 숫자를 제한하려는 시도도 있었다.

일반적으로 종교적 규율은 어떤 면에서 신적인 율법의 권위를 지니며 양심에 구속력을 가지는 것으로 간주하여 왔었다. 그러나 도미니크 수도회는 1236년 명백하게 이것을 부인하는 문장을 수도회 법규에 추가했다. 그리고 도미니크 자신이 만약 형제들이 그 법규를 양심에 구속력을 가지는 것으로 받아들인다면, 그가 손수 모든 법규 사본들을 폐기할 것이라고 말했다. 13세기 도미니크 회원들은 도미니크 수도회의 법이 인간의 법에 불과하며 전혀 초자연적인 재가를 지니지 않는다는 원리를 크게 강조했다. 그것은 사람들을 부당한 초조함에서 벗어나게 하고 참된 동기 부여를 위한 여지를 남겨두기 위해서였다. 그러나 그 원리가 지나치게 강조되어 14세기 말엽, 어떤 이들은 도미니크 수도회의 법이 전혀 형제들을 구속하지 않으며 일종의 권고에 불과하다고 말했다. 사람들을 자유롭게 하여 스스로 아량을 키우게 하려는 것이 방종을 정당화하는 수단으로 바뀌었다.

그러나 상관에 대한 개인적 순종의 원리는 도미니크 순종의 본질적인 요소로 계속 남았다. 이것은 절내 시침을 구하기 위해 언제나 상관에게 달려가야 하거나 개인적인 판단의 자유까지 굴복시켜야 하는 것을 뜻하지 않았다. 전형적인 도미니크 회원들의 순종은 비록 상관이 실제로 틀렸다고 생각되는 경우에라도 주어진 일을 마음과 뜻을 다하여 최대한의 능력으로 감당하는 데 있었다. 일이 맡겨진다는 것은 그것을 할 책임을 받았다는 것을 의미했고 상관은 사람들이 그 일을 하는 방법에 대해 불필요하게 간섭할 수 없었다. 차츰 형제들의 규율 준수를 감시하는 감독자로서 상관의 역할이 강조되었으나, 일반적으로 상관들이나 아랫사람들이나 마찬가지로 관찰력이 날카롭지 못했으므로 이것은 별로 효과를 거두지 못했다.

적극적인 설교자들

많은 요소가 도미니크 수도회 생활을 구성했으며, 그 요소들의 혼합에서 생긴 결과는 종종 불안정했다. 앞에서 살핀 대로, 청빈과 학문 연구와 노동에 따른 요구와 수도원 생활에 따른 요구 사이에는 긴장이 있었다. 그 전체 혼합물을 결속할 수 있는 분명한 모델이 있는 것도 아니었다. 성직자와 개혁 수도회 회원들이 부당한 어려움 없이 사도행전에 기록된 예루살렘의 초대 교회 모델을 기반으로 삼을 수 있었던 반면에, 도미니크가 선택한 모델인 떠돌이 가난한 설교자 그리스도는 순회 설교와 수도원 생활을 결속하는 아무런 방법도 제시하지 않았다. 프란시스 회원들은 처음에 마태복음 10장에 나온 사도적 생활양식을 따르기 위해 수도원 생활을 포기했다. 그러나 도미니크 회원들은 처음부터 수도원을 중심으로 삼았다. 또 그들은 도미니크 자신을 도미니크 회원들의 소명에 대한 온전한 실체로 간주하려고 하지도 않았다. 초기의 전기 작가들은 그를 모방할 수 없는 사람으로 제시했다. 더욱 중요한 것은 도미니크 자신이 형제들에게 자신을 모범으로 삼도록 권고하지 않은 것이다. 그는 수도회를 조직하고 규율을 정하는 일에 형제들이 그와 더불어 충분히 책임감을 가지도록 했다. 때로 그들은 그의 의견에 감히 맞서기도 했다. 그 수도회는 언제나 새로운 상황에 적응하기를 원했다. 따라서 모든 시대에 적합한 고정된 조직이 없듯이, 모든 시대에 적합한 고정된 모델도 있을 수 없었다.

그러므로 다양한 여러 요소가 어떻게 서로 연관되는지를 체계적으로 탐구할 것을 요청하는 "도미니크 영성"의 개념도 물론 없었다. 그들의 교훈적인 글에서 볼 때, 도미니크 회원들은 일반적으로 독창적이지 않았다. 그것은 심지어 글을 쓴 목적이 형제들이 그것들을 사용하는 데 있을 때도 마찬가지였다. 훔버트의 『종교적인 삶에 대한 편지』는 주로 시토수도회의 글이나 일반적인 규율들에서 나왔으며, 13세기 말엽에 툴루스의 신입 회원 담당관이 쓴 신입 회원들을 위한 글들도 마찬가지였다. 이와 동일하게 도미니크 회원들은 17세기에 "정신적 기도"와 영적 훈련과 같은 당시의 경건 기준을 어떻게 그와 같은 경건의 실천이 도미니크 수도회의 영성과 관련되는지를 논의조차 하지 않은 채 그냥 채택하기도 했다. 그러므로 도미니크 수도회 자료는 그 수도회의 설립자들로부터 물려받은 다소 무모한 그 혼합물이 어떻게 작용할 수 있고 또 작용해야 하는지에 대해 단편적인 정보만 제공할 뿐이다.

만약 그들이 설교와 지적인 생활을 진지하게 수행해야 한다면, 수도원의 시간표와 관계없이 그들 나름의 리듬을 따르는 것이 허용되어야 한다. 이것은 공부를 위한 면제 원리와 함께 거의 처음부터 용인되었다. 그러나 그들은 너무 공부에 몰두한 나머지, 공동체 생활의 책임을 위해서 또는 일반적으로 종교적인 생활의 목표로 간주하는 도덕적 영적 완전을 위해서는 거의 시간과 노력을 기울이지 못했다. 훔버트는 이것도 허용했다. 설교자들에게 수도원의 모든 규정을 완전히 준수할 것을 기대하지 말아야 하며, 그들이 공동체의 기능을 위해 부담을 지는 것도 기대하지 말아야 한다. 교사들을 적극적으로 존경해야 하며, 심지어 공동 찬송 시간에 쉬고 있을지라도 그들이 공동 찬송에 나와야 한다고 기대하지 말아야 한다.

일반적으로 매우 활동적인 생활을 하는 동시에 또 종교적으로도 모범이 되는 것이 불가능함이 인정되었고, 훔버트는 이것을 충분히 수용했다. 그는 "불가피하게 발생하는 죄들"을 두려워하는 것은 설교를 기피하는 중대한 이유가 되지 못한다고 경고했다. 비슷하게 14세기 초에 피사의 요르단(Jordan of Pisa, ca. 1260-1311)은 사람들에게 도미니크 회원들이 완전하지 않은 사실에 놀라지 말라고 말한다. 온갖 유혹이 들끓는 도시는 신앙을 위해 적설한 장소가 아니다. 그러나 "우리가 이곳에 있는 것은 여러분들을 위해서다."[3] 바쁜 사도적 삶 또는 학문적인 삶이 주는 피할 수 없는 마멸은 대개 종교적인 사람들에게서 기대되는 금욕 생활을 계속하여 유지하는 것을 거의 불가능하게 하고, 때로 냉정을 잃게 하기가 쉽다. 훔버트의 견해에 따르면, 이것은 단순히 감내해야 할 모험에 불과했다. 다른 사람을 섬기는 이 사도적 봉사에 내재한 선은 설교자들이

---

[3] Jordan of Pisa, *Prediche*, ed. D.M. Manni (Florence, 1739) 9; Tugwell, *Way of the Preacher*, 50-51도 보라.

묻힐 수 있는 어떤 죄의 얼룩도 씻어 버리기에 충분하고도 남는다.

   삭소니의 요르단(Jordan of Saxony) 시대부터, 우리는 탁월한 도미니크 회원들이 좀처럼 기도할 수 없다는 점을 불평하는 것을 본다. 그래서 그들은 수녀들에게 그들을 위해 기도해줄 것을 부탁한다. 그런데도 그들은 그들의 일을 포기해야 한다고 생각하지는 않는다.

   14세기 중반에 열린 총회들에서 계속하여 불평이 된 정규적인 생활의 "붕괴"는 단순히 종교적인 열정이 식었기 때문만은 아니었다. 사생활의 수준이 다르고 원래의 엄격한 생활이 대부분 사라진 것은 부분적으로는 13세기에 수도회 사역을 위해 행해진 합법적인 선택에서 비롯되었다. 그 문제는 흑사병이 돌던 시기에 많은 회원의 죽음 때문에 더욱 악화하였다. 회원들이 현저하게 줄어들어 수도원 생활을 유지하는 것을 훨씬 더 어렵게 되었으므로, 인원을 채우기 위해 가리지 않고 신입 회원을 모집하는 정책이 채택되었다. 14세기 끝 무렵에는 많은 사람이 그 상황을 견디기 어려워했다.

개혁 설교자들

   14세기에 그 수도회의 정규적인 생활을 개혁하려는 다양한 시도는 거의 영향을 미치지 못한 것으로 보인다. 그래서 1380년대에 엄격하고 완전하게 규율을 준수하는 수도원을 적어도 하나 세우자는 이야기가 나왔다. 1389년에 그 최초의 개혁 공동체가 콜마에 세워졌고, 일 년 후에 상당한 자율과 함께 지방 관구장의 관할 하에 각 지방마다 그와 같은 수도원을 하나씩 설립한다는 안이 발표되었다. 후에 그 개혁 공동체들은 지방 관구장의 관할에서 벗어나 수도회 총장의 직접적인 관할 아래 놓였다. 총장은 특별히 임명된 대리인을 통해 그들을 다스렸다. 후에 다시 그 개혁 공동체들은 개혁 회중으로 구성되기 시작했는데, 그들은 때로 수도회 총장으로부터도 거의 완전히 독립하기에 이르렀다. 수도회 안의 다양한 개혁들은 아무리 필요하고 의도가 좋았을지라도 그 수도회의 최초 혼합물이 지닌 불안정함을 여전히 보여준다.

개혁자들의 첫 번째 꿈 가운데 하나는 시골 지역에 조용한 집을 지어 형제들이 그들의 묵상과 일상생활을 심하게 침해받지 않게 하는 것이었다. 이 첫 번째 계획은 별로 성과가 없었다. 그러나 후에 그것은 특히 스페인에서 다시 등장했다. 이런 개혁은 도미니크 회원들을 보다 종교적으로 만들었으나, 그것을 위해 그들의 사도적 임무와 때로는 심지어 공부까지 희생해야 했다. 이런 극단은 아니더라도 수도원의 규율 준수를 강조한 것은 이전에 가장 활동적이던 형제들이 누렸던 면제와 어느 정도의 독립을 제한함으로써 설교와 공부에만 전념하는 것을 방해했다. 규율 준수가 하나의 목적이 되면서 사도적 임무 수행과 병행하게 되었고, 따라서 도미니크 수도회 생활은 단일한 사도적 삶보다 "혼합된 삶"으로 보이게 되었다.

개혁자들은 청빈에 대해 다양한 태도를 보였다. 요한 도미니치와 사보나롤라와 같은 이들은 수도회가 탁발 제도를 버릴 수 있다는 어떤 제안도 반대했다. 다른 이들은 개인에 의해 효과적으로 관리되는 돈과 물품의 양을 아예 없애거나 또는 상당히 제한하는 데 관심을 가졌다. 그러나 탁발이 계속하여 생존에 적합한 수단이 될 수 있었는지는 분명하지 않다. 사보나롤라는 그의 개혁 회중이 필요로 하는 재정을 위해 그림을 그려 돈을 버는 평신도 형제들을 모집하자는 의견을 제안했다. 그것은 개혁을 위한 모든 제안과 마찬가지로 원래 도미니크 수도회의 관행에 정반대되는 것이었다. 그리고 라파엘 포르나시오가 지적한 대로, 개인적인 기금 마련은 여전히 그 수도회에서 진정한 탁발의 주요 요소로 남아 있었다. 오히려 어느 정도의 재산과 개인에게 주어지든 공동체에 주어지든 어느 정도의 희사물에 의지하는 것을 조합할 때, 원래 도미니크 수도회 관행에 가장 가깝게 될 수 있다는 그의 생각이 옳았던 것으로 보인다. 개인은 무슨 종류든 전혀 자원을 관리할 수 없다는 엄격한 주장은 초기 도미니크 회원들의 특징이기보다 개혁 수도회 회원들의 특징이었다.

순종과 관련해서도 문제가 있었다. 이미 살핀 대로, 도미니크 수도회법에서는 양심을 구속하지 않는다는 원리가 남용되고 있었다. 그러나 요한 도미니치가 가장 강하게 주장했던 그 반대 원리, 즉 도미니크 수도회법이 양심을 구속한다는 원리는 도미니크의 원래 의도에서 보면 완전히 언어도단이었다.

개혁자들은 도미니크 수도회 관행과는 전혀 거리가 먼 행동 곧 그들의 지위를 강화하기 위해 외부의 도움을 구하기를 주저하지 않았다. 그들은 크게 교황의 교서에 의지했고, 심지어 자신의 상관들을 대적하기 위해 평신도의 도움을 받기도 했다. 파두아(Padua) 공동체가 개혁에 관해 두 명의 탁월한 변호사들과 상담했을 때, 그 변호사들은 서슴없이 그것이 도미니크 수도회법과는 반대된다고 선언했다. 그 개혁은 그 수도회에 널리 퍼져있던 부절제를 다루기 위한 무엇이었다. 그러나 결국 그것은 도미니크 수도회의 기본적인 본성으로 보이는 것, 곧 종교 생활에 대해 무심한 태도와 오직 외적인 환경이 요구할 때만 사람들이 자기 부인과 영웅주의의 높이에 이를 것을 기대하는 인간성에 대한 관대하고 자비로운 견해를 제어할 수 없었다.

도미니크 수도회의 규율 준수는 수도회의 사역 때문에 간헐적으로 되거나 반대로 그 임무를 희생하면서 강조되거나 하는 두 경향을 보여 주었다.

영성 생활

토마스 아퀴나스

도미니크 회원들은 금욕적이며 영적인 교리와 관련하여 대체로 비 독창적이었지만 영적인 삶을 이해하는 것에서는 몇 가지 뚜렷하고 중요한 기여를 했다. 잘 알려진 대로, 토마스 아퀴나스(Thomas Aquinas)는 지적인 삶이 충분히 진지하게 이루어질 때 만약 그것이 자비에 의해 동기가 유발되고 또 특히 진리를 다른 사람에게 전하고 싶은 욕구로 동기가 유발된다면, 그 자체가 경건의 참된 형식이 될 수 있다고 증언했다. 그다음 세기에서 지성인들이 점점 독실한 신자들 사이에서 인기를 잃었을 때, 도미니크 회원들이 그 균형을 되찾는 데 적잖이 기여했다.

교리 가운데 어떤 특별한 점에서 우리는 그리스도인의 완전은 자비의 완전을 의미하며, 엄격히 말해서 오직 천상에서만 가능하다는 토마스의 주장에 주목해야 한다. 이곳 지상에는 구원을 위해 필요한 최소치만이 있다. 다만 이것을 넘어 일종의 완전의 표상이 복음서의 권고에 간직되어 있다. 그러나 그 종교적 상태는 오직 그것이 사람이 그 자체로 자비의 완전에 이르는 수단 세 가지를 완전히 포기하는 상태라는 (그것이 공적인 서약으로 확립되기 때문에) 의미에서만 "완전의 상태"로 불릴 수 있다. 따라서 예를 들어 토마스는 완전은 물질적 가난으로 되어 있다는 요크의 토마스(Thomas of York)의 교리를 배제한다. 그는 이것을 토대로 하여 거의 보편적으로 수용되던 보다 금욕적인 삶이 더 완전하다는 원리를 반대했다. 수단은 약과 같이 적당한 양을 사용해야 한다. 토마스는 또 종교적인 자들(또는 신비주의자들)이 모든 그리스도인에게 공통된 완전한 자비의 목표와 다른 어떤 완전을 지니거나 또는 그것을 목표할 수 있다는 것처럼 생각하여 교회에 서로 다른 완전이 있다는 가능성도 배제했다.

기도에 대한 토마스의 교리도 언급할 가치가 있다. 그는 기도의 의의를 간구(懇求)라는 전통적인(또는 대중적인) 의미에서 훌륭하게 설명한다. 우리는 자신의 목적을 간구함으로써 우리가 계획하는 지성을 하나님께 제사 드린다. 그것은 절대 저급한 제사가 아니다. 그렇게 함으로써 우리는 모든 좋은 것이 하나님으로부터 나오며 모든 계획도 그에게 복종되어야 함을 인정한다. 그리고 우리는 어떤 상황에서나 항상 하나님께 나아가는 것을 배우며 성령의 도우심 아래 그의 목적을 시행하는 것에서 하나님과 동역자가 된다. 이 건전하고 유력한 교리는 왜 우리가 가장 노골적인 간구 기도를 부끄러워할 필요가 없는지, 그리고 왜 우리가 외관상 보다 "영적인" 기도의 개념을 추구해야 필요가 없는지를 보여준다. 토마스는 또 종종 큰 소리로 기도하는 것이 왜 유익한지도 세심하게 설명한다. 토마스는 옛 수도원 전통에 따라 우리가 원할 때 상당히 긴 시간 동안 기도를 계속할 수 있지만(다른 일들도 똑같이 중요하기 때문에) 일단 지루해지면 억지로 그것을 계속하지 말아야 한다고 말한다. 우리는 간단하게 자주 하는 기도를 개발할 필요가 있다(『신학대전』 II-II q.83. I q.23 a.8 참고).

토마스는 예언을 제외한 초자연적 현상(그것은 이 시대 모든 신학자에게 중요한 주제였다)에 전혀 흥미를 보이지 않는다. 그러나 휴거와 같은 극단적인 경우를 제외하고는 참으로 초자연적인 역사는 절대 자연 세계의 작용에 모순되지 않는다는 그의 주장은 주목할 가치가 있다(그는 휴거의 알려진 두 경우는 모세와 바울뿐이라고 생각한다). 자연 세계의 작용과 모순되는 모든 초자연적인 현상은 성령에 의한 것이 아니라 악령에 의한 것으로 치부되어야 한다(Super Ev. Matt. 849; Marietti ed.). 초자연성의 참된 기준은 현상학적으로 특이한 어떤 것의 존재가 아니라 바로 자비다. 이 동일한 원리는 후에 헨리 수소(Henry Suso, ca. 1295-1366)에게서 발견되며(Horologium Sapientiae 2.5; ed. P.Kunzle, p.581), 또 도미니크 회원들이 16, 17세기에 일반화된 신비적 교리를 거부하는 데 주요 요소로 작용한다.

마이스터 에크하르트

마이스터 에크하르트(Meister Eckhart, ca. 1260-1328)는 도미니크 수도회 영성의 위대한 사람 가운데 하나인데, 그의 교리에 대한 해석에는 상당한 논쟁이 있다. 그것은 부분적으로는 그의 사상의 불명료한 점들 때문이다. 그는 너무도 많은 시간을 그를 숭앙하는 무비판적인 청중과 보냈기 때문에, 그가 의미하는 바를 더 정확히 상술해야 할 필요를 느끼지 못했다.

에크하르트 사상의 특징은 그가 주로 영성을 형이상학적인 숙고에서 연역했다는 점이다. 그는 경건의 관행이나 경험에는 그리 관심을 쏟지 않았다. 에크하르트는 "버리고 떠남"(Abgeschiedenheit)을 가장 중요한 덕목으로 보았다. 그것은 대개 "초연(超然, detachment)"으로 옮길 수 있지만 "이탈(離脫, seperateness)"이 더 적절하다. 그것은 일차적으로 "추상"(abstraction)을 의미하는 철학적 용어이다. 마치 철학자가 특수한 것에서 추상하는 것과 같이, 우리 삶에서 우리는 우리 자신을 "이런저런 것"에서 분리해야 한다. 하나님은 모든 것 안에 동일하게 존재하시며, 하나님의 뜻은 이루어진 모든 것에게서 이루어진다. 만약 우리가 어떤 특별한 방법으로 하나님을 찾는다면, 우리는 그 방법을 찾고서 하나님을 버리게 될 것이다. 심지어 "하나님"마저도 특수하게 이해되어서는 안 된다. 하나님은 하나님이 아닌 피조물과 관련하여서만 "하나님"으로 정의될 수 있다. 상대적인 용어로서 "하나님"은 우리 축복을 위해 불충분하다. 또 우리는 특별한 무엇을 소유하거나 알기를 원하지 말아야 하듯이, 더 특별한 무엇이 되기를 원하지도 말아야 한다. 우리는 창조되기 이전의 우리, 말하자면 우리가 아무런 구별이 전혀 없이 하나님 안에 선재했을 때의 우리가 되기를 목표해야 한다. 하나님은 "아무것도 아님"(No-thing)이며, 우리는 그와 함께 있기 위해 아무것도 아닌 상태가 되어야 한다.

그렇다면 우리는 하나님께로 올라가려 하기보다 그가 모든 일에 똑같이 존재하는 것을 인정하고 삶의 전반적인 경험을 통해 하나님과 하나가 되는 것이 무엇을 뜻하는지를 배워야만 한다. 따라서 한 설교에서 에크하르트는 마리아와 마르다에 대한 통상적인 우화적 해석을 뒤집어 삶과 그 모든 분주함에서 교훈을 얻었던 마르다가 사실상 성숙한 그리스도인이라고 말한다.

중요한 것은 우리가 우리의 토대이신 바로 그 하나님의 토대에서 살아야 한다는 것이다. 우리는 성부와 연합하여 성자를 낳아야만 하는데, 이것은 그 토대에서 하나님처럼 자발적으로 행동함으로써 그를 낳는 것을 의미한다. 생명은 살아야 할 이유를 전혀 가지지 않는다. 말하자면 생명은 그냥 단순히 산다. 모든 참된 덕은 바로 그 동일한 자발성과 비고의성을 지닌다.

에크하르트는 그의 교리가 도덕률 폐기론이 되는 것을 의도하지 않았다. 에크하르트가 말한 자발적으로 사는 것은 그 환경이 어떠하든지 그 안에서 사는 것을 의미했다. 만약 어떤 사람이 수도자라면, 그것은 그 사람의 종교적인 삶의 규정 안에서 사는 것을 의미했다. 그러나 에크하르트 교리의 메아리들이 도덕률 폐기론자들 사이에서 발견되며 보다 경솔한 그의 일부 진술들이 정죄되어야 했던 것은 놀라운 일이 아니다. 그의 제자라고 생각되는 수소(Suso)와 요한 타울러(John Tauler, d. 1361)는 도덕주의와 헌신운동과 그의 사색적인 민첩성을 가미하여 그의 가르침을 상당히 축소하여 제시한다.

십자가의 요한

16세기 스페인에서 주로 도미니크 회원들이 내재성과 열정을 강조하면서 급격히 성장한 새로운 영성을 거부했다. 특히 도미니크 회원인 십자가의 요한(John the Cross, 1524년에 수도회에 입회)은 "영"(spirit)이란 낱말을 전용하여 내적인 열정과 열의 상태를 묘사하는 것을 반대하고 자신에게 맡겨진 일을 자원하는 마음과 충성으로 수행하는 모든 그리스도인이 "영적"이라고 주장한다. 자비는 그리스도인 삶의 모든 일에서 표현되며, 몇몇 사람들에게는 사적인 기도나 뜨

거운 열정을 위한 특별한 은사가 전혀 없을 수도 있다.[4]

도미니크 신학자들은 "관상"에 대한 전통적인 지적 개념을 보유하며, 따라서 특히 오수나(Osuna)가 추천한 것 같은 "아무것도 생각하지 않으면서 정신이 고양된 상태로 오랜 시간을 보내는 것"[5]이라는 새로운 의미를 반대한다. 그들은 또 간구로서 "기도"의 전통적인 의미를 보존하며, 마음속의 기도와 소리를 내서 하는 기도를 철저하게 구분 짓지 않는다. 그들은 기도의 "등급"이 있다는 생각을 반대하며, 단지 은혜 상태에 있는 사람의 기도와 은혜 상태에 있지 않은 사람의 기도의 두 단계만을 인정한다. 이 교리는 바톨로메 카란자(Bartolome Carranza, d. 1576)에게서 시작되어 공식적인 가톨릭 교리문답에 들게 되었는데, 이렇게 되는 데에는 도미니크 회원들의 영향이 컸다.

점점 우세해지는 내재주의에 맞서, 도미니크 회원들은 중요한 것은 사람이 무엇을 하느냐이지 그것을 하면서 무엇을 느끼느냐가 아니라고 강조했다. 미사를 드림으로써 고무되는 것을 느끼든 느끼지 않든 미사를 드리러 가는 것은 바로 신앙을 표현한다. 비록 마음이 흐트러지고 신앙을 전혀 느끼지 못할지라도 하나님께 말한다는 진지한 의도를 가지고 기도한다면 그것이 진지한 기도다. 이런 식으로 도미니크 회원들은 이른바 "영적"이란 제한적인 개념을 지향하는 경향에 맞서서 그리스도인 삶의 실제성과 완전성을 보호하려 했다.

---

[4] John of the Cross, *Dialogo sobre la Necesdad de la Oracion Vocal*, ed. V. Beltran de Heredia, in *M. Cano, D.Soto, J. de la Cruz: Tratados Espirituales*(Madrid: B.A.C., 1962).

[5] Francisco de Vitoria, *Commentarios a La Secunda secundae de Santo Tomas*, q. 182 a. 4, ed. V. Beltran de Heredia (Salamanca: Biblioteca de teólogos españoles, 1952) 312. Cf. Francisco de Osuna, Third Spiritual Aphabet, tr. 21, chapt. 5.

2. 프란시스 수도회의 영성

웨인 헬만(J. A. Wayne Hellmann)

프란시스 수도회 영성의 주된 자료는 아씨시의 성 프란시스(St. Francis of Assisi)의 글들이다.[1] 프란시스의 글에서 우리는 사건과 운동과 그레고리 개혁에서 흘러나오는 한 시대의 영성을 통하여 프란시스라는 한 사람이 형성되는 것을 본다. 프란시스가 가졌던 그 시대에 대한 반응과 여러 문제에 대한 시각은 그의 영적 통찰을 보여줄 뿐 아니라 프란시스 자신의 개인적인 영적 경험이 어떻게 발전되었는지도 보여준다.

프란시스 수도회 영성의 토대를 이룬 것은 프란시스지만 그가 전부는 아니다. 프란시스의 영적 경험의 기억은 수 세기에 걸쳐 탁발수도사들(제1 수도회)과 가난한 클라라 수녀들(제2 수도회)과 평신도들(제3 수도회)과 그를 따른 광범위한 기반의 남녀 무리의 성장에 반영되고 해석되고 적용되었다. 아씨시의 프란시스의 영적 경험과 비전은 다양한 방식으로 확장되고 풍부해졌다. 프란시스 수도회가 가진 영적 경험의 다양성과 공동체성을 예시하는 구체적인 예로는 아씨시의 클라라(St. Clare of Assisi), 첼라노의 토마스(Thomas of Celano), 폴리뇨의 복자 안젤라(Blessed Angela of Foligno), 보나벤투어(St. Bonaventure), 신령파(the Spirituals), 그 공동체 내에서 시작된 차후의 제1 수도회 개혁들, 수도원파 또는 완화파(the Conventuals), 후에 분리되고 사법적으로 독립한 엄수파(the

---

[1] 명확한 라틴어 본문을 가장 잘 제시하는 것은 *Opuscula Sancti Patris Francisci Assisiensis*, ed. K. Esser, O.F.M.(Grottaferrata: Collegium S. Bonaventurae, 1978)이다.

Observants)와 카푸친회(the Capuchins) 등이 있다.

아씨시의 프란시스

프란시스가 받은 영향

아씨시의 프란시스는 1181/1182년에 이탈리아 중부에서 태어났다. 소년 시절에 프란시스는 그의 교구 교회인 아씨시의 성 조지 교회에서 라틴어를 비롯하여 그 시대 교육의 기본 요소를 배웠다. 그는 그곳에서 교회의 다른 발전도 알게 되었다. 910년 클루니(Cluny)에서 시작되어 1098년 시토(Citeaux)에서 재개된 수도원 개혁 바람과 성 로무알드(St. Romuald, d. 1027)와 성 피터 다미안(St. Peter Damian, d. 1072)의 가르침은 모두 교회를 갱신하고자 하는 시도였다. 따라서 후에 프란시스가 쓴 규율에는 『성 베네딕트 규율』과 초기 수도원 제도에 있던 원리들의 자취가 보인다.

1198년 제3차 십자군이 소집되었을 때, 프란시스는 열다섯 살의 소년이었다. 그는 예수께서 거니셨던 땅에 대한 사랑에 깊이 이끌렸다. 이미 로무알느에게서 조성되고 클레르보의 베르나르(Bernard of Clairvaux)가 설교한 그리스도의 인성은 그리스도인으로서 사는 것에 대한 프란시스의 의식의 중심이 되었다. 세상으로부터의 도피(*fuga mundi*)는 더 이상 안정된 수도원 생활로의 도피가 아니라 순례와 십자군에 가담하는 불안정한 실천으로의 도피였다. 프란시스는 『후기 규율』의 제6장에서 "순례자와 나그네"로서 노상의 삶에 있는 불안정성을 끌어안았다. "형제들은 집이나 말, 또는 어떤 장소나 무엇이나 자신의 것으로 취득해서는 안 된다. 오히려 가난과 겸손으로 이 세상에서 주님을 섬기는 순례자와 나그네로서 그들이 완전한 신뢰와 함께 탁발을 나가라." 프란시스가 그 시대의 평신도 복음 운동과 회개 운동을 끌어안았던 것은 제도적 교회 내부에서부터였다.[2] 그는 『초기 규율』(Earlier Rule) 제22장에서 이 평신도 운동의 정신으로 형제들에게 권고했다: "그러므로 우리는 자신을 낮춘 그분의 거룩한 복음의 말씀과 삶과 가르침을 붙잡자." 그러나 그렇게 하면서 "모든 형제는 정통 신자들(Catholics)이어야 하며 가톨릭식으로 살고 말해야 한다"(제19장). 프란시스의 복음적인 삶에서 가톨릭이 강조되는 것은 그의 『초기 규율』의 마지막 여러 장에서 특히 뚜렷하다. 그것은 1215년에 열린 제4차 라테란공의회의 명령들이 프란시스의 생활 양식에 영향을 미친 것을 시사한다.[3]

프란시스는 12세기 말과 13세기 초에 탁월했던 서로 모순된 많은 영적, 정치적, 종교적 기류로부터 영향을 받았다. 프란시스의 글이 이런 운동에 대한 날카로운 자각을 보여준다. 그는 많은 이들이 산산이 조각나서 짜맞추기가 불가능하다고 여기는 것들을 즉시로 병합하고 종합하고 화해시켰다. 이 종합을 성취한 그의 영성의 비밀은 『초기 규율』 22장에 분명히 나타나 있다.

"모든 형제여, 우리는 주님이 말씀하신 바에 주의를 기울여야 한다. 주 예수 그리스도를 위하여 원수를 사랑하고 우리를 미워하는 자를 선대하자. 우리는 그의 발자취를 따라야 한다. 주님은 자신을 배반한 자를 '친구'로 부르고 자신을 못 박은 자들에게 자신을 기꺼이 내어 주셨다."

---

2) 평신도 회개 운동이 프란시스에게 끼친 영향에 관한 연구로는, *Dossier de l'ordre de la penitence au XIII siècle*, ed. G. G. Meersseman (Fribourg: Editions universitaires, 1961)과 Alphonse Pompei, O.F.M. Conv., "Il movimento penitenziale nei sec XII-XIII," in *Atti del Convegno di Studi Francescani* (Assisi: Edizione Franciscane, 1973)을 보라.

3) 아씨시의 프란시스는 성직자로 임명받지 않았다. 그의 성직에 관한 문제를 살펴보려면, Mariano D'Alatri, O.F.M. Cap., *San Francesco d'Assisi diacono nella Chiesa* (Rome: Istituto Storico dei Cappuccini, 1977)을 보라.

모든 상황에 관대하게 반응하는 점에서 프란시스는 프란시스 수도회의 생활과 영성을 위한 기본 형태(forma minorum)이며, 또 그렇게 남아 있다.

성 프란시스의 영적 경험

처음 회심하였던 1205/1206년에서 그의 생애 마지막 해인 1226년까지 아씨시의 프란시스는 스물여덟 편의 글을 남겼으며, 그 밖에도 받아쓰게 한 편지나 축복 기도들이 그의 여러 전기에서 발견된다. 『초기 규율』과 『후기 규율』과 『유언』 등이 그 가운데 있다. 이것들은 「태양의 노래」와 더불어 가장 잘 알려져 있으나 그의 편지와 훈계와 기노들을 알지 못하고는 그 깊이를 충분히 이해하기 어렵다. 그것들 모두가 함께 예수 그리스도의 복음을 실현한 프란시스의 경험과 비전과 지혜를 보여주는 하나의 초상화를 그려낸다.

그가 죽기 직전에 기록된 『유언』의 첫 줄에서 프란시스는 그의 생의 여정을 이렇게 되새긴다.

> 주님은 나 프란시스 형제에게 이런 식으로 속죄를 시작하도록 허락하셨다. 내가 죄 가운데 있었을 때 나는 문둥병자들을 보는 것이 매우 괴로웠다. 그런데 주님은 친히 나를 그들 가운데로 인도하셨고 나는 그들을 불쌍하게 생각했다. 내가 그들과 헤어졌을 때 내게 쓰라리게 보였던 그것은 영혼과 몸의 달콤함으로 바뀌었다. 후에 나는 잠시 더 머무르다가 세상을 떠났다.

프란시스가 회심하게 된 토대는 주님이 그를 문둥병자들 가운데로 인도하신 경험이었다. 그의 마음을 새롭고 깊은 동정으로 감동시킨 것은 바로 자비의 경험이었다. 그의 마음은 난생처음으로 사회에서 소외된 그의 형제와 자매를 향해 열렸다. 그리고 그가 그들을 껴안는 데서 그도 역시 안겼다. 프란시스는 그를 인도하신 분이 주님이셨으며, 따라서 문둥병자들과 함께 있는 것이 하나님의 거룩하시고 참된 명령에 순종하는 것임을 깨달았다. 『초기 규율』의 제9장에서 프란시스는 자기 형제들에게 동일한 경험을 갖도록 격려한다. "그리고 그들이 천시당하고 멸시받고 가난하고 힘없고 병들고 길가에서 구걸하는 사람들 사이에 살 때 그들은 기뻐해야 한다." 같은 장에서 프란시스는 이렇게 기뻐해야 할 이유를 설명했다. 그것은 바로 모든 형제가 "우리 주 예수 그리스도의 겸손과 가난을 따라 살도록" 힘써야 하기 때문이다.

프란시스가 문둥병자들에게로 인도되었을 때, 그는 그리스도께 인도되었다. 그러나 프란시스가 주장하는 것은 자신의 혐오와 편견을 극복한 영웅적인 행동이 아니었다. 그것은 오히려 그의 내부에서 그를 자극하고 감동시킨 하나님의 역사였다. 프란시스는 바로 성령의 은사로 감동되었다. 그가 겪은 자비의 경험과 문둥병자에 대한 새로운 달콤함보다 훨씬 더 근본적인 것은 자신을 그들에게로 인도한 주님의 임재에 대한 자각과 지식이었다. 프란시스는 자신의 아버지 하나님 곧 주 예수 그리스도의 아버지 하나님의 뜻에 자기 뜻을 굴복시켰다. 여기에서 프란시스는 자유케 하는 성령을 통하여 주님의 영감과 은사를 받기 위해 자기 뜻과 세상의 길을 버렸다. 왜 그가 『후기 규율』의 10장에서 그의 형제들이 "무엇보다 주님의 영과 그의 거룩한 역사를 사모해야 한다"고 기록했는지 이해할 수 있다.

프란시스가 사모한 성령은 프란시스를 굴욕당하고 멸시받은 그리스도의 낮아진 육체와 동일시했다. 그리고 성령은 프란시스에게 자기 영광과 소유와 또는 다른 사람들에 대한 지배의 모든 욕구에서 완전히 자유할 수 있는 힘을 주었다. 성령은 프란시스 자신의 육체에 굴욕감을 주어 그가 멸시받는 자들과 함께 있는 데서 편안함을 느끼게 했다. 내주하시는 성령과 더불어 프란시스의 시각은 "그의 양 무리를 구원하시기 위해 십자가에서 수난당하신 선한 목자"에 고정되었다(훈계 4). 프란시스가 경험한 가난과 인내와 겸손과 지혜와 하나님 사랑은 모두 주의 영이 그에게 준 지식이자 십자가 고난의 경험이었다.

형제 사랑과 형제들 자체가 성령의 선물이다. "주께서 나에게 형제들을 주셨다"(유언). 그들의 일치와 화합과 서로에 대한 사랑이 선물이며, 그 자체로서 서로 간에 대한 그들의 관계를 결정한다. 『초기 규율』의 제5장에 따르면, "어떤 형제도 다른 형제에게 악을 행하거나 악한 것을 말하지 말아야 한다. 오히려 성령의 자비로 그들은 기꺼이 서로 섬기고 순종해야 한다." 형제 사랑의 경험은 가장 낮은 자리를 취하신 그리스도의 삶을 사는 것이다. "그리고 형제는 다른 형제들의 발을 씻어 주어야 한다"(제6장). 이것이 서로에 대한 사랑의 순종이다.

하나님과 형제들 앞에서 프란시스의 이와 같은 성향은 그의 영적 카리스마와 삶의 계획을 설명해 준다. 그것은 창조자와 피조물 앞에서 프란시스가 '보다 작음'(*minoritas*)을 말하는 것이다. 거기에 정직한 겸손에 대한 인식과 밀접하게 연결되는 내적이고 개인적인 가난에 대한 그의 위대한 의식을 이해하는 열쇠가 있다. "자신이 사람들에게 칭찬받고 높임을 받을 때를 자신이 가치 없고 단순하고 비천하게 간주할 때보다 더 낫게 여기지 않는 종은 복이 있다. 이는 하나님 앞에서는 그 사람의 됨됨이가 바로 자신이며 더 아무것도 아니기 때문이다"(훈계 19). 프란시스는 성도나 죄인이나 불신자나 박해자 모두 앞에서 동일한 성향이 있었다. 무서운 사라센 사람들과 기독교의 원수들에게 가는 탁발 수도사들에게 프란시스는 "논쟁이나 말다툼에 휩쓸리지 말고 하나님을 위하여 모든 인간 피조물에 복종하라"고 지시했다(『초기 규율』, 제16장).

프란시스는 그의 전 생애와 그의 형제들의 생애를 "예수 그리스도의 복음의 삶"으로 밝혔다. 그는 『유언』에서 그를 문둥병자들에게로 인도하셨던 주의 영이 또 그에게 그가 "거룩한 복음의 형식에 따라 살아야 한다"라는 것도 계시하셨다고 쓴다. 그는 성경에서 "영과 생명"을 발견했으며, 성경에 대한 그의 존중과 사랑은 그의 생활 방식에서뿐만 아니라 기록된 말씀 자체에 대한 그의 경외에서도 나타난다. "마찬가지로, 어울리지 않는 장소 어디에서나 주님의 기록된 말씀을 발견하면 그것들은 어울리는 장소에 수집하고 보관해야 한다"(『성직자들에게 보낸 편지』). 프란시스에게 있어서 성경 말씀은 하나님 아들의 목소리였으며, 그는 자기 삶에서 그 거룩한 말씀을 굳게 붙잡아야 한다고 이해했다.

자기를 처형하는 자들에게 겸손히 자신을 내어주고 원수들에게 사랑의 말씀을 하셨던 복음서의 그리스도는 프란시스의 믿음의 눈에서 볼 때 그의 살과 피의 성찬에도 임재했다. 첫 번째 『훈계』(Adomonition)에서 프란시스는 "성령에 따라" 이 성찬에 대한 신앙을 이야기한다. 예수께서 지상에 계실 때 그와 동행하고 그의 육신을 만졌던 자들에게 요구된 같은 믿음이 이제 성찬에 다가가는 사람들에게 요구된다. 하나님의 겸손의 신비는 같으며 오직 겸손을 끌어안음에서만 신자가 성찬의 관계에 들어갈 수 있다. 겸손은 내주하시는 주의 영이 "가장 거룩한 주님의 살과 피를" 받도록 허용한다. 신자는 주님을 볼 수 있으며, 오직 성령의 눈으로만 언제나 우리와 함께 있기 위하여 빵과 포도주의 모습으로 자신을 낮추신 주님을 볼 수 있다. 첫 번째 『훈계』에 따르면, 인간이 복음에서 그의 음성을 들을 수 있는 것은 성령에 의해서며, 성찬에서 그를 볼 수 있는 것도 바로 그 같은 성령에 의해서다.

보라. 주님은 보좌에서 내려와 동정녀의 태에 들어가셨을 때와 같이 날마다 자신을 낮추신다. 날마다 그는 겸손한 모습으로 우리에게 오신다. 그분은 날마다 성부의 가슴에서 제단 위의 사제의 손안에 내려오신다. 그리고 그가 참 육체로 사도들에게 보이셨던 것처럼 이제 그는 거룩한 빵에서 우리에게 자신을 계시하신다. 그리고 그들이 육신의 눈으로 오직 그의 육신만을 보았으나 그럼에도 믿음의 눈으로 그를 묵상했을 때 그를 하나님으로 믿었던 것처럼 우리는 우리 육신의 눈으로 빵과 포도주를 보지만 또한 그것들이 살아 있고 참된 그분의 거룩한 살과 피라는 것을 보고 굳건히 믿어야 한다.

프란시스를 말씀과 교회에 결속시킨 것은 복음서와 성찬의 주 예수 그리스도였다. 그는 로마 교회의 사역자들을 떠나 살 수 없었다. "우리는 모두 성직자가 선포하고 가르치는 우리 주 예수 그리스도의 거룩한 말씀과 피를 통하지 않고서는 아무도 구원받을 수 없다는 것을 깨달아야 한다. 그리고 다른 사람들은 안 되며 오직 성직자들만이 그것들을 행해야 한다"(『신실한 자들에게 보낸 편지 제2판』). 따라서 프란시스의 글들은 종종 예배에 사용되는 물건이나 규범을 존중히 여길 것을 장려한다. 그 신적인 직무에 대한 그의 사랑에서 제도적 교회에 대한 깊은 의식을 볼 수 있다. 프란시스는 『초기 규율』과 『후기 규율』과 『전체 수도회에 주는 편지』(*Letter to the Entire Order*)에서 예배 시간을 강조했다. 프란시스가 직접 쓴 『수난의 직무』(*Office of the Passion*)는 그가 시편의 시들과 함께 유대-그리스도교 전통의 기도에 뿌리를 두고 있는 것을 보여준다. 그 글 속에 예배를 위한 찬송 본문이 산재한 것은 그가 예배에 사용되는 성경적인 기도를 잘 알고 있었음을 입증한다.

프란시스를 문둥병자들에게로 인도했고 그의 마음을 하나님 말씀에 열게 했으며 그에게 교회에 대한 믿음을 준 주의 영은 그를 라 베르나 산으로 인도하셨다. 그는 죽기 2년 전인 1224년 9월에 그곳에서 은거하며 기도하던 중에 십자가에 못 박히신 그리스도의 다섯 상처를 표시하는 흔적을 그의 몸에 받았다. 13세기의 모든 자료가 이것을 증언하는데, 여섯 날개를 가진 스랍들의 출현과 함께 이루어진 것으로 설명된다. 보나벤투어는 자신의 『성 프란시스의 일생』(*Major Life of St. Francis*)에서 프란시스는 그 성흔에서 "육체의 순교에 의해서가 아니라 영혼을 삼키는 그의 사랑의 불에 의해 십자가에 못 박히신 그리스도의 형상으로 완전히 변형되었다"고 쓴다(13.12).

라 베르나 산에서 있었던 하나님에 대한 경험 직후에 프란시스는 위대한 「태양의 노래」(Canticle of Brother Sun)를 썼다.[4] 이 시적인 찬송은 비록 그가 거의 소경이 되었고 심한 복통으로 고생할 때 기록한 것이지만 완전히 평화로운 사람, 그리고 창조 세계의 모든 존재와 온 우주와 조화를 이룬 한 사람이 지극히 높으신 이를 찬양하는 노래다. 모든 피조물은 형제와 자매이며 그들은 동정녀 마리아와 모든 천사와 성도와 함께 교회 안에 있는 찬양의 교제를 반영한다. 그 마지막 노래에서 프란시스는 지극히 높으신 이를 찬양하는 데 몰아한 상태로 숨겨진 자연의 모든 우주적 요소들과 조화를 이룬다. 그에 따르면, 그것들은 그들의 가장 깊은 내적 존재에서 하나님을 찬양하는 소리의 합창이다. 그의 최후의 복종과 명확한 사랑의 순종 행위가 이 찬송에서 되울린다. 프란시스는 자매인 죽음에게 인사하며 이렇게 노래한다.

주여, 살아 있는 인간이 아무도 피할 수 없는 우리 자매인 육신의 죽음을 통해 찬양 받으소서. 대죄 속에서 죽는 자에게 화 있도다. 죽음이 다가올 때 당신의 가장 거룩한 뜻 안에 있는 자는 복이 있도다. 둘째 사망이 절대 그들에게 해를 입히지 못하리라.

그의 삶과 영성에 대한 최후의 증언은 그가 사랑했던 "작은 교회당" 천사의 성모 마리아 교회에서 1226년 10월 3일 저녁, 죽음이 그를 찾아왔을 때, 그가 남긴 권면이다: "나의 주님을 찬양하라. 그에게 감사하라. 큰 겸손으로 그를 섬기라."

---

4) 보다 상세한 연구를 위하여는 Eloi Leclercq, *The Canticle of Creatures: Symbols of Union*, trans. Matthew J. O'Connell (Chicago: Franciscan Herald Press, 1978).

아씨시의 클라라

아씨시의 클라라(St. Clare of Assisi)로 불리는 클라라 디 오프레두치오(Clara di Offreduccio)는 1193/1194년에 태어났다. 그녀는 아씨시의 프란시스보다 12살 아래였고, 1253년 8월 그녀의 정신적 스승이자 인도자가 죽은 지 거의 27년 후에 죽었다. 클라라는 프란시스가 살아있을 때, 그를 따른 사람 가운데 누구보다 그를 오랫동안 알고 지냈으며 그의 죽음에 대한 기억도 소중하게 간직한 사람이었다. 1212년 3월 19일 종려주일에 클라라는 성모 마리아 교회에서 프란시스에 의해 청빈으로 옷을 입었으며, 그 후 곧 산다미아노(San Damiano) 교회로 가서 일생을 그곳에서 보냈다. 클라라가 프란시스에 관해 들은 것은 아마 훨씬 더 이전인 1206년 그가 처음으로 회심과 참회의 삶을 시작한 때로 보인다. 여러 해 동안 갈등이 있은 후 1253년에 승인된 그녀의 『규율』(Rule)에서 클라라는 자신을 "가장 축복받은 아버지 프란시스의 작은 식물"로 말했다(제1장). 그녀가 오랫동안 프란시스에 대한 추억과 비전을 간직한 것은 그와의 깊은 영적인 관계를 말해준다.

클라라의 영성에 대한 자료는 소수에 불과하지만 매우 부요하다. 그녀의 『규율』과 『유언』과 다섯 개의 편지와 아그네스를 위한 축복기도가 우리에게 전해지는 전부다. 다섯 개의 편지 가운데 네 개는 프라하의 복자 아그네(Agnes of Prague)에게, 하나는 브루게스의 에르메트루데(Ermetrude of Bruges)에게 보낸 것이다. 종교적인 길에 들어선 초기에 클라라는 프란시스로부터 어떤 생활 규범을 받았다. 그러나 제4차 라테란 종교회의의 결정에 따라 새로운 규율을 만드는 것이 금지되었기 때문에, 클라라는 장차 그레고리 9세(Gregory IX)가 될 추기경 휴골리노(Hugolino)로부터 『성 베네딕트 규율』(Rule of St. Benedict)을 받았다. 그 뒤 1247년 이노센트 4세(Innocent IV)는 휴골리노의 규율을 수정하여 두 번째 규율을 썼다. 클라라는 오랫동안 전통적인 수도원 규율을 거부했다. 그것은 그 규율이 수도원 생활을 규정해 놓았기 때문이 아니라 그녀가 엄격하고 절대적인 가난을(그녀는 그것을 "가난의 특권"으로 불렀다) 포함할 그녀 자신의 규율을 쓰고 싶었기 때문이었다. 마침내 1253년 8월 9일 그녀가 죽기 이틀 전에 이노센트 4세가 그녀의 규율을 승인함으로써 그녀 일생의 소원이 성취되었다.

클라라가 프란시스에게서 물려받은 주된 유산은 가난, 서로 사랑하는 경험, 그리고 "구유에 가난하게 누우셨고 세상에서 가난하게 사셨고 십자가 상에서 벌거벗으셨던 주님"에 대한 묵상이었다(『유언』). 클라라의 삶의 후반에 쓰인 편지는 산 다미아노의 고요함 속에서 오랜 세월 동안 배운 정화된 영적 지혜를 반영한다. 가난에 대한 클라라의 사랑은 설교나 참회를 위한 것이 아니라 묵상을 위한 것이었다. 클라라는 이를 통해서 그리스도를 보고 알고 만질 수 있었다. 가난은 가난한 그리스도와 배우자로 연합되는 열쇠다. 『아그네스에게 쓴 두 번째 편지』에서 클라라는 이렇게 썼다.

> 그대는 가난한 동정녀로서 가난한 그리스도를 껴안아라. 그대를 위해 멸시받은 그분을 바라보고 따르며, 그분을 위해 그대 자신을 세상에서 멸시받는 자가 되게 하라. 그대의 배우자는 인간의 자녀들보다 더 아름다우셨지만, 멸시받고 주먹에 맞고 온몸에 무수히 채찍을 맞으셨다. 그리고 그분은 십자가의 고통 가운데 돌아가셨다. 오 가장 숭고한 여왕이여, 그분을 바라보라. 그분을 생각하라. 그분을 묵상하라. 그리고 그분 닮기를 사모하라.

이 가난과 관상이라는 주제가 융합되어 프란시스의 카리스마를 비춰주는 빛이 되었다. 클라라는 프란시스의 마음의 깊이를 반영했다. 클라라가 없다면 프란시스 자신의 삶과 카리스마의 깊이와 비전은 흐릿하게 남았을 것이다. 알렉산더 4세는 클라라의 시성식 교서에서 "클라라 안에서 우리는 맑은 거울을 얻었다"고 썼다.

첼라노의 토마스

프란시스는 죽은 지 채 2년이 되지 않아 아씨시의 한 기념식에서 그의 친구이자 새로 교황 그레고리 9세로 선출된 추기경 휴골리노에 의해 성인으로 선포되었다. 1228년 7월 바로 이때 교황 그레고리 9세는 웅장한 성 프란시스 바실리카의 초석을 놓았을 뿐 아니라 그 성인의 공적인 삶을 기록하도록 지시하기도 했다. 첼라노의 토마스 형제(Brother Thomas of Celano)가 저술한 이 『첫 생애』(First Life)는 그 후 그 성인과 관련하여 발전한 문학적 전통의 토대가 되었다. 이 작품은 『첫 번째 전기』로 불리는데, 그것은 1246년 총회에서 토마스가 『두 번째 전기』를 쓰도록 지시를 받기 때문이었다. 프란시스에 대한 그의 삼부작은 『기적에 관한 보고서』(Treatise on Miracles)와 더불어 1253년에 완성되었다. 그 보고서는 프란시스에 의한 것으로 알려진 모든 기적을 수집해 놓았다.

첼라노의 토마스 형제는 프란시스의 영성을 '복음서 정신 안에서의 갱신'으로 제시하는데, 그것은 다시 교회를 갱신한다. 겸손과 자비는 우리 주 예수 그리스도의 복음서 말씀에서 흘러나오는 두 개의 주된 덕목이다. 복음서를 숙고할 때, "다른 것은 조금도 생각하기를 원하지 않을 정도로 성육신의 겸손과 고난의 자비가 특히 그의 마음을 사로잡았다"(I Cel. 84). 첼라노의 『첫 생애』 제1부가 프란시스가 베들레헴에 탄생한 아기에 대한 기억을 되살리는 이야기로 끝나는 것도 그리 놀랍지 않다. 잊혔던 아기 예수는 그레치오(Greccio)에서 "그의 종 프란시스를 통해 다시 소생했다"(I Cel. 86).

『첫 생애』 제2부는 고난의 자비를 그린다. 프란시스 생애의 말년을 다룬 이 부분에서, 프란시스가 들은 모든 복음서 말씀은 예수의 고통과 수난을 이야기한다. 예수의 고난에 대해 듣자마자 프란시스는 자비에 압도된다. 그것은 고난의 성흔을 받는 순간 등장한 스랍으로 표현된다. "이것은 위대한 신비이며 사랑의 특권의 장엄성을 보여준다"(I Cel. 90). 십자가에 못 박히신 그리스도의 위대한 사랑을 발견한 프란시스는 육신이 된 말씀의 겸손과 가난의 복음 메시지를 듣고 가르치고 실천한다. 그는 "십자가에 못 박히신 주님의 못 박힌 종"으로 변형되었다(I Cel. 95). 그레치오의 겸손과 라 베르나의 자비는 프란시스가 "그리스도의 복음으로 온 세상을" 가득 채워야 할 그의 소명에 충실했음을 보여준다(I Cel. 97).

폴리뇨의 안젤라

폴리뇨의 복자 안젤라(Blessed Angela of Foligno, 1248-1309)는 프란시스의 영성이 13세기 후반의 참회 운동에 영향을 미쳤을 때 그 영성의 발전을 보여주는 한 보기다. 안젤라는 1291년에 참회하는 과부로서 제3 수도회(The Third Order)에 들어왔다. 이 프란시스 양식의 그리스도인 생활은 여성들 사이에서 성공적으로 발전하고 있었다. 그들 중에는 안젤라뿐 아니라 헝가리의 성 엘리자벳(St. Elisabeth of Hungary, d. 1231), 비테르보의 로즈(St. Rose of Viterbo, d. 1252), 코르토나의 마가렛(St. Margaret of Cortona, d. 1297), 몬테팔코의 클라라(St. Clare of Montefalco, d. 1308), 푸미첼의 다우핀(St. Dauphine of Puimichel, d. 1360) 등도 있었다. 엘리자벳은 가난한 자를 섬기는 복음의 전통을 따랐으나, 다른 이들은 내적인 삶에 초점을 두는 신비주의를 지향했다.

제3 수도회 여성들 사이에서 신비적 연합의 추구는 그리스도의 고난에 대한 깊은 묵상을 통해 이루어졌다. 그 것은 프란시스가 묵상의 주제로 애용한 것이었다. 이 여성들은 말씀을 설교하도록 허락받지는 않았으나 신비적 경험들 통하여 영적으로 도통한 자들이 되었고, 그로써 이미 그들 시대에 영적인 삶을 가르치는 선생들이 되었다. 그 시대의 신비주의적 여성들이 통상적으로 행한 것은 영적인 지도와 고백이었다. 안젤라의 깊은 영적 경험의 여정이 보존된 것은 프란시스 회원이자 그녀의 고해신부였던 아르날도 수사(Brother Arnaldo) 때문이었다. 1290년과

스테파노 디 지오반니,
십자가 고상 앞의 성 프란시, ca. 1437-1444.

1296년 사이에 안젤라는 여러 차례 아르날도를 만나 자기 영혼을 쏟아 놓았으며, 아르날도는 안젤라의 회심과 절망과 황홀의 단계와 갈등을 그대로 받아 썼다. 아르날도의 『기록』(Memorial)은 33단계로 나누어지는 그녀의 영적 순례 여정을 펼쳐 보인다.

『기록』은 안젤라의 회심과 함께 그녀가 성 프란시스에게 그녀를 위해 고해 신부를 찾아 달라고 기도하는 것으로 시작된다. 아르날도를 발견하자마자 그녀는 "그에게 모든 것을 고백했다." 안젤라는 고백과 참회의 삶을 수용하는 데서부터 십자가를 바라보고 그리스도가 어떻게 그녀를 위해 돌아가셨는지를 깨닫기 시작했다. 그녀는 십자가에 못 박히신 주님에 비추어 자기 죄를 보고 또 자신에 대한 주님의 사랑을 보기 시작했다. 이것에서 감동되어 어느 날 그녀는

십자가 앞에서 옷을 완전히 벗고 그에게 "과거의 죄의 각 부분을 하나씩 하나씩 회개하며 그녀의 모든 지체에서 영원한 순결을 지킬 것"을 약속했다.

십자가가 안젤라의 기도와 비전의 영감이 되면서, 안젤라는 보고 맛보고 느끼고 냄새 맡는 새로운 능력을 발견했다. 안젤라는 십자가에 못 박히신 그리스도께서 주셨던 사랑을 주님께 되돌려 드릴 수 있는 능력을 받았다. 여기서 안젤라는 스스로 자신을 "무력함의 지점에 이르기까지 친구와 친척, 그리고 자기 자신에 대해서까지도 가난하게 한" 그리스도의 경험에 들어가면서 내부로부터 십자가를 경험했다.

『기록』의 여섯 번째와 일곱 번째 보충 단계에서 안젤라는 십자가 위의 그리스도의 절대 가난과 무력함에서부터 "매우 두려운 어둠"과 고통으로 옮겨갔다.

> 나는 그것을 아무 도움도 후원도 구제책도 없이 손은 뒤로 묶이고 눈은 가리어진 채 단두대에 목이 매달려 있으면서 아직 목숨이 붙어 있는 사람의 모습으로밖에 비유할 수 없다(no. 97).

"지체 없이 자신을 지옥으로 보내 달라"고 간구하는 고뇌에 찬 안젤라의 부르짖음은 그녀가 어둠의 심연으로 내려간 것을 뜻한다. 거기서 그녀는 모든 사람들의 최후의 적인 교만과 싸웠다. 그러나 이것에서부터 안젤라는 일곱째요 최종 보충 단계인 황홀경에 들어 "말할 수 없이 큰 기쁨"을 경험한다. "거기서 나는 내가 알고 싶은 모든 것을 알았으며, 소유하고 싶은 모든 것을 소유했다. 나는 지고의 선을 보았으며, 이 상태에서 영혼은 그 선을 기뻐한다." 특히 여섯째와 일곱째 단계에서의 경험을 설명하는 데서, 안젤라는 자신이 포용하고 따랐던 십자가에 못 박힌 그리스도의 완전한 자기 비움에 참여했다. 하나님에 대한 완전히 새로운 경험에서 안젤라는 인간 이성으로는 볼 수 없는 창조되지 않은 선 자체를 만졌다. 그녀의 영적 경험에는 보나벤투어가 『하나님께 이르는 영혼의 여정』에서 명료하게 설명한 것과 비슷한 것이 있다: "아버지께서 우리에게 보이실 때, 우리도 빌립처럼 '이것으로 충분합니다'라고 말할 수 있도록 우리는 십자가에 못 박히신 그리스도와 더불어 이 세상에서 나와 하나님 아버지께로 가자"(7.6).

성 보나벤투어

성 보나벤투어(St. Bonaventure)는 1217년 바뇨레조(Bagnoregio)에서 태어나 1243년 파리에서 프란시스 수도회에 들어왔다. 이 위대한 학문의 전당에서 그는 성경과 『문장론』(Sentences)에 대한 주석을 썼다. 그는 1257년에 프란시스 학교의 학생감이 되었고, 같은 해 그 수도회의 총장으로 선출되었다. 프란시스가 죽은 지 31년 되던 해였다. 당시에 그 수도회는 몹시 소란스러웠으며, 그는 생애 마지막까지 총장으로 형제들을 섬겼다. 1273년 5월에 그는 추기경으로 승진했고 알바노(Albano)의 주교로 서품되었다. 주교와 추기경으로 리용 종교회의에 참석하고 있을 때인 1274년 7월 15일 그는 세상을 떠났다.

총장으로서 그는 프란시스 수도회의 영성을 위해 중요한 글을 썼다. 『복음적인 완전에 대한 쟁점들』(Disputed Questions on Gospel Perfection)과 『탁발수도사들의 변론』(Defense of the Mendicants)과 그의 최후 작품 『6일에 대한 연구』(The Collations on the Six Days) 등이 그것이다. 『쟁점들』(Disputed Questions)에서 보나벤투어는 복음적인 완전의 토대로서 가난을 옹호한다. 가난은 겸손과 밀접히 연관된다. 『탁발수도사들의 변론』도 동일한 논지를 따른다. 그러나 『연구』(Collations)에서 보나벤투어는 프란시스의 종말론을 피오르의 요아킴의 일부 사상들을 병합한 것으로 제시한다. 여기서 프란시스는 종말론적 시대의 완성으로 간주되고, 프란시스는 복음적인 완전으로 인해 이미 역사의 완성으로서 스랍의 지위(seraphic oder)에 있다. 반면에 완전에 있어 프란시스와 차이가 나는 그의 추종자들은 그룹의 지위(cherubic oder)에 남아 있다. 프란시스 수도회는 섭리적으로 최후에 날에 맞추어 조정되어 있으며, 그것은 교회를 마지막 시대로 향하게 한다. 라 베르나 산의 성흔에서 십자가에 못 박히신 그리스도의 모습으로 완전히 변형된 프란시스는 이미 그 마지막 시대에 들어가 있다.

보나벤투어는 프란시스와 프란시스 수도회를 구분했으나, 총장으로서 그의 작품 대부분은 프란시스와 탁발수도사들의 관계를 분명하게 언급한다. 보나벤투어 자신은 프란시스를 만난 적이 없었지만, 보나벤투어는 프란시스에 대한 깊은 관계 의식을 하고 있었다. 보나벤투어의 가장 위대한 저서로서 관상적이며 신비적인 『하나님께 이르는 영혼의 여정』(*The Journey of the Soul into the God*)은 그가 총장으로 선출된 직후인 1259년에 쓰였다. 라 베르나 산의 은둔생활의 고요 속에서 보나벤투어는 매우 분명하게 프란시스를 기억했고 프란시스의 신비적 여정을 능숙한 솜씨로 명료하게 설명했다. 그의 거작 서문에서 그는 이렇게 썼다.

> 내가 거기서 영혼이 하나님께 올라갈 수 있는 여러 가지 방법을 숙고하고 있을 때, 그중에도 특히 바로 이곳에서 프란시스에게 일어났던 그 기적이 머리에 떠올랐다. 그것은 십자가에 못 박힌 그리스도의 형상을 한 날개 달린 스랍의 환상이었다. 이것을 깊이 생각하고 있는 동안 나는 곧 이 환상이 묵상 중에 우리의 아버지 프란시스가 황홀경에 들어간 것과 그것이 이루어진 길을 보여준다는 것을 알았다.

관상은 목표인 동시에 여정이다. 프란시스가 라 베르나 산에서 경험한 관상의 황홀경과 그 황홀경을 향한 그 여행은 창조에서와 자아의 깊은 내면에서와 성령의 은사인 은혜로운 덕의 경험에서 삼위 하나님의 내주(內住)를 관상함으로써 경험된다. 이것은 프란시스 소명의 절정이며 완성이다. 프란시스의 소명에 참여하는 모든 사람은 관상적인 여행을 하도록 초청된다. 보나벤투어는 관상이 모든 사람에게 좋다고 믿었다. 따라서 다음과 같은 보나벤투어의 가르침은 모든 사람에게 해당한다.

> 모든 피조물에서 당신의 하나님을 보고 듣고 찬양하고 사랑하고 경배하고 그에게 영광과 존귀를 돌리도록 당신의 눈을 열고 당신의 영혼의 귀를 기울이며 당신의 입술을 열고 당신의 마음을 쏟아라. 그리하면 온 세상이 당신을 대적하여 일어나지 않을 것이다.

그 산에 오르는 관상의 여정은 십자가에 달리신 그리스도에 대한 사랑으로 시작된다.

> 십자가에 달리신 분에 대한 불타는 사랑 외에 다른 길은 없다. 그것은 바울이 셋째 하늘에 이끌려 갔을 때 그를 그리스도와 같은 모습으로 변형시켜 '내가 그리스도와 함께 십자가에 못 박혔나니 그런즉 이제 내가 산 것이 아니요 오직 그리스도께서 내 안에 사신 것이라' 라고 말할 수 있게 했다.

관상적인 황홀경에서 여행의 완성은 십자가에 달리신 그리스도와 친밀해지는 것이다. 이 친밀성은 그 자체로 프란시스가 걸은 여정의 완성이었다. 그것은 프란시스 회원들의 영적 여정일 뿐만 아니라 그리스도인의 여정과 인간적인 소명의 완성이다. 왜냐하면, 육신이 된 말씀의 형상을 따라 만물이 창조되었기 때문이다. "아버지께서 우리에게 보이실 때 우리도 빌립처럼 '이것으로 충분합니다' 라고 말할 수 있도록 우리는 십자가에 달리신 그리스도와 더불어 이 세상에서 나와 하나님 아버지께로 가자." 그리스도를 따르는 일은 관상에서 성취된다. 관상이 유월절 어린 양 그리스도를 통해 그분의 아버지께 이르는 길의 시작이기 때문이다.

프란시스 수도회 영성을 위해 중요한 보나벤투어의 또 다른 저서는 『성 프란시스의 생애』(Legenda Maior 또는 The Major Life of St. Francis)이다. 이것은 1260년 총회의 요구로 저술되었다. 프란시스의 생애를 제시하고 신학적으로 해석한 이 책은 3년만에 완성되었다. 1266년 보나벤투어가 저술한 신학적 전기는 공식적인 전기가 되어 수도회 전체에 배포되었다. 모든 형제는 그것을 한 부씩 소지해야 했으며, 다른 전기나 전설은 폐기해야 했다. 그리하여 이 전기는 후기 중세 문학 작품에서 가장 널리 배포된 것 가운데 하나가 되었다. 프란시스 수도사들의 영성 형성과 문학과 미술과 대중적인 경건에 그 영성이 미친 영향은 매우 크다.

보나벤투어는 정화와 조명과 완전이라는 디오니시우스의 영적 전통의 구조와 통찰을 사용하여 프란시스의 생애를 주제별로 제시한다. 이 구조 안에서 프란시스의 중심되는 영적 경험은 긍휼이다. 그의 회심과 관상에서의 여정의 완성은 긍휼의 경험이다. 긍휼은 프란시스의 삶과 사랑이다. 따라서 프란시스의 영성은 그의 형제 문둥병자의 인성과 십자가에 달리신 그의 형제 예수의 인성과의 관계에서 실현된다. 긍휼은 프란시스로 하여금 라 베르나 산 정상에서 스랍의 지위에 들어가게 했다. "스랍의 열성처럼 뜨거운 소원으로 그는 하늘 높이 하나님께로 태어났다. 그리고 그는 부드러운 긍휼을 통해서 넘치는 사랑 때문에 십자가에 못 박히기를 선택한 그분의 모습으로 변형되었다"(생애 13.3). 프란시스는 긍휼 안에서 가장 깊은 수준의 하나님의 모습에 이르렀고 그리스도의 인간적인 가난과 겸손을 나눔으로써 이것을 실현했다.

보나벤투어는 프란시스의 성흔을 프란시스에게 계시된 주님의 신비를 이해하는 핵심으로 보았다. 자기 육체에 십자가의 흔적을 지닌 프란시스는 하나님의 무한한 사랑의 비밀을 드러내는 계시가 되었다. 비록 『성 프란시스의 생애』에서 문둥병자들과 프란시스의 경험과 라 베르나 산에서 그의 경험을 잇는 것이 궁휼이었지만, 보나벤투어는 프란시스에 대한 설교에서 궁휼의 토대인 겸손을 강조했다: "그리스도의 십자가는 가장 완전한 겸손의 표시다." 라 베르나에서 그리스도의 십자가와 동일시됨으로써 프란시스는 그리스도의 겸손을 드러낸다. 성흔을 지닌 프란시스는 참으로 "작은 형제"(friar minor)이다. 그러나 이 영성은 단순히 프란시스 회원들만을 위한 것은 아니다. 보나벤투어는 십자가 위에서 낮아진 그리스도를 겸손히 껴안는 것은 모든 사람을 위한 구원의 핵심이라고 믿었다. 1255년 성 프란시스 축일에 보나벤투어는 설교에서 프란시스 영성의 보편적인 의의를 강조했다.

> 비록 모든 사람이 '작은 형제들'의 규율을 지키고 고백하지는 않을지라도, 구원받기를 원하는 모든 사람이 온유하고 겸손하다는 의미에서 작은 형제가 되는 것이 필요하다.

신령파

프란시스 수도회 영성의 발전을 연구하면서 지나칠 수 없는 것은 보나벤투어가 죽은 1274년부터 요한 12세(John XXII)가 프란시스 수도회 재산에 대한 교황의 권리를 거부한 교서 "정경의 저자에 대하여"(Ad conditorem canonum)를 공표한 1322년 사이에 현저하게 나타난 그 수도회 내의 운동이다. 이 교서는 이전에 교황이 가난과 관련하여 『규율』을 해석하는 문제에 관해 그 수도회 내에 일어나는 논란을 중재할 권리를 가지려는 시도를 근본적으로 거부한 것이었다. 일찍이 1229년에 그레고리 9세는 프란시스의 『유언』이 『규율』 준수를 명령하는 것에서 구속력이 없음을 선언하는 *Quo Elongati*를 공표했다. 이미 이때 교황의 간섭을 불쾌하게 생각하는 수도사들이 있었다. "집도 거처도 아무 것도 소유하지 않는" 청빈의 국면은 수도회의 지도자들이나 교황청의 손에서 상당히 완화되고 있었다. 이런 변화에 불만을 품은 소수파는 주로 이탈리아 중부의 은둔처들과 프랑스 남부의 프로방스에 자리 잡고 있었다.

1254년 보르조 산 도니노의 제라르(Gerard of Borgo San Donnino)의 『영원한 복음의 입문서』(*Eternal Gospel*)가 정죄되면서 최초의 분열이 시작되었다. 그는 피오르의 요아킴의 작품이 새 시대를 위해 권위를 지니는 것으로 보았다. 그러한 정죄에도 불구하고 피오르의 요아킴의 사상은 『규율』을 보다 엄격히 준수하고자 하던 사람들에게 곧 받아들여졌다. 지상에서 그리스도의 승리를 프란시스의 성흔의 새로운 사건과 그가 시작한 가난의 새 질서 외에 어디에서 찾을 수 있단 말인가? 성흔의 기적이 프란시스를 이해하는 모든 것의 중심을 이루는 보나벤투어의 사상과 성령 안에서 완전의 새 시대가 밝아 오는 것에 관한 요아킴의 사상을 결합한 새로운 종말론적 영성이 프란시스 성흔의 근본적인 새로움에서 신학적인 토대를 발견했다.

흔히 신령파로 알려지게 된 엄격한 수도사들의 교사요 지도자들로 간주하는 자들은 프로방스의 피터 존 올리브(Peter John Olive, d. 1298), 그리고 올리브가 플로렌스에서 가르쳤던 학생들과 투스카니의 우베르티노 다 카살(Ubertino da Casale of Tuscany, d. ca. 1329-1341)이다. 가난에 대한 『찬양』(*The Lauds*)이라는 책에서 신비주의 쪽으로 기운 자코포네 다 토디(Jacopone da Todi, d. 1306)와 앙코나(The Marches of Ancona) 전통을 대표하는 안젤로 클라레노(Angelo Clareno, 1245-1337)는 보니페이스 8세(Boniface VIII)와 요한 12세 두 사람을 대항하여 벌인 정치적인 논쟁으로 시련을 겪었다. 신령파는 그들 지도자들의 죽음과 함께 소멸되었지만, 그들의 가르침은 프란시스 수도회의 전통에 오래 남았고 특히 그다음 세기의 엄수회(The Observant) 운동에 중요한 영향을 미쳤으며, 또 『완전의 거울』(Mirror of Perfection)과 『피오레티』(Fioretti)와 같은 후기 프란시스 자료들에도 영향을 끼쳤다.

우베르티도 다 카살의 비전과 글에 영감을 준 것은 피터 존 올리브의 작품, 특히 『묵시록에 대한 설교』(Postilla in Apocalypse)이다. 1287년 총장 매튜 아쿠아스파르타(Matthew of Acquasparta)가 올리브를 플로렌스의 산타 크로체(Santa Croce)에 강사로 임명했을 때, 우베르티노는 즉시 그의 선생으로부터 요아킴의 가르침과 가난에 대한 불굴의 프란시스 사상을 흡수했다. 1299년 피터 존 올리브가 죽은 다음 해 그의 책들이 수도회의 한 총회에서 정죄되었을 때, 우베르티노는 신령파의 대의를 지지했다. 우베르티노는 결국 이 때문에 추방당하여 라베르나 산의 은둔처로 물러났다. 그곳에서 그는 1305년에 고전적인 저서 『십자가에 못 박힌 예수의 생명 나무』(Arbor Vitae Crucifixae Jesu)를 완성했다.

이 저서에서 그는 예수의 생애를 성부 하나님과 함께 있던 그의 창조 이전의 존재에까지 확장하여 예수의 생애를 자서전적 방식으로 설명하는데, 보나벤투어의 『생명의 나무』에 있는 도식과 올리브의 『설교』의 많은 부분을 볼 수 있다. 이 책에서 십자가에 못 박힌 그리스도는 출발점인 동시에 도착점으로서 중심을 이룬다. 옆구리 상처를 통해 그리스도의 심장으로 들어갈 때, 묵상은 그리스도의 내적인 고통에 이르게 된다. 서문에서 우베르티노는 그 여행을 "가장 신싱한 마음의 엄청난 슬픔을 관상하는 것"이라고 말한다. 그 책의 결론 부분에서는 십자가에 못 박힌 그리스도의 승리를 경축한다. "다섯 번째이자 그 마지막 책은 새로운 순교로써 예수와 합쳐진 이방인 교회의 무수한 자녀들과 관련된다. 그것은 우주적으로 축복 받은 인간 본성의 영원한 혼인 잔치에까지 확대된다."

새로운 순교로 예수와 연합한 사람은 바로 프란시스다. 따라서 그리스도를 향한 프란시스의 스랍의(seraphic) 사랑은 인간 본성을 회복하고 세 번째 시대를 연다. 성흔을 지닌 프란시스는 여섯 번째 인의 천사이다(계 3:7-13). 성령 사랑의 이 새 세계는 숭고한 가난과 겸손의 구현과 관상의 엑스터시와 모든 성도의 친밀한 교제로 특징된다. 신령파는 프란시스에 의해 복음적인 가난을 통해 그의 "스랍의" 규율에서 실현된 변형시키는 능력에 매어달림으로써 교회의 최종적 완전을 앞당기려 했다. 그것은 철저한 가난의 혁명으로써 성령의 움직임에 기반을 둔 종말론적인 영성이었다. 그 스랍의 규율은 세상의 갱신을 위한 하나님의 선물로 간주하였다. 바꾸어 말하면, 신령파는 그 규율을 완벽하게 준수하는 점에서 모든 진정한 그리스도인이 되어야 할 바의 본보기였다. 따라서 그들은 그 수도회나 교회 내의 분리주의자들이 아니라 "구원하는 남은 자"였다.

복음적인 완전의 절정을 절대적인 가난과 동일시하는 데서, 역시 절대적이어야 하는 그리스도의 가난에 대한 의문이 제기되었다. 요한 12세는 이 입장을 이단설로 정죄했다. 이 때문에 요한 12세 사이에 생긴 갈등에서 안젤로 클라레노는 그를 따르는 일단의 추종자와 함께 곧바로 쟁론에 들어갔다(그들은 한때 청빈한 은둔자들로 셀레스틴 5세의 보호를 받았다). 비록 요한 12세에게 정죄받았지만, 그들은 셀레스틴에게서 받은 특권에 매달렸으며 프라티셀리(Fraticelli)로 알려졌다. 이 갈등이 절정에 이르렀을 때, 안젤로는 1325년 유명한 『일곱 환난의 역사』(History of Seven Tribulations)를 완성했다. 그것은 『규율』을 신실하게 지키는 자들이 수도회에서 당하는 시련을 설명한다. 안젤로는 수도사로서 수비아코의 사크로스페코(Sacro Speco of Subiaco)에 추방된 동안 이 작품을 썼다. 그곳에서 그와 더불어 신령파의 단명한 투쟁도 끝났다.

보수파와 엄수파의 영성

15세기가 동틀 무렵, 엄수파로 알려진 그 수도회 내의 개혁 운동은 대중적인 순회 설교 사역을 강조하면서 동시에 규율을 보다 엄격하게 적용하는 데 관심을 가졌다. 그다음 세기에 이것은 그 수도회 내에서 엄수파를 따르는 자들과 규율의 완화를 지지하며 수도원 생활을 중시하는 자들 사이에 분리를 초래했다.

"보수파"란 용어는 목회를 위해 교회나 학교에 부속된 적어도 열세 명의 수도사들을 가진 보다 큰 도시 수도원에서 비롯된다. 토마스 에클레스톤(Thomas Eccleston)의 연대기『작은 형제들의 영국 도착』은 1230년대와 1240년대에 이미 수도사들 사이에 가난에 대한 엄격한 해석보다 더 많은 수도사와 총회와 연구와 예배와 성찬의 삶을 강조한 영성이 발달하고 있었음을 증언한다.

엄수파 회원들은 보다 검소한 생활을 원했고, 시골 또는 은둔자들에게서 유래된 전통을 지키고 가꾸었다. 그들의 지위는 그들의 영적 지도자들이 된 네 명의 수도사, 즉 1402년에 시에나의 성 베르나르딘(St. Bernardine of Siena), 1415년에 카피스트라노의 요한(John of Capistrano), 1415년에 알버트 사르테아노(Albert Sarteano), 그리고 1416년에 제임스(James of the Marches)의 도착으로 더욱 고양되었다. 그들의 사상과 가르침의 중심은 프란시스였는데, 프란시스는 그들에게 또 다른 그리스도(*alter Christus*)였다. 우베르티노 다 카실의『십자가에 못 박힌 예수의 생명 나무』와 1390년경에 피사의 바톨로뮤(Bartholomew of Pisa)가 쓴『성 프란시스의 생애와 주 예수 생애의 일치』(The Book of Conformity of the Life of St. Francis to the Life of the Lord Jesus)가 이 사람들 특히 시에나의 베르나르딘(1380-1444)의 영성에 큰 영향을 끼쳤다.

베르나르딘은 예수의 거룩한 이름에 대한 열정과 설교로 가장 잘 알려져 있다. 이 열정은 그에게서 처음이 아니었다. 그것은 이미 영국 신비주의자 리처드 롤(Richard Rolle, d. 1349)의 글에서 유명했다. 그러나 그것은 보나벤투어가 그의 설교 『아기 예수의 다섯 축일』(The Five Feasts of the Child Jesus)에서 증언한 대로 프란시스가 그리스도의 인성에 대해 지녔던 사랑과 본질에서 일치했다. "오, 그토록 위대한 권세와 효능으로 부여된 그 이름은 얼마나 풍요하며 축복스러운가!"

'우리 주 예수 그리스도의 영광스러운 이름'(The Glorious Name of Our Lord Jesus Christ)이란 제목의 설교 49에서 베르나르딘은 예수의 이름이 어떻게 구약 성경에서 예언되고 천사들에 의해 예고되고 할례에서 계시되고 마지막으로 부활 후에 선포되었는지를 보여준다. 예수란 이름은 구원의 역사 전체를 망라하며, 그러므로 그의 이름에 인간 역사와 개인 역사의 영성이 있다. 예수의 이름 안에 구원과 마지막 시대의 영광에 속한 모든 것이 계시된다. 따라서 모든 기도와 종교적 경험의 중심은 순전히 그 놀라운 구원의 낱말 "예수"를 말하고 맛보는 데 근거한다.

> "오 영광스러운 이름, 오 은혜로운 이름, 오 귀하고 사랑스러운 이름. 당신의 이름을 통해 죄 사함 받고 역경을 극복하고 병자가 완쾌함을 얻으며 시련을 겪는 자들이 힘을 얻고 위로를 받도다."

카푸친회 영성

1525년 엄수파와 보수파를 최종적이자 사법적으로 분리한 교황 레오 10세의 교서 *Ite et Vos*가 발표된 직후 앙코나의 엄수파 수도사 프라 마테오 바스키오(Fra Matteo Bascio, d. 1552)는 보다 열렬한 은둔자의 삶을 살 수 있는 허락을 받기 위해 로마로 향했다. 1528년 클레멘트 7세는 마테오 바스키오에게서 시작되어 루도비코 다 포솜브론(Ludovico da Fossombrone, d. 1560)이 조직하고 인도한 그 작은 집단에 자율과 사법적 지위를 부여한 교서 *Religionis zelus*를 발표했다. 십 년이 못 되어 그들의 숫자는 칠백 명으로 불어났고 많은 지역에 퍼졌다. 은둔생활을 하는 이 작은 형제들은 후에 카푸친회로 불린다. 그들의 지위는 초기에 프란시스코 다 예시(Franscesco da Jesi, d. 1549)와 조반디 다 파노(Giovanni da Fano, d. 1539)와 베르나르디노 다스티(Bernardino d'Asti, d. 1554) 등의 유능한 지도자들의 역할을 통해 크게 고양되었다.

이 초기의 영성은 고독한 묵상 기도와 엄격한 청빈의 생활에 표현된 원시적인 복음적 단순성에 대한 갈망을 바탕으로 했다. 그들은 일반 사람들에게 가까운 대중적인 설교자들로서 신실한 자들 사이에 정신적 기도를 장려했다. 1536년 브레치아(Brescia)에서 출판된 조반니 다 파노의 글 『합일의 종류』(*L'Arte de la unione*)은 대중적인 신비적 저서의 선두에 속한다. 카푸친회 수도사들이 프랑스로 옮겨 가면서 이 전통은 1609년 파리에서 출판된 베네트 칸필드(Benet Canfield, d. 1610)의 유명한 신비주의 논문 『완전의 법칙』(*La regle de la perfection*)에도 등장한다. 그가 하나님과 진밀하게 연합됨을 향한 길로서 정감적인 방법을 선호한 것은 그리스도의 고난과 성찬에 대한 그의 열심과 그리스도에 이르는 안전한 길로서 마리아에 대한 그의 열심에 분명하게 나타난다.

카푸친회의 가장 위대한 인물로 불리는 브린디시의 로렌스(St. Lawrence of Brindisi, 1559-1619)는 트렌트 공의회 이후 가톨릭 회복에서 매우 탁월한 역할을 했다. 그는 알프스 북쪽으로 카푸친회 수도사들을 위한 길을 열었으며 가톨릭 신앙을 심기 위해 후스파, 칼빈파, 루터파의 요새로 용감하게 밀고 들어갔다. 1601년 로렌스는 심지어 헝가리 중부의 전쟁터에까지 들어가 터키인들에 비해 수적으로 열세한 기독교 군대를 격려했다. 그리고 로렌스가 같이 있었기 때문에 기독교 군대가 승리한 것으로 전해진다. 그러나 이런 활동을 하는 중에도 그는 내면의 신비적 삶을 통해 얻은 힘으로 이단자를 반대하는 설교와 가톨릭 교도들을 굳건히 세우는 일도 활발하게 했다.

로렌스의 작품을 수집한 열다섯 권의 책 가운데 첫 권에서 한 사람에 의해 쓰인 것으로 마리아에 대한 가장 부요하고 보배로운 설교가 나온다. 그것은 84편의 설교로 된 그의 『마리알레』(Mariale)다. 동정녀 마리아에 대한 그의 찬양은 마리아가 말씀이 육신이 되는 신비에 동의하고 참여한 데 있다. 이 찬양에서 로렌스는 "귀하고 거룩하고 영광스러운 이 성부의 말씀이 거룩하고 영광스러운 동정녀 마리아의 태에서부터 인성의 육체와 우리의 연약함을 받으셨다"(신실한 자들에게 보낸 편지 제2판)고 찬양했던 아씨시의 프란시스의 전통에 서 있다. 보나벤투어는 이것을 토대로 프란시스가 "말할 수 없는 사랑으로 주 예수의 어머니를 껴안았는데, 이는 마리아가 위엄의 주를 우리 형제로 만드셨기 때문이었다"고 썼다(생애 9.3). 로렌스는 거의 400년간 내려오던 프란시스 수도회의 마리아 신학과 경건에서 가장 좋은 부분을 종합했다. 로렌스의 마리아 사상의 중심은 마리아의 모성인데, 이것은 그녀가 하나님 말씀의 권능을 받기로 자유롭게 동의하고 선택했기 때문이다. "동정녀 마리아의 허락은 얼마나 중요했는가! 이는 마리아가 그것을 말했을 때 말씀이 육신이 되었기 때문이다"(설교 7).

****

프란시스 수도회의 영성은 그리스도의 고난에 초점을 두며 인간적이고 우주적이며 신적인 실재의 깊은 면에 관계한다. 프란시스 수도회 영성은 단순히 십자가를 응시하는 것이 아니라 십자가의 가난을 경험하고 거기서 하나님의 내면으로부터 그의 긍휼한 지혜를 아는 것이다. 그 지혜는 예수께서 고난당하고 소외당한 이들과 자신을 동일시하는 것에서 그의 아버지를 아신 것처럼 십자가의 가난에서 하나님을 아는 것이다. 보나벤투어가 주님의 탄생에 대한 그의 두 번째 설교에서 "광대함이 작음으로, 강력함이 연약함으로, 명료함이 불명료함으로, 불멸이 죽을 수밖에 없는 운명으로, 신성이 인성으로, 부가 가난으로 완화되는" 연합으로 설명한 것도 바로 이 지혜다. 작음과 인성과 가난은 아씨시의 프란시스의 부요한 유산이다. 이런 영성은 권력 지향적인 세상에서 철저한 권력 부인을 선포한다. 십자가에 달리신 그리스도에 대한 프란시스의 사랑은 모든 사람에게 긍휼의 온유함을 전하며 전쟁과 소외로 찢겨진 세상에서 무엇이 가능한지를 증언한다.

3. 갈멜 수도회의 영성
케이트 에간(Keithe J. Egan)

갈멜 수도회(The Carmelite Order)가 처음에 이름 없이 시작된 것은 중세 갈멜 수도회 회원의 의식에 깊은 영향을 미쳤다. 베네딕트 수도회나 도미니크 수도회나 프란시스 수도회들과는 달리, 갈멜 수도회에는 카리스마적인 설립자나 초기의 영웅적인 인물이 없었다. 갈멜 수도회의 설립자 중 이름이 알려진 사람은 한 사람도 없으며, 14세기 후반에서야 비로소 갈멜 수도회의 최초 공동체로 알려진 B-수도원이 브로카드(Brocard)란 정식 이름으로 불리게 되었다. 게다가 13세기 중반에 갈멜 수도회의 정력적인 수도원장이자 환상 속에 갈색 스카풀라리오(scapular: 수도사가 어깨에 걸쳐 입는 겉옷: 역주)를 받은 사람으로 전해지는 시몬 스탁(Simon Stock)조차 14세기 후반의 전설에서부터 등장했다. 한때 갈멜 수도회 전통에서 중심적인 인물이었던 시몬에 대한 조사와 연구는 아직도 계속되고 있다.[1] 영웅이 없는 점에 자극되어 갈멜 수도회 회원들은 중세 후기에 선지자 엘리야를 그들의 설립자로 만들었다. 엘리야의 산에서 갈멜파가 생겨났으며 엘리야는 오랫동안 수도사들의 귀감이 되었다. 게다가 중세 갈멜 회원들은 동정녀 마리아와 관계 맺음을 매우 특이한 방식으로 강조했다. 이와 같은 전통들이 전설에서 비롯된 점을 인식할 때, 비록 그것들이 갈멜 수도회 영

---

1) *Santi del Camzelo*, ed. Ludovico Saggi (Rome: Institutum Carmelitanum, 1972) 320-23; Keith J. Egan, "An Essay toward a Historiography of the Origin of the Carmelite Province in England," Carmelus 19(1972) 92-96.

성의 중요한 상징적 인물과 관련이 있지만, 우리는 주변적인 문제들보다 중세 갈멜 수도회의 영적 생활을 이해하는 데 더욱 중요한 사건과 문서에 집중할 수 있다.

기원

갈멜 수도회의 기원은 예루살렘 대주교 알버트가 그들의 생활신조 "삶의 형식"(vitae formula)을 승인한 바로 이전의 몇 해로 추적될 수 있다(1206-1214). 이 간략한 신조는 초기 팔레스타인 수도원을 연상시키는 예배당 주변에 있는 독립된 작은 방들에 사는 평신도 회개자들을 위한 생활 방식을 설명한다. 이 첫 갈멜 회원들의 영성은 탁발 수도회 운동이 일어나기 직전의 중세기 라틴적인 은둔 전통의 영성이었다. 중세 시대의 다른 은둔자들과 같이 갈멜 회원들은 기도(주로 시편)와 침묵과 공동체 속에서 겪는 고독과 예수와 깊이 관계 맺음을 특별히 강조하며 회개의 삶을 살았다.[2] 형제들 각각은 그의 방이나 혹은 그 가까이 있으면서 주야로 주의 율법을 묵상하며 기도에 깨어 있어야 했다. 사제가 있는 경우에는 하루에 한 번씩 모여 성찬을 거행했다. 갈멜 수도회의 생활신조에는 형제들의 공적인 사역을 위한 조항이 없었다. 이 첫 갈멜 회원들은 순수하고 단순한 무명 은둔자들이었다. 네덜란드 갈멜 수도회 학자인 빅톨 로에프스(Victor Roefs)는 "갈멜 수도회의 영광은 그 놀라운 무명성이다"라고 말했다.[3]

---

[2] For the Latin text and an English translation of the formula and the *Rule* of 1247, see *The Rule of Saint Albert*, ed. Bede Edwards(Aylesford and Kensington: The Friars and Carmelite Book Service, 1973) 77-93. For the Latin text of the *Rule*, see *Constituiones Ordinis Fratrum B.V Mariae de Monte Carmelo…praemissa Regula S. Alberti* (Rome: Curia Generalizia Ordinis Carmelitarum, 1971).

[3] Victor Roefs, "The Earliest Evidence concerning the Carmelite Order," trans. Sean

그 생활신조는 공동체적인 배경에서 은둔생활을 하게 한 것으로서, 갈멜의 은둔자들이 유럽으로 건너왔을 때 그들이 큰 갈등 없이 탁발을 수용할 수 있게 하였다.[4]

팔레스타인의 중세 항구 하이파에서 남쪽으로 겨우 5km 떨어져 있고 지중해의 푸른 물을 마주한 한 골짜기 하이네스시아('Ain es-Siāh)에 살던 갈멜 은둔자들은 그들의 독거를 오랫동안 누릴 수 없었다. 1238년경에 그중 일부가 유럽으로 이주했고, 그들 모두는 1291년 무렵 성지에서 떠나야 했다.[5] 그들이 처음으로 이주한 곳은 사이프러스(Cyprus)와 시칠리아, 영국, 프랑스 남부였다. 유럽 생활은 십 년이 채 못 되어 그들의 은둔적 생활 방식을 계속해 나가는 것에 극복할 수 없는 어려움을 일으켰다. 영국의 아일레스포드(Aylesford)에서 열린 한 총회는 그들의 생활신조를 개정하기 위해 레지날드(Reginald)와 피터 드 폴샴(Peter de Folsham) 두 대표자를 교황청에 파송했다. 개정 작업은 이전에 도미니크 회원들이던 추기경 휴(Hugh of St. Cher)와 토르토사의 주교 윌리엄(William of Reading)에게 맡겨졌다.[6] 전직 도미니크 수도사 두 명이 이 일을 맡은 것은 다른 요소들과 더불어 갈멜 수도회가 도미니크 수도회의 규율과 매우 비슷한 규율을 발전시켜 나가는 데 결정적인 역할을 했다. 1247년 10월 1일 이노센트 4세는 개정된 생활신조를 승인했고, 승인과 더불어 그것이 공식적인 규율이 되었다.

O'Leary, *The Sword* 19(1956) 244.

4) *Carmelite Rule*, ed. Otger Steggink, Jo Tigcheler, Kees Waaijman (Almelo, Netherlands: Privately printed, 1979) 4-5. See also Otger Steggink, "Fraternità e possesso in commune: L'ispirazione presso i mendicanti," *Carmelus* 15(1968) 5-35.

5) Egan, "An Essay," 67

6) Ibid., 91.

그 생활신조의 개정은 갈멜 회원들의 영성에 영구적인 영향을 미쳤다. 더 이상 그들은 은둔적인 장소만 수용하지 않아도 되었다. 그들은 이제 어떤 곳이든지 그들의 규율을 지킬 수 있는 곳이라면 새로운 장소도 받아들일 수 있었다. 그 개정은 또 공공 식당도 규정했고 초저녁에서부터 그 이튿날 아침까지 완전한 침묵의 시간도 줄였다. 갈멜 회원들은 이제 집주인들에게 짐이 되지 않도록 고기와 함께 요리한 음식도 먹을 수 있었다. 그들은 또 가능한 경우에 성무일과를 함께 암송해야 했다.[7] 신조의 본문에 나타난 변화는 그리 엄청나 보이지 않을 수 있지만, 그것들을 이행하는 것은 갈멜산 출신의 은둔자들에게 새로운 정체성을 갖게 했다. 이 변화 때문에 갈멜 수도회는 곧 도미니크 회원들과 프란시스 회원들이 정착해 있던 유럽 도시로 급속히 확장되었으며, 수도원의 공동체적인 생활 양식과 형제들이 성직자가 되는 경향이 초래되었다. 이런 변화는 갈멜 회원들을 확고하게 탁발수도사의 길에 서게 했다. 1247년의 개정은 갈멜 회원들이 관상적인 독거의 삶을 살아야 하는 동시에 공동체 생활과 관련하여 섬김의 사역을 수행해야 하는 모순을 낳았다. 그것은 그때 이래 계속하여 그들에게 긴장을 초래했다. 한때 단순하였던 은둔자들이 이제는 도미니크와 프란시스 회원들이 하는 것처럼 설교하고 가르치고 성례를 주관하도록 (사실상 이웃의 종교적 욕구를 채울 수 있도록) 준비되어야 했다. 그들은 제4차 라테란공의회로 시작된 복음화의 대중적 물결을 타고 있었다. 이 성공적인 추세를 거부할 수 없었던 갈멜 회원들은 탁발을 생활 양식으로 채택하기에 이르렀다. 그러나 갈멜 회원들이 탁발수도사의 모든 특권을 충분히 누릴 수 있게 된 것은 1326년에 요한 12세가 보니페이스 8세의 교서(Super cathedram)[8] 전 규

---

7) Ibid., 91-92.

8) *Bullarium Carmelitanum* (Rome, 1715) 1:56-57.

정을 그들에게까지 확대했을 때였다. 그런데도 갈멜 회원들은 은둔적인 생활 신조가 어엿한 규율로 바뀌자마자 즉시 탁발수도사들처럼 행동하기 시작했다. 겨우 몇 년 전만 해도 은둔자들로 유럽에 왔던 자들이 이제 탁발수도사의 이상을 추구하고 있었다.[9]

갈멜 회원들이 탁발 수도회들에 동화된 것은 내적으로 외적으로 문제없이 넘어가지 않았다. 속인들의 반(反) 탁발 감정과 교회 내에서 그들의 주도권이 약해져 가는 것에 대한 도미니크 회원들과 프란시스 회원들의 염려는 제2차 리용 공의회가 채택한 "다양한 신앙"(Religionum diversitatem)에서 절정에 달했다. 이 문서는 갈멜 회원들과 오스틴 수도사들(Austin Friars)의 장래 지위를 불투명하게 했다. 그러나 갈멜 수도회의 탁발 정책에 대해 교회가 공식적으로 불분명한 태도를 보인 것은 곧 바뀌게 되었다.[10] 그것은 1298년에 보니페이스 8세가 갈멜 회원들과 오스틴 탁발수도사들이 더 이상 탁발 수도회로서 그들의 존재가 위협을 받고 있음을 두려워하지 않도록 "다양한 신앙"의 문구를 수정했기 때문이었다.[11]

갈멜 회원들이 은둔자들로부터 탁발수도사들로 바뀌는 것에 대해 안으로부

---

9) There was a rush of English Carmelites to towns right after the revision: London(1247), Cambridge(1249 closer to town), York(1253), Oxford(1256), Bristol(1256), Norwich(1256). See Keith J. Egan, "Medieval Carmelite Houses, England and Wales," *Camelus* 16 (1969) 188, 164, 224, 211, 158, 208, 143(chronological list of dates of foundations in England).

10) John Dominic Mansi, *Sacrorum conciliorum nova et amplissima collectio*, 24:96-97. *Religionum diversitatem* was promulgated to the Carmelites 31 March 1275(*Bullarium Carmelitanum*, 1:34-35).

11) *Bullarium Carmelitanum*, 1:48-49. On the definitive character of the approval of 1298, see S. Kuttner, "Conciliar Law in the Making: The Lyonese (1274) Constitutions of Gregory X," *Miscellanea Pio Paschini* (Rome: Facultas Theologica Pontificii Athenaei Lateranensis, 1949) 2:74 and n. 116.

터 일어난 가장 중요한 거부는 1266년에서 1271년까지 총장을 지낸 프랑스인 니콜라스(Nicholas)에 의해 제기되었다. 1271년에 그는 자기 직무를 사임했는데, 이유는 형제들의 새로운 정체성에 대한 반대였다. "불화살"(*Ignea sagitta*)이라는 제목이 붙은 회람 편지에서 니콜라스는 이전의 독거 대신 도시 생활을 택한 자를 혹평했다.[12] 그는 그들이 탁발수도사들의 사역, 즉 가르치고 설교하고 상담하는 일을 떠맡는 것을 비난했다. 이 한탄은 사실상 갈멜 수도회의 엄격한 은둔의 삶이 서거한 데 대한 뒤늦은 조종(弔鐘)이었다. 니콜라스의 생존 당시에 이미 그의 형제들은 중세의 나머지 시기와 그 이후에까지 그들을 초서(Chaucer)의 "네 수도회"(ordres foure)에 들게 할 분명한 걸음을 취했었다.[13] 심지어 갈멜 산의 은둔자들에게서 개혁을 위한 영감을 구했던 예수의 테레사(Teresa of Jesus)까지도 수녀들과 수도사들을 위해 공주(共住) 형태의 수도원 모델을 발전시켰다.[14] 테레사는 수도사들이 공적인 사역을 중지하는 것은 상상조차 하지 않았다. 1247년에 개정이 있었던 이래, 관상적 독거와 사역 공동체 혹은 테레사의 수녀들에게 있어서 독거와 공동체 사이의 긴장은 끊임없이 되풀이되었다. 그런데도 W 테레사마저 그녀와 16세기 그녀의 자매들에게는 가능하지 않았던 공적인 사역에 강한 매력을 느꼈다.[15]

---

12) For the text, see "Nicolai Prioris Generalis Ordinis Carmelitarum *Ignea sagitta*," ed. Adrian Staring, *Carmelus* 9 (1962) 237-307.

13) *The Works of Geoffrey Chaucer*, ed. E N. Robertson (2nd ed.; Boston: Houghton Mifflin, 1961) General Prologue, line 210.

14) Teresa of Jesus, *The Way of Perfection* in *The Collected Works of St. Teresa of Avila*, trans. Kieran Kavanaugh and Otilio Rodriguez (Washington, DC: Institute of Carmelite Studies, 1980) 2:11, 4.

15) *The Way of Perfection*, 1:2; see also in the same volume *The Interior Castle*, 7, 4, 14.

갈멜 회원의 관상 지향성은 그들의 최초 생활신조에서뿐만 아니라 현존하는 가장 초기 법규인 1281년과 1294년의 법규에도 분명하게 언급되어 있다. 그것은 어린회원에게 그들의 선조들이 갈멜산의 독거 안에서 천상의 것들을 관상했다는 것을 일깨운다.[16] 그러나 중세 시대에 갈멜 영성의 관상 지향성은 테레사와 십자가의 요한의 글에 팽배한 강한 신비적 요소는 지니지 않았다. 이 시기에 신비적인 것에 대한 관심은 가끔씩 있었을 뿐 지속적이지 않았다. 그러나 『최초 수도사들의 가르침』(*Institution of the First Monks*, 1379-1391)과 최초 갈멜 회원들의 독거에 대한 추억은 16세기 테레사와 요한의 신비주의와 차후에 있을 투레인(Touraine)의 갈멜 개혁에 토대가 되었다.[17]

중세 시대 갈멜수도회 영성의 핵심이 되는 두 가지 문서 중 하나로서 후일 이노센트 4세가 『규율』(*Rule*)로 인정한 문서는 완화하는 몇 개의 절이 추가되었을 뿐 그대로 보존되었는데, 1432년에 유게네 4세가 갈멜회의 요청에 따라 완화한 것이 가장 중요하다. 그리하여 갈멜 수도사들은 대림절과 사순절 외에는 한 주에 사흘 고기를 먹을 수 있게 되었다. 수실이나 그 근처에 머물러야 하는 의무도 완화되었다.[18] 15세기에 그 후로도 음식 규정이 완화되었다. 이렇게 완화된 것은 근대적 사고방식으로 볼 때 그것이 중요하지 않은 듯이 보인 동시에

---

16) "...sancti patres tam veteris quam novi testamenti ejusdem solitudinem pro contemplatione celestium tamquam veri amatores…" ("Constitutiones capituli Londinenis anni 1281," ed. Ludovico Saggi, *Analecta Ordinis Carmelitarum* 15 [1950] 208; "Constitutiones capituli Burdigalensis anni 1294," ed. Ludovico Saggi, *Analecta Ordinis Carmelitarum* 18 [1953] 131).

17) For a list of editions of the *Institution*, see Otger Steggink, *La reforma del Carmelo español: La visita canónica del general Rubeo y su encuentro con Santa Teresa (1566-1567)*(Rome: Institutum Carmelitanum, 1965) 357-58. On the reform, see Joachim E. Smet, *The Carmelites*, vol. 3, part 1, 36-62.

18) Ludovico Saggi. "La mitigazione del 1432 della Regola Carmelitana, tempo e persone," *Carmelus* (5 (1958) 20-22.

전반적인 기개가 부족했다는 것을 보여주지만, 갈멜 수도사들이 이러한 규정 완화를 추구했다는 것은 "규율을 매우 존중했음"을 가리켜준다.[19] 반면에 유게네 4세가 추가한 완화 규정은 테레사의 개혁의 주요 공격 대상이 되었다. 테레사는 자신의 개혁에 참여하지 않은 수도사들을 "완화 수도사"(Mitigated Friars)[20]라고 칭했다. 테레사가 자신의 개혁을 원시 규율(regla priitiva)[21]로 복귀로 여겼음에 주목해야 한다. 테레사가 알고 있었던 것은 이네센트 4세가 승인한 『규율』(Rule)뿐이었다.[22] 테레사를 비롯하여 중세시대 갈멜수도회 선조들이 지속해서 『규율』을 존중했음을 알아야 한다. 수 세기 동안 서방 수도사와 수녀들은 자기들의 삶의 표준이 되는 다양한 규율을 존중했다.

중세 후기의 갈멜 영성을 위해 『규율』 다음으로 중요한 것은 『최초 수도사들의 가르침』이었다. 그러나 오트거 스테깅크(Otger Steggink)는 그것을 17세기까지 "갈멜 수도회의 값싼 영적 저서"로 불렀으며,[23] 근대 갈멜 회원들은 이것을 무시했다. 이 본문은 14세기 후반에 나온 네 부분으로 된 책의 첫 부분이며 카탈로니아(Catalonia)의 갈멜 수도회 지부장이던 필립 리보트(Philip Ribot)에 의해 저작된 것이 거의 분명하다. 그러나 리봇은 그의 저서를 단지 그가 편집한 초기 글들의 수집으로 통하게 했다.[24] 『최초 수도사들의 가르침』의 저자로 알려

---

19) *The Rule of Saint Albert*, 30.

20) Teresa of Jesus, *Book of Foundations*, in *The Complete Works of St. Teresa of Jesus*, trans. E. Allison Peers (Lodon, Sheed & Ward, 1946) 3:150.

21) For references to Teresa's use of these designations, see Steggink. *La reforma*, indexes

22) Smet, *The Carmelites*, 2:33.

23) Steggink, *La reforma*, 357; see n. 17 above.

24) Egan, "An Essay," 79-80.

진 이는 예루살렘의 대주교였을 것으로 추정되는 요한 1세(John XLIV)며, 그가 412년에 헬라어로 이 본문을 썼다고 전해진다.[25] 『최초 수도사들의 가르침』은 선지자 엘리야가 갈멜 수도회를 세운 것과 기독교 이전과 초기 기독교 시대에 그 수도회의 화려한 역사를 말해준다. 불행하게도 이 문서의 전설적인 성격 때문에 근대 독자들은 그것을 사용하지 않게 되었다. 따라서 갈멜 전통에서 하나님과의 개인적 경험에 관한 『최초 수도사들의 가르침』의 영적 교리는 갈멜 영성을 탐구하는 자들에게 유용하지 않게 되었다. 그런데도 『최초 수도사들의 가르침』이나 또는 그 문서의 나머지 세 부분이 비판적인 각도에서 재편집되지도 않았다.

『최초 수도사들의 가르침』은 갈멜 영성을 일상의 삶의 의무를 떠나 독거로 들어가는 것, 마음의 정화, 그리고 사랑 안에서 하나님과 연합하는 은사를 받는 것으로 묘사한다. 『최초 수도사들의 가르침』에 따르면, 갈멜 회원의 삶의 절정은 하나님과 연합하는 경험이다. 갈멜 회원의 이런 여정은 엘리야의 선지자적 영으로 사는 것이다. 『최초 수도사들의 가르침』의 이런 주제는 중세 갈멜 회원의 이상으로 간주된 하나님과의 개인적 경험에 관한 영적 교리를 나타낸 것이며 동시에 종교개혁 이후 『최초 수도사들의 가르침』의 영적 교리를 매우 창의적으로 활용한 테레사와 투레인의 두 개혁 운동이 가진 신비적 교리를 위한 서곡이다.[26] 그러나 중세 후기의 갈멜 회원들을 위해 그 교리가 얼마나 효과적이었는가 하는 것은 충분히 알려지지 않았다.

---

25) Steggink, *La reforma*, 357-59; Smet, The Carmelites, 1:63.

26) Bruno[of Jesus], *St. John of the Cross* (New York: Sheed & Ward, 1932) 25-70; Steggink, *La reforma*, indexes: *Liber de institutione*, Ribot; Ludovico Saggi, "Santa Teresa 'Carmelitana,'" *Carmelus* 18(1971) 42-63; Saggi, "Agiografia Carmelitana," *Santi del Camelo*, indexes, Riboti.

교회 헌당 때 부르는 노래를 소개하는 그림.
갈멜회 미사전

다른 탁발 수도회들과 같이 갈멜 수도회 역시 1247년에 남녀 평신도들과 밀접한 유대를 발전시켰다. 그들은 다양한 수준에서 갈멜 수도사들과 영적인 삶을 나누었다. 일찍이 13세기에 이탈리아에 갈멜 수녀단들이 존재했다는 설이 있지만,[27] 역사적 증거로 보아 교회 내에서 공식적으로 인정된 집단으로서 갈멜 수녀들이 나오기 시작한 것은 훨씬 후의 일로 추측된다. 사실상 1452년이 되어서야 비로소 교황은 교서(*Cum nulla*)를 통하여 갈멜 수도회에 여성이 들어오는 것을 허용했다.[28] 그러나 1452년 이전에 공식적인 갈멜 수녀단이 존재하지 않은 점에 대해 아직 그럴듯한 이론이 제시되지 않았다. 이는 도미니크 수도회와 프란시스 수도회의 수녀원들은 이미 13세기부터 존재했기 때문이다. 일반적으로 중세 시대에 갈멜 수녀단의 성장은 1451년부터 1471년까지 수도회의 총장으로 있었던 복자 요한 소렛(Blessed John Soreth)의 후원과 개혁

---

27) Claudio Catena, *Le Carmelitane: Storia e spiritualità* (Rome: Institutum Carmelitanum, 1969) 410-16.

28) Smet, *The Carmelites*, 1:104-5; *Santi del Carmelo*, 325.

활동에 크게 힘입었다.[29]

중세 시대 전반에 걸쳐 갈멜수도회와 유대를 가졌던 평신도들의 영성과 1452년 이후 갈멜 수녀단을 구성한 여성들의 삶에 대해서는 더 많이 연구되어야 한다. 갈멜 수도회 수녀들은 테레사의 선배인 동시에 테레사 개혁에 들지 않았던 다른 갈멜 여성들의 선배이기도 했다. 종교개혁 이후의 교회에서 갈멜 여성들은 중세 시대와 다른 방식으로 탁월한 면모를 보여 주었다. 아마도 그것은 테레사에게서 여성들을 널리 감동시킬 갈멜 영성에 대한 종합적이며 명료한 설명이 제시되었기 때문이었을 것이다. 그 이유가 무엇이든지 간에 여성들은 중세 갈멜 영성에서 차지하지 못한 지위를 테레사 이후에 점유하게 된다.

개혁

서방 교회의 수도회들 사이에서는 중세 후기에 계속해서 개혁이 진행 중이거나 혹은 많이 논의되었다. 그러나 특히 엄수파 개혁 운동을 통해 종교 생활을 새롭게 하려는 용감한 시도들이 있었는데도 대체로 장기적이고 광범위한 개혁은 이루어지지 못했다. 공동생활을 위한 규율 준수가 해이해지고 개인과 단체의 청빈이 남용된 것이 개혁자들의 주된 관심사였다. 갈멜 회원들은, 다른 탁발 수도회들과 마찬가지로, 이런 문제에서 그들의 실패를 잘 알고 있었으며 개혁을 위해 여러 가지 시도했다. 이런 노력 가운데 일부— 이탈리아와 프랑스에서의 것—는 상당히 중요하였다. 개혁에 대한 욕구는 갈멜 회원들 사이에 여러 방식으로 표현되었다. 1413년경 북부 이탈리아에서 갈멜 회원 사이에 중요한 개혁 운동이 시작되었다. 이 개혁은 만투아회(Congregation of Mantua)로 알려

---

29) *Santi del Carmelo*, 4 324-25.

지게 되었고, 1442년 교황 유진 4세에 의해 승인되었다. 만투아회는 1432년 같은 교황이 허가한 『규율』의 완화를 무시하고 원래 갈멜 수도회의 이상인 독거를 추구했고, 그 시대 다른 개혁들과 같이 공공 생활과 청빈 준수를 위해 노력했다.[30] 만투아회의 가장 잘 알려진 인물은 침례자 스파뇰리(Blessed Baptist Spagnoli, 1447-1516)이다.[31] 그러나 피할 수도 있었던 이유로 만투아회가 분리주의자 운동이 되었고, 그 결과 갈멜 수도회 전반에 중대한 영향을 미치지 못하게 된 것은 무척 아쉬운 일이다.[32]

16세기 이전에 가장 효과적인 갈멜 개혁자는 노르망디 출신으로 1451년에서 1471년 사이 갈멜 수도회의 총장을 지낸 복자 요한 소렛이었다.[33] 그는 『규율』과 수도회의 다른 법규를 신실하게 준수하려 했다. 그는 심지어 『규율』에 대한 영향력 있는 주석도 썼는데, 거기엔 갈멜 회원으로서 그 자신의 개인적 경험이 포함되어 있다.[34] 가장 중요한 것은 소렛이 자신이 수도회에 영입한 갈멜 수녀들 사이에서뿐만 아니라 형제 수도사들 사이에서도 원시 갈멜 정신인 독거에 다시 귀를 기울이는 회상 정서를 조성했다는 점이다.[35] 그러나 소렛의 바로 다음 후계자들은 개혁에 그리 관심을 가지지 않았다. 따라서 개혁을 위한 그의 활기찬 노력들은 곧 그의 유능하고 열정적인 지도 아래 배양되었

---

30) Ludovico Saggi, *La Congregatione Mantovana dei Carmelitani* (Rome: Institutum Carmelitanum, 1954); Smet, *The Carmelites*, 1:87-90.

31) *Santi del Carmelo*, 326-28.

32) Smet, *The Carmelites*, 1:89-90.

33) *Santi del Carmelo*, 324-25.

34) John Soreth, *Expositio paraenetica in regulam Carmelitarum* (Paris, 1625); *Santi del Carmelo*, 324-25.

35) Smet, *The Carmelites*, 1:92-109.

던 계기들을 상실하고 말았다. 15세기 갈멜 수도회 내 엄수파의 개혁들은 개혁자의 목표에 미치지 못한 듯하다. 그러나 이런 개혁들이 요한 소렛과 만투아의 침례자뿐 아니라 갈멜 수도회 안에서 많은 복자들을 낳았다는 점은 주목할 만하다. 그들은 앙겔루스 마징히(Angelus Mazzinghi, d. 1438), 프란세스 담부아스(Frances d'Amboise, d. 1485), 알료시우스 라바타(Aloysis Rabatà, d. 1490), 조안 스코펠리(Joan Scopelli, d. 1491), 바톨로뮤 판티(Bartholomew Fanti, d. 1495), 아칸겔라 길라니(Arcangela Girlani, d. 1495)이다.[36]

보다 잘 알려진 열성적인 갈멜 회원들의 삶, 그리고 비록 그들의 성성(聖性)이 공적으로 기념되지는 않았지만 거룩하게 살고자 애쓴 모든 이들의 삶은 15세기 전체에 걸쳐 끊임없이 시도된 개혁의 가장 귀중한 산물이다. 그것은 종교적 성취가 많지 않은 시기에 갈멜 회원의 삶의 유효성을 입증하고 있다.

소렛의 개혁 이상은 마침내 니콜라스 오뎃(Nicholas Audet)에게로 이어졌다. 그는 장기간 총장으로 있으면서(1524-1562) 갈멜 수도회의 개혁을 강력하게 추진했다.[37] 그러나 오뎃은 테레사의 열정은 지녔으나 그녀의 독창성은 지니지 못했다. 오뎃은 테레사처럼 수도회의 원시적 삶으로 돌아가고자 했으나, 추종자들을 감화하여 갈멜산의 최초 은둔자들의 삶을 혁명적인 방식으로 살도록 이끈 테레사의 직관 은사를 지니지 못했다.[38]

---

36) *Santi del Carmelo*, 295-96, 211-12, 312, 319, 210, 249.

37) Adrianus Staring, *Der Karmelitengeneral Nikolaus Audet und die Katholische Reform des XVI, Jahrhunderts* (Rome: Institutum Carmelitanum, 1959).

38) Keith J. Egan, "Teresa of Jesus: Daughter of the Church, Woman of the Reformation," *Carmelite Studies* 3 (1984) 84-87.

갈멜 수도회의 영성

중세 갈멜 수도회의 영성을 제대로 이해하기 위해서는 아직 많은 부분을 더 연구해야 한다. 갈멜 회원들의 문학 활동은 14세기 중반에 가서야 비로소 진지하게 진행되었다.[39] 중세의 나머지 시대와 그 이후에 갈멜의 문학은 지나치게 자의식적이며 그 자체의 정체성을 변증하는 데 열중했다. 종종 선지자 엘리야가 그 수도회를 설립했다는 전설 옹호뿐 아니라 시몬 스탁의 환상과 그 수도회의 설립 초기에 관한 가상적인 이야기를 선전하는 데에도 몰두했다. 다른 일을 위해 유익하게 사용될 수 있었던 열정이 이런 주장들에 관한 논란들 때문에 낭비되기도 했다. 그러나 중세 갈멜 수도회의 변증적 문학을 경박하고 무의미한 것으로 간주하는 것은 경솔한 일이다. 설립 연대, 통계학적인 자료, 그리고 설립 규정 등은 중세 시대에 갈멜 회원이 되는 것이 무엇을 의미했는지를 부분적으로 보여준다. 그뿐만 아니라 마음의 정열에서 흘러나온 문학은 아직 탐사되지 않은 갈멜 영성의 의미를 드러낼 수 있는 중요한 잠재력이 될 수 있다. 엘리야, 마리아, 시몬 스탁과 다른 이들에 관한 전설적인 이야기들은 던져 버리기보다 분석하고 연구해야 할 대상이다. 엘리야와 마리아는 갈멜 회원의 영적 여정에 매우 귀중한 원형적 상징들이다.[40] 엘리야는 갈멜 회원들이 갈멜산에서 시작된 것과 교회에서 묵상의 사명을 수행해야 할 것을 일깨웠다. 마리아는 그들을 예수와 밀접하게 연결했다. 이 친밀성은 중세 은둔자들의 특징이었으며

---

[39] Rudolf Hendriks, "La succession héréditaire (1280-1451)," in *Elie le Prophète* 2: 41-81, *Études Carmelitaines* 35(1956).

[40] Bruno de Jésus-Marie, Charles Baudouin, Carl-Gustav Jung, René Laforgue, "Puissance de l'Archétype," *Elie le Prophète* 2:11-33.

갈멜 『규율』의 특징이었다.[41]

중세 갈멜 영성은 종종 그것을 승인한 예루살렘 대주교의 이름을 따서 『성 알버트의 규율』(Rule of St. Albert)로 지칭되기도 하는 『규율』에 뿌리를 두고 있다. 이것은 그 규율이 지닌 통상적인 관계에서 여느 탁발 수도회보다 탁월하다. 도미니크 회원들과 오스틴 수도사들은 그들이 공유한 『성 어거스틴의 규율』보다 그 수도회 규정을 더 많이 의지했다. 프란시스 회원들은 프란시스의 『규율』에서보다 프란시스 자신에게서 더 많은 영감을 구했다. 그러나 중세 갈멜 회원들은 그들이 알버트에게서 받은 대로, 또 1247년 탁발 수도회 식으로 개정된 대로의 그들의 『규율』에서 그들의 영성을 찾았다. 갈멜의 『규율』은 갈멜 영성의 핵심적이고 가장 기본적인 본문으로 남아 있다. 갈멜 영성을 해석하는 데 있어서 중요한 것은 최초의 생활신조와 이 신조가 1247년 탁발 수도회 식의 규율로 바뀐 것을 이해하는 것이다. 근대 연구에 따르면, 새로운 탁발 수도회가 공동체를 강조하기 이전에 이미 생활신조에 형제애가 매우 중요한 요소로 들어 있었다.[42] 그러므로 갈멜 수도회의 시초에서부터 독거와 공동체 사이에 존재하는 갈멜 영성의 기본적인 모순이 등장한다는 점을 주목해야 한다.

『규율』 다음으로 중세 갈멜 영성에 있어 중요한 자료는 『최초 수도사들의 가르침』이다. 그것은 차후에 등장할 신비적 교리를 암시한다. 그러나 중세 시대에 갈멜 회원들의 가장 명백한 정체성은 그들이 탁발 수도회의 수도사들로 완전히 동화된 점이다. 13세기 후반부터 중세 시대의 어떤 사람도 갈멜 회원들을 탁발수도사가 아닌 무엇으로 볼 수 없었다. 이 탁발수도사의 정체성은 법

---

41) Rudolf Hendriks, "De primogenia ordinis Carmelitarum inspiratione in regula expressa," *Carmelus* 15(1968) 46-53; English translation in *The Rule of Saint Albert*, 67-72.

42) *Camelite Rule*, 4-5. See also Steggink, "Fraternità," 12-20.

규에서뿐만 아니라 갈멜 회원의 의식 전반에 깊이 침투되었다. 백의(白衣)의 탁발수도사로 알려져 있기도 한 갈멜 회원들은 유럽 전체에 두루 퍼졌다. 그들은 다른 탁발 수도회 회원들과 마찬가지로 대중적인 설교자이자 선생이며 영적 인도자들이었다. 그들의 영성은 단순하며 가식적이지 않았다. 마리아에 대한 그들의 독실성은 중세의 정서에 잘 들어맞았다. 그들의 특별한 열심 때문에 그들은 갈멜산의 복자 동정녀 마리아의 형제라고 불렸다.[43] 그럼에도 한편으로 언제나 갈멜 회원의 삶에는 독거와 기도의 뜨거운 삶에 대한 열망이 존재했다. 그들 의식의 표면 아래 어디엔가는 언제나 갈멜산에서 독거를 추구했던 소박한 평신도 회개자들의 유산이 반쯤 잊히고 반쯤 기억되고 있었다. 잊힐듯 말듯한 이 기억은 비록 그 개혁들이 결정적이지는 않았지만, 중세 시대에 많은 다양한 개혁을 낳았다. 결국 최초 갈멜 회원들의 정신을 기억한 이것이 테레사의 장대한 개혁과 후에 투레인의 개혁을 고무시켰다.

처음에 관상적인 생활 방식이란 일반적인 수도의 의미에서, 후에 관상을 하나님에 대한 개인적이며 인지적 경험으로 발전시킨 데서 표현된 갈멜 영성의 관상 지향성은 중세 시대에 이 영성의 매우 독특하고 영속적인 특징으로 등장했다. 그러나 1247년 이후 갈멜 영성의 관상적 특성은 관상을 교회의 사역 수행의 토대로 본 탁발수도사들의 방식으로 바뀌었다. 이 태도는 토마스 아퀴나스에 의해 명료하게 설명되었다. 관상의 열매를 다른 이들과 나누는 것이 단순히 관상하는 것보다 더 낫다(*Summa Theologiae* II-II, 1888.6). 독거로 부름받음과 동시에 사역 공동체로 부름받음 사이에 있는 모순은 중세 시대와 그 이후 갈멜 영성의 활력의 중요한 근원이 되었다.

---

43) Ludovico Saggi, "Santa Maria del Monte Carmelo," in *Santi del Carmelo*, 109-35.

4. 어거스틴 수도회의 영성
아돌라 줌켈러(Adolar Zumkeller)

성 어거스틴의 광야 수도회(Ordo eremitarum sancti Augustini, 현재는 Ordo fratrum sancti Augustini)는 12, 13세기의 많은 이탈리아 은둔 공동체들이 『성 어거스틴 규율』(Regula sancti Augustini)을 토대로 서로 연합한 데서 생겨났다. 그 연합은 1256년 로마에서 열린 한 총회에서 이른바 대연합(Magna Unio)으로 완성되었고, 같은 해 교황 알렉산더 4세의 교서(Licet Ecclesiae)로 인준되었다. 이 연합이 이루어질 무렵, 이미 그 수도회의 다섯 지방 관구가 이탈리아, 독일, 영국, 프랑스, 스페인에 각각 설립되어 있었다. 이 연합과 더불어 수도회는 아주 빠르게 확장되었다. 13세기 말엽 독일에는 80여 개의 수도원이 있었는데, 그들은 프란시스 수도원과 도미니크 수도원들과 함께 이제 막 생겨나기 시작한 도시들에서 영혼을 돌보는 일을 맡았다. 어거스틴 수도회의 이와 같은 성장에서 빼놓을 수 없는 요소는 그 수도회의 대학에서 그 회원들이 종교적으로나 신학적으로 좋은 훈련을 받은 점이었다. 많은 어거스틴 수도회원들이 파리 대학, 옥스퍼드 대학, 캠브리지 대학, 또는 14, 15세기의 무수한 새 대학 중 한 곳에 등록하기도 했다. 신학 공부는 그 수도회의 토대로 간주하였다(fundamentum ordinis, 1290년 법규, 제17장).

영성의 근원과 특징

어거스틴 수도회의 영성은 그 시초에서부터 어거스틴의 정신과 그의 『규율』

로 분명하게 각인되었다. 수도회 발생 초기에 탁월한 설립자가 있었던 것이 아니었기 때문에, 그 규율의 아버지인 어거스틴이 "우리 모든 행위의 모범이자 척도"로 선택되었다. 초기의 한 전설은 그 수도회의 설립 유래를 어거스틴에게로 돌리기도 했다.[1] 성경에 의해 깊이 영감을 받은 『성 어거스틴 규율』은 특히 하나님과 이웃을 향한 자비(caritas)를 지향했다. 어거스틴이 생각한 수도원 생활의 진정한 목표는 사랑과 공동 소유와 "하나님 안에서 한 마음과 한 뜻"을 강조했던 1세기 기독교 공동체를 따라 하나님 안에서 설립된 사랑 공동체의 실현이었다(『규율』 1.2; cf. 행 4:32-35).[2] 어거스틴에 따르면, 그와 같은 공동체는 공동 기도, 공동 식사, 공동생활, 그리고 서로에 대한 종교적 존경심을 배양하는 것을 통해 성숙한다. "여러분이 각자 하나님의 성전이 되었으므로 서로 서로에게서 하나님을 높이라"(『규율』 1.8). 사랑은 수도원의 정규적인 일상생활에서 서로에 대한 고려와 인내로써, 논쟁 후의 즉각적인 화해로써, 공동체를 위해 날마다 비이기적인 노력으로써 증명되어야 한다. 개인적인 청빈과 물건의 공동 사용은 사랑의 표현으로 이해된다. 같은 식으로 윗사람들과의 관계와 책임은 사랑과 상호 신뢰에 기반을 둔다. 『성 어거스틴 규율』은 이 온유와 사려 정신을 모든 곳에 불어넣으며, 영성화와 내면화를 향한 수도원 생활의 강한 경향을 보여준다. 어거스틴은 "율법 아래 있는 종으로서가 아니라 은혜 안에 굳건히 선 자유인으로서" 그리스도인의 자유로 규율을 지켜야 한다고 단호하게 말한다(『규율』 8.1). 그는 또 규율을 진정으로 성취했을 때 우리는 하나님께 감사

---

1) See Henricus de Frimaria, *Tractatus de origine et progressu ordinis fratrum eremitartrm sancti Augustini* (1334), ed. Rudolph Arbesmann, *Augustiniana* 6 (1956) 37-145, esp. 90-110.

2) The best critical edition of the *Regula sancti Augustini*(=Praeceptum) is by Luc Verheijen in *La Règle de Saint Augustin* (Paris: Études augustiniennes, 1967) 1:417-37.

드리지 않을 수 없는데 이는 인간에게 있는 모든 선은 궁극적으로 오직 하나님의 선물이기 때문이라고 말한다(『규율』 8.2). 『성 어거스틴 규율』의 이런 기본 사상은 이미 1350년에 삭소니의 요르단(Jordan of Saxony)에 의해 그의 저서 『형제들의 삶에 관한 책』(Liber Vitasfratrum)에서 어거스틴 회원들의 수도 생활을 위한 영원한 영적 토대로 확립되었다.

어거스틴 회원들의 영성에 중대한 영향을 미친 어거스틴의 저서로는 다음과 같은 것들이 있다: 짧은 저서로 『수도사들의 노동에 관하여』(De opere monachorum)에서 어거스틴은 노동을 기피하는 그 시대의 어떤 수도사들에 반대하여 그리스도인 수도사의 노동 윤리를 위한 신학적 토대를 제시했다. 『설교 355』와 『설교 356』에서 그는 그의 성직자 수도원의 수도원 생활을 청빈하고 모든 물건을 공유하는 것으로 옹호했다. 『편지 48』에서 그는 카프라리아(Capraria) 섬의 한 관상 수도원의 수도사들에게 그들의 여가보다 교회의 필요를 우선으로 하고 교회가 필요로 할 때 봉사를 아끼지 않도록 권면한다. 사실 어거스틴이 사도적 활동과 관상생활을 밀접하게 연결한 것은(『하나님의 도성』[On the City of God] 19.19를 보라) 맨 처음부터 그 수도회의 특징을 이루었으며, 중세 전성기 시대의 교회 개혁 운동이 내건 "복음적 청빈"과 "사도적 형제애"의 이상에 크게 기여했다. 이것과 관련하여 어거스틴 회원들은 스스로를 "형제들" 공동체로 이해하고, 윗사람의 직무는 단지 공동체를 섬기는 사랑의 봉사로 본다. "여러분의 윗사람이 자신을 그의 권위를 사용하는 데서가 아니라 사랑으로 여러분을 섬기는 데서 행복하게 여기게 하라"(『규율』 7.3).

어거스틴 회원들에게 있어서 성 어거스틴의 저서는 성경 다음으로 그들의 영적 교훈들을 위한 주된 자료였다. 물론 어거스틴의 사상이 기독교 영성 전반에 영향을 끼쳤다는 것은 알려진 사실이다. 그러나 그것 이상으로 어거스틴 회원들의 영적 스승들은 그 수도회가 어거스틴적 영성을 지녔다고 말하는 것을 타당하게 하는 공통적인 견해들을 보여 주었다. 이 영성에 기여하는 중요한 요소는 한결같이 지성보다 의지의 우위성을 가르친 신학이다. 더 나아가 어거스틴이 그랬던 것처럼, 어거스틴 회원들은 사랑을 신학의 특별한 목표로 보았으며, 신학을 사색도 실천도 아닌 정적(情的)인 지식으로 간주했다. 비록 모든 저자에게 동일한 수준의 중요성을 띠지는 않지만, 다음과 같은 점이 그 수도회의 영적 가르침의 특징으로 추론될 수 있다.[3]

1. 성경의 가르침에 따르면, 그리스도인의 완전은 기본적으로 사랑에 있다. 그 수도회의 영적 저자들은 이 요지를 어거스틴과 같은 의미로 크게 강조한다. 첫째, 하나님에 의해서 주어지고 다시 하나님과 이웃에게로 놀아가는 사랑은 모든 다른 덕목을 활기 있게 하고 자라게 한다. 『자연과 은혜에 관하여』(De natura et Gratia 70.84)에 나오는 어거스틴의 고전적 진술은 그리스도인의 삶의 목표와 본질과 단계를 명료하게 설명한다: "사랑의 시작은 정의의 시작이며, 자비의 성장은 정의의 성장이다. 위대한 자비는 위대한 정의며 완전한 자비는 완전한 정의다. …그러나 그것은 자연의 자원으로도 우리 안에 있는 의지의 자원으로도 우리 마음에 부어지지 않는다. 오직 '우리에게 주신 성령에 의해' [그것이 부어진다](롬 5:5)."[4]

2. 기독교 영성의 모든 경향이 영적인 삶이 한편으로 하나님의 은혜에 근거하며 다른 한편으로 인간의 자유 협동을 선결 조건으로 가진다고 가르칠 때도

---

[3] See David Gutiérrez, "Ermites," in *Dict. Sp.* 4, cols. 1004-6.

[4] "Caritas ergo inchoata, inchoata iustitia est; caritas provecta, provecta iustitia est; caritas magna, magna iustitia est; caritas perfecta, perfecta iustitia est;… non tamen diffunditur in cordibus nostris vel naturae vel voluntatis opibus quae sunt in nobis, sed 'per Spiritum Sanctum qui datus est nobis' …" *Sancti Aurelii Augustini: De natura et gratia* 70. 84(Corpus Scriptorum Ecclesiasticorum Latinorum 60); Vienna and Leipzig: F. Tempsky-G. Freytag, 1913) 298-99.

여전히 전자나 후자가 초래되는 방법에는 현저한 차이가 있다. 앞의 인용에서 분명히 드러나듯이, 어거스틴 회원들은 전적으로 어거스틴의 의미에서 하나님의 활동을 강조한다. 그 수도회의 최초 위대한 신학자 로마의 자일스(Giles of Rome, d. 1316)는 그의 『문장론에 관한 주석』(*Commentary on the Sentences*, 2.28.2.2; [Venice, 1581] p.374)에서 이렇게 쓴다.

> 그러므로 우리가 나쁘게 행동하는 것을 피하려 한다면, 가능한 유일한 구제책은 하나님의 은혜를 가진 우리가 그가 우리를 감화하고 움직이고 인도하시게 하는 것이다. …이는 우리가 단순히 우리 자신의 지각 때문에 감동되고자 하면 곧 우리는 선한 행동을 하는 데 실패하기 때문이다. 그러므로 만약 우리가 꾸준히 선을 행하고자 한다면, 실제로 우리는 우리가 행동하기보다 더 많이 행동을 받아야 한다.

그뿐만 아니라 어거스틴 수도회 신학자 요하네스 클렌콕(Johannes Klenkok of Erfurt, d. 1374)은 『히폼네스티콘』(*Hypomnesticon*; 3.11.20)[5]을 쓰면서 인간의 의지는 마치 말을 탈 때 말이 규제되고 조종되는(*regitur... agitur*) 것처럼 하나님의 은혜에 의해 인도되고 움직여져서 모든 선한 행위를 이룬다는 사실을 되풀이하여 말한다. 요하네스 자카리애(Johannes Zachariae, d. 1428)는 어거스틴 수도회 회원으로서 처음으로 에르푸르트 대학의 교수가 된 사람 중 하나인데 "사람을 강권하여 들어오게 하라"(*compelle intrare!*, 눅 14:23)를 다음과 같이 해석한다. "이것은 어떤 난폭한 충동에 의해서가 아니라 기쁨을 주는 충동에 의해 일어난다. …하나님께서 너무나 인간의 마음을 기울어지게 하시기 때문에 사람은 자유롭

---

5) Adolar Zumkeller, *Erbsünde, Gnade, Rechtfertigung und Verdienst nach der Lehre der Erfurter Augustinertheologen des Spätmittelalters* (Würzburg: Augustinus-Verlag, 1984) 87, 90-94, 98.

게 선을 선택한다. 요한의 말도 이와 같다(요 6:44). '내 아버지께서 이끌지 아니하시면' 즉 내 아버지께서 그 사람의 의지를 바꾸지 않으신다면, '아무라도 내게 올 수 없다'(*Collecta super Lucam*, MS Soest 10, p. 373a).

3. 어거스틴 회원들이 영적인 삶에서 하나님의 은혜의 도움이 필요한 것을 매우 힘주어 강조한 보다 근본적인 이유는, 알고 행하려는 인간의 힘이 타락 때문에 심하게 약해졌다고 믿은 데 있다. 자일스는 인간 본성이 손상되었음을 말한다: "아담의 자연적 능력은 손상 당했다. 그러나 그것은 아담이 자연적인 무엇을 잃어버렸기 때문이 아니라…그 자연적 능력들이 선을 행하는 데 무익하고 죄를 위해 유용했기 때문이다"(『문장론 주석』, 2.28.1.2).[6] 어거스틴 수도회 신학자들은 이 요지를 어거스틴의 『자유 의지에 관하여』(*De libero arbitrio*, 3.18.52)에 나오는 "무지와 어려움"의 개념을 사용하여 설명한다. 인간의 총명은 너무도 흐려져서 거짓을 진리로 오해하며, 의지의 힘은 너무도 약해져서 선을 행하기가 매우 어렵다. 자일스는 다음과 같이 말한다: "감각의 모순 때문에, 그리고 우리 지체 속의 한 법이 우리 마음의 법과 싸우는 것을 보기 때문에 (참고, 롬 7:23) 선을 행하기가 어렵다고 쓴다. 우리가 아무리 선하고 아무리 큰 은혜 상태에 있어도, 우리는 속에서 계속 악과 싸운다"(『문장론 주석』, 2.28.1.2.1).[7] 비슷한 의미에서, 요하네스 자카리애는 영에 대한 육신의 부단한 반역이 바로 땅 위의 사람들이 하나님을 전심으로(*ex toto*) 사랑하지 못하는 이유라고 가르친다(*Expositio in Apocalypsim*; MS Trier 106/1086, folio 138vb-139ra).

---

6) "Fuit autem vulneratus in naturalibus, non quod naturalia perderet…, sed… quia ipsa naturalia fuerunt inhabilitata ad bene agendum et habilitata ad peccandum."

7) Other Erfurt Augustinians taught the same doctrine: Angelus Dobelinus (d. after 1420), Johannes von Dorsten(d. 1481) and Johannes von Paltz(d. 1511); see Zumkeller, *Erbsünde, Gnade*, 147, 333, 355, and 397-98.

4. 따라서 그 수도회의 저자들은 종종 선행의 결핍을 강조하고 업적이나 공적을 칭찬하는 독선을 경고한다. 그 수도회의 이탈리아 신학자 파두아의 알버트(Albert of Padua, 1323년 또는 d. 1328)는 *Liber predicationum super evangeliis dominicalibus*에서 이렇게 말한다:

> "살아 있는 사람들은 아무리 그들의 공적이 클지라도 네 가지 이유로 자신의 의를 신뢰하지 말아야 한다: 첫째, …우리의 의는 불확실하기 때문이다. 우리는 아무도 자신이 한 일이 실제로 정당한지 확실히 알 수 없다. …둘째 … 정의의 일은 순수하지 않고 언제나 약간의 죄의 오점이 묻혀 있다. …우리 자신의 의는 확고하지 않기 때문에 신뢰하지 말아야 한다. 누구든지 그 자신의 의에서 이탈될 수 있다. …우리가 하는 정의의 일들은 이미 승인된 것이 아니라 아직 하나님의 엄한 심판을 기다려야 한다"(Venice 1476, folio s 1v-2r).

독일의 많은 어거스틴 수도회 신학자들과 설교자들이 이 사상을 견지했다.[8] 그뿐만 아니라 위대한 스페인의 설교자 성 토마스(St. Thomas of Villanova, d. 1555)는 자기 찬양과 자신의 의를 신뢰하는 것을 강하게 경고했다.

> "선을 행하되 그들의 업적을 으스대지 않고 그리스도 예수 안에서 영광을 돌리도록 주께서 허락한 사람들은 복이 있다. …우리의 소망은 그의 은혜로 우리의 죽은 일을 살리시고 영생에 합당하도록 그것들을 빛나게 하시는 오직 그분께만 고정되어야 한다. …우리의 의는 무시되고 하나님의 의는 확대되어야 한다. 이는 우리 자신의 공적에서 아무리 많은 것이 감해져도 너무도 많은 것이 은혜로 말미암으며, 자신을 신뢰하지 않고 하나님을

---

8) See Adolar Zumkeller, "Das Ungenügen der menschlichen Werke bei den deutschen Predigern des Spätmittelalters," in *Zeitschrift für katholische Theologie* 81(1959) 265-305; idem, *Erbsünde, Gnade*, 288-90, 379-85.

의지하는 사람들은 하나님 안에서 견고하며, 자비와 겸손으로 부지런히 일하나 바로 그 선행을 잊어버리고, 오직 하나님이 그것들을 기억하시기 때문이다"(*Opera* 1; Manila 1881, 179).

5. 어거스틴 수도사들은 하나님 앞에서 선행의 공적을 부인하지 않으면서 "우리의 모든 선한 공적은 오직 하나님의 선물이다"(*Enchiridion*, 107.28)는[9] 어거스틴의 가르침을 즐겨 언급했다. 그런 이들로는 독일의 어거스틴 신학자들인 헤르만 폰 쉴데쉬(Hermann von Schildesche, d. 1357)와 요하네스 자카리애와 요하네스 폰 도스텐(Johannes von Dorsten, d. 1481) 등이 있다.[10]

중요한 영적 저술가들

어거스틴 수도회는 많은 영적 저술가를 배출했으며, 그들을 통해 중세와 근대 초기의 교회와 종교적 삶에 중대한 영향을 끼쳤다. 여기서는 가장 중요한 저자들만 언급하고자 한다.

앙코나의 어거스틴(Augustine of Ancona, d. 1328)은 널리 유포된 그의 글 『교회 권위에 대한 종론』(*Summa de ecclesiastica potestate*) 마지막 부분에 영적인 삶에 관한 소론을 추가했고, 그의 논문 『성령의 사랑에 관하여』(*De amore Spiritus Sancti*)에서는 성령의 은사와 은혜의 신비로운 선물에 관해 강론했다. 마사의 마이클(Michael of Massa, d. 1337)은 중세 시대에 크게 호평을 받은 『주님의 수난에 대한 논설』(*Tractatus de passione Domini*)을 썼다. 마이클은 또 여러 편의 금욕적인 저서들 외에 그리스도의 생애를 묵상 형식으로 기술했는데(MS Leipzig 800), 최근

---

9) Similarly *Epistula* 194.5.19 and elsewhere.
10) See Zumkeller, *Erbsünde, Gnade*, 289, 378.

에 그것은 카르투지오 회원인 삭소니의 루돌프(Ludolph of Saxony, d. 1378)의 매우 영향력 있는 저서 『그리스도의 생애』의 "가장 중요하고 직접적인 자료"로 밝혀졌다. 그러므로 그것은 중세 후기와 근대 초기에 이냐시오 로욜라(Ignatius of Loyola)의 『영신수련』[11]에 이르기까지 경건생활 전반에 간접적인 영향을 끼쳤다. 특히 독일에서 중세 후기의 경건에 큰 영향을 끼친 이는 영적인 삶에서 모범적인 지도자였던 카스키아의 복자 시몬 피다티(Blessed Simon Fidati of Cascia, d. 1348)였다. 포괄적이면서 후에 거듭 재판된 피다티의 주요 작품 『구속주의 사역에 대하여』(De gestis Domini Salvatoris)는 남녀 모든 사람의 도덕적 영적 삶의 완전한 모델인 그리스도를 닮을 것을 요청한다. 기독교적인 덕목을 수단으로 사람들이 하나님에게까지 이르는 것은 금욕적이며 신비적인 아홉 단계로 표현된다. 이런 중요한 영적 저자들 외에 시에나(Siena) 부근의 레체토(Lecceto)에 있는 관상 수도원의 이탈리아인 어거스틴 회원을 언급할 가치가 있다. 이 수도원의 여러 사람이 시에나의 케더린(Catherine of Siena, d. 1380)을 중심으로 하나의 집단을 형성했다. 영국인 어거스틴 수도회 신학자 윌리엄 플리트(William Flete, d. 1388)는 레체토에서 30년간의 여생을 보내면서 1367년에서 1373년까지 캐더린의 영적 인도자가 되었고 소론 『시험을 치료함에 대하여』(De remediis contra tentationes)를 썼다. 1376년 캐더린을 동반하여 아비뇽에 갔던 펠릭스 탄크레디 (Felix Tancredi of Massa, d. 1386)는 *La fanciullezza di Gesù* 시의 저자이다. 그 수도원에서 오랫동안 수도원장으로 있던 필립 아가자레(Philip Agazzari, d. 1422)는 그 시대의 신앙적인 전설을 모은 *Assempri*로 유명했다. 그것들은 문학적인 아름다움으로 높이 평가받기도 했다. 카스키아의 시몬의 영향을 받은 것으로 보

---

11) See Waiter Baler, *Untersuchungen zu den Passionsbetrachtungen in der Vita Christi des Ludolf von Sachsen* (Analecta Cartusiana 44.1-3; Salzburg, 1977).

이는 시에나의 제롬(Jerome of Siena, d. 1420)은 평판이 좋은 일련의 금욕적 저서를 남겼다.

독일 어거스틴 회원 중에는 이미 14세기 초반에 당시 독일 신비주의의 영향을 강하게 받은 여러 중요한 영적 저술가들이 있었다. 색소니 튀링엔 지방의 이 회원들은 헨리 폰 프리마르(Henry von Friemar the Elder, d. 1340)와 헤르만 폰 쉴데쉬(Hermann von Schildesche)와 요르단 폰 크베들린부르크(Jordan von Quedlinburg, d. 1370년 또는 1380)다. 이 세 사람은 모두 에르푸르트에 있는 도미니크 수도회의 일반 연구실에서 오랫동안 연구했는데, 에르푸르트는 에크하르트가 1294년에서 1300년 사이에 도미니크 수도원의 수도원장으로 있었던 도시이다. 헨리는 독일에서 중세 후기의 가장 유명한 영적 저술가 중 하나로 손꼽힌다. 널리 읽힌 그의 『십계명에 대한 논설』(Tractatus de decem praeceptis)에 이어 『특별히 유명한 사람들에게 있는 숨겨진 허물에 대하여』(Tractatus de occultatione vitiorum sub specie virtutum)도 유명했는데, 거기서 그는 악덕이 종종 어떻게 미덕으로 위장하는지를 보여 주고자 했다. 헨리의 글 『네 가지 구별에 대한 논설』(Tractatus de quatuor instinctibus)은 영들을 분별하는 기준을 포괄적으로 다룬 최초의 저술이다. 헨리는 여기서 전형적인 어거스틴 수도회원의 태도로 상당히 조심스럽게 소위 자연적 본능과 이교 철학을 논한다. 헨리의 다른 두 논문 『심령에 말씀이 강림함에 대하여』(De adventu Verbi in mentem)와 『주님의 강림에 대하여』(De adventu Domini)는 신비주의 신학에 귀중한 보탬이 된다. 헨리에 따르면, 하나님과의 신비적 연합은 하나님에 대한 특별한 종류의 사랑을 수반하고 그것에 의해 완성된다. 그는 그 사랑을 "불태우고 감싸고 결속하는 사랑"으로 부른다. 그러나 이 "신비적 연합"이 "실재하는 어떤 존재의 정체에 따라서"가 아니라 "어떤 분명한 순응과 변형의 형상에 따라" 이해되어야 한다고 주장한 점

어거스틴의 주교 서임. 1490년경

에서 헨리는 에크하르트와 반대될 수 있다.[12] 헤르만 폰 쉴데쉬는 다른 금욕적 소론들과 더불어 은둔 수도자들을 위한 포괄적인 영적 소책자 『영혼의 장벽』 (*Claustrum animae*)을 남겼다. 이 글과 『찬양 외의 요청』(*Postilla super Cantica*)이라는 글에서 그는 "영적 장벽"(claustrum spirituale) 표상과 아가서의 우의적 해석을

---

12) Henricus de Frimaria, *Tractatus ascetico-mystici I*, ed. Adolar Zumkeller (Würzburg: Augustinus-Verlag, 1975). See also Adolar Zumkeller, "Ein Zeitgenosse Eckeharts zu Fehlentwicklungen in der damaligen mystischen Bewegung," *Würzburger Diözesan-Geschichtsblätter* 37/38 (1975) 229-38.

사용하여 그리스도인의 은혜와 미덕의 삶과 관상과 하나님에 대한 신비적 경험을 설명한다. 강한 종교적 개성을 가졌던 크베틀린부르크(또는 작센)의 요르단은 『형제의 삶에 관한 책』(Liber Vitasfratrum)뿐 아니라 『그리스도의 수난에 관한 묵상』(Meditationes de passione Christi)으로 중세 후기에 독일의 경건에 강한 영향을 끼쳤다. 금욕적이며 신비적인 자료가 그의 설교에 융합되기도 했다. 이와 같은 여러 편의 설교에서 크베틀린부르크는 에크하르트의 요한복음 주석을 자료로 사용한다. 크베틀린부르크는 되풀이하여 '자유로운 영의 형제들'의 범신론적 신비주의를 반대한다.

독일 중부의 어거스틴 수도원들처럼 스트라스부르크의 수도원도 독일 신비주의 물결에 휩쓸렸다. 그것에 대한 증거는 이름 없는 어거스틴 수도회원의 무수한 신비적 설교들인데, 그 원본들은 1870년 스트라스부르크 시 도서관의 화재 때 소실되었다. 요하네스 폰 샤프톨쯔하임(Johannes von Schaftholzheim, d. after 1381)은 스트라스부르크의 평신도 룰만 메르스빈(Rulman Merswin)을 중심으로 한 이른바 '하나님의 벗들'이란 집단과 밀접한 관계를 맺었다. 그는 메르스빈의 『아홉 반석의 책』(Neunfelsenbuch)을 라틴어로 번역했다. 요하네스 폰 린스테트(Johannes von Rynstett, d. 1421)는 스트라스부르크의 하나님의 벗인 복사 하인리히 형제의 삶을 객관적이고 명료하며 의미 있게 기술했다. 하인리히의 삶은 린스테트의 글이 아니면 알려지지 않았을 것이다.[13]

북부 독일의 어거스틴 수도회원들이 신비주의 운동에 가담한 것은 대학교수였던 쾰른의 지소(Gyso of Cologne, 1409년 이후 사망)[14]의 신비적 설교와 마태우스

---

13) See Adolar Zumkeller, *Manuskripte der Autoren des Augustiner Eremitenordens in mitteleuropäischen Bibliotheken* (Würzburg: Augustinus-Verlag, 1966) 577, 581-83, 656, 860.

14) See Adolar Zumkeller, "Neuendeckte Sermones des Augustinermagisters Gyso von

폰 제릅스트(Matthäus von Zerbst 또는 Saxony, 1390년 이후 사망)의 포괄적인 금욕 신비적 작품 『말씀이 세 곱으로 다가옴에 대하여』(De triplici adventu Verbi)와 요하네스 폰 혹스터(Johannes von Hoxter, 1419년 이후 사망)의 『추방당한 영혼을 하늘의 예루살렘으로 초대함』(Invitatorium exulantis animae tendentis ad caelestem Jerusalem)에서 볼 수 있다.

15세기 수도원 개혁 운동은 독일 어거스틴 수도회원들 가운데 다른 존경받는 영적 저술가를 낳았다. 그들은 누렘베르크의 오스발트 라인라인(Oswalt Reinlein of Nuremberg, d. after 1466)과 콘라드 폰 첸(Conrad von Zenn, d. after 1460)[15]과 에르푸르트 대학의 교수인 요한네스 폰 도르스텐(Johannes von Dorsten, d. 1481)과 요한네스 폰 팔츠(Johannes von Paltz, d. 1511),[16] 그리고 어거스틴 수도회 독일 개혁 회중의 수도원장 안드레아스 프롤레스(Andreas Proles, d. 1503), 어거스틴 수도회의 젊은 수도사였던 마틴 루터의 영적 지도자였던 요한네스 폰 스타우피츠(Johannes von Staupitz, d. 1524)였다.[17] 첸(Zenn)의 『수도 생활에 관한 책』(Liber de monastica vita)은 당시 수도원 개혁을 가장 포괄적으로 다룬 책 중 하나로 간주한다. 가장 널리 읽혀진 저서는 팔츠의 『쾰레의 광산』(Coelifodina)과 『쾰레의 광산 후편』(Supplementum Coelifodinae)으로서, 그는 국민 사이에 올바른 그리스도인의 삶의 양식을 진작시키기를 원했다. 도르스텐은 특히 1465년에 『세상의

Köln," in *Wahrheit und Verkündigung, M. Schmaus zum 70. Geburtstag* (Munich and Paderborn: Schöningh, 1967) 1121-40.

15) See Zumkeller, *Manuskripte*, nos. 223-26.

16) See Zumkeller, "Der Predigtband Cod. Berolinensis Lat. Fol. 851 des... Johannes von Dorsten, *Augustiniana* 27(1977) 402-30; 28(1978) 34-90; also idem, *Erbsünde, Gnade*, 307-431.

17) See David Steinmetz, *Luther and Staupitz: An Essay in the Intellectual Origins of the Protestant Refomzation* (Durham, NC: Duke University Press, 1980).

세 번째 상태에 관하여』(*Quaestio quodlibetalis de tertio statu munki*)를 편집했는데, 1486년에 에르푸르트에서 팔츠가 그 주제를 취하여 또 다른 *Quodlibet*를 만들었다. 둘 다 당시의 묵시적 기대를 반대했다. 그 당시에 그와 같은 기대들이 에르푸르트의 어거스틴 수도회 수도원에서 팽배했다는 추론은 근거가 없다. 그 수도회의 영성이 관념적이며 묵시적인 사고 양식, 또는 요아킴의 사고 양식을 지향하는 경향을 보여준다고 주장하는 리브스(M. Reeves)의 논지 역시 지지될 수 없다.[18]

존 왈드비(John Waldeby, ca. d. 1372)는 영국에서 중세 시대 유명한 영적 저술가로서 영국 신비주의의 영향을 받았다. 그 수도회의 프랑스 저자 중에 자크 레그랑(Jacobus Legrand, d. 1414/15)은 많이 읽힌 그의 『진리론』(*Sophilogium*)으로 큰 명성을 얻었다. 그것은 르네상스 사람들을 위해 그리스도의 진리와 은혜를 당시의 언어로 표현한 최초의 시도였다. 그는 성직자를 위한 올바른 생활 방식뿐 아니라 미덕과 악덕을 세밀하게 다루었다.

14세기 초 스페인의 어거스틴 수도회에는 존경받는 영적 저술가 베르나르 올리버(Bernard Oliver, d. 1348)가 있었다. 그의 저서 『하나님을 향해 고양된 영혼』(*Excitatorium mentis ad Deum*)은 어거스틴 수도회 영성의 특색을 보여준다. 16세기 스페인의 어거스틴 수도회 저자 중에 그 교리의 특징이 그리스도 중심적이며 성경과 교부들의 글, 특히 어거스틴의 글을 토대로 한 실제적인 영성학파가 있었다.[19] 그 주요 대표자 중 한 사람이 비야노바의 토마스(Thomas of Villanova)다. 토마스는 모범적인 인품과 설교 능력으로 그 시대의 영성에 항구

---

[18] See Zumkeller, "Joachim von Fiore und sein angeblicher Einfluss auf den Augustiner-Eremitenorden," *Augustinianum* 3(1963) 382-88.

[19] See David Gutiérrez, "Asceticos y misticos," 224-38.

적인 영향을 끼쳤다. 그의 『콘키오네스』(*Conciones*)는 스페인 영적 문학의 토대를 이룬다. 그 시대의 신비주의 저자 중 가장 많이 읽힌 사람은 복자 알폰소(Blessed Alfonso of Orozco, d. 1591)다. 스페인어로 된 그의 많은 글이 거듭 재판되었고 다른 언어로 번역되었다. 포르투갈 사람 안드라데의 토마스(Thomas of Andrade 또는 de Jesus)가 시적인 언어로 기록한 『예수의 생애에 관한 신비적 본성의 관찰』(*Trabalhos de Jesus*)도 매우 널리 보급되었다. 그는 1582년 모로코의 감옥에서 죽었다. 스페인 시인 레온의 루이스(Luis of leon, d. 1591)가 쓴 글 *De los nombres de Cristo*은 경건 문학의 절정으로 간주되, 보다 심오하게 그리스도를 알고 사랑하도록 독자를 가르치는 성경적인 깊은 주해를 담고 있다.

중세 시대 기독교의 영성에 끼친 어거스틴 수도사들의 영향은 다른 탁발 수도회에 비해 조금도 뒤지지 않는다. 그들은 어거스틴의 영적 가르침을 굳건한 토대로 삼아 사랑(*caritas*)의 구심성과 모든 선한 일을 위해 필요한 돕는 은혜와 원죄의 영원한 결과와 선행의 불충분성과 인간 공적의 은사적 성격을 강조하였다. 일부 어거스틴 수도사들은 그들의 영적 저술을 통해 그 수도회와 그들의 모국을 넘어 멀리까지 영향을 미쳤다. 14세기에 이탈리아인 마사의 마이클과 카스키아의 시몬과 독일인 프리마르의 헨리와 크베틀린부르크의 요르단이 특히 많은 영향을 끼쳤으며, 16세기에 스페인 사람 비야노바의 토마스와 오로츠코의 알폰소와 레온의 루이스와 포르투갈 사람 안드라데의 토마스는 사랑과 은혜를 강조하는 어거스틴의 전통을 이어받았다.

제3장

중세 후기 헌신운동의 주요 흐름

리처드 키케퍼(Richard Kieckhefer)

중세 후기 기독교에서 가장 중요한 발전은 아마 헌신운동(devotionalism)의 발흥일 것이다. 순례, 성자들의 유골이나 유물 숭상, 마리아 숭배, 그리스도의 고난 숭배, 참회 운동 등 중세의 마지막 몇 세기에 거의 모든 종류의 헌신운동이 전례없이 크게 번성했다. 로사리오도 중세 후기부터 발달되었다. 그리스도의 고난을 나타내는 열네 개의 상은 중세 후기의 관습에서 비롯되어 16세기 초에 오늘날과 같은 양식으로 발전했다. 성체축일(Corpus Christi)과 연결된 성체성사 봉헌문도 이 시대에 생겨났다. 문학과 예술에서 구현된 예수 성심(Sacred Heart)의 표상 역시 종교개혁 이전의 몇 세기들로 그 기원을 거슬러 올라갈 수 있다. 『그리스도를 본받아』와 같은 고전들에서부터 그다지 알려지지 않았고 종종 출판되지 않은 다른 무수한 작품에 이르기까지, 인쇄술이 발명되기 이전에 벌써 헌신운동 문학이 꽃을 피우기 시작하여 그 후에 더욱 융성했다. 헌신운동 미술 역시 전성기를 누렸다. 부유한 고객들을 위해 화려하게 장식된 기도서, 개인이 소유하는 숭배용 작은 상아 장식판, 대중의 소비를 위해 값싸게 만든 조야한 목판, 교회와 예배당의 제단을 장식하는 복잡한 다중 판화(polyptychs) 등이 모두 이 시대의 산물이었다. 피에타(pietà; 그리스도의 유해를 무릎에 안고 비탄하는 성모 마리아를 주제로 한 그림이나 조각: 역주)와 같은 유럽 헌신운동 미술에서 주된 의의를 지니는 주제가 이 시대에 등장했으며, 슬픔의 사람과 같은 다른 주제들도 인기를 얻기 시작했다. 이와 같은 헌신운동 양식들의 폭발은 그리스도인의 삶의 행로를 바꾸어 놓았다.

헌신운동 기독교의 발흥은 호의적으로 이해되는 동시에 비호의적으로 이해되었다. 요한 후이징가(Johan Huizinga)는 성물의 증가를 중세 후기 문화의 일반적 확산의 한 요소로 보았다. "종교적 분위기에 극도로 심취한 것"은 축복 기도문들, 부적, 성인 숭배, 축일 등을 산더미처럼 쌓이게 했다. 후이징가는 축일과 상(像)과, 금식, 찬송 등의 배가를 비판하는 자들로 피터 다일리(Peter d'Ailly)와 같은 동시대 저자들을 인용한다. 다른 한편으로 베른드 모엘러(Bernd Moeller)는 종교개혁 이전의 독일에서 "교회다움"의 표시로 그와 같은 성물이 크게 요구되었음을 지적한다. 제도적 교회에서 멀어지기는커녕 중세의 석양빛 그늘 아래서 독일인은 그것의 축복을 끝없이 갈구했다.[1]

헌신운동의 신앙 양태는 매우 산만하여 정확한 정의를 내리기 어렵다. 다만 그것이 개념상 종교의 의식적(儀式的)인 요소와 관상적인 요소 사이에 위치한다고 말할 수는 있다. 의식적인 행사는 원리상 공적이다. 그것은 교회의 공통된 종교적 경험의 핵심을 이룬다. 심지어 변화와 실험의 시기에서조차 그것은 공통된 특성을 유지하는데, 그것은 구조가 본질에서 같다는 것을 의미한다. 미사와 성무일과(Divine Office)가 교회 의식 생활의 중추를 이룬다. 반면에 관상적인 경건은 근본적으로 개인적이며 비공식적이며 비조직적이다. 그것은 개인이 하나님 앞에 홀로 있는 순간에 행하는 것이다. 관상적 경건은 고독 안에서 가장 잘 훈련된다. 중세 후기의 유명한 관상가들도 초기에서와 마찬가지로 수도사들과 은둔자들이었다. 도미니크 수도사들이나 다른 탁발수도사들이 관상적인

---

1) J. Huizinga, *The Waning of the Middle Ages*; Bernd Moeller, "Piety in Germany around 1500," in *The Reformation in Medieval Perspective*, ed. Steven E. Ozment (Chicago: Quadrangle, 1971) 50-75.

경건 쪽으로 끌렸을 때, 그들의 관상과 사역 활동 사이에는 심각한 긴장이 야기되었다.

헌신적 형태의 경건은 중간 단계의 현상이다. 크고 작은 집단들이 무엇에 헌신함을 훈련할 수 있으나, 개인도 마찬가지로 그것을 개발할 수 있다. 교구나 종교 단체가 특별한 열심으로 어떤 수호성인의 축일을 경축할 수 있다. 그러나 그 성인의 유물은 어느 운 좋은 평신도가 개인 소장품으로 간직할 수도 있다. 헌신 신앙의 관행은 종종 소란도 없이 비공식적인 종교 영역에서 공식적인 행사로 발전되기도 한다. 그와 같은 예로는 성체축일 행렬이 있다(헌신운동의 가장 흥미로운 국면 중 하나는 그것이 어떻게 공식적인 의식으로 발전되거나, 그것에서 퇴화하거나 혹은 그것과 연관을 맺는가 하는 것이다). 헌신 신앙은 보편적이거나 심지어 널리 퍼져야 할 필요도 없다. 그러나 종종 그것들은 (14명의 보조 성인들 숭배와 같이) 민중 수준에서든 또는 (성체축일과 그것과 관련된 행사들같이) 공적인 재가를 통해서든 널리 퍼진다. 대중적인 인기가 높아가면서, 그것들은 더욱 엄격한 구조를 취할 수도 있으며 동시에 많은 변형을 낳을 수도 있다. 그것을 명확히 정의하기는 어렵다. 의식이나 관상과 달리, 헌신적 신앙은 그 형식보다 그 대상에 의해 더 잘 정의된다. 헌신은 대개 어떤 특별한 성인, 동정녀 마리아, 고난받는 그리스도, 성찬, 또는 어떤 다른 사물을 대상으로 한다. 어쨌든 중세 후기 기독교에서 헌신 운동적 신앙의 중요성은 엄청나다. 헌신적 신앙은 12세기에서부터 시작하여 해가 갈수록 비상한 여세를 몰고 증가했으며, 성직자와 평신도 모두를 매혹시켰다.

헌신 신앙의 구체적 표현

헌신운동 신앙은 문학과 미술과 관습 등 세 가지 기본적인 방식으로 표현되었다. 다시 말해, 사람들은 헌신운동 신앙과 관련된 책을 읽거나 노래를 들었고, 헌신운동 주제를 담은 미술을 보았으며, 그들 자신이 헌신운동 신앙의 관행들을 실천했다. 책과 그림과 조각 등이 풍부하게 남아 있어서 문학과 미술에 그것이 표현된 증거는 쉽게 찾을 수 있다. 이렇게 남아 있는 것들은 일반적 경향이나 역사적 배경을 위한 자료로, 또는 개인 작품이 지닌 본연의 종교적 혹은 미술적 가치 때문에 오랫동안 학자들의 관심을 사로잡았다. 헌신운동의 신앙 관행은 (묵주와 같은) 물질적인 흔적이나 기록된 설명을 통해 간접적으로밖에 접근할 수 없으므로 연구하기가 더욱 어렵다. 구체적인 헌신운동 신앙 경향을 분석하기에 앞서 이런 다양한 경건의 표현을 담고 있는 자료들부터 먼저 살펴보고자 한다.

헌신운동의 문학

문학적 자료는 무수한 형태를 지닌다. 첫째, 주로 개인적인 사용을 목적한 묵상적인 작품들(기도, 도덕적 권면, 그리스도의 생애에 관한 묵상 등)이 있다. 이것들은 자기 영혼의 상태나 하나님의 선하심에 대한 관상을 돕기 위해 구상되었다. 그리스도의 고난에 대한 묵상이나 시에나의 캐더린(Catherine of Siena)과 같은 인물의 사적인 편지나 "죽음의 기술"(art of dying)에 관한 15세기 글이 이 범주에 속한다.[2] 둘째, 주로 공적인 시행이나 전달을 목적한 작품이 있다. 14세기경에 종교 연극이 예배의 차원을 떠나 문학 형태로 발전했다. 평신도들을 배우로 삼아 옥외 여러 장소에서 성경의 장면을 서로 연결 짓거나 성인들의 생

---

2) Rainer Rudolf, *Ars moriendi: Von der Kunst des heilsamen Lebens und Sterbens* (Cologne: Böhlau, 1957).

애를 묘사하는 연극들이 공연되었다.[3] 평신도를 위하고, 또 그들이 부른 서정 노래는 또 다른 장르를 이룬다. 프란시스 수도회원들이나 다른 대중적인 설교자들은 길거리에서 서정적인 찬송을 불러 사람들을 모여들게 했던 것 같다.[4] 유럽의 일부 지방에는 찬미가(laudi)를 부르는 이탈리아 형제단들과 같이 신앙적인 노래를 부르기 위해 구성된 단체들이 있었다.

세 번째 범주는 설교인데 두 번째 것과도 관련을 지닌다. 그것은 예배와 관련하여 교회에서나 옥외에서 진행되었을 것이다. 많은 점에서 이것은 모든 범주 중 가장 중요하다. 중세 후기의 종교 문화의 상당 부분은 설교 문화였기 때문이다. 그 시대에 쏟아져 나오기 시작한 헌신운동 문학 작품을 많은 평신도가 읽었지만, 그것을 설교로 듣기를 원한 사람이 훨씬 더 많았다. 주일날과 주요 축일, 때로는 사순절에는 날마다 많은 열렬한 회중을 향해 설교가 있었다. 우리가 가지고 있는 본문은 때로 그것들이 전달된 당시의 완전한 형태를 지니기도 하지만 대부분은 메모나 구두 전달을 위해 대충 풀어쓴 것이거나 또는 청중 가운데 누군가 받아 쓴 것이다. 일부 설교는 대중적인 형태이며, 다른 설교는 기교적이고 학문적이다. 예를 들어, 시에나의 베르나르디노(Bernardino of Siena)의 이탈리아어 설교는 민속적인 예화가 많고 언어가 다채로우며 청중 중에 졸거나 소곤거리는 사람을 지적하기 위해 자주 중단된다. 반대로 일부 설교자는 라틴어 설교는 매우 조직적이며 마치 논문과도 같다. 예를 들면, 어떻게 동정녀 마리아가 샛별과 비슷한지를 복잡하면서도 정연하게 설명한다.[5] 대개 설교

---

3) Francis Edwards, *Ritual and Drama: The Mediaeval Theatre* (Guildford: Lutterworth, 1976).

4) David L. Jeffrey, *The Early English Lyric and Franciscan Spirituality*.

5) Saint Bernardino of Siena, *Sermons*, ed. Nazareno Orlandi; trans. Helen Josephine Robins (Siena: Tipografia sociale, 1920); Bernardinus Senensis, *Opera omnia*

는 성경 본문을 토대로 한다. 비록 본문과 설교의 연결이 우의적이어서 근대의 기준으로 볼 때 다소 근거가 박약하지만, 그와 같은 관례들은 기존의 전거들에 대한 창의적인 숙고를 허용했다.

문학 자료의 네 번째 범주는 편집이다. 그것은 대개 설교자들이 채굴해야 할 보고였다. 모범적인 설교 또는 예화 모음이 이 경우에 가장 적절한 보기다. 윌리엄 페랄두스(William Peraldus)의 것과 같은 미덕과 악덕에 관한 논문, 담바흐의 존(John of Dambach)의 『신학의 위로』와 같이 여러 가지 환난을 겪는 사람을 위한 일련의 신학적 위로들, 보라진의 제임스(James of Voragine)의 고전 『황금 전설』처럼 성인들의 생애에 관한 수집, 또는 색소니의 루돌프(Ludoph of Saxony)의 것과 같은 『그리스도의 생애』 등 모든 편집물은 설교자를 위해 풍부한 자료를 제공했다. 그것들은 명시선(名詩選)처럼 느슨한 구조일 수도 있고 논문처럼 치밀하고 조직적일 수도 있다. 이런 종류의 작품은 중세 후기에 엄청난 인기를 누렸다. 그것이 개인의 사적인 경건을 위해서도 사용될 수 있었지만, 대부분은 이 영역에서 설교의 중요성을 증언하며 아울러 회중의 신앙 성장과 즐거움을 위한 신선한 자료를 제공하는 일에 관심이 있었음을 대변한다.

일반 신도들이 점차 글을 읽고 교양을 쌓아감에 따라 헌신운동 문학도 점점 각 나라의 토착 언어로 읽히게 되었다. 예를 들어, 13세기 중반에 나온 프란시스 수도회 설교자 레겐스부르크의 베르톨드(Berthold of Regensburg)의 설교는 독일 산문의 중요한 초기 작품에 속한다. 14세기에는 토착 언어로 글을 쓰는 것이 상례가 되었다. 대중 공연을 목적한 작품은 가장 분명하게 토착 언어의 사용을 요구했다. 따라서 최초의 서정시와 라틴어 시와 산문의 번역이나 개작 또는 추리 연극 등 중세 영문학의 상당 부분이 종교문학이다. 어떤 경우에는 이

(Quaracchi: Collegium S. Bonaventurae, 1950-65).

렇게 대중을 목적한 작품에도 토착 언어와 나란히 일부 라틴어가 사용되었는데, 그것은 일반 신도를 위해 쓰인 작품에도 성직자적인 요소가 가미된 것을 보여준다. 라틴어와 토착어가 뒤섞인 이 시대의 크리스마스 캐럴이 좋은 보기에 속한다. 일례로 독어와 라틴어가 혼합된 "달콤한 찬양 안에서"(In dulci iubilo)를 들 수 있다. 토착어로 기록되기가 가장 어려웠던 영역은 편집이다. 이런 데서 얻은 자료는 번역되거나 개작되어서 설교에 사용되었다. 특수한 토착 대중을 목적함으로써 국제 시장을 망치는 것은 아무 유익이 없는 일이었다.

헌신운동 신앙의 미술

문학 작품이 중세 후기의 헌신운동 신앙의 경향을 이해하는 데 필수적인 것 같이, 그 시대의 미술도 역시 풍부한 정보를 제공한다.[6] 그중에 미술가가 다양한 주제와 부주제를 자유롭게 통합할 수 있는 판넬화가 특히 그러하다. 예를 들어, 15세기 플랑드르 지방의 그림은 정교한 상징주의로 유명하다. 성인들의 특성들과 같은 종래의 세세한 점들뿐 아니라 천사들이 입은 특수한 의복도 상징적 가치를 지닐 수 있었다. 예를 들어, 수태고지 장면을 그리는 화가는 여러 종류의 상징적이며 의미심장한 어휘를 사용할 수 있었다. 다양한 감정의 억양이 동정녀 마리아의 표정과 몸짓에서 전달될 수 있다. 화가는 마리아 옆에 예언서 부분이 펼쳐진 성경을 보여줌으로써 구약과 신약의 연결을 암시할 수 있다. 시대에 맞지 않는 (또는 예언서의) 예수의 초상이 그녀 뒤의 벽에 걸려 있을 수도 있다. 그 장면 상공에 성부가 있고 성령이 천상의 빛줄기와 함께 비둘기 형태로 성부에게서 동정녀로 날아가고 있는 것을 보여줌으로써 삼위일체

---

6) Hans H. Hofstätter, *Art of the Late Middle Ages*, trans. Robert Erich Wolf (New York: Abrams, 1968); Emile Mâle, *Religious Art*; Gertrud Schiller, *Iconography of Christian Art*.

신학이 표현될 수도 있다. 또는 꽃이나 촛불 등의 물체를 통해 이미 그것들이 확보한 상징적 가치를 사용할 수도 있다.

중세 후기에 판넬화는 점차 정적인 초상(또는 성화)뿐 아니라 서술적인 장면들을 표현하는 데 더 많이 사용되었다. 그리스도 생애의 장면과 동정녀 전설과 성인들의 전설이 애용되는 이야기 주제와 관련하여 그러했다. 개개의 판넬을 모아 크고 작은 이중 삼중 다중의 접는 판넬화를 만듦으로써 상징적이며 이야기적인 요소는 극에 달했다. 후베르트(Hubert)와 얀 반 아익(Jan van Eyck)의 "겐트 제단 장식"(Ghent Altarpiece)이 가장 잘 알려진 보기에 속한다. 원래 다중 판화를 목적했던 많은 판넬화가 이곳저곳으로 흩어져 버린 것은 매우 안타깝다. 그러나 종종 여러 박물관에 현재까지 남아 있는 판넬화를 비교하거나 또는 가설적으로 원래의 상황을 재구성할 수 있다.

다른 미술 형식은 이런저런 방식으로 한계를 지녔다. (돌, 상아, 나무, 석고를 사용한) 조각은 어떤 주제가 등장하는 빈도에 따라 그것들의 중요성을 어림잡을 수 있으므로, 헌신운동 신앙의 역사를 연구하는 데 중요하다. 예를 들어, 마리아상은 도처에 존재했다. 그러나 주제를 발전시킬 가능성은 제한되었다. 조각가는 성모 마리아를 서 있거나 보좌에 앉은 모습이나 우아하게 몸을 굽히거나 꼿꼿이 선 자세로, 또는 관을 쓴 모습이나 쓰지 않은 모습으로 표현할 수 있다. 그러나 그는 화가와는 달리 (장미 정원과 같은) 전체적인 배경에서 그녀를 표현하거나 그녀를 (세례 요한과 같은) 다른 인물과 곧바로 연결 지을 수 없었다. 이런 한계는 양각 조각이면 덜 심각했지만, 14세기에 특히 인기가 높았던 작은 상아 장식 판자를 제외하고는 그와 같은 작업의 기회는 그리 흔하지 않았다. 고본(稿本) 장식을 위해 세밀화를 그리는 미세 화가(miniaturists)는 또 다른 제약을 받았다. 그들은 작업을 할 수 있는 공간이 매우 제한되었다. 종종 그들은 엄지손톱 크기의 소묘를 해야 했는데, 그 주제는 대개 본문에 의해 지정되었다. 색유리와 목판은 많은 점에서 현격한 차이를 지니지만 쉽게 알아보거나 분명하게 보일 수 있도록 대담한 선을 써야 하는 점에서 동일한 한계를 지녔다. 따라서 비록 이런 매개물 중 어느 것도 헌신운동 신앙 역사에서 무시될 수는 없지만, 그 작품은 판넬화가 지닌 풍요로움과 세련미를 절대 획득할 수 없었다.

중세의 마지막 몇 세기 동안 미술가들이 이용할 수 있는 주제의 범위가 확장되었다. 12, 13세기에는 다른 주제가 사용되기는 했지만, 몇몇 기본적인 주제, 곧 성모 마리아와 아기, 십자가 처형과 몇몇 다른 장면이 압도적으로 우세했다. 15세기에 부분적으로 이야기에 대한 강조가 커지면서 선택의 범위도 넓어졌다. 예를 들면, 그리스도가 슬픈 사람으로 자주 등장하며, 성모 마리아의 몽소승천과 천국 여왕으로의 즉위식 같은 사건이 판넬화와 석고 조각 등으로 다양하게 표현되었다.

중세 헌신운동에서 미술의 역할을 이해하려면 고객 후원 제도를 알아야 한다. 문학 작품 역시 후원자의 위탁에 의해서 저술될 수 있었으나 이것은 흔한 경우는 아니었으며 어떤 구체적인 사람을 수신자로 한 편지도 순식간에 훨씬 많은 청중에게 읽혀질 수 있었다. 그러니 그림이나 기도서와 같은 것은 일반적으로 특별한 사람이나 특별한 장소를 위해 제작되었다. 미술가는 개인이나 단체로부터 하나의 작품을 만들어 달라는 의뢰를 받는데, 그것은 주로 그 후원자의 소유로 남거나 교회나 예배당에 기증되었다. 종종 그 후원자가 손을 모아 기도하는 모습으로 미술 작품 그 자체에 표현되기도 하는데, 그 경우 그는 그 작품의 중심을 이루는 성스러운 인물보다 작게 그려진다. 그러나 15세기에 들어서는 후원자들이 완전한 크기로 거룩한 공간을 공유하는데, 이것은 당시에 일반 신자들이 점차 그들 주변의 종교 생활에서 어떤 역할을 주장하게 된 것과 때를 같이했다.

헌신운동 신앙의 실천

우리가 논의한 문학과 미술은 중세의 여성과 남성들에게 귀중한 것이었지만 부수적이었다. 그것은 그들의 헌신운동의 신앙 실천을 도왔지만, 그것이 그 실천의 내용이 되지는 않았다. 헌신운동의 요점은 사람이 읽고 본 무엇이 아니라 그가 실천하는 그 무엇이다. 독실한 그리스도인들은 기도와 순례와 금식과 행렬에 가담하는 것, 단체 활동에 참여하는 것, 베옷을 입고 자선을 베풀고 설교를 듣고 다른 경건한 행위를 하는 것으로 그들의 헌신적인 신앙을 표현한다. 이런 행위 자체는 당시로 끝나 버린다. 우리는 그것을 간접적으로만 안다. 그것들은 연대기나 성인들의 생애나 허구적인 이야기나 편지에서 상술되거나 미술에서(예를 들어, 시에나의 베르나르디노가 광장에서 설교하는 것을 보여주는 그림들에서) 표현되거나 물건들(한 순례자가 순례지에서 받았다는 납 토큰과 같은)이 그것에 대해 증언하거나 또는 가장 이상적인 형태로 지침을 주는 소책자들(기도 방법에 관한 소론, 순례 안내서 등)에서 설명된다.

어떤 헌신운동 신앙은 어디서나 행해질 수 있었지만, 가장 중요한 헌신적 행동은 흔히 특별한 장소와 연결되었다. 의례적인 종교는 특별한 시대 의식에 의해서, 그리고 관상적인 종교는 시공을 초월하려는 노력으로 특징지어질 수 있지만, 헌신운동 신앙은 주로 신성한 장소에 대한 깊은 경의감, 또는 이런 장소를 거룩하게 한 그 대상들에 주목한다. 유골이나 유물, 성상, 거룩한 빵과 포도주가 헌신운동 신앙 실천의 주춧돌이다. 심지어 묵상을 위한 읽기도 묵상 연습을 돕는 보조 자료에 불과하며 모든 관심의 초점은 상아 장식 판자나 개인적으로 소유한 판넬화와 같은 형상에 집중되어 있다. 성인들의 삶에서 묵상을 위한 핵심으로 가장 많이 인용되는 성상은 십자가다. 거룩한 물건은 집 안, 또는 특별한 방(기도소)이나 특정한 구석에서 발견될 수 있다. 십자가나 혹 다른 물건은 그냥 두면 불경스러울 공간의 그 특별한 부분을 헌신적 신앙에 적절한 곳으로 만든다. 집 밖에는 길가 기도처(shrine, 성인들의 유골, 유물을 모신 곳: 역주)이나 외딴곳에 멀리 떨어진 예배당과 같은 장소가 어디에나 있었다. 그러나 가장 집중적으로 헌신적 신앙 표현이 이루어지는 장소는 교구 교회든 수도원 교회든 탁발 수도회의 교회든 교회였다. 중세 후기에 교회는 종종 둘러 막힌 여러 공간으로 나뉘어 있었다. 제단은 본당 회중석과 막으로 분리되었고, 부속 예배실들은 의식 집전과는 전혀 다른 여러 헌신적 신앙을 위한 목적을 위해 사용되었다. 어떤 교회나 예배당이나 기도처를 방문하는 사람들은 면죄도 받을 수 있었다. 때로 이런 기도처는 그리스도의 무덤(15세기 자료에 따르면, 예루살렘 성지에서 가장 중요한 곳)과 같이 성지의 장소를 본떠서 세워지기도 했다. 진실로 독실한 사람들은 집 안의 기도하는 장소나 지역 교회로는 만족하지 않았다. 그러한 사람에게는 도시 밖으로 몇 리를 가든지 또는 알프스산맥을 넘거나 바다를 건너는 순례 여행 그 자체가 그의 목적지를 특별하고 성스러운 장소로 규정하게 한다.

　헌신운동 신앙 실천을 위한 많은 자료는 "고고학적"이다. 그것들은 헌신적 신앙을 위해 사용된 구체적인 사물이나 건축물이다. 현존하는 예배당과 기도처는, 비록 중세 시대에 그것들이 어떤 모양을 띠었으며 그 안에 물선이 어떻게 비치되어 있었는지를 확실히 알기는 매우 어렵지만, 헌신운동 신앙을 밝힐 중요한 증거가 된다. 미술 작품은 그것들이 헌신적 신앙 실천과 연결된 만큼 헌신적 신앙의 성취에 대해 통찰을 준다. 브뤼주에 있는 메믈링(Memling)의 눈부신 "성 요한 제단 장식"과 같은 작품 앞에 서 있기만 하면 그와 같은 그림이 얼마나 마음을 사로잡으며 그것이 얼마나 효과적으로 묵상으로 들어가는 입구 역할을 할 수 있었는지를 알 수 있다. 성체나 유골을 놓는 그릇은(흔히 은으로 된 화려한 용기) 독실한 그리스도인들이 무엇을 보기를 원했는지를 느낄 수 있게 한다.

성인들의 전기와 지침서들에 나온 헌신운동 신앙 실천에 대한 문학적 설명은 고고학적 자료만큼 흔하지는 않다. 그러나 몇몇 보기들은 있다. 예를 들어 13세기의 작자 불명인 『성배(聖杯)를 찾아』(Quest fo the Holy Grail)는 성찬과 관련된 헌신적 신앙 형태가 어떻게 생겨났는지를 감동적으로 증언한다. 대개 어떤 특별한 경우에 헌신적 신앙심을 불러일으키는 특정한 장소에 예외적으로 많은 군중이 몰렸을 때 실화적인 설명이 형성된다. 그 고전적인 예는 희년에 많은 순례자가 희년 면죄를 위해 로마를 찾았던 경우다. 보니페이스 8세가 1300년을 첫 희년으로 선포했을 때, 군중이 너무 많아 많은 사람이 짓밟혔으며 지오반니 빌라니(Giovanni Villani)는 그해 내내 무려 12만 명이 그 도시를 찾았다고 보고했다. 1450년 희년에 군중이 운집하여 초만원을 이룬 다리가 아수라장이 되었다. 노새가 발길질한 것이 난투로 이어져 약 200명이 목숨을 잃었다(중세의 연대기들은 흔히 어떤 사건의 중요성을 그것으로 인해 몇 사람이 죽었는가에 의해서 측정하는 것 같다). 15세기 중반에도 역시 스스로 채찍질로 고행한 참회적인 헌신 신앙 형태가 많은 연대기 저자들의 관심을 끌었다.[7]

헌신운동 신앙 실천에서 또 다른 중요한 요소는 설교다. 앞에서 우리는 설교를 본문으로 간주했지만, 설교는 더 나아가 사건도 된다. 어떻게 설교가 주목할 만한 사건이 될 수 있는지를 이해하기 위해서는 때때로 설교가 공적인 기록에 들어가며 지역의 연대기 저자들에 의해 마땅히 관찰되었다는 사실을 알아야 한다. 빈센트 페러(Vincent Ferrer)가 설교할 때는 많은 군중이 모여들었으며, 그는 일상의 일에 파묻혀 살 사람들에게 일종의 유익한 기분 전환을 제공했다. 존 브루그만(John Brugman)은 다섯 시간이나 설교했는데, 청중이 더해 줄 것을

---

[7] Henry Charles Lea, *A History of Auricular Confession and indulgences in the Latin Church* (Philadelphia: Lea, 1896) vol. 3.

간청했다는 말도 있다. 도미니크 회원과 프란시스 회원 모두 설교 사명을 수행하는 데 열정을 쏟았으며, 그들의 설교를 들으러 가는 것은 중세 후기의 헌신운동 신앙 실천의 중요 부분을 이루었다. 이에 대한 증거는 연대기의 보고에 나올 뿐 아니라 설교자들이 참석한 사람들을 언급하는 몇몇 설교 자체에서도 드러난다. 시에나의 베르나르디노는 사순절의 한 설교에서 그의 청중에게 도시의 감옥에서 시들어가는 수감자에게 음식과 옷을 보내고 그들이 고문받은 다음에 누울 수 있도록 침대와 이불도 보내라고 촉구했다. 그다음 설교에서 그는 그의 권면을 통해서 겨우 셔츠 두 벌과 바지 두 벌과 낡은 양말 한 켤레밖에 건지지 못한 것을 알고 다시 간청을 되풀이했다. 이런 식으로, 또는 많은 다른 방식으로 설교자는 도시의 종교적, 사회적, 정치적 생활과 연루되었다. 베르나르디노는 예수의 거룩한 이름을 경외하도록 장려했다. 동시대의 미술에서 그는 빛에 둘러싸인 채 원형 돌을 새김으로 "예수"의 헬라어 첫 글자들인 IHS가 새겨진 작은 패를 들고 있는 것으로 나온다. 그와 같은 패는 그 자체로 헌신적 신앙을 위한 물건이 되며, 베르나르디노가 설교 때 그것을 사용하는 것은 대중 집회에서 개인의 신앙적 헌신을 조장하는 방편이 되었다. 그 상징은 도시 내의 적대적인 정치적 파당들이 사용하는 기구나 깃발에 대한 베르나르디노의 대응물이기도 했다.[8] 만약 중세 후기의 종교문화가 주로 설교 문화라면, 이것은 부분적으로 설교가 청중의 종교적 생활의 모든 국면에 영향을 미쳤기 때문이거나, 또는 적어도 설교자들이 그와 같은 영향을 미치기 위해 애썼기 때문이다.

간접적으로밖에 헌신운동 신앙 실천을 조사할 수 없지만, 그 자료는 헌신운동 문학과 미술에서와같이 헌신운동 신앙 실천에서도 중세 후기에 열기가 가열되었으며 가능한 선택의 범위가 넓어졌다는 것을 분명하게 보여준다.

---

8) Orlandi의 판에는 거룩한 이름의 의의를 강조하는 여러 가지 설교가 포함되어 있다.

헌신운동 신앙의 주요 주제

이제 중세 후기의 헌신운동 신앙 양식에서 그 내용으로 들어가 그 시대의 종교 생활을 지배한 구체적인 주제를 살펴보고자 한다. 중세 후기 헌신적 신앙의 주제가 포괄하는 범위는 매우 넓다. 그러나 중세 후기 경건의 윤곽은 가장 중요한 네 가지 헌신적 신앙 유형, 곧 그리스도의 고난과 마리아와 성인들과 성찬에 대한 것으로 구분될 수 있다.

그리스도의 고난

고난에 대한 헌신적 신앙은 중세 후기 경건에서 어디에나 있었다.[9] 이것은 헌신적 신앙의 열기가 엄격한 예배의 필요성을 훨씬 능가한 경우였다. 예전적 기념식에서 고난은 주기적이다. 일 년 동안 드리는 각 미사는 갈보리의 희생을 재연하지만, 고난 자체가 초점이 되는 것은 구체적으로 사순절 끝의 고난주간이었다. 십자가를 발견하고 높인 것을 기념하는 날이 오월과 구월에 있었고, 구월의 것은 원래 축일에 앞서 사흘 전부터 기념하는 것으로 확대되었지만, 그런데도 이것들은 비교적 사소한 행사들이었다. 고난을 위한 봉헌 미사는 일 년 내내 금요일에 드릴 수 있었다. 그러나 이 주간 행사는 하나의 예배 규범이라기보다 헌신적 신앙의 열정을 표현한 것이었다. 고난은 예배에서 중요하면서도 제한된 위치를 지닌 반면에 예배 외의 경건에서는 곳곳에 깊이 침투되었다.

클레르보의 베르나르(Bernard of Clairvaux)를 비롯하여 12세기의 여러 사람은 그리스도의 인성에 대한 숙고에 기반을 둔 영성을 발전시켰다. 프란시스 수도

---

9) Carl Richstaetter, *Christusfrömmigkeit in ihrer historischen Entfaltung: Ein quellenmässiger Beitrag zur Geschichte des Gebetes und des mystischen Innenlebens der Kirche* (Cologne: Bächem, 1949).

회원들과 후대의 사람이 여기에 예리함과 강도를 한층 더했다. 아씨시의 프란시스 자신이 『고난의 직무』(Office of the Passion)를 썼으며, 그의 성흔은 후대 프란시스 전통에서 그의 생애 중 가장 중요한 사건이 되었다. 프란시스 수도회의 중요한 저술가인 보나벤투어는 이 주제에 관한 문학을 더욱 부요하게 했다. 프란시스 수도회원이 아닌 사람들도 이 헌신적 신앙에 참여했지만, 그것을 대중화한 것은 특히 프란시스 수도회원들이었다.

대부분의 헌신적 신앙과 같이, 고난에 관한 주제도 신성한 공간 개념과 결부되었다. 고난과 관련된 분명한 장소는 예루살렘이었다. 그곳은 위대하고 원형적(原型的)인 그리스도인의 순례지였다. 그 여행은 힘들고 위험했다. 1187년부터 그 도시가 회교도들의 지배하고 있었기 때문이었다. 중세 후기에 프란시스회원들은 그 성지를 순례하는 자를 호위하는 동시에 수개 국어를 구사하는 안내원으로 역할을 했다. 13세기 말부터 표준적인 예루살렘 여행은 일련의 "장소" 또는 일반적으로 고대 기독교에서 중요했던 장소에 집중되었다. 구레네 시몬이 그리스도의 십자가를 대신 져야 했던 곳, 마리아가 자기 아들을 보면서 기절한 곳, 마리아의 집, 심지어 디베스(누가복음 16장의 비유에 나오는 부자)의 집으로 전시된 집까지! 베로니카의 집과 같은 다른 장소들은 후에 추가되었다. 15세기의 한 설명에서는 그와 같은 장소를 백여 곳이 넘게 기록한다. 그러나 가장 중요한 장소는 성 무덤 교회였다. 그 교회의 관구에는 그리스도가 십자가에 못 박힌 곳으로 생각되는 장소에 세운 예배당을 비롯하여 여러 기도처와 예배당들이 포함되어 있었다. 1480년에 순례 여행을 하고 상세한 기록을 남긴 펠릭스 파브리(Felix Fabri)는 그가 이 장소에서 보낸 밤 시간의 경이로움과 감격을 말한다. 그는 또 면죄의 중요성을 증언하기도 한다. 성지 순례자들은 이런 장소에서 기도함으로써, 또는 입맞춤과 엎드림을 통해 경의를 표함으로써 면죄를 얻었다. 14세기부터 이런 면죄는 콘스탄틴과 헬렌의 요구로 실베스

터 1세(Sylvester I)에 의해 허용된 것으로 생각되었다.[10]

순례 여행을 했거나, 또는 여행을 원하면서도 하지 못한 몇몇 사람은 자신들이 사는 고장에 이 거룩한 장소를 똑같은 모습으로 만들어 놓았다. 1378년에 어거스틴 수도회원 샤프톨셰임의 존(John of Schaftolsheim)은 성묘교회가 있는 감람산 모델을 만들었다. 15세기 초에 두 명의 기사가 예루살렘에서 돌아와 브뤼주에 성 무덤 교회 모델을 세웠다. 이탈리아의 한 클라라 수녀는 성지의 여러 장소(마리아의 집, 최후 만찬이 있었던 방, 겟세마네 동산, 빌라도의 뜰, 갈보리 등)를 본떠서 세우고 일상적인 자신의 묵상을 위해 사용했다. 누렘베르크에서 온 마틴 케첼(Martin Ketzel)이란 순례자는 본국에 돌아오자마자 조각가를 고용해서 그리스도가 고난 중에 땅에 쓰러진 일곱 지점을 나타내는 장소를 조각하게 했다. 15세기 말부터 16세기 초까지의 저자들은 한 성상에서 다른 성상으로 옮겨가는 동안 묵상에 사용하도록 이 장소에 대한 감상을 기록했다. 이런 저자 중 가장 중요한 사람으로서 벨기에의 갈멜 회원 존 파스카(John Pascha)는 16세기 초에 오늘날 사용되는 것과 동일한 14개 장소를 고안했다.[11]

이 고난 중심의 헌신적 신앙은 문학과 미술과 실천이 연결될 수 있는 몇 가지 방법을 예시한다. 그 장소를 나타내는 형상이나 돋을새김 장식판과 같은 미술품은 헌신운동 신앙 실천에서 핵심적인 역할을 했다. 존 파스카의 것과 같은 문학은 이런 장소를 숙고하는 데서 독실한 그리스도인에게 지침을 주었고, 펠릭스 파브리의 기록과 같은 것들은 실제 행해진 행위에 관해 정보를 제공한다.

십자가 또는 십자 고상은 예배와 헌신적 신앙을 위해 매우 중요했다. 치마부

---

[10] On this see especially Herbert Thurston, *The Stations of the Cross: An Account of their History and Devotional Purpose*(reprint, London: Burns & Oates, 1914) 1-61.

[11] Thurston, *Stations*, 46-95.

(Cimabue), 지옷토(Giotto), 프라 안젤리코(Fra Angelico)의 그림은 십자가로만 장식된 제단에서 미사를 드리는 모습을 묘사한다. 앞에서 말한 것처럼, 십자가는 개인의 헌신적 신앙에서 공통된 초점이었으며 길가의 기도처는 흔히 십자형으로 되어 있었다. 나아가 그리스도의 십자가 형벌은 중세 시대 전체 미술에서 가장 자주 등장한 주제였다.

중세 후기에 고난 미술에서 네 가지 주요 발전이 있었다. 첫째, 특히 15세기에 그리스도가 십자가에 못 박히기 전의 사건과(동산의 고뇌, 체포, 채찍에 맞음, 베로니카의 수건에 그리스도의 모습이 찍힘 등) 그 후의 사건을(십자가에서 내림, 비탄, 장사 지냄) 포함하여 사건 전체 흐름에 대한 관심이 점점 높아졌다. 둘째, 십자가 형을 표현하는 데서도 그 묘사가 보다 복잡해졌다. 그리스도 자신과 마리아와 요한뿐 아니라 (십자가를 팔로 안은) 막달라 마리아, (기절하는 마리아를 붙드는) 마리아의 동반자들, 한 무리의 군인과 관리들 등 모든 배역이 등장했다. 중세 말경에 미술가들은 흔히 강도들과 이름 없는 군중, 심지어 성경 시대 이후의 성인 일행도 묘사했다. 천사들은 그리스도를 예배하는 모습으로, 또는 그의 피를 성배(聖盃)에 담는 모습으로 묘사되었다. 다른 상징적, 또는 우의적인 주제로는 십자가 밑의 아담의 해골, 자기 피를 새끼에게 먹이는 펠리칸, 해와 달 등이 있었다.

셋째, 십자가의 죽음 이후의 이야기에서 특별한 순간들이 점차 성상 조각에 등장했다. 피에타 또는 성모의 무릎에 안긴 그리스도는 14세기 독일의 목각에서 흔했고, 다음 세기에 그것은 여러 지방에서 목재 외의 다른 재료가 등장했으며 조각뿐 아니라 그림으로 그려지기도 했다. 죽은 그리스도가 상처를 보여주는 슬픔의 사람은 십자가 처형 자체만큼이나 흔한 주제가 되었다. 슬픔의 사람을 묘사한 그림들은 대개 그리스도가 돌무덤 안에서 똑바로 선 채 아직 고통스러워하며, 심지어 시신과 같이 창백한 상태로 아직은 실제로 부활하지 않은 모습을 보여준다. 네 번째 발전에서도 비슷하게 이야기 문맥에서 분리되어 나온 것이 보인다. 15세기에 개별적이든 조합된 것이든 고난을 상징하는 것들이 특히 많은 사랑을 받았다. 그리스도가 맞은 채찍, 가시관, 베로니카의 수건, 십자가 형의 도구들, 상처 등이 그런 것들이었다. 이런 "그리스도의 표지들"에서 가장 흔하게 등장한 것 중 하나는 상처받은 그리스도의 심장이었다. 예를 들어, 15세기의 한 목각은 대동맥이 분명하게 보이는 큰 심장이 십자가에 겹쳐 있는 것을 보여준다. 그 구석에는 찔린 손과 발의 원형 장식들이 있고 창은 왼쪽에서 심장을 찌르고 있다. 이 초기 묘사에서는 상처가 심장 자체보다 더 중요했다. 그것은 독실한 그리스도인이 신비적으로 경건한 묵상에 들어가는 입구로서 그 상처를 다룬 초기 문학의 경우와 같다.

다양한 장르로 표현된 고난에 대한 문학은 형식이 다양한 것만큼 내용도 다양했다. 대표적인 두 본문—하나는 묵상집이며, 다른 하나는 설교—이 이 다양성을 얼마간 예시할 수 있다.

묵상집은 중세 후기에 가경자 비드(The Venerable Bede, PL 94, cols. 561-68)의 작품으로 돌려지긴 했지만, 1300년경의 이름이 알려지지 않는 사람의 작품이다. 그 서문은 한 독자가 하루 일곱 번의 기도 시간에 맞추어 사용할 수 있는 고난에 대한 일련의 묵상을 요청했다는 것을 밝힌다. 저자는 너무 상세한 데까지 들어가지지 않고 기본적인 원리만 설명한다고 말한다. "왜냐하면 관상적이며 영적인 영혼은 두어 가지에서도 많은 것을 끌어내는 반면, 조야하고 육적인 영혼은 많은 것에서도 조금밖에 이해하지 못하기 때문이다." 그러나 만약 독자가 진지하게 묵상하려고 한다면, 불필요한 음식이나 음료, 헛된 말, 놀이, 떠들썩한 주연 등을 삼가야 한다. 이는 "육적인 위로와 주님의 고난 묵상은 서로 어울리지 않기 때문이다."(저자는 "묵상"과 "관상"을 구별 없이 사용한다). 이렇게 도덕적으로 준비된 독자들은 그들이 바로 주님이 고난받으시는 그 순간에 함께 있는 것을 상상해야 하고, 마치 주님이 바로 그들의 눈앞에서 고통당하시는 것처럼 슬픔을 느껴야 한다.

이런 묵상집의 구조는 매우 흔한 것으로서 당시에 많은 영향을 끼쳤던 그리스도의 생애에 대한 위-보나벤투어 묵상집과 비슷했다. 하루의 마지막 기도인 잠자기 전 기도에서 독자는 최후 만찬과 동산에서 고난받으시며 체포당하시는 그리스도에 대해 묵상하며, 잠을 자고 난 후의 아침 기도 시간에는 이전의 묵상에서 비롯된 눈물과 슬픔이 여전히 가득한 채 그리스도의 심문이 시작되는 것을 묵상해야 한다. 그리고 낮기도 시간도 이처럼 저녁 기도 때 그리스도가 무덤에 묻히는 것을 묵상함으로 끝난다. 저자는 이 모든 단계에서 구체적으로 묵상할 것을 제안한다. 겟세마네 동산에서 그리스도의 기도는 기도하는 방법에 대하여 가르침을 준다. 예를 들어, 그리스도께서 세 번 기도하셨듯이 우리도 한 번이 아니라 자주 기도해야 한다. 그리스도께서 체포되셨을 때 제자들이 땅바닥에 뒹굴며 고아처럼 울었을 것을 상상하는 상세한 설명적인 묘사도 있다. 심문 과정에서 독자들은 자신이 당국자들에게 그리스도를 고문하는 것을 중단하도록 간청하는 것을 상상하고 주님을 끌어안으며 대신 채찍을 받아야 한다. 유대인들이 잠자러 늘어갔을 때 예수님은 지치고 추위에 떨며(겨울이기 때문에) 홀로 남아 계실 것이다. 독자는 그의 곁에 앉아 그리스도의 손과 발과 쇠사슬에 입 맞추며 그의 머리를 어깨에 편안히 기대게 해야 한다.

마리아는 그 극에서 주요 인물로 등장한다. 그녀는 "그리스도를 사랑하는 모든 사람을 위한 슬픔의 본보기"다. 그녀는 마치 죽은 것처럼 나이 든 여인들의 부축을 받으며, 아들을 만날 때 실신하여 쓰러진다. 그리스도께서 돌아가실 때, 그녀는 비탄하며 땅바닥에 쓰러진다(십자가의 초기 단계에서 되풀이하여 쓰러지는 것이 강조되었다. 이것은 단순히 그리스도와 그의 어머니의 슬픔과 고통을 강조할 뿐 아니라 힘을 얻는 수단을 포기한 자들이 완전히 힘이 없음을 강조한다).

위(僞)-비드(Pseudo-Bede)가 고난 이야기에서 구체적으로 세세한 점들을 강조했지만, 토마스 브린톤(Thomas Brinton)은 어느 성 금요일 설교에서 더욱 우의적이고 도덕적인 묵상을 제시한다.[12] 이 14세기 말경의 설교 본문은 요한복음 19장 34절에 "피가 나오더라"고 했지만, 그 초점은 그리스도의 고난이란 역사적 사건이 아니다. 오히려 브린톤은 곧바로 도덕적 권면을 시작한다.

> 우리의 손이 그의 아들을 대적한 죄의 피로 더러울 때 용서를 받기 위해 감히 아버지 하나님께 나아갈 수 없다. 오호라, 영국은 도둑과 살인자들과 회개하지 않고 징계받지 않은 다른 범죄자들로 들끓도다. 호세아 4장 2절에서 말하듯이 온 땅에 죄악이 가득하며 "피가 피를 뒤이었다."

브린톤은 첩과 잠을 잔 후 미사를 드리려 한 사제의 예를 든다. 그가 성찬의 잔을 들여다보았더니 포도주는 시커멓게 변해 있었다. 그는 그것을 땅에 쏟으려고 생각했지만, 결국 두려워하면서 그것을 삼켰는데 맛은 아주 썼다. 미사 후에 그는 급히 주교를 찾아 죄를 고백했다. 브린톤은 그리스도의 피와 관련된 다른 기적도 이야기한다. 그러나 그 설교의 대부분은 그리스도가 일곱 번 피를 흘리신 것을 다룬다: 할례받을 때, 겟세마네 동산에서, 채찍을 맞으며, 가시관을 썼을 때, 손과 발과 옆구리를 찔렸을 때. 각각의 경우가 우의적이거나 도덕적으로 해석된다. 예를 들어, 그리스도의 손이 찔린 것은 선행으로 죄지은 영혼이 깨끗하게 되는 것을 나타낸다. 손은 일을 의미하기 때문이다.

이 설교는 구약의 상징으로 가득하다. 레위기 16장 14절의 송아지 피를 일곱 번 대속적으로 뿌리는 것은 그리스도가 일곱 번 피를 흘릴 것을 예시한다.

---

12) *The Sermons of Thomas Brinton, Bishop of Rochester* (1373-1389), ed. Sister Mary Aquinas Devlin (London: Royal Historical Society, 1954) 1:87-94.

마카비상 6장 34절은 코끼리를 잘 싸우게 하려고 포도즙과 오디의 붉은 즙을 코끼리 눈앞에 보여 주었다고 말한다. 마찬가지로, 그리스도의 보혈은 영적 전쟁 특히 교회의 방종을 막는 데 대한 열심을 일으키기 위해 우리 눈앞에 보인다. 그리스도의 모형은 구약 전체에서 발견된다. 그는 아벨에게서 상징적으로 죽임을 당하고, 노아에게서 벌거벗기고, 이삭에게서 나무에 결박되고, 야곱에게서 박해당하고, 요셉에게서 팔려 가며, 욥에게서 침 뱉음과 저주를 당하고, 예레미야에게서 채찍에 맞으며, 요나에게서 무덤에 갇혔다. 위(僞)-비드가 상세한 이야기를 사용하여 경건한 동정심을 일으켰지만, 브린톤은 우의적 해석을 사용하여 노녁석 개혁을 고무시켰나. 그들의 공통점은 싱경 본문에 대한 주의 깊고 세밀한 묵상이었다. 그러나 브린톤의 설교는 더욱 전통적인 분석 방법을 발전시켰고, 위(僞)-비드는 고난 겪는 그리스도에 대한 중세 후기 작가들의 매료와 동정을 더 잘 나타낸다.

고난에 관한 중세 후기 문학에서 가장 중요한 발전 중 하나는 주로 평신도를 배역으로 옥외에서 각 나라의 고유 언어로 공연된 고난 연극의 등장이다.[13] 라틴어로 된 이전의 고난 연극은 교회 건물 안에서 공연된 예전적인 극에서 생겼다. 14세기경에 이 연극은 원래의 예전적 성격을 벗어버렸다. 그러나 이 연극에 사용된 다양한 자료 중에는 성주간에 사용된 전례 본문도 있었기 때문에, 그와 같은 성격을 완전히 버린 것은 아니었다. 이런 연극의 자료는 복음서의 설명을 많이 따랐으나, 위경 복음서들과 주석과 논문과 다른 자료들로부터도 많은 것을 빌렸다. 그들은 상상력을 가미하여 완전한 범위의 크고 작은 등장인물을 발전시켰다. 요크 지방의 연극은 예수께서 헤롯 앞에 왔을 때 헤롯이 매

---

13) Sister John Sullivan's *A Study of the Themes of the Sacred Passion in the Medieval Cycle Plays* (Washington, DC: Catholic University of America Press, 1943) is useful especially for the sources of material for the plays.

우 기뻐한 듯이 표현한다: "오, 이제 이 선지자가 오는 것을 보니 내 마음이 기쁨으로 뛰도다." 프랑스어로 된 「팔라틴 고난」(Palatine Passion)에는 허풍스러운 군인 네 명이 등장하여 그리스도의 시신을 훔치려 하는 사람은 그냥 두지 않을 것이라고 떠벌린다. 그 연극에는 또 십자가 형에 사용할 못을 주조하라는 부탁을 받은 대장장이가 기적적으로 손을 다치는 장면도 나온다. 그 일은 결국 심술궂은 그의 아내가 대신한다. 판넬화들이 갈보리 언덕에서 등장인물의 배치와 전체 고난 이야기의 세세한 점들에 새로운 관심을 보여준 것과 동일한 경향이 극에서도 나타났다.

그러나 종종 고난 미술과 고난 문학은 호기심이라기보다 근대의 관람객과 독자들을 놀라게 하는 격한 감정을 보여준다. 14세기 독일에서 나온 십자가에 못 박힌 예수상은 피가 상처에서 끊임없이 솟아나고 그리스도의 몸은 기괴하게 일그러진 모습을 보여준다. 노리지의 줄리안(Julian of Norwich)이 본 십자가의 예수상도 비슷한 효과를 준다. 거기엔 살을 에는 찬 바람과 함께 그리스도의 몸이 푸른색과 갈색과 검은색의 다양한 음영을 통해 거의 만화경같이 변화한다. 그러나 아마 가장 기괴한 모습은 그리스도에게 가해진 야만적이고 잔인한 고문을 묘사하는 데서 나올 것이다. 그런 묘사들은 히에로니무스 보쉬(Gieronymus Bosch)와 그를 따른 자들의 그림들에 나타난다. 따라서 고난을 향한 헌신은 중세 후기 경건에서 광범위하고 뜨거운 강도로 나타난다.[14]

마리아 숭배

고난에 대한 헌신 신앙과 나란히, 혹은 그것과 연결되어 마리아에 대한 주

---

14) Richard Kieckhefer, *Unquiet Souls*, chap. 4.

제 역시 중세 후기 기독교에서 도처에 있었다.[15] 성유물, 기도처, 순례, 축일, 찬송, 모테트(성경 구절에 곡을 붙인 반주 없는 성악곡—역주), 전설, 연극, 그림, 조각, 교회와 수도원의 수호성인, 설교, 논문, 환상, 신학 등 모든 영역에서 마리아는 단순히 존재하는 것이 아니라 결정적으로 중요한 역할을 했다. 마리아에 대한 헌신 신앙은 모든 영역에 두루 침투했기 때문에, 주된 발전의 줄기를 추적하는 것조차 힘들다. 마리아의 겸손이 점점 크게 강조된 것에 대한 증거도 풍부하며, 반면에 그녀의 위엄과 왕과 같은 신분으로의 승귀와 비길 데 없는 완전에 대한 주제를 뒷받침하는 증거들 역시 풍부하다. 마리아 미술에서 특별한 주제가 생겨났으나(그리스도와 성 안나와 함께 있는 마리아, 겉옷에 곡식알을 담고 있는 마리아 등), 이것들이 초기의 주제를 대신하지는 않았다. 중세 후기의 마리아 신앙에 적용되는 어떤 원리가 있다면, 그것은 축적의 원리이다. 마리아를 높이기 위해 말하거나, 노래하거나, 전시하거나, 생각할 수 있는 거의 모든 것이 그 혼합물 안에 들어 있다.

마리아 신앙은 예전적인 발전을 부요한 배경으로 하여 생겨났다. 중세 초기에 마리아 축일이 네 번 있었다: 성촉절, 성 수태 고지 축일, 몽소 승천 축일, 성모 마리아 탄생제. 13세기에 서방 기독교의 일부 지역에서 마리아가 엘리자벳을 방문한 성모의 방문을 기념하는 축일이 생겨났으며, 그것을 보편화하기 위해 1389년 보니페이스 9세의 교서와 1441년 바젤 공의회의 규정이 발표되었다. 14세기에 마리아가 성전에 간 것을 기념하는 축일이 점차 동방교회에서

---

15) See especially Stephan Beissel, *Geschichte der Verehrung Marias in Deutschland während des Mittelalters: Ein Beitrag zur Rellgionswissenschaft und Kunstgeschichte* (Freiburg i. Br.: Herder, 1909). Useful material can be found also in Marina Warner, *Alone of All Her Sex: The Myth and the Cult of the Virgin Mary* (New York: Knopf, 1976). For Marian theology, see especially Hilda C. Graef, *Mary: A History of Doctrine and Devotion* (New York: Sheed & Ward, 1963-65).

넘어왔다. 그다음 세기에는 존 게르손(John Gerson)이 마리아와 요셉을 기념하기 위해 제안한 것으로 약혼 축일을 확립하려는 노력도 있었다. 11세기 초에는 토요일에 하나님의 어머니를 기념하는 미사를 드리는 것이 일반화되었는데, 이는 그녀가 아들의 부활 이전에 그의 신성에 대한 믿음을 지켰기 때문이거나, 또는 토요일이 하나님의 안식일이며 마리아의 태 속에서 그리스도가 안식했기 때문이었다. 연중 고루 분산된 이 모든 축일은 찬미가와 두 패가 번갈아 부르는 교송과 모페트 등 예배 송가를 발전시켰다. 8세기 수도원에서 지켜진 것으로 추적되는 마리아를 위한 "소(小) 성무일과"는 중세 후기에 평신도들의 개인적인 신앙의 중요한 부분이 되었다.

중세 기독교의 주요 기도처에 마리아 기도처가 없는 것은 매우 모순되어 보일 수 있다. 켄터베리와 산티아고와 로마는 성인 숭배 신앙의 중심지였으며, 예루살렘은 열성적인 고난 숭배자들이 찾기를 갈망한 곳이었으나 마리아 기도처들은 지역적이며 보다 덜 중요하게 여겨졌다. 중세의 루르드(Lourdes)나 파티마(Fatima)가 없었다. 그럼에도 이것은 마리아 숭배 신앙의 큰 장점이었다. 토마스 벡케트(Thomas Becket)는 켄터베리와 밀접하게 관련되었고, 다른 성인은 그들의 뼈가 묻혀 있거나 생애 중에 탁월하게 두각을 나타냈던 장소에서 숭배되었다. 그러나 마리아는 어디서나 경배 받았다. 기독교 세계 중 어느 한 부분과 지나치게 밀접한 관계를 원하지 않았던 시토수도회 회원들은 마리아를 특별한 수호성인으로 삼고 그들의 모든 수도원을 마리아에게 봉헌했으며 그중 많은 수도원을 마리아를 기념하는 이름으로 불렀다. 프란시스 수도회원들도 보편적인 수호성인으로서 마리아의 이런 의미를 꽤 많은 부분 공유했고 그것을 유포시키는 데 기여했다. 따라서 마리아 기도처는 모든 곳에서 발견되었다.

신성한 장소에는 반드시 초점이 되는 대상이 있어야 한다는 원리와 일치하여 유물과 형상이 바로 가까이에 있었다. 마리아 육신의 승천은 마리아 제의의 보편성을 위한 필수 조건이었다. 땅 위의 어떤 장소도 마리아의 유해를 간직한 곳으로 주장할 수 없으므로 마리아는 모든 장소에 동일하게 존재했다. 그런데도 마리아 머리카락의 일부나(대개 금발) 젖병이나 수건 조각이나 심지어 (전설에 따르면) 마리아가 의심하는 도마의 무릎 위에 자기가 승천했다는 증거로 하늘에서 떨어뜨렸다는 허리띠를 전시한 기도처가 있었다. 때로 회의적인 소리도 제기되었다. 한 설교자는 롬바르디의 모든 젖소를 합쳐도 동정녀에서 나왔다고 여겨지는 만큼의 우유를 생산하지 못한다고 비판했다. 그러나 전혀 유물이 없더라도 상상할 수 있는 모든 형태의 형상이 만들어졌다.

미술에서 표현된 마리아는 크게 두 범주로 나누어진다: 마돈나와 그녀의 생애의 단면들. 마돈나는 그림과 조각에서 중세 미술의 가장 흔한 주제 가운데 하나였다. 그림에서 마돈나는 대개 보좌에 앉은 자세지만, 조각에서 마리아는 앉거나 서 있는 자세였다. 중세 후기에 마리아의 왕 지위가 당연하게 받아들여졌을 때, 마리아는 흔히 왕관을 쓴 모습으로 등장했다. 마돈나의 가장 흥미로운 발전은 천사들과 성인들이 동정녀 마리아와 함께 있고 배경이(실내, 정원, 등) 점점 더 정교해진 판넬화에서 발견된다. 자주 마리아나 그녀의 아기가 무언가를(종종 책이나, 과일 조각, 꽃, 또는 새) 들고 있는 것으로 나오는데, 그것은 단순히 장르 리얼리즘이 아니라 대개 구속(救贖)이나 그것을 요구한 죄를 상징했다.

특히 중세 후기의 판넬화에 흔히 등장하는 마리아 생애의 장면은 네 개의 주요 그룹으로 나누어진다: "복음 이전" 사건, 또는 마리아의 유년기와 관련된 것들(그녀의 잉태와 출생, 성전에 감, 약혼), 그리스도의 유아기와 관련된 것들(수태고지, 방문, 강탄 등), 그리스도의 고난을 다루는 것들(그리스도가 십자가에 못 박힘과 그 밑에 있는 마리아, 피에타와 슬픔의 장면들, 장사), 이른바 "복음 이후" 사건 또는 정경 복음서의 사건 이후에 일어난 사건들(특히 마리아

돌로 접는 성단 장식화, 14세기 말

의 죽음, 승천, 천상에서 즉위). 그리스도의 유아기와 고난 사이 기간에 대한 관심은 거의 없었다. 부분적으로 그것은 마리아가 그리스도의 사역에서 주된 역할을 하지 않았기 때문이었고, 또 그리스도 자신에 대해서도 이 기간의 모습은 비교적 드물게 그려졌기 때문이었다(마리아는 가나의 혼인 잔치 그림에 간혹 등장했다).

마리아의 위엄이 점점 커지는 것은 마리아의 대관식을 묘사한 15세기 작품들에서 나타난다. 거기서 특히 마리아는 자기 아들뿐 아니라 삼위 전체에 의해 왕관을 받는다. 다른 한편으로 같은 시기에 나온 성탄 장면은 (스웨덴의 성 브리짓트의 환상을 따라) 마리아가 대개 땅바닥에 누워 있는 자기 아들을 경배하여 무릎을 꿇고 있는 모습을 그린다. 망토를 펴서 모여든 경배자들을 덮는 자비의 마돈나 상과 그림에서는 보호자로서의 마리아의 역할이 가장 힘있게 강조된다. 때로 이렇게 보호를 받는 사람 중에는 사회 여러 계층의 대표자들(교황, 왕, 주교, 시민, 등)이 있으며, 때로 가장 탁월한 인물은 그 미술 작품을 위탁한 두건 쓴 고행자들이었다.

주제의 다양성은 마리아에 관한 전설에서도 찾아볼 수 있다. 그것들은 고대 기독교에서 발전하기 시작하여(참고, *The protevangelium of James*)『황금 전설』과 같은 후대 편집에 간직되었다. 중세에 마리아 생애의 전설에 덧붙여야 했던 것은 마리아가 자신을 숭배하는 자를 섭리적으로 돌보는 것을 보여주는 기적이었다. 특히 그레고리 1세와 투르의 그레고리(Gregory of Tours)가 이런 종류의 이야기를 했다. 그와 같은 전설을 모은 집록은 초기 중세 시대에 특히 인기가 높았는데, 종종 그것들은 특별한 장소에서 발생한 기적에 초점을 맞추었다. 종종 그것들은 죄의 용서와 동정녀 마리아를 숭배함으로써 그 죄를 경감받은 죄인들이 하늘에 들어가는 것을 포함했다. 설교자들은 설교 예화로 그런 이야기를 사용함으로써 좋은 효과를 낼 수 있었다. 다른 중요한 문학적 발전은 아들이 십자가에서 내려져 장사되기 위해 땅에 누인 것을 보면서 성모 마리아가 슬픔을 쏟아 놓는 시적인 "마리아의 비탄"이었다. 이것과 밀접하게 관련된 것은 십자가가 그녀의 아들에게 지운 운명을 마리아가 슬퍼하자 십자가 자체가 그리스도가 희생해야 할 필요를 논증하는 시적인 "마리아와 십자가 사이의 논쟁"이었다. 카살의 우베르티노(Ubertino of Casale)가 14세기 초에 그와 같은 시를 라틴어로 지었고, 곧 여러 토착 언어로 된 작품이 뒤따라 나왔다. 다른 문학 작품들에서와같이, 여기에서도 마리아는 순결의 모델로서, 그리고 자기 아들의 구속 사역에 참여하는 인물(coredemptrix)로 등장했다. 다른 시와 논문과 설교도 마찬가지로 이런저런 방식으로 마리아를 높였다.

하나님의 어머니께 드리는 기도문이 매우 많았다. 그중에 12세기부터 가장 중요하고 인기가 있었던 것은 천사의 인사(눅 1:28), 아베 마리아였으며 거기엔 엘리자벳의 탄성도(눅 1:42) 덧붙여져 있었다. 12세기의 사본들은 한 수녀가 날마다 마리아의 그림 앞에 무릎을 꿇고 성모송을 150번 기도했을 때 마리아가 나타나서 50번만 천천히 그리고 보다 진실된 마음으로 기도하라고 충고했다고 전한다. 그와 같이 구슬을 헤아리며 기도를 되풀이하는 것은 중세 후기에 로사리오기도로 발전되었다. 도미니크 수도회에서 특히 이것을 장려했으며, 15세기 초에 그들은 기도 암송과 마리아 일생의 사건을 숙고하는 체계를 결합했고 같은 세기 후반에 이것을 행하기 위해 특별한 형제단을 만드는 것을 격려했다.

중세 후기 음악에서 마리아 숭배의 중요성은 야콥 오베레히트(Jacob Obrecht)의 보기에서 볼 수 있다. 현존하는 것으로 그가 지은 24개의 모테트 중 1/4이 마리아에 관한 본문에 근거한다. 14세기 후반과 15세기 초의 영국음악 집록(The Old Hall Manuscript)에는 26개의 모테트가 들어 있으며, 그중 대략 2/3가 마리아에 관한 것이다. 이 집록에서 비-마리아 모테트 중 하나로서 '만성절'을 위한 모테트는 "그리스도가 승천하셨으며 그의 가장 순결한 어머니를 위해 영원한 장소를 예비하셨다"는 말로 시작된다. 고난에 관한 음악이 이상하리만큼 희귀하지만, 마리아 숭배는 모든 곳에서 표현되었다.

성인 숭배

마리아 숭배와 같이, 성인 숭배도 예전적인 관행에 깊이 근거했다.[16] 사실상

---

16) Eric Walram Kemp, *Canonization and Authority in the Western Church* (London: Oxford University Press, 1948); André Vauchez, *La sainteté en occident aux dernières siècles du moyen âge, d'après les procès de canonisation et les documents hagiographiques*(Bibliothèque des études françaises d'Athènes et de Rome 241; Rome: École Française de Rome, 1981); Donald Weinstein and Rudolph M. Bell, *Saints and Society: The Two Worlds of Western Christendom, 1000-1700*(Chicago: University of Chicago Press, 1982); *Saints and Their Cults: Studies in Religious Sociology, Folklore and History*, ed. Stephen Wilson (Cambridge: University Press, 1983).

한 고인(故人)을 시성(諡聖)하는 과정은 본질적으로 이 사람이 보편 교회의 예배에서 공적인 존경을 받을 가치가 있음을 결정하는 것이었다. 기독교 초기에 이 결정은 그 성인의 덕스러운 삶과 영웅적인 순교를 지켜본 기독 공동체에 의해 행해졌다. 중세 초기에는 주교와 교회 회의가 그 과정을 통괄했다. 1200년경부터 교황이 시성에 관한 모든 권리를 주장했다. 교황의 승인은 그 숭배를 광범위하게 만드는 가장 효과적인 방법이었기 때문에 성인 숭배를 장려하는 사람은 이 주장을 기꺼이 받아들였다. 그때부터 증인에 대한 면밀한 조사와 시성을 위한 전기문 작성 등 가히 사법적이라 할 만한 정교한 과정이 등장했다(많은 경우에 전기는 그 과정이 시작되기 전에 기록되어 시성에 필요한 관심을 촉발하는 수단이 될 수 있었다). 성인으로 인정된 새 성인은 완전한 순서의 예배와 숭배 의식으로 존숭될 수 있었다. 공적인 기도에서 그들의 이름을 부를 수 있었고, 교회가 그들에게 봉헌될 수 있었으며, 그들의 축일에 그들을 기념하는 예배가 거행될 수 있었고, 그들의 유골과 유물은 귀한 그릇에 담겨 전시될 수 있었다. 또 그들은 빛 구름이나 후광을 지닌 성인으로 그림에 표현될 수 있었다. 성인품에 오르기 전에는 그들은 복자(blessed)로서 단지 사적이고 지역적인 숭배를 받을 수 있었다(복자란 용어는 중세 후기에 장차 성인이 될 사람이나 아직 교황의 승인을 받지 못한 사람을 지칭했다).

성인으로 공인된 사람 수가 365명을 훨씬 넘었기 때문에, 특정한 장소에서 일 년의 각 날에 숭배될 개개인 성인들이 선택되어야 했다. 중세 전체에 걸쳐 이 과정은 유동적이었다. 주교는 자기 교구의 축일을 제정할 수 있었고, 특정 교회나 수도원들은 상당히 자유롭게 자신의 예배력에서 성인 축일 부분을 기안하고 바꾸었다. 모든 날이 성인의 축일로 기념되지는 않았다. 13세기와 그 이후 세기에서 얼마간 균일성을 요구하는 체계로서 성인의 축일이 점차 일종의 연대 추정으로 문서상에 많이 사용되면서 어느 정도 표준화가 이루어졌다.

그러나 여전히 어느 성인이 전야제와 제8일 집회와 공적인 행렬이나 교회 밖의 다른 의식과 같은 특별한 숭배를 받을 만한가를 결정하는 데는 상당한 융통성이 있었다.[17]

성인의 유골과 유물은 거의 항상 숭배의 중심이 되었다. 종종 시신이나 두개골 전체가 한 기도처에 보관되었다. 그러나 이론상 가장 작은 파편까지도 성인의 시신과 동등하게 간주하였다(거룩한 성체가 나누어지더라도 감소되지 않은 것처럼). 그 성인 숭배가 인정될 경우, 성인이 죽었을 때 그의 시신은 즉시 교회 내의 석관에 보관되고, 거기서 경배자들은 그들의 존경을 표할 수 있었다. 그렇지 않을 경우, 그 시신은 무덤에서 숭배자들이 접근할 수 있는 장소로 이송되었다. 그 성인의 은총을 구하는 사람들은 헌물을 가져오곤 했다. 만약 그들이 그 성인에게 어떤 서원을 하고 그 결과 그 요구한 은총을 받았다면, 그들은 그 축복에 대한 보상으로 그 성인의 기도처에 서원 헌물을 가져오곤 했다. 병 고침을 원하는 사람들은 부화(孵化)라고 알려진 관습으로서 그 성인의 무덤가에서 밤을 지내곤 했다. 특별히 인기가 높은 성인들의 유물이 있는 기도처들, 특히 이런 유물을 소유한 유일한 곳으로 주장될 수 있는 곳에는 먼 지방으로부터 널리 많은 순례자가 모여왔다.

성인들의 유물을 손쉽게 이용할 수 있으면 그들의 모습을 묘사한 그림이나 성상은 그렇지 않을 경우보다 훨씬 덜 중요하게 여겨졌다. 그러나 여전히 성인들은 미술의 흔한 주제가 되었다. 마리아와 같이 그들은 초상화나 그들의 전설에서 취한 서술적 장면에 등장했다. 각 사람의 속성을 정교하게 표현한 것은 보는 사람들이 그 성인이 누구인지를 쉽게 파악할 수 있게 했다. 예를 들어

---

17) M. G. Dickson, "Patterns of European Sanctity: The Saints in the Later Middle Ages (with Special Reference to Perugia)" (Edinburgh University, 1975) 1:133, 136-37.

베드로는 전형적으로 열쇠와 함께, 알렉산드리아의 캐더린은 그녀가 고문받을 때 사용된 대못이 박힌 형차(刑車)와 함께 묘사되었다. 또 순교자가 지닌 종려나무와 같은 일반적인 속성도 있었다. 중세 전체에 걸쳐 비록 아씨시의 프란시스와 같이 그즈음에는 "근대의" 몇몇 성인이 인기를 얻었지만, 미술의 주제로는 대부분 초대 교회의 고전적인 성인이 선호되었다. 11세기 후반부터 14세기 초까지 이탈리아의 판넬화 700점을 연구한 결과, 그리스도가 묘사된 것이 35%, 동정녀 마리아가 55%, 신원이 불확실한 성인이 15%, 신원이 확실한 성인이 9%로 밝혀졌다. 신원이 확실한 인물 가운데 가장 흔하게 등장한 이는 아씨시의 프란시스였으며, 빈번하게 묘사된 다른 이들은 주로 사도들과 초기 순교자들, 그리고 아씨시의 클라라와 도미니크 등이었다. 다른 시대와 장소에 대한 연구에서도 비슷하게 고전적인 성인(남자)들에 대한 선호가 나타난다.[18]

성인들을 좋아한 것은 성인들의 이름을 채택한 데서도 볼 수 있다. 이것은 오랫동안 내려온 관습이었으나, 중세 후기에 점점 더 일반화되었다. 예를 들어, 제노바의 지도자들에 관한 한 연구는 12세기에는 그중 12%만이 성인들의 이름을 가진 반면에 13세기에는 그 숫자가 23%로, 그리고 14세기에는 67%로 증가한 것을 보여준다.[19] 세례 때 이름을 주는 관습이 같은 시기에 널리 퍼진 것도 절대 우연이 아니었다. 세례 때의 수호성인과는 따로 유럽 일부 지방에서는 모든 사람이 수호 사도를 선택해야 하고, 심지어 이 관습을 지키는 것이 정통성을 검증하는 것이 되기까지 했다. 한 독일 사람은 이단 심문관에게 자신의 수호 사도가 천사장 미가엘이라고 말함으로써 그를 즐겁게 했다.[20]

---

18) Ibid., tables between pp. 85 and 86.
19) Ibid., 95, 99-100.
20) Dietrich Kurze, "Zur Ketzergeschichte der Mark Brandenburg und Pommerns,

수호성인을 가지는 것은 교회와 개인들에 국한되지 않았다. 유럽의 일부 지방에서 형제단 사이에 흔했던 것과 같이, 어떤 조직이나 기관들 역시 그들의 수호자를 채택할 수 있었다. 이런 형제단의 회원들은 그들의 수호성인의 축일을 함께 기념하곤 했다. 북부 독일에서 이것과 관련하여 특히 중요한 예는 성 앤(St. Ann)이었다.

성인 숭배는 문학에서도 중요했다. 제임스의 『황금 전설』(1270년경 편찬)은 중세 문학에서 독실한 전설을 모은 가장 중요한 집록 중 하나였다. 그 편찬에서 보다 초기의 성인 열전 특히 초기 기독교 성인들의 전설을 증류한 것은 후세대들을 위한 후대 작가들과 설교자들에게 좋은 자료가 되었다. 이 표준적인 편찬이 성인 159명의 전설을 포함한 반면, 후대 작품은 피상적이지만 종종 보다 많은 성인을 포함했다. 예를 들어 14세기에 나온 피터 칼로(Peter Calo)의 『성인들의 전설』은 가장 고전적인 인물인 853명의 성인을 망라했다. 이 성인들은 때로 연극에서도 기념되었다. 15세기에 특히 연극은 성 바바라(St. Barbara)와 성 세바스티안(St. Sebastian)과 다른 고전적인 인물의 전설을 재연했다.[21]

따라서 동시대 성인들의 생활은 좀처럼 낭만적으로 묘사되지 못했으나, 이런 인물을 다루는 데서는 다른 흥미로운 발전도 나타났다. 성인품에 올리는 절차가 더욱 엄격해지면서 13, 14세기에 앞으로 성인이 될 인물의 전기가 보다 꼼꼼하고 철저해졌고, 생존시에 그들이 이룬 기적보다 그들이 지닌 덕목에 더 많은 관심을 보이게 되었다. 사후에 생겨난 일련의 기적이 대중적인 성인 숭배와 그 숭배에 대한 신적인 재가를 증언하는 것으로 그 전기들에 추가되었다.

---

vornehmlich im 14. Jahrhundert: Luziferianer, Putzkeller und Waldenser," *Jahrbuch für die Geschichte Mittel- und Ostdeutschlands* 16/17 (1968) 85 and n. 189.

21) Dickson, "Patterns." 292-302.

한편 13세기부터 종종 성인들의 신비적 체험과 일반적인 그들의 내적인 삶이 강조되었다. 이것의 선례는 자신이 본 환상에 대한 성인 자신의 설명에서 볼 수 있다. 내면성에 대한 이 강조는 특히 자서전과 그 성인들의 영적인 아버지와 고해 신부들이 기록한 전기들에서 두드러진다. 헨리 수소의 자서전과 시에나의 캐더린의 전기가 이런 경향의 좋은 보기를 이룬다.[22]

성인 숭배는 헌신운동 역사에서 특별히 중요하다. 이는 12세기 이전의 중세 초기에 성인 숭배가 기독교 신앙에서 중심적인 위치를 차지했기 때문이다. 반은 공적이며 반은 사적인 예배를 벗어난 관습이 성인 숭배에 첨가되었다. 고난에 대한 헌신적 신앙이 대중의 인기를 얻기 전에, 그리고 문학의 급증과 탁발 수도회들의 부흥이 다양한 형태의 숭배에 대한 새로운 관심을 야기시키기 이전에, 성인들의 유골과 유물들은 대부분의 유럽 지역에서 헌신적 신앙에서 으뜸가는 초점이 되었다. 성인들에 대한 관심은 중세 후기에도 시들지 않았다. 그러나 보다 풍부한 대안들 가운데 열심을 자극하는 다른 헌신의 대상들이 있었다.

성찬

헌신운동 신앙이 이전의 예전적인 관행에서 발달한 것은 중세 후기의 성찬에 관한 헌신에서 가장 분명하게 볼 수 있다.[23] 14세기에 프란시스 수도회의 요한(John of Winterthur)은 성찬이 그의 동시대인들이 가장 특별하게 헌신한 성

---

22) This is a central theme of Kieckhefer, *Unquiet Souls*.

23) Peter Browe, *Die Verehrung der Eurcharistie im Mittelalter* (Munich: Huebner, 1933); for the theology especially, see also Edouard Dumoutet, *Le désire de voir l'hostie et les origines de la dévotion au Saint-Sacrament* (Paris: Beauchesne, 1926).

례라고 말했다. 그가 의미한 것은 예전적인 준수를 위한 새로운 토대의 열심이 생겨났다는 것이 아니라, 오히려 예배 안에서든 또는 예배 밖에서든 거룩한 떡과 포도주 자체에 대한 열심이 급증했다는 것을 지적한 것이었다.

이런 헌신이 최초로 분명하게 나타난 것은 13세기 초에 미사에서 성별 이후에 성체를 높이 드는 관습이 갑작스럽게 널리 퍼지게 된 때였다. 그것이 최초에 일어난 곳은 1200년경 파리 교구에서였다. 그 세기 중반 무렵에 그 관습은 서방 기독교 전체에 널리 퍼졌는데, 그것은 성체가 기적적으로 그리스도의 몸과 피로 바뀌는 것을 지켜보고자 하는 대중의 열망에 명백히 부응했다. 11세기의 논란의 결과로 명료하게 된 화체설은 1215년 제4차 라테란공의회에서 공식적으로 공표되었다. 성찬을 향한 헌신은 이 교리적 진술을 강화하기 위한 수단으로 성직자들에 의해 조장되었을 수 있지만, 기적을 갈망하는 대중적 욕구가 보다 중대한 요소로 작용한 것이 분명하였다. 13세기 말경에 많은 주교는 거양된 성체를 예배하는 사람에게 면죄를 허용했다. 성체를 드는 순간에 사람들의 주의를 모으기 위해 종을 울렸다. 많은 그리스도인에게 있어서 미사에 참여하는 것은 높이 들린 성체를 보는 것을 의미했다. 15세기에 곳초크 홀렌(Gottschalk Hollen)은 그와 같은 사람들을 논평하기를 "그들은 종소리를 듣고 와서 거양된 성체를 보고, 그것이 끝나면 마치 마귀를 보거나 한 것처럼 도망치듯 황급히 떠난다"고 했다.

곧 성체가 들리는 순간을 보는 것만으로는 충분하지 않게 되었고, 몇몇 장소에서 그것은 예배 때 외에도 성체 안치기에 놓여 제단 위에 전시되곤 했다. 이 관습은 14세기 북유럽에서 시작되었다. 성체 안치기 자체는 유골을 전시하는 용기들을 본떠서 만들었다. 그것은 대개 탑이나 십자가 형태를 지녔으며, 때로 성체를 담는 유리그릇을 든 사람이나 천사의 모습을 띠기도 했다. 성체 안치기에 담겨 제단 위에 전시된 성체는 신앙적 헌신의 최고 중심이 되었다. 몬타우의 도로시(Dorothy of Montau)는 성체에 완전히 몰두한 사람으로서 하루에 100번씩 그것을 보았으나 만족하지 않았다. 14, 15세기에는 성별된 성체를 보는 단순한 행위만으로도 때로 기적적인 효과를 내는 것으로 생각되었다. 돌연한 죽음으로부터의 보호도 그것이 주는 많은 은택 중의 하나다. 심지어 밀폐된 성막에서 성찬을 숭배하는 관습도 15세기에 시작되어 몇몇 지역에서 면죄 수단으로 장려되었다.

예배에서뿐만 아니라 예배 외에서도 성찬 숭배를 자극한 가장 큰 요인은 성체축일이란 특별한 축일을 제정한 것이었다. 그 영감은 벨기에의 환상가 줄리아나(Juliana of Cornillon, 1192-1258)에서 비롯되었는데, 그녀는 이 축일을 제정하는 것이 그리스도의 뜻이라고 보고했다. 일부 사람은 성 목요일이 이미 성찬을 기념하는 축일이며, 모든 미사가 이 성례를 기념한다고 생각했을 수 있다. 그러한 반발이 동시대인에 의해 제기되었다. 줄리아나는 그 제안을 불필요하게 여긴 사람들로부터 거센 반발을 샀다. 그런데도 1246년 리주(Liege) 교구에서 그 축일이 제정되었고, 1264년 리주 교구에서 (이전에 그 교구에 속했던) 우르반 4세가 교회 일반을 위한 것으로서 그것을 선포했다. 그러나 14세기 초에서야 비로소 도미니크 수도사들의 강력한 지지와 함께 이 법령을 시행하기 위한 노력이 진행되었다.

성체축일 행렬에서 가장 중요한 초점으로 성체를 운반하는 관행은 북유럽에서 등장하여 14세기 중반에 그 지역에서 일반화되었다. 그와 같은 행렬은 기쁨과 승리의 감정으로 넘쳤다. 성체가 교회에서 교회로 운반될 때 노래와 종소리가 울려 퍼졌고 많은 장식과 깃발과 성상들이 전시되었다. 그러나 곧 성직자 사이에서와 조합과 형제단들 사이에서 그 행렬에서 명예로운 자리를 차지하고자 하는 다툼이 발생했다. 일부 지역에서 그 행사는 게임과 모든 종류의 오락을 동원함으로써 뚜렷하게 세속적인 양상을 띠었다. 그 행렬이 들판으로 나가

파괴적인 날씨를 막는 축복의 구실을 하게 된 것도 원래 의도에서 벗어난 것이었다.

증식의 원리는 더 멀리 작용했다. 성체축일 행렬뿐만 아니라 그 축일의 팔일 동안에 또 다른 행렬도 거행되었다. 행렬이 끝나면 성체가 든 안치기가 제단 위에 전시되었다. 이것은 예배 외적인 성체 숭배의 주요 근원이었다. 일단 그와 같은 관습이 성체축일에 시행되면, 그것은 일 년 내내 습관적으로 되었다. 15세기 중반에 교황의 사절로 독일에 온 쿠사의 니콜라스(Nicholas of Cusa)는 성체 전시를 성체축일에만 국한함으로써 이런 경향을 억제하려 했다. 니콜라스의 말에 따르면, "성찬은 전시물로서가 아니라 음식으로 제정되었다." 그러나 그것은 이미 널리 퍼졌고 확고하게 확립된 전통이었다. 결국 예배를 벗어나 성체 숭배가 성행하는 것에 대한, 즉 거룩한 시간에서부터 거룩한 공간(성체의 임재로 인해 예외적으로 거룩한 곳으로 정의된 제단)으로 초점이 이동하는 것에 대한 그의 반대는 거의 성과를 거두지 못했다.

성체축일을 위해 성찬 찬송들이 작시되었다. 토마스 아퀴나스의 작사로 알려진 작품은(Pange Lingua와 Verbum supernum prodiens: Tantum ergo와 O salutaris hostia 로도 알려짐) 우르반 4세가 그 축일을 확립할 때 지어졌다. "당신을 경배합니다"(Adoro te devote) 역시 증거는 미흡하지만, 토마스의 저작으로 알려졌으며, 성체축일의 전례문을 목적한 것은 아니었지만 동일한 시기에 나왔다. 그것은 많은 면에서 그 셋 중 가장 미묘하며 성찬에 그리스도의 임재가 숨겨져 있음을 강조하고 떡의 외양으로 인해 시각과 촉각과 미각은 속지만 청각은 그 성례의 신비적인 진리에 이를 수 있게 한다고 선언한다.

성찬에 대한 헌신은 그것과 관련된 기적이 전해지면서 강력한 지지를 받았다. 이런 기적은 비상한 것으로서 성찬 자체가 기적임을 확증하는 것으로 받아들여졌다. 그러나 그것들은 또 성체의 실체 변화란 본질적인 기적에서 빗나

가기도 했다. 이런 사건 중 가장 유명한 사건이 1263년 볼세나(Bolsena)에서 일어났다고 한다. 성체의 실체 변화에 대한 의심으로 괴로워하던 신부가 미사 때 성체가 가시적인 육(肉)으로 바뀌고 거기서 피 흘리는 얼굴 모습으로 핏방울이 성찬포 위에 떨어지는 것을 보았다. 그 사실이 곧 우르반 4세에게 전해졌고, 그는 그 기적의 성체를 오르비에토(Orvieto)로 가져오게 했다. 오래지 않아 많은 다른 기적의 성체가 서부 유럽에서 숭배되기 시작했다. 한 연구에 따르면, 독일에서 성찬 기적이 기념되는 기도처가 무려 117개가 있었다(특히 바바리아의 순례 교회들). 이런 기도처와 관련된 전설은 전형적으로 부정하게 된 성체 이야기로 시작된다. 어떤 고약한 사람(대개 유대인)이 성체를 훔쳐서 그것을 학대하다가 (찌르거나 주먹으로 치는 등) 성체가 기적적인 특성을 (대개 피 흘림) 나타내는 것을 보고 기절할 듯이 놀란다. 그 범죄자는 그것을 숨기려 하나 곧 그것은 (대개 그 위에 비치는 이상한 빛이나 또는 그것을 숭배하는 동물에 의해) 발각된다. 그리고 그 장소에 기도처가 세워진다. 12세기 말경에 이런 종류의 전설이 등장하여서 1300년경에 절정에 달했다.[24]

미술에서는 (성체 안치기에 필요한 금속 세공의 응용 미술을 제외하고는) 성찬에 대한 헌신이 그다지 자주 표현되지 않았지만, 중세 후기에 간혹 성찬 기적을 묘사하는 그림이 나왔다. 레겐스부르크에서 나온 한 조의 판넬화는 1476년경의 작품으로서 한 도둑이 훔친 성체를 지하실에 던져 넣는 것을 보여준다. 그가 그렇게 했을 때 천사 둘이 그것을 보호한다. 그 뒤 그 잃어버린 성체는 발견되고 성직자들이 깃발을 들고 정식 행렬을 벌여 그것을 되찾아 온다. 지하실

---

24) Romuald Bauerreiss, *Pie Jesu: Das Schmerzensmann-Bild und sein Einfluss auf die mittelalterliche Fömmigkeit* (Munich: Widmann, 1931) 15-107.

에서 그 거룩한 물건을 모을 때 그들은 그 동일한 천사들의 호위를 받는다.[25] 이것보다 더 전형적인 것은 "성 그레고리의 미사"를 그린 그림인데, 성 그레고리가 미사를 드리는 동안 그리스도는 슬픔의 사람으로 등장한다.

중세 후기의 성인들, 특히 여성들의 삶은 자주 성찬의 기적을 언급한다. 때로 그 성인들은 미사를 드리는 동안 제단 위를 보는데, 거기서 성체가 아니라 어린아이 모습의 그리스도를 본다. 또는 천사가 기적적으로 그 성체를 그 성인에게 가져다준다. 여성들이 특히 성찬과 관련하여 헌신적 신앙을 갖는 것은 그들이 성직에서 제외된 데 대한 보상으로 해석되어왔다. 만약 여성들이 성체를 거룩하게 성별할 수 없다면, 적어도 그들은 그들의 환상과 기적적인 접촉을 통하여 그것과 비상하게 친밀한 관계를 나눌 수 있었다.[26] 여기서 중요한 것은 대부분의 이런 신비가들이 그 성찬을 볼 뿐 아니라 그것을 받기를 원했다는 점이다. 존 타울러와 같은 남성 신비가와 마이스터 에크하르트도 마찬가지로 성체 축일을 위한 설교에서 예배를 떠나 성찬을 전시하고 경배하는 것보다 그것을 받는 것을 격려했다. 따라서 이 문제와 관련하여 묵상적이며 예전적인 경향이 헌신적인 경향과 반대로 작용했다.

타울러와 쿠사의 니콜라스와 그들과 같은 부류의 사람들이 성찬을 숭배하기보다 그것을 받도록 얼마나 효과적으로 사람들을 설득했는지는 분명치 않다. 제4차 라테란공의회는 연례적으로 성찬식을 행하도록 규정했다. 그와 같은 증거는 일 년에 한 차례 이상 성찬을 받은 사람들이 거의 없었다는 것을 시사한다. 중세 후기에 성찬은 성례로서보다는 헌신의 대상으로 더 많이 사용되었다.

---

25) In the Germanisches Nationalmuseum, Nuremberg.

26) Caroline Bynum, *Jesus as Mother: Studies in the Spirituality of the High Middle Ages* (Berkeley and Los Angeles: University of California Press, 1982) esp. 256-58.

헌신운동의 일반적 경향

 이상은 중세 후기의 헌신운동을 간략하게 개관한 것에 불과하다. 그러나 지금까지 살펴본 것으로부터 일반적인 결론들을 끌어내는 것이 가능하다.

 첫째, 중세 후기 헌신운동에 일어난 발전은 본질에서 누적적이었다. 시간이 흐르면서도 중요한 것은 거의 상실되지 않았고 많은 것이 추가되었다. 동정녀 마리아는 하늘의 여왕으로 표현되었을 뿐 아니라 하나님의 겸손한 종으로도 표현되었다. 그리스도의 고난이 극적으로 묘사되었을 뿐 아니라 동시에 사망을 정복한 왕으로 등장했다. 설교와 헌신운동의 글은 동정을 불러일으키기 위해 상세한 서술을 사용했지만, 동시에 이전의 우의적 해석 방법도 사용되었다. 이런 이유로 중세 후기에 헌신운동이 등장한 것을 한 경향에서 다른 경향으로 이동한 것으로 특징짓는 것은 그릇될 수 있다. 오히려, 전통적인 주제에서 많은 변형이 일어나고 증식한 것으로 보는 것이 옳다.

 둘째, 그 헌신 신앙 형태는 종종 모방적이었다. 로사리오와 고난에 대한 묵상과 성무일과 기도서들은 평신도들이 수도원의 기도서를 모방한 것이었다. 십자가의 길 14처는 예루살렘 순례를 대신하여 만들어졌다. 형편이 허락될 경우, 특히 성직자나 또는 엘리트 출신의 그리스도인은 다른 사람보다 헌신을 위해 더 많은 정력을 쏟았다. 종종 새로운 헌신 형태는 문자 그대로 가난한(혹은 중산층) 사람들이 다른 경건한 활동을 대신하는 방편으로 생겨났다.

 셋째, 모든 종류의 헌신 형태는 공적이든 사적이든 신성한 장소를 중심으로 하는 경향을 보여 주었다. 그 장소를 뚜렷하게 거룩한 곳으로 만드는 초점이 되는 물건은 헌신을 위해 구별된 유골이나 유해, 성별된 성체, 또는 미술품 등이었다. 로사리오는 어디서나 암송할 수 있었으나, 어느 전설적인 수녀는 하루에 150번이나 성모송을 마리아 상 앞에서 암송했다. 헌신을 위한 전형적 장소는 교회와 예배당이었으나, 성상과 성화는 집의 일부를 일시적인 기도 장소로 바꿀 수 있었다.

넷째, 공적인 예배 행위와 사적인 관상 행위 사이의 중간적인 위치에 있는 헌신 신앙은 융통성을 줄 뿐 아니라 교회와 가정을 서로 연결시키기도 했다. 미사를 드리며 노는 로마 가톨릭교의 아이들처럼, 중세 후기의 경건한 그리스도인들은 그들이 교회와 예배당에서 본 것을 집으로 가지고 옴으로써 그들의 "교회성"을 보여줄 수 있었다. 그러나 그것은 양날 선 칼이었다. 그들은 교회와의 연결을 보여주지만, 또 어느 정도 교회로부터 독립했다. 가정에서의 헌신은 교회에 부착된 느낌이나 그것과 절연된 느낌 중 하나를 배양할 수 있었다. 이런 관점에서 볼 때 "교회성"으로 가득 찬 독일과 같은 나라에서 종교개혁이 일어난 것은 그다지 놀라운 일이 아니다.

다섯째, 헌신운동은 종종 분파주의와 관련되었다. 그 나름의 독특한 헌신을 행하는 형제단은 일종의 소(小) 교회, 또는 어떤 학자가 말한 대로 교회 안의 교회(ecclesiola in ecclesia)였다.[27] 따라서 헌신은 사회 안의 사회적 또는 정치적 경계들을 상징적으로 강화했다. 특별한 성인에게 바쳐진 도시는 그 성인을 시민의 자부심의 상징으로 가꾸었다. 심지어 성체축일 행렬에서조차 서로 다른 조합과 형제단들은 그들의 깃발과 기타 전시 품목들로 서로 경쟁했다. 헌신적 신앙은 교회를 연합하는 데 기여할 수 있었다: 마리아 숭배는 기독교 세계 전체의 경배자들을 연결했고, 로마의 희년에 참여한 순례자들은 그 거룩한 도시와 심지어 교황에 대해 더욱 고양된 경배심을 품고 집으로 돌아왔을 것이다. 그러나 헌신적 신앙이 미친 영향은 연합보다 분리가 더욱 많았다.

---

27) Otto Clemen, *Die Volksfrömmigkeit des ausgehenden Mittelalters* (Dresden and Leipzig: Studien zur religiösen Volkskunde, 1937) 7.

여섯째, 헌신적 신앙은 성직자가 주도하기도 했고, 동시에 평신도가 주도하기도 했다. 어느 편이 실제로 주도했는지를 밝히는 것은 대개 불가능하다. 특별한 성인의 숭배를 진작시킨 것이 평신도들이고, 그것을 열성적으로 지원한 것이 성직자들이었는가? 어떤 연극의 대본을 쓰고 연출한 것이 성직자들이고, 거기에 배우와 관객들로 합세한 것이 평신도들이었는가? 이런 질문들은 좀처럼 분명하고 충분하게 대답될 수 없다. 이런 혼합 문화를 가장 잘 보여주는 상징들은 아마 성직자들이 쓴 라틴어 시 군데군데에 평신도들의 토착어가 삽입되어 있는 언어혼합 시일 것이다. (물론 이런 종류의 작품은 평신도들을 위해 성직자들이 쓴 것으로 추측된다.) 성직자들이 헌신적 신앙을 조상하는 가장 일반적인 방법은 면죄를 통해서였다. 기도, 순례, 성별된 성체 숭배와 다른 헌신 행위는 그들의 고유한 가치 때문뿐만 아니라 그것에 따른 면죄 때문에도 수행될 수 있었다. 면죄는 원래 전쟁을 하는 십자군들을 격려하기 위해 생겨났는데, 보니페이스 7세가 1300년을 희년 면제로 선포했을 당시에 이미 헌신적 신앙 행위로 인한 면죄는 잘 확립되어 있었다.

부기: 참회와 속죄

"참회의 헌신"을 말할 수 있는지 없는지는 간단한 질문이 아니다. 만약 헌신적 신앙이 그 대상의 견지에서 정의된다면, 참회는 헌신의 일종이 될 수 없을 것이다. 동정녀 마리아를 숭배하거나 어떤 성인을 숭배한다고는 말할 수 있지만, 참회를 숭배한다고는 말할 수 없기 때문이다. 그럼에도 헌신적 신앙 행위와 면죄 사이의 바로 그 연결이 중세 후기 헌신운동에서 강한 참회적인 요소를 암시한다. 경건한 관습을 행하는 데는 많은 이유가 있으나, 가장 강한 동기 중 하나는 면죄를 얻음으로써 죄에 대한 형벌을 면제받는 것이었다. 다른 면에서도 헌신적 신앙 행위와 참회는 서로 교차했다. 마리아의 가장 중요한 기능 중 하나는 죄인을 보호하고 심판의 보좌 앞에서 그들이 긍휼을 얻게 하는 것이었다. 다른 한편 고난에 대한 헌신은 자기 죄를 깨닫게 했다: 그리스도가 고통을 겪게 한 것은 헌신자를 포함한 인류의 죄였다. 중세 후기의 참회적 영성이 일종의 헌신적 행위가 될 수 없을지는 몰라도 그런데도 그것은 그 시대 헌신운동의 중요한 한 요소였다.[28]

중세 후기 참회 관행의 기초는 1215년 제4차 라테란공의회에서 세워졌다. 이 공의회의 법규 21(Omnis utriusque sexus)은 "교회사에서 아마 가장 중요한 입법 행위"로 지칭되었다.[29] 모든 사람에게 연례적인 죄 고백을 요구한 그것은 평신도를 성직자의 권위에 종속시켰고, 성직자에게 사람들의 생활을 배우고 지도할 기회를 이전보다 더 크게 주었다. 그 법규와 관련된 규정은 여섯이다.

(1) 분별할 수 있는 나이에 이른 모든 신실한 그리스도인은 적어도 일 년에 한 번 자기 죄를 고백하고 신부가 부과하는 보속을 수행해야 한다.

(2) 이것을 하지 못하는 사람은 교회에 들어올 수 없다(또는 사망 시에 교회 장례를 지낼 수 없다).

(3) 이 법규를 모르는 사람이 없도록 교회에서 자주 선포되어야 한다.

(4) 죄 고백은 자기의 고해 신부에게만 고백해야 하며, 그 신부의 허락 아래

---

28) Lea, *History of Auricular Confession*; more recently Thomas N. Tentler, *Sin and Confession on the Eve of the Reformation* (Princeton, NJ: Princeton University Press, 1977); and Nicole Bériou, "Autour de Latran IV (1215): La naissance de la confession moderne et sa diffusion," in Group de la Bussiére, *Pratiques de la confession des Pères du désert à Vatican II: Quinze études d'histoire* (Paris: Cerf, 1983) 73-136.

29) Lea, *History*, 1:230.

서만 다른 신부에게 고백할 수 있으며 죄의 사면을 받을 수 있다.

(5) 고해신부는 주의 깊고 신중해야 한다. 그는 숙련된 의사처럼 참회자의 영적 상처에 포도주와 기름을 발라야 하며(cf. 눅 10:34) 적절한 조언을 주고 죄의 습관에 알맞은 구제책을 제안하기 위하여 그 죄와 그 죄인이 처한 상황들을 조사해야 한다.

(6) 신부는 그 고백의 비밀을 발설하지 않도록 주의해야 한다. 만약 그가 조언을 위해 누군가와 상의를 해야 할 필요가 있다면 그는 그 참회자의 이름을 밝히지 않은 채 그렇게 해야 한다. 만약 그가 그에게 고백된 죄를 누설한다면, 그는 신부직에서 파면되고 영원히 수도원에 감금되는 형벌을 받게 될 것이다.

이 규정에서 가장 중요한 것은 신자의 의무를 규정한 첫 번째 항목과 신부의 기본적인 책임을 구체적으로 명시한 다섯째 항목이었다. 이 법규로 인해 죄 고백에 관한 글이 홍수처럼 쏟아져 나왔다. 대부분 그 목적은 어떻게 그들이 이 요구 사항에 응해야 하는지에 대하여 신부와 평신도를 가르치는 데 있었다. 그 중 일부는 신학자나 교회법 학자가 쓴 전문 서적이었다: 토마스 아퀴나스의 『신학 대전』(Summa Theologiae)의 부록으로 달린 (40편의 소론이 포함된) 일곱 개의 질문은 고해 성사를 다루고 있으며, 토마스의 덕과 악에 관한 논의의 대부분은 고해자의 필요에서 영감을 얻었다. 그러나 우리가 다루는 주제와 더욱 관련되는 것은 평신도와 설교자를 위하여 그 교훈적인 어조가 그 시대의 헌신 문학을 상당 부분 닮은 많은 작품이 나왔다는 점이다.

15세기 중반에 한 요하네스 볼프라는 독일 신부는 양심 조사란 것을 써서 발표했다.[30] 그의 팜플렛은 그 시대에 융성했던 부류의 참회 문학이 어떤 것이었

---

30) Clemen, *Volksfrömmigkeit*, 38-41.

는지를 보여준다. 그는 이제 막 죄를 고백하는 것을 배운 아이들을 위해 조언하고, 나아가서 고백에 보다 더 익숙해졌을 것으로 생각되는 어른들을 위해 조언한다. "살인하지 말라"는 계명을 범했는지를 상고하는 어린이들에게 그는 다음 중 어떤 것이 그들에게 적용되는지 살펴보라고 한다: "나는 친구들과 서로 눈덩이와 돌을 두 번 던졌다. 나는 네 번 그들과 맞잡고 싸우고 주먹질을 하고 그들을 때려눕히고 그들을 쳤다. 오랫동안 나는 내 마음속에 그들에 대한 분노와 질투와 적대감을 품고 있었다. …나는 병아리와 오리들에게 물건을 던졌다. 나는 전투용 큰 도끼로 황제를 죽였다." 여기서 그 신부는 "진실을 말하라"고 덧붙인다. "도적질하지 말라"는 제목 아래서 그 풋내기 참회자들은 더 많은 가능성을 깊이 생각하도록 요청된다. "나는 연필과 종이와 나무신 등을 친구들로부터 7번 훔쳤다. 나는 배와 사과와 호두와 치즈와 빵을 어머니로부터 3번 훔쳤다. …작은 동전을 발견하고 그것을 돌려주지 않았다. …나는 프랑크푸르트의 읍사무소에서 은화 만 길더를 훔쳤다." 다시 그 고해신부가 간섭한다. "거짓을 말하지 말라!"

고백에 관한 지침 중 가장 흥미로운 개요에 속하는 것은 캐사리우스(Caesarius of Heisterbach)의 『기적에 관한 대화』 제3권이다.[31] 캐사리우스는 고백의 능력을 보여주는 이야기를 한다. 때로 방금 그들의 죄를 고백한 자는 강한 적을 단번에 물리치는 힘과 같은 기적적인 능력을 가진다. 그의 이야기는 보다 자주 죄를 고백하는 옳은 방법과 그른 방법, 그리고 자신에게 부과된 보속행위를 수행하지 못했을 때 겪을 위험 등을 보여준다. 캐사리우스의 보기에 나오는 쾰른의 한 여인은 사순절에 죄를 고백하러 갔으나 자기 선행만을 찬양했다. 고해신부

---

31) Caesarius of Heisterbach, *The Dialogue on Miracles*, trans. H. von E. Scott and C. C. Swinton Bland (London: Routledge, 1929).

가 왜 죄를 고백하지 않느냐고 물었는데, 그 여자는 당황하여 죄를 범하지 않았다고 주장했다. 그러자 그 신부는 그녀가 생계를 위해 무슨 일을 하는지를 물었다. 그녀는 쇳조각을 판다고 말했다. 고해 신부는 그녀가 손님을 속이기 위해 작은 쇠조각을 큰 쇠조각 뭉치 속에 넣은 적이 있느냐고 물었다. 그녀가 그것을 시인하자 신부는 그것이 죽어 마땅한 죄라고 말했다. 그녀가 거짓말을 하거나 위증을 하거나 경쟁자들을 모함하거나 자기보다 성공한 다른 업자들을 시기할 때마다 철저한 참회로 속죄를 하지 않는다면, 이런 죄들 때문에 지옥에서 불타게 될 것이었다.

여러 자료를 통해, 죄 고백이 어떻게 수행되었는지를 얼마간 살펴볼 수 있다. 전형적으로 참회자는 공적인 장소에서 신부 앞에 무릎을 꿇고 경건하게 인사했으며, 신부는 "주님이 당신과 함께하시기를"이라고 대답했다. 필요한 경우에는 고해신부는 예전적인 질문을 통해 참회자의 결혼 상태와 직업 주거지 등에 관해 기본적인 정보를 어느 정도 얻었다. 그다음에 간단한 요리문답을 통해 신부는 그 참회자가 주기도문과 성모송과 사도신경을 아는지를 확인할 수 있었다. 그다음에는 참회자에게 모든 죄를 조금도 숨김없이 고백하라고 권고해야 했다. 이 예비 단계 후에, 참회자는 그가 기억할 수 있는 모든 죄를 대개 미사 때 드리는 고백의 기도 형식에 담아 고백했다. 그러나 고해 신부는 이 죄의 암송에 만족하지 않고 더 깊이 탐사해야 했다. 여러 도식 중(십계명, 일곱 가지 대죄, 등) 어느 것이라도 사용하면서 참회자가 이 죄 혹 저 죄를 고백하기를 소홀히 했는지를 상세하게 물었다. 그러나 후에 죄를 짓는 새로운 방법을 가르쳐 줄 만큼 그렇게 상세하지는 말아야 한다(Richard Rolle의 것으로 여겨지는 참회입문서는 신부가 남성 참회자에게 그 참회자가 씨를 "그의 아내와의 자연적인 방법 이외의 다른 방법으로" 뿌렸는지 물었을 때 만약 참회자가 신부가 무슨 뜻으로 말했는지 보기를 들어 줄 것을 요구하면, 신부는 즉시 눈을 감고 "조심스럽게 다른 것으로 넘어가야 한다"고 가르친다). 그리고 나서 신부는 속죄 행위를 부과하고 사면을 선언했다. 떠날 때 참회자는 대개 신부에게 속죄금을 주고 그에게 기도를 요청했다.[32]

죄 고백 때 주어지는 속죄의 행위는(최소한 두어 편의 기도, 또는 다소 심각한 죄일 경우 순례) 그 자체가 일종의 헌신 행위일 수 있었다. 속죄 행위를 선택하는 데서 대개의 경향은 관대한 편이었다. 리처드 롤은 고해신부가 참회자에게 이전에 교회가 이런 문제를 매우 심각하게 다룬 점을 상기시키고 나서 실제 속죄 행위로는 단순히 주기도문이나 아베 마리아 또는 일종의 속죄로서 일상의 노동과 곤란을 견딜 것 등을 부과했고, 나머지는 그 죄인이 연옥에서 보상하도록 남겨 두었다고 추측한다. "가벼운 속죄 행위를 부과하여 죄인이 그것을 감당하고 따라서 연옥에 가게 하는 것이 무겁고 힘든 속죄 행위를 부과하여 죄인이 그것을 감당하지 못하므로 지옥에 가게 되는 것보다 훨씬 더 낫다." 그리고 나서 그는 그리스도 자신을 본보기로 든다: 그리스도는 절대 무거운 속죄를 부과한 적이 없었다. 심지어 그는 간음한 여인에게도 단순히 "가서 다시는 죄를 짓지 말라"고만 하셨다. 이 점에서 고해신부는 참회하는 그리스도인을 훈계할 뿐 아니라 위로도 해야 했다.[33]

우리가 살펴 본 거의 모든 헌신적 신앙 표현은 16세기에 심각한 논란거리가 되었다. 마틴 루터의 분노를 자아냈던 악습 중 하나는 전시된 성유물을 방문하는 대가로 면죄가 주어진 것이었다. 그가 교회를 정화하려고 일어났을 때, 비

---

32) Tentler, *Sin and Confession*, 82-95; John Philip Daly, *An Edition of the* Judica Me Deus *of Richard Rolle* (Salzburg: Institut für Anglistik und Amerikanistik, 1984) 54-55, 106.

33) Daly, *Edition*, 56-57., 106. The combination of discipline and consolation is a main theme in Tentler, *Sin and Confession*.

록 개신교의 헌신 양식도 언제나 존재하여 왔지만, 그는 헌신운동을 주요 공격 목표 중 하나로 삼았다. 그것들이 자기 삶에서 무용한 것을 발견한 후, 루터는 다른 사람을 위해 그가 제시한 수행에서 그것을 제외했다. 그는 성인품의 개념은 수용할 수 있었지만, 그가 어린 시절에 배운 성인을 향한 헌신은 수용하지 않았다. 그는 고해 제도는 보유하면서 그것에서 성례적이며 징계적인 성격을 제거했다. 루터는 성찬에 그리스도가 실제로 임재한다는 교리를 유지하면서도 부분적으로 그것이 지닌 마술적인 개념 때문에 성체의 실체 변화라는 개념은 반박했다. 루터는, 이전의 비판자들과 마찬가지로, 헌신운동이 외적인 수행에 부당하게 관심을 집중시킨다고 보았다. 더 나아가 루터는 외적인 행위에 성화나 구원을 위한 내재적 가치를 전혀 부여하지 않았다. 권징과 자선 행위는 내적인 신앙의 표현으로서 중요하지만, 헌신적 행위는 선행을 통해 구원을 추구하는 펠라기우스주의를 반영할 뿐이었다. 다른 문제에서는 의견을 달리했던 다른 개혁자들도 이 문제에서는 루터와 생각을 같이했다.

그러나 로마 가톨릭에서 헌신적 신앙의 열정은 지속되었고, 반동 종교개혁과 근대를 지나면서 한층 더 발전되었다. 제2차 바티칸 공의회 이후의 개혁들은 이런 지속적인 헌신운동에 대한 강한 반작용이었다. 그러나 헌신적 경건과 청교도주의 사이의 상호작용이 직선적인 과정인지 순환적 과정인지는 역사적 탐구의 한계를 넘는 질문이다.

제4장

영성과 후기 스콜라주의

윌리엄 J. 코트네이(William J. Courtenay)

　중세 후기 삶의 영역 중에서 후기 스콜라주의의 대학 강의실 만큼 영성에서 동떨어진 곳도 없을 것이다. 중세 후기의 고도로 추상적이며 합리적이고 논리 지향적인 신학, 또는 교양 과목과 신학과 교회법을 전공하는 일반 학생들의 직업을 의식한 목표는 수도원적인 영성이나 다양한 형태의 평신도 경건과 관련된 깊은 정적인 종교적 열심과 뚜렷이 대조되어 보인다. 16세기의 개혁가들이 아리스토텔레스적인 논리와 교회법이 기독교 신학을 허약하게 한 점을 설명할 때, 그들은 영성이 없어 보이는 스콜라주의로 학생들을 가르친 중세 후기 대학의 교과 과정과 학습 초점을 심하게 비난했다. 따라서 중세 후기 학자 가운데서 경건을 찾으면, 대학 생활의 더욱 친숙한 면모 이면에 감추어진 것을 찾아야 한다. 그러므로 이 글은 간략하게나마 성경 연구의 위치와 개개인 학자의 전기와 후기 스콜라주의의 특색, 특히 중세 후기의 신비주의 영성과 또 "근대 헌신운동"(*devotio moderna*)과 밀접하게 연결해 주는 특색을 살펴볼 것이다.

대학 내의 종교 생활

　16세기 이전에는 교양과목 학위를 따려는 정도의 학문적 열망을 가진 사람들조차도 대학을 졸업한 후에 교회에서 직업을 구하기를 원했다. 학생이 되는 것은 성직자가 되는 것이며, 교회 권위와 법 아래 있는 것을 의미했다. 수도회에 소속된 일부 학생들은 그 기관들을 통해 대학에 왔으며 졸업 후에 사역을 계속할 것이었다. 다른 학생들은 교구 신부로서든지 또는 고위 성직자나 정부 관리의 식솔로 있으면서 성직록을 받는 자로서든지 교회에서 생활비를 받을 것을 기대했다. 이런 후자의 직업이 아무리 세속적일지라도 그것들은 그것 역시 기독교 세계의 종교적 삶과 영성을 품은 어떤 제도 내에서 기능했다.

사람들은 대학교 학자들의 종교 생활에서 무엇을 기대했는가? 아마 그 기대는 현실보다 훨씬 더 높았을 것이다. 대학 지역 내의 교회에서는 날마다 예배를 드렸다. 교회의 종소리는 강의와 토론의 시작과 끝을 알렸다. 그곳에서 시험과 진급과 회합들이 열렸다. 학생들은 정규적으로 미사에 참여해야 했다. 신학생들은 피터 롬바르드의 『문장론』을 중심으로 한 사색적인 신학뿐 아니라 성경과 도덕 신학도 연구했다.

신학생들은 성경 연구에 덧붙여 학문을 이행하는 여러 시점에서 설교하도록 요청받았다. 성경 학사 또는 문장론 학사로서의 기간은 후보자가 하는 설교로 시작되고 설교로 끝났다. 석사 학위 취득을 위해서도 설교를 해야 했다. 그러나 14세기 이전의 이런 설교는 후보자의 종교적 통찰이나 깊이나 열정보다는 지식과 기지를 보여주었으므로 종교적이기보다 학문적인 경향이 짙었다.

종교적인 단과대학, 그리고 어느 정도는 일반 대학도 세속적인 환경에서 일종의 공동체적인 종교적 생활을 진작하는 데 기여했다. 탁발 수도회들은 학문적인 생활을 시작함과 동시에 대학이 있는 도시에 수도원을 설립했다. 후에 13세기에 수도원 중심의 수도회는 이미 대학에 다니고 있던 젊은 수도사들의 욕구에 응하여 볼로냐나 파리나 옥스퍼드의 거리와 집회장의 생활이 주는 위험으로부터 학생들을 보호하기 위해 대학을 세웠다. 대학은 처음에 적절한 학습 분위기와 가난한 학생들에게 숙식을 제공하도록 설립되었으나 곧 대학의 예배당을 중심으로 도덕을 보호하고 무언가 공동체적인 종교적 삶을 제공하는 부차적인 목적에 기여하게 되었다.

이런 모든 기회와 학생들의 영적인 삶을 위한 안전장치 중 신학 교수들에게는 성경의 역할이 최고로 중요했다. 이는 바로 성경의 위치와 의미를 둘러싸고 대학 영성의 위기가 발생했기 때문이다.

후기 스콜라주의에서 성경의 위치

잘 알려진 대로, 1230년경에 탁발 수도회가 대학에 들어오기 시작하면서부터 14세기 말까지 수도회가 대학의 성경 연구에서 단연 탁월했다.[1] 세속 신학자와 12세기에 크게 기여했던 어거스틴 수도회 수도사들은 13세기에 스콜라 신학에 집중하지 않고 성경을 가르치고 주석하는 것을 탁발수도사에게 맡겨 두었다. 1230년부터 1280년 사이의 가장 탁월한 신학자 몇몇을 제외하고 탁발수도사였다. 그들은 사색적인 신학과 성경주석 분야 모두에서 많은 글을 냈던 반면에, 그들의 세속적 동료들은 두 분야 어디에서나 비교적 거의 글을 내지 않았다.

그다음 두 세기 동안 북유럽의 대학에서 성경 연구의 위치가 변화된 것을 평가하고자 할 때, 우리는 정규 가르침을 통해 제공된 것과 사본의 형태로 회람된 것, 그리고 사본 형태로 회람된 것 가운데 우리 시대까지 그 증거가 남아있는 것을 주의 깊게 구분해야 한다. 신학부가 있는 모든 대학은 세속적, 종교적 신학생 모두에게 신학사가 되기 전에 성경에 대한 강의를 여러 해 동안 듣게

---

1) Beryl Smalley, *The Study of the Bible in the Middle Ages,* 196-373; idem, "The Bible in the Medieval Schools," in *The Cambridge History of the Bible,* 2:197-220.

했다. 성경에 대한 그런 강의를 제공하는 것은 신학 석사들의 의무이기도 했다. 그것은 평의원 석사들(regent masters)의 주요 교수 책임이었다. 그들이 대부분 이런저런 형태로 그 의무를 다한 것은 의심의 여지가 없다. 성경의 인용과 유추들이 중세 후기의 학문적 저서에 풍부하게 사용된 것은 거의 모든 중세 후기 신학자들이 성경의 내용에 해박했음을 입증한다.

성경의 실제 중요성과 신학사들이 그것에 바친 시간의 양 사이의 상대적인 불균형을 가장 잘 보여주는 것은 14세기 초의 파리와 옥스퍼드 경우일 것이다. 파리에서 학사가 된 사람은 우선 일 년이나 그 이상 성경 안내자(Cursor, 성경을 강의하는 학사 강사)가 되어야 했다. 이것을 성공적으로 완수한 다음에야 『문장론』 강의를 들을 수 있었다. 옥스퍼드에서 새로 학사가 된 사람은 성경을 읽기 전에 『문장론』을 읽었는데, 14세기에 성경을 읽는 것은 한 학기나 여름 방학 동안의 일련의 단기 강좌로 축소되었다. 표면상 이것은 옥스퍼드에서 성경 연구가 학생들을 위해 훨씬 적은 역할을 했으며 신학 교과 과정의 초점이 논리와 물리학의 기법들을 통해 접근되는 사색적 신학을 중심으로 했다는 것을 시사한다. 그러나 이 문제에서 파리와 옥스퍼드 간의 차이는 그렇게 크지 않았다. 성경 강의를 듣는 시간의 양이 대략 동일했고, 성경에 대한 석학들의 강의를 들을 기회가 같았던 것과 대부분의 학문적인 신학 논문들, 주석들, 질문서들, 개요(summa)들이 보여주는 해박한 성경 지식과 옥스퍼드 석사들이(1370년까지는 탁발수도사들 뿐이었지만) 쓴 감동적인 성경주석들은 성경이 여전히 대륙에서와같이 영국에서도 중세 후기 신학 교과 과정의 필수 요소로 남아 있었음을 시사한다.

그러나 성경주석을 쓰고 유포하는 것이(반드시 성경 교수나 학습은 아님) 14세기에 대학 학자들은 물론 심지어 탁발수도사들 사이에서도 감소된 점 역시 주목해야 한다. 갓프리(Godfrey of Fontaines)에서 니콜 오레슴(Nicole Oresme)에 이르기까지 총괄적으로 말한다면, 파리의 세속 신학자들이 쓴 성경주석은 오늘날까지 전해지는 것이 전혀 없다. 비슷하게 월터 벌리(Walter Burley), 리처드 피츠랄프(Richard Fitzralph), 토마스 브래드워딘(Thomas Bradwardine) 등 같은 시대 옥스퍼드의 세속 석사들 역시 성경 연구의 뚜렷한 저술을 거의 남기지 않았다. 더욱 주목할 만한 것은 그 시기 수도회들이 속한 지도적인 대학 신학자들이 성경주석에 거의 기여하지 않았다는 점이다. 이것은 박사 학위를 받지 못한 사람들이나(윌리엄 오캄과 미레코트의 존) 사망으로 인해 더 가르칠 수 없게 된 사람에게는(존 둔스 스코터스) 그리 놀라운 일은 아니지만, 파리에서 두란드(Durand of St. Pourçain), 프란시스 메이로니스(Francis Mayronnis), 스트라스부르크의 토마스, 리미니의 그레고리(Gregory of Rimini), 또는 오르비에토의 휴골리노(Hugolino of Orvieto)에게서나 옥스퍼드에서 앨른웍의 윌리엄(William of Alnwick), 리딩의 존(John of Reading), 로딩턴의 존(John of Rodington) 월터 채튼(Walton Chatton), 또는 할리팍스의 로버트(Robert of Halifax) 등에서 성경주석이나 저술이 전혀 나오지 않았다는 것은 매우 놀라운 일이다. 비베라흐의 루돌프(Rudolf of Biberach), 리처드 롤과 같이 대학의 가장자리에 혹은 그 너머에 있던 신비적인 저술가들이 훨씬 더 많은 기여를 했다. 14세기의 첫 30년에는 파리의 탁발 수도사들 사이에 광범위한 성경적 저술이 나왔다. 저술가들은 다음과 같다. 프란시스 수도회에서 알렉산드리아의 알렉산더, 피터 아우레올리(Peter Aureoli), 제라르 오도니스(Gerard Odonis); 도미니크 수도회에서 피터 팔루드(Peter Palude), 로잔의 제임스, 마이스터 에크하르트; 어거스틴 수도회에서 어거스티누스 트리움푸스(Augustinus Triumphus), 마사의 마이클(Michael of Massa); 갈멜 수도회에서는 존 바콘토프(John Baconthorp)였다. 1330년에서 1370년 사이의 유일한 탁발수도사 성경주석가들은 영국인들이었으며, 그들 중 그 저서들이 오래 남을

만큼 인기있었던 사람은 로버트 홀코트(Robert Holcot)뿐이었다.[2]

14세기 후반에 대학의 성경주석이 다시 등장하기 시작했을 때, 그 추진력은 종교적 신학자들에게서 못지않게 세속 신학자들에게서 나왔으며 파리보다 프라하와 옥스퍼드에서 비롯되었다. 또 다른 변화는 보존된 성경 본문에 대한 학사 강의의 숫자이다. 그것은 1362-1367년 사이에 프라하에서 마가복음에 관한 헨리 토팅(Henry Totting of Oyta)의 학사 강의에서 시작되어 어거스틴 수도회 존 클렝콕(John Klenkok)의 마태복음과 사도행전에 관한 석사 강의(1365-1372년 사이 프라하에서 행해졌을 것임)가 뒤따랐고, 이탈리아 갈멜 수도회 미가엘 아이구아니(Michael Aiguani)가 누가복음과 로마서와 시편을 파리(1362-1379)와 볼로냐에서(1380-1400) 강의했다. 파리는 성경 연구의 중심지로서 그중요성을 여전히 보유했다. 신학사로서 피에르 다일리(Pierre d'Ailly)가 1374년에서 1881년까지 그곳에서 창세기의 첫 장들과 시편과 아가서에 관해 강의했다. 그는 성경과 관련된 여러 논문과 질문서와 설교를 썼다. 게다가 1381년에 피터 그라실리스(Peter Gracilis)가 누가복음에 관한 긴 강의를 시작했고, 프란시스 수도회 회원이자 장차 알렉산더 5세가 될 칸디아의 피터(Peter of Candia)는 계시록에 대한 강의를 시작했다. 14세기 전반기에는 구약의 책들, 특히 지혜서가 탁월하게 매력을 끌었으나, 같은 세기의 후반에는 신약에 관한 관심이 현저히 재개되었다.

14세기 후반에 성경 연구의 발전에서 가장 결정적인 사건은 존 위클리프의 논문과 주석들이다. 그중에 1375-1384년 사이에 쓰인 복음서와 바울 서신들에 관한 것들, 그리고 그가 성경을 일부 영어로 번역한 것이 두드러진다. 그가

---

[2] On the commentaries and manuscripts of the individuals named, see Friedrich Stegmüller, *Repertorium Biblicum Medii Aevi*; for Holcot, see B. Smalley, *English Friars and Antiquity*, 133-202.

정통적인 시각에서 성경을 다루었음에도 그의 철저한 성서주의와 그의 이견(異見)들로 인해 일어난 폭풍은 대학의 정통주의 신학자들 사이에 충분히 주의가 기울여지지 않을 때 성경이 이단설을 유포하는 통로가 될 수 있다는 두려움을 다시 일깨웠다.

1384년 위클리프의 죽음은 대학에서 특히 세속 신학자 사이에서 성경 연구에 대한 관심이 재개되는 전환점이 되었다. 헨리 토팅(Henry Torting of Oyta)은 프라하와(1381-1384) 빈에서(1384-1397) 요한복음과 시편에 관해 광범위한 강의를 했다. 프라하에서 강의한 야노프의 매튜(Matthew of Janov)는 파리에서도 가르쳤으며, 1389-1392년에 프라하에서 여섯 권으로 된 『신구약 성경의 위인들』(De regulis novi et veteris)를 쓴 사람으로서 13세기와 14세기 초의 역사적 영적 주해를 능가한 성경에 대한 영적인 애착을 표현했다. 랑겐슈타인의 헨리 하임부흐(Henry Heimbuch)는 1385년에 빈에서 창세기에 대한 긴 강의를 시작했다. 사실상 빈은 14세기 후기의 프라하와 15세기의 크라카우(Cracow)에 맞먹는 성경주석의 중심지가 되었다. 그러나 다른 대학들도 마찬가지로 공헌했다. 14세기의 전환점은 파리에서 장 게르송(Jean Gerson)과 하이델베르크에서 마르실리우스(Marsilius of Inghen)와 빈에서 니콜라스(Nicholas of Dinkelsbühl)와 프라하와 쾰른에서 제임스(James of Soest)의 기념비적인 주해서들을 보는 것이었다. 15세기 전반기에 후스(Huss) 운동이 준 도전은 정통 주해에 대한 이런 열심을 더욱더 중요하게 만들었다.

성경주석서들의 출간은 15세기에도 거의 14세기 후기의 수준에서 계속되었다. 하이델베르크도 상당히 기여했지만, 빈과 크라카우는 가장 활동적인 대학의 중심지였다. 대다수의 주석가들은 세속 신학자들이었으며, 그들 대부분은 독일 사람이었다. 신약이 구약보다 약간 더 선호되었으며, 시편과 마태복음과 계시록 등 이전 시대에 가장 자주 선택된 책들이 여전히 인기가 높았다.

헛된 호기심에 반대하여

14세기 내내, 성경은 여전히 스콜라 신학의 근원으로 남아 있었으며, 학자들이 저술한 많은 성경주석에서(예를 들어 홀코트의 것) 그 시대 학교들의 연구 기법과 질문이 성경 본문을 해석하거나 적어도 그것을 다루는 데 사용되었다. 그뿐만 아니라 14세기 후반과 15세기 초에 나온 다량의 주석들은 그 시대에 의하고 그 시대에 대한 사회적 정치적 과학적 신학적 견해들로 가득 찬, 그야말로 세상을 보는 창문이 되었다. 그러나 대학 학자들의 저술은 좀처럼 저자나 독자의 경건 생활을 염두에 두고 쓰이지 않았다. 성경의 종교적 메시지와 교실의 냉담하고 때로 반대되는 가정(假定)과 언어 사이의 이 분열은 대학을 떠난 이후의 삶에서 많은 사람을 괴롭혔다. 거기에는 성경주석을 전혀 쓰지 않은 사람들도 포함되었다.

토마스 브래드워딘은 1340년대에 초에 런던 성 바울 대학의 명예 총장으로 있는 동안 옥스퍼드에서 자신이 그와 같은 태도로 철학을 연구했던 것을 회고했다.

> 철학적 연구를 추구하면서 하나님에 대한 지식에는 무지하고 나태한 채 나는 비정통적인 오류들에 유혹되었다. 나는 때로 신학자들이 그 문제 [은혜]를 다루는 것을 들었으며, 펠라기우스의 주장이 나에게는 진리에 더 가까운 듯이 보였다. …학교에서 나는 모호한 방식으로 외에는 은혜에 관한 것을 듣지 못했고, 대신에 온종일 우리가 자기 행동을 자유롭게 주관하고 선이나 악을 행하고 덕을 지니거나 죄를 짓는 등과 같은 많은 것이 자기 능력 안에 있다는 말을 듣곤 했다. …때로 내가 로마서 9장에서와 같이 [그런즉 원하는 자로 말미암음도 아니요 달음박질하는 자로 말미암음도 아니요 오직 긍휼히 여기시는 하나님으로 말미암음이니라] 교회에서 읽는 서신서에서 바울이 은혜를 크게 하고 자유 의지를 하찮게 하는 말을 들을 때

은혜에 대한 그런 견해는 나를 불쾌하게 했다.

그러나 내가 신학생이 되기 [약 1325년] 전에도 앞에 언급한 그 본문은 나에게 은혜의 빛으로 다가왔고, 내가 생각한 진리의 정신적 표현에서 나는 멀리서 하나님의 은혜가 시간과 자연 내의 모든 선행에 어떻게 앞서는지 보았다. 즉 그것은 하나님의 은혜로운 뜻이었다. 하나님은 선행을 할 만한 사람이 구원을 받도록 미리 정하시고 인간이 스스로 행하기 전에 자연적인 매개로 인간의 공적을 그 사람 안에서 수행하신다. 이는 모든 움직임에서 하나님이 최초의 동인이시기 때문이다.[3]

훨씬 더 정곡을 찌르는 것은 1340년경에 아비뇽의 교황청에서 기록된 리처드 피츠랄프의 진술이다.

견고한 진리, 당신은 그 6년 동안에도 [로마의 교황청에서] 나를 떠나지 않으셨고 당신의 거룩한 말씀으로 마치 빛나는 거울처럼 나를 비추셨습니다. 반면에 이전에 내가 보냈던 세월에서 철학자들의 시시한 것에서 당신은 마치 검은 구름처럼 나로부터 숨으셨습니다. 이는 이전에 내가 아리스토텔레스의 가르침과 오직 허영에서 해박한 사람에게만 심오해 보인 논증을 통해 당신의 하늘 시민들과 더불어 당신의 진리의 깊이를 꿰뚫었다고 생각했기 때문이었습니다. 마침내 견고한 진리이신 당신이 당신의 말씀으로 나를 비추시고 나의 오류의 구름을 흩으시며 내가 어떻게 두꺼비와 개구리들이 들끓는 늪지대에 빠져 있는지 보여주실 때까지. 진리이신 당신이 나를 인도하시기 전에, 나는 들어도 이해하지 못했고 소란스러운 철학자들과 완고한 유대인과 교만한 헬라인과 정욕적인 사라센인들과 무식한 아르메니아인들이 당신을 대적하여 떠들었습니다. …오 견고한 진리, 당

---

3) Thomas Bradwardine, *Summa de causa Dei contra Pelagium*, ed. Henry Savile (London, 1618) p. 308, cited in Heiko Oberman, *Archbishop Thomas Bradwardine, A Fourteenth-Century Augustinian* (Utrecht: Uitgevers-Maatschappij, 1958) 14-15.

신이 위로부터 나를 비추어 내가 뜨거움으로 진리이신 당신 곧 율법과 선지서에 약속된 예수를 붙잡게 하셨습니다. 그리고 소송의 소요 가운데 어떤 고요함이 나에게 미소 지었을 때 나는 당신의 거룩한 말씀에서 친밀하고 끈덕지게 당신을 찾았습니다. 읽을 뿐 아니라 기도하며 마침내 당신이 당신의 방법으로 기쁘게 나를 만나러 오실 때까지.[4]

이 전기문식의 회고는 대학 철학의 세계와 중세 후기 영성의 세계를 대조시킨다. 그것은 중세 후기 대학 내에서 보다 열정적인 성경 탐구를 야기시킨 깊이 감지된 필요를 표현했을 뿐 아니라 자주 되풀이된 중세 주제의 하나로서 그 자체를 위한 사색을 반대한(contra vanam curiositatem) 종교적 지혜를 말하기도 했다. 그것은 오랫동안 지속되어 온 겸손을 낳는 지혜와(sapientia-hmilitas) 교만을 낳는 지식(scientia-superbia)에 대한 어거스틴식의 대조에 근거했다. 14세기는 이 문제와 관련하여 특히 폭발하기 쉬운 시기였다.[5] 1344년에 도미니크 수도회 총회는 (아마 파리를 염두에 두고) 강의를 할 때 어리석게 헛된 말과 호기심에(hanc vaniloquii et curiositatis stultitiam) 빠지는 자를 비판했고, 1346년에 범위에 구애받지 않는 연구에(de scientiis vanis et curiosis) 대한 공격이 재개되었다.[6] 같은 해에 파리 대학에 보낸 편지에서 클레몬트 4세는 신학 연구가 "허영과 호기심의 해(害)가 없는"(ubi plane nulla vanitatis et curiositatis noxia reperitur) 성경 본문에

---

4) Translated by L. L. Hammerich, *The Beginning of the Strife between Richard FitzRalph and the Mendicants* (Copenhagen: Kgl. Danske Viderskabernes Selskab, 1938) 20, cited from W. A. Pantin, *The English Church in the Fourteenth Century*, 132-33.

5) André Cabassut, "Curiosité," in *Dict. Sp.* 2, cols. 2654-61; H. A. Oberman, *Contra vanam curiositatem*.

6) *Chartularium Universitatis Parisiensis*, ed. H. Denifle and E. Chatelain, (Paris, 1891) 2:550(#1091); 2:591(#1127).

안드레아 오르카그나, *지혜의 화신인 성 토마스 아퀴나스* c. 1354-1357
신타 마리아 노벨라, 플로렌스

근거하도록 권고했다.[7]

그것은 은혜 유한론자의 논리나 수학적 물리학의 문제가 아니며, 영국 신학에서 처음으로(약 1328년), 그리고 그 후에 파리에서(약 1340년) 유명해진 신학적 궤변(sophismata)의 사용 문제도 아니었다.[8] 그것은 정통 교리의 중요성을

---

7) Ibid., 2:588.

8) 14세기의 철학과 신학의 상호관계, 그리고 특히 신학에 대한 소피스트적 접근의 발달에 관해서는 다음의 저서를 보라: John E. Murdoch, "*Mathesis in philosophiam*: The Rise and Development of the Application of Mathematics in Fourteenth Century Philosophy and Theology," in *Arts libéraux et philosophie au moyen âge: Actes du quatrième congrès international de philosophie médiéale* (Montreal and Paris: Institut d'études médiévales and J. Vrin, 1969) 215-54; idem, "From Social into Intellectual Factors: An Aspect of the Unitary Character of Late Medieval Learning," in *The Cultural Context of Medieval Learning*, ed. J. E. Murdoch and E. D. Sylla

소홀히 하고 성경의 의도를 무시하며 또는 종교적 도덕적 의미에서 스스로 분리하는 듯이 보이는 신학에 대한 접근법의 문제였다. 피츠랄프와 브래드워딘과 홀코트와 헨리 토팅의 성경주석들과 다일리와 게르송의 영적 저술에 표현된 정서는 후기 스콜라주의의 엄격하고 비판적인 지식(scientia)이 그 시대에 재개된 종교적 감성과 혼합된 현실을 반영한다. 1402년 파리 대학 신학부에서 한 게르송의 강의(Contra curiositatem studentium)는 새로운 비판적 철학과 신학의 양립성을 보여준다. 그것은 유명론과 "근대 헌신운동"의 주된 특색인 영적 쇄신과 관련되었다.[9] 『그리스도를 본받아』(3.4.3)에서 호기심(curiositas)을 다룬 부분에 게르송의 논문이 미친 영향은 많은 보기 중 일례에 불과하다.

관상생활과 행동적인 삶

게르송에게서 우리는 14세기와 15세기 사이의 경계에 이르렀을 뿐 아니라 누구보다 후기 스콜라주의의 비판적 분석적 차원을 신비적 삶에 대한 철저한 헌신과 결합한 것으로 보이는 한 인물을 만난다. 다일리와 같이 게르송은 논리

(Dordrecht: D. Reidel, 1975) 271-348; idem, "*Subtilitates Anglicanae* in Fourteenth-Century Paris: John of Mirecourt and Peter Ceffons," in *Machaut's World: Science and Art in the Fourteenth Century*, ed. M. P. Cosman and B. Chandler (Annals of the New York Academy of Sciences 314; New York: New York Academy of Sciences, 1978) 51-86; Neal Ward Gilbert, "Richard de Bury and the 'Quires of Yesterday's Sophisms," in *Philosophy and Humanism: Renaissance Essays in Honor of Paul Oskar Kristeller*, ed. Edward P. Mahoney (New York: Columbia University Press, 1976) 229-57; W. J. Courtenay and K. H. Tachau, "Ockham, Ockhamists, and the English-German Nation at Paris, 1339-1341," *History of Universities* 2 (1982) 53-96.

9) Jean Gerson, Oeuvres complètes, ed. P. Glorieux, vol. 3, *L'oeuvre magistrale* (Paris: Desclée, 1962) 224-49; Steven Ozment, *Jean Gerson* (Textus Minores 38; Leiden: Brill, 1969) 26-45, 82-84.

에 있어 은혜 유한론과 유명론의 일인자였으며, 그 시대의 Modistae와 스코투스주의자(Scotistae)에 맞섰다. 그의 신학적 전제 중 많은 것이 오캄과 다일리의 것과 유사하다. 그럼에도 동시에 그는 15세기 초의 주요 영적 지도자 중 하나로 간주한다.

게르송의 유명론과 신비주의의 혼합을 어떻게 결합하고 이해하는가 하는 중세 후기 학문의 중대한 문제 중 하나로 남아 있다. 월트 드레스(Walter Dress)는 그 연결을 이성과 자연을 통해 하나님을 입증하지 못하고 그를 알지 못하기 때문에 "근대" 신학자의 갈한 영혼은 위-디오니시우스 신비주의의 부정의 길(*via negativa*)로 끌린다는 오캄주의자 자연 신학의 퇴락한 주장에서 찾았다.[10] 신적인 이성(divine reason)과 이 세상의 물리적 도덕적 구조 사이에 궁극적인 일치가 없으므로 관상생활(*vita contemplative*)이 하나님께 이르는 유일한 길이었다. 반대로 하이코 오버만(Heiko Oberman)은 보다 긍정적인 연결을 발전시켜서 의지와 최선을 다함으로써 하나님께 도달할 수 있는 인간의 능력, 그리고 하나님과 세상, 그리고 하나님과 개인의 관계의 언약적 성격을 강조한 오캄의 신학이 게르송의 신비주의를 정적이며 의지 중심적이고 참회적이며 비엘리트적이 되게 했다고 보았다.[11] 그것은 15세기 영적 저술가들의 전형적인 경향이며, 14세기의 일부 영적 저자들과는 대조를 이루었다. 보다 최근에 스티븐 오즈멘트(Steven Ozment)는 게르송의 것을 포함하여 궁극적으로 신비적인 경험은 어떤 형태이든지 언어적 합의, 즉 창조된 세계의 언약적 구조에 만족하지 않고, 따라서 그것을 넘어서는 신성과의 직접적인 접촉에 의존한다고 말했다.[12] 오캄에게 충분했

---

10) W. Dress, *Die Theologie Gersons*.

11) H. A. Oberman, *The Harvest of Medieval Theology*, 323-60.

12) S. Ozment, "Mysticism, Nominalism and Dissent." 67-92.

던 하나님에 의해 규정된 계획(*potentia ordinata*)의 세계는 얼굴과 얼굴을 맞대고 하나님을 만나는 신비적 경험에서 초월된다.

여기서 두 가지 질문이 발생한다. 하나는 추상적이며 개념적이다. 게르송의 신비주의가 유명론자의 전제과 양립할 수 있는가, 만약 그렇다면 어떻게인가? 두 번째 것은 역사적이다. 게르송은 어떤 영역에서, 그리고 어느 정도로 유명론자인가? 두 번째 질문에서 시작하여 게르송은 다일리와 마찬가지로 은혜 유한론자의 논리를 옹호했다. 이런 사실과 그의 오캄주의 스승이자 친구이며 이전의 명예 총장이었던 다일리와의 친분 때문에 대부분의 학자는 게르송이 사상의 대부분 국면에서 유명론자였다고 추정했다. 그러나 문제는 게르송 저술의 총체가 오캄이나 다일리의 글들만큼 "유명론" 하에서 논의되는 철학과 신학의 영역을 탐구하는 데 적합하지 않다는 점이다.

한편 개념적으로 유명론과 신비주의의 양립성 문제는 오즈멘트가 시사하는 바보다 심각하지 않은 듯하다. 드레스와 오버만의 견해는 비록 그들이 유명론의 다른 국면을 강조하지만(각각 유명론자 인식론의 부정적인 연결과 유명론자 신학의 긍정적인 연결) 상호 배타적이지 않으며, 오히려 그와 같은 연결의 개념적 가능성을 확립함에서 서로를 강화해 준다. 더욱이 신비적 경험은 인간을 규정된 계획(*potentia ordinata*)의 영역을 넘어 일종의 실현된 추상적 계획(*potentia absoluta*)으로 데려갈 필요가 없다. 종교적 경험의 정상적인 과정 밖에서 일어나는 황홀의 경험뿐 아니라 하나님이 규정한 법의 정상적인 운영이 기적적인 방법으로 중단되는 그 어떤 것도 하나님에 의해 미리 계획되고 예지된 것이기 때문에 그것은 하나님의 전체적이며 예정된 뜻에 속하고 단지 정상적인 섭리에 반대되는 특별한 섭리에 불과하다. 오캄의 세계관에는 "유명론자"를 일상 질서의 세계, 또는 모든 사람에게 열려 있는 종교적 기회들에만 제한하는 것이 전혀 없다.

게르송의 거의 모든 글에서, 심지어 학문적인 저술에서도 분명히 보이는 실제적인 경건의 차원은 대부분의 15세기의 학자들이 지닌 차원이다. 이것은 카르투지오 수도회의 디오니시우스 라이켈(Dionysius Ryckel)과 플로렌스의 안토니우스와 같이 신학에서 토마스의 지도를 따른 자들, 그리고 게르송과 브라운슈바이크의 에겔리누스 베커(Eggelinus Becker of Braunschweig)와 가브리엘 비엘(Gabriel Biel)과 같이 오캄과 다일리를 따른 자들 모두에게 해당한다. 이 중 마지막 두 인물은 누구보다 중세 후기의 스콜라주의와 영성의 혼합을 잘 예시한다. 베커는 에르푸르트와 쾰른에서 교육을 받은 후에 1450년경에 마인쯔(Mainz)에서 미사 본문에 관해 성당 참사회에 강의했는데, 15세기 말엽 튀빙겐에서 가브리엘 비엘이 그것들을 수정하여 다시 강의했다. 비엘의 『미사 정전 주해』(*Expositio canonis missae*)는 유명론 신학과 중세 후기 영성을 광범위하고 균형있게 종합했다. 베커와 비엘은 대학 밖에서 영적인 삶을 살았다. 베커는 마인쯔에서 생활한 뒤에 스트라스부르에서 카르투지오와 도미니크 공동체들을 위한 고해 신부와 영적 상담자로 봉사했다. 철학과 신학의 대부분에서 오캄주의자이며 새로 설립된 튀빙겐 대학에서 잠시 신학 교수로 있었던 비엘은 남부 독일에서 공동생활 형제회(Brethren of the Common Life)의 지도자였는데, 처음에는 마인쯔에서 나중에는 라인가우, 부트바흐, 튀빙겐 등에서 그의 생애 대부분을 이름난 설교자로 보냈다. 비엘이 "근대 방식"(*via moderna*)과 "근대 헌신운동"(*devotio moderna*)에 이중으로 소속된 것은 이 두 운동의 양립성을 보여준다.[13] 베커와 비엘은 종교개혁의 전야에 후기 스콜라주의와 영성의 혼합을 입

---

13) H. A. Oberman, *Masters of the Reformatton: The Emergence of a New Intellectual Climate in Europe*, ed. D. Martin (Cambridge: University Press, 1981) 45: "튀빙겐에서 활동한 최초의 3명의 근대주의자 "modernists' 가브리엘 비엘, 스타인바흐, 그리고 피터 브라운이다. 이들은 공동생활형제단의 일원이었으며 동시에 근대 헌신운동

증하는 많은 보기 중에 속한다. 그 혼합은 이미 피츠랄프와 마이로니스에게서 나타나기 시작했으며, 영국의 갈멜 수도회원들과 다일리에 의해 확대되었고, 15세기에 게르송과 리켈과 비엘의 글에서 꽃을 피웠다.

에 참여한 사람들이었다."

제5장

중세 후기의 여성 종교인들

캐롤린 워커 바이넘(Caroline Walker Bynum)

중세 특히 12세기 후반에서 15세기 초에 이르는 시기에는 여성들이 전문화된 종교적 역할에 참여하는 기회가 많이 증가했으며, 그런 역할의 유형들도 매우 다양했다. 여성 성인들이 현저하게 증가했다. 여성의(수녀든 평신도든) 경건은 뚜렷한 특징을 지녔으며, 속인이든 성직자든 유력한 남성들은 때로 그것들을 경이롭게 보거나 의심스럽게 보았다. 우리는 이 시기에 기독교 역사에서 처음으로 여성 운동(베긴 수녀회)을 볼 수 있고, 경건의 발전에 구체적으로 여성이 끼친 영향을 말할 수 있다. 사실상 개신교 종교개혁과 로마 가톨릭 종교개혁에서 반대했던 그 감성적인 영성은(그리스도를 닮을 수 있는 인간 능력에 대한 과도한 확신을 근거로 한 영성) 부분적으로 중세 후기 유럽의 종교직 여성들의 창작물이었다.

새로운 형태의 종교 생활

수녀가 되는 것은 중세 초기에 여성들이 할 수 있는 전문화된 종교적 역할로서는 유일한 것이었다(카롤링거 시대에 등장한 여성 수도자는 수녀와 매우 비슷했으나 청빈에 대해 보다 덜 엄격한 서약을 했다). 초기 중세 수녀들의 역사는 복잡하며, 최근의 연구는 수녀원들이(그리고 수녀원장들이) 주변 사회에 미친 영향과 사회가 결혼한 평신도 여성들의 경건을 존경한 점에서 이전의 역사가들이 밝힌 것보다 더 많은 다양성이 있음을 시사한다. 그러나 수도원장으로서든 성인과 같은 여왕으로서든, 여성들이 할 수 있는 전문화된 종교적 역할은 대개 신분이 높은 귀족에게로 제한되었다. 서유럽이 전쟁과 궁핍함으로 어둡던 시기인 10세기와 11세기 초에는 여성 수도원들은 거의 설립되지 않았으며, 종교 지도자들은 여성의 종교성을 격려하는 데 거의 관심을 보이지 않았다. 그 시기의 수도원 개혁에 주요 역할을 한 클뤼니(Cluny)는 1100년 전에 수십 개의 남자 수도원을 설립했으나 수녀들을 위해서는 단 하나를 설립했으며, 그 목적도 수도사가 되고자 하는 남편의 부인들에게 수양관을 제공하기 위한 것이었다. 중세 유럽 인구 중 어느 정도가 수도원에 속했는지 알 수 없지만, 1200년 이전에는 수도사들의 숫자가 수녀들의 숫자를 압도적으로 능가했다는 것은 확실하다. 그러나 12, 3세기에 특히 라인란트와 북해 연안 저지대에서 이것은 바뀌기 시작했다.

11세기 말부터 12세기 사이에 순회설교자들이 등장했을 때, 청빈과 회개에서 "사도적 삶을 살기로" 결심한 많은 무리가 그들의 뒤를 따랐다. 그들의 등장은 여성들에게 중대한 영향을 끼쳐서 동시대 연대기 사가들은 감탄뿐 아니라 전율과 함께 그 현상을 논평했다. 여성들은 떼를 지어 노버트(Norbert of Xanten, d. 1134)와 로버트(Robert of Arbrissel, d. 1116-1117)와 같은 순회 전도자들을 따랐다. 자신을 위해서도 순회 설교를 탐탁하게 여기지 않았고 여성들이 그 일을 하는 것은 더욱 반대한 이런 설교자들은 그들을 위해 수도원들을 세웠다. 이중 수도원들(즉 남성 수도원과 여성을 위한 수녀원이 종종 나란히 세워져 있는 공동체)이 영국에서 다시 등장했고, 여성 은둔자들(교회에 부속된 작은 방에서 은거의 삶을 살기로 서약한 여성들)도 상당히 증가했다. 대륙에서는 12세기의 유명한 두 개의 "새 수도회" 곧 프레몽트레와 시토수도회에서 수녀원의 숫자가 놀라운 속도로 늘어났다. 여성의 열심이 엄격한 수도원 생활로 제도화되는 이야기는 13세기 초에도 되풀이되었다. 예를 들면, 아씨시의 클라라(d. 1235)는 프란시스를 따라 탁발 생활을 하려 했으나 엄격하게 은둔적인 역할만 해야 했다.

여성들은 유력한 성직자들에 의해 그들의 종교적인 이상을 조작당하고 제한당하는 추종자일 뿐 아니라, 동시에 지도자들이자 개혁가들이기도 했다. 13세기에 남성들을 위한 베네딕트 수도원 생활이 탁발수도사들로 인해 빛을 잃게 되었을 때, 이탈리아 여성 산투치아 카라보티(Santuccia Carabotti)는 구비오(Gubbio) 부근에 수녀원을 세우고 그곳에서 베네딕트 규율을 엄격하게 시행했다. 후에 그녀는 24개의 다른 수도원을 개혁하고 그녀의 지도하에 두었다. 15세기 초에 은둔자로서 종교적인 생활을 시작했던 코르비의 콜레트(Colette of Corbie)는 프랑스와 플랑드르에서 많은 클라라 수녀원들을 개혁하고 수녀원들을 세워 엄격한 프란시스회 수녀들을 길러냈다. 그들은 오늘날까지 세계의 많은 지역에서 활동하고 있다.

수녀원들이 급속히 성장하면서 여성들의 영적 지도와 그들을 위한 성례를 감당할 성직자를 공급해야 했던 새 수도회들은 자원 면에서 긴장을 느꼈다. 프레몽트레 수도회가 처음으로 수녀원들을 줄이는 법안을 통과시켰다. 서던(R. W. Southern)과 같은 20세기 역사가들은 그와 같은 반응 뒤에는 여자를 싫어하는 생각이 있음을 강조했다. 그러나 최근의 연구에 따르면, 남성의 거부와 반대는 여성의 종교적 생활 성장을 더디게 하지 못했다. 프랑코니아와 바바리아 같은 동부 지역에서 여성들은 계속해서 프레몽트레 수도회에 들어갔다. 1228년 수녀원들을 병합하는 것을 금지한 시토수도회 법규는 사문서로 남았고, 13세기 전체에 걸쳐 북해 연안 저지대와 저지 라인라트에서 시토 수녀원들이 (때로 그 지역의 도미니크 회원들의 도움을 받아) 번성했다. 비록 일부 성직자 수도사들과 수사 신부들과 탁발수도사들이 수녀들에게 목회적 보살핌을 제공하는 것을 거부했지만, 교황에서 지방의 성직자들에게 이르기까지 일부 종교 지도자들과 일부 탁월한 평신도들이 수녀원을 후원했다. 예를 들어 산투치아와 콜레트는 교황과 교황의 대리인들로부터 상당한 지원을 받았다. 13세기와 14세기 초에 이런 수녀원들은 그들 사이에 영향력 있는 영적 연결망을 구축했고, 수녀들의 삶과 비전을 모은 작품집들을 만들어 냈다. 그것들은 일종의 영적 지침으로서 종종 남녀 수도원 모두에서 읽혔다. 13세기 이후 경제적 토대와 종교적 열심이라는 면에서 남성 수도원들이 꾸준히 쇠퇴한 유럽의 일부 지역에서 15세기 무렵에는 수녀들이 수도원 생활을 하는 종교인의 다수를 차지했다.

12세기와 13세기에 옛 베네딕트 수녀원들과 새 수도회들의 여성 수도원들과 나란히 여성들을 위한 종교 생활의 새로운 양식도 등장했다. 여성들이 가진 종교적 기회 가운데 일부는 이단이었다. 12세기에서 14세기까지의 주요 이단들, 즉 이원론 또는 알비파, 성직 제도를 반대한 개혁자들(예를 들어 왈도파와 겸손자들), 흔히 자유로운 영으로 알려진 비정상적인 신비가들)에서 여성들이 어느 정도로 과하게 묘사되었는지는 역사가 사이에 아직도 쟁점이 되고 있다. 여성들이 여성 지도자를 배제하는 경향이 있는 계급 구조를 발전시키기 전에 여성들은 그와 같은 운동에서, 또는 적어도 그런 운동의 초기 단계에서 그런 집단으로 강력하게 끌린 듯하다. 그러나 대개 초기에 교회의 교리적인 이유가 아니라 정치적인 이유로 "이단"으로 분류된 이런 운동이 정통론 내의 여성의 종교성에서 발견되는 많은 기본적인 주제를 표현한 것도 분명하다. 정적인 종교적 반응에 대한 관심, 극단적인 양식의 참회를 위한 금욕, 그리스도의 인성과 성령의 영감에 대한 강조, 성직의 권위 무시. 따라서 교회에서 무시되고 소외당한다고 느꼈기 때문에 여성들이 이단을 무더기로 따랐다는 것은 옳지 않다. 오히려 이단적인 운동과 정통적인 운동 모두의 특징을 이루는 어떤 종교적 충동들이 특히 여성들의 마음을 끌었으며, 또 그들에 의해 상당 부분 생성되었다는 것이 옳다.

사실상 다양한 이단적 운동을 낳은 충동이 교회 안에서 여성들을 위한 새로운 유사 종교적 역할을 산출했다. 이런 역할들은 새로운 제도적 장치라기보다 여성들의 일상생활에 종교적 의의를 부여하는 방법이었다. 유럽의 북쪽 지방에서 (특히 프랑스 북부, 연안 저지대 국가들, 스위스, 라인란트) 우리는 "베긴파"라고 불린 여성들을 본다(그 단어의 어원은 불분명하지만, 이단인 "알비파"에서 유래되었을 것이다). 이 여성들은 세상과 결별하여 금욕적이고 청빈하며 자비로운 삶을 살고자 했으며 육체노동과 자선을 예배와 연결했다(그러나 수녀원에서처럼 엄격하지는 않았다). 처음에 그들은 서약도 하지 않고, 복잡한 조직과 규율도 정하지 않았고, 여러 지부를 연결하는 교단이나 계급적 직책도 없었고, 부유한 설립자나 지도자도 없었던 점에서 전통적인 수도원 생활과 대조를 보였다. 유럽 남부에서(특히 이탈리아) 베긴파와 비슷한 것으로 "제3회"를 본다. 그들은 세속 신분을 지닌 채 대 탁발 수도회 중 하나(대개 프란시스나 도미니크 수도회)에 들어가 속죄의 금욕과 자선과 기도의 삶을 사는 사람들이었다. 스페인에서 그와 같은 유사 종교적 지위에 있는 여성들은 베아타스(beatas)로 알려졌다. 유럽 전역에서 심지어 평범한 평신도 여성들도 세상의 요구를 떠나 헌신과 섬김과 참회의 특별한 종교적 역할을 할 수 있는 기회를 찾았다.

20세기 초에 일부 역사가들은 12세기의 순회 전도자들과(이단이든 정통이든) 13세기의 탁발수도사들과 제3 회원들과 베긴들과 자유로운 영파 등은 새로운 도시 하층 계층의 저항 운동이었다고 주장했다. 이런 역사가들은 제3회와 베긴 집단을 본질적으로 경제적 기능을 수행한 여성 조합으로 보았다. 보다 최근에 학자들은 그와 같은 운동들의 종교적 성격을 진지하게 고려하고 하층 계층이 탁월하게 주종을 이루었다는 주장을 논박했다. 그러나 새로운 집단들이 특수한 사회적 지위와 관련될 수 있다는 것은 분명하다. 비록 12세기의 새 수도회들과 운동이 귀족적인 성직자들과 더불어 시작되었고 도시와 시골 모두에서 회원들을 모았지만, 13세기 베긴들과 제3 회원들, 심지어 시토회 수녀 중 어느 정도는 새로운 부르주아나 소도시의 저층 귀족 출신이었다. 따라서 13세기와 14세기의 새로운 유형의 종교 생활에 가담한 여성들은 종종 새로운 부와 지위에 관해 염려를 느낀 사회적 신진 집단에게서 나왔다. 그들에 관한 가장 탁월한 역사가 허버트 군드만(Herbert Grundmann)이 수년 전에 지적한 대로, 그들의 이상은 단순히 금욕이기보다 안락과 부의 포기였다. 옛 귀족 출신의 여성들은 신입자에게 많은 지참금을 요구한 전통적인 수도원 체제에(베네딕트 수녀원들이나 여성 수도회원을 위한 집들) 가담하기가 쉬웠다.

여성들을 위한 새로운 유형의 종교 생활이 등장한 것을 설명하는 것 중 두 가지 견해가 최근에 인기를 끌었다. 하나는 인구 통계학적인 원인을 제시한다. 이들은 남편을 구할 수 없었던 여자들이었다는 것이고, 다른 하나는 베긴이나 제3 회원이나 이단이 된 여성들은 일종의 종교적 잉여물로서 그들은 프레몽트레와 시토수도회들이 문을 닫고 탁발수도사들이 많은 수녀에게 목회적 돌봄을 제공하기를 꺼리게 되었을 때, 주변에 남겨진 채 일종의 유사 종교 생활을 시도하게 되었다고 본다. 두 가지 모두 그럴듯하다. 사실상 중세 후기의 모든 종교 운동 뒤에는 인구 통계학적 요인이 있었다. 중세의 가족 구조와 상속 구조는 인구의 상당 부분을 위해 출산과 결혼을 대신할 역할을 요구했다. 그리고 13세기와 14세기에 지참금이 급격히 올라서 딸을 결혼시키는 데(또는 전통적인 수도원 중 하나에 그들을 위한 자리를 마련하는 것) 엄청난 비용이 들었다. 게다가 중세 후기의 많은 증거가 남성들이 수녀를 돌보는 것을 거부했고 여성 신비주의를 의심했음을 보여준다.

지오반니 디 파올로, 성 캐더린과 베가, 15세기

그러나 중세 후기의 베긴들과 제3 회원들과 여성 이단자들을 주로 남편도 수도원도 구할 수 없으므로 유사-종교적 역할들에 몸을 의탁한 잉여 여성들로 해석하는 것은 그릇된 것인 듯하다. 반대로 개개인 여성들의 생활은 수도원에 들어갈 여력이 있었던 귀족 여성들이 수도원 생활보다 베긴이나 제3 회원 지위를 선호한 경우를 많이 보여준다. 최근의 존 프리드(John Freed)의 연구는 탁발수도사들과 지역 성직자들이 수녀원의 증가를 금지하기는커녕 오히려 종종 그것을 격려했음을 입증했다. 적어도 시토 수녀원들에서 자리가 매우 부족했다는 것은 분명하지 않다. 그러므로 베긴은 목회적 돌봄을 받지 못한 데서 뜻하지 않게 생겨난 것이기보다 그 생활이 전통적인 은둔생활과 반대되기 때문에 새롭고 매력적인 대체물로 생겨난 것으로 보인다. 게다가 많은 소녀에게 영원한 순결을 갈망하게 한 것은 장차 남편될 사람이 부재하기 때문이 아니라 존재하기 때문이었다. 비록 수도원을 떠나고 싶어 한 젊은 여성들이 있었지만, 강제로 결혼을 해야 했거나 그것으로 위협을 받고 수도원을 도피처로 본 딸들도 역시 많았다. 출산의 위험과 결혼의 여러 가지 잔인성(중세 도덕가들이 지적한 불이익들)은 일부 여성들이 독신 생활을 선호하게 했다. 그러나 이것 이상으로 동정(童貞)은 남성이나 여성 모두에게 긍정적이고 강력한 종교적 이상으로 간주하였다. 세상과 분리되고 다른 육체와 접촉한 적이 없는 동정녀는(영원한 동정녀 그리스도의 어머니와 같이) 보다 높은 완성이 예비된 신부이기도 했다. 그녀는 생식력과 힘으로 빛난다. 제단 위의 성찬의 빵의 경우처럼, 그녀의 몸 안으로 성령의 영감과 그리스도의 인성의 충만이 부어진다.

1100년에서 1400년까지의 시기에 여성들을 위한 종교 생활의 새로운 유형들만 등장한 것이 아니라 성녀들의(성인품에 든 사람들과 단순히 고결함의 명성만을 얻은 자들 모두) 수도 증가했다. 그것은 경건을 반사하고 창조하는 것에서 여성의 탁월성이 커진 것을 보여 주는 분명한 표시였다. 여성의 시성(諡聖)은 언제나 교회 당국자들로부터 거부를 받았다. 비록 성인품 대상에 올라간 여성들의 숫자가 많아졌지만, 그 고려 대상 중에 실제로 그것을 획득한 여성들의 비율은 남성들의 경우보다 언제나 적었다. 그러나 최근의 학문적 조사에 따르면, (실제 성인품에 오른 사람들을 자료로 하든지 대중의 존경을 받은 사람들을 자료로 하든지) 성녀의 비율은 11세기의 10% 미만에서 15세기에 약 *28%*까지 증가했다. 도널드 바인슈타인(Donald Weinstein)과 루돌프 벨(Rudolph Bell)에 따르면, 가장 큰 증가는 여성 성인의 비율이 배가되었던(11.8%에서 22.6%로) 12세기와 13세기 사이에 있었으며, 성인들 전체 숫자가 감소했음에도 불구하고 성녀의 수는 15세기까지 계속 증가했다(22.7%까지). 그러나 16세기와 17

세기에 전체 성인의 숫자가 약간 상승을 보였을 때, 여성의 비율은 오히려 떨어졌다(16세기에 18%에서 17세기에 14.4%로). 12세기와 13세기 사이에 성녀의 비율이 크게 증가했을 뿐 아니라 결혼한 성인의 비율 역시 증가했다. 비록 바인슈타인과 벨과 보체츠(A. Vauchez)는 질적인 증거를 토대로 결혼에 관한 새로운 불안정 심리가 15세기에 등장했다고 보지만, 그 시기 전체에 걸쳐 결혼한 성인들 사이에 여성이 남성보다 계속하여 더 높은 비율을 보였다. (비록 상류층 출신의 비가 남성보다 여성이 높았지만) 성녀의 숫자와 비율의 증가와 아울러 성인의 계층 기반이 확장된 것, 그리고 (비록 탁발 수도회의 여성들은 성인품에 오르는 데 매우 큰 반대를 받았지만) 도시 출신의 성인의 비와 탁발 수도회들에 들어간 성인의 비가 증가한 것과도 관계가 있다. 그러나 성녀의 증가와 가장 극적으로 상관된 것은 평신도 성인의 증가였다. 사실 중세 말엽에 평신도 남자 성인은 거의 사라졌다. 물론 수녀들은(유일한 "비 평신도" 여성의 역할로서) 계속하여 성인품에 올랐다. 그러나 16세기 무렵 성인품에 오른 남자는 거의 전부가 성직자였으며 로마 가톨릭 평신도에게 제공된 거룩한 행동의 모델은 거의 전적으로 여성이었다. 보체츠에 따르면, 13세기에 성인품에 오른 평신도의 50%가, 1305년 후에는 71.4%가 여자였다.

평신도 여자의 새로운 유사 종교적 기회들이 등장한 것, 그리고 점차 많은 평신도 여성들이 거룩한 자들로 숭배된 것은 두 개의 다른 경향과 연결되었다. 여성들이 할 수 있는 유사 성직자 역할의 쇠퇴와 소멸, 그리고 14세기 초부터 시작하여 거룩한 여성들의 예언적 환상적 능력에 대한 의혹의 증가(그것은 임명에 근거한 남성 성직자의 권위와 첨예하게 대조되었다)가 그것이다. 여자들은 10세기에서 12세기까지 교회에서 설교하거나 그들 밑에 있는 수녀들의 고해를 듣거나 축복을 빌거나 "사제 없는 미사"로 알려진 의식에서 때로 자신들끼리 성찬을 나누는 등 일종의 "성직자" 역할을 수행했다. 그러나 그같은 관행은 점점 크게 비판받고 억압받았다. 교황의 교령집을 연구한 파르마의 베르나르(Bernard of Parma)는 그의 주석에서(약 1245년) 이전의 관행에서 무엇이 발견되든지 여성들은 가르치거나 설교하거나 성스러운 기물을 만지거나 수녀의 서원을 받거나 사면하거나 재판을 할 수 없었으며 "남자 직무 대부분은 여성들에게 금지되었다"라고 주장했다.[1] 수녀원장들이 중세 초기에는 유력했으나 중세 후기에는 좀처럼 보이지 않는다. 여성들이 다스렸던 이 수도원들은 13세기에 대부분 사라졌다. 비록 세상에서 성인으로 존경받은 여성들이 남성 성인들에 비해 사회적으로 높은 신분 출신이었지만, 수도원 내에서 존경받은 사람들은 종종 수도원장들이 아니라 신비적이며 환상적인 경험들 가진 평범한 자매들이었다. 따라서 13세기부터 계속 우리는 종교적 여성들이 남성 성직자의 지도권에 유사한 역할들을 상실하고, 대신 평신도 공동체 안에서 그들 나름의 종교적 경험을 일구어 갈 수 있는 가능성과 임직의 권위에 근거한 남성의 역할에 맞먹는 분명한 대체물로서 예언의 역할을 얻는 것을 보게 된다.

여성의 종교적 역할이 분명해지면서 점차 그것은 의혹에 부딪히게 되었다. 14세기 후반에 여성적인 종교성의 양식과 내용에 대한 적의가 점점 더 커졌다. 1310년 여성 신비가인 마거릿 포르트(Marguerite Porete)가 자유 영(Free Spirit)이 이단으로 정죄받아 파리에서 화형당했고, 빈 공의회는(1311-1312) 베긴회를 억압했다(그러나 그 법령은 여러 해 동안 시행되지 못했고, 그 세기 후반에 여성들의 운동은 보다 수도원적인 즉 제도적인 형태로 다시 한번 허용되었다). 13세기와 14세기 초에 유지되었던 여성의 영적 우정과 연결망은 14세기가 지나면서 점점 희석되었다. 여성들이 쓴 여성 전기들의 수집물도 사라졌다. 글을

---

1) Quoted in Francine Cardman, "The Medieval Question of Women and Orders." *The Thomist* 42 (1978) 596.

쓰는 거룩한 여성들의 숫자도 줄었다. 환상을 보는 여성들에 대한 남성의 의혹은 존 게르손(John Gerson)과 다른 이들이 영 분별에 관해 쓴 일련의 영향력 있는 저술에서 명료하게 표현되었다. 심지어 성찬에 대한 여성의 열심도 때로 대 알버트(Albert the Great)와 같은 신학자들에 의해 거부되고 억제되었다. 그는 빈번한 성찬식이 천성적으로 "경솔한" 여성들에게서 피상적인 영적 반응을 조장할 수 있다고 주장했다.[2] 14세기 후기와 15세기 초의 성인 열전에서 성녀들은 점점 더 고립되고 남성 지향적으로 등장한다. 이제 그들의 이야기들은 대개 그들의 고해 신부들을 통해 나온다. 그리고 그들은 영적인 어머니로서 이런 고해 신부들을 지배하는 동시에 정통 교리의 보증과 지도가 필요한 학생으로서 그들에게 매달린다. 비록 14, 15세기 무렵에 성녀들이 평신도이며 기혼 여성이기가 쉬웠고 세속에 살며 순례를 통해 상당한 지리적 이동의 기회를 얻기 쉬웠지만,. 그들은 남성의 조사에 복종해야 했고 이단이나 마술로 고소당할 위험에 처하기도 쉬웠다. 시에나의 캐더린(Catherine of Siena, d. 1380), 스웨덴의 브리짓트(Bridget of Sweden, d. 1373), 아크의 조안(Joan of Arc, d. 1431)이 살았던 시대에 경건한 여성들의 영향력은(심지어 생존조차) 거의 전적으로 그들을 따르는 남성 추종자들이 교회 내 정치와 세속적 정치에서 성공하는가에 달려 있었다.

예언하는 여성들에 대한 의혹은 대중적인 종교 운동과 신비주의에 대한 14세기의 일반적 의혹을 반영한다. 그 시기에는 환상을 보는 신비적 남성들에게도 마찬가지로 깊은 적의를 보였다. 그러나 교회 당국자들과 신학자들이 여성 신비가들에 대해 이중적인 감정을 가진 것은 특히 여자를 싫어하는 그들의 의식을 반영하기도 했다. 그런 적의감은 실제로 15세기에 마녀 정죄와 마녀 사냥

---

[2] Albert the Great, *Commentarii in IV Sentenriarum*, dist. 13, art. 27, in *Opera omnia*, ed. August Borgnet (Paris: Ludovicus Vivès, 1894) 29:378-80, and *Liber de sacramento Eucharistiae*, dist. 6, tract. 4, chap. 3, in *Opera*, 38:432 (1899).

신학을 낳았다. 1500년경에 대중의 숭배와 공식적인 성인품에서 표현된 여성 성인의 본보기는 많은 면에서 사회가 마녀에 대해 가진 관념을 반영해 준다. 그들은 각기 하나님이나 사탄 둘 중 하나에 사로잡힌 것으로 생각되었고, 불가해한 지혜로 다른 사람의 생각과 마음을 읽을 수 있는 것으로 보였으며, 마귀의 잔칫날에든 성인의 공중 부양(浮揚)이든 하늘을 난다는 의심을 받았다. 게다가 그들은 성흔이든 악몽의 표시이든 자신의 몸에 신비한 상처들을 지녔다. 마녀와 성인이 유사성을 지닌 것은 (적어도 신학자, 교회 법학자, 종교 재판 심문관, 남성 성인전 작가들의 눈에) 그들 둘 다 성직자의 권위에 매우 위협적이었던 것을 시사한다(많은 여성 성인들이 마술을 행하거나 귀신들렸다는 의심을 샀다. 예를 들어 시에나의 캐더린, 쉬담의 리드비나[Lidwina of Schiedam, d. 1433], 리티의 콜룸바[Columba of Rieti, d. 1501]가 그랬다). 영감된 도구로서 여성의 종교적 역할은 사제와 설교자, 그리고 성직에 의한 지도자로서 남성의 종교적 역할과 완전히 다른 것으로 여겨졌다. 그리고 그것은 그토록 상이하게 보였기 때문에 장려되는 동시에 억압받았다.

여성의 영성: 다양성과 통일성

여성 수도자들, "옛" 수도회들의 수녀들과 "새" 수도회들의 수녀들, 베긴파, 제3 회원들, 은둔자, 알비파, 왈도파, 순례자들, 그밖에 평범한 평신도 여성들 등 중세 후기 유럽에는 많은 부류의 경건한 여성들이 있었다. 그럼에도 평신도 여성 성인들과 남성 성직자 사이에 대조가 점점 더 첨예하게 된 것은 여성의 역할이 많고 다양했지만, 그 뒤에 어떤 일치점을 지니고 있었음을 시사한다. 우리는 남성과 여성의 종교적 경험들 사이에서 일관된 차이점들을 찾아낼 수 있다.

여성들의 생활 양식 중 일부는(예를 들어 제3회와 베긴파) 남성들의 그것들보다 덜 제도화되었다. 후대의 역사가들이 경건한 여성들을 어떤 특별한 수도회와 관련지어 파악하려고 한 것은 제도적 구조와 손잡는 것이 특히 13세기에 여성들에게는 중요하지 않았다는 점을 흐리게 했다. 예를 들어 13세기의 성 줄리아나(Juliana of Cornillon)는 종교 단체를 이리저리 옮겨 다녔다. 그리고 아스토니싱의 크리스티나(Christina of Astonishing, d. 1224)는, 후대 사람들이 그녀를 베네딕트 회원, 시토 회원, 프레몽트레 회원으로 주장하려 했지만, 단순히 그리스도와 성인들을 따르고자 한 평신도였다. 이프레스의 마가렛(Margaret of Ypres, d. 1237)은 도미니크 수도회의 가장자리에 있었지만, 뚜렷한 목적을 가진 어떤 특별한 수도회를 찾은 것이 아니라 그녀가 사랑할 수 있고 의지할 수 있는 남성 보호자를 찾았을 뿐이었다. 남성 연대기 작가들이 베긴파 설립의 이야기를 마치 그 "수도회"가 동시대 수도원이나 탁발 수도회들의 것과 같은 지도자와 규율을 가진 것처럼 말해야 한다고 느낀 사실은 일상의 삶에 종교적인 중요한 의미를 부여하고자 하는 보다 비형식적인 여성들의 태도가 남성의 감성에 매우 이상하고 위험해 보였다는 것을 의미한다.

게다가 거룩한 여성의 생활 양식은 남성의 생활 양식과 기본적인 차이가 보인다. 성인들의 삶에 관한 최근의 방대한 연구에서, 바인슈타인과 벨은 일반적으로 여성은 유년기에서 서서히 청년기로 성인다운 소명 의식이 자랐다는 것을 입증했다. 싱녀 중 많은 사람은 여덟 살 이전에 동정으로 살 것을 확신했다. 이에 비해 남성 성인들은 갑작스러운 청년기의 회심과 더불어 부와 권력과 결혼과 성을 포기하는 경우가 많았다. 순결과 혼인은 남성보다 여성의 삶에서 더 중심적인 주제였고, 위기와 결정적인 변화는 여성보다 남성의 전기에서 더 중요한 주제였다. 이것은 부분적으로 중세의 남성이 자신들의 삶의 양식을 결정할 수 있는 능력을 여성보다 더 크게 가졌기 때문이었다. 예를 들어, 오이그니스의 메리(Mary of Oignies, d. 1213)와 아씨시의 클라라는 재산을 포기하기를 원했지만 거의 강제적으로 수입과 하인들을 보유해야 했다. 코르토나의 마가렛(Margaret of Cortona, d. 1297), 세르치의 유밀리아나(Imiliana dei Cerchi, d. 1246), 폴리뇨의 안젤라(d. 1309)와 같은 성녀들은 순결을 택하기 위해서 남편이나 연인들이 죽을 때까지 기다려야 했다. 쉬담의 리드비나(Lidwina of Schiedam), 시인 하데위치(Hadewijch)와 막데부르크의 메히틸드(Mechthild of Magdeburg)와 같은 거룩한 여인들은 생의 마지막에 매우 잔인하게 핍박당하고 무시당했다. 사실상 성인전 작가들은 청년기 소녀에 대해 다소 일관성이 없는 이중적 모델을 사용했다. 덕스러운 소녀는 영웅적으로 순결을 주장함으로써(그로써 가족들을 거역하면서), 또는 부모의 명령에 순종하여 결혼함으로써(그로써 교회가 보다 높은 선으로 주장하는 것을 포기하면서) 미덕을 나타냈다. 성인들의 전기에서, 여자들은 한 행동에서 다른 행동으로의 변화가 자신에게 무엇을 의미하거나 무슨 대가를 치르게 했다는 데 대해 설명 없이 자주 두 가지 행동을 했다. 그들의 생애 이야기는 돈과 재산과 가족을 버리는 영웅적 제스처를 많이 말하지 않는 것은 여성들이 부와 결혼을 자기 마음대로 지배하지 못했기 때문이다. 그러나 철저한 포기와 반전(反轉)이 여성들 삶의 특징도 아니었다. 그들은 일상의 경험에 (섬김과 양육, 무력, 질병, 등의 경험) 더 깊고 보다 역설적인 의미를 부여하는 경향이 있었다. 또 남자와 여자 모두 성녀들을 고난의 모델로, 그리고 남성 성인을 행동의 모델로 보는 경향이 있었다.

남성들과 여성들의 전기와 그들의 글을 비교할 때, 비록 어떤 기적은 (그것들이 성직자의 역할과 관련되기 때문에) 오직 사제들에게만, 어떤 기적은(예를 들어, 성흔이나 신체의 신장[伸長]) 여성들에게 더 자주 일어나지만, 여성만의 혹은 남성만의 배타적인 경건이나 헌신적 신앙 습관은 없는 것으로 보인다. 남자와 여자 모두 동일한 은유로 생각했고(이는 그들이 같은 성경과 같은 글을 읽고 종종 같은 설교를 들었기 때문이다), 근대의 주석가들이 특별한 성(性)과 관련된다고 보는 많은 영적 주제들이(예를 들어, 아기 그리스도를 젖 먹이는 환상 또는 아기 예수를 잉태한 환상) 중세 시대 남성과 여성의 글과 환상에서 발견된다.[3] 그러나 비전 문학과 성인들의 생애와 남녀 모두의 신비적 글에 관한 최근의 비교 연구는 남성의 영성과 여성의 영성에 서로 다른 양식이 있음을 보여준다.

남성보다 여성의 종교성과 거룩성에서 신비주의가 중심을 이룬다. 초신비적 현상이 여성의 신비주의에서 훨씬 더 흔했다. 거룩에 대한 여성들의 영성은 초자연적이며 카리스마적인 권위, 특히 환상과 초자연적 기사들에 더 자주 기초를 두었다. 여성들의 열심은 참회의 금욕, 특히 자학적인 고난과 인내를 시험하는 극단적인 금식과 질병을 특징으로 가지고 있다. 남성들의 글 역시 눈물과 감수성으로 넘치지만, 대체로 여성들의 글이 더 정적이었다. 처음에 남성들이 표현했던 연애와 혼인 주제가 여성들의 시에서 더욱 정교하게 다듬어지고 발전되었다. 그리고 어떤 헌신적 신앙 형태들, 특히 그리스도의 고난받는 인성과 성찬에 대한 경배는 여성들의 관행과 여성들의 언어로 특징지어졌다. 성체축일 절기를 예배력에 추가하게 한 이는 코르니욘의 줄리아나(Juliana of Cornillon)로서 여성이었고, 예수 성심(聖心) 축일은 플랑드르와 색소니의 경건한 여성들의 열심에서 처음 시작되었다.

시토회의 이다(Ida of Louvain), 발롬브로산 수도원장 마가렛(Margaret of Faenza),

---

[3] 빌러즈의 어느 수도사는 아기 예수를 품에 안는 환상을 보았다고 한다. Ernest W McDonnell, *Beguines and Beghards*, 328; and Peter Browe, *Die Eucharistischen Wunder des Mittelalters* (Breslauer Studien zur historischen Theologie, n. E 4; Breslau: Muller & Seiffert, 1938) 106. 케사리우스는 영적으로 임신하여 배가 불러온 사제에 대한 이야기를 한다; Caesarius, *Dialogus miraculorum*, ed. Joseph Strange (2 vols.; Cologne: J. M. Heberle, 1851) bk. 9, chap. 32, II: 189.

카르투지오회의 마가릿(Marguerite of Oingt) 같은 일부 여성 신비가들은 아기 그리스도를 안거나 젖 주는 환상을 받았다. 베긴회의 하데위치(Hadewijch), 시토회의 베아트리체(Beatrice of Nazareth), 도미니크회의 제3 회원인 시에나의 캐더린, 영국의 평신도 여성 마저리 켐프(Margery Kempe) 같은 사람들은 극도의 흥분(그들은 스스로 그것을 오르가슴이나 광기로 묘사했다) 속에서 아름다운 젊은 신랑 예수와 연합했다. 또 베긴회의 메리(Mary of Oignies), 영국의 환상가이자 신학자 줄리안(Julian of Norwich), 독일 수녀 루카르디스(Lukardis of Oberweimar)와 같은 사람들에게서 나타나는 것처럼 병이나 죽음을 위한 기도로써, 또는 자신의 몸에 그리스도의 상처와 같은 상처를 냄으로써 십자가 위에서 몸이 죽는 고뇌를 경험하기도 했다. 13세기 초 북해 연안 저지대에 살았던 종교적 여성들에 대한 버트라이의 제임스(James of Vitry)의 설명은 그다음 두 세기 동안 유럽의 수녀들, 베긴파, 제3 회원들의 경건을 능히 특징지을 만했다.

> 이 여성 중 일부는 특별하고 놀라운 하나님에 대한 사랑에 완전히 녹아서 갈망으로 수척해지고 여러 해 동안 침상에서 거의 일어나지 못했다. 그들이 가진 질병은 오직 그들의 영혼이 그에 대한 갈망으로 녹았으며 주님과 함께 달콤하게 안식할 때 그들은 영으로 위로받고 몸으로 약해졌다는 것뿐이었다. 뺨은 수척하지만 영혼은 그녀의 사랑의 위대함으로 용해되었다. 많은 이들이 그들의 마음에 있는 영적인 달콤함 때문에 그들의 입에서 실제로 꿀맛을 느꼈다. …한줄기의 눈물이 그들의 얼굴에 흘러내렸다. …다른 이들은 너무도 영적으로 도취하여서 거룩한 침묵 속에 온종일 조용히 지내곤 했다. …그들은 시끄러운 소리에도 깨어날 수 없었고 주먹질도 느끼지 못했다. …하늘로부터 내려 온 그의 빵을 받을 때 그들의 마음의 생기뿐 아니라 그들의 입에서 꿀보다 더 단 분명한 위로를 얻었다. …[그들은] 성찬에 대한 갈망으로 수척하여서 그들의 영혼이 이 음식의 달콤함

으로 자주 생기를 얻지 못한다면…살 수 없었다.[4]

하나님의 몸을 그토록 애타게 갈망하는 것이 이웃에 대한 적극적인 봉사를 방해하지도 않았다. 가난한 자들에게 주려던 한 여인의 빵 바구니가 남편(또는 아버지)이 그 자선을 반대할 때 장미로 변했다는 이야기는 여성의 경건에서 또 하나의 전형을 이룬다. 적어도 다섯 명의 중세 여성들이 이 이야기와 관련되는데, 그중 가장 유명한 사람은 헝가리의 왕녀 엘리자벳(d. 1231)이었다. 사실 여성들은 그들의 그 무력함과 고난을 자신뿐 아니라 이웃에도 구원을 가져오게 하는 그리스도를 닮는 것으로 보았다. 앨리스(Alice of Schaerbeke, d. 1250)는 나병으로 오른쪽 눈을 잃은 후에 사랑하는 친구에게 이렇게 말했다고 한다:

> 사랑하는 자매여, [나를 위해] 슬퍼하지 말아요. 내가 내 죄 때문에 고통 당한다거나 또는 그것을 보상하고 있다고 생각하지 말아요. 나는 이미 죽은 자들과 참회의 장소에 [즉 연옥에] 있는 자를 위해 그리고 세상의 죄를 위해 고난받고 있다오. …[5]

최근의 학자들은 성의 차이가 여성들의 경건을 구성함에서 다른 요소(연대기, 사회적 경제적 지위상의 차이 등)를 압도한다는 것을 보여준다. 경건한 농사꾼 여인과 경건한 귀부인은 종교성에 있어서 같은 사회적 지위의 남자 성인들보다 서로 더 같았다. 그러나 여성들 사이에도 차이가 있었다. 예를 들어, 최

---

4) James of Vitry, *Vita of Mary of Oignies*, prologue, ∬6-8, in J. Bollandus and G. Henschenius, *Acta sanctorum…editio novissima*, ed. J. Carnandet et al.(Paris: V. PalmC, 1863-), June 5(1867) 548; translation adapted in part from Henry Osborn Taylor, *The Medieval Mind: A History of the Development of Thought and Emotion in the Middle Ages* (2 vols.; 4th ed.; London: Macmillan, 1925) 1:477-78; see also McDonnell, Beguines and Beghards, 330.

5) Vita of Alice of Schaerbeke, 3.26 in *Acta sanctorum*, June 2 (Paris and Rome, 1867) 476.

헬링인크로이츠 성녀 클라라의 죽음, 15세기초

근의 연구는 지역적인 양식이 있는 것을 보여준다. 바인슈타인, 벨, 보체츠, 키케퍼와 같은 학자들은 북유럽의 성녀들은 더 귀족적이며 묵상적이었으며(그들은 수녀나 은둔자이기 쉬웠고 은거와 기도에서 거룩함의 근거를 찾았다), 반면에 남유럽 특히 이탈리아의 성녀들은(중세 후기 성인들의 1/3이 이탈리아에서 나왔다) 도시 중산층 출신이며 자선에 보다 적극적인 경향을 보였다고 본다. 은둔자들은 영국에 더 많았고 많은 수녀가 같거나 비슷한 환상들을 경험한 신비주의 공동체들은 (특히 13세기에) 라인란트에 더 흔했다. 자선 특히 가난하고 병든 자를 돌보는 일은 도미니크와 프란시스 수도회에 가입한 이탈리아 여성들이 많이 했다.

게다가 여성들의 영성에도 차이가 있었다. 그것은 그들의 종교적 지위와 삶의 경험이 다른 데서 기인했다. 여성 자신들의 글을 연구한 데서 (제3 회원과 베긴 또는 평신도 여성들로서) 속세에 산 여성들과 성인이 된 후에 개종한 여성들은 수녀원에서 자란 수녀들과 대조를 보였다. 그들은 남성과 여성의 차이에 더욱 예민했고 여자를 싫어하는 성직자들의 전통에서 발견되는 다소 부정적인 여성관을 가졌으며 공동체 의식이 보다 약했다. 속세에 사는 여성들이나 성인이 된 후에 개종한 여성들은 여성이 성례와 가르침을 행하지 못한다는 것을 잘 알았으며, 여성을 연약하고 취약한 존재로 보았고 보다 남성 지향적이었으며(즉 남편이나 아버지는 물론 고해 신부나 유력한 남성 종교 지도자들에 크게 의존했으며) 종종 비판적이었지만 남성의 힘이나 역할에 더 관심을 가졌다. 예를 들어 13세기 이탈리아의 제3 회원인 폴리뇨의 안젤라는 그녀의 영적 "아들"에 관해 동료 중 누구보다도 더 자주 말했다. 어머니와 남편과 자녀들이 죽은 후 개종한 안젤라는 모성적 영적 충동을 지역의 프란시스 회원들을 비판하고 충고하는 데 쏟았다. 소녀 시절에 가족과 친구를 떠났던 독일의 베긴과 막데부르크의 메히틸드는 상당한 웅변술을 지역의 성직자들과 탁발수도사를 혹평하는 데 사용했다. 결혼식 날 밤에 도망친 12세기의 은둔자 크리스티나(Christian of Markyate)의 환상과 예언은 대부분 유력한 남성들에게 유익했다. 14, 15세기에 제3 회원인 시에나의 캐더린과 평신도 여성들인 스웨덴의 브리짓트(후에 수녀)와 아크의 조안은 남성들을 조언하고 인도했다. 반대로 수녀원과 베긴의 집 수녀들은 특히 그곳에서 양육되었을 때 영적인 연결망이나 여성 가족들에 대한 강한 의식을 가졌다. 마이클 구디히(Michael Goodich)는 13세기와 14세기 초에 여성 신비가들이 (특히 독일과 연안 저지대에서) 무리를 지어 살았던 반면에 남성 신비가들은 종종 외따로 떨어져 살았고 그 영향력이 보다 약했다고 지적했다. 14세기 초에 여성 신비가들이 모여 사는 것은 너무도 흔한 일이 되었기 때문에 동시대인들은 개인보다 퇴스(Töss)와 엥겔탈(Engelthal)과 같은 종교 공동체들을 존경하는 경향을 보였다. 베긴의 집을 나와야 했던 플랑드르의 베긴 하데위치와 같이, 그와 같은 공동체를 경험한 이들에게 있어서 동료를 잃어버리는 것은 회복하기 어려운 강한 충격을 주기도 했다.

그러나 우리는 지역적 차이, 수녀와 유사 종교인들의 차이, 또는 어린아이 때 헌신한 사람과 성인 개종자들의 차이를 지나치게 구별하지 말아야 한다. 13세기 북해 연안 저지대와 라인란트의 소도시들은 보체트와 바인슈타인과 벨의 연구가 시사하는 것보다 이탈리아의 제3 회원 여성들의 경건에 보다 가까운 경건을 보였다. 북부 여성들의 관상적이며 신비적인 역할과 남부 여성들의 적극적인 자선의 대조는 우리가 그 여성들의 말을 듣고 두 부류의 삶 모두 섬김과 황홀한 체험을 강조하는 것을 발견할 때 흐릿해진다. 게다가 몇몇 중세 여성들이 흠을 잘 잡고 변명을 하는 것처럼 보이지만(이런 특징은 15, 16세기에 증가한다), 그들은 자아상에서 서로 그다지 다르지 않으며, 그들의 취약성은 그들이 하나님께 나아갈 때 가지는 확신을 방해하지 않았다. 함께 모여 사는 여성들도 세속에 사는 여성들과 마찬가지로 자아와 그리스도에 대해 생생한 "가정적" 이미지를 사용했다. 헬프타의 게르트루드처럼 어렸을 때 수녀원에 들어간 여성들, 또는 게르트루드 폰 오오스텐이나 마저리 켐프처럼 속세에 사는 여성들은 아기 예수에 대한 모성적인 애틋함과 아름다운 젊은 그리스도에 대한 연정적인 갈망을 가지는 점에 있어서 동일했다. 비록 수녀들이 양성동체의 이미지를 더 많이 사용하고 그들 나름의 충고 역할을 보다 자신 있게 행했지만, 제 3회원들과 평신도 여성들 역시 동일한 열심과 효과를 가지고 다른 이들을 비판하고 충고하고 위로했다. 게다가 그들의 취약성이 어떠했던지, 종교적인 여성들은 그들의 영적 여행을 위해 남성다운 무엇을 지녀야 할 필요를 느끼지 않았다. 남성 전기 작가들은 자주 여성들의 "남성다움"을 칭찬했고, 시에나의 캐더린과 같은 여성들은 때로 다른 여성들(그리고 남성들)에게 "단호하고 씩씩하게" 행동하도록 촉구했다. 그러나 여성들의 가장 정교한 자아상은(영적 자녀들에 대한 "어머니"와 그리스도의 "신부"로서) 여성적이거나(아버지일 뿐 아니라 어머니이기도 하신 하나님께 대해 "어린이"며 그들이 돌보는 영혼들에 대해 "재판관"이자 "양육자"로서) 양성적이었다.

방법론적인 관찰

중세 후기 여성들에 대해 우리가 가진 정보의 대부분은 남성 전기 작가들과 연대기 작가들에게서 나왔다. 따라서 관점 상에 문제가 있음이 매우 분명하다. 남성들이 여성들에 관해 즐겨 말하는 몇몇 이야기들은 여성들이 무엇을 했는가 보다는 남성들이 무엇을 숭앙하고 무엇을 혐오하는지를 더 잘 보여준다. 남성 전기 작가들은 남성보다 여성의 미덕을, 특히 그것을 (앞에 인용된 구절에서 버트라이의 제임스가 한 것처럼) 고조된 연정적 표상으로 묘사함으로써 더 낭만적이며 감상적으로 다루었다. 그들은 또 성적 혹은 육체적 유혹이 님싱들보다는 여성들의 속성에 속한 것으로 돌리고(남성의 성적 갈망의 책임은 항상 유혹하는 여성이 있었다는 점에 전가되었다!) 여성들이 육신을 극복하지 못하는 것으로 보는 경향이 있었다. 중세 남성들이 탐닉했던 여성에 대한 혹평이나 감상화를 여성들 자신의 자아상으로 보지 않는 것이 매우 중요하다. "그리스도의 신부"가 되는 것이 중세 여성들에게 어떤 의미를 가졌는지를 이해하고자 한다면, 우리는 여성들이 단순히 신학자들이나 고해 신부들이나 남편들의 미사여구를 받아들여 자기 것으로 만들었다는 가정을 버리고 그들 자신이 말하고 행한 바에 특히 주목해야 한다.

그러므로 미래의 역사가들이 여성들이 자신의 환상과 신비적 경험에 관해 썼거나 그들의 가정이나 수녀원에서 자매들과의 삶에 관해 쓴 글을 세밀하게 연구하는 쪽으로 관심을 기울이는 것이 매우 중요하다. 편지, 환상, 수집물, 수녀들의 책이나 전기 수집, 성인전, 규율, 종교적 시, 영적 조언의 글, 자서전 등의 작품이 특히 13세기에(대학에서 제공되는 신학 훈련은 받을 수 없었으나 토착 언어로 글을 쓰는 추세가 커짐에 따라 여성들도 그들의 생각과 경험을 문학적으로 표현하는 것이 가능해졌을 때) 많이 나왔다. 중세 후기(특히 13세기와 14세기 초) 종교를 연구하는 사가들은 여성들의 경험에 직접 다가갈 수 있다.

남성과 여성이 이런 문제를 보는 서로 다른 시각을 고려하면서, 중세 후기의 경건에서 여성들의 이미지와 여성들의 경험을 분류해 내기는 쉽지 않다. 비록 최근의 연구는 여성들의 이야기를 복구하고 여성들의 영성을 설명하는 데 큰 노력을 기울였으나, 남성에게서와 같이 여성의 종교성에서 부와 특권과 성의 포기에 초점을 맞추는 경향을 보였다. 이것은 그런 작업이 두 가지 관점에서, 즉 여성 해방론의 관점과 전통적인 중세 연구가의 관점에서 이루어졌기 때문이다. 여성 해방론의 학문은 여성들의 성을 부정적으로 전형화하고 여성들이 세속적 권력과 성직의 권위를 갖지 못한 점에 집중하는 경향을 띠었다. 그것은 이런 문제들이 근대에 절박한 관심을 끄는 문제들이기 때문이었다. 전통적인 중세 연구가들의 작업은 비록 중세인 자신들의 관점에서 시작하려고 했음에도 불구하고 사실상 남성의 종교성을 모델로 사용하는 경향을 띠었다. 그것은 여성들을 연구하면서 그동안 항상 남성들에 관해 물어온 질문들(우선 남성의 종교성을 관찰한 데서 제기된 질문들)에 대해 여성들의 대답을 구하는 식이었다. 그리고 중세 남성들은 성적인 만족의 포기와 경제적 정치적 권력의 포기에 깊은 관심을 보였다. 따라서 중세 여성들에 대한 최근의 연구는 남성 모델들과 연구자의 관점에 크게 영향을 받았다. 음식과 질병과 신체(특히 여성들에게 흥미를 주는 인간 경험의 국면들)의 종교적 의의는 무시된 반면에 종교적 이미지와 종교적 포기로서 성과 부가 계속하여 탐구되었다. 여성의 경건을 연구하는 미래 역사가들의 숙제는 여성 자신의 글을 보다 상세히 연구하는 것뿐 아니라, 그런 글에 나타난 현상들이 근대의 기준이나 중세 남성들의 기준으로 보아 아무리 자기학대적이든 이타주의적이든, 시시하든 영웅적이든, 이상하든 웃기든 그 현상들의 전 범위에 주의를 기울이는 것이다.

제6장

중세 후기 신비주의 학파들

알로아 마리아 하스(Alois Maria Haas)

14세기의 독일과 네덜란드의 신비주의

지중해 주변에서 탁발 수도회들이 활발하게 일어난 후 유럽의 영적 중심지는 혁신적인 열기와 함께 게르만족의 땅 곧 영국을 비롯하여 독일, 알사스, 오스트리아, 스위스, 북해 연안 저지대로 이동되었다. 청빈과 맨몸으로 그리스도를 따르는 것을 강조한 탁발 수도회의 영성은 신비주의 방향으로의 근본적인 변화를 경험했다. 청빈하게 사는 방법에 대해 프란시스 회원들 사이에 뜨거운 논쟁이 있은 이래, 관심의 초점이 된 문제는 영적인 삶에서 발견되는 관상의 수준과 유형에 관한 것이었고, 이것은 다시 경험에서 관상의 토대가 영혼의 의지력(사랑)에 있는가 이성에 있는가의 문제로 바뀌었다. 그것은 이론적 관심이 종교적 삶의 실천을 지배하고 그것을 변형시키려 했음을 의미한다. 특히 도미니크 수도회에서 강한 철학적 효소가 신비주의 신학에 작용했고, 따라서 정적인 형태의 사랑 신비주의에 덧붙여 훨씬 더 강하게 지식과 이성에 기반을 둔 본질 신비주의(*Wesensmystik*)가 탄생했다. 이 본질 신비주의는 당시에 점점 더 잘 알려졌던 신플라톤주의 사고 양식을 수용했다.

초기 여성 신비주의

소위 독일 신비주의를 초기 여성 신비주의의 영적 관심과 노력으로부터 분리하여 13세기 시토수도회 수녀들과 플랑드르와 북부 독일 지역의 베긴에 의해 발전된 것으로 생각하는 것은 전체를 잘못 이해하게 만들 수 있다. 전통적인 시토수도회 주제들과 새로운 신비적 주제들의 결합은 그 기원과 진술이 놀랍고 어리둥절한 에크하르트(Eckhart)의 본질 신비주의의 전조가 된다. 그뿐만 아니라 이 여성들은 하나님과 그들의 관계를 토착 언어로 처음 기록했으며, 이로써 당시까지 대개 수도원 집단들에서만 이루어지던 영적 경험을 표현하는 어휘와 명칭들을 제공함으로써 이후에 등장할 베긴파와 베가드(beghards)와 중세 후기 부르주아 영성 일반에 영향을 미쳤다. 이것은 대담무쌍한 새로운 현상이었다.

브라반트에서 베긴 신비주의의 대표적 인물은 나사렛의 베아트리체(Beatrice of Nazareth, ca. 1200-1268)와 하데위치(Hadewijch, 13세기 중반)였다. 베아트리체는 시토 수녀원장이었고, 하데위치는 베긴 수녀원에 소속된 것으로 추측된다. 두 사람 다 하나님에 대한 그들의 경험을 글로 남겼다. 베아트리체는 자서전 형식으로 『일곱 가지 사랑 법』(*The Seven Ways of Loving*)을 남겼고, 하데위치는 시와 편지와 환상을 설명한 글을 남겼다. 베아트리체의 기본적인 경험은 주제에서 베르나르와 빅톨 수도원의 신비주의와 궁중 윤리의 사랑에 대한 시각과 연결되는데, 사랑에 대한 갈망과 하나님의 사랑에 대한 엄청난 경험으로 되어 있다. 영혼은 고통을 참고 "이유를 묻지 않으며", 살아 있으면서 죽고, 스스로 하나님의 임재 속으로 빠져들기를 택한다. 그리고 거기서 진정한 "사랑의 격정"을 경험하거나 하나님 안에서 조용한 안식을 경험하며 "사랑의 돌파"를 성취한다. 그와 같은 사랑 이론에서 주제와 어휘와 구문은 극도로 강렬한 신비적 경험을 그린다.

하데위치 자신의 증언에 따르면, 하데위치는 사회 변두리에서 살았으며 높은 교양과 지성을 지녔다. 그녀는 시와 산문에서 거룩한 삼위일체와 무엇보다 신비적 양식으로 베풀어지는 하나님의 거룩한 사랑을 목표로 한 어떤 영성을 제시한다. 그녀는 삼위일체의 일체성을 열정적으로 강조하며 그 자체를 사랑으로 천명한다: "그 일체성, 그것은 사랑의 완성이자 유일한 사랑으로서 한 인격 속에 자신을 진정으로 수용하는 것이다. 오, 하나님, (모든 분열의) 증오와 (모든 일체의) 사랑을 그 자체로 독특한 한 존재로 결합하는 것은 얼마나 놀라운 일인가요." 그러나 이 사랑은 그 신비가를 배제하지 않는다. 오히려 그것은 그녀를 참된 격정(orewoet: 베아트리체가 이미 사랑의 황홀을 위해 사용한 낱말)의 형태로 그녀 자신에 맞게 한다. 하나님의 사랑을 받는 자는 마이스터 에크하르트의 전형적인 신비주의를 예기하는 과정을 거쳐 그에게로 이끌려간다. 예를 들어, 하데위치는 14번째 환상에서 자신이 하나님의 보좌에 앉아 "하나님처럼 행동하는 것을" 보았다. 신적인 근원에서 나온 생각들의 표지와 상징은 "끝없이 깊고 넓고 완전히 어두운 바퀴로서" 거기에 만물이 들어 있고 보는 사람 앞에 만물이 드러난다. 따라서 하나님의 가시성은 그녀에게 그녀 사신의 가시성과 하나님 안에서 창조의 가시성으로 계시된다. 이것은 후에 하나님을 들여다보는 눈을 하나님 자신의 눈으로 인식한 에크하르트에게 매우 가깝다. 자신에 대한 하나님의 가시성은 삼위일체다. 이것은 성육신이 있기까지 인간이 두 눈(사랑과 이성)으로 지각할 수 있는 신적인 자기 계시다. 이것은 신비가 쪽의 고통과 체념 없이 일어나지 않는다. 그것은 즐거움의 "결핍을 갈망하는 것"은 "가장 달콤한 즐거움"(Dat ghebreken van dien ghebrukene dat es dat suetste ghebruken)이므로 사랑에 빠진 삶은 두려움을 주며 심지어 지옥의 경험이기 때문이다. 그녀는 이 경험을 표현할 수 있는 분명한 방법을 찾지 못한다. 사실 그녀는 그것을 특이하게 진술한다. 경험과 비경험의 역설을 표현하는 그녀의 가장 중요한 도구는 환상이다. 그것으로 그녀는 다소 엉뚱하게 신학을 강력한 심상들과 결합한다.

엘베 강 동쪽 지역에서 막데부르크의 메히트힐드(1207-1282)는 13세기 후반에 저지(低地) 독일어로 『넘치는 신의 빛』(Fliessendes Licht der Gottheit)을 썼다. 그것은 현재 중세 고지 독어 번역본으로만 남아 있다. 그녀는 여러 해 동안 베긴으로서 자원하여 망명 생활을 했으며 나이가 많이 들어서야(1271) 아이슬레벤에 있는 시토 수도원에 돌아왔다. 그리고 거기서 그녀는 게르트루드(Gertrude the Great, 1256-1302/3)와 하케본의 메히트힐드(Mechthild of Hackeborn, 1241-1298/99)와 같은 사람에게서 예배와 교회 월력과 결합한 신비주의를 만났다. 그녀의 영적 지도자인 도미니크 수도사 할레의 하인리히(Heinrich of Halle)는 그녀의 삶과 작품에 적극적으로 공감했다. 그녀의 작품은 전적으로 어거스틴적인 의미에서 하나님과 영혼을 중심으로 삼았으며, 따라서 하인리히는 한편으로 "하나님 자신이 말씀하신다"(gott selber sprichet du wort)고 말하면서 다른 한편으로 또 "그것이(그 책이) 오직 나만을 다룬다"(ez bezeichent alleine mich)고 말할 수 있었다. 이 영혼의 일지는 전기문 구조를 띠고 있지만, 꼬집어 어떤 장르라고 말할 수 없다. 산문체가 독특하고 성숙하고 일관된 진정한 결혼 신비주의(Brautmystik)를 이루는 서정적인 심상들을 자유로이 구사한다. 하나님에 대한 메히트힐드의 사랑이 하나님으로부터의 실제적 소외로(gotsvroemdunge) 표현된 버림받음의 경험으로 검증되었음에도 불구하고, 여기서는 하데위치와 대조적으로 그 어조가 보다 부드럽고 여리다. 신부와 신랑의 대화를 담은 아가서가 신비적 결합의 직접성이 감정적인 "사랑의 폭풍"(minnesturm)으로 경축되는 영혼의 사건들로 제시된다. 그 주제는 겸손 신학과 결합하여 어디에서도 쉽게 발견되지 않는 서정적 찬양의 외침에서 종교적 표현의 자율을 얻는다. 하나님 안에서 영혼의 "박탈"이 믿음과 소망에서 마침내 일어난다.

베긴이었던 마거릿 포르트(Marguerite Porete, d. 1310)는 신비적인 사랑의 저서 『단순한 영혼들의 거울』(Mirror of Simple Souls)을 썼으며 1310년 파리에서 이단자로 화형당했다. 그 책은 139편의 짧은 장들로 되어 있는데, 겸손의 골짜기에서 관상의 산에 이르는 그녀 영혼의 삶을 그린다. 포르트의 길은 내적인 해방의 길이다. 영혼이 "적멸(寂滅)된 영혼"(âme anientie)이 되자마자 영혼은 더 이상 도덕법의 명령을 받을 필요가 없는 "자유 영혼"(âme franche)이 된다. 그녀는 이 해방을 신비적 의미에서 무(無)가 모든 것이 되는 첫 존재로 돌아감이라고 이해한다. 이것은 포르트를 심문한 사람들에게 교리적으로 용납될 수 없었다. 영혼은 불 속의 화염과 같이 그 원래의 존재로 돌아간다. 여기에 사용된 문학 형식은 영혼, 사랑 등 우의적인 등장인물이 각각 독백으로 개인적인 간증을 말하는 형식이다. 따라서 여기에는 보다 서정적인 이전의 구절이 빠져 있다. 마이스터 에크하르트가 포르트가 죽고 나서 일 년 후에 파리에 있었기 때문에, 그는 그 종교 재판 과정으로부터 포르트에 관해 무언가를 알았을 것이 분명하다는 사실이 흥미롭다.

도미니크회 신비주의

초기 도미니크 수도사들의 영성에서는 신비적인 경향을 암시하는 특징들이 분명하게 보이지는 않는다. 설교자 수도회는 1216년 도미니크(1170-1221)가 그의 전도 경험을 토대로 설립했다. 그 중요한 목적은 설교로써 영혼들을 돌보고 이단설을 물리치는 것, 그리고 그리스도를 따르는 모범적인 생활에 있었다. 따라서 그 수도회는 "내면생활"을 개발하는 쪽에는 거의 신경을 쓰지 않았다. 관상적인 면도 어떤 역할을 했지만, 오직 그것의 반대인 실제 생활(vita activa)과 결부되어서였다. 관상 생활이 실제 생활과 밀접히 연결되어야 했던 이 새로운 양식의 전도 활동과 생활은 차츰 관상의 열매를 다른 사람들과 나누는 (comtemplata aliis tradere) 새로운 목표를 가진 신비적 삶을 창출했다. 이 "혼합된 삶"의 견해에서 비롯된 영적 종교적 교훈의 양식들은 설교를 통해 관상적 신비주의의 옛 양들을 기독교 관행과 통합할 수 있었다. 초기 도미니크 수도사들은 영성 생활에 관해 소론들을 쓰기보다 훔버트(Humbert of Romans, ca. 1200-1277)의 예처럼 『설교자들을 위한 가르침』(De eruditione praedicatorum)과 보라지네의 야코부스(Jacobus of Voragine, 1228/30-1298)의 『황금 전설』(Legenda aurea)에서처럼 올바른 설교에 대한 가르침과 거룩한 삶을 위한 모범적인 지침들을 간행했다. 신앙에 관한 확실한 지식이 없이는 영혼을 돌보는 것이 거의 불가능했기 때문에, 도미니크 수도사들은 성경학과 신학 부문에서뿐만 아니라 세속 학문 분야에서도 연구나 학습을 특별히 강조했다. 그들은 대 알버트(Albert the Great, ca. 1200-1280)나 토마스 아퀴나스(1224/25-1274)처럼 철학적/신학적 지식을 그들 나름대로 조직적이며 목적이 있는 학문으로 변형시켰다. 칸팀프레의 토마스(Thomas of Cantimpré 1201-1263/72)나 보베의 빈센트(Vincent of Beauvais, 1184/94-1264) 같은 사람들은 당시에 백과사전에서 얻을 수 있는 모든 지식을 수집했다. 그러한 저서에 들어 있는 신비주의 신학은 학문적인 질문 형식을 띠었으나 좀처럼 직접적인 가르침의 의도를 가지고 상세히 토론되지는 않는다. 도미니크의 뒤를 이어 그 수도회의 총장이 되었던 삭소니의 요르단(Jordan of Saxony, ca. 1185-1237)의 것을 포함하여 무수한 도미니크 수도회의 설교 집록들과 영적인 편지는 새로운 방향의 가르침을 준다. 도시와 도시의 영적 필요에 적응하면서도 가장 오랜 형식의 수도원 생활에 영향을 받은 그 생활 방식 역시 중요하다. 이 생활 방식은 성무일과 공창(共唱) 외에 아침 기도와 저녁 기도 후에 드리는 기도들, 그리고 여행 중에 날마다 드리는 기도들을 포함했는데, 그 모두는 옛 베네딕트 수도원의 관습들과 밀접한 연관을 보여준다. 그러나 이런 기도 형식은 언제나 설교와 영혼들을 보다 효율적으로 돌보는 데 기여했다. 그렇다면 도미니크 수도사들이 발전시킨 신비주의 신학이 관상적이며 지적인 관심이나 목회적 관심에 기반을 두었음이 분명하다. 그 두 개념이 합쳐져서 생겨난 신비주의는 더욱 오랜 수도원식의 관상적 신비주의와 많은 공통점을 가졌으면서 또 이웃과 이웃의 종교적 필요에 대한 민감성을 통해 종교적 경험의 변형을 가능하게 했다. 그로써 그것은 중세 후기 시대의 도시 문화에 순응하는 신비주의가 되었다.

이 신비주의는 이론적인 면과 실제적인 면에서 13세기와 14세기 초반의 여성 운동에서 형성되었으며, 이미 이전의 여성 신비주의(*Frauenmystik*)에서부터 시작되었다. 이 여성 집단들은 여전히 비공식적인 베긴 공동체들로 조직되어 있었으며 특히 독일에서 강했고 남성들로 구성된 신·구 수도회들과 제휴함으로써 내적, 외적 후원을 얻고자 했다. 탁발 수도회들은 처음에 이 운동을 꺼렸고 은둔 수녀들에게 목회적인 보살핌을 제공하는 것을 회피하려 했으나, 독일에서는 그 운동이 매우 강력해져서 1280년대에 그들은 목회적 보살핌에 대한 소원을 로마 교황청에 알릴 수 있었다. 오랜 협상 끝에 도미니크 수도회와 프란시스 수도회가 마지못해 동의했다. 13세기 말엽에는 80개가 넘는 수녀원이 독일의 도미니크 수도회에 합병되었다. 그 수도회의 17개의 관구에서 더 많은 숫자가 결합되었으며 심지어 독일에서는 남자 수도원의 숫자보다 많아지기도 했다. 도미니크 여성 공동체들은 약 40개의 작은 프란시스 수녀원들에 비해 다소 그 규모가 컸다(80-100명의 사매들). 그와 같은 환경에서 신비적 경험에 대한 관심은 (사실 모든 수도회에 언제나 있는 것이지만) 증가하고 강화될 수 있었다. 부분적으로 그것은 아마 이런 수도원들이 다소 엄격한 규율을 가졌으며, 그러므로 성직이나 분파적인 관심에 마음을 빼앗기지 않았기 때문이었을 것이다. 수녀들을 목회적으로 보살피는 것이(*cura monialium*) 비범한 남성들에게 맡겨진 것 역시 행운이었다.

도미니크 수녀들과 탁발수도사들 사이의 이 연결이 어떻게 보다 발전된 목회적 보살핌을 가져왔는지, 또 그것이 어떻게 상호 협동에서 발생한 영적인 삶에 대한 비슷한 관심과 경향을 바탕으로 확고한 내적 유대를 낳았는지는 더 연구되어야 한다. 이 협동은 라틴어 신학 서적들을 토착어로 번역한 데서 가장 분명하게 나타났으며, 그와 더불어 대 알버트의 저서들이 독어로 번역되었다(그는 강한 신플라톤적 양식의 신비주의 신학을 제창했으며, 그로써 관상적인 독일 신비주의의 토대를 쌓았다). 그러나 다른 이들의 저술은 토착어로 번역되지 않았다. 예를 들어 신플라톤주의로 채색된 『최고선에 대한 개요』(Summa de summo bono)에서 신비적인 기도 생활에 관한 질문을 논한 울리히 엥겔베르티(Ulrich Engelberti of Strasbourg, d. 1277)의 책들, 그리고 마이스터 에크하르트와 개인적인 교분을 가졌고 신플라톤적인 토대 위에서 많은 과학적, 철학적, 신학적 작품을 썼으며 그로써 에크하르트에게 깊은 영향을 끼쳤던 프라이베르크의 디트리히(Dietrich of Freiberg, ca. 1250-1310년 이후)의 책들이 그렇다. 이런 작품이 번역되지 않은 것은 수준 높은 학문적 전문성이 결정적인 요인이었을 수 있다. 그런데도 수녀 자신들의 간증에 의하면, 이런 사람들은 그들에게 상당한 목회적 영향을 끼쳤다.

마이스터 에크하르트(약 1260-1328)

에크하르트는 1260년 호흐하임(Hochheim, 에르푸르트와 고타 부근)에서 태어났다. 그를 해석하려면 무엇보다 도미니크 수도회와 그 영성 안에서 이루어진 그의 삶의 틀을 주목해야 한다. 그는 통상적인 도미니크 수도회의 교육을 마쳤고, 쾰른에서 대 알버트와 개인적으로 교분을 나누었으며, 파리에서 인문과학을 공부했고(1277), 에르푸르트(Erfurt) 수도원 원장(1290년-1300년)과 튀링겐

(Thüringen)의 주교 대리로 재직했다. 그는 다시 파리에서 학사로 있었고, 거기서 두 번이나 교수로서 가르쳤다(1302, 1311-1312). 1303년에 마이스터 에크하르트는 새로 설립된 삭소니 관구의 관장이 되었다. 49개의 수녀원과 많은 수도원이 그의 감독 아래 있었다. 1307년 토이토니아(Teutonia)의 선제후들이 그를 주교 대리로 선택했다. 그러나 1311년 나폴리 총회는 그 선택이 교수 활동을 더 하도록 에크하르트를 파리로 보내려 한다는 이유로 그것을 비준하지 않았다. 1313년 말에 에크하르트는 스트라스부르크에 머물면서 우선적으로 수녀원들을 순찰했을 것으로 보인다. 1323년 쾰른에 있는 도미니크 수도회의 수도원에서 그는 공식적인 영적 지도자와 교사가 되었다. 그러나 그가 방해받지 않고 평화롭게 교수 활동을 한 것은 잠시뿐이었다. 왜냐하면, 쾰른의 대주교 하인리히(Heinrich of Virneburg)가 오늘날에는 좀처럼 재구성될 수 없는 이유로 에크하르트에 대한 종교 재판 절차를 밟기 시작했기 때문이다.

불평은 이단적인 가르침이 널리 퍼져가는 데서 비롯되었다. 그 수도회 자체는 1325년에서 1326년에 쾰른의 강사이며 토이토니아의 주교 대리인 니콜라스(Nicholas of Strasbourg)의 지휘 아래 에크하르트의 정통설을 검토하고 인정했다. 이것은 아마 대주교의 소송을 막기 위한 것이었을 것이다. 그러나 1326년 9월 26일부터 시작하여 대주교 위원회는 처음에 에크하르트를 정죄하는 49항목의 고소문을 발표했고, 나중에 열 개를 더 추가하여 59항목의 고소문을 발표했다. 에크하르트는 자신의 정당성을 옹호하는 문서(Justificatory Report)에서 그를 재판하는 데 대한 위원회의 합법성을 의심했고(그는 도미니크 수도회에 속했기 때문에 파리 대학이나 교황만이 그를 재판할 수 있었다), 그를 고소한 논제들을 열렬히 반박했다. 그는 이후에 나온 고소문을(모두 합쳐서 넷이나 다섯) 이단적인 것으로 돌렸다. 1327년 1월 24일, 에크하르트는 교황에게 자신에 대한 심문이 연기되는 것을 불평했다. 같은 해 2월 13일, 그는 그가 평생 신앙과 도덕에 관한 어떤 오류도 피하기를 원했다고 하나님 앞에서 선언했다. 쾰른에서는 아무런 결론도 나오지 않았다. 그 소송은 아비뇽의 교황청으로 올라갔다. 에크하르트는 자신의 사건을 진술하기 위해 직접 그곳까지 갔다. 거기서, 또는 거기서 돌아오는 길에 에크하르트는 죽었다. 때는 1327년 말엽이거나 1328년 봄이었다. 교황 요한 22세는 교서(*In agro dominico*, 1329년 3월 27일)에서 에크하르트를 고소한 28개 항목을 정죄했다. 17개 항목은 확실히 이단적이며 11개 항목은 이단성이 농후한 것으로 판단되었다.

마이스터 에크하르트의 삶에 대한 평가는 그의 저서에도 해당한다. 그것들은 탁발수도사 설교자로서 그의 헌신된 삶과 불가분의 관계에 있다. 그것들은 그의 교수 활동이나 목회 활동에서 나왔다. 에크하르트는 일천 개의 논제를 모아 라틴어로 삼부작을 썼는데(*Opus propositionum, Opus quaestionum, Opus expositionum*) 일부만 남아 있다. 현재 남아있는 것은 각 부분의 서론과 여러 질문과 많은 설교 개요와 창세기, 출애굽기, 지혜서, 요한복음에 대한 주석과 변론 문서들이다. 목회적 성격을 지닌 독일어 작품은 『하나님의 위로의 책』, 『귀인에 대하여』, 『초연에 관하여』, 『분별에 대한 조언』(이것은 동료 도미니크 수도사들에게 준 것이다) 등 거의 백 편에 가까운 설교들이다.

에크하르트가 시인했던 대로, 그는 라틴어 저서에서 "거룩한 기독교 신앙과 신구약 성경의 가르침을 철학의 원리를 이용하여 설명하고자" 했다.[1] 따라서 고도로 추상적인 부류의 신플라톤적인 사상이 포함된 철학적 메시지가 성경 주해의 신학적 목표 속에 가미되었다. 그러나 그는 독일어로 쓴 논문과 설교를

---

1) Master Eckhart, *Expositio Sancti Evangelii sec. Ioh. n. 2*, in Meister Eckhart, *Die deutschen und lateinischen Werke*, edited and published through the Deutschen Forschungsgemeinschaft, vol. 3, *Die lateinischen Werke* (Stuttgart: Kohlhammer, 1936-) 4, 5f.

위한 그의 의도를 설교자의 관점에서 설명한다. 하나님과 인류의 일치란 케리그마적인 주제가 네 가지 사상에 의해 단조롭게 전개된다.

> 내가 설교할 때 나는 초연함에 관해 주의 깊게 말한다. 첫째, 사람은 자아와 모든 것으로부터 자유해야 한다. 둘째, 사람은 단순한 선(하나님)으로 재형성되어야 한다. 셋째, 사람은 하나님이 영혼 안에 두신 위대한 고귀성을 생각해야 한다. 그로써 놀라운 방법으로 하나님께 이를 수 있다. 넷째, 신의 성품의 순수성에 관하여―거기엔 말로 표현할 수 없는 찬란함이 있다.[2]

여기에서 에크하르트의 말투가 바뀌었다. 학문적인 라틴어 저서에서 보이는 거리감을 주는 객관화 대신에 의도적인 언어의 솔직성이 두드러진다. 에크하르트가 언젠가 단언한 대로 그 전제는 일종의 이해 곧 동일시다. 외적 진리는 그것과 닮은 사람만 이해할 수 있다. 도미니크 수도사인 설교자 에크하르트 자신이 진리와의 이 일치에서 말한다. 설교자가 자신을 본보기로 제시하는 종류의 설교의 주제는 인간과 하나님의 일치이기 때문에, 그것은 어떤 신비적 언어로 이어진다. 설교자는 자신을 그가 다른 사람을 인도하고자 하는 그 일치의 승인으로 이해한다.

에크하르트의 네 가지 설교 주제는 목표에 있어 거의 비슷하다. 따라서 자아와 모든 것으로부터 자유롭게 되는 "초연"은 바로 하나님의 단순한 본질(*daz bloze wesen*)과 "같은 것"이다. 이것이 바로 피조물이 갈망하는 일치를 가능케 하는 초연함이다. 하나님 안에서의 재창조는 인간의 피조물로서의 지위에 본래 내재한 그 일치를 비준한 것이다. 인간은 하나님으로부터 모든 것을 받기 때문에 스스로는 무이다. 인간은 단지 하나님의 존재 안에서 존재한다. 그러나

---

2) Ibid., *Die deutschen Werke*, vol. 2, 528, 5; 529, 2.

존재는 피조물의 "무" 특성과 만물을 통해 역사하는 하나님의 존재 사이의 일치다(하나님은 무와 구별되는 점에서 모든 피조물과 구별된다). 영혼의 "고귀성"은 그들 속에 하나님이 영존하시는 데 있다. 그것은 그들에게 선재적인 일치뿐 아니라 존재를 부여한다(말로 표현할 수 없지만 언제나 다시 표현되어야 하는). "신의 성품의 순수성"은 에크하르트 설교의 의기양양한 내용이다. 하나님은 만물의 영광으로서 존재를 주심으로 그들을 통해 역사하신다. 그러나 이 신비의 비밀스러운 특성을 유지하기 위해선 하나님과 이성적 피조물의 언제나 보다 큰 일치가 그 둘 사이의 언제나 보다 큰 차이로 이어지는 매우 강한 부정적인 신학이 요구된다. 피조물은 하나님이 하나님이 되게 해야 한다. 그렇게 할 때 신성이(일치 국면에서 하나님이) 임재할 것이다. 그러므로 에크하르트 가르침의 토대는 전능하신 하나님과 인간의 무 사이에 은혜로 부여된 일치이다.

이제 에크하르트 설교의 각 요지는 한 주제의 변형들로 더 잘 이해될 수 있다.

1. 초연은 "방법이 없음"(*Weiselosegkeit*), 자유(*Ledigkeit*), 영적 가난, 무아성, 포기(*Gelassenheit*)다. 영적인 인간은 하나님을 발견하는 모든 방법과 훈련과 기술들에서 자유해야만 한다. 하나님께서 올바른 방법을 주실 것이다. 그러나 그렇다면 하나님 자신이 "방법이 없음"과 "초연함"으로 특징지어진다. 하나님은 스스로가 그 자신의 존재인 한 자기 존재의 능력과 위엄 때문에 부정의 부정(*negatio negationis*)이다. 그러므로 모든 피조물에서 비워지는 자는 누구든지 하나님으로 충만하고 하나님과 가장 유사하게 된다. 에크하르트는 무엇을 해야 하는가에 주의를 기울이지 않고 자신이 누구인가에 주의를 기울이도록 권고한다. 따라서 초연함은 금욕적 연습이 아니라 완전한 재통일이다. 그러나 초연함은 인간이 고통을 느끼지 않고 연습할 수 있는 스토아 철학적인 미덕은 아니

다. 반대로 그것은 인간을 자신과 하나로 만들기 원하시는 하나님에 대한 마지막 무저항성을 의미한다. 그러나 이 일치는 유사에 관한 가르침의 개념을 토대로 하여서만 가능하다. 에크하르트에 따르면, 피조물은 하나님의 임재 "주변을 맴도는" 순전한 "무"(nothing)다. 계속하여 새로운 존재를 주시는 분은 하나님이시기 때문에, 피조물은 "가지지 않은" 자의 방식으로만 존재를 "가진다". 피조물은 원형 앞에 있는 거울의 상과 같다. 만약 원형이 뒤로 물러나면, 거울의 상은 그 자체인 "무"로 사라진다.

2. 하나님 안에서 인간의 재창조는 거울 본체론의 의미에서 해석되어야 하는 일종의 형상(image) 신학이다. 형상은 그것의 기원에 돌아갈 때에만 존새할 수 있다. 그러나 그 기원에는 모든 창조된 만물이 영원부터(하나님 안에서 하나님으로서) 안식하고 있기 때문에 인간이 은혜로써 이 우연한 존재를(esse causale) 그들의 공허한 형식적 존재(esse formale)에서 되찾고자 하는 것이 분명하다. 그 신비적 방법은(에크하르트 경우에 그렇게 말할 수 있다면) 창조된 상이 그것의 원형에 현재 성공적으로 뚫고 들어가는 것이다. 고립된 개별 존재는(ens hoc et hoc) 그 순수 존재로 돌아가야 하는데, 그것 없이 개별 존재는 아무것도 아니다. 신플라톤주의의 영향을 강하게 받은 옛 기독교 전통에 따르면, 피조물이 하나님 안에서 하나님으로 존재하는 길은 지상적 존재로 떨어지는 그 어떤 것보다 고상하다(eminentius). 하나님으로부터의 유출(usvliezen)은 (에크하르트가 신플라톤식으로 창조를 설명할 때) 보완적으로 그리고 필연적으로 땅으로, 깊음으로, 신성의 강과 우물 안으로 뚫고 들어가는 것과 일치한다. 그때 인간은 "그들이 존재하기 이전의 존재"다. 따라서 창조에 대한 기독교 개념은 그 시간적 차원을 잃어버리고 성육신이 시작된 시점으로 축소된다. 그렇다면, 인간의 영혼 안에 하나님의 탄생이 일어날 때 창조 사건과 성육신은 실존적으로, 영원히 하나이며 동시적이다. 창조와 성육신은 하나님이 인간에게 오시는 한 사

건의 양면이다. 베들레헴에서 한 번 일어난 일(하나님의 탄생)이 신의 선물(존재)의 보증으로 인간의 영혼 안에 일어난다. 이것이 일어날 때마다 그것은 바로 하나님이 영혼 속에 하나님을 낳는 것이다. 하나님 자신이 영혼을 변형시키는 이 사건은 창조와 성육신과 인간의 존재가 그들의 단순한 시간적 차원을 넘어서 있는 하나님의 영원의 차원으로 들어가는 것이다. 에크하르트는 영혼 안에 하나님이 탄생하시는 것에 대한 그의 사상을 뒷받침하기 위해 교부들의 가르침에 크게 의존하지만, 예증하는 그의 방법론적 시각에서 그것을 근본적으로 변형한다. 하나님 안에서 영혼의 재창조에서 일어나는 일치는 절대 정적인 일치가 아니라 오히려 성취의 일치이다. "하나님과 나, 그리고 우리가 이 일에서 하나다. 그는 일하시고 나는 되어진다!"(Got und ich wir sint ein in disem gewürke; er wirket und ich gewirde!). 하나님은 그가 영혼을 위해 있는 하나님이라는 정도까지 영원한 하나님으로 자신을 계시하신다.

3. "영혼의 고귀성"은 그것의 초연함이다. 그 비움 안에 하나님이 충만으로 임재하신다. 존재를 주시는 하나님이 인간의 영혼 안에 그것의 토대로(grunt der sêle), 이성의 작은 불꽃으로(vünkelîn der redelicheit), "머리", "사람", "보호자", "존재", "작은 성"(아빌라의 테레사의 영적 성과 비교하라), "소용돌이", "빛", "능력", "영혼 속의 무엇", "가장 높은 나무 꼭대기" 등으로 존재하신다. 종교재판의 심문관이 이 융통적이고 역동적인 이해에 적용시킨 "피조성"과 "비피조성"의 범주는 완전히 그릇되었다. 에크하르트는 늘 영혼이 순수히 지적인 한 그것은 신적으로 변형되며 변형될 것이라고 말한다. 이것이 바로 에크하르트가 "일치", "존재", "정의" 등 소위 일반적인 완성을 선호한 이유다. 그것들은 인간이 돌아가야 하는 모든 것을 감싸는 존재 또는 하나님의 인자와 정의를 가리킨다. 그리스도가 성육신에서 인간의 본성 일반을 취했기 때문에(이것 역시 교부적이며 심지어 교회학적인 개념이다), 인간은 하나님과 하나가 되기 위해

그들의 개별적 경향을 제거하고 일반적 인간이 되어야 한다. 그러나 이 모든 것은 "이유 없이" 즉 마침내 은혜로부터 일어난다. 에크하르트가 어거스틴과 함께 지칠 줄 모르고 즐겨 되풀이한 것은 하나님은 모든 존재에게 그들이 그들 자신에게 대한 것보다 더 내적이라는 것이다. 인간이 된 하나님의 전체성에 대한 에크하르트의 이상은 삶의 능동성과 실천의 성숙한 경험과 일치하는 행동과 존재의 자발성을 발견했다.

4. 에크하르트가 가진 모든 열망의 토대는 급진적인 하나님 신비주의, 보다 정확히 말하면 신성(Godhead)의 신비주의다. "하나님"은 외적으로 표출되는 삼위일체의 국면 아래 있는 하나님이나. "신성"은 일치의 국면 아래 있는 하나님이다. 하나님의 위대성은 역동적이며 언제나 더 강렬해지는 하나님의 하나됨의 넘치도록 풍부한 일치의 무기반성에 있다. 그러나 하나님과 신성의 개념적 분리를 절대적인 것으로 받아들여서는 안 되며, 오히려 한 하나님 임재의 두 형식으로 이해해야 한다. 영혼에 하나님이 탄생하는 데서 삼위 하나님이 인간을 자신에게로 취하시고 그들을 각 사람의 초연함 정도에 따라 그와의 일치로 이끄신다. 그는 "혼자 하나"이시다(das einig Ein). 이것에서부터 이성적 피조물에게 주는 권고가 나온다:하나님을 잉대하는 것, 오직 이것만을 연구하라(dar ûf setze al dîn studieren, daz dir got grôz werde)! "넘치도록 풍부한 그분 존재의 명료성"을 위한 하나님의 "무성"(nothingness), 여기에서 하나님의 토대는(grunt gottes) 영혼의 토대와(grunt der sêle) 신비적 관계에 있으며, 마침내 두 토대 모두 이름도 없고 형식도 없는 심연이 된다는 것을 더하라. 다시 핵심 단어는 태어남이다. 인간이 태어나고 하나님이 같은 식으로 자신을 태어나게 하시지만, 이것은 인간 속에서 은혜로 일어난다. 따라서 에크하르트는 그의 가르침을 이 아름다운 문장으로 요약하기에 이른다: "내가 하나님을 보는 눈은 하나님이 나를 보시는 바로 그 눈과 동일하다. 나의 눈과 하나님의 눈은 한 눈이며 한 봄이며 한

앎이며 한 사랑이다."3)

에크하르트의 신비주의는 매우 희귀하고 급진적인 의미에서 하나님 신비주의(*Gottesmystik*)로 드러난다.

마이스터 에크하르트의 추종자들

마이스터 에크하르트는 타의 추종을 불허한다. 영성 역사에서 이런저런 방식으로 그의 뒤를 이은 수많은 위대한 인물이 그것을 입증해 준다. 요한네스 타울러(Johannes Tauler), 하인리히 수소(Heinrich Suso), 그리고 쿠사의 니콜라스(Nicholas of Cusa)는 그와 직접적으로 연결된다. 그가 교회로부터 정죄를 받았음에도 불구하고, 많은 도미니크 수도사들과 프란시스 수도사들이 에크하르트의 영향을 받은 것을 보여준다. 어느 선까지를 실제 에크하르트 계열, 또는 에크하르트 학파로 말해야 하는지는 불분명하다. 어쨌든 순수한 에크하르트 전설과 수녀들과 설교자들의 증언을 토대로 마이스터 에크하르트가 그의 동시대인들과 후대인들에게 강하게 영향을 끼친 것을 추론할 수 있다. 그러나 개별 인물을 에크하르트의 학생이자 실제 추종자들로 지명하는 것은 몇몇 경우에만 적합하다. 이것은 주로 아래 언급된 도미니크 회원에게 해당되는 것으로서, 그들은 다소 독립적으로 토마스 아퀴나스 사상이나 신플라톤주의 전통에 서 있었으며, 토착 언어로 설교했고, 수녀들에게 목회적 보살핌을 제공했다. 그들의 환경은 에크하르트의 환경과 유사했으므로 단순히 정신성과 영성과 사고 체계에 따라 그들을 그와 구분하거나 그와 연결하기는 어렵다. 예를 들어, 스트라스부르크의 니콜라스는 본래 에크하르트 계열에 속했으며 그를 상관으로 여겼

---

3) Ibid., *Die deutschen Werke*, vol. 1, 201, 5-8.

으나, 그럼에도 그는 에크하르트 "학파"에 들지는 않았다. 이에 비해 타울러와 수소는 그 학파와 분명하게 연결된다. 그들은 그를 존경하고 비판과 더불어 그를 따랐다.

요한네스 타울러(약 1300-1361)

스트라스부르크의 중산 시민 출신인 요한네스 타울러(Johannes Tauler)는 일찍이에 도미니크 수도회에 들어갔다. 그는 학위는 받지 못했지만, 통상적인 과정을 거친 후 일생을 전적으로 설교 사명에 바쳤다. 아마 스트라스부르크 주변의 많은 베긴 수녀원과 도미니크 수도원들을 중심으로 활동했을 것이다. 그는 하나님의 벗들(Friends of God) 운동과 간혹 접촉을 했음이 분명하다. 뇌르들링겐의 하인리히(Heinrich of Nördlingen)의 서신, 그리고 타울러가 메딩겐의 수도원에 있는 엘스베트 셰파하(Elsbeth Scheppach)와 마가레타 에브너(Margaretha Ebner)에게 보낸 편지에서 이것이 입증된다. 타울러는 4년 동안(1339-1343) 바젤에 있었던 것으로 보인다. 이는 스트라스부르크의 도미니크 회원들이 야만인 루이 황제(Lewis the Bavarian)와 교황 요한 22세 간의 갈등에서 교황 편을 지지한 반면, 그 도시는 황제를 지지했기 때문이다. 그는 쾰른과 벨기에의 그로에넨다엘(Groenendael)과 파리까지 여행했다. 그러나 그것이 그에게 결정적인 영향을 끼치지는 못했다.

타울러가 더할 나위 없이 완전한 선생이었다는 증언이 그 자신의 저서와 그의 것으로 오인되는 저서에 등장한다. 그의 저서로 확실한 것은 약 80편의 설교이다. 그것들 대부분은 한 질의 집록으로(엥겔베르크 사본이나 또는 비엔나 사본) 전해졌다. 이것을 토대로 1498년, 1521년, 1543년에 타울러 판들이 나왔고, 이것이 젊은 마틴 루터의 영성과 종교개혁에 주목할 만한 영향을 미쳤다. 타울러 이름을 취한 다른 저서는 모두 가짜이다.

타울러가 에크하르트와 관련된 것은(그는 개인적으로나 혹은 문학상으로 분명히 에크하르트를 알았다), 에크하르트에게 결정적이던 바로 그 해석학적 요지를 그가 인정했다는 점에서 매우 분명하다. 타울러는 에크하르트가 청중에게 "여러분은 사랑하는 스승의 가르침을 이해하지 못했습니다. 그는 영원에서 말하나 여러분의 이해는 시간에 얽매여 있습니다"[4]라고 했을 때, 빈번히 그의 청중으로부터 받은 오해를 인정했다. 타울러는 에크하르트 가르침의 영적 주소를 보는 동시에 또 청중이 그것을 이해하는 데 어려움이 있다는 것도 알았다. 타울러의 설교는 하나님과 인간에 대한 가르침에서 에크하르트로부터 많은 것을 빌렸다. 사실 그 가르침의 특징은 시간과 공간으로의 전환, 그리고 시간과 장소의 연장에서 인간의 구체적인 지상 존재로의 전환이다. 하나님은 모든 피조물과 비교하여 초월적이다. 그는 "양식과 존재와 선을 초월한다"(*über wise, über wesen, über guot!*). 그러나 인간을 위해 그것이 지닌 의의는 먼저 하나님과 같이 단순하게 되다는 것이 아니라 철저히 겸손하게 되다는 것이다. 겸손, 자기 인식, 자기 부인은 옛 수도원의 요구 사항들과 연결되는 중요한 요소이다. 타울러에게서 인간 존재는 언제나 "신적으로 조성된 하나님 안에 있는 장소"를 지닌 깊이로(*im grunt, im gemüete*) 특징지어진다. 은혜로 충만할 때, 비록 그 "피조된 무"(*geschaffen nut*)가 제자리에 놓여질 때만 그러할지라도, 하나님과의 "연합"이 이 의도적인 노력을 기반으로 달성된다. 에크하르트의 "돌파"는 여기서 생의 과정 변환으로서 본질적인 전환이다. 그러나 그것은 확고하게 소유된 것이 아니기 때문에 언제나 새롭게 시작되어야 한다. 하나님에 대한 비전은 큰 노력과 수고와 슬픔으로 싸여 있다. 생의 과정은 유혹을 견디는 장소와

---

4) *Die Predigten Taulers, Aus der Engelberger und der Freiburger Handschrift*, ed. Ferdinand Vetter (Dublin and Zurich: Weidmann, 1968) 69, 26-28.

"포기"(Gelassenheit: 초연함을 나타내는 타울러의 용어)를 입증하는 곳으로서 매우 큰 중요성을 지닌다.

생의 단계들, 특히 생의 후반기의 중요성에 대한 적절한 가르침, "내면적"이며 "외면적"인 인간의 감각과 이성과 마음의 세 부분으로 구성된 인간에 대한 이해, 디오니시우스의 신비적 삼중 방식(triplex via), 행동적인 삶과 관상적인 삶의 모델(vita activa and contemplativa), 그리고 마지막으로 프로클루스(Proclus)에서 유래한 신비적 탈아지경에 대한 설명 등 모범적인 신비적 삶의 이 모든 주제와 사상은 삶의 상호 연결성에 묻혀있는 깊은 신비주의에서 이념적 단계가 된다. 확고함과 명료함으로 설명되는 참된 신학적 전제가 보다 더 필요하다. 즉 신적인 진리에 대한 경험적 인식은 오직 믿음 안에 있다. 예수 그리스도는 역사 안의 인간에게 오는 구원의 화신으로서 영적인 그리스도나 "신"이 아니다. 타울러는 종종 감정주의로 빠져 돌연히 구체적인 것에게서 떨어지는 수녀들의 신비주의를 불신한다. 그의 견해에 따르면, 그와 같은 경우에 그들 나름의 경건을 스스로 향유하는 바리새적인 핵이 그 안에 있다. 에크하르트에게서와 같이, 인간과 하나님의 일치는 영원이 수직적으로 돌연히 침입하는 것이다. 그러므로 그것은 생의 과정 안에 들어 있다. 인도적인 계시와 경건한 관행과 성례의 가치가 보다 강화된다. 다른 한편으로 원죄와 죄악된 행동들로부터 유래하는 인간 조건의 뒤얽힘은 에크하르트의 작품에서보다 더 분명하게 분류된다. 에크하르트에게서 죄는 그것에 관해 말할 것이 아무것도 없으므로 좀처럼 논의하기 어려운 무(無)다. 타울러의 설교는 표상으로 더 가득 차 있다. 사실 그것은 많은 연속된 표상으로 되어 있다. 그러므로 그것은 인간적이며 실천적이고 직접적이다. "영혼의 토대"에 대한 타울러의 개념은 그것이 실재의 원리에 적절한 여지를 주는 인류학적으로 포괄적인 인간관과 이어지기 때문에 에크하르트의 "작은 불꽃"과 다르다.

하인리히 수소(약 1295-1366)

타울러의 생애와 마찬가지로, 하인리히 수소(Heinrich Suso)는 쾰른에 있는 도미니크 신학원에서 공부하고 그곳에서 그 수도회의 강사로 훈련을 받았지만, 그의 삶은 주로 콘스탄스(Constance) 한 곳에서 이루어졌다. 1339년에서 1346년까지 교황의 금령을 받았을 때도 콘스탄스 수도원을 떠나 근처의 디센호펜(Diessenhofen)에 은거했다. 그는 잠시 콘스탄스에 있는 수도원의 원장이 되었다. 강사와 수도원장으로서 그동안 해오던 의무를 포기한 후, 수소는 1335년경에 순전히 목회적인 생활 특히 수녀들을 돌보는 일에 전념했고, 따라서 스위스와 알자스와 라인란트 등지를 널리 여행한 것으로 보인다. 약 1348년부터 그는 생애 말년을 울름(Ulm)에서 보냈다. 1336년이나 1337년부터 그가 사망한 1366년까지, 수소는 퇴스(Töss)의 수녀 엘스베트 슈타겔(Elsbeth Stagel, 또는 Staglin)과 매우 가까운 친구로 지냈다. 그는 "거룩한 스승 에크하르트의 감미로운 가르침"에서부터 신비주의에 관해 생긴 질문에 대해서 그녀와 함께 흥미를 가졌다.[5] 엘스베트가 진지하게 흥미를 가진 것은 도미니크 수녀들이 에크하르트와 단순한 정도로 관련되지 않았다는 것을 표시한다. 이 우정에서 수소는 인도자였을 뿐 아니라 종종 인도를 받고 교훈을 받는 입장이기도 했다.

수소는 논문, 서신, 설교, 자서전(*Vita*) 등 타울러보다 더 많은 저술을 남겼다. 최종적으로 그는 자기 글을 직접 수집하여 『모범』(*Exemplar* 또는 *Musterbuch*)으로 편집했다. 그 의도는 그의 저서를 가능한 한 가장 믿을 수 있는 방식으로 발간하고자 한 데 있었던 것이 분명하다. 수소의 영적인 삶의 윤곽은 대부분 『모범』의 첫 부분을 차지하고 있는 그의 "생애"를 토대로 하여 묘사된다. 그는 자

---

[5] Heinrich Seuse, *Deutsche Schriften*, ed. Karl Bihlmeyer (1907; reprint, Frankfurt am Main: Minerva, 1961) 99, 12.

신을 보기로 사용하며, 자신을 "영원한 지혜의 종", 영적 자서전의 모험가, 실제적이며 영적인 궁정 기사로 부른다. 수소는 1~32장에 실린 비조직적인 일련의 이야기에서 초보자에서 성숙한 영적 기사로 발전해가는 자신을 설명한다. 19장과 20장에 중대한 변화가 나오는데, 거기서 그는 금욕적 자기 통제를 버리고 하나님의 뜻을 향한 고통스러운 포기를 선택한다(많은 경우에 신비가들은 격심한 인간의 악의에 의해 외부로부터 고통을 당한다). 33장에서 35장까지에는 그의 영적인 딸 엘스베트 슈타겔이 전면에 등장한다. 문체는 서술적이지 않고 신비적 문제와 질문에 대한 자유로운 대화식 토론으로 전개된다. 마지막 부분인 46-53장은 수소의 신비적 메시지에 관한 최종적 인장과 같다. 마침내 완전한 삶이 개시된다.

수소는 신비주의의 이론과 신학을 절대 배제하지 않는다. 오히려 그는 그것들을 비상하게 발전시킨다. 문학 형식의 수준에서 신비적 삶의 이론과 실제는 두 가지로 나타난다. 그러나 그 둘은 강력한 상호 관련성 때문에 절대 분리될 수 없다. 수소는 신비적 삶의 이론가인 동시에 실천가였다. 그것은 그의 충만한 환상과 진술에서 분명하다. 그중 하나에서 마이스터 에크하르트가 친히 그에게 나타난다(제6장). 그것은 또 수소가 광야의 은둔자들을 엄격한 금욕주의의 보기로 사용한 데서도 분명하다.

수소는 일찍부터 자신이 에크하르트의 영향을 받은 것을 보여준다. 『진리의 작은 책』(*Büchlein der Wahrheit*)에서, 수소는 그가 지혜를 인격화하고 한 제자가 (수소 자신) 최고도의 추상적 대화로 참된 내적 포기를 논의하는 데서 에크하르트의 열렬한 옹호자가 된다. 에크하르트 신비주의의 많은 주제가(하나님과 인간의 연합, 하나님의 부정성, 하나님과 신성 사이를 구별함, 하나님 안에서 하나님이 되며 사물 안에서 그 자체로 존재하는 사물의 이중 존재, 등) 주의 깊게 숙고한다. 수소는 모든 양태의 "훈련되지 않은 자유"를('자유 영들' 분파에

깊숙이 스며 있는 것으로서) 이름 없는 광폭한 자의 무시무시한 모습으로 묘사한다. 그렇게 함으로써, 그는 에크하르트를 자유 영들 분파의 하나라는 비난에서 간접적으로 보호한다. 그와 같은 사람들이 에크하르트를 인용한다면, 그것은 그를 오해했기 때문이다.

수소는 내적으로 에크하르트와 결속되어 있었지만, 그와 동일한 길을 걸은 것은 아니었다. 『영원한 지혜의 작은 책』은 중세 후기에서 가장 성공적인 묵상 서적으로서 결혼 신비주의와 에크하르트나 타울러에게서도 발견되지 않는 고통의 신비주의 요소를 포함한다. 그 이유가 무엇이었든지(유식한 수도사들에 대한 반감?), 수소는 후에 그 책을 라틴어판 『지혜의 시야』(*Horologium Sapientiae*)로 내었다. 그것은 세 부분으로 되어 있다. 첫 부분은 십자가 앞에서 "계시된" 백 개의 묵상으로 되어 있다. 그다음에 영원한 지혜와의 친밀한 토론 혹은 사적인 대화가 두 부분으로 나누어 나온다. 그 저서는 영혼과 고난받는 그리스도 사이의 직접적인 대면이 꺼려지기보다(메히틸드에게서와 같이) 진정한 서정적 환희로 이어지는 실천적 신비주의를 보여준다. 그 대화를 위한 문학적 매개는 아가서에서 빌려온다. 수소 자신을 나타내는바 "신실한 크리스천 영혼"인 "종"과 영원한 지혜, 또는 그리스도는 여성적 상징과 남성적 실재 사이에 정지해 있다. 그 두 화자는 선생과 학생 사이의 대화 양식을 따라 서로에게 더욱 친밀하게 되며, 종종 자신들을 황홀한 언어로 표현한다.

『지혜의 시계』는 『영원한 지혜의 작은 책』의 기본 가치를 담고 있을 뿐 아니라 자전적인 인물과 도미니크 수도회 신학의 특징으로 그것을 더 증대시켰다. 이 저서에서 수소는 에크하르트의 순수한 기능적 기독론에 만족하지 않고, 그것을 구체적이며 경험적으로 만들기를 원했다. 그 방법은 옛 수도원 사상에서와같이 "지혜"와 "그리스도의 철학"의 의미로 제시된 고난 받고 영광 받은 주님에 대한 동시대의 강조를 사용하는 것이었다. 그 결과는 동시대 미술과(예를 들어 슬픔의 사람) 환상적 신비주의에서(이전 세대 도미니크 회원들은 이것을 불신했을 것이다) 묘사된 것처럼 매우 절박한 "고난의 신비주의"였다. 때로 수소의 중요한 신학적 함축들에 근거하여 수녀들의 신비주의에서 멀리 떨어진 것처럼 보이지만, 그 시각에서 수소는 수녀들의 신비주의에 매우 근접한다. 수소의 편지는 공적이며 신비적 문서들이다. 그것들은 근대적인 의미에서 사적인 사상의 전달이 아니라, 목회적 보살핌을 위한 것들이다.

수소는 저술가이면서 신비가인 경우를 드러내는 훌륭한 보기다. 에크하르트와 타울러는 문학적 관점에서 순수하다고 판단할 수 없다. 그러나 그들과 비교하여 수소는 훨씬 더 의식적으로 문학적이다. 그는 문학적/신비적 장르를 정확히 알고 있었다. 수소는 하나님을 알기 위하여 "표상으로 표상을 만들어 내기를" 원한다. 그는 상징과 허구화와 궁정 로맨스의 문학적 모험을 사용하며, 수도원 생활이 발전시킨 문학적 부요를 사랑한다. 그렇게 하는 것이 의미가 있을 때, 그는 진기하고 사실적이며 암시적인 서정적 양식을 사용한다. 그때 수소의 언어는 음악적으로 바뀐다. 요약하면, 수소는 신비적 경험에 완전한 형태의 문학이 지닌 위엄을 부과한다.

수녀들의 삶과 환상 문학

지금까지는 남부 독일과 라인린트와 스위스의 수녀원들을 도미니크 수도회의 목회적 보살핌을 받은 대상으로 다루었다. 이 수녀원들의 거주자들이 단순한 수동적인 수혜자만은 아니었던 사실이 하인리히 수소와 그의 작품에 영감을 주었던 엘스베스 슈타겔에게서 입증되었다. 그 수녀들은 문학적인 의미에서도 적극적이었다. 그들의 문학적 표현 양식은 설교와 논문 형태는 아니었다. 그것은 영혼을 돌보는 특수한 수단이었으므로, 계속 그 수도회 남성들의 일로 보유되었다. 그 수녀들은 엄격하게 은둔생활을 했으며, 따라서 대개 자서전적인 특징을 지닌 전기문 형식을 많이 사용했다.

이런 글들의 전기적 요소는 성인전의 특징을 분명하게 보여준다. 기본적으로 자매들의 책 또는 수녀들의 전기는(아델하우젠, 빈테르투르 부근의 퇴스, 취리히 부근의 외텐바하, 프랑코니아의 엥겔탈, 슐츠의 키르히베르크, 울름, 에슬링겐 부근의 바일러, 투르가우 뒤센호펜 부근의 세인트 카타리넨탈이나 콜마의 운터린덴 수녀원에서 나온 현존하는 전기) 도미니크 수도회뿐 아니라 프란시스 수도회의 옛 전통도 발전시켰다. 그 전통에서 『프란시스의 행전』(*Act of Blessed Francis*)과 피오레티(*Fioretti*)와 도미니크 수도회의 『사제들의 생애』(*Lives of the Fathers*)가 나왔는데, 이것은 그 수도회의 최초 형제들의 성인전 저술을 진작시켰다. 경건하고 은총이 가득한 도미니크 수녀들의 생애에 일어난 사건을 수집하는 것은 그 수도회 전체를 위해 『사제들의 생애』와 같은 의도와 목적을 지닌다. 그것들은 그 수도회 수도원들과 그들 나름의 영웅적인 시작에 대한 영적 연대기를 제공한다. 전설 형식을 띤 실천적 신비주의가 수녀들의 생애의 일화들을 통해 여기에 나타난다. 어떤 일반적인 신비적 주제가 탁월성을 보였던 것과 같이 개별적인 것들이 전형적인 것에 굴복한다. 환상에 대한 설명은 고난받고 십자가에 못 박힌 그리스도와 예수의 유년기(어머니를 어루만지는 장난스러운 아기 그리스도, 그의 할례의 비밀, 아기 예수에 대한 모성적 기쁨 등), 그리스도나 성령과의 대화, 그리고 예수와의 약혼 경험 등에 집중된다. 이것들과 더불어, 엄격한 금욕적 수행과 실천, 슬픔과 고통의 인내, 질병과 겸손에 대한 설명도 나온다.

더욱 특별한 신비적 내용이 이 수도원 배경에서부터 개인의 삶을 통해 전해진다. 수소의 『전기』와 같이 그것들은 개인 삶의 전설적인 설명과 자서전적인 설명을 동시에 표현하려 한다. 여기에 속하는 것으로는 엘스베스 폰 오예

성모와 아기, 독일계 학교, 15세기

(Elsbeth von Oye, 취리히 부근의 외텐바하 수도원에서 ca. 1290-1340)의 『생명과 계시의 작은 책』(*The Little Book of the Life and Revelation*), 마가레타 에브너(Margaretha Ebner, ca. 1292-135, 딜링겐 부근의 메딩겐에서)의 『계시집』(*Revelation*), 키르히베르크의 엘스베트(Elsbeth of Kirchberg)의 『이르메가르트 수녀의 생애』(*Life of Sister Irmegard*) 등이다. 이것들은 모두 도미니크 지향적인 계시문학이다. 프란시스회원 가운데 주목할 만한 인물은 아그네스 블란베킨(Agnes Blannbekin, 1315년 비엔나의 프란시스 수도원에서 사망), 복자 비티켄의 루이트가르트(Luitgard of Wittichen, 1291-1348), 로이트의 엘리자베스(Elisabeth of Reute, 그녀의 생애와 계시들은 주로 그녀의 영적 조언자들에 의해 기록되었다) 등이다.

이런 글이 지닌 형식과 신앙 성장을 위한 목적은 그 글이 전설 문학으로 해석되어야 함을 보여준다. 그것들은 신앙 성장을 위해 식사 시간에 큰 소리로 낭독되었다. 문학적 유형과 그것의 본래 배경을 고려하지 않는다면, 이런 글은 개인에 관하여 심리학적으로 "흥미를 주는 자료들"로 완전히 잘못 이해될 수 있다. "거룩한 삶의 이야기"(hailger wandel)는 바로 그것의 비범성에 의해 정의되어야 하며 "정상적인" 행위의 기준에서 판단되어서는 안 된다.

하나님 벗들의 문학

"하나님의 벗들"(Friends of God)이라는 용어는 성경에서 나왔다(요 25:14). 이 집단은 14세기에 종종 평신도들로 된 특수한 종교적 자의식으로 형성된 모임을 지칭한다. 메히트힐드의 『신성의 넘치는 빛』이 저지 독일어에서 고지 독일어로 번역됨으로써 후대 사람들이 그것을 읽을 수 있었던 곳인 바젤에서 뇌르들링겐의 하인리히 주변에 형성된 하나님 벗들의 집단이 그와 같은 예에 속한다. 이 집단은 서로 하나님과 가장 친밀한 연합을 이루도록 격려했다. 『독일 신학』(Theologia deutsch)이 하나님의 참 벗과 거짓 벗을 구별하는 것으로 보아 어떤 회원은 분파적이거나 이단적인 경향을 보였음이 틀림없다. 그같은 경향은 14세기가 끝날 무렵 "복음적" 또는 "사도적"으로 불린 일부 라인란트 집단들의 이단적인 배타성에서 볼 수 있다.

"하나님의 벗들"은 특히 바젤과 스트라스부르크에서 발견된다. 그들은 타울러, 뇌르들링겐의 하인리히, 마가레카와 크리스틴 에브너, 그리고 멀리 수소 주변에 모여 있었다. 그들은 내적인 차원이 외적인 차원을 압도하고 같은 생각을 가진 개인들 간에 부드럽고 참되고 주목할 만한 영적 우정을 표현할 수 있는 신비주의적 서신을 하나의 문학적 통신 수단으로 발전시켰다.

하나님의 벗이란 호칭은 스트라스부르크에서 룰만 메르스빈(Rulman Merswin, 1307-1382)이 자신을 오버란트(Oberland)에서 "하나님의 벗"의 계시를 받은 자로

칭하면서 하나의 실제 문학적 사건이 되었다. 메르스빈은 부유한 상인이었으며, 43살때인 1347년에 아내와 협의하여 그뤼넨 뵈르트(Grünen Wörth)에 있는 이전 베네딕트 수도원을 사기로 결정했다. 그는 그곳에 사제와 평신도, 기사와 소작인들이 타협이 없는 동일한 종교적 확신을 가진 한, 세상에서 물러나 금욕적인 종교 생활을 영위할 수 있게 하는 한 기관을 설립했다. 메르스빈은 군대적인 성 요한 수도회에 그것을 양도한 후에도, 이 기관을 죽을 때까지 계속 지도했다. 메르스빈의 문학적 관심은 주로 편집물인 일련의 글에 기록되었으며 유일한 예외는 성격상 자서적적인 『그의 생의 시작의 첫 4년』(*Von den vier Jahren seines anfangenden Lebens*, 1352)이다. 이 소설은 "오버란트에서 하나님의 벗" 주변에 모여든 친밀한 공동체에 관한 이야기를 그리고 있다(오버란트가 하늘이나 또는 알프스 산기슭을 의미했는가?). 하나님의 벗은 나타나지 않는 삶을 살았으며, 서신과 다른 글을 통해서만 공적으로 등장했다. 그것 중에 인위적인 언어로 쓰인 『다섯 남자의 책』(*Fünfmannenbuch*, 1377)이 특별한 역할을 했다. 그것은 공동생활의 세세한 점들, 그리고 하나님의 벗의 지도 아래 숲속에서 고독 속에 하나님과 직접 교통하며 살았던 다섯 남자의 변화를 기록했다. 이 다섯 형세는 결혼 생활에 싫증을 느낀 남자, 법률가, 내성당의 참사회원, 유대인, 그리고 하나님의 벗이었는데, 그 하나님의 벗은 바울과 같이 자신도 포함하여 그들의 삶을 보고하는 것이 필요하다고 생각했다. 그는 정치적인 역할을 맡아 헝가리와 이탈리아에 갔으며, 룰만 메르스빈에게 준 그의 은밀한 메시지에서 그 시대의 혼란 중에 묵시적으로 그것을 수행했다. 룰만이 죽은 후 그 하나님의 벗에 대한 이야기는 더 들리지 않았으나 오염된 세상과 타락한 제사장직을 제어하려는 비전은 남아 있었다. 중요한 인물이 되려고 한 룰만의 필요 때문에 그 이상한 이야기를 조작해 내었을 수 있다. 그것이 성 요한의 기사들에 대항하여 그뤼넨에서 그의 지위를 강화하기 위해서였는지, 아니면 개인적인 필요에서 나온 것인지는 잘 알지 못한다.

14세기에도 오버란트, 엔틀레부흐, 엥겔베르크 등지에서 하나님의 벗의 거주지를 찾으려는 시도가 이루어졌다. 그러다가 15세기에 스위스 오지에서 평신도 은둔자로 나타난 플루의 니콜라우스(Nicholaus of Flue, 1417-1487)가 때늦은 대답처럼 보였다. 그는 은둔지에서 나와 평화를 사랑하는 고문 역할로 위험에 처해 있던 스위스 연방을 후원했다. 아크의 조안(Joan of Arc, ca. 1412-1431)처럼 그는 14세기 이래 성직자 중심의 교회로부터 계속하여 도전받는 평신도 성인을 대표한다. 예언자적인 경향, 개인적인 신비적 경험, 정치적 사명—이런 것들이 기존 수도회들의 특권을 중요하지 않은 것으로 보는 풍토를 강하게 조성했다.

『독일신학』(Theologia deutsch)

14세기 후반의 것으로 추정되는 이 논문은 타울러와 마이스터 에크하르트의 작품 계열에서 나왔으며, 무명의 사제에 의해 쓰여졌다. 그는 프랑크푸르트에 있는 토이토닉 수도회 수도원의 감독이었다. 마틴 루터는 그 글을 열심히 읽었으며, 1516년에 부분적으로 그리고 1518년에는 완전한 형태로 『독일신학』을 출판했다. 비록 존 칼빈과 일부 가톨릭 학자들이 때로 그것을 금지했지만, 그 작품은 계속 좋은 평판을 받아왔다. 아른트(J. Arndt), 슈벵크펠트(C. Schwenckfeld), 스페너(P. J. Spener), 프랑크(S. Franck)는 그것을 열광주의자들과 경건주의자들에게 전해주었고, 그들이 그것을 계속 읽었다. 그 논문의 중요한 중심 주제는 "영 분별"이다. "어떻게 또 어떤 수단으로 참되고 올바른 하나님의 벗들과 교회에 해를 끼치는 거짓되고 잘못된 자유 영들을 구별할 수 있는가?"⁶⁾ 그와 같은 질문은 자유 영들과 신비 지향적인 베긴과 베가드들이 (1311-1313년 빈 공의회에서 정죄됨) 신화(神化)에 대한 정숙주의적이며 도덕과는 무관한 가르침으로 기울고 있었던 14세기의 영적 환경에 이 작품을 위치시킨다. 보다 이전에 대 알버트와 하인리히 수소가 기독교 신비주의의 진정성 옹호를 위해 자유 영 이단설에 반대하여 자신들을 변호했다. 마이스터 에크하르트가 그들에게 그의 신비적 가르침에서 공정한 기독교적 대답을 주려고 노력했다고 추정될 수 있다. 그러나 특히 언어와 표현과 관련하여 이단설과 기독교 정통설 사이의 세미한 선은 유지되기 어려웠다. 영 분별은 단순한 문제가 아니었다. 논문 『캐더린 수녀』(Schwester Katrei, 1317년 이후 스트라스부르크에서 에크하르트의 추종자에 의해 쓰임)는 에크하르트적인 표현 양식이 이단적인 경향과 얼마나 밀접하게 관련될 수 있었는지를 분명하게 보여준다.

『독일신학』에서 논의된 모든 논의의 주 요지는 신화다. 자유 영들은 그것을 도덕과 무관하고 범신론적인 것으로 오해했지만, 정통설의 입장은 은혜의 본질에 기초해 있다. 자유 개념의 올바른 의미가 여기서 중심 역할을 한다. 그리스도인의 자유는 신자들을 교회와 세속 정치의 규례와 법에서 해방하지 않는다. 그러므로 그 논문은 성적인 관습과 연방 조직의 권리와 소유에 반대한 자유 영들의 모든 사회적, 혁명적, 자유행동을 비난한다.

『독일신학』의 저자가 신비 전통에 관해 예외적으로 많은 지식을 가진 것은 아니었다. 그는 타울러와 보에티우스와 디오니시우스를 인용하며, 방법과 단계에 대한 전형적인 도식을 사용하고, 자신을 절충적인 편집자로 인정한다. 그의 주된 강조는 오로지 묵상을 통해 예수 그리스도를 닮아감으로써

---

6) "Der Franckforter" ("Theologia Deutsch"), critical edition by Wolfgang von Hinten (Münchener Texte und Untersuchungen 78; Munich and Zurich: Artemis Verlag, 1982) 67, 5-7.

(Christuslebens) 얻어지는 신화에 있다. 그것은 루터의 마음을 끌었다. 일상의 인간 생활은 순전히 그리스도의 삶을 닮아가기 위한 도구이며, 그리스도를 완전히 닮으면서 자신의 의도를 굴복시켜야 한다. 저자는 기독론적인 사고 원리와 병행하여 유일한 것과 다수를 구분하여, 다수가 그 하나로부터 유출된다는 것 등의 신플라톤적인 원리를 사용한다. 이 공식에서는 모든 것이 그 하나로부터 나오기 때문에, 이것에 따르면 피조물의 독립은 규명하기 어려운 것이 된다. 한편, 하나님 자신에게는 시작이 없으므로 하나님의 창조적 활동은 하나의 필연이다. 그것이 바로 하나님이 기독교 신앙에서 그 개인의 삶을 완전히 하나님께 돌려드리는 피조물을 사용하시는 이유이다. 이 신플라톤적인 기독론의 입장이 지닌 위험은 피조물의 독립을 철저히 말살하는 것이다. 물론 다른 한편으로 그리스도의 삶(Christuslebens)에 대한 변호는 전례 없이 열렬한 것이며, 이것이 이 글이 계속하여 수 세기 동안 호소력을 지녔던 토대가 될 것이다.

프란시스회 신비주의

독일에서 프란시스회의 신비적 가르침은 도미니크회의 교리와 동일한 영향을 미쳤다고 말할 수 없다. 그런데도 쿠르트 루(Kurt Ruh)는 독일에서 많은 양의 프란시스회 글을 발굴하여 그의 편집물과 사본 연구에 발표했다. 이것 중 일부는 더 상세하게 연구되어야 한다.

국제적으로 프란시스 신비주의는 아씨시의 성 프란시스가 가르친바 그리스도를 닮는 신비주의로 알려져 있었다. 그 근본적인 규범은 복음서에 제시된 그리스도를 닮는 것이다. 청빈이라는 여인과 신비적으로 결혼함에서부터 알베르나 산에서의 성흔에 이르기까지의 프란시스의 삶이 그 모델로 남아 있다. 그것은 탈아적 사랑 신비주의로서, 할레의 알렉산더(Alexander of Hales, d. 1245)나 존

둔스 스코투스(John Duns Scotus, d. 1308)의 탁월한 신학적 작품 전체에 이런 주제가 흐르고 있다. 그러나 무엇보다 이 주제는 보나벤투어(Bonaventure, 1221-1274)의 글에서 뚜렷하다. 그는 『하나님께로 향한 영혼의 여정』과 『삼중 방식』(The Three-fold Way)에서 이 신비적 양식의 삶에 대한 실제 이론가가 되었다. 그가 쓴 『성 프란시스의 생애』와 다른 거룩한 설립자들의 생애는 특히 이탈리아와 네덜란드에서 그 지방의 언어로 번역되었다.

15세기부터 계속해서 "보나벤투어의 독일어 글"(Bonaventura Deutsch)은 독일에서 탁월한 영성의 범주가 되었다. 그것은 이미 수소에 의해 사용되었다. 아우구스부르크의 초기 프란시스 회원들, 특히 아우구스부르크의 데이빗(d. 1272)과 『동정녀의 거울』을 쓴 삭소니의 콘라드(d. 1279)를 비롯하여 한 세기 후에 『하나님께 이르는 일곱 가지 길』을 쓴 비베라흐의 루돌프(d. 1360, 이 작품은 오랫동안 보나벤투어의 저작으로 간주하였다), 린다우의 마르크바르트(d. 1392), 『24 장로 또는 사랑하는 영혼의 황금 보좌』를 쓴 파사우의 오토(14세기 후반) 등은 독일에 프란시스회 영성이 존재한 것을 입증한다.

이탈리아의 프란시스 회원이며 신비적 시인인 자코포네 다 토디(Jacopone da Todi, d. 1306)는 프란시스회 경건에 대한 아름다운 증언인 노래 모음집 『찬미가』를 지었다. 그중의 "슬픔의 성모"(Stabat Mater)는 오늘날에도 로마 가톨릭 미사 전례서에서 발견된다. 복자 폴리뇨의 안젤라(약 1248-1309)는 마흔 살에 회심하여 프란시스회의 제3 회원이 된 후 완전히 은둔생활을 했다. 그녀는 자신의 저서 『지침서』에서 기도의 세 단계를 가르친다. 육체적 기도와 영적 기도와 "영혼이 하나님의 긍휼로 … 자연적 조건을 초월하게 되는" 초자연적 기도가 그것이다.[7] 하나님에 대한 지식과 자아에 대한 지식은 이 묵상의 열매이며, 그

---

7) *Le Livre de la bienheureuse Angèle de Foligno*, ed. Paul Doncoeur (Paris and

리스도 안에서의 변형으로 이어진다. 그는 축복된 자를 위한 참 생명책이시다. 안젤라는 결혼 신비주의를 통해 하나님과의 최종적 포옹을 사랑의 신비로 설명하려 한다. 그녀는 또 "신적인 어두움", 하나님의 표현 불가능성 등 위-디오니시우스적인 용어들도 사용한다. 안젤라 편지는 많은 제자를 그녀에게로 이끌었다.

레이먼드 룰(Raymond Lull, 1232-1316)은 프란시스회 제3 회원이기도 한 카탈로니아인으로서 선교에 헌신하다가 순교하는 모험적인 생애를 살았다. 그의 저서 『관상의 기술』(Art of Contemplation)은 영혼의 세 가지 능력(지식, 기억, 의지)을 사용한 묵상 방법을 제시한다. 룰은 『관상서』에서 기도로 하나님께 올라가는 세 단계를 말하고, 『사랑하는 이와 사랑받는 이의 책』에서는 연인들 사이의 황홀한 만남을, 삶과 죽음을 십자가의 가장 심오한 신비의 형태로 서로 엮는 비길 데 없는 언어로 설명한다.

이탈리아어, 네덜란드어, 불어로 번역된 밀란의 제임스의 『사랑의 자극』(Stimulus Amoris)처럼, 작자 미상의 『그리스도의 생애에 대한 묵상』도 부드럽고 정적인 그리스도 중심의 프란시스회 경건과 그리스도를 닮음(imitatio Christi)을 증언한다. 그리스도의 탄생과 유년기와 고난과 죽음이 제자를 그리스도의 삶으로 이끌고자 하는 신비적 전기(傳記)가 된다. "위로 받으라. 기뻐하라. 그의 고난과 더불어 고난받으라. 가까움과 신뢰와 사랑을 통해 마음을 다하고 힘을 다하여 예수를 닮으라."[8] 이처럼 관상 능력을 실천하는 닮아감(imitatio)으로 바꾸는 것은 카르투지오회의 루돌프(d. 1370)의 것이나 이냐시오 로욜라(St. Ignatius

---

Toulouse: Editions de la Revue d'Ascétique et de Mystique, 1925) 124, 5-7.

[8] *Meditations on the Life of Christ: An Illustrated Manuscript of the Fourteenth Century*, trans. Isa Ragusa and Rosalie B. Green (Princeton, N J: Princeton University Press, 1961).

of Loyola)의 『영신수련』과 같은 매우 정연한 『그리스도의 생애』의 특징을 보여 준다.

헨드릭 헤르프(Hendrik Herp, d. 1477, 라틴식 이름으로 하르피우스)는 아마 15세기 네덜란드의 가장 중요한 프란시스회 저술가일 것이다. 그는 루이스브렉(Ruysbroeck)의 전통에 속해 있으며, 그의 신비적 천재성으로 16세기 스페인 사람들에게 비상한 영향력을 행사할 수 있었다. 그의 인간성과 전기는 알려지지 않았다. 그의 가르침은 대부분 그의 『완전의 거울』(Spiegel der Volcomenheit)에서 쉽게 뽑아낼 수 있다. 이것과 그의 다른 작품이 『신비 신학』(Theologia Mystica, 1538)이란 제목 아래 수집되었는데, 이 글은 16, 17세기까지 널리 유포되었다. 하르피우스는 루이스브렉의 사색적 신비주의를 정적인 신비주의로 바꾸려 했고, 그렇게 하면서 빈번히 발마의 휴(Hugh of Balma, 13세기)를 따랐다. 행동적 삶과 관상적 삶을 초월하는 세 번째 단계로서 신의 본질에 대한 신비적 환상이 초본질적 요소(ouerweselic)로 지칭된다. 그것은 순전한 선물로서, 그리고 수동성으로 특징지어진다. 그것에 이르는 길은 정적인 사랑과 그리스도를 닮는 것을 통해 드러난다. 왜냐하면 성육신은 예수께서 인간이 되신 순간을 위해 예비된 한 때의 특권이 아니기 때문이다. 그것은 모든 그리스도인이, 그리고 어느 정도는 모든 인간이 참여하는 실재다. 하르피우스에게서 그 순간이 하나님의 성육신의 신비에서 어떤 역할을 하는 것이 분명하다. 그것은 아들의 시대에 입양에 의한 아들의 권리를 인류에게 준다. 하나님의 형상은 영혼의 세 능력에 (이성, 의지, 기억) 새겨져 있으나, 그 형상은 자연과 은혜와 영광에서도 발견되며, 또는 영혼, 정신, 이성(ghedanck)의 삼위일체에서도 나타난다. 인간은 완전히 프란시스회 식으로 사랑에 의해 예수 그리스도에게 통합된다. 그와의 신비적 연합은 이것에서 일어나고, 이것은 벗겨 내기와 내성(內省)의 방법으로 실현된다. 이 신비적 방법은 연합시키는 사랑에 의해 촉진되어 그 최고점에 이른다. 그러므로 신의 본질에 대한 "초본질적이며" 직접적인 응시가 지상의 "여행자들"(wayfarers)에게 가능하다고 여겨진다. 하르피우스는 그로써 심지어 지상 생애 중에도 영광의 빛(lumen gloriae)의 가능성을 인식한다(이 교리는 토마스 아퀴나스 입장과 반대된다). 하르피우스는 자신을 단순히 루이스브렉의 모방자가 아니라 그 나름의 공헌을 한 그의 계승자로 분류하려 하지만, 루이스브렉의 영향을 크게 받은 것이 매우 분명하다. 하르피우스는 그의 책이 여러 토착 언어로 번역되면서 17세기 말까지 큰 영향을 끼쳤다.

얀 반 루이스브렉과(1293-1381) 그뢰넨다엘

후대 사람들이 그를 부르는 대로, 존경할 사람 루이스브렉(Ruysbroeck Admirabilis)은 1293년에 태어났으며, 부친이 사망한 뒤 사촌이자 브뤼셀의 세인트 구둘라(St. Gudula) 대성당의 참사회원인 잔 힝카에르트(Jan Hinckaert)에게 갔다. 1317년에 루이스브렉은 사제가 되어 25년 동안 세인트 구둘라에서 주교 대리와 신부로 섬겼다. 브뤼셀 상류 사회 출신의 한 여성이 보인 분명한 거짓 신비주의 경향들이 그가 신비주의적 질문에 관심을 두게 하고 선교적인 의도로 그것들을 토착 언어로 다루게 했을 수 있다. 루이스브렉은 그의 사촌과 또 다른 참사회원인 프란시스 반 쿠덴베르크(Francis van Coudenberg)와 함께 보다 완전한 삶을 실현하기 위해서는 성직자 자신이 기본적으로 개혁될 필요가 있다고 결론지었다. 그 세 친구는 브뤼셀 부근의 소이그네스(Soignes) 숲에 있는 그뢰넨다엘(Groenendael)이라는 외딴 장소에 은거하기로 했다(그 결정의 정확한 이유는 밝혀지지 않았다). 몇 명의 동료가 합류한 후에 그들은 정식 수도자들이 되기로 하고 『성 어거스틴의 규율』을 채택했다. 1349년 3월 10일, 그 단체는 수도원으로 승격되었다. 쿠덴베르크가 초대 감독이 되었으며, 루이스브렉은 그가 죽을 때까지 수도원장의 직임을 맡았다. 그는 좀처럼 수도원을 떠나지 않았으며, 그곳에서 묵상과 저술에 전념했다. 아마 타울러가 그를 방문했을 것이며, 1377년에는 데벤터(Deventer)의 공동생활 형제단(The Brethren of the Common Life)의 창시자 게에르트 그로테(Geert Groote)가 그를 방문했을 것이다. 루이스브렉은 1381년 12월 2일에 죽었고, 1908년에 복자로 시복되었다.

루이스브렉의 작품은 모두 브라반트의 플랑드르 방언으로 기록되었다. 그것은 하데위치가 시작(詩作)에 사용한 언어였다(그는 『열두 명의 베긴의 책』에서 공공연히 그녀를 언급한다). 그것은 오늘날 우리가 중세 네덜란드어로 지칭하는 언어이다. 이 언어로 쓴 많은 글이 이 거룩한 숲속의 사제에게(하나님의 벗들이 그를 칭하는 방식) 명성을 가져다주었다. 그와 더불어 그의 저서는 라인강 상류 지역의 언어로 번역되었다. 우리는 루이스브렉에게서 라인란트 신비가들의 모든 중요한 요점을 발견한다: 영혼의 최고 부분에 있는 어거스틴의 삼위일체의 형상(Imago Trinitatis), 신적일 뿐 아니라 자연적인 영혼의 불꽃, 성자로부터 창조 사상의 영원한 발현, 부수적인 경험적 현상과 모든 이해를 초월하는 사랑의 연합에서 인간과 하나님과의 만남에 유사한 하나님과 신성 사이의 차이, 거울 본체론, 전형성, "신의 토대"로 갑자기 돌파함 등. 그러나 문제와 형식과 사고 양식에 있어 차이점은 매우 분명하다. 루이스브렉은 시토와 빅톨의 옛 관상적 신비주의 전통뿐만 아니라 보나벤투어의 프란시스회 방식에도 서 있다. 그의 저서에 에크하르트의 분위기를 가진 자료가 포함되어 있는 점에서, 그가 직접 혹은 간접으로(번역물을 통해) 에크하르트나 초기 여성 신비주의의 (에크하르트에게 영향을 받은 하데위치 2세와 같은 이들로부터) 영향을 받았는지는 의문으로 남아 있다. 그러나 그 대답이 어떻든, 루이스브렉은 독립적인 유형의 신비주의 방법을 제시한다. 『영적 결혼의 장식』(*Adornment of the Spiritual Marriage*)에 의하면, 그것은 세 차원으로 나누어진다. 활동적인 삶과 하나님을 구하는 내면적인 삶과 "하나님을 응시하는 삶"이 그것이다. 이 분류 단계는 내성의 신비주의를 향한 심리학적 전제에 따라, 그리고 그리스도와 삼위일체에 근거한 신비주의에 따른 그것의 초월적 목표들에 따라 구조된다. 기독교의 은혜의 수단(성례들, 특히 성찬의 은혜와 "실천")이 중요한 역할을 하는 것은 말할 것도 없다.

루이스브렉의 신비주의는 일관된 의미에서 삼위일체적이다. 그것은 "신적인 일치"의 토대로서 "신성"이 성부와 동일시되기 때문이다. 에크하르트와는 달리 하나님과 신성의 구별은 개념적일 뿐이다. 궁극적으로 삼위의 복된 사랑이 때로 신적인 본질의 동일성을 확증하기 때문에, 하나님 본질의 일치와 삼위의 연합이라는 두 국면은 서로 구별될 수 없다. 이 신적인 과정에 피조물이 참여하는 것은 오직 은혜와 그리스도를 닮음으로써만 가능하다. 루이스브렉은 (자유 영들이 하는 대로 가만히 앉아 있으면서 비워지기를 갈망하는 것과 같은) 순전히 "자연적인" 묵상 방법을 그리스도인이 교회의 은혜의 수단(특히 성찬)의 도움을 받아 십자가의 길을 모방하는 것과 예리하게 구별한다. 신성으로 향하는 내면의 과정에서 공통성의 순간이 성자의 성육신에서 계시 되었으며, 하나님 편으로부터 영원한 "접촉"으로(피조물 편에서 하나님을 향한 굶주림과 갈망이 일어나는 동안 피조물과 "그 토대와의 만남"으로) 성취된다. 그것은 결혼 신비의 강화에 의해 사랑에 의한 "상처"와 "사랑의 격정"으로 이어질 수 있다. 여기에 연관된 인간의 능력과 관련하여 루이스브렉은 지성과 감성의 동시성을 포함하는 활동적인 일과 수동적인 향유의 "공통된" 또는 "포괄적인" 삶을(*dat ghemeyne leven*) 말한다. 신비적 연합은 대부분 중개적인 면과 직접적인 면을 동시에 지닌다. 이 연합은 하나님께로 이끌려가는 과정이며, 다시 파송되는 과정이다.

하나님의 영은 우리를 밖으로 불어 내어서 사랑과 덕스로운 행위를 할 수 있게 한다. 그러나 그것은 우리를 그 자체로 이끌어서 우리가 안식과 향유도 즐길 수 있게도 한다. 이것은 주로 성령의 일곱 은사로 인간에게 은혜로 주어진 신적인 삶 자체이다.[9]

루이스브렉의 영향은 그의 추종자며 그뢰넨다엘의 "훌륭한 요리사"였던 잔 반 레우벤(Jan van Leeuwen, d. 1374)에게서 뚜렷하다. 그는 연속적인 단계들의 발전 구조에 근거한 신비적 방법을 제안하고, 그로써 자신이 마이스터 에크하르트의 열렬한 비판자임을 입증한다. 하르피우스는 확실히 루이스브렉의 계열에 속한다. 진 반 숀호벤(Jan van Schoonhoven, d. 1432)은 루이스브렉의 어떤 특징을 한층 더 발전시킨다. 예를 들어, 그는 사랑이 이성을 능가함을 강조한다. 그럼에도 또 단순한 금욕적 요구를 강조한다. "근대 헌신운동"(*devotio moderna*)의 영향이 여기서 분명하다.

카르투지오회 신비주의

중세의 영적인 생활과 중세 영성에서 카르투지오 회원들이 수행한 중재 역할의 진정한 의의는 제대로 평가된 적이 거의 없다. 카르투지오회 수도원들은 그 고요와 평화 때문에 그 시대의 신비적 조류와 경향을 채택하고 조직하는 장소들의 역할을 하게 되었다. 그곳은 신비적/수덕적 글이 수집되고 복사되고 번역되고 배포되는 어음 교환소와 같았다. 그러나 이 활동은 단순한 편집에 그치는 것이 아니라 매우 창의적이었다. 그 의의는 로렌티우스 수리우스(Laurentius

---

9) *Jan van Ruusbroec, Werken III*, ed. L. Reypens and M. Schurmans (Tielt: Drukkerij-Uitgeverij Lannoo, 1947) 269, 6-9.

Surius, d. 1538)가 라틴어로 번역한 타울러, 루이스브렉, 수소 등의 신비주의 글이 스페인의 신비주의에 미친 영향을 고려하거나, 또는 삭소니의 루돌프(d. 1378)의 『예수의 생애』 라틴어판과 그것이 이냐시오 로욜라에게 미친 영향을 고려하기만 해도 적절히 평가될 수 있다.

15세기에 카르투지오회의 데니스(de Rijckel, d. 1471)는 가장 탁월한 신비주의 신학자였다. 그의 저술은 권위 있는 성경주석뿐 아니라 디오니시우스의 저서들에 대한 주석과 신비적 관상의 문제를 미묘한 방식으로 다룬 논문들 등 그 범위가 매우 광대하다. 그는 습득된 관상과 주부적 관상을 구분한다. 토마스 아퀴나스식으로 말하면, 최고 수준에서 사랑은 지식 자체의 직관적 작용을 돕는다는 양보와 함께 앎의 힘이 신비적 경험에서 사랑을 선행한다. 한편, 그는 디오니시우스를 의존함으로써 지식에 너무 많은 독립 영역을 주지 않는다. 신적인 어두움, 즉 하나님의 본질적이며 영속적인 최후의 불가지성은 하나님에 관한 강론에서 부정의 방법으로(via negationis) 분류된다. 이것은 결혼 신비주의와 반대되는 부정의 신비주의이다. 따라서 데니스는 신비적 경험의 모든 방법과 구조에 대한 깊은 통찰을 보여주는 최고 수준의 신비주의 신학자다.

이탈리아의 신비주의

14, 15세기의 이탈리아의 영적 문학은 쉽게 개관하기 어려울 만큼 부요하다. 먼저 여러 수도회의 영성을 살펴보는 것이 유용할 것이다. 그들은 금욕적 신비적 관심과 경향을 서로 다르게 표현할 수 있게 하는 비옥한 토양을 제공한다. 그들이 이전 어느 때보다 자유로운 시와 그 시인들 편의 정신적 태도와 관심을 조성하는 데 끼친 공헌은 절대 간과될 수 없다. 단테(1265-1321)

의 『신곡』은 세 영역을 지나는 환상적 여행 형태로 매우 강력한 내세관을 제시한다. 기독교적 종말론이 인간의 상상 어디에서도 그만큼 선명하게 드러난 적이 없다. 게다가 그 시의 전개 방향을 상징적, 우의적, 실존적인 힘으로 주도하는 등장 인물 베아트리체는 최종적으로 영적인 교회(ecclesia spiritualis)의 영혼이며 성도들의 연합의 신비적 비전을 구현한다. 이 "학식 있는 시인들의" 발전하는 "공화국"에 속한 이들이 특히 프란체스코 페트라르크(Francesco Petrarch, 1304-1374)와 그의 제자인 피렌체의 조반니 보카치오(Giovanni Boccaccio, d. 1375)이다. 만약 페트라르크가 강렬한 종교성에 압도되고 그것에 만족했다면, 보카치오는 새로 발견된 이교 신앙의 노예였다.

14세기 이탈리아에서 가장 감동적인 신비적 경험의 형태는 시에나의 캐더린(Catherine of Siena, ca. 1347-1380)에게서 나타난다. 강하고 매우 인상적인 이 여성의 생애는 어떤 종교적 선택에서부터 시작되었다. 캐더린은 유년기에 환상들을 보았고 동정녀로 살 것을 서약했다. 열다섯 살 때 성 도미니크 수도회의 참회 수녀회에 들어간 후 참회와 기도로 은둔의 삶을 살았으며, 영원한 지혜와 신비적 결혼을 경험했다(약 1366-67). 곧 그녀 주위에는 영적 친구들과 그녀를 의지하려는 자들이 모여들었다. 1370-1371년경에 캐더린은 최초 정치적 편지를 구술하여 적게 했는데, 그것은 십자군 운동을 지지하는 내용이었다. 1374년에 그녀는 플로렌스에서 그녀가 속한 수도회의 총회 앞에서 그녀의 정통성에 대해 질문을 받고 그 시험을 통과하였다. 그 후 그녀는 피사, 루카, 고르고나, 아비뇽을 여행했으며, 보이지 않게 성흔을 받았고 교황 그레고리 11세를 설득하여 아비뇽에서 로마로 돌아오게 했다(1377). 같은 해 그녀의 가장 중요한 작품 『신의 섭리의 책』(Libro della divina Provvidenza)을 구술하기 시작했다. 그녀는 대분열에서 교황 우르반 4세의 편에 섰으며, 많은 고난을 당한 후에 1380년 4월 29일 로마에서 죽었다. 그녀는 1461년에 성인품에 올랐다.

그녀의 작품은 거의 380편의 편지와 『신의 섭리의 책』과 24편의 기도문을 포함한다. 많은 경험과 성흔으로 뒷받침되는 그녀의 신비적 가르침은 "연합"에서 그 절정에 달했다. 그것은 순수한 즐거움이 아니라 십자가 상의 그리스도와 함께 영혼의 굶주림과 목마름을 겪는 것으로 그 특징을 이루는 경험이다. 그녀의 신학적 증언의 중심은 선인이든 악인이든 모든 사람을 위해 긍휼로 흘리신 예수 그리스도의 구속의 피이다. 그것은 십자가의 상(床) 위에 차려 놓은 잔치로 그려진다. 이 경험적 통찰에서부터 캐더린은 비상한 사명감을 얻으며 그것에 "나는 할 것이다"를 거듭 힘있게 덧붙였다. 그녀는 영혼을 위한 굶주림과 갈증에 압도되어 구원을 위해 신속을 요구하는 시간 개념을 갖게 되었다. 구원을 위해 남은 시간이 얼마 되지 않는다는 문제를 풀기 위해 인내와 불굴의 능력이 요청된다. 하나님 안에서의 신비적 환희는 항상 그녀에게 신속한 행동을 위한 확신을 주었다. 그녀는 용감한 전투를 벌이는 기사의 모습을 마음에 그리면서 비판과 교훈, 그리고 청빈과 순종, 자아와 하나님에 대한 타협 없는 지식의 필요성, 신중, 자기 사랑과 이기주의의 포기에 대한 설교를 통해 제도적 교회의 타락에 맞서 싸웠다. 요약하면, 그것은 교회의 선을 위해 헌신된 삶에서 행동과 묵상을 연합하려는 독특한 시도였다. 캐더린의 생애는 교회를 위해 소모되었고 그것을 위해 드려졌다. 교회는 그리스도의 구속의 피의 보증인, 즉 구원의 보모였다. 그녀의 신비주의는 이것에서부터 구원의 역사와 구원 공동체를 강하게 강조했다. 그리스도 안에서 모든 사람을 위해 약속된 구원이 거듭 구원의 주관성을 돌파하고, 따라서 그녀는 어거스틴과 같이 구원의 과정에서 악에게까지도 어떤 역할을 부여할 수 있었다.

프란시스회 신비가 중에는 볼로냐의 캐더린(Catherine of Bologna, 1423-1463)이 탁월하다. 그녀는 부분적으로 페라라(Ferrara) 법정에서 마가렛 데스트(Margaret D'Este)를 기다리는 여인으로, 또 부분적으로 페라라와 볼로냐에서 가난한 클라라 수녀이자 감독으로 살았다. 그녀의 생애를 지배한 것은 "영적 갈등"이란 주제였다. 그녀의 심문과 유혹, 특히 동정녀 마리아나 십자가에 못 박힌 그리스도로 위장한 마귀와 같은 악마적인 사기들이 그녀를 완전한 회의에 던져 넣었다. 불순종의 유혹은 수도회 내에서 그녀의 삶을 망가뜨렸다. 특히 성찬에서 그리스도의 실제 임재에 관해 악마가 준 참람한 생각이 너무도 괴롭혀 정신을 잃게 될 것을 두려워할 정도였다. 이 내적인 시험과 반대로 특이한 신비적 은혜의 위로가 있었다. 한 계시에서 자기 죽음이 예언되었다. 그녀가 쓴 『영혼의 원수에 대항하는 일곱 가지 영적 무기』(1438)는 자서전인 동시에 영적 논문이다. 거기서 "내적인 갈등의 가장 탁월한 스승"이 "카텔라"란 가명 아래 그녀의 내적 갈등에 관해, 그리고 그녀를 승리로 이끈 수단에 대해 보고한다.

 신비적 영혼은 14세기와 15세기의 이탈리아에서 수도회들의 보호 관구 내에서뿐만 아니라 평신도들 사이에서도 발견되었다. 제노아의 캐더린(1447-1510)은 프리드리히 폰 휘겔(Baron Friedrich von Hügel)의 권위 있는 저서 『제노바의 성 캐더린과 그녀의 친구에게서 본 종교의 신비적 요소』에서 학문적인 주목을 받은 것만으로도 여기서 언급할 가치가 있다. 캐더린은 제노바의 유명한 가문에서 태어났으며, 정치적인 이유로 어린 나이에 명예와 이익을 추구하는 줄리아노 아도르노와 결혼했다. 슬픔과 고독의 세월을 보내던 캐더린은 마침내 남편으로부터 자유를 얻었고, 그 후 완전히 기도와 훈련에 생을 바쳤다. 그녀는 관상생활뿐만 아니라 가난한 자들과 병든 자를 돌보는 일에도 열심이었다. 그녀의 남편도 아내의 이런 노력 때문에 회심하여 죽을 때까지(1497) 20년간 이런 활동에 참여했다. 그 후 캐더린은 카타네오 마라보토(Cattaneo Marabotto) 신부와 몇몇 친구들과 함께 격심한 내적 감정들로 특징지어지는 생의 마지막 10년을 보냈다. 이 경험은 『대화』(Dialogues)와 『연옥에 대하여』(On Purgatory)와 마라보토의 『생애』의 주요 내용이기도 하다. 여러 면에서 볼때 캐더린은 "연옥 신학자"다. 그녀는 자신이 원하지 않았던 결혼과 전염병 환자를 돌보는 데서, 그리고 그녀의 질병에서 육체적으로 연옥을 경험했다. 그다음에는 그녀의 글에서 말한 대로 그것을 영적으로 경험했다. 캐더린의 연옥 경험은 죄의 신비적 경험으로서, 거기서 캐더린은 생명에서 죽음으로 옮겨갈 때 영혼이 고통스럽게 겪어야 하는 것과 자기 자신의 불완전과 죄성의 실현을 겪었다. 캐더린은 자기의 내면의 감정을 상기하면서 두서없이 이 상태를 되새겼다. 캐더린의 증언은 다소 모순적이다. 이것은 그 글이 전해지는 과정이 복잡한 데 기인할 수 있다. 그 글 중 일부는 그녀의 영적 친구들의 것이라는 논란이 있다. 그러나 그녀의 진술의 진정성에 대한 의심에도 불구하고, 영혼의 개인적인 정화 과정을 위해 구원의 역사가 지니는 의미에 대한 독창적인 신비적 경험이 그녀의 것으로 여겨지는 문학 작품의 배후에 있다는 것은 확실하다.

신학과 신비주의

종종 탄식하는 것처럼, 15세기는 후대의 영성 또는 신비주의와 신학의 분열을 매우 분명히 예시한다. 신학을 점점 더 종교적이며 신비적 경험과 분리하는 추상적이며 조직적으로 구성된 형태의 신학적 지식을 조장함으로써 대학들이 이 분열에 공헌했다. 경험적 지식을 통해 그 두 부류의 앎을 통합하지 못한 것은 대학들이 영적인 삶을 위해서 자발적이며 흥미로운 자극을 제공하기를 더 이상 기대할 수 없다는 것을 의미했을 수 있다. 그러나 사실은 그 반대였다. 물론 토착어로 된 신앙심 함양을 위한 영적 문헌이 있었으며, 그것들은 계속하여 보다 우의적이며 금욕적이 되었고 "근대 헌신운동"에서 나온 『그리스도를 본받아』와 같은 강력한 저서도 있었다. 그러나 영적이며 철저히 혁신적인 성격의 많은 개혁 운동이 파리와 프라하와 같은 중요한 대학들에서 카스틀의 요한(John of Kastl)과 "근대 헌신운동"의 설립자 게에르트 그로테 같은 사람들을 통해 전개되었다는 것은 놀라운 일이다. 의식에서 위기의 증거와 동시에 15세기의 내적인 갱생의 증거가 피에르 다일리(Pierre d'Ailly, 1350-1420), 장 샬리에르 드 게르송(Jean Charlier de Gerson, 1363-1429), 자각에 대한 중요한 글을 쓴 로베르 키불(Robert Ciboule, d. 1458)과 같은 파리 대학의 뛰어난 대표자에게서 발견된다.

캄브라이(Cambrai)의 유명한 대주교였던 피에르 다일리는 그의 글 『거짓 선지자들에 대하여』(De falsis prophetis)와 『점성술가에 반대하여』(Contra astronomos)에서 신비주의에 대한 그릇된 개념을 공박했다. "거짓 선지자들"은 "양의 탈을 쓴 이리들" 즉 이단자들이었다. 점성술가들은 윌리엄 오캄(d. 1347)이 가르친 유명론의 도움을 받아 미래를 점치는 사기꾼이었다. 피조물의 관점에서 절대적으로 구속력 있는 도덕적 의무는 없으므로(계명은 단지 하나님이 그것을 그렇게 원하셨기 때문에 존재하므로) 피조물은 신의 의지와 철저한 의지의 연합을 이룰 의무가 있다. 이것은 신비적 연합의 기본 원리이기도 하다. 긍정적으로 보면, 다일리는 그의 논문과 설교에서 숙고와 관상 이론을 제시한다. 다일리는 게르송과 같이 거룩한 족장 요셉을 특별히 높였고, 또 아가서도 주석했다.

장 샬리에르 드 게르송은 다일리와 같이 교구 사제였으며 그의 뒤를 이어 1395년 파리 대학의 사무총장직을 맡았다. 이 자격으로 그는 17년간 지속되어 온 교회의 분열을 치유할 평화로운 수단을 강구했다. 이 정책, 그리고 특히 그가 부르고뉴인들에 반대해 아르마냑인들 편을 든 사실 때문에, 그는 정치적 분쟁에 휘말려서 독일의 멜크(Melk) 수도원에 잠시 피해야 했다(1418/1419). 그 후 그는 리용으로 가서 문학과 사도적 활동에 종사하다가 1429년 7월 12일에 그곳에서 죽었다.

게르송은 다일리보다 훨씬 더 철저한 오캄주의자였다. 그는 유명론 체계를 파괴하려 하지 않았다. 오히려 그는 그것을 신비주의 신학의 도식들과 연결하려 했다. 그는 루이스브렉의 글에 익숙했지만, 루이스브렉의 가르침과 특히 『영적 결혼의 장식』에서 상상의 신비적 역할을 불신했다. 게르송은 교부 전통에 더 가까웠으며, 특히 위-디오니시우스와 빅톨와 베르나르와 보나벤투어의 글에 더 가까왔다. 이것들을 요소로 그는 그의 신비주의 신학을 종합했고(『신비주의 신학에 관하여』), 거기서 순수한 지적 도식은 하나님께 다가갈 수 없다는 것을 보여 주려 했다. 오히려 인간은 정적인 힘으로 뒷받침된 단순한 지성의 직관을 통해 하나님께로 이끌린다. 영혼은 알고자 하는 노력이 감정과 결속되어야 그 사람의 핵심을 말살하지도 파괴하지도 않는 실제적인 신비적 경험을 체험할 수 있다. 신비적 경험 자체는 사랑의 일치를 통한 하나님에 대한 일종의 종교적 경험이다(*theologia mystica est cognitio experimentalis habita de Deo per amoris unitivi complexum*). 모든 사람이 회심으로의 부름에 귀를 기울여야 하지만, 오직 몇 명만이 관상의 완성에 이른다. 게르송은 또 당시의 거짓된 신비주의, 특히 그가 이해한 바 너무 불가지론적(agnostic)이며 부정적(apophatic)이어서 쉽게 범신론(pantheism)으로 빠져들 수 있는 그런 신비주의(예를 들어, 루이스브렉의 신비주의)를 격렬히 비판했다. 그는 당시의 신비적 경향의 남용을 여러 이름으로 지칭했다. 베가드(beghards), 툴루핀(Turlupins), 일부 침묵주의 경향 등. 그는 공의회의 법령과(그는 갈리아주의자로서 그것들을 교황보다 우위에 두었다) 교황의 판결과 성경과 전통에 따라서 그들을 반대했다. 다일리뿐 아니라 게르송도 중요한 역할을 했던 1415년의 콘스탄스 공의회 당시, 공의회가 성 브리짓트(St. Bridget)의 환상에 대한 보고 문제를 다루었을 때 게르송은 그의 논문 『영의 분별에 대하여』(*De probatione spiritum*)를 썼다. 이 논문에서 그는 환상을 받는 자의 영적 상태와 그 내용의 분석을 토대로 신비가들의 환상을 검토했다. 모든 경우에 환상에 대한 보고는 일단 의심하고 조심하면서 들어야 한다.

신비가들의 도덕적, 인간적, 종교적 성실성이 우선적으로 요구된다.

　게르송은 사색적 신비주의와 실천적 신비주의에 대한 기본적인 구별에서 16세기에 신비적 경험에 몰두하게 될 특히 토마스 아퀴나스 계열의 갈멜 수도회 회원을 위해 중요한 과학적 전제를 알려주는 전기를 만들었다. 후대에 어떤 위대한 인물이 그 신학과 영성 사이에 다리를 놓을 수 있었지만, 그는 신학과 영성의 분리가 어느 정도 확정적인 복잡한 상황에 대해서도 증언했다.

　15세기에 신비적 경험을 목적으로 한 두 번째 결정적인 자극은 쿠사의 니콜라스(Nicholas of Cusa, 1401-1464) 추기경이 쓴 『유식한 무지에 관하여』(De docta ignorantia)에 대한 논쟁에서(1451년부터 1480년 사이) 야기되었다(이 성식자의 생애와 그의 신학과 정치적 견해는 여기서 논의하지 않는다). 갈등이 일어난 것은 니콜라스가 자기 글에서 자신이 소유하고 있던 마이스터 에크하르트의 가장 중요한 라틴어와 독일어 작품을 인용했기 때문이었다. 하이델베르크 대학의 교수였던 헤렌베르크의 요한네스 벵크(Johannes Wenck of Herrenberg)가 그의 반론서 『미지의 학습에 관하여』(De ignota literatura)에서 이 연결을 지적했다. 쿠사는 그의 『변론』(Apologia)에서 마이스터 에크하르트를 변호하고, 존 스코투스 에리우게나(John Scotus Eriugena)와 데이빗 디난트(David of Dinant)에게서 그가 이용할 수 있는 모든 신플라톤주의 전통을 들어 자신을 옹호했다. 사실 그는 이 셋 모두에게 빚을 졌다. 벵크가 이단적이라고 생각한 요지는 "반대되는 것의 동시 발생"(coincidentia oppositorum)인데, 그것을 용납하는 것은 신비주의 신학으로 거슬러 올라가는 시작을 표시했다. 쿠사는 이 요지를 포기할 수 없는 것으로 옹호했다. 개혁에 고무된 수도사들이 이 논쟁에 가담했다. 바바리아 테게른제(Tegernsee)의 베네딕트 수도원의 수도원장이던 베르나르 웨이징(Bernard Waging)은 그의 『지식있는 무지 찬양』(1451)에서 지식 있는 무지(docta ignorantia)와 신비 신학(theologia mystica)의 차이를 규명하고(테게른제의 수도사들이 관심을 가졌던 문제), 그것을 인간과 하나님의 정적인 연결이란 과학적인 형태로 정의하고자 했다. 이것은 지식과 사랑 중 영혼의 어느 능력이 신비적 경험에서 앞서는가에 관한 신비주의의 오랜 질문과 관련된다. 테게른제 수도원의 대수도원장 카스파 아인도르퍼(Kaspar Aindorffer)는 그 질문을 매우 명료하게 추기경에게 제시했다.

> 독실한 영혼이 지적인 인식 없이, 또는 심지어 이전이나 부수적인 인식도 없이 오로지 감성이나 신데레시스(synderesis)로 불리는 영혼의 정점을 통해 하나님께 이를 수 있으며, 즉각적으로 그에게로 옮겨갈 수 있는가?[10]

추기경은 영혼의 두 능력이 공존하는 어떤 방식에 의거해 그것에 답했다.

> 그러므로 인간을 하나님께 이르게 하는 그와 같은 모든 사랑에는 비록 인간이 자신이 사랑하는 것이 무엇인지 알지 못할지라도 인식이 있다. 따라서 지식과 무지의 동시 발생, 또는 지식 있는 무지(docta ignorantia)가 일어난다.[11]

무엇이 사랑받는지 알지 못할지라도, 어떤 지식이 있어서 사랑의 능력이 하나님께 이르는 길로 출발할 수 있다. 그 문제를 알았던 멜크의 수도원장 요한네스 바일하임(Johannes of Weilheim)을 통해 카르투지오회의 빈센트 아그스바하(Vincent of Aggsbach)가 그 논쟁에 가담했다. 그는 순수한 실천신비주의의 옹호자였으며 교회의 개혁과 회의파를 지지했다. 그는 스콜라주의에 대한 강한 감정적 반작용으로 박사와 강사에게 실천 신비주의 연구에 전념하도록 요구했다. 그는 게르송이 사람이 하나님에 대한 지식 없이 실천 신비주의에서 진보를

---

10) E. Vansteenberghe, *Autour de La Docte Ignorance*, 110.
11) Ibid., 112.

보일 수 있다는 것을 가르치지 못했다는 이유로 그를 반대했다. 쿠사는 멜크와 테게른제의 수도원에서부터 이 글에 관해 배웠고, 1453년 그가 이미 표현했던 견해와 같은 방향에서 그것을 수용하는 입장을 취했다. 얼마간의 지식이 사랑 안에서의 연합을 선행한다. 왜냐하면 완전히 모르는 것은 사랑할 수 없기 때문이다. 모순의 원리는 어떤 경우에도 무한에 적용되지 않는다. 인간은 앎에서 알지 못하는 것으로 이동해야 하며, 이성에는 불합리한 것이 있는 동시에 있지 않은 것을 보아야 한다. 이것은 모순 없음이란 원리의 중요성보다 더 필연적인 무엇이다. 테게른제 출신자는 베르나르 웨이징을 통해 절충적 해결을 제시했다. 하나님과 영혼의 연합이 실제적인 지식 없이 일어날 수 있으나, 또다른 면에서는 어떤 지식도 없이 그것이 일어나는 것은 가능하지 않다. 쿠사는 하나님의 경험은 모든 앎을 사랑으로, 그리고 모든 사랑을 앎으로 만든다고 말함으로써 그들을 일축했다. 마침내 뮌헨의 마르콰르트 스프렝거(Marquard Sprenger)가 그의 『신비신학 설명』에서 이 논의에 참여했다. 그는 토마스 아퀴나스식의 진로(사랑과 더불어 있는 지식, cognitio cum amore)로 게르송 진영과 쿠사 진영을 비판했고, 니콜라스도 그것을 인정했다. 그 논란은 한편으로 빈센트와, 다른 한편으로 마르크바르트 스프렝거와 베르나르 웨이징 사이에 계속되었다.

기본적으로 이 성직자 사이의 논쟁은 대중적인 수덕문학에서 훨씬 더 두드러진 경향을 가리킨다. 그것은 과거 도미니크 수도사의 지성적 신비주의에서 (마이스터 에크하르트와 그의 추종자들의) 느낌과 사랑을 특징으로 하고, 이전 어느 때보다 더 강하게 영적 사건과 경험을 지향하는 신비주의로 옮겨갔다. 그것은 16세기와 17세기의 꾸준한 특징을 이루는 움직임이었다. 그리스도를 닮음(Imitation of Christ)이 이 실천 방향의 광대한 취지를 보여준다.

제7장

근대 경건

오토 그륀들러(Otto Gründler)

"근대 경건"(Devotio Moderna)은 14세기에 네덜란드에서 시작되어 급속히 독일로 퍼진 중세 후기의 종교개혁 운동이다. 그 운동은 처음에 부유한 상인이자 시의원의 아들인 데벤터(Deventer)의 게에르트 그로테(Geert Groote, 1340-1384)의 영향 아래 시작되었다. 그로테는 15살에 파리 대학에 들어갔으며, 3년이 못 되어 문학 석사 학위를 받았다. 그는 10년 동안 파리에 더 머물면서 교회법과 의학과 신학을 연구했다. 1374년 회심 경험과 더불어 그루테는 그동안 받아오던 성직록을 포기하고 아버지로부터 물려받은 데벤터의 집을 공동생활 자매회의 첫 일원이 될 독실한 여성 집단에 넘겨주었다. 그리고 그는 아른헴 부근의 모니크후이첸(Monnikhuizen)에 있는 가르투지오 수도원에 들어갔다. 친구 헨리 칼카르(Henry of Calcar)가 수도원장으로 있던 그곳에서 그로테는 3년 동안 머물렀다. 그러나 그로테는 세상에 나가 복음을 전하라는 수도사들의 권면으로 수도원을 떠나 데벤터로 돌아왔으며, 1380년경에 우트레흐트(Utrecht) 교구의 부제로 서임되었다. 그는 네덜란드 전역을 다니며 개혁을 설교했고, 청중에게 영적인 삶을 살라고 촉구했으며, 성직자들의 세속성을 비판했다. 그는 당연히 성직자들로부터 항의와 적의를 받았고, 그 결과 1383년에 설교권을 박탈당했다. 그는 1384년 8월 20일 로마에서 고위층 후원자들의 개입으로 그의 설교와 개혁 활동에 대한 금령이 철회되기 직전에 전염병으로 죽었다.

공동생활 형제회

그로테가 사망할 무렵, 그의 제자들이 데벤터의 신부 플로렌스 라데빈스(Florens Radewijns, 1350-1400)의 사제관에 살고 있었다. 라데빈스의 지도로 그 집단은 공동 소유에 근거한 공동체, 일명 공동생활 형제회를 설립했다. 그리고 1374년 이래(그리고 1379년 그루테가 쓴 법규 아래) 그의 집에 살고 있던 독실한 여성들의 집단을 주축으로 비슷한 공동생활 자매회가 발족하였다.

그 운동은 북해 연안 저지대와 독일로 급속히 확장되었다. 델프트, 루뱅, 엠메르히, 뮌스터, 쾰른, 베젤에 지부가 설립되었다. 쯔볼, 아스 헤토겐보쉬, 되스부르크, 그로닝겐, 헤데르위익, 쿨름, 헤어포드, 마부르크, 힐데샤임, 로스토크에도 새 지회들이 세워졌다. 15세기 중반 무렵 공동생활 형제회와 자매회는 북해 연안 저지대와 독일에서 백여 개의 지회를 가지게 되었다.

평신도 여성들인 자매회와는 대조적으로 공동생활 형제회는 전혀 평신도 공동체가 아니었다. 그 회원의 대다수는 사제들이거나 사제 후보자들이었다. 소수의 평신도 형제들은 대개 요리와 청소와 양재 등의 일을 감당했다. 자매회와 같이, 형제회도 재산을 공동 소유했으며, 엄숙한 서약 없이 청빈과 순결과 순종의 수도원적인 이상을 실천했다. 형제들은 원고를 필사하는 것으로 생계를 꾸렸고, 일상생활은 수도원의 양식을 따라 성무일과를 준수하고 침묵과 연구 시간을 가지며 온종일 묵상을 수행했다. 그뿐만 아니라 형제들은 자매원들(sister houses)에 영적인 조언과 목회적 보살핌도 제공했고, 일부 형제들은 설교도 했다. 형제회 설립 이래 그들의 주된 관심사는 젊은 청년들을 수도원 생활과 사제직에 적합하도록 준비시키는 것이었다. 이 목적을 위해 그들은 시내 학교에 다니는 남학생들을 위해 숙식을 제공하는 호스텔을 세우고, 그들에게 영적인 조언자와 가정교사 역할을 했다. 형제 중에는 대학을 다닌 이들이 거의 없었기 때문에 그들은 대체로 학교에서 가르칠 자격은 없었다. 그러나 그들은 주일 예배 후에 형제원에서 남학생들을 위한 대담회를 열고 주어진 영적 주제에 대해 자유롭게 토론하는 시간을 가졌다. 이 남학생 중에서 빈번히 신입 회원들이 나왔다. 그들은 학업을 마친 뒤 성직자로 형제회에 가입하거나 수도원에 들어갔다.

공동체 생활의 일과를 규정한 형제원들의 최초 규율집이 데벤터와 쯔볼에서 1413년에서 1415년 사이에 편찬되었고, 곧 연안 저지대와 독일의 모든 형제원들에 의해 채택되었다.[1] 형제들은 일곱 시간의 수면을 취하고 새벽 3시 반에 일어나서 성무일과에 따른 기도 준비를 했다. 매일 아침 기도가 끝나면 한 시간씩 성경 공부를 하고, 그 후에 교구 교회의 미사에 참석했다. 일곱 시부터 열 시까지, 정오에서 오후 세 시까지, 그리고 저녁 기도 후에 다섯 시부터 일곱 시 저녁 식사와 종과(終課) 시간까지 형제들은 책을 베끼는 일을 했다. 개인적으로 마음대로 쓸 수 있는 시간은 일곱 시부터 여덟 시까지 한 시간이었고, 여덟 시 반에는 모두 잠자리에 들어야 했다.

헌신 신앙 문학이 식사 시간에 크게 낭독되었는데, 가끔 원장이 형제들이 잘 듣고 있는지를 살피기도 했다. 주일과 축일에는 형제들은 점심 식사 후에 함께 모여 성경을 읽고 토론하는 시간을 가졌다. 형제들이 선정한 원장과 서무계가 각 형제원을 관장했다.

그러나 그들의 생활이 수도원의 생활 방식과 너무 유사한 점 때문에 특히 탁발 수도회들로부터 노골적인 반대와 비난을 사게 되었다. 그들은 공동생활 형제회와 자매회를 새로운 수도회의 시작으로 보고, 그것이 서약을 받지 않는 새 수도회의 설립을 금지한 1215년 제4차 라테란공의회의 결정을 어긴 것이라고

---

1) R. R. Post, *The Modern Devotion*, 234.

비난했다. 부분적으로 그와 같은 반대를 예견한 게에르트 그로테는 죽음을 앞두고 자기를 따르는 자들에게 새 수도원을 설립하도록 권고했었다. 형제들은 1386년 빈데스하임(Windesheim)에 정식 수도자들을 위하여 수도원을 설립함으로써 그의 소원을 이루었다. 데벤터에서 온 몇몇 형제들이 그곳의 첫 거주자들이 되었다. 기존의 세 수도원이 빈데스하임과 연합하여 1394-1395년에 어거스틴 정규 수사신부들의 빈데스하임 회중(Windesheim Congregation of Augustinian Regular Canons)을 구성했다. 쯔볼 부근의 성 아그네스 산 수도원과 프렌스베겐의 성 마리엔볼드 등 다른 수도원들이 곧 빈데스하임 회중에 가입했다. 1460년 "근대 헌신운동"의 역사가 요한네스 부쉬(Johannes Busch)는 그 회중에 속하는 것으로 80개의 수도원을 나열했다. 빈데스하임 회중은 여러 가지 중요한 업적으로 유명하게 되었다. 그들의 지도 아래 힐데스하임과 할베르슈타트와 베르덴의 교구 수도원들에 수도원 규율의 엄격한 준수를 재도입함으로써 수도원 개혁이 시행되었다. 더 나아가 빈데스하임 수도자들은 표준화된 예전문을 간행했고, 가장 중요한 것으로서 새로운 벌게이트 판을 출간했다. 수도원 영성의 부활에 게를라흐 페터스(Gerlach Peters, 1378-1411), 헨드릭 만데(Hendrik Mande), 특히 영적인 저서의 고전이 된 『그리스도를 본받아』의 저자 토마스 아 켐피스(Thomas à Kempis)와 같은 빈데스하임의 작가들이 결정적인 영향을 미쳤다.

15세기 후반기에 점점 더 많은 공동생활 형제원들이 참사회 회의소 지위를 신청하고 받거나 또는 부츠바하와 쾨니히슈타인에서와같이 참사회 회의소들과 연합한 반면에, 대부분의 자매회원들은 성 프란시스의 제3 수도회 규칙을 채택했다. 개신교 종교개혁과 더불어 "근대 헌신운동"의 기관은 급속히 쇠퇴했다. 개신교가 들어선 지역에서 형제원과 수도원이 모두 붕괴했고, 1600년 무렵 데벤터와 쯔볼의 최초 형제원을 포함하여 대부분의 형제원은 자취를 감추었다. 로마 가톨릭 지역에서는 일부 형제원과 빈데스하임 회중 수도원이 잔존하다가 마침내 18, 19세기의 세속화에 희생물이 되었다. 독일에서 빈데스하임 회중의 중요한 일원이던 프렌스베겐의 성 마리엔볼데 수도원은 1809년까지 지탱하다가 국가에 의해 공식적으로 해체되었다. 최후의 수도자이던 게하르트 퇴베(Gerhard Többe)가 1815년 프렌스베겐을 떠났다.

 20세기 초에 여러 연구서에서는 자주 "근대 헌신운동"이 중세 수도원주의와의 철저한 단절이자 개신교 종교개혁의 선구자로 설명되었다. 그들은 그것이 공교육에서 광범위한 혁신적 변화를 주도했고 15, 16세기의 거의 모든 인문주의자에게 영향을 미쳤다고 평가했다. 또 근대 헌신운동이 지닌 평신도적 성격과 비순응성, 근대적인 개인주의, 종교적 실천에서 외적인 것의 거부, 교회와 분리, 서약 거부 등이 그 운동의 "근대성"을 충분히 입증한다고 보았다.

 이런 주장은 "근대 헌신운동"의 수도원 지류인 빈데스하임 회중에는 적용되지 않는다. 그러나 최근의 연구에 따르면, 그것들은 전반적인 공동생활 형제회와 자매회에도 적용되지 않는다.[2] 반대로 "근대 헌신운동"의 제도와 문학은 철저한 혁신보다 전통적인 수도원 영성의 부활을 보여준다.

내적 헌신

 그 운동의 모든 신봉자는 이른바 "내적 헌신"을 실천했다. 그것이 전통적인 수도원주의의 영성과 매우 닮은 부분으로서, 바로 내적인 헌신과 공동체의 외적 질서와 그것의 상호관련성을 통해 영적인 삶을 배양한 데 있다.

 "근대 헌신운동"의 설립자 게에르트 그로테는 모니크후이첸에서 카르투지오회 수도사로 있으면서 영적인 삶에 대한 그의 기본적인 개념을 발전시켰다.

---

2) Ibid., 676-80.

토마스 아 켐피스는 수도원에서 그로테의 생활을 이렇게 묘사한다.

> 그는 무명실에 말총을 짜 넣은 거친 직물로 만든 긴 옷을 입고 육류와 다른 합법적인 것들도 완전히 삼가며 밤의 상당 부분을 철야와 기도로 새우면서 그의 연약한 육신이 영에 완전히 복종하게 했다.[3]

모니크후이첸에 처음으로 머물렀을 당시에 그로테는 그의 개인 생활을 규모 있게 꾸리는 것과 관련하여 스스로 일련의 방안을 제시했다.

> 나는 하나님의 영광과 존귀와 그를 섬기는 것과 나의 영혼의 구원을 위해 내 생활을 규모 있게 꾸리고자 한다. 나는 몸이나 명예나 재산, 또는 내 영혼의 구원에 관한 지식 그 어느 것의 일시적 유익도 선호하지 않으려 한다.[4]

그는 다시는 성직록을 바라지 않기로 결심했으며 학문을 통해 얻을 수 있는 이익을 포함하여 모든 물질적 소유를 포기했다. 그는 어떤 분야에서든 모든 종류의 장학금을 포기하고 신학과 의학과 법률에 관한 공부도 그만두기로 했다. 그는 명성을 얻을 목적으로는 다시 책을 쓰지 않을 것을 선언했고, 스콜라주의와 그것의 결론과 그 방법 모두를 거부했다. 사실 그는 모든 부류의 학문을 비본질적인 것으로 간주하여 포기했다.

이런 결심은 근대 헌신운동 중심에 있는 태도를 반영하며 세상을 멸시 (contemptus mundi) 하는 수도원 전통에 깊이 뿌리를 두고 있다. 그로테의 결심은 카르투지오 수도원의 첫 수도원장 구이고 1세(Guigo I)의 『묵상집』(Meditations)을 생각나게 한다.

---

[3] A. Hyma, *The Brethren of the Common Life*, 19.

[4] Thomas à Kempis, *Opera Omnia*, ed. M. J. Pohl (7 vols.; Freiburg: Herder, 1902-1921) 7:88.

하나님에 대한 내적인 비전이 없는 것은…네가 네 내면의 밖으로 나가게 하고…외적 모습이나 사람들의 의견을 숭앙하면서 네 시간을 허비하게 한다. 하나님에 대한 내적인 비전을 갖고 그의 은혜를 받기 위하여 우리는 세상과 자신을 부인해야 한다. …하나님께 가는 길은 짐을 벗음으로 가는 것이기 때문에 쉽다. 그러나 짐을 지고 가려면 그것은 어려운 길이 될 것이다. 짐을 벗어라. 모든 것을 버리고 자신을 부인하고…신체의 외적 모습을 포기하라. …그런 것 없이 사는 법과 하나님을 기뻐하는 법을 배우라.[5]

그루테는 내적인 헌신과 외적인 경건의 노력이 서로 관련되는 것을 보았고, 그 둘 다 참된 영성의 필수 요소로 간주했다.

종교의 내적인 노력과 실천은 친밀한 경건, 내면성, 하나님의 뜻에 대한 복종이다. 외적인 노력과 실천은 헌신과 자신을 드리는 데 있다.[6]

하나님께 가는 길은 투쟁과 세상의 멸시와 자기 부인의 삶이다. 그 목표에 이르기 위해 우리는 묵상과 기도와 겸손한 자기 비움을 통해 그리스도의 인성과 특히 그의 고난을 본받아야 한다. "그리스도의 십자가는 반드시 고난을 묵상함으로써 세워져야 한다"(*crux Christi in ruminatione passionis fabricanda est*).[7] 본받는 것은 그리스도의 삶의 모범을 따르는 것을 의미한다.

그러나 내면성이나 의식적인 내적 경건에 대한 강조는 외적인 노력과 실천

---

5) Guigo I, *Meditations of Guigo, Prior of the Charterhouse*, trans. John J. Jolin (Milwaukee, WI: Marquette University Press, 1951) 46-47, 13-14, 50.

6) G. Groote, *De Simonia ad beguttas*, ed. R. Langenberg (Quellen und Forschungen zur Geschichte der Deutschen Mystik; Bonn: P. Hanstein, 1902) 25.

7) Groote, *Gerardi Magni Epistolae*, ed. W Mulder (Antwerp: Editricis Neerlandiae, 1933) n. 62, pp. 232-43.

을 배제하지 않는다. 그로테에게 내적인 행위와 제스쳐는 내적인 헌신의 상징이며 표시이다.

> [미사를 드리는 동안]…이 말씀[복음]에 고개를 숙이는 것과 경외를 표하는 신체의 자세는 우리 마음의 경외를 표시한다. …외적인 준수는 내적인 경외를 유도하는 수단이다. 그러나 전자가 후자에 응하지 않는다면, 그것은 헛되다. …움직임이 몸의 자세와 관련되기 때문에 굽힌 자세는 마음의 헌신을 적절히 표현한다.[8]

그로테는 구이고 1세의 의견을 되풀이한다.

> 신체의 가장 큰 유용성은 그것이 상징으로 사용되는 데 있다. 그것들로부터 우리의 구원에 필요한 많은 표시가 만들어지며…다른 사람의 영혼의 움직임을 지각이 가능한 표시(sensible singns)로만 알기 때문이다."[9]

그로테가 개인적으로 사용하기 위해 복사하고 끊임없이 참고한 책은 중세 헌신운동 문학의 고전들, 특히 카시안(Cassian), 그레고리 1세, 클레르보의 베르나르 등의 작품이었다. 따라서 그로테의 영성은 수도원의 관상 전통에 깊이 뿌리를 두었다. 그가 자주 수도원의 생활을 가장 완전한 구원의 방법으로 찬양한 것도 그리 놀라운 일이 아니다. "수도원에 들어가는 것은 하나님을 가장 즐겁게 하는 최고의 삶의 상태를 선택하는 것이다."[10]

그로테의 가장 영향력 있는 제자들은 플로렌스의 라데빈스(Florens Radewijns)와 게에르트 제르볼트 판 주트펜(Geert Zerbolt van Zutphen, 1367-1398)이다. 라데

---

8) Thomas à Kempis, *Opera Omnia*, ed. Pohl, 7:97f.
9) Guigo I, *Meditations*, 46.
10) Groote, *Gerardi Magni Epistolae*, ed. Mulder, n. 15, p. 50.

빈스는 헌신운동의 공동 주창자로서 1384년부터 1400년까지 공동생활 형제원의 모체인 데벤트 형제원의 초대 원장으로 있었다. 그의 작품 중에 *Multum Valet*과 *Omnes Inquit Artes* 둘만 보존되었다. 전자는 영적인 삶의 목표, 즉 마음의 청결과 하나님 사랑을 점검하는 소론이다. 라데빈스는 이 목표를 달성하는 두 가지 방법—영적 독서와 기도와 묵상을 통한 미덕의 실천과 하나님으로부터 받은 은택에 대한 묵상—을 설명한다. 두 번째 작품 *Omnes inquit artes*는 성경 본문과 전통적인 헌신운동 글과 그리스도의 고난, 네 가지 최후의 것, 인류의 죄, 하나님으로부터 받은 은택 등 묵상의 주제를 다룬 소론을 모은 모음집이다. 실천되어야 할 주요 덕목은 하나님 사랑과 이웃 사랑이다. 이웃 사랑은 화목과 책망을 주고받음과 순종에 있다고 배운다. 무엇보다 그것은 자기 뜻을 포기하는 것을 의미한다. 라데빈스가 선택한 묵상을 위한 본문은 수도원 문학을 대표하며 가장 자주 인용되는 저자는 카시안이다. *Omnes Inquit Artes*의 거의 1/3이 카시안의 글에서 인용했으며, 카시안은 라데빈스의 영성에 탁월한 영향을 미친 듯하다. 그는 학문적인 지식과 사변적 신비주의(speculative mysticism)를 헌신의 장애물이자 오류 근절을 훼방하는 것으로 여겨 단호히 거부한다.

데벤터 형제원의 최초 형제 중 하나인 게에르트 제르볼트는 31세의 젊은 나이에 죽었지만 "근대 헌신운동"의 영적 스승으로 간주해야 한다. 그의 저서 *De Reformatione Virium*과 *De Spiritualibus Ascensionibus*는 근대 헌신운동의 영성 발전, 그리고 토마스 아 켐피스를 비롯한 후대의 저자들에게 지대한 영향을 미쳤다.

제르볼트에 따르면, 인간은 "지성(mind)의 위대성을 부여받은 고상하고 이성적인 피조물"로서 하나님의 "고상함"을 추구하고, 그것에 이르려는 자연스러운 욕구를 가진다. 그러나 그 영적인 승귀는 원죄와 현세의 욕망에서 경험된

바 인간의 부패성으로 차단되어 있으므로 결국 모든 인간 영혼은 이제 "하나님이 규정하신 바와는 동떨어진 방향으로 나아가려 한다."

영혼의 힘을 회복하는 것은 본받아야 할 모델인 그리스도의 삶에서 계시된 바 자아 지식과 비하와 겸손을 수단으로 승귀의 여러 수준에서 일어난다. 따라서 그리스도를 본받는 것이 제르볼트 영성의 핵심이다. 그리스도를 본받는 것은 그리스도의 인성의 인식과 그의 신성의 발견과 하나님과의 연합에 해당하는 세 단계(혹은 승귀)에서 실현된다.

그리스도를 본받음에서 이 승귀를 성취하는 데는 네 가지 실천이 요구된다. 영적 독서(*lectio*), 묵상(*meditatio*), 기도(*oratio*), 관상(*contemplatio*)이 그것이다. 그 모두는 그리스도의 고난을 중심으로 한다. 묵상은 다음과 같이 설명된다.

> 묵상은 읽거나 들은 것을 부지런히 마음속에서 뒤적거리며 동일한 것을 깊이 생각하고, 그로써 당신의 사랑이 특별한 방식으로 뜨거워지게 하거나 당신의 이해를 밝게 하는 과정을 뜻한다.[11]

영적 승귀에 관한 제르볼트의 글은 샤르트르(Chartreuse)의 9대 수도원장인 구이고 2세(Guigo II)의 *Scala Claustralium*과 매우 비슷하다.[12] 그리스도를 본받음에서 이 승귀를 달성하기 위한 제르볼트의 네 가지 수행은 구이고의 그것들과 유사하며, 둘은 동일하게 그것들의 상호 관련성을 강조한다. 영적 독서는 묵상을 위한 준비며, 묵상은 기도를, 기도는 관상을 위한 준비이다. 기도 없는 독서는 건조하다. 독서 없는 묵상은 그릇된다. 묵상 없는 기도는 미온적이다.

---

11) Gerard of Zutphen, *The Spiritual Ascent*, trans. J. P Arthur(London: Burns & Oates, 1908) 26.

12) Guigo II, *The Ladder of Monks and Twelve Meditations*, trans. E. Colledge and J. Walsh(Kalamazoo. MI: Cistercian Publications, 1981). 한글역본으로 『성독』(은성출판사, 엄성옥 역)이 있다.

기도 없는 묵상은 열매가 없다. 기도 없는 관상은 희귀하며 기적이다.

그로테, 라데빈스, 제르볼트의 글에서 중심 주제가 된 것은 "근대 헌신운동"을 가장 잘 대표하는 유명한 저서의 제목—성 아그네스 산 수도원의 수도자인 토마스 아 켐피스의 『그리스도를 본받아』—이 되었다. 그 책의 저자에 대해 많은 논란이 있어 왔지만 (예를 들어 그 작품의 일부는 제르볼트 또는 그로테의 것으로 돌려진다) 전통적으로 그 저자는 언제나 토마스로 간주하였다.

그 저서는 그리스도를 본받는 주제에 관해 중세 영성의 대가들이 표현한 사상들의 합류점이라고 불릴 만하다. 성 어거스틴의 경우, 그리스도를 따르고 닮는 것은 영적인 삶의 의미 자체였다. 하나님이신 그리스도는 그 복적이며 사람이신 그리스도는 그 길이다.[13] 성 베르나르의 경우 역시 영적인 길은 자신을 그리스도의 인성과 신성 모두와 연결시킴으로써 그를 본받는 것이었다. 하나님이신 그리스도를 사랑하는 데 오를 수 있기 위해서는 먼저 사람이신 그리스도를 사랑해야 하며, 그렇게 하기 위해서는 그리스도의 신비에 관해 끊임없이 묵상해야 한다.[14]

토마스 아 켐피스가 그리스도를 본받는 것을 십자가의 길이라고 정의한 것은 그의 영적 신구자들의 영향을 보여준다. 그리스도는 자아 인식과 자기 비하와 겸손과 순종의 모범이며 귀감이다. 그 모든 것은 그리스도의 생애에서 드러난 주요 덕목 중에 속한다.

> 당신이 자신의 악덕을 제거하고 미덕의 실천에서 진보하고자 한다면, 하나님 아버지께서 모든 미덕의 모범으로 세상에 보내신 그리스도의 삶과

---

13) PL 38, col. 685.

14) PL 186, col. 704.

고난을 사랑하라.15)

토마스는 자아 인식을 영적 진보의 선결 조건으로 간주한다. 죄인으로서 타락성과 연약성과 육신의 유혹을 저항하지 못하는 무능력 때문에 겸손과 순종으로 하나님을 사랑하고 섬기는 참된 운명으로부터 멀리 분리되는 자로서 인간 본연의 상태를 깨닫게 하는 이는 바로 인성의 완전한 모범이신 그리스도시다. 그 같은 깨달음은 그리스도를 닮는 것으로 사람을 인도하며 그리스도의 생애에서 제시된 그 모범을 전적으로 따르는 삶을 살려고 결심하게 한다.

그리스도는 무엇보다 자기 비하와 자기 포기와 세상에 대한 멸시를 요구하는 겸손의 모범이다. 구이고 1세는 독자들에게 "모든 것을 버리고 자신을 부인하기까지 짐을 벗으라"고 권고했다. 그로테는 하나님께 이르는 길을 투쟁과 세상의 멸시와 자기 부인의 삶으로 불렀다. 토마스는 "자기 비움"과 "벌거벗음"란 용어로 동일한 태도를 설명한다. 그리스도를 본받는 것은 외적인 것들에 대한 사랑을 버리고 모든 피조물에서 초연해지며 모든 육신의 정욕을 거부하는 것을 의미한다.

> 이기심을 버리고 벌거벗은 예수님을 따르고자 벌거벗으며 자신에 대해 죽고 영원히 사는 것, 이것을 위해 분투하라. 이것을 위해 기도하라. 이것을 사모하라.16)

하나님을 사랑하고 섬기는 것 외에 아무것도 바라지 않는 이 철저한 겸손은 참된 이해를 흐트리는 학문에 관한 모든 욕구도 버리는 것을 포함한다.

---

15) Thomas à Kempis, *Opera Omnia*, ed. Pohl, 5:3.

16) Thomas à Kempis, *The Imitation of Christ*, trans. L. Sherley-Price (Baltimore: Penguin Books, 1975) 3:37.

겸손이 없어서 삼위 하나님을 기쁘시게 하지 못한다면, 삼위일체에 관해 박식하게 말하는 것이 무엇이 유익한가? 사실 사람을 거룩하고 의롭게 하는 것은 학문이 아니다. 오직 덕스러운 삶이 하나님을 기쁘시게 한다. 나는 회개를 정의하는 법을 알기보다 오히려 회개를 느끼기를 원한다. 우리가 하나님의 은혜와 사랑 없이 산다면, 전체 성경을 암기하고 모든 철학자의 원리를 아는 것이 무슨 유익이 되겠는가? 하나님을 알고 오직 그만을 섬기는 것 외에 모든 것은 헛되고 헛되니 헛되고 헛되도다.[17]

학문을 경시한 것은 그로테의 정신과 매우 유사하며 "근대 헌신운동"의 특징이 되기도 한다. 스콜라 신학과 모든 공적인 신학적/철학적 지식이 무가치하며 불필요하고 영적인 삶에 부적절한 것으로 본다. 참된 이해는 그리스도를 밀접하게 닮는 것과 "생각을 깨우치며 회개를 자극하고 위로가 넘치는" 복음의 말씀에 주의를 기울이는 것을 통해 오직 하나님에게서 온다.

> 그리스도의 말씀을 깨닫고 그것을 기뻐하기 원하는 사람은 자신의 전체 삶이 그리스도를 따르는 삶이 되도록 힘써야 한다.[18]

그리스도 자신이 그 근원이 되는 그와 같은 이해만이 영혼이 자체를 초월하여 신적인 조명과 하나님과의 직접적인 교통 안에서 숭고한 진리들이 이해되는 마음의 황홀경에 이르게 할 수 있다. 그리스도를 의식적으로 본받는 데서 겸손의 정점은 자신의 의지를 하나님의 의지에 순종시키는 것이다. 그것은 내적인 평안과 자유의 원천일 뿐 아니라 묵상과 하나님과의 궁극적 연합의 근원이기도 하다.

이전에 플로렌스 라데빈스와 게에르트 제르볼트가 그랬던 것과 같이, 토마

---

17) Ibid., 1:1.
18) Ibid.

스 아 켐피스도 대부분 글을 형제들이 그리스도의 삶과 고난의 신비를 숙고하는 데 영감을 주기 위하여 썼다. 형제들이나 수도자들 모두에게 있어서 묵상은 일정 시간에만 하는 것이 아니라 온종일, 심지어 육체노동을 하는 동안에도 중단 없이 계속되어야 하는 것이었다. 기도와 묵상이 내적인 삶을 조성하는 데 필수적인 것으로 간주되었기 때문에, 15세기 말엽 여러 저자가 묵상을 위한 방편을 개발했다. 그중에 특히 여러 단계로 된 묵상 기도의

12 Constitution of the Brotherhouse at Denver의 첫 페이지

완전한 방법을 설명한 존 웨셀 갠스포트(John Wessel Gansfort, ca. 1419-1489)의 『묵상의 계단』(Scala Meditatoria)이 유명하다.[19] 갠스포트는 이 작품을 성 아그네스산 수도원의 수도자들에게 헌정했다. 그것은 약 1477년부터 그곳의 수도자로 있던 존 몸바어(John Mombaer, 1460-1501)와 1494년에 출판된 그의 유명한 저서 『장미 정원』(Rosetum exercitiorum spiritualium et sacrarum meditationum)에 큰 영향을 미쳤다.[20] 이 저술의 목적은 그의 동료 형제들이 그들의 경건 생활의 『장미 정원』에서 가장 중요한 세 화원(성무일과, 성찬, 묵상)을 가꾸는 것을 돕는 데 있

---

19) R. R. Post, *The Modern Devotion*, 539.
20) Ibid., 543ff.

었다. 기도하는 동안 마음이 산란해지지 않고 그리스도의 생애의 사건을 깊이 되새기는 것이 중요하기 때문에 몸바어는 *chiropsalterium*이란 특수한 방법을 개발했다. 그것은 시편을 기도하는 동안 엄지로 다른 손가락 안쪽을 문지르는 것인데, 몸바어는 각각이 일곱 개의 간략한 숙고나 기도를 가리키게 했다. 각 손가락을 문지르는 동안 관련된 말씀이 그 형제의 마음속에 경건한 생각과 의도를 일깨우도록 암송해야 했다. 비슷하게 "교제의 계단"(scala communionis)은 내적인 경건을 가지고 성찬을 받는 것을 돕고자 했고, "묵상의 계단"(*scala meditationis*, 몸바어는 그 전체를 완전히 존 웨셀 갠스포트에게서 채용했다)은 묵상 주제에 생각을 집중하는 것을 돕고자 했다. 각 단계에서 몸바이는 기억을 돕는 기술적인 구절을 사용했는데, 그것은 중세 시대 내내 매우 흔하게 사용된 방법이었다. 각 단계의 주된 내용은 한두 요지로 압축되어, 그 단계를 사용하는 형제나 수도자가 그것을 틀리지 않고 상기할 수 있게 했다. 저자는 사다리의 여러 단계와 그에 상응하는 마음의 상태나 활동을 그리스도의 생애의 여러 보기로 설명한다. 이런 계단식 방법을 따르는 데는 그 형제나 수도자가 그 주제에 완전히 사로잡힐 만큼 완전한 집중이 요구되었다. 몸바어는 온종일, 곧 일할 때나 여가에나 기도할 때나 미사 때나 할 것 없이 그 방법을 사용할 것을 제안한다. 그것은 형제들이 기도와 정시과와 연구와 작업과 식사, 심지어 오락까지도 올바르고 경건한 정신으로 수행하도록 하기 위함이었다. 기도나 공창이나 미사 동안에 내적인 참여를 강조하고 또 엄격한 방식의 숙고를 강조한 『장미 정원』(*Rosetum*)은 간접적으로라도 이냐시오 로욜라의 『영신수련』에 영향을 끼쳤을 것이다.

공동체 생활

　헌신의 성격과 의미와 영적인 삶에 대한 근대 헌신운동가들의 견해와 사상은 본질적으로 수도원적이며 중세 수도원 영성의 대가들로부터 비롯된 것으로 보인다. 이것은 빈데스하임 수도자들만 아니라 공동생활 형제회와 자매회에도 해당한다. 그들의 종교적 견해는 완전히 동일할 뿐 아니라 그들의 공동체 생활도 매우 유사했다.

　물론 빈데스하임 수도원들은 형제원들과 중요한 점에서 달랐다. 수도원의 재산은 교회에 속했고, 수도원장의 권위는 교회법에 의해 확립되었으며, 성무일과 공창과 축일 미사 공창과 수도자 서약이 요구되었다. 그러나 이런 규정이 형제회와 자매회에는 적용되지 않았지만, 그들의 일과는 빈데스하임 수도사들의 그것과 매우 흡사했기 때문에 형제원이 수도원으로 바뀔 때도 거주자들의 생활에 극적인 변화는 일어나지 않았다.

　1394년에 자가성되고 교황 보니페이스에 의해 인가된 빈데스하임 규율은 여러 수도원에서 사용된 것을 발췌하여 만들었으며, 20년 후에 쓰인 데벤터와 쯔볼의 형제원들의 규정도 비슷한 전통적 요소를 담고 있었다.

　거기에 진술된 목표는 내적인 헌신과 묵상을 통해 영적인 삶을 배양하며 순결과 화목과 그리스도를 닮는 삶을 함께 사는 것이었다.

> 여기에서는 사제들과 성직자들이 함께 살며 육체노동, 즉 책을 필사하는 것과 일부 토지의 수익금으로 생계를 꾸리고, 경건함으로 교회에 참석하며, 고위 성직자에게 순종하고 검소한 옷을 입으며, 교회법을 준수하고, 종교적 수행을 실천하며, 책망할 것이 없고 귀감이 되는 삶을 살며, 그리하여 그들이 하나님을 섬기고 혹 다른 이들을 권유하여 구원의 길을 찾게 하려는 목적으로 설립되었다. 종교의 최종 목적이 마음의 청결에 있으며

그것 없이 완전을 구할 수 없기 때문에, 오염된 마음을 죄에서 깨끗하게 하며 그리하여 먼저 우리 자신을 알고 마음의 악과 정욕을 판단하며 온 힘을 다하여 그것들을 제거하는 법을 배우는 것을 일상의 목표로 한다. 우리는 일시적인 소득을 멸시하고 이기적인 욕망을 부수며 다른 이들이 죄를 이기는 것을 돕고 겸손과 사랑과 순결과 인내와 순종과 같은 참된 덕들을 쌓아가는 데 힘을 쏟아야 한다. 우리는 기도, 묵상, 독서, 육체노동, 금식—요컨대 우리의 내적/외적 능력의 조화로운 발전과 같은 우리의 모든 영적 노력을 이 목적에 기울여야 한다.[21]

그 규율은 계속하여 일상의 묵상 주제와 순서를 규정한다.

악을 이기려는 자들에게는 주님을 두려워하는 것이 필요한 반면에, 우리 각 사람에게는 주님을 두려워하도록 인도하는 죄와 사망과 심판과 지옥과 같은 주제를 묵상하는 것이 유익하다. 그러나 계속된 두려움이 우울과 절망을 낳지 않도록, 천국과 하나님의 축복과 그리스도의 생애와 그의 고난과 같은 보다 희망적인 주제를 묵상에 추가할 필요가 있다. 우리는 이런 주제를 토요일에 죄에 대해, 주일에는 천국에 대해, 월요일에는 죽음에 대해, 화요일에는 하나님의 축복에 대해, 수요일에는 최후 심판에 대해, 목요일에는 지옥의 고통에 대해, 금요일에는 그리스도의 고난에 대해서 등의 방식으로 숙고할 것이다.[22]

그 규율에 육체노동을 내적/외적 능력의 조화로운 발전의 일부로서 영적 훈련에 포함한 것은 매우 의미심장하다. 그러나 모든 종류의 육체노동이 적절한 것으로 간주하는 것은 아니며, 종교적인 글을 필사하는 것과 같은 영적 훈련에 유사한 일들이 선호되었다.

---

21) A. Hyma, *The Brethren of the Common Life*, 110.
22) Ibid.

따라서 책을 필사하는 주된 목적은 수입원을 마련하는 데 있는 것이 아니라 "하나님을 섬기고 다른 이들을 권유하여 구원을 찾게 하는" 데 있었다. 구이고 1세는 카르투지오 『법규』에서 동일한 요지를 강조했다.

> 우리는 책을…영혼의 영원한 양식으로 조심스럽게 간직하기를 원하며, 입으로 하나님의 말씀을 전할 수 없을 때 손으로 그것을 할 수 있도록 매우 근면하게 그것을 만들기를 원한다. …우리가 기록한 책으로 인해 오류에서 벗어나고 보편적 진리에서 진보하게 될 모든 사람 때문에 주님으로부터 보상을 받을 것을 소망하며 우리는 그렇게 많은 진리의 공표자를 만드는 것이다.[23]

이와 같은 육체노동의 영적 차원은 형제원들의 규정에서 한층 더 강화된다. 그것은 형제들에게 그들의 노동에 숙고와 간단한 기도를 첨가하도록 권고한다.

비록 청빈과 순결과 순종에 대한 의무적인 서약이 공동생활 형제회와 자매회에 요구되지 않았지만, 그들은 당연히 그 덕목들을 배양하도록 기대되었다. 회원은 절대 개인의 재산을 소유할 수 없었다. 회원으로 형제원에 들어오는 것이 허용될 때, 재산을 형제원이나 자매원에 양도하고 공적으로 증인들 앞에서 재산에 대한 모든 권리를 포기하는 것을 맹세했다. 형제들이나 자매들의 공동작업혹은 개인 노동에서 얻어지는 수입은 그 형제원이나 자매원에 속했으며, 당면한 비용을 지불하거나 가난한 자를 구제하는 데 사용되었다. 어떤 형제가 나쁜 행실로 인해 축출되거나 스스로 형제원을 떠나는 경우에 그는 옷 외에 아무것도 가지고 갈 수 없었으며 재입회가 허용되지 않았다.

---

23) E. Margaret Thompson, *The Carthusian Order in England* (New York: Macmillan, 1930) 34.

형제원의 회원들은 동등한 자들로서 서로에 대해 형제 사랑을 실천하며 서로의 소원과 훈계를 순종함으로써 화목과 조화를 유지해야 했다. 모든 정당하고 합법적인 문제에 있어 그들은 원장에게 무조건 복종해야 했다. 형제원 원장의 권위는 수도원 원장의 권위와 달리 교회법에 의해 확립된 것이 아니라 그를 선출한 형제들의 공통된 동의에 의해 확립되었다. 그런데도 원장의 권위는 확실한 것이었다. 그의 통치는 법규의 조항보다 그의 개인적 권위와 경건에 더 크게 의지했다. 그것은 수도원장의 권위와 관련하여 베네딕트의 규율이나 어거스틴 규율에서 발견되는 사상이기도 했다.

> 수도원장직을 맡은 사람은 제자들을 두 가지 방법으로 가르쳐야 한다. 즉, 무엇이 선하고 거룩한지를 말보다 모범으로 보여 주어야 한다.[24]

> 수도원장은 모든 사람에게 선행의 귀감이 되어야 한다.[25]

말과 모범에 의한 이 이중적 권위 행사는 1410년에서 1457년까지 쯔볼의 형제원에서 원장으로 있었던 디르크 헤륵센(Dirk of Herxen)에게서 매우 잘 나타난다. 그는 가장 탁월한 형제원 원장이었다. 그는 모범적인 원장이며 아주 경건한 사람이었으며 형제들뿐 아니라 그의 조언과 가르침을 받으러 온 시민들에게도 크게 존경을 받았다. 그가 날마다 천사들과 대화를 나누었다는 소문도 있었으며, 형제들은 너무도 그를 두려워하여 그의 얼굴에서 단순한 불찬성의 표정만 보아도 두려워하며 그들의 방으로 뛰어갔다고 한다.

토마스 아켐피스는 플로렌스 라데빈스가 찬송하는 경건한 태도로 인해 모든

---

24) *St. Benedict's Rule for Monasteries*, trans. Leonard J. Doyle (Collegeville, MN: Liturgical Press, 1948) chap. 2.

25) *Regula Sancti Augustini Secunda*, ed. R. Arbesmann-Hümpfner, in *Liber Vitasfratrum* (New York: Cosmopolitan Science & Art Service, 1943) 11.

사람들로부터 존경을 받았으며, 환상을 보았고 그의 기도가 기적적으로 응답되었다고 보고한다.

수도원장을 "수도원에서 그리스도의 자리에 있는"[26] 자로 언급한 『성 베네딕트 규율』과 비슷하게, 형제원 원장 아밀리우스 뷰렌(Amilius Buren)은 임종시에 형제들에게 그의 후계자를 그리스도의 대리자로 여겨 순종하라고 권면했다.[27] 따라서 규율 상의 기능에서 원장은 그리스도의 신적인 모습과 융합되었다.

그리스도를 본받음

"근대 헌신운동"의 규정은 경건의 양식과 공동체의 평화와 조화와 안정이 유지되는 양식 사이에 현저한 일치를 보여준다. 두 양식 모두 권위 있는 모델들의 모범적인 행위를 필요로 한다. 그것은 말과 솔선수범을 매개로 하며 그 모델들의 자세와 행위를 본받을 수 있는 사람들의 능력에 의존하기도 한다. 근대 헌신운동 문학의 필수적 국면은 그 독자들에게 분명하게 규정된 일련의 반응이다. 핵심 낱말은 "본받음"(imitatio)이다. 그것은 적절한 태도와 감정과 자기 인식의 내적인 본받음과 행동과 몸짓의 외적인 본받음을 의미한다. 게다가 겸손과 자기 비하와 타인 사랑의 내적 태도들은 순종과 청빈과 봉사의 외적 행동들과 서로 관련된다. 후자가 전자를 나타내고 보여준다.

이 양식의 전통성은 부인할 수 없다. 최근의 연구는 대 그레고리 이래 독특하고 뚜렷한 수도원적인 언어와 경험이 존재했으며, 그것이 12세기 영적 저자

---

26) *St. Benedict's Rule*, chap. 2.
27) R. R. Post, *The* Modern Devotion, 242.

들의 작품에서 꽃 피었고, 그것의 매력이 14세기와 15세기에 수도원식 수도회들을 통해 널리 퍼졌다는 것을 보여준다.[28] 이 전통의 다양한 형식(하나님의 공로, 성무일과, 전례 예배와 기도문, 일상의 묵상)을 위한 틀은 대부분 복음서 이야기, 특히 그리스도의 고난 이야기에서 제공되었다. 중세 말엽에 묵상은 더욱 조직적으로 되었을 뿐 아니라 점점 더 고난 장면과 그것이 경험되어져야 할 조건에 집중되었다. 이처럼 중세 후기에 그리스도인의 경험의 본보기로서 고난에 초점이 맞추어진 것은 루터의 동시대인 요한 스타우피츠(Johann Staupitz)에 의해 분명하게 표현된다. 스타우피츠에게 있어서 종교적 경험은 고난받는 그리스도를 효과적으로 본받는 것이었다.

> 갈보리 언덕에서 그는 우리에게 성결(sanctity)의 모범을 보여 주셨다. …그리스도는 하나님이 주신 모범이시며, 나는 그 모범을 따라 일하고 고난 당하고 죽을 것이다. 그는 우리가 따를 수 있는 유일한 모범이시며 그 안에 생명의 모든 선과 고난과 죽음의 유용한 본이 있다. 그러므로 그리스도의 삶과 고난과 죽음을 따르지 않는다면 아무도 바르게 행하고 바르게 고난 당하며 바르게 죽을 수 없다.[29]

이 수도원 전통을 이해하려면 그것의 정적인 성격을 인식히는 것이 필요하다. 그것은 말과 모범을 통해 그것을 수용하는 방식을 결정하며 그 거룩한 이야기를 듣고 읽는 자로부터 모방의 반응을 요구하는 점에서 그리스도를 본받음(*imitatio Christi*) 영성의 기초를 형성한다. 그러므로 수도원적인 헌신 전통은 헌신의 주체와 대상을 동일시한다. 그것은 아는 자와 알려지는 자의 융합이다.

---

28) Jean Leclerq, *The Love of Learning and the Desire for God: A Study in Monastic Culture* (2nd rev. ed.; New York: Fordham University Press, 1974) 33-56.

29) Johannis Staupitii *Opera*, ed. I. Knaake (Potsdam: Gropius, 1867) 1:63.

이런 이유로 지식의 내용은 그것을 수용하는 방법과 분리될 수 없으며 분리되어서도 안 된다. 따라서 모든 신학적 사색과 의미의 추상이 거부되며 주해상 의미의 탁월한 단계로서 성경 본문의 도덕적 의미가 강조된다.

확실히 "근대 헌신운동"은 이런 전통을 대표하며 영적 퇴보와 훈련이 느슨해지는 흐름을 저지하기 위해 그것을 재확언하고 새롭게 하고 의식적으로 실천하려 애썼다. "근대 헌신운동"은 고대적 헌신과 단절되었다는 점에서 "근대적"이 아니라 오히려 수도원 안팎에서 그 당시에 수도원적 실천을 옹호했다는 점에서 근대적이었다. 그러므로 그것은 개신교 종교개혁의 전조도 아니며, 종교개혁에 기여하지도 않았으며, 그것을 포용하지도 않았다.

마틴 루터의 사상에서도 수도원 전통과의 단절은 1518년이 되어서야 비로소 분명해진다. 그때부터 루터의 글에서 수도원 영성의 기초를 훼손하는 새로운 주제가 등장했다. 첫째, 루터는 성경주석의 4중 단계를 거부하고, 그 의미가 분명하고 정확하고 수용과 내면화의 과정에서 독립된 본문의 문자적 역사적 내용만을 추출한다.[30] 묵상이 주석으로, 내적 경험이 외적 약속으로 대치된다. 둘째, 그리스도의 고난 이야기가 모범의 기능을 상실하고 그 서술과 그 표상에서 추상된 것으로서 믿음의 반응을 요구하는 신적인 목적에 관한 진술로서 신학적 의미를 지니게 되었다.

> 그리스도를 설교하는 목적은 그에 대한 믿음이 확립되게 하는 데 있어야 한다. …그리스도가 오셨는지, 그가 무엇을 가져오시고 베푸셨는지, 그를 영접하는 것이 우리에게 무슨 유익이 되는지를 설교함으로써 그와 같은

---

30) James Preus, *From Shadow to Promise* (Cambridge, MA: Harvard University Press, 1969); Darrell R. Reinke, "Luther, the Cloister, and the Language of Monastic Devotion"(diss., Washington University, 1972).

믿음이 우리 속에 생겨나고 보존된다.[31]

마지막으로, 믿음은 모범적인 행위와 몸짓의 내면화 과정이 아니라 의미의 인식과 하나님 약속의 말씀에 대한 신뢰로 정의된다.

> 이 말씀에서 생겨난 믿음은 양심의 평안을 가져올 것이다. …다른 방식으로, 예를 들어 내적 경험을 통하여 평안을 구하는 자는 누구든지 하나님을 시험하는 것이며 믿음에서보다 사실에서 평안을 구하고자 원한다. 이는 당신이 "네가 무엇이든지 풀면" 등을 약속하신 그분의 말씀을 믿을 때만 평안을 가질 것이기 때문이다. 그리스도는 우리의 평안이시다. 그러나 오직 믿음을 통해서만이다. …누구든지 담대하게 믿는 자는 참으로 하나님의 평안과 용서를 얻었다. 그것은 과정의 확실성에 의해서가 아니라 자비롭게 약속하신 그분의 무오한 말씀에 따른 믿음의 확실성에 의해서다.[32]

믿음의 개념에 대한 이런 확언과 더불어 주체와 대상, 아는 자와 알려지는 자, 믿는 자와 믿어지는 자의 합일과 동일시는 깨졌고, 그리스도를 본받음의 영성은 말씀과 신앙의 논리로 변형되었다. 이 논리를 그 토대로 채택한 개신교 종교개혁 신학은 "근대 헌신운동"이 재생시키려 시도했던 수도원 전통의 영성과 분명한 단절을 보여준다.

---

31) *Luther's Works*, ed. J. Pelikan (54 vols.; Philadelphia: Muhlenberg Press, 1952-) 31:357.
32) Ibid., 31:98f.

제8장

영국의 신비가들

베르나르 맥긴(Bernard McGinn)

14, 15세기의 영국 신비가들과 영적인 작가들은 너무도 다양해서 하나의 유파를 구성할 수 없다. 몇몇 경우에 영국의 기인(奇人)을 말할 만큼 14세기의 위대한 네 명의 작가들—리처드 롤(Richard Rolle), 월터 힐튼(Walter Hilton), 『무지의 구름』(*The Cloud of Unknowing*)을 쓴 무명의 저자, 노리지의 줄리안(Julian of Norwich)—은 뚜렷한 개성을 지녔다. 그럼에도 불구하고, 이 신비가들은 전통적인 라틴 영성을 토착어로 표현하고자 하는 전형적인 중세 후기의 열망과 함께 공통된 가치관과 접근 방식을 가졌다. 그들은 당대의 가장 위대한 문장가들이었으며, 그들의 거작들은 영어로 쓰인 영적 저서 가운데 비길 데 없는 탁월한 작품들로 남아 있다.

물론 더 이전에도 중세 영성에 영국인이 기여한 바가 없지 않다. 예를 들어 비드(Bede)와 에얼레드 리볼스(Aelred Rievaulx)의 라틴어 글들과 도착어로 된 8세기의 시(詩) "십자가의 꿈"(*The Dream of the Rood*)과 13세기의 여성 은둔자들을 위한 지침서 『앵크린 리월』(*Ancrene Riwle*) 등이 그러하다. 중세 후기 영국에서 영적인 문학이 현저하게 융성한 것은 유럽 전체에 나타난 현상의 일부이긴 하나, 주요 영국 작가들이 그들의 동시대 대륙인들로부터 결정적인 어떤 영향을 받았다는 증거는 없다.

이 영국 "황금시대"의 역사적 뿌리는 너무 복잡하여 쉽게 요약할 수 없다.

특히 평신도가 새롭게 중요한 역할을 하게 된 점은 대륙의 운동들과 공통점을 지닌다. 14세기는 중세 영성의 역사에서 속세에 사는 평신도들이 완전의 최고봉에 달할 가능성이 진지하게 수용된 첫 시기였다. 또 다른 중요한 요소는 수도회들의 역할, 특히 영혼들을 인도하고 종교적 작품을 출간, 배포하는 일에서 카르투지오 수도회가 수행한 역할이었다. 영국만의 독특한 요소는 은둔생활이나 고독한 생활이 미친 영향이었다. 그러나 영국 작가들은 대개 대륙 신비가들이 지닌 동일한 상황과 어거스틴, 시토, 빅톨, 탁발 수도회, 수정된 디오니시우스 경건과 동일한 부유한 배경을 가졌다. 영국인들의 독창성은 그들이 이 유산으로 무엇을 했는지에 있다.

여기서 우리가 관심을 가지고 살펴볼 신비적 저자들은 중세 후기 영국에서 생산된 영적 문학에서 가장 잘 알려진 부분이다. 여기에는 성경의 영역본(불행하게도 그것은 위클리프가 정죄 되면서 중단되었다)과 풍부한 설교 자료들 뿐 아니라 교구 사제들을 위한 중요한 지침서도 포함한다. 영국 신비가들의 실천적인 특징은 그리스도인의 삶을 사는 데서 이런 건전한 교훈의 중요성을 강조한 것과 무관하지 않다. 시와 산문 모두 토착어로 저술된 광범위한 헌신운동 문헌들은 사회 전반에 영성에 대한 관심이 만연한 것을 보여준다. 아마 이 문학의 최고 기념비는 14세기 후반의 시 "피어스 농부"(Piers Plowman)일 것이다. 그중심 메시지는 그리스도의 사랑을 통한 구속으로서 신비가들의 그것과 조금도 다르지 않다.

> 나는 "자연이여, 나에게 가르쳐 주시오. 무슨 기술을 배우는 것이 가장 좋습니까?" 자연은 대답했다. "사랑하는 법을 배우라. 다른 모든 것들은 그냥 두라"(B Text, Passus XX, lines 207-8).

모든 영국 신비가들이 그들의 메시지의 핵심에 사랑을 두기 때문에, 대개 영국 신비주의의 독특한 특색 중 하나로 감성이 손꼽혀 왔다. 비슷하게, 롤과 『구름』의 저자(심지어 힐튼까지)가 표현한 동시대 스콜라적인 신학에 대한 불신과 줄리안과 마저리 켐프(Margery Kempe)의 가르침의 "비학문적인" 성격은 영국 신비주의를 반지성적인 것으로 설명하게 했다. 그러나 그와 같이 의미가 광범위한 용어는 영국 신비가들의 독특한 가르침을 파악하는 데 별로 도움이 되지 않는다. 기독교 신비가 중 누구도 하나님께 이르는 길에서 사랑의 결정적인 역할을 부인한 적이 없으며, 14세기의 거의 모든 위대한 신비가들은 정적인 신비가들로 설명될 수 있었다. 마찬가지로 신비가들은 언제나 하나님에 대한 학문적 사색의 한계와 위선을 가장 잘 의식한 사람들이었다. 우리는 영국 신비가들의 특별한 성격을 각 저자의 개인적인 주요 주제에 초점을 맞추는 것이 아니라 기독교 신비주의의 역사에서 중심이 된 몇몇 주제에 대한 그들의 태도를 비교함으로써 밝혀 보고자 한다. 그 주제는 인성을 가진 예수의 역할, "어두운 밤"의 위치, 또는 하나님의 물러서심을 경험하는 것, 신비적 삶에서 사랑과 지식의 관계, 행동과 관상의 연결 등이다.

리처드 롤

롤(Richard Rolle)은 1300년에 요크셔에서 태어났다. 그는 옥스퍼드에서 얼마간 지내다가 세상을 버리면서 기이하게도 두 누이의 웃옷과 아버지 비옷을 잘라 임시 은둔자 복장을 만들어 입었다. 방황하는 이 젊은 은둔자의 씁쓸한 개성이 때로 그의 초기 글에서 다소 혼란스럽게 등장한다. 그럼에도 불구하고, 그는 인내했고 그가 겪은 내적/외적 어려움을 통해 삶의 후반에 귀중한 영적 인도자로 역할할 수 있을 만큼 성숙한 지혜와 분별력을 얻었다. 그는 라틴어와 영어로 많은 저서를 썼는데, 그것들은 중세 후기에 널리 읽혔다. 롤은 1349년에 사망했는데, 흑사병이 원인이었을 것으로 추측된다. 그는 시도 많이 썼지만 산문 작가로 더 유명하다. 그는 성경을 처음 영어로 번역한 주요 번역자 중 하나지만 라틴어로 된 저서들이 그의 가르침의 본질을 더 잘 보여준다.

그의 충실함과 사랑의 언어에 대한 헌신과 무정념(apophatic) 신비주의에 대한 무지는 그와 거의 동시대 사람 레이먼드 룰(Ramond Lull, 1232-1316)을 생각나게 한다. 롤은 그의 바로 다음 후계자들과 현대 해석자들 모두에게 논란의 대상이 된다. 힐튼과 『구름』의 저자는 그가 물리적 경험을 통한 하나님의 임재의 현시를 강조한 것은 그 의미가 매우 모호하며 심지어 신비주의의 참된 의미에 대한 위험한 혼동이라고 느꼈다.[1] 데이빗 놀스(David Knowles)와 같은 현대 학자들도 "롤은 순수하게 신비적인 기도와 경험에 대해 거의, 혹은 전혀 알지 못한다"는 데 동의했다.[2] 그러나 토마스 머튼(Thomas merton)은 십자가의 요한(John of the Cross)을 근거로 한 신비주의에 대한 놀스의 정의가 신의 빛의 경험 또는 그 스페인의 박사보다는 동방과 서방에 공통된 교부 전통의 국면들과 더 유사성을 보여주는 롤과 같은 증인을 평가하는 데 적절한가에 의문을 제기했다.[3]

롤의 사상을 가장 직접적으로 살펴볼 수 있는 길은 그의 『사랑의 불』과 『삶의 개선』(The Mending of Life)을 통해서이다. 그는 조직적인 사상가는 아니다. 대부분 그의 저서는 하나님을 사랑하는 경험을 두서없이 숙고하고 있다. 『삶의

---

1) Walter Hilton, *The Ladder of Perfection*, trans. Leo Sherley-Price (Baltimore, MD: Penguin Books, 1957) 1.10-11, 26; 2.29 (차후의 『저울』이나 『사다리』의 모든 인용은 이 책에서 인용됨). *The Cloud of Unknowing*, ed. James Walsh (The Classics of Western Spirituality; New York: Paulist Press, 1981) ch. 48(차후에 『구름』의 인용문은 이 책에서 인용됨). 한글 역본으로 『무지의 구름』(은성출판사, 엄성옥 역)이 있다.

2) David Knowles, *The English Mystical Tradition*, 64.

3) Thomas Merton, "The English Mystics," in *Mystics and Zen Masters*, 147-50.

개선』은 그의 가장 일반적이며 가장 잘 알려진 책이다. 그 책의 처음 열 장은 회심한 영혼을 하나님의 사랑과 관상으로 인도하는 수단인 가난과 환난과 기도와 묵상과 같은 필수적인 금욕적 덕목에 대해 논의한다. 신의 사랑은 성 빅톨의 리처드에게서 채용한 것으로서 그리스도의 사랑의 세 단계의 차이를 토대로 다루어진다. 이길 수 없는 사랑, 분리할 수 없는 사랑, 독특한 사랑이 그 세 단계다.

성육신한 예수에 대한 롤의 사랑은 그의 모든 작품에서 두루 빛난다. "그러므로 예수 그리스도가 우리의 사랑의 시작과 끝이 되기를 기도한다"(『삶의 개선』 11장).[4] 그의 가장 강력한 작품인 『사랑의 불』에서 롤은 "나는 무엇보다 더 그리스도를 사랑하는 것이 다음 세 가지 곧 따뜻함과 노래와 달콤함과 관계되는 것을 발견했다"(제14장)고 선언한다. 롤은 이 세 경험, 특히 마지막 것을 그리스도인의 완전의 정점인 하나님을 뵙는 것을 미리 맛보는 것으로 간주했다. 하나님을 뵙는 일은 천상에서만 충분히 향유될 수 있다. 비록 『삶의 개선』에서 그가 "거룩은 눈물이나 외적인 행위에서나 마음의 울부짖음에 있지 않고 완전한 사랑과 천상의 묵상의 달콤함에 있다"고 주장했지만(12장), 열과 멜로디와 달콤함의 물리적 현시에 대한 그의 시적인 묘사(예를 들어 『사랑의 불』 15, 19, 22, 31, 33-34, 40장과 『사랑의 멜로디』 전반)는 후에 그의 신비주의 진정성에 대해 의심을 일으키는 근거가 되었다. 하나님이 물러서시는 "어두운 밤"의 무서운 시련에 해당하는 것이 없기 때문에, 종종 롤은 참된 신비가로 불릴 수 없다고 여겨졌으나, 그가 사랑의 경험의 보다 높은 단계가 신적으로 주입된 특성을 지니는 것을 가르치고 환희를 두 가지 종류로 구별한 것은(『사

---

4) *The Fire of Love and The Mending of Life*, trans. M.L. del Mastro (Garden City, NY: Image Books, 1981). Rolle에게서의 모든 인용은 이 책에서 인용됨.

랑의 불』 37장) 그를 다른 부류의 신비가로 보는 토마스 머튼이 옳다는 것을 뒷받침한다.

이 요크셔의 은둔자는 사랑의 언어에 너무도 집중하여 하나님께 이르는 길에서 이성이 하는 역할에는 거의 관심을 두지 않는다. 그는 그리스도인의 삶에서 행동과 관상의 관계에 대해서도 그리 분명하지 않다. 『사랑의 불』(21장)은 행동적인 삶과 관상적인 삶이 실제로 결합할 수 있는 것을 부인하나, 『삶의 개선』(12장)에서는 그럴 수 있다는 것을 시사하는 듯하다. 리처드 롤에게서 우리가 기대하는 것은 어려운 문제에 대한 주의 깊은 분별이 아니라 그의 사랑의 언어의 강력함과 부드러움이다.

월터 힐튼

힐튼(Walter Hilton)은 은둔자로 살다가 어거스틴 수도회 수도자가 되었고 1396년에 사망했다. 신학적으로 그는 가장 주의 깊은 영국의 신비가였다. 그는 많은 면에서 리처드 롤과 달랐지만, 이 세상에서 하나님에 대한 모든 참된 경험은 오직 예수를 사랑함으로써만 임할 수 있다는 주장에서는 롤과 같다. 힐튼은 주요 저서를 토착어로 썼으며, 그의 거작으로는 『완전의 저울(또는 사다리)』가 있고, 번역자이기도 했다(영어로 사랑의 막대기, *The Goad of Love*로 알려졌으며 그가 자유롭게 번역한 대중적인 프란시스회 경건 작품은 그의 사상을 살필 수 있는 또 다른 주요 자료이다). 힐튼은 롤라드(Lollard) 이단설이 물의를 빚던 시대에 살았다. 신학적 오류에 대한 그의 예리한 반응은 이 점에 비추어 고려되어야 한다.

어거스틴에게로 돌아가는 경향은 14세기 사상에서 주요 움직임 중 하나였으며, 힐튼은 신비주의 신학에서 이 점에서 좋은 보기다. 중세 후기의 어떤 신비가도 특히 그가 각 사람 속의 훼손된 하나님의 형상 회복에 중대한 역할을 부여한 점에서 힐튼만큼 어거스틴적이지 않다. 『저울』 제1권은 관상적인 삶의 세 단계를 주제로 삼고 있다: "이성을 사용한…영적인 문제에 대한 지식"과 "지적인 빛에 의존하지 않는 하나님에 대한 사랑"과 "지식과 사랑에 관하여 이 세상의 삶에서 얻을 수 있는 최고 단계인 관상의 단계"(『저울』 1.4-8).

셋째 단계에서 "영혼은 사랑의 황홀 속에 하나님과 연합하게 되며 삼위일체의 모습을 닮게 된다"(1.8). 그러나 제1권 후반부의 주요 주제는 그리스도의 형상과 인간 영혼의 죄의 형상 사이의 대조로 바뀐다. 제2권은 청중도 다르며 신학적 어조의 깊이도 다르다. 그것의 분명한 주제는 신의 형상의 재구성에서의 두 단계다: 믿음에서 재구성과 믿음과 느낌에서 재구성(예를 들어 2.13-20, 28-35). 힐튼은 완전에 이르는 길에서 롤의 것들과 같은 환희적 경험에 필수적인 역할을 부여하는 것을 반대했다. "믿음과 느낌에서의 재구성함"에서 "느낌"은 근본적으로 "순수한 영혼에 계시된 하나님의 은혜로운 임재"다(2.41). 힐튼은 또 재구성의 과정이 사랑과 지식의 연합 작업이라고 주장한다. "사랑이 지식에서 비롯되며, 지식이 사랑에서 비롯되는 것은 아니다. 따라서 영혼의 행복은 주로 하나님의 사랑이 연합되어 있는 이 지식과 하나님 경험에서 나온다고 말할 수 있다"(2.34). 믿음과 느낌에서 재구성하는 최고 단계에서 "영혼은 이 세상을 사는 동안 언제까지나 그리스도 안에서 인성과 결합한 신성을 관상한다"(2.30). "예수 그리스도의 귀중한 인성과 고난"에 대한 회상은 (1.92) 하나님께 이르는 필수적인 길이며, 이 세상에서 겪는 신비적 경험은 그 신인(神人)을 떠나서는 불가능하다. 따라서 형상의 재구성은 예수의 모습을 닮는 것이다(예를 들어 1.51-53, 86; 2.24).

힐튼은 하나님께 이르는 길에서 사랑과 지식의 상관성을 강조하면서도, 그의 작품 전체에서 사랑의 언어와 예수에 대한 갈망을 강조했다. 그러나 대개 롤에게서 발견되는 에로틱한 심상은 사용되지 않았다.[5] 힐튼은 롤과 같지만 훨씬 더 분명한 신학적 정확성을 가지고 관상적인 삶의 더욱 높은 단계가 지닌 신적으로 주입된 성격을 강조했다(2.35). 한편 롤과 달리 힐튼에게는 죄와 그 자취가 은혜의 역사로 정화되는 고통스러운 "어두운 밤"의 경험을 위한 자리도 있었다(2.24, 28). 힐튼은 때로 부정적인 표현도 사용했다(2.27, 40).[6] 그러나 일반적으로 그리스도의 사랑을 설명하면서 긍정적인 언어를 강조한 점에서, 그리고 그리스도 안에서 하나님 직접적인 임재 경험을 완전의 정점으로 말한 점에서(1.89; 2.21, 27, 41) 힐튼은 여전히 어거스틴 진영에 속한다.

『저울』의 제1권은 행동적인 삶과 관련된 사람은 완전의 절정에 달하는 것을 기대할 수 없음을 암시한다(2.18, 40). 그러나 제2권과 그의 다른 작품들, 특히 『사랑의 막대기』(16장)와 『혼합된 삶에 대한 편지』(*The Epistle on the Mixed Life*)에서는 하나님 사랑에 대한 표현이 점점 자라가는 것으로서 관상이 그리스도인의 삶 모든 단계의 특징을 이루며 참된 완전은 어떤 상태에서도 가능하다고 주장함으로써 그의 성숙한 사고를 보여준다.[7] 그리스도인의 완전에 관한 새롭고 보다 민주적인 이런 생각을 발전시킴으로써 기독교 영성의 역사에서 하

---

5) 에로틱한 표상들은 *The Goad of Love*, chaps. 4, 6, 11, 26, 30에서 발견된다. Walter Hilton, *The Goad of Love*, an unpublished translation of the *Stimulus Amories*, formerly attributed to St. Bonaventure, now edited from manuscripts by Clare Kirchberger (London: Faber & Faber, 1952).

6) See J. P. H. Clark, "The 'Lightsome Darkness'-Aspects of Walter Hilton's Theological Background," *Downside Review* 95(1977) 95-109; idem, "The 'Cloud of Unknowing,' Walter Hilton and St. John of the Cross: A Comparison," *Downside Review* 96(1978) 281-98.

7) J. P. H. Clark, "Action and Contemplation in Walter Hilton," *Downside Review* 97(1979) 258-74.

나의 새로운 시대를 표한 점에서 월터 힐튼은 마이스터 에크하르트와 노리지의 줄리안과 같은 14세기의 다른 신비가들과 어깨를 겨룬다.

『구름』의 저자

어떤 이들은 힐튼이 『무지의 구름』(The Cloud of Unknowing)과 그것과 관련된 보다 짧은 작품의 저자로 주장했으나, 신학과 문체상의 차이점 때문에 이 주장은 개연성이 희박하다.[8] 이 무명의 저자에 대해 우리가 말할 수 있는 것은 그가 힐튼과 동시대인이며 고독한 생활을 했고 카르투지오 회원일 가능성이 높다는 것뿐이다. 그는 훌륭한 신학 교육을 받았으며, 영적 삶에 대한 인도자로서의 그의 재능에 관해서는 의문의 여지가 없다. 그의 저서에는 『구름』 외에도 『은밀한 상담』(The Book of Privy Counselling: 신비적 연합에 관한 주요 작품), 『기도 편지』, 『분별 편지』, 『영 분별에 관하여』와 위-디오니시우스의 『신비 신학』을 번역한 『감추어진 신성』(Hid Divinity)과 세인트 빅톨의 리처드의 『소 베냐민』(Benjamin minor)을 개작한 것을 포함한다.

위-디오니시우스에 대한 저자의 찬양은(『구름』 70장) 때로 그의 자료와 그의 관계의 참된 성격을 모호하게 했다. 이 무명의 영국인이 디오니시우스의 글을 많이 이용하는 것은 사실이지만, 그의 디오니시우스주의는 토마스 갈루스(Thomas Gallus, d. 1246)와 카르투지오회의 휴 발마(Hugh of Balma, d. 1340)에게 주로 의존한 특별한 서구적 양식에 속한다. 이런 양식의 디오니시우스주의는 하

---

8) 문체를 비교해 보려면 Janel M. Mueller, *The Native Tongue and the Word* (Chicago: University of Chicago Press, 1984) 53-73을 보라.

나님께로 올라감에서 감성이 모든 양식의 지식보다 우월한 견지에서 이성의 한계들에 관한 언어를 재해석했다. 물론 『구름』의 저자는 클레르보의 베르나르와 다른 저자의 글도 이용하지만, 그의 감성적인 디오니시우스주의를 이해하는 것은 영국의 위대한 다른 신비가들과 그의 차이를 이해하기 위해 매우 중요하다.

『무지의 구름』은 수도원 배경에서 관상의 삶을 추구하는 한 젊은이에게 쓴 전문가의 글이다. 그 제목과 주제는 "일종의 무지의 구름"에 대한 저자의 주장에서 유래한다. "무지의 구름 같은 종류는…당신이 무엇을 하든지 항상 당신과 당신의 하나님 사이에 있다. 그것은 당신이 당신의 이성에 있는 이해의 빛으로 그를 분명하게 보는 것을 막으며, 당신의 감정에 있는 사랑의 달콤함으로써 하나님을 경험하는 것을 막는다"(3장). 이 무지의 구름은 절대 흩어질 수 없지만, 이 세상에서 하나님과의 사랑의 연합을 방해하지 않는다. 하나님께 이르는 길은 반드시 무지와 또 내적인 고통의 어두운 길을 따라야 한다. 그 "어두운 밤" 경험은 스페인의 신비가에게서 후에 다르게 표현되지만 『구름』의 저자에게 핵심이 된다.

『구름』의 저자는 독서와 반성과 기도의 준비적 역할을 경시하지는 않지만 (예를 들어 35장), 이러한 실천이 실제로 구름을 뚫지는 못한다. 선행으로 이루어진 더 저급한 단계의 행동적인 삶과 관상과 관련된 더 높은 단계는 모두 예비적인 것에 불과하다(8장, 21장). 참된 진보는 더 높은 단계의 관상에서만 시작되며 이중적 전략으로 이루어진다. 첫째, 또다른 구름인 "망각의 구름"을 불러내어 자신과 모든 창조물 사이에 두어야 한다(5장, 43장). 둘째, "열망하는 사랑의 날카로운 창으로 그 두터운 무지의 구름을" 힘있게 찌른다(6장).

"열망하는 사랑의 날카로운 창"은 『구름』의 저자가 가르친 핵심이다. "그것은 사랑의 맹목적인 충동으로서"(12장) 모든 형태의 담화를 능가하는 단순한 절규의 기도로 표현된다(39-40장). 그와 같은 기도가 초래하는 연합은 엄격하게 역사하는 은혜의 결과이다. 우리 자신의 공적이 아니라 하나님의 역사이다(26, 34장). 이것에서 『구름』의 저자는 (사실 14세기의 모든 영국 신비가들) 일반적으로 은혜의 성격에 대한 토마스 아퀴나스의 이해를 따른다. 『구름』은 하나님과 연합하는 신비를, 영국 신비가에게는 이례적인 부정적인 언어와 역설로 표현하고자 한다(68-69장). 제71장은 이 세상에서 가능한 연합을 간헐적인 황홀과 영원한 하나님의 소유, 두 종류로 분간한다.

『은밀한 상담』은 하나님께로 인도하는 "솔직한 의도"와 이 세상에서 가능한 연합의 성격을 분석한다. 저자는 순수한 존재가 하나님의 가장 적절한 이름인 것을 주목하면서, 하나님이 영혼의 존재이며 "그분은 당신의 존재이지만 당신은 그분의 존재가 아니라는 차이가 언제나 있다"고 주장한다.[9] 여기서 사용된 일부 언어는 라인란트 신비가를 생각나게 한다.[10] 그러나 『구름』의 저자는 영국의 다른 신비가와 마찬가지로 추상적인 술어를 많이 사용하지 않는다. 그는 독자들에게 이렇게 명령한다: "선하고 은혜로우신 하나님을 납작하고 꾸밈없는 반창고와 같이 계신 그대로 취하라. 그것을 병든 당신 자신에게 갖다 붙이라."[11] 『은밀한 상담』이 『구름』의 가르침에 추가하는 것은 하나님의 존재에 초점을 맞추기 위해 우리 자신의 존재를 잊는 것으로서 망각의 구름에 대한 보다 세밀한 반성이다. 사랑의 역사는 자아를 완전히 잊어버리는 것이다.

---

9) *The Book of Privy Counselling*의 인용문은 *The Cloud of Unknowing and Related Treatises*, ed. Phyllis Hodgson (Analecta Cartusiana 3; Exeter: Catholic Records Press, 1982) 75를 번역한 것이다.

10) 영국의 신비가들과 대륙 신비가들의 언어를 비교한 것이 Wolfgang Riehle, *The Middle English Mystics*에서 발견된다.

11) *The Book of Privy Counselling*, ed. Hodgson, p. 77, lines 27-28.

13. The Barnabas Altarpiece, 영국, 13세기

그리스도 중심의 힐튼과 하나님 중심의 『구름』의 저자가 서로 대조된다는 몇몇 사람의 주장은 위험한 반쪽 진리이다. 『구름』의 저자의 작품에서 그리스도는 필수적 역할을 한다. 예수의 고난에 대한 묵상은 하나님께 이르는 길의 시작이다. 고난에 관한 생각은 보다 높고 특별한 관상의 은혜와 관련된 것이 아니라 일반 은총과 관련된다는 『은밀한 상담』의 주장은 그리스도 인성의 "육체적인" 사랑과 그 안에서 현시된 하나님의 더욱 높은 영적인 사랑에 대한 전통적인 구별에 비추어 이해되어야 한다.[12] 그러나 여전히 『구름』의 저자에게서 발견되는 그리스도에 대한 언어와 다른 위대한 영국의 신비가들의 언어 사이에는 강조와 어조 상의 차이가 있다. 그리고 월터 힐튼은 "솔직한 의도"에 대

---

12) See especially *The Book of Privy Counselling*, ed. Hodgson, 94, 98. On this see William Johnston, *The Mysticism of the Cloud of Unknowing*, 67-79.

한 그의 강조를 비판했던 것으로 보인다.

하나님께 이르는 길에서 사랑과 지식의 관계에 대한 『구름』의 저자의 생각은 "이 세상에서 하나님께 이를 수 있는 것은 앎이 아니라 사랑뿐이다"(『구름』 8장)라고 잘 표현되어 있다. 그러나 그 무명의 신비가가 이성적인 지식의 역할을 전혀 무시한 것은 아니었다. 『은밀한 상담』과 『기도 편지』에는 그가 비록 사랑 쪽에 비중을 두지만, 사랑의 연합 경험에서 일종의 초월적인 지식을 인정한 기독교 신비주의의 오랜 전통에 동의하는 것을 보여주는 구절들이 있다.[13] 그가 이전의 저자와 다른 점은 그가 모든 인간의 앎을 하나님에 대한 보다 높은 깨달음으로 승화시키는 사랑의 포섭력을 강조하지 못한 데 있다.

하나님과의 연합에 관한 『구름』의 저자의 가르침은 매우 정통적이다. 그는 동일성의 연합이나 무차별에 대한 암시를 전혀 하지 않으며 고린도전서 6:17에서 발견되는 영적인 연합(*unitas spiritus*) 개념에 근거한 전통적인 진술을 고수한다. 그에게서 신비적 연합은 "모든 것을 초월하여 있는 분의 임재를 경험적으로 느끼기 위해" 어두운 구름으로 들어간 모세에 의해 성취되었다.[14] 그러나 이 경험은 종교적 규율 아래 관상적 삶을 사는 사람에게만 열려 있는 것으로 보인다(『구름』 21장).

---

13) See *The Book of Privy Counselling*, ed. Hodgson, p. 82; and *The Epistle of Prayer*, ed. Hodgson, p. 104.

14) *Hid Divinity*, ed. Hodgson, p. 123.

노리지의 줄리안

1373년 5월 13일 밤에 거의 죽어가던 30세의 여인이 하나님으로부터 15가지의 계시를 받았다. 그리고 잠시 후에 앞선 현시의 진리를 확증하는 또 하나의 계시를 받았다. 그 젊은 여인은 노리지(Norwich)에 있는 성 줄리안 교회에 부속된 다락방에서 은둔생활을 하면서 이 환상들을 토대로 기도와 관상과 영적인 가르침의 삶을 시작했다. 그녀는 두 번 그 환상들과 그것들의 의미를 쓰거나 구술했다. 그래서 그녀의 『환상들』(Book of Showings)은 초기의 "단문"(Short Text)과 후에 약 1393년에 완성된 신학적으로 더욱 발전된 "장문"(Long Text)으로 우리에게 전해진다. 줄리안은 1416년까지 생존했다.

줄리안은 영국의 신비가 가운데 가장 독창적이다. 그녀는 이전의 영적인 저자들을 잘 알고 있었지만, 그녀의 메시지는 자신이 받은 환상들의 의미를 이해하려는 그녀의 노력에 근거한 매우 개인적이다.[15] 장문의 결론은 그 핵심 메시지를 이렇게 요약한다.

> 그것이 계시된 그때부터 나는 여러 번 우리 주님의 의미가 어디에 있는지를 알기를 원했다. 15년이 지났을 때 나는 영적인 이해로 해답을 받았다. 그것은 이런 말씀이었다: 너는 이것에서 네 주님의 의미를 알기를 원하느냐? 그것을 잘 알라. 사랑이 그의 의미였다. 누가 그것을 너에게 계시하는가? 사랑이다. 그가 무엇을 네게 계시했는가? 사랑이다. 그가 왜 그것을 너에게 계시하는가? 사랑을 위하여.

줄리안은 14세기 신비가 중에 가장 바울적이었다. 그녀의 본질적인 관심은

---

15) 줄리안이 본 다양한 계시를 분류한 것은(e.g., Short Text, chaps. 4, 7, 23; Long Text, chap. 1). 그녀가 어거스틴의 전통을 알고 있었음을 보여준다. 한글 역본으로 노리지의 줄리안 『하나님 사랑의 계시』(은성출판사, 엄성옥 역)가 있다.

바울과 같이 죄와 은혜와 예수의 사랑 안에 있는 구속의 신비에 근거했다. 줄리안은 바울 사도와 같이 그리스도 안에 있는 모든 인간의 연대성에서 그 신비를 어느 정도 이해하는 열쇠를 발견했다.

줄리안은 그녀의 환상들의 의미와 오랫동안 씨름했다. 그것은 그녀가 십자가에 못 박힌 예수의 모습에서 그녀에게 계시된 우주적 사랑의 메시지와 죄와 신의 분노와 정죄에 관한 교회의 "일반적 가르침" 사이에서 갈등을 느꼈기 때문이 아니었다. 그녀는 거듭하여 "나는 모든 것을 잘 되게 하며, 나는 모든 것을 잘 되게 할 수 있고, 나는 모든 것을 잘 되게 할 것이다. 너는 친히 모든 것이 잘 되는 것을 볼 것이다"라는 말의 의미를 곰곰이 생각했다(장문 31장; cf. 단문 14장). 그 고민에 대한 해답은 주인과 하인의 환상으로 줄리안에게 주어졌다(장문 51-63장). 이 우의적인 비유에서 그녀는 사랑이 많은 주인이 충실한 하인에게 일을 맡겨 내보내는데 그 하인은 선한 의도를 가지고 있었음에도 불구하고 개울에 빠져 심한 부상을 입고 주인이 원하는 일을 이루지 못하며 그런데도 주인은 그에게 "큰 동정과 자비를" 베풀기를 그치지 않는 것을 본다. 줄리안은 그 하인이 일차적으로 아담이지만 다른 각도에서 인성(人性)에 "빠진" 그리스도 자신이라고 설명한다. 그에게서 모든 인류가 하나님께로 회복된다. 그 비유에서 줄리안의 시각 변화는 우리에게 신의 선하심과 인간의 죄성의 모순에 대해 단순하고 합리적인 해답을 제공하지 않는다. 그것들은 하나님의 방법은 우리의 방법과 다르다는 신비적 계시이다(장문 32장). 줄리안은 힐튼과 『구름』 저자와 같이 사랑과 지식의 관계를 이론적으로 논의하지 않는다. 줄리안의 가르침은 사랑의 신비가 이성의 모순을 능가한다는 것이다.

바로 이 관점에서 줄리안의 사상이 지닌 두 난점에 접근해야 한다. 그 첫째는 하나님이 모든 것을 잘 되게 하실 것이라는 계시가 함축하는 듯이 보이는 만인구원론이다. 줄리안은 모든 인간이 구원을 받을 것이라고 단언하기를 피한다. 그녀는 하나님께서 그의 약속을 성취할 두 가지 위대한 일을 하신다고 말한다. 이 세상에서 시작되었으나 사후에 완성될 일과(장문, 37장) "삼위일체 하나님이 최후의 날에 행하실" 숨겨진 종말론적 일(장문, 32장)이 그것이다.[16) 두 번째 난점은 죄의 의미와 심각성의 문제와 관련된다. 줄리안은 죄의 수치감을 분명하게 알았으며, 어떤 면에서 그것이 인생의 전 과정을 어둡게 했다고 주장했다. 그렇다면 그녀는 어떻게 "죄가 필요하다"고 주장하거나(장문 27장), 또는 "구원받을 모든 영혼에 절대 죄에 동의하지 않을 경건한 의지가 있다"고 주장할 수 있었는가(장문 37장)? 그 해답은 관점상의 문제인 듯하다. 죄는 우리를 하나님으로부터 분리한다. 그러나 신의 사랑의 관점에서 죄가 우리 속에서 일으키는 고통은 우리가 이 세상에서 반드시 겪어야 하는 실패와 끌어올려짐의 정화 과정에 필수적인 부분이다.[17) 주인과 종의 비유가 암시하는 대로 성부가 모든 인류를 자신에게로 취한 그의 아들을 기뻐하시는 관점에서 죄에 절대 동의하지 않은 어떤 경건한 의지가 있다. "우리는 우리 주 예수 그리스도 안에서 이 모든 의지를 완전하고 안전하게 지닌다"(장문, 53장; 단문, 23장).[18)

줄리안은 그녀의 사랑 신학을 세 가지로 구분한다. "첫째는 창조되지 않은 자비, 둘째는 창조된 바지, 셋째는 주어진 자비이다"(장문, 84장). 하나님은 창조되지 않은 자비로서 모든 것의 근원이며 목표이다. 줄리안의 사상은 강한 삼위일체 차원을 지니지만, 그럼에도 그녀는 우리가 하나님에 관해 알 수 있는

---

16) Brant Pelphrey, *Love Was His Meaning*, 301-5.
17) 이것은 줄리안이 "어두운 밤"과 비슷한 것에 다가감에 따라 밀접해진다(장문 64장).
18) 줄리안의 죄에 대해서 알려면 Pelphrey, *Love Was His Meaning*, 152-62, 179-84, 199-204, 266-79을 보라.

모든 것은 인간 예수에게서 계시된다고 주장한다. 이것은 지상에서 신비적 삶은 절대 십자가에 못 박힌 예수의 모습과 분리될 수 없음을 의미한다.[19]

창조된 자비는 하나님 안에 있는 우리 영혼이다. 즉 우리가 어떻게 신의 성품에 참여하는 자들이 되도록 그리스도 안에서 "하나가 되었는지"에 관한 신비이다. 이 주제는 주인과 하인의 환상으로 다시 우리를 돌아가게 한다. 예수 안에서 나타난 자존하는 사랑과 영혼의 창조된 사랑 사이의 유대를 표현하기 위해 줄리안은 하나님의 모성 특히 하나님으로서 그리스도의 모성을 말한다 (장문, 52-63장).[20] 이 언어는 오랜 전통을 지닌 것으로서 줄리안이 만들어 낸 것이 아니지만, 그녀는 그것을 이전의 문학에서 발견되는 것보다 훨씬 더 신학적으로 세련되게 했다. 그리스도가 우리의 어머니인 것은 어머니의 사랑 이미지가 하나님에 대한 우리의 두려움을 극복하도록 돕기 때문이 아니라, 보다 근본적으로 그것이 그리스도와 우리의 관계의 성격과 우리에 대한 그의 끊임없는 사랑의 근원을 설명하기 때문이다.

줄리안의 "주어진 자비"는 주어진 사랑에 대해 그리스도인이 사랑을 갚는 미덕의 삶이다. 그녀의 가르침은 여기서 어떤 특별한 생활 양식이나 실천이 아닌 믿음과 자비, 기도와 관상, 회개와 긍휼 등 위대한 덕목에 초점을 맞춘다. 그녀의 생활이 고립된 관상의 삶임에도 불구하고, 줄리안은 힐튼과 같이 그녀의 가르침을 관상에 숙련된 자들에게만 제한하지 않는다. 그녀는 그리스도 안에서 한 몸을 이루는 모든 이들을 그녀의 메시지의 대상으로 삼음으로써 행동

---

[19] 줄리안은 장문 19장에서 십자가에 달리신 그리스도를 보지 않고 직접 적나라한 하나님을 보려는 유혹에 저항한다.

[20] 줄리안은 삼위일체를 우리의 어머니로(장문, 54장), 그리고 하나님을 일반적으로 어머니로 말한다(장문, 52, 62장) 그러나 탁월한 주제는 어머니로서 그리스도이다. 참고, Paula Barker, "The Motherhood of God in Julian of Norwich's Theology," *Downside Review* 100(1982), 290-305.

적인 삶과 관상적인 삶이라는 전통적인 구별을 한 쪽으로 조용히 밀쳐 두는 점에서 힐튼과 다른 이들을 능가한다고 말할 수 있다.

후기 단계

비록 후기의 저작물이 줄리안이나 힐튼이나 『구름』 저자의 수준에까지 이르지는 못하지만, 영국의 영적 문학의 홍수는 14세기 말까지도 지속되었다. 가장 흥미로운(때로 당혹스럽게 하는) 작품은 영어로 된 최초의 자서전 『마저리 켐프의 책』(The Book of Margery Kempe)이다. 마저리는(약 1373-약 1440년) 기혼 부인으로서 열네 명의 자녀를 두었다. 따라서 그녀가 더욱 숭고한 삶으로 부름을 받은 것은 그녀가 속세를 떠나게 한 것이 아니라 남편과의 상호 순결 서약, 눈물의 은사, 황홀한 신음과 외침 등을 포함한 특별한 금욕적 종교적 수행을 하게 했다. 그녀가 구술한 『책』은 그녀의 순례와 환상과 내적/외적 시험을 생생하게 설명한다. 마저리의 헌신 생활은 예수의 고난을 중심으로 했으며 많은 에로틱한 표상으로 부요했다. 최근 연구는 세상에서 결혼한 여성으로서 완전의 삶을 살기위해 애쓸 때 마저리가 직면한 어려움을 다루었고, 그녀가 자신의 모델로 삼은 이들은 대륙의 신비적 여성 성인들이었다는 것을 보여 주었다.

15세기의 다른 중요한 영적 저서로는 카르투지오 회원 니콜라스 러브 (Nicholas Love)의 『예수 그리스도의 복된 생애의 거울』(The Mirror of the Blessed Life of Jesus Christ, ca. 1410)과 보나벤투어의 것이라고 오해된 『예수 그리스도의 생애에 대한 묵상집』(The Meditations of the Life of Jesus)을 번역한 것 등이 있다. 역시 카르투지오 회원인 리처드 메델리(Richard Methely)는 『구름』을 라틴어로 번역했으며 여러 편의 중요한 글을 썼다.

비록 존 피셔(John Fixher)와 토마스 모어(Thomas More)가 금욕적이며 경건한 작품을 썼지만, 영국의 영적 문학의 위대한 시기는 대개 1500년 무렵에 끝난다. 영국 성공회와 청교도의 영성에 관해서는 다른 책에서 다루겠다. 종교개혁 이후 국교를 기피한 영국의 가톨릭교도는 영국과 대륙 모두에서 사본을 필사함으로써 이전의 문학을 보존했다. 어거스틴 베이커(Augustine Baker, 1575-1642)는 『구름』에 대한 주석을 쓰기도 했다. 국교 기피자들은 그들 나름의 귀중한 영적 문헌을 생산했다. 그중에 버넷 켄필드(Benet of Canfield, 1562-1610)의 『완전의 규율』(The Rule of Perfection)이 가장 주목할 만하다. 요약하면, 14세기의 위대한 영국의 신비가들과 그들의 후계자들은 영어를 사용하여 하나님의 신비를 표현하려고 하는 그들의 언어학적인 후손을 위해서뿐만 아니라 전 세계에 있는 그들의 영적 후손을 위해서도 기독교 영성의 역사에서 독특하고 중요한 순간을 형성한다.

제9장

팔라마스주의의 영성 생활

조지 만차리디스(George Mantzaridis)

성인

동방 정교회 영성의 역사에서 가장 탁월한 인물 중 하나는 성 그레고리 팔라마스(St. Gregory Palamas, 1296-1359)다. 그는 아토스(Athos) "성산(聖山)"의 수도사요 위대한 신학자였으며 데살로니가 교회의 대주교였다(1347년에서 1359년까지). 동방 정교회에서는 일 년 중 이틀을 팔라마스를 기념하도록 정했다. 그의 죽음을 기념하는 11월 14일과 그의 가르침이 그의 반대자들을 이긴 것을 기념하는 사순절의 두 번째 주일이 그 날이다. 이 이틀의 기념일은 정교회가 이 데살로니가 성인에게 특별한 관심을 지니고 있는 것을 보여준다. 정교회에서는 더 구체적으로 사순절의 두 번째 주일에 그를 기념함으로써 그의 가르침의 승리를 정교회 교리의 두 번째 승리로 선포한다.

이 두 기념일은 성 그레고리 팔라마스에게 봉헌되었고, 그의 거룩한 유물이 보관된 데살로니키 대성당에서 성대하게 지켜진다. 특히 사순절의 두 번째 주일에는 그 성인의 유물이 그가 대주교로 섬겼던 그 도시의 거리를 따라 운반된다.

그레고리 팔라마스는 위대한 수도자이며 능력 있는 신학자이고 고위직의 성직자로서 정교회의 영적인 부를 조화롭게 종합 진술했다. 그것은 비잔틴 시대와 후기 비잔틴 시대에 실제로 실천되었고, 그 교회의 교부들에 의해 전수되어 왔다. 교회의 다른 교부들과 마찬가지로, 그레고리 팔라마스 역시 자신의 의견들을 주장하지 않았다. 그가 자주 교부 전통을 언급하고 그의 모든 신학적 입장들을 위해 성경과 교부들의 글에서 다중적으로 뒷받침을 찾으려 한 것은 그의 가르침이 성경과 교부 전통과 밀접하게 관련됨을 입증한다. 더 나아가 그가 그 특별한 시대적 배경 안에서 그 전통을 새로운 방식으로 표현한 것은 이 전통의 참됨과 경험적인 성격을 보여준다.

팔라마스의 영성 생활

그레고리 팔라마스에 따르면, 영성 생활은 세 가지 전제에 기초한다. (1) "하나님의 형상과 모양으로" 남자와 여자의 창조, (2) 그리스도 안에서 인간성의 갱신과 신화(theōsis), (3) 이 변화와 신화에 참여할 수 있는 인간의 잠재력. 모든 인간은 하나님으로부터 오며 그 존재 안에서 하나님을 표현하므로 하나님의 형상(image)은 모든 인간이 지닌 공통의 속성이다. 그러나 하나님의 모양(likeness)의 경우는 다르다. 그것은 각 사람에게 하나의 가능성으로 주어진다. 그레고리 팔라마스가 전형적으로 주장하는 대로 "모든 사람은 하나님의 형상을 지니며, 아마 하나님의 모양도 지닐 것이다"(*Second Letter to Barlaam* 48).[1] 하나님의 모양은 인간에게 필연적으로 부과되지 않았으며, 그들의 자유 성향에 달려 있게 했다. 타락은 자유 선택에 의해서 하나님과 분리됨으로써 인간 내면에 있는 하나님의 형상을 어둡게 했고 모양을 상실했다. 그러나 하나님의 성육신에서 인간성의 갱신과 신화는 다시 한번 인류에게 "하나님의 모양"을 향한

---

1) Gregory Palamas, *Works*, ed. P. Chrestou (Thessaloniki, 1962-72) 1:287.

길을 열어 주었다. 이 선물은 성령에 의해 각 신자에게 전해진다. 성령은 구원의 사역을 수행하지 않으나 그리스도의 모든 독특한 회복 사역에 접근할 수 있게 한다. 이것은 교회의 성례에서 특히 세례와 성찬에서 실현된다.

사람은 세례에서 그리스도와 더불어 죽고 그와 함께 미래 시대의 새 생명으로 부활한다. 세례의 신비는 사망과 생명 그리고 장사와 부활을 결합한다. 사람이 죄 속에서 죽는 반면 성령의 은사의 인침으로 계시된 생명과 은혜의 영역에 들어간다. 그것은 세례와 직접적으로 연결된다. 마귀는 세례받은 사람 속에 거할 자리를 전혀 갖지 못한다. 그러나 세례받은 사람은 여전히 마귀의 외부 공격을 받을 수 있으며 계속하여 타락의 짐으로 눌린다. 이것은 세례 은혜가 조금이라도 불완전하기 때문이 아니라 인간이 그들의 구원 사역에 협동할 수 있도록 하나님께서 허락하셨기 때문이다.

그리스도 안에서 생명과 완전에 대한 또 다른 위대한 신비는 성찬이다. 이 성례는 세례를 전제한다. 사람이 그리스도의 살과 피를 받을 수 있게 하는 것은 세례다. 세례는 "형상"을 씻으며 그리스도를 닮는 첫걸음이다. 그러나 성찬은 "모양"과 그리스도와 완전히 연합하기 위하여 그리스도인이 나아갈 수 있도록 힘을 준다.[2] 물론 성찬에서 신자들과 그리스도의 이 연합은 말씀과 그리스도가 취하셨던 인성 사이의 연합과 같지 않다. 그렇다고 그것이 단순한 도덕적 연합도 아니다. 그리스도는 도덕적으로뿐만 아니라 실제로 각 신자와 연합하시나 그것은 그 둘을 하나의 단일한 실재로 만들지 않는다. 이것은 말씀과 그가 취한 인성의 연합에서만 일어났다. 성례의 연합은 그리스도의 새롭게 하고 거룩하게 하는 은혜와의 참된 연합이다. 이 때문에 그리스도는 언제나 "하

---

[2] See Gregory Palamas, *Homily 56*, in Gregory Palamas, *Archbishop of Tessaloniki*, 22 *Homilies*, ed. S. Oikonomos (Athens, 1861) 206-8.

나이자 어떤 상황에서도 나누어지지 않는 실재"로 존재하시며 나머지 다수가 "그리스도와 같이" 된다(*Antirrhetic against Akindynos* 3.6.13).[3]

그러나 성례의 은혜가 열매를 맺기 위해서는 인간의 협력이 필요하다. 이 협력이 없다면 하나님의 은혜는 열매를 맺지 못한다. 이런 이유로 신자들은 그들의 새로움과 거룩함을 온전히 이루기 위해 하나님과 일하고 협력하는 데 모든 힘을 사용해야 한다. 수도사는 세속에 사는 신자가 추구해야 하는 것 이상을 추구하지 않는다. 수도사를 구별해주는 것은 그가 생활의 근심과 염려로부터 멀리 떨어져 살며 그렇게 함으로써 세속에 사는 신자들에게 영적인 삶의 본보기가 된다는 점이다.

그레고리 팔라마스는 헤시카스트였으며, 생애의 상당 부분을 완전한 침묵 속에 보냈다. 특히 베뢰아(Beroea)에 거하는 동안(1326-1331), 그리고 성 사바스(St. Sabbas) 은자의 집에 머무는 동안, 그는 일주일에 닷새를 방에 혼자 있었으며 토요일과 주일에만 밖으로 나와 예배에 참여했다.[4] 만약 칼라브리아 출신의 수도사로서 아토스 수도사들의 침묵 전통을 비판한 발라암(Barlaam)의 자극이 없었다면, 그는 계속 침묵을 지켰을 것이며, 아마 저술가로서 전혀 알려지지 않았을지 모른다. 이 점에 있어 우리는 발라암에게 고마움을 표해야 할 것이다. 그의 도전은 14세기의 가장 위대한 비잔틴 신학자이자 모든 시대를 망라하여 가장 탁월한 신학자 중 한 사람을 전면에 나오게 했다.

헤시카즘(Hesychasm)은 수도원 역사에서 주변적인 현상이 아니라 동방 수도원 제도의 가장 오랜 전통과 직접적으로 연결된다. *hesychia*(정적)라는 단어는

---

3) See *Works*, 3:170-71.

4) See Philotheos of Constantinople, *Encomium on St. Gregory Palamas*, in *PG* 15 cols. 571C, 547D.

오리겐 때부터 이미 고립과 세상을 떠난 생활을 의미했다: "만약 사람이 교리를 의심하거나 또는 자신의 신념으로 인해 불행하거나 고난을 받거나 미움을 받으면, 그는 종종 광야로 도피하여 침묵을 지키는 것이 낫지 않겠느냐고 자문한다"(Homily on Jeremiah 20.8).[5] 팔라마스의 경우, 정적(hesychia)은 영혼이 진정한 균형에 도달하는 표시이다. 그것은 "정신과 주변 세상의 안정성, 세상 것들의 포기, 위의 것을 시작함, 선한 것에 대한 생각의 집중 등을 의미한다. 헤시키아는 진정한 관상이며, 하나님을 보기(vision of God) 위한 행동이다"(Homily 53.33). 팔라마스는 동정녀 마리아를 헤시카즘의 원형으로 제시하며, 수도사들을 마가의 다락방에서 성령의 강림을 기다린 그리스도의 제자들에 비유한다.

수도원 생활의 진보와 더불어 수도사들은 독거하지 않고 공주하는 큰 수도 공동체가 생겨났다. 그러나 혼자 광야에서 살면서 내면으로 들어가 더욱 깊은 하나님을 아는 지식과 교통을 추구한 은수사들은 계속하여 존재했다. 그들은 광야에서 수도와 기도에 몰두했고, 그렇게 함으로써 하나님의 권고를 받으며 그의 영광을 보도록 준비했다.

문제

그레고리 팔라마스 때, 거룩한 산 아토스의 수도원 운동은 벌써 거의 4세기 동안 융성하여 왔으며 강렬한 영성 생활의 전통이 확립되어 있었다. 그 전통은 이제 신학적 체계와 표현을 구하고 있었다. 또 아토스 수도사들이 특수한 영적 경험들과 연관된 새로운 수도 방법을 행하고 있었기 때문에 오해와 외부의 공

---

[5] *hēsychia*에 대해서 자세히 알려면 I. Hausherr, "L'hésychasme: Étude de Spiritualité", *Orientalia Christiana Periodica* 32(1956) 5-40, 247-8을 보라.

격들로부터 이것들을 신학적으로 옹호하는 일이 필요하였다. 구체적으로 14세기의 아토스 헤시카스트들은 자기-침잠(self-recollection)과 쉬지 않는 기도의 노력을 특별한 호흡과 집중 훈련과 연결했다. 이 방법에 따르면, 수도사들은 턱으로 가슴을 누르고 눈을 내리뜬 채 속으로 "주 예수 그리스도 하나님의 아들이시여 나를 긍휼히 여기소서"를 되풀이한다. 이렇게 지속해서 기도함으로써, 그들은 하나님의 거룩한 은혜의 관상에 들어갔다. 그러나 몇몇 단순한 수도사는 이 방법의 의미를 이해하지 못한 채 그것을 신의 빛에 이르게 하는 자동 체계로 오해했다. 그로 인해서 그들은 반대자에게 공격의 빌미를 제공했다. 팔라마스 자신은 헤시카스트를 옹호했지만, 이 방법을 사용하는 데는 주저했다. 그는 그것이 주로 초심자에게 유익하다고 보았으며 그 방법이 설명된 니세포루스(Nicephorus)의 책을 "순진하고" 다소 "졸렬하다"고 생각했다.[6] 팔라마스는 몸의 자세와 기도 말에 어떤 마술적 능력이 없으며 그것은 마음이 계속하여 방해받지 않고 하나님과 교제하는 것과 그의 영광을 보는 것을 갈망하도록 돕는 방편으로는 유익하다. 이렇게 하나님과 교제하는 것과 그의 영광을 보는 것을 설명하고 옹호하는 것이 팔라마스 신학의 궁극적인 목표이다.

그러나 여기서 불가피하게 질문이 제기된다: 불가시적이며 초월적인 하나님을 인간이 볼 수 있으며, 인간이 그에게 관여할 수 있게 되는 것이 가능한가? 만약 그가 실제로 가시적이며 인간이 관여할 수 있는 존재가 된다면, 어떻게 그가 여전히 초월적이며 접근할 수 없는 존재일 수 있는가?

이 질문에 대한 그리스 교부들의 대답은 분명하다. 하나님은 접근할 수 없는 분일 뿐 아니라 접근할 수 있는 분이기도 하다. 그분은 불가시적일 뿐 아니라 가시적이기도 하다. 하나님과 교제할 가능성과 그의 영광을 보는 것은 그에

---

6) *Triads* 2.2.2-3, in Works, 1:509.

게 접근할 수 있고 그를 알 수 있다는 데 근거한다. 하나님의 본질(essence)은 불가시적이며 인간의 관여가 불가능하지만, 그의 에너지(energies)는 가시적이며 인간이 관여할 수 있는 존재가 된다. 하나님의 본질과 에너지 간의 이 구분은 전체 교부 전통에 잘 알려져 있다. 호교론자인 아테나고라스(Athenagoras)에게서 우리는 하나님의 본질과 에너지라는 이 구분을 발견한다(*On the Resurrection* 1). 이레니우스는 신의 에너지를 "모든 시대와 장소와 모든 기질의" 창조적이며 예지적인 원인이라고 말한다(*Fragments* 5 [PG 7, col. 1232B]). 그러나 이 구분의 보다 복잡한 표현은 4세기부터 발전되었다. 그리스 교부들은 교회 안에서 경험되는 하나님과 인간 사이의 참된 교통을 아리우스의 논박에 맞서 신학적으로 정의하고 변호하며, 또 하나님의 불가지성에 대한 신학적 진리를 유노미우스(Eunomius)의 가르침에 맞서 지키기 위해 그것을 보다 완전하게 진술하는 길을 찾았다. 사람은 하나님의 에너지를 능력과 빛과 위엄과 무수한 다른 방식으로 보고 인식한다. 그러므로 하나님 비전은 인간에게뿐만 아니라 천사에게도 신적인 본질이 아닌 신적인 에너지를 그 객체로 한다. 이것들은 때로 매개물이 없이 때로는 창조물을 매개로 나타난다.

시리아의 이삭(St. Isaac of Syria)은 옛 신비주의 신학자들의 이 전통을 더욱 잘 요약하여, 사람은 두 개의 눈을 가지고 두 가지 방식으로 본다고 말한다. 자연을 통해 창조주를 바라보는 "자연적인 보는 것"과 에바그리우스(Evagrius) 전통에서 "신학"(*theologia*)이라고 부르는 것으로서 신의 영광을 직접 보는 것이 그것이다. 이삭은 이렇게 쓴다:

"우리는 한 눈으로는 자연 만물에 감추어진 하나님의 영광, 즉 그의 능력과 지혜와 우리를 향하신 그의 영원한 섭리를 본다. 같은 눈으로 우리는 우리와 함께 하나님을 섬기는 자들인 천상의 계급도 본다. 다른 눈으로는 그의 거룩한 성품의 영광을 본다. 이는 우리가 영적인 신비 속으로 들어

가 믿음의 대양을 이해하게 하려는 것이 하나님의 선하신 뜻이기 때문이다"(Discourse 72).[7]

그레고리 팔라마스는 이삭의 사상을 해석하면서, 직접 보는 경우에도 인간은 하나님의 본성을 보지 못한다고 말한다. 그들은 다볼 산에서 변형을 목격한 그리스도의 제자들처럼 그의 영광을 경험할 뿐이다. 그리스도의 변모 사건은 팔라마스의 사상과 가르침에서 중심을 차지하는 것으로서 거룩하게 하는 은혜의 성격을 드러내며 은혜가 인간에게 일으키는 갱신과 재창조를 보증한다. 그때 그가 수제자들에게 보이셨던 것처럼 하나님의 아들은 언제나 "그의 본질을 계시하지 않으시면서" 그를 사랑하는 사람에게 나타난다. "이는 그 본질이 불가시적이며 비록 모든 곳에 임재할지라도 어디에도 보이지 않기 때문이다. 하나님은 본질로 경험되지 않는다. 하나님은 우리에게 하나님의 본질을 계시하지 않으며 그것을 주지도 않는다—그것을 생각하는 것은 신성 모독이 될 것이다. 그러나 가장 신비로운 방법으로 하나님은 그의 본성의 광채를 비추었고 우리는 그것에 참여할 수 있게 했다(Antirrhetic against Akindynos 4.14.36).[8] 더 나아가 하나님의 영광은 창조된 것이 아니라, 하나님 본질의 물리적 반사이기 때문에 그 비전은 상징이 아니라 실재이다. 이런 식으로 팔라마스는 그리스 교부들의 전통을 따르면서 신의 본질을 알거나 또는 그것에 참여한다는 생각을 배제한 채 실재 하나님을 보는 것의 가능성을 옹호할 수 있었다.

팔라마스와는 달리, 서방 출신의 수도사 발라암은 헤시카즘 정신을 바르게 이해하지 못했다. 그는 헤시카스트들이 행하는 바를 기괴하고 용납할 수 없는 것으로 간주했으며, 이 방법을 수행하는 자들뿐 아니라 정교회 수도원 제도와

---

7) Ed. I. Spetsieris(Athens, 1895) 281.
8) *Works*, 3:267.

신학의 본질적인 입장까지 공격했다. 그는 쉬지 않는 기도를 순수하게 지적인 것으로 취급함으로써 그것의 실체를 파괴했다. 플라톤 철학의 영향을 받은 그는 인간의 몸이 영적 축복에 참여하는 것이 불가능하다고 생각했다. 마지막으로, 하나님의 자존적인 에너지의 존재를 거부하고 서방의 신학과 함께 그것을 신의 본질과 동일시함으로써 발라암은 하나님 비전의 가능성과 하나님과 그리스도인의 연합과 신화를 부인했다.

팔라마스는 발라암과 그와 같은 생각을 가진 사람들의 논박에 직면하여 수도원 제도와 정교회 신학의 기본 원리를 보존하기 위해 싸웠다. 그는 그 시대에 행해진 침묵의 새로운 양식을 조금도 놀라와하지 않았다. 그는 고대 전통에 알려지지 않았던 방법, 심지어 낯선 방법을 사용하는 것을 용납할 수 없다고 여기지 않았다. 그것은 이런 방법이 헤시카즘의 본질과 목적을(명상과 하나님과 교통함과 연합하는 것) 왜곡하지 않았기 때문이었다.

그 논쟁은 또 다른 문제를 일으켰다. 그리스도인이 하나님을 보는 일이 미래에 이루어질 것이라고 기다리지 않고 이 세상에서 하나님을 보기 위해 분투할 수 있는가? 팔라마스의 대답은 분명하다. 하나님을 보는 것은 사람이 가진 "하나님의 모습"과 하나님과 연합함이 핵심이며, 이 세상에서 시작되는 신화와 관련되므로 당연히 그것의 가능성은 신화에서의 성장과 더불어 증가되어야 한다. 물론 이 비전은 완전할 수 없으며, 미래 시대에 보는 것의 충만함을 지닐 수도 없다. 그러나 그것은 실재이다. 왜냐하면 그것은 하나님의 자존의 영광을 그 객체로 하며 "각 사람이 하나님의 계명을 실천하는 데서 얻는 순결성에 따라" 다르게 나타나기 때문이다(Triads 2.2.19-20; 3.3.15).[9] 이것은 하나님 비전이 신자들에게 주신 하나님의 선물일 뿐 아니라 그들 자신의 완전의 과정에서 그

---

9) *Works*, 1:692-93.

들의 개인적인 노력과 협동의 열매이기도 하다는 것을 의미한다. 이런 이유로 모든 신자가 이 세상에서 하나님을 보는 데 이르는 것은 아니다.

하나님 비전은 궁극적으로 하나님의 선물이지만 영의 성장과 완전을 향한 인간의 노력에 대한 보상의 성격을 지닌다. 이 비전을 위해서는 많은 노력이 필요하다. 하나님 비전은 마음의 깨끗함과 자신과 하나님께로 돌아감의 의미에서 금욕적인 노력을 전제한다. 육체의 욕망과 세상의 기만적인 요소에 연연하는 것은 사람을 하나님으로부터 분리한다. 하나님을 "보기" 위해 그리스도인은 먼저 자신에게 돌아가야 하며 그들의 존재를 하나님께로 재조정하고 자신과 세상을 향한 정열적인 기질을 공정한 사랑과 "신적인 에로스"로 변형시켜야 한다.[10] 금욕자들과 신비가들이 항상 말하며 하나님 비전과 연결하는 "무정념"은 부정적이 아닌 긍정적인 성격을 지닌다. 무정념은 정념을 죽이는 것이 아니라 하나님께로 재조정(redirection)하는 것이다. 광야는 명상과 무정념과 완전한 사랑의 실천을 노력할 수 있는 가장 적절한 환경을 제공한다. 이것은 세속에 사는 신자들이 완전의 길에서 제외되는 것을 의미하지 않는다. 그레고리 팔라마스는 이렇게 말한다: "결혼 생활을 하는 자들이 비슷한 순결을 획득하는 것은 가능하다. 그러나 그들에게는 훨씬 더 많은 어려움이 있다"(*To Xene* [PG 150, col. 1056 A]).

---

10) 이 주제에 대해서 자세히 알려면 J. Meyendorff, "Le thème du retour en soi dans la doctrine palamite du XIVe siècle," *Revue de l'Histoire des Religions* 145(1954) 188-20을 보라.

쉬지 않는 기도

물질적 관심을 버리고 하나님을 향하는 인간의 삶은 기도에 의해 하나님과 결합한다. 기도는 하나님을 강제하는 마술적 수단이 아니라 인간을 하나님과 인격적으로 만날 수 있게 하는 영적 수단이다. "이는 기도의 본질이 사람을 땅에서 하늘로 모든 천상의 이름과 계급보다 더 높이 들어 올리며 그를 만유의 하나님 바로 그 앞에 데려가는 것이기 때문이다"(Homily 2 [PG 151, col. 20C). 아레오파고 사람 디오니시우스(Dionysius the Areopagite)는 다음과 같은 유비를 사용한다: 배를 탄 사람이 바위에 밧줄을 묶고 끌어당길 때 바위를 움직이는 것이 아니라 스스로 그의 배와 함께 바위 쪽으로 끌려가듯이, 기도하는 사람의 경우 역시 전능하신 하나님을 자신에게로 낮추는 것이 아니라 자신이 영으로 그에게 들려 올려진다. 기도를 통하여 사람의 정신은 올바른 방향을 찾는다. 그 사람은 모든 물질적/정욕적 욕망을 벗어버리고 하나님의 은혜의 영역으로 들려 올려진다. 하나님을 잊고 죄로 인해 하나님으로부터 분리된 사람은 기도를 통하여 하나님을 기억하고 그에게로 다가갈 것이다. 죄를 피하고 하나님께 돌아가려는 인간의 소원은 기도 안에서 가장 최고로 또 가장 영적으로 표현된다. 이런 이유로, 그리스도인의 삶 특히 수도자의 삶은 타락의 길과 반대로, 그리고 하나님께 돌아가는 여정으로서 기도를 자신 삶에서 가장 중요하고 가장 높은 영적 표현으로 지닌다.

쉬지 말고 기도하라는 명령은 항상 교부들 가르침의 핵심이었다. 정교회 주석가들은 아무도 이 명령을 과장된 것으로 보지 않았지만, 쉬지 않는 기도를 이해하는 방법에 대해서만 서로 다른 의견이 제기되었다.[11] 이것은 자연스러운

---

11) I. Hausherr, "Comment priaient les Pères," *Revue d'Ascétique et de Mystique*

그레고리 팔라마스의 이콘,
그리스, 16세기, 개인 소장품

그리스도의 변모 이콘,
러시아, 16세기, 개인 소장품

일이었다. 왜냐하면, 경험으로 세속에 사는 신자들에게뿐만 아니라 세상과 그 염려를 떠난 사람에게 있어서도 적극적으로 쉬지 않는 기도를 실천하는 것을 불가능하게 하는 기본적인 필요가 생겨나는 것을 알기 때문이었다.

32(1956) 33.

오리겐은 그의 책 『기도에 관하여』에서 처음으로 이 주제를 다루었다. 그에 따르면, 쉬지 않는 기도는 통상적인 기도의 의미와 각 신자의 그리스도를 닮은 행위의 조합으로만 이해될 수 있다. 성도의 전체 삶은 하나의 기도며, 흔히 기도로 일컬어지는 그것은 단순히 관상생활의 일면에 불과하다. 오리겐의 이 견해는 후대의 신학자에게 지대한 영향을 미쳤다. 그럼에도 불구하고, 많은 다른 금욕자와 신비가는 그 명령의 문자에 보다 충실한 길을 찾으려 했다. 어떤 이들은 기도 회수를 늘였고, 또 어떤 이들은 그것이 중단 없이 실천되어야 한다고 가르쳤다. 예를 들어, 대 바실(St. Basil the Great)은 말했다: "모든 삶은 기도를 위한 시간이어야 한다"(*Ascetic Discourse* 4 [PG 31, col. 877A]). 다른 수도원 저자에 따르면, 정해진 시간에만 기도하는 것은 전혀 기도하는 것이 아니다. 수도사에게 기도의 분량이란 없다. "항상 하나님을 송축하는 것이 좋다"(Hyperechios, *Exhortations to the Ascetics* 95 [PG 79, col. 1481D]).[12] 이단자 중에 "쉬지 않는 기도"를 고수한 자는 메살린파(Messalians) 또는 유카이트파(Euchites)였다. 그들은 교회의 전례적 삶과 성례전을 비웃으며 자신은 "쉬지 말고 기도하라"는 바울의 명령을 따른다고 주장했다. 그들에게 있어서 기도는 구원과 인간 내면에 있는 사악한 영에서 자유하게 되는 유일한 수단이다.

그레고리의 전기를 쓴 콘스탄티노플의 필로테오스(Philotheos)에 따르면, 팔라마스가 베뢰아에 머물 때 그 지역에 욥이란 이름을 가진 단순하면서도 유명한 노인 금욕자가 살고 있었다. 이 노인은 자주 그레고리를 방문하여 그와 이야기를 하면서 그의 지혜를 배웠다. 그는 한 대화에서 그레고리가 쉬지 않는 기도는 수도사만을 위한 것이 아니라 모든 그리스도인을 위한 것이라고 말하는 것을 들었다. 세속을 떠난 수도사뿐 아니라 일반적으로 모든 신자, 남자와 여자

---

12) I. Hausherr, "L'hésychasme," 36-37.

와 아이, 단순한 자와 지혜로운 자 모두 이에 대해 가르침을 받고 주의를 기울여 배워야 한다. 수도사 욥은 이 말을 듣고는 흥분하여서 쉬지 않는 기도는 은둔자만을 위한 것이며 세속에 사는 사람을 위한 것은 아니라고 주장했다. 팔라마스는 성경의 여러 구절과 교부들을 인용하여 그를 설득하려 했으나 그는 완강했고 대화는 중단되었다. 그들이 헤어져 각자 자신의 독거처로 가서 기도하자, 천사가 욥에게 나타나 이 문제에 대해 거룩한 그레고리와 다르게 생각하지 말라고 말했다. 그 노인은 즉시 그레고리에게 가서 이 사실을 말하면서 그가 반대했던 것에 대해 용서를 구했다(Philotheos Encomium on St. Gregory Palamas [PG 151, cols. 573B-74D]).

헤시카즘 논쟁에서 양편의 대표자들은 쉬지 않는 기도의 필요성에 대해서는 이견이 없었으나 그것을 이해하는 방식에서 서로 달랐다. 발라암은 그리스도인들이 기도하는 습관을 지닐 때 쉬지 않고 기도하는 것으로 믿었다. 발라암에게 있어 기도 습관은 아무것도 하나님의 뜻 없이는 행해질 수 없다는 것을 의식적으로 아는 것과 같다. 그리스도인이 오직 하나님이 원하시는 것만을 할 수 있다는 것을 알 때 쉬지 않고 기도한다. 따라서 발라암은 쉬지 않는 기도에 수동적이며 궁극적으로 지적인 성격을 부여했다. 이것은 자연히 팔라마스의 반대를 초래했다. 만약 쉬지 않는 기도가 이것에 불과하다면, 전혀 기도하지 않는 마귀 역시 그것을 행하는 것이 된다. 이는 마귀도 하나님의 동의 없이는 아무것도 할 수 없다는 것을 알기 때문이다. 물론 팔라마스는 이 마귀의 예를 다소 과장되게 사용했지만, 그의 목적은 기도의 적극적이며 실존적인 성격을 강조하는 데 있었다.

하나님 없이 아무것도 할 수 없다는 믿음 자체는 기도가 아니다. 오히려 그것은 기도를 위한 전제이다. 기도는 신의 사랑으로 불이 붙었을 때 하나님을 찾기 위해 모든 것을 버리는 전체 인간 실존의 적극적인 표현이다. 그러므로 팔라마스에게 있어 쉬지 않는 기도는 다름 아닌 인간과 하나님의 지속적이며 생생한 교통이다. 이 교통은 기도의 은사를 받을 때 가능하게 된다. 하나님이 깨어 기도하는 자에게 주시는 이 은사는 그들 속에서 끊임없이 머물러 있어서 때로는 그들을 하나님과의 교통과 연합으로 이끌고 때로는 그들과 더불어 기도한다(Triads 2.1.30-31).[13] 따라서 쉬지 않는 기도는 한쪽으로 치우친 인간의 영적 활동이 아니라 기도하는 자들 속에 은밀히 활동하는 영적 은사와 협동하는 열매로 보아야 한다.

진정한 기도의 또 다른 특징은 순결이다. 기도의 순결은 기도하는 자의 마음과 정신의 순결과 일치한다. 정신이 정념에 지배될 때 하나님께 나아갈 수 없으며 그의 은혜를 받을 수 없다. 그러나 생의 염려를 떠나 그들 자신에게로 돌아갈 때 그들은 하나님의 긍휼을 향해 열리게 된다. 그때 신자들은 자신의 병듦을 느끼고 슬퍼한다. 그리스도는 죄와 그때문에 잃어버린 구원 때문에 슬퍼하는 자를 축복하셨다. 이런 이유로 그와 같은 슬픔은 복되다고 불린다. 이런 전통에서 복된 슬픔은 하나님의 은혜의 열매로 간주하지만, 그것은 역시 겸손과 자기 질책과 고난과 금식과 철야와 특히 기도를 통한 인간의 협력을 전제한다. 그와 같은 슬픔은 병적인 상태와 절망을 초래하는 것이 아니라 인간을 새롭게 하는 힘으로 작용하며 그들의 영혼에 평화와 위로와 기쁨을 가져다준다. 이 슬픔에서 흘러나오는 눈물은 기도에 날개를 달아주며 기도와 결합하여 그 신자의 마음을 조명하고 깨끗하게 한다. 이런 식으로 참된 기도는 눈물의 어머니이자 동시에 딸이며 그리스도인의 도덕적 삶에서의 진보는 기도의 도움을 받는 개인의 노력과 계속적인 내면의 갱신과 정욕에서의 해방으로 완전해지고 순결하게 되는 기도의 종합으로 이루어진다.

---

13) *Works*, 1:490-92.

무정념을 완전한 기도를 성취하는 주요 조건으로 받아들임에 있어 발라암은 팔라마스와 헤시카즘 전통에 동의한다. 그러나 이미 언급한 대로 그 두 사람은 무정념의 의미에 있어서는 근본적으로 달랐다. 그것은 그들이 서로 다른 인간론적 가정을 취했기 때문이었다. 발라암은 몸을 영혼의 저열한 도구로 간주하는 이원론자의 인간론을 따라 무정념을 영혼의 정욕적인 부분의 완전한 억제로 이해했으며 몸은 전혀 기도에 참여하지 않는다고 보았다. 반대로 팔라마스는 완전한 기독교 인간론을 따라 무정념을 세속에서부터 하나님께로 정념이 이동하는 것으로 받아들였으며, 각 사람이 단일한 정신과 육체가 하나 된 존재로 기도의 "영적 예배"에 참여한다고 주장했다.

하나님 말씀이 완전한 사람이 되었고 전체 인간의 본성을 신화했기 때문에, 각 사람은 정신과 육체가 하나된 실재로 신화되기 위해 하나님과 협동할 필요가 있다. 하나님의 나라는 내면에서 발견된다. 하나님의 영은 각 그리스도인의 마음에 와서 "아바, 아버지"라고 부르짖는다. 그렇다면 왜 정신을 몸에서 추방하려고 하며, 그것이 하나님의 영과 함께 기도할 수 있는 마음에 그것을 집중시키려고 하지 않는가?

여기에 헤시카시스트들이 정신과 육체를 하나로 보는 기도 방법의 근원이 있다. 정신을 보다 충분히 마음에 집중시키기 위하여, 그리고 보다 효과적으로 기도하기 위하여, 그들은 수시간 동안 턱을 가슴에 댄 채 앉아 눈을 내리뜨고 속으로 "주 예수 그리스도 하나님의 아들이시여, 나에게 긍휼을 베푸소서"라는 기도를 되풀이했다(*Synodical Tome* 1.47 [*PG* 151, col. 689A]). 동시에 그들은 호흡을 절제하여 정신이 산만해지지 않고 마음에 집중했다. 이 기도를 실천함으로써 헤시카스트들은 하나님과의 만남에서 바라던 절정이자 확증인 하나님 비전에 들어간다.

하나님을 보는 일은 하나님과 기도하는 사람이 서로 엑스터시를 경험하는 분위기에서 실현된다. 그때 사람들은 자신들을 초월하며 성령으로 창조주의 영광을 바라본다. 하나님 역시 자신을 그의 피조물에게 계시하기 위해 엑스터시를 겪는다. 따라서 기도하는 사람의 이 초월적 엑스터시와 하나님의 낮아지시는 엑스터시에서 그들의 개인적 만남과 연합이 성취된다. "우리 정신은 그때 그 자체에서 나와 그 자체를 초월하여 하나님과 연합하게 된다. 하나님 역시 자신에게서 나와 낮아지심으로 우리의 마음과 연합하신다"(Triads 1.3.47).[14] 이 하나님 비전은 시작과 결과를 지니고 있지만, 끝은 없다. 그것의 시작은 신의 빛의 간단한 조명이며, 그것을 뒤이어 하나님의 영광의 영원한 비전이 나온다. 그것은 미래 시대에 완성되고 완전해진다. 그러나 그때에도 그것은 정적인 성격을 지니지 않는다. 하나님의 은혜에 참여하고 그의 영광에 더욱 예민해지면서 성도들은 끊임없이 은혜 위에 은혜를 누린다(Triads 2.3.35; 2.2.11).[15]

현세와 내세

현세에서 하나님 비전은 종말론적인 성격을 지닌다. 만약 누군가가 현세에서 하나님의 영광을 볼 자격이 있다고 여겨진다면, 이것은 그가 이미 하나님의 나라와 교통하며 이미 최종적인 축복을 미리 맛보고 있기 때문이다. 현세에서 하나님을 보는 것은 천국에서 하나님을 보는 것을 보증한다. 그레고리 팔라마스는 의인은 하나님의 나라에서 신적인 빛의 조명을 받을 것이며 이 빛의 자녀로서 그리스도의 신적인 광채를 볼 수 있게 될 것이고 말했다(Homily 34 [PG 151, col. 432C]). 따라서 팔라마스에게 하나님을 "대면하여" 보는 것은 하나님 본질

---

14) *Works*, 1:458.
15) *Works*, 1:569, 517.

이 아니라 그의 광채를 보는 것이다. 이 광채는 본질적으로 말씀과 연합된 인성에 충만히 전달되었으며 사람들은 성령에 의해 그것에 참여하고 그것을 볼 수 있게 된다. 세례에서 거듭나고 성찬에서 그리스도와 한 몸이 된 그리스도인들은 그리스도 안에서 새 생명에 참여하는 자가 되며 하나님 나라의 시민이 된다. 참 생명의 근원과 연결된 삶을 살 때, 그리스도인은 사망과 사망의 위협적인 권세도 두려워하지 않는다. 그리스도의 자존하는 생명과 에너지는 그와 연합된 각 사람에게 공통적인 것이 된다. 그리스도께서 친히 그와 같은 사람들 속에 사시고 활동하신다. 생활의 필요와 유혹은 그와 같은 사람을 타락과 죄와의 타협으로 이끄는 것이 아니라 하나님께 이르려는 영적인 노력으로 이끈다. 이런 사람들의 지상 생애의 주된 관심은 기도와 성례를 통해 하나님과의 중단 없는 교통을 유지하는 것이다. 그들의 유일한 휴식은 하나님과의 신비적 연합에 있으며, 그것에서부터 그들이 추구하는 목표에 대한 지식도 얻는다. 자존하는 신의 빛을 보는 것은 최후의 영광과 하나님을 "대면하여" 보는 경험이다.

그리스도의 변형 사건은 미래 시대에 인간이 하나님을 "대면하여" 보는 것을 보증한다. 그것은 하나님이 사람으로서 인격적으로 행동하시기 때문에 가능하다. 변형 시에 그리스도로부터 발산하는 그 자존하는 빛은 규명되지 않거나 비인격적인 능력이 아니라 하나님의 말씀의 특별한 인격적 활동을 나타내었다. 헤시카스트들은 그들의 신비적 경험에서 다볼 산의 그 빛을 보며 미래 시대의 모든 성도 역시 그것을 볼 것이다.

하나님을 "대면하여" 보는 것의 보증으로서의 그리스도의 변형은 팔라마스와 교회의 고대 교부들에게도 매우 심오한 종말론적 의의를 지녔다. 이전 교부들의 가르침을 따라, 팔라마스는 이 사건에서 영광 가운데 곧 돌아오리라고 한 그리스도의 약속의 성취를 보았다(마 16:27-28; Gregory Palamas Homily 34 [PG 151, col. 425B]). 우리는 현대 학자들의 술어를 사용하여, 그 교부들이 그리스도의 변형에서 "실현된 종말론"의 한 예를 보았다고 말할 수 있다. 그 변형의 빛이 하나님 나라의 빛과 동일하며 그리스도에 의해 드러났고 이제 성령에 의해 모든 사람에게 전해지고 있기 때문에, 실로 하나님 나라는 이미 세상에 존재한다. 다른 한편으로 팔라마스는 하나님 나라의 도래는 장소적인 이동의 문제가 아니라 계시의 문제라고 말한다. 하나님 나라는 모든 곳에 존재한다. 그리스도인이 적절히 준비될 때, 그는 하나님의 은혜로 그 나라의 영광의 계시를 받는다.

> 여기 선 사람 중에 죽기 전에 하나님의 나라가 권능으로 임하는 것을 볼 자들도 있느니라"(막 9:1)는 그리스도의 말씀을 주석하면, 만유의 왕은 어디에나 계시며 그의 나라는 모든 곳에 있으므로 그의 나라가 임한다는 것은 한 장소에서 다른 장소로 이동하는 것을 의미하는 것이 아니라 그것이 성령의 권능으로 나타나는 것을 의미한다. 이것이 그가 "권능으로 임함"을 말한 이유다. 그리고 이 권능은 아무에게나 임하는 것이 아니라 주님과 함께 선 자들, 즉 베드로와 야고보와 요한처럼 그를 믿는 믿음에 닻을 내린 자들에게 임한다. 그러나 이 세 사람도 먼저 말씀에 의해 높은 산으로 이끌려 갔다. 이것으로 그들은 우리의 낮은 신분을 초월한 자를 상징한다. 이런 이유로 성경은 우리에게 무한하신 하나님이 확실히 그러나 적절하게 창조된 자연에 의해 품어질 수 있도록 그의 지고한 거처에서 내려오시고 산에서 우리를 우리의 낮은 상태에서 들어올리시는 것을 보여준다 (*Homily* 34 [PG 151, cols. 428C-29A]).

그러므로 그리스도인은 이 세상에서 이미 하나님의 나라의 종말론적 영광을 맛볼 수 있고 "얼굴과 얼굴을 맞대고" 보는 것을 보증받을 수 있다.

따라서 인간이 하나님을 "대면하여" 보는 것은 현세에서 시작하여 하나님 나라에서 그것의 성취와 완성을 기다린다. 그러나 미래 시대에 성도가 보는 것은 정적인 특성을 지니지 않을 것이다. 하나님의 은혜에 참여하며 이 교통을 통해 점점 더 신의 광채에 민감해지면서, 성도는 계속하여 무한하고 다함이 없는 근원이신 하나님으로부터 은혜 위에 은혜를 받을 것이다.

　엄격한 훈련으로서의 헤시카즘은 소수의 사람에 의해서만 실천될 수 있다. 그렇지만 그것은 진정한 기독교 윤리와 교부들의 가르침의 정신을 따른 정교회의 영적인 삶에서 가장 깊은 진리를 보여준다. 헤시카스트들은 성육하신 하나님의 아들이 인간에게 주시는 은혜 안에 살고자 한다. 은혜는 인간에게 값없이 주어지기 때문에, 그들은 고용인들의 일을 통해 하나님의 은혜를 얻으려 하지 않는다. 그들은 그들의 부르심의 숭고한 자리에 남아 있으며 악과 타락과 사망의 권세를 이긴 그리스도의 승리를 그들 자신의 삶과 신비적 경험에 적절히 이용하며 그리스도인의 자유를 누리기를 원한다. 이것은 모든 참된 그리스도인의 영성 생활의 목적이기도 하다.

제10장

중세 후기의 러시아:
수도원의 재산 소유

세르게이 하켈(Sergei Hackel)

1503년에 개최된 러시아 교회 공의회가 9월 초에 일정을 다 마치고 폐회하려 할 즈음에 갑자기 예정에도 없던 중요한 사항을 다루게 되었다. 그것은 수도원의 토지 소유와 관련된 문제였다. 명망 있는 수도원의 원로 닐 마이코프(Nil Maikov, 1433-1508)는 "수도원은 토지나 마을을 소유해서는 안 되며, 수도사들은 황폐한 곳에서 살면서 스스로 일을 하여 생계를 유지해야 한다"[1]고 주장했다.

공의회의 토론 내용

공의회에서 벌어진 토론의 내용을 그대로 옮기기는 어려울 것이다. 현재 그 회의록은 전혀 남아있지 않으며, 그 회의를 다룬 대부분 내용은 수십 년 뒤에 작성된 것들이기 때문이다. 회의에서 닐이 수행한 역할에 대해서도 여러 가지로 묘사되고 있는데, 가장 빈번하게 주장되는 것은 그가 모스크바의 대공 이반

---

1) *Polaniia Iosifa Volotskogo*, ed. A. A. Zimin and I. S. Lur'e (Moskow and Leningrad, 1959) 367.

3세의 하수인이었다는 설이다. 닐의 제안이 암암리에 함축하고 있는 바와 같이, 교회의 토지 소유를 금지함으로써 가장 큰 이익을 얻는 것은 모스크바 정부였다. 따라서 그 시대의 유명 인사인 바시안 파트리키예프가 말한 것처럼, 이반 3세가 닐을 그 공의회에 참석시키려고 온갖 노력을 기울였다는 것은 그리 놀라운 일이 아니다. 그 문제에 관해서 이반보다는 고결하고 비세속적이라고 알려진 성직자 닐이 공의회에 더 큰 영향을 줄 수 있다는 것은 쉽게 예측할 수 있었을 것이다. 만일 닐과 같은 인물이 없었다면, 그런 인물을 만들어 냈을 것이다.

어쨌든 닐은 그 일을 수행하기 위해 앞장세우기에 적합한 인물이었다. 현존하는 닐의 저서는 수도원의 토지 소유를 종식하는 데 찬성하는 정치적 근거나 경제적 근거를 다루고 있지 않다. 그러나 그의 영성은 전체적으로 개인적인 가난과 공동체의 가난, 완전한 무소유와 탐심의 완전한 부재로부터 얻는 자유에 토대를 두고 있다.

공의회 이전에는 교회의 재산 소유 문제에 대해 그처럼 활발하고 기탄없이 접근하지는 않았다. 한편, 닐의 반대자들은 러시아에는 닐의 논거에 반대되는 선례가 많다는 것을 증명했다. 그러나 닐의 주장을 뒷받침하는 선례도 있었다. 키예프의 대주교 키프리안(d. 1406)은 이미 "수도사들이 개인 소유물이나 마을을 소유하는 것은 거룩한 교부들에 의해 전해진 전승의 일부가 아니다"라는 취지의 성명서를 비소트스코에의 수도원장 아타나시우스에게 보낸 바 있었다. 그는 "세상과 세상에 속한 모든 것을 버린 사람이 다시 세속사에 개입한다는 일이 있을 수 있는가?"라고 반문했다. 수도원이 토지나 재산을 소유하는 것은 규칙의 약화, 즉 하나의 몰락으로밖에 볼 수 없었다.[2] 닐 시대의 사람들은

---

2) *Russkaia Istoricheskaia Biblioteka* (St. Petersburg, 1880) vol. 6, col. 263.

베루제로의 성 키릴(1337-1427)도 수도원의 토지 소유를 반기지 않은 인물이라고 내세웠다. 언젠가 그는 곡식을 기증했고, 또 언젠가는 "나는 평생 토지를 요구하지 않았습니다. 그러나 내가 여러분 곁을 떠난 후에는, 여러분이 하고 싶은 대로 하십시오"라고 말했다고 한다.[3]

당시 러시아에는 이단 운동이 있었는데, 이반 3세는 한동안 그들의 주장을 받아들이기도 했다. 이 이단들은 수도원 운동 자체를 없애고자 하는 뻔뻔스러운 의도에서 공개적으로 수도원의 토지 소유를 반대하는 설교를 했다. 이렇게 함으로써 그들은 사람들의 관심을 그 문제로 끌 수 있었으며, 그뿐만 아니라 은연중에 닐을 반대하는 사람들에게 유리한 정보를 제공했다. 그러나 러시아의 선례들이 꼭 적합한 것은 아니었다. 왜냐하면, 닐이 태어나기 전 시대는 상황이 크게 달랐기 때문이었다.

13세기에 있었던 몽고의 침입과 그에 따른 파괴와 도덕의 타락으로 말미암아 기존 수도원 생활의 규범은 크게 해이해져 있었다. 과거의 수도원들은 지방 군주들의 후원을 받는 도시적 기반 위에 서 있었다. 이처럼 보조금과 기부금을 받았기 때문에, 수도원들은 그 지역의 사회생활에서 적극적인 역할을 할 것으로 기대되었다. 그러나 14세기에 새로운 수도 방식을 추구하는 수도 생활이 부흥했다. 현존하는 문명의 중심지에서 벗어나 사람이 거주하지 않거나 인구가 희박한 지역에 수십 개의 새로운 공동체가 세워졌는데, 러시아의 수도사들은 그곳을 "사막"이라고 지칭했다. 이 공동체들은 원래 자조 자립하도록 된 경제적으로 독립된 개체들이었다. 그것은 특히 라도네츠의 세르기(Sergii of Radonezh, 1314-1392)라는 사람과 밀접한 연관이 있는 부흥이었다.

---

[3] I. U. Budovnits, *Monastyri na Rusi i Bor'ba Nimi Krest'ian v XIV-XVI Vekakh* (Moscow, 1966) 170 인용.

라도네즈의 세르기(Sergii of Radonezh)

세르기는 아무런 저술도 남기지 않았으므로, 그가 지니고 있던 견해는 그의 후계자 한 사람이 지은 전기를 바탕으로 구성해야만 한다. 세르기는 불과 몇 년 동안에 수도원 역사의 여러 단계를 재현한 사람이라고 할 수 있다. 처음에 그는 동생과 함께 침묵과 고독을 찾아 "사막"으로 갔다. 그러나 그는 동생으로부터 버림을 받고, 여러 해 동안 은수사로서의 소명에 따르는 많은 시련과 유혹을 받았다. 마침내 그는 내키지 않았지만, 동료 수도사들과의 교제를 받아들였고, 그를 중심으로 조직이 엉성한 공동체, 또는 "스케테"(skete)가 형성되었다. 결국 그는 콘스탄티노플 총대주교의 강권을 받아 자신의 삼위일체 수도원에 "주상성인의 규율"(Studite Rule)을 도입했고, 그리하여 그의 수도원은 하나의 공주(公住) 공동체로 변화되었다. 그 수도원은 헌신적인 가난을 버리고 특별한 풍요로움을 누리게 되었다.

세르기가 근본적으로 소유를 부인하는 사람으로 남아 있었는지는 분명치 않다. 세르기의 사후에 크게 변화되었지만, 그의 생전에는 그의 수도원이 토지나 건물을 소유하지 않았을 수도 있다. 어쨌든 공동체의 성장과 대중으로부터 많은 존경을 받은 것은 세르기의 개인적 단순, 겸손, 덕 때문은 아니었다. 물론 그가 말년에 체험한 신비 체험의 기록이 있기는 하다.

세르기의 전기를 읽어 보면, 이러한 체험의 본질과 틀이 명확하지 않다. 가장 놀라운 것은 하나님의 어머니를 본 것인데, 하나님의 어머니는 삼위일체 수도원의 후견인 역할을 한다. 그의 신비 체험에는 항상 빛을 보는 일이 포함되어 있었는데, 이것은 그 체험이 헤시카즘의 관심사와 기도의 열매일 수도 있음을 암시해준다. 그 수도원의 도서관에 15세기의 저서들 외에도 새로운 신학자 시므온이나 시내산의 그레고리와 같은 헤시카즘의 대가들의 저서들의 슬라브어 번역본이 소장되어 있음은 그리 놀라운 일이 아니다.

이러한 번역본을 통해서(그리고 1350년부터 1450년 사이에 많은 비잔틴 본문이 슬라브어로 번역됨을 통해서), 헤시카즘은 러시아 세계에 자리잡기 시작했다. 그러한 번역서가 아토스에서 출판되었다. 더욱 중요한 것은 그 원문이 전하는 가르침을 전한 사람들인데, 그중에는 불가리아인 번역자인 키프리안 총대주교도 포함된다.

닐의 시대에 이르러, 공동체를 구성하고 있던 다른 요소들—원래의 은둔 정신, 그리고 후에 도입된 공주적 관습—간의 균형이 상실되었다. 1503년 공의회에 참석한 영적 지도자들은 명백한 두 가지 중 하나를 선택해야 했다. 그리고 닐의 입장(수도원은 재산을 소유해서는 안 된다는 것)은 이러한 대인 중 하나가 암시하고 요구하는 것을 표현하고 있었다.

성 닐 마이코프(St. Nil Maikov)

닐은 비잔틴 헤시카즘의 가르침과 실제 체험한 인물이었다. 그의 일생에 대해서 자세히 알려지지는 않지만, 그는 콘스탄티노플뿐만 아니라, 14세기 헤시카스트 원로들의 시대에 절정에 달했던 아토스를 방문했고, 팔레스타인도 방문했다고 한다. 따라서 그는 정교회의 살아 있는 전통 —예를 들면『성 사바스의 규칙』(Rule of St. Sabbas)이나 성 요한 클리마쿠스의 저술 안에 기록되어 있는 수도원 운동의 초기 규범들—안에서 감지했어야만 하는 것을 원래의 위치에서 찾아냈다.

닐은 고향으로 돌아가서 수도 생활에 대해 저술하고, 아울러 수도 생활의 부흥을 위해 일했다. 그가 그러한 글을 썼다는 사실 자체도 의미가 있는 일이었다. 러시아 교회의 오랜 역사에서, 그의 저서는 영성 생활을 분명하고 깊이 있게 다룬 최초의 저술이라고 볼 수 있다.

이것은 그의 저술의 내용이 독창적이라는 말이 아니다. 그는 언제나 영적 스

라도네즈의 세르기우스의 이콘, 러시아, 20세기
성 데니스와 성 세라핌 공동체, 파리

왼쪽에서부터 수태고지 성당(1482-1490), 도러미티온 성당(1479),
아치에인젤 성당(1505), 모스코바

승들의 가르침을 충실하게 해석하고 확실하게 대변했다. 그의 영적 스승 중 중요한 사람으로는 존 클리마쿠스(John Climacus), 존 카시안(John Cassian), 시리아의 이삭(Issac of Syria), 신신학자 시므온(Symeon the New Theologian), 시나이의 그레고리(Gregory of Siani)를 들 수 있다. 닐은 이들의 저서를 옮겨 썼고, 닐의 추종자들과 베루제로의 구리 투신(Gurii Thshin of Beloozoro, ca. 1452-1526) 역시 같은 일을 했다. 그러나 닐이 자기의 이름을 붙인 저서에는 그의 개성이 담겨 있다고 말할 수 있다. 그 책에는 그의 통찰과 경험과 분별력이 담겨 있다.

닐은 베루제로의 성 키릴의 수도원에서 수도 생활을 시작했는데, 해외여행을 한 후 다시 그곳으로 돌아오곤 했다. 해외여행을 통해서 성 키릴 수도원처럼 복합적이고 사람들이 많고 번영하는 수도원은 내적 침묵과 기도 생활을 충분히 제공해주지 못한다고 확신한 그는 몇 마일 떨어진 황량한 곳으로 옮겨갔다. 그곳은 "세속 사람들은 접근하기 어려운 곳"이었다.[4] 닐은 1470년대, 또는 1480년대에 얼마 동안 아토스 스케테에 정착했다. 인근에 소라(sora) 강이 있었기 때문에 그는 "소르스키"라고 불리는데, 이것은 소라의 닐이라는 뜻이다. 그는 이 스케테에 소수의 추종자만 선별하여 받아들이고 다른 사람들은 받아들이지 않았다. 이 수도사들은 둘이나 셋씩 짝을 지어 독립된 생활을 하면서 서로 대등한 관계에서 교제했다. 짝을 이룬 수도사들은 원로를 선출했으며, 또 그렇게 하는 것이 권장되었다. 그러나 수도원장이나 성직 계급제도 같은 것은 존재하지 않았다. 닐은 동료들을 "형제들"이라고 불렀다. 그는 "나는 여러분을 제자라고 부르지 않고 형제들이라고 부르겠습니다. 우리에게 선생은 하나님의 아들이신 예수 그리스도 한 분뿐이기 때문입니다"[5]라고 적었다. 그는 영적 지도자가 가까이 없을 때는 성경에서 주 예수 그리스도의 뜻을 찾았다.

닐은 성서도 주의를 기울여 세심하게 철저히 조사해 보아야 한다고 주장했다. "노프고로드–모스코"(Novgorod-Moscow)라는 이단이 발흥하던 시대의 인물로서 자신의 필사실을 거쳐 나온 거룩한 글을 편집한 이 현대적이면서도 철저

---

4) Nil Sorskii, Letter to German Podol'nyi, "Poslaniia Nila Sorskogo," ed. G. M. Prokhorov, *Trudy otdela drevnerusskoi Literatury* 29 (Leningrad, 1974) 142.

5) M. S. Borovkova-Maikova, ed., "Nila Sorskato Predanie i Ustav [...]," *Pamiatniki drevnei pis'mennosti i iskusstva* 179 (St. Petersburg, 1912) 102.

히 정통적인 편집자는 "글은 많지만, 모두가 하나님의 글은 아니다"6)라고 말했다. 그의 말을 빌자면, 많은 이문(異文) 가운데서 참된 글을 식별해내는 것이 그의 의무였다.7) 그러나 그는 절대 교회를 대적하는 입장에 서거나 교회의 전통을 조작하려 하지 않았으며, 다만 그것을 가장 적절하게 표현하려 했다.

스케테의 삶에는 필연적으로 죄와의 싸움이 포함되었으므로, 닐은 이 목적을 위해서 영적 싸움의 지침서를 편찬했다. 그 책에서 그는 여덟 가지 주요한 유혹―탐식, 간음, 탐욕, 분냄, 슬픔, 게으름(병적인 우울, 혹은 낙심), 허영심, 교만―을 열거했다. 그는 그 유혹을 차례로 다루면서 그것에 대처하는 방법에 관해 상세하게 조언했다. 어떤 경우에든지 지속해서 금욕고행하면서 항상 깨어 경계해야 한다. 정신을 산만하게 하거나 유혹거리가 되는 생각들을 경계해야 한다. 또 선한 생각이든 악한 생각이든 모든 생각을 마음에서 깨끗이 제거해야 한다. 비록 불완전하더라도 이처럼 생각들을 제거하는 것이 내적 평화(헤시키아)의 예비 단계가 되며, 이 내적 평화의 상태에서 진정한 기도를 할 수 있다. 진정한 기도에는 "눈물의 은사"가 수반되기도 한다. 닐은 이것이 양심의 가책에 따른 결과에 그치는 것이 아니라 하나님으로부터 오는 선물이라고 강조한다. 이것은 "정신을 고양시켜주며, 내면으로부터의 위로와 기쁨을 일으켜 준다."8)

닐은 예수기도의 중요성을 강조했다. 물론 닐이 예수기도를 러시아인들에게 소개한 최초의 인물은 아니다. 러시아인들은 최소한 11세기 중반 이후로 예수

---

6) Nil Sorskii, Letter to Gurii Tushin, "Poslaniia Nila Sorskogo," 140. See also Nil's remarks of his editorial principles, quoted in G. M. Prokhorov, "Avtografy Nila Sorskogo," *Pamiatniki kul'tury: Novye otkrytiia*, 1974 (Moscow, 1975) 46.

7) Nil Sorskii, Letter to Gurii Tushin, "Poslaniia Nial Sorskogo," 140.

8) Borovkova-Maikova, *Pamiatniki*, 77.

기도에 친숙해져 있었다. 닐은 자신의 헤시카스트 스승들을 좇아, 예수기도에 새로운 맥락을 부여했다. 예수기도의 공식보다는 그것을 사용하는 방법이 더 중요하다. 닐은 자신이 인용한 여러 형식 중 어떤 것이 더 좋다고 지적하지 않았다: "주 예수 그리스도여, 나를 불쌍히 여기소서", "하나님의 아들 주 예수 그리스도시여, 죄인인 나를 불쌍히 여기소서." 그는 이러한 형식을 어느 정도 변형하여 사용하는 것을 허용했다. 또 닐은 예수기도를 하는 자세에 있어서도 특정의 자세를 선호하지 않았다. 그는 가장 편안하게 기도를 하는 것이 중요하다고 지적했다. 그는 간단하게 기도하는 사람의 호흡 조절에 대해 언급하고 "정신을 마음 안에 담으라"고 했는데, 이것은 여러 가지 구송기도(口誦祈禱) 중 하나를 말하는 것이 아니라 테오시스(theōsis), 즉 신화에 이르는 중요하고도 불변하는 단계인 깊이 내면화된 기도에 대해 말하는 것이다.[9]

닐이 신화(Theōsis)를 어느 정도 맛보았는지 우리는 판단할 수 없다. 그가 그 문제를 회피했기 때문은 아니다. 그는 자신이 사용하는 일상적인 자료 중 하나를 감추려 했다. 따라서 그는 일인칭 단수를 사용할 때면 반드시 인용부호를 추가했다. 그러나 말로 표현할 수 없는 것을 표현할 때,[10] 비록 그가 일상적인 경험을 이미 거쳤다고 해도, 다른 사람들이 사용한 쉬운 어휘들을 사용했을 것이다. 그가 새로운 신학자 시므온의 어휘를 사용한 것은 그 어휘를 도외시해서는 안 된다는 것을 암시한다. 어쨌든 시므온이 본 빛은 닐이 깊이 갈망하는 것들과 일치하는 것이었음이 분명하다:

나는 수실에 앉아서 이 세상의 빛이 아닌 빛을 본다. 나는 내면에서 이 세

---

9) Ibid., 21-22.
10) Ibid.

상의 창조주를 감지한다. 나는 그분과 대화를 하고, 그분을 사랑한다. 이 빛을 봄으로써 나는 풍부하게 영양을 공급받는다. 나는 그분과 결합하며, 그리하여 하늘들 위로 들려올려진다. 나는 아주 분명하고 확실하게 이 사실을 안다. 그러나 그때 내 몸이 어디에 있는지 알지 못한다. 하나님은 나를 사랑하시기 때문에 나를 자신의 존재 안에 받아주시고, 그 품에 감추어 주신다. 그러한 상태에 있는 사람은 자신의 수실을 떠나려 하지 않는다. 그는 친숙한 세상으로부터 분리되어 땅속 은신처에 깊이 숨어 불멸하시는 주님을 응시하기를 갈망한다.[11]

닐은 내적인 길을 추구했기 때문에 공적인 사역을 그다지 행하지 않았다. 어쩌다 한 번씩("어느 형제가 우리와의 대화를 원하거나, 진심으로 하나님의 말씀을 요구하는데 마침 우리가 그것을 가지고 있다면"), 수도사는 교사의 역할을 할 수 있을 것이다. 우리는 그에게 하나님의 말씀만이 아니라 우리의 영혼 자체를 주어야 한다.[12] 그러나 전반적으로는 관상자는 상기시켜 주는 사람, 하나의 본보기, 표지판 역할을 한다. 심지어 이단자에 대해서도 관상자는 기본적으로 피동적인 역할을 해야 한다. 우리가 수도사들의 재산 소유를 지지하는 사람들, 즉 "일상적인 친구들과 세상적인 현인들, 그리고 수도원의 재산이나 토지가 증가하는 것 등 헛된 근심거리에 관심을 두는 사람들"과 교제하지 않으며,[13] 그와 같은 일을 행하는 잘못된 교회인들을 책망하지도 않고 바로잡으려 하지도 않는다면, 이단자들이 관상 생활자들을 멸시하는 분량이 크게 감소될 것이다. 절대 그들을 고소하거나 학대해서는 안 된다. 닐의 절친한 친구인 바시안 파트리케프는 그들에 관해서 "우리는 진실로 하나님의 자비에 대해 알고

---

11) Ibid., 28-29.

12) Nil Sorskii, *Letter to Gurii Tushin*, "Poslaniia Nila Sorskogo," 140.

13) Ibid.

있는데, 하나님은 모든 사람을 구원하시며 모든 죄인이 회개하여 진리를 깨닫게 하려 하신다"[14]고 기록했다.

수도적 스케테가 공적인 사역에 전혀 개입하지 말아야 한다면, 구제 사역에도 참여하지 말아야 한다. 바시안은 이 문제에 관해서 "수도원의 재산 소유 반대자"의 입장에서 견해를 표현했다: "수도사들은 가난하게 완전한 무소유의 삶을 살아야 한다." "수도사는 재산을 축적해서는 안 되며, 구제를 위해 과도한 기금을 소유해서도 안 된다. 수도사는 교회를 위해 필요한 것만 보유하고 있어야 한다. …."[15] 그러나 여기에도 특별한 제한 조건이 있는데, 그것들은 러시아 수도원 운동에서 볼 때는 유별난 것이다. 예를 들면, 금과 은은 사용해서는 안 된다(거룩한 용도에 사용되는 그릇에도 금과 은은 사용해서는 안 된다). 그러한 물질이나 물건에 투자하는 것은 옳지 못하다. 닐은 돈은 우선적으로 가난한 사람들을 위해서 사용되어야 한다고 지적했다. 닐은 "교회를 치장하지 않았다고 해서 정죄받은 사람은 한 사람도 없다"라는 취지로 크리스소톰의 말을 인용했다.[16]

닐은 철저히 사회적인 문제에 개입하지 않았기 때문에, 그의 적들은 그에게 그다지 관심을 두지 않았다. 이러한 태도는 이미 러시아에서 자리를 잡은 경향으로부터 이탈이었다. 성 테오도시우스(d. 1074)가 매주 마차에 빵을 싣고 키예프의 감옥을 방문한 일을 기념한 것은 러시아 신자들이 이전 시대를 상기하게 해주었다. 따라서 1503년에 개최된 공의회 때, 그리고 그 이후로 닐을 반대하는

---

14) N. A. Kazakova, *Vassian Patrikeev i Ego Sochineniia* (Moscow and Leningrad, 1960) 277.

15) Ibid., 280.

16) G. P. Fedotov, *A Treasury of Russian Spirituality*, 93 인용.

사람들은 "우리가 게으르게 생활하면서 이 수실 저 수실을 찾아다니기보다는, 수고하여 거둔 열매로 가난한 사람들과 방랑자들에게 먹이는 것이 유익할 것입니다"[17]라는 테오도시우스의 권면을 즐겨 인용했다.

공의회에서는 두 명의 감독과 벨루제로 지방 출신의 많은 장로가 닐을 지지했다. 이 사건을 계기로 러시아의 헤시카스트들은 잠시 일반 대중에게 관심을 두게 되었고, 무소유의 원리에 크게 관여하게 되었다. 물론 이것은 기도에 대한 그들의 주된 관심에 종속된 것이었다. 그러나 무소유의 입장과 이단자들에 대한 온건한 태도 때문에, 1530년대 이후로 닐을 따르는 공동체들은 새로 설립된 공동체로부터 공격을 받았다. 닐의 추종자나 동료 중에서 이러한 고난을 받은 사람을 들자면, 바시안 파트리케프와 마크심 트리볼리스(1470-1556)이 있다. 바시안 파트리케프는 수도원의 재산 소유를 지지하는 수도원에 감금되어 지내다가 1546년에 세상을 떠났다. 마크심 트리볼로스는 거의 25년 동안 적으로부터 중상과 학대를 받았다. 그러나 그는 마지막 피난처였던 성 세르기 수도원을 비롯하여 여러 곳에서 무죄하게 고난을 받은 사람으로 여겨 추앙을 받았다.

닐은 이미 오래전에 정화(purification)의 방법으로서의 고난에 대해 말한 바 있었다. 닐이 이단자들을 변호하면서 주장했듯이 진리를 위해서 사람을 죽이는 것은 용납될 수 없지만, 진리를 위해 기꺼이 죽으려는 태도를 지내야 했다. 그는 정치적으로 치욕스럽게 파면을 당한 제자에게 "사람이 진리를 장려하려다가 고난 당하는 것이 하나님 사랑의 표식입니다. 왜냐하면, 그는 자신을 위해 슬픔을 당하면서 그리스도의 고난에 참여하게 되며 성도들을 닮게 되기 때문입니다. 실제로 하나님은 슬픔을 통해서 믿음을 입증하지 않는 사람에게는 은

---

17) G. P. Fedotov, *The Russian Religious Mind*, 1:133 인용.

총을 베풀지 않습니다"[18]라고 말해 주었다.

닐이 대변하고 양성한 그 운동은 그 이후 러시아 교회 생활의 저류(底流)로서 명목을 간신히 유지하다가 18세기 말에야 극적으로 부흥하게 되었고, 그제야 닐은 비로소 성인으로 추대되었다.

성 요셉 사닌(St. Joseph Sanin)

1503년에 개최된 공의회의 결과, 모스크바 정부는 수도원이나 교회의 재산을 빼앗을 수 없게 되었다. 이런 면에서 곧 스웨덴(1527), 덴마크(1536), 영국(1536-1539)에서도 러시아의 선례를 따랐다. 이들 국가에서는 종교개혁의 중요한 정책의 하나로 교회 소유 토지가 환속되었다. 대조적으로 이러한 환속 조처에 맹렬히 반대한 모스크바의 수도사들—1503년 공의회에서의 다수파—은 국가와 교회를 어느 때보다 더 굳게 결속시킴으로써 예기치 않게 교회와 국가에서 유명해졌다. 그중에 가장 유명한 사람이 볼로콜람스크 수도원의 창시자요 원장인 성 요셉 사닌(St. Joseph Sanin, 1439-1515)이다.

볼로콜람스크 수도원은 1479년 10월에 창립되었는데, 당시 이미 세 개의 마을을 증여받아 소유하고 있었다. 이듬해 1월에 몇 개의 마을을 더 소유하게 되었고, 그 이후 지속해서 재산이 증가했다. 이 문제에 관한 요셉의 입장은 확실했다. 그러나 닐의 스케테와는 달리 토지를 소유하고 바삐 효율적으로 생활하는 수도원에서는 생활을 규제할 『규율』이 필요했다. 현재 요셉이 작성인 두 개의 『규율』이 남아 있는데, 그중 보다 일찍 작성된 짧은 규율은 요셉의 일생 중 대부분의 기간 공동체에서 사용되었으며, 나머지 하나는 첫 번째 것을 다듬은 것으로서 그의 말년에 사용되었다. 두 개의 규율집 모두 요셉이 가장 귀중히

---

[18] Nil Sorskii, *Letter to Vassian Patrikeev*, "Poslaniia Nila Sorskogo," 138.

여기고 권장한 질서에 대해 말한다.

요셉이 작성한 짧은 『규율집』의 첫 문장에서 "공동생활에서는 모든 일을 규칙에 따라서 예의 바르게 행해야 한다"[19]라고 규정하고 있다. 조금 뒤에 요셉은 한층 더 분명하게 지식보다는 규칙을 따르는 행동이 중요하다고 강조한다: "우리는 먼저 올바른 용모와 질서에 관심을 가져야 하며, 그 후에 내적인 경청과 복종에 관심을 기울여야 합니다."[20] 이러한 요셉의 태도는 닐과는 정반대되는 것이었다. 닐은 삶의 표면적인 질서를 그다지 중요시하지 않았다. 그러나 요셉은 수도사들이 공적으로 기도하는 자세까지도 규제하려 했다. 그는 "두 손을 꼭 잡고 두 발을 붙이고, 눈을 감고 마음을 집중하라"[21]고 했다. 또 그는 하나님에 대한 경외심을 가지고 전례에 필요한 조건들을 정확하고 신속하게 수행할 것을 촉구했다: "형제들이여, 하나님의 엄위한 위협과 공의로운 진노를 두려워하지 않는 사람은 구원을 받을 수 없습니다."[22] 수도원장은 하나님의 뜻을 묵상해야 한다. 수도원장에게 복종하지 않는 것은 하나님의 뜻에 복종하지 않는 것이다. 마귀는 독립을 빌미로 유혹한다. 요셉의 규율집에는 한때 G. P. 페도토프가 포보스 종교(Phobos religion)이라고 지칭했던 것에 대한 언급이 등장한다. 이 규율집도 나중에 작성된 규율집과 마찬가지로 수도사들의 의복이나 음식 등에 대해 훌륭하게 정의된 다른 범주들을 허용하지만, 융통성이 없으며 지나치게 많은 것을 요구한다.

이상하게도 그 규율집은 내면생활에 대해서는 거의 다루지 않는다. 여기에

---

19) *Poslaniia Iosifa*, 297.
20) Ibid., 300.
21) Ibid., 299-300.
22) *Velikiia Minei Chetii (sentiabr' 1-3)* (St. Petersburg, 1868) col. 508.

서는 신비 체험을 전혀 기대하지 않으며 강조하지도 않는다. 그럼에도 불구하고, 요셉은 예수기도를 권장한 듯하며, 그의 『전기』에 의하면 그는 실제로 예수 기도를 실천한 듯하다. 그의 것으로 여겨지는 어떤 글에는 예수기도가 보편적으로 적용되었음을 보여주는 놀라운 간증이 수록되어 있다:

> 사랑하는 형제들이여, 어디에 있든지, 바다를 여행하든지 육지를 여행하든지, 집에 있든지, 걸어가고 있든지 자리에 앉아 있든지 잠을 자든지, 그대가 있는 곳에서 끊임없이 분명하게 "하나님의 아들 주 예수 그리스도시여, 나를 불쌍히 여기소서"라고 또렸한 의식으로 기도하십시오. 하나님께서 그대의 기도를 들어 주실 것입니다. 땅과 그 사방은 모두 하나님의 것이기 때문입니다.[23]

만일 이 글을 닐 소르스키의 것으로 간주한다면, 이 글의 중요성은 제한된다. 요셉이 중요하게 여긴 것은 공동예배였으며, 이 예배가 공동체의 모든 활동을 위한 토대와 동기를 부여해 주었다. 닐과는 달리, 요셉은 교회를 치장하는 일을 허용했으며, "금과 은과 진주"[24]로 된 물건들을 주저하지 않고 교회에서 사용했다. 이런 물건들은 하나님의 영광을 표현하기 위해서 뿐 아니라, 공동체의 재산 투자 방법으로도 활용되있다. 이것은 요셉의 편지 중 하나에서 분명히 드러난다.[25] 이 공동체는 부끄럽게 여기지 않고 사려 깊게 재산을 소유했다.

공동체의 재산을 통해서 개개의 구성원이 이익을 취해서는 안 되었다. 짧은

---

[23] N. A. Kazakova and I. S. Lur'e, *Antifeodal'nye ereticheskie dvizheniia na Rusi XIV-nachala XVI veka* (Moscow and Leningrad, 1955) 356.

[24] Kazakova, *Vassian*, 355.

[25] *Poslaniia Iosifa*, 182.

『규율』에 따르면, 수도사들은 절대 개인적으로 물건을 소유할 수 없었다. "모든 것이 공동의 소유이므로 "네것", "내것", "아무개의 것"이 있을 수 없었다.[26] 요셉은 짧은 『규율』에서 "어느 형제에게 가진 것이라곤 복음서밖에 없었는데, 그것을 판 후에 '네가 가진 것을 팔아 가난한 사람들에게 주라고 말씀하신 그 책을 팔았습니다' 라고 말하면서 가난한 사람들에게 주었다"[27]는 내용의 에바그리우스의 말을 인용했다. 닐의 원리는 세상의 재물을 모두 나누어줌으로써 수도 생활을 시작하는 것이었다면, 요셉의 의도는 그것을 영속하게 만드는 데 있었다. 그리함으로써 요셉은 성 테오도시우스, 그리고 보다 최근의 인물로서 제자들에게 "나그네를 환대하라"고 강조한 성 세르기가 제공한 본보기에 경의를 표했다.

요셉은 기성 교회를 가난한 사람들의 처분에 맡긴 인물이다. 그는 어느 편지에서 매일 6, 7백 명에게 음식을 먹인 일에 대해 말한다. 기근이 들었을 때, 그의 수도원은 수천 명에게 피난처를 제공해 주었다. 그 수도원은 언제나 경제적인 도움을 제공하고, 발달을 지원하며, 권리를 빼앗긴 사람들이 피할 항구가 되려 했다. 그리스도께서는 친히 굶주린 사람, 목마른 사람, 집 없는 사람, 병자들, 감옥에 갇힌 사람들로 나타나시지 않으셨던가? 요셉은 짧은 『규율』에서 독자들에게 복음서의 상징을 상기시켰다(마 25:35-40). 그것이 함축한 의미는 분명했으며, 그것을 공격할 필요가 없었다. 봉사는 기독교적인 생활 방식, 즉 수도적 생활방식에 필요한 것이었다. 그러므로 요셉의 영성은 나름대로 필요한 것으로서 가시적이고 훌륭하게 적용되었다.

그러나 요셉의 영성에는 어두운 측면도 있었는데, 그것은 그가 행한 구제와

---

26) Ibid., 308.

27) Ibid.

사랑의 외견상 넓은 본질까지도 제한했다. 거기에는 단순히 그것을 보류하는 것 이상의 것까지 포함되었다. 이단자들을 만났을 때, 그들에게 음식을 주는 것에 대해서는 아무런 문제가 있을 수 없었다. 이 제한과 관련하여 요셉은 최소한 사도들과 교부들이 승인했음을 언급할 수 있었다. 그러나 그 이상의 것이 필요했다: 그것은 억압의 문제인 동시에 분리의 문제였다.

요셉은 당대의 스페인 종교재판소의 보고의 영향을 그리 받지 않았다. 그는 이단의 궁극적인 근절은 이단자들을 육체적으로 완전히 멸절시킴으로써만 이룰 수 있다고 주장했다. 게다가(이 점에 있어서 그의 엄격함은 극단적인 형태로 나타난다) 이단자들이 회개했다고 핑계를 대도 절대로 그 말을 믿지 말고 무시해야 했다.[28]

1504년에 있었던 공의회 이후에 행해진 처형은 요셉파의 또 다른 승리였다. 그러나 그들의 냉엄한 엄격함과 솔직하지 못한 수사법은 절대 요셉에게 유익함을 주지 못했다. 그리고 닐을 따르는 장로들의 권면도 그 효력을 발휘했는데, 그들은 그리스도께서는 일곱 번만이 아니라 일곱 번씩 일흔 번이라도 용서해주라고 요구하셨다고 주장했다. 우리는 오직 그러한 자비만을 찬양하고 본받아야 한다.[29]

그러나 닐의 학파와 요셉의 학파로 나뉜 이 뼈아픈 분열은 절대적인 것이 아니고 총괄적인 것도 아니었다. 일례로 볼로코람스크 수도원의 서기는 닐의 원문을 필사하기도 했다. 더욱이 닐도 요셉의 저술을 필사했는데, 이것은 그가 그만큼 그 저술을 인정했다는 의미가 된다. 세르기를 추종하는 인물에 의해 통합될 수도 있었을 본질적으로 전혀 다른 러시아 영성의 추이는 이제 각기 나름

---

28) Ibid., 179, 231.
29) Kazakova and Lur'e, *Antifeodal'nye dvizheniia*, 513.

대로 발달하게 되었지만, 각 경향의 대표 사이에는 공통된 중요한 신념이 있었다. 그리하여 개인의 재산 소유라는 시끄러운 문제에 관하여 그들의 의견이 일치될 수 있었고, 수도사는 "재산을 소유해서도 안 되고 그것을 바라서도 안 된다"는 명령이 닐과 요셉의 저술에서 같이 발견된다.[30] 닐은 바시안 파트리케프에게 "모든 형제를 성인으로 대하라"[31]고 했는데, 이것은 요셉이 "하나님의 형상으로 지음을 받은 모든 사람 앞에 고개를 숙이는 것"[32]을 부끄럽게 여기지 않는다고 말한 것과 다르지 않다. 둘 다 닐이 좋아하는 친숙한 저자인 시나이의 그레고리의 판단에 동의했던 것 같다. 그는 "침묵의 삶과 공주의 삶은 별개의 삶이다. 그러나 어떤 삶이든 그 삶의 소명을 받은 사람은 구원을 받을 것이다"(PG 150, col. 1333D).[33]

---

30) Borovkova and Maikova, *Pamiatniki*, 479 (Nil); *Poslaniia Ilsifa*, 307 (Joseph).

31) Nil Sorskii, *Letter to Vassian Patrikeev*, "Poslaniia Nila Sorskogo," 137.

32) *Prosvetitel' Iosifa Volotskago* (Kazan', 1904) 367.

33) Trans. G. A. Maloney, *Russian Hesychasm*, 140.

제11장

인문주의

1. 르네상스 인문주의의 영성
윌리엄 J. 보우스마(William J. Bouwsma)

    르네상스 인문주의는 이탈리아에서 시작되어 알프스 너머로까지 퍼진 운동이다. 이 운동의 목적은 중세 후반기의 표준적인 교육 과정 내에서의 주요한 변화였다. 그것은 스콜라 철학의 기본 기법인 변증법을 문법, 본문을 읽고 해석하는 기법과 유창하고 설득력 있는 강연 기법인 수사학으로 대신하려는 것이었다. 스콜라주의 교육 과정은 주로 자연철학(즉 과학), 형이상학, 교의신학 등 일반적이고 객관적이고 불변하는 진리를 만들어 내고 체계화하는 데 관심을 두었다. 그러나 14세기 후반의 *studia humanitatis*(인분수의 학문)는 상당히 다른 초점을 지니고 있었다. 그것은 인간 개개인, 그들의 변화하는 생각과 가치관과 감정, 그리고 사회 안에서의 인간의 상호작용 등에 더 관심을 두었다. 인문주의자들을 고취해준 글은 고대 그리스 철학자들의 저서가 아니라 라틴 웅변가들(특히 키케로와 퀸틸리안)의 저서, 그리고 고대 시인들과 역사가들의 저서였다. 이러한 사실에서 알 수 있듯이, 르네상스 인문주의는 공식적인 것 이상의 중요성을 지니고 있었다. 인문주의 교육은 평민들의 욕구와 사회생활에 적합해야 한다는 근거에서 증진되었으므로, 그 전 시대의 지적인 영성과는 달리 복음적인 영성을 가리키는 인간론적이고 인식론적인 심오한 함의(含意)

를 지녔다.

인문주의자들

이탈리아에서 가장 영향력 있는 인문주의자는 프란체스코 페트라카(Francesco Petrarca, 1304-1374)였다. 그는 페트라크(Petrarch)의 후손이라고 알려져 있는데, 처음에는 이탈리아의 서정 시인으로 유명해졌지만, 후에는 라틴 문학 전체를 통달하려 했다. 그는 고전 시대의 기독교 저술을 수집하고, 원문을 활용하고, 위대한 라틴 저술가를 모방하면서 나름대로의 문체를 만들어 냈다. 그리고 구체적이고 생생한 인간 경험에 대한 폭넓은 관심을 가지고서 라틴어와 모국어를 폭넓게 사용했다. 페트라카는 고전어학자로서 문학 연구를 함으로써 훌륭한 수사학자가 되었다. 그는 언어를 독창적이고 탄력적이고 융통성 있는 도구로 사용함으로써, 언어가 고대 시대에 소유했을 것이라고 여겨지는바 인간을 즐겁게 해주고 영향을 주는 능력을 어느 정도 회복시킨 듯하다. 그는 그 시대의 스콜라 학문, 특히 자연과학을 공격했다. 그 이유는 스콜라 학문은 불가해한 우주의 추상적인 진리를 인간의 지성에 이해시키기 위해 하나님과 인간에 쏟아야 할 관심을 자연으로 돌렸다고 생각했기 때문이었다. 페트라카는 스콜라주의의 추상적인 정식들에 대한 평민들의 인식이라고 정의될 수도 있는 것들은 인간, 특히 도시인들의 일상 경험과 무관한 것이라고 분명히 말했다.

페트라카의 영향력은 이탈리아의 왕족들과 공화국 체제인 도시국가들의 지도계층에서 신속하게 확산되었다. 이탈리아의 유명한 인문주의자로는 플로렌스의 수상이었던 콜루치오 살루타티(Coluccio Salutati, 1331-1406)와 레오나르도 브루니(Leonardo Bruni, 1369-1444)가 있다. 인문주의자들은 수사학의 유창함이 지니는 설득력을 특히 소중히 여겼다. 그러한 유창함을 통해서 스콜라주의 정식으로는 할 수 없는 일을 이룰 수 있다고, 즉 인간의 마음을 꿰뚫고, 의지를 변화시키고, 감정을 환기하고, 또 행동하도록 고취함으로써 세상에서의 일을 완수할 수 있다고 믿었다. 페트라카는 다음과 같이 기록했다: "책망, 핑계 대기, 위로, 성냄, 영혼을 달래고, 눈물을 자아내거나 그치게 함, 분노의 불을 붙이거나 진정시킴, 사실을 윤색함, 수치스러운 일을 피함, 책임을 전가, 의심을 일으키는 것 등은 모두 웅변가들이 하는 일이다."[1] 그는 "언어는 사랑이라는 덕과 증오라는 악을 자극하고 도발하고 촉구할 수 있다"[2]라고 말했다.

수사학적 기술을 사용하여 윤색된 설득력 있는 담화를 선호하며 지적인 확신을 지향하는 논리적 남화를 거부하려는 인문주의자들의 경향은 인격에 대한 이해에서의 변화를 암시해 주기도 한다. 페트라카는 어거스틴의 『고백록』(*Confessions*)을 읽고 크게 감명을 받았는데, 그는 인간을 지적인 존재, 즉 모든 기능이 "고등한" 정신 능력의 지배를 받아야 하는 존재인 *homo sapiens*가 아니라 복합적이고 신비한 통일체로 보았다.

이러한 인식의 결과로 인간의 육체에 대해 매우 적극적인 견해를 갖게 되었다. 15세기에 페트라카를 추종한 인물인 지아노조 마네티(Giannozzo Manetti)는 전형적인 인문주의 논문인 『인간의 권위와 탁월성에 관하여』(*On the Dignity and Excellence of Man*)에서 육체의 복잡한 경이로움과 표면적인 아름다움을 찬양했다. 이 책은 락탄티우스와 키케로의 글을 참조하여 저술한 것이다. 이처럼 르네상스 인문주의는 육체를 괴롭힘으로써 영적 성취를 추구하던 금욕고행주의

---

1) Charles Trinkaus, *The Poet as Philosopher: Petrarch and the Formation of Renaissance Consciousness* (New Haven: CT: Yale University Press, 1979) 106에서 인용.

2) *On His Own Ignorance and That of Many Others*, trans. Hans Nachod, in *The Renaissance Philosophy of Man*, ed. Ernst Cassirer, Paul Oskar Kristeller, and John Herman Randall, Jr. (Chicago: University of Chicago Press, 1948) 104.

를 뒤엎어 놓았다. 그리스도의 신성이 완전히 인정되었으므로, 르네상스 기독교의 독창성은 완전히 육신이 되신 하나님의 인성을 강조하는 경향을 가지고 있었다. 르네상스 시대의 예술가들은 그리스도의 삶에서 인간적으로 가장 통렬한 일화들을 극화(劇化)함으로써, 그리고 그리스도의 벌거벗은 몸을 묘사하여 성육신이 함축하는 완전한 인성의 궁극적인 증거를 제시함으로써 이러한 경향을 표현했다. 인문주의자들이 인격의 비지성적 차원을 찬양한 것은 수도적 관상생활만이 가장 복된 삶이나 훌륭한 삶은 아니라는 뜻도 함축했다. 인문주의 인간론에 따르면, 기독교 영성은 이웃에게 적극적으로 봉사하는 속인(俗人)의 삶에서 완전히 표현될 수 있다.

이와 같은 인간에 대한 인식의 변화에 따라 "앎"의 의미에 대한 인식의 변화가 나타났다. 이에 관한 인문주의자들의 입장은 종종 부정적으로 나타나 스콜라주의 사상가들이 지식이라고 여기는 것에 대한 공격으로 표현되기도 했다. 대부분 평신도였던 인문주의자들은 스콜라주의의 추상적인 개념은 자기들이 살고 있는 변화하는 도회지에서의 경험에 적절하지 못하다고 생각했기 때문에, 그리고 15세기 이탈리아의 인문주의자 중 가장 심오한 사상가인 로렌조 발라(Lorenzo Valla, ca 1406-1457)의 말처럼 "더 선한 것에 대한 지식을 방해하기"[3] 때문에 스콜라적 화법에 반대했다. 이러한 비난의 바탕에는 지식에 대한 순수히 인간적인 주장이 지닌 연약함과 인간 정신의 한계에 대한 의식이 놓여 있었다. 페트라카는 다음과 같이 기록했다:

변증가들은 쓸데없는 말을 늘어놓지만 절대 목적을 이루지 못할 것이다. 그들은 물거품과 같은 요약과 정의를 제시하는데, 그것은 끝없는 논쟁거

---

3) *Encomion Sancti Thomae Aquinatis*, in Lorenzo Valle, *Scritti Filosofici Relitiosi*, ed. Giorgio Radetti (Florence: Sansoni, 1953) 465.

리에 불과하다. 그들은 자신이 말하고 있는 사물의 진정한 진리에 대해서는 알지 못한다.[4]

　이러한 반론의 배후에는 인간의 본성, 지식이란 어떤 것이어야 하는가에 대한 인문주의 이해에 상응하는 변화된 인식이 있었다. 인문주의자들은 지식을 지적인 것들의 영역에 한정하지 않았다. 그들은 지식이란 인간의 마음을 꿰뚫고 의지를 형성하며 전인(全人)이 적극적인 반응을 하도록 자극하는 감정을 포함하는 전체적인 경험이라고 이해했다. 이러한 인식에서 볼 때, "진정한" 앎이 형성되려면 지식이 주관적으로 전용되어야 했다. 그 시대의 스콜라주의 학자들이 자연에 지나친 관심을 기울였다고 생각한 페트라카는 인간이 자신의 내면을 바라보면서 그곳에서 발견하는 것에 대해 생각할 때 "특히 정직하게 행하며 정확한 판단을 내려야 한다"라고 했다. 지식에 대한 이러한 견해에 따른 또 하나의 결과로서, 인문주의자들은 모순과 역설을 통찰의 원천으로 받아들이게 되었다. 이러한 경향을 완전하게 나타낸 사람은 에라스무스뿐이지만, 어리석음(folly)을 찬양하려는 흔적은 페트라카 자신의 "무지"와 그 시대 스콜라주의 비판가들의 거만한 "지혜"를 풍자적으로 대조한 데서도 나타난다.

　이교 시대건 기독교 시대건 상관없이 모든 과거를 부패한 현재의 개혁을 위한 완전한 모범으로 이상화하려는 경향 때문에, 초기에는 인문주의의 역동적인 가능성은 약간 흐려졌었다. 초기의 인문주의자들은 고대 문서에 나타난 것들을 모방(imitatio)함으로써 과거의 덕과 경건을 회복(restotatio)하는 것을 목적으로 삼았다. 그러나 그들은 역사적/문화적인 격차를 제대로 인식하지 못한 채 원문을 읽고 이해하는 것을 비교적 간단한 일이라고 가정했다. 페트라카와 같

---

[4] *Petrarch's Secret*, trans. William H. Draper, 29-30.

은 지각 있는 사람은 참된 모방은 모범이 되는 것의 내적 실체를 파악하는 데 있으며, 따라서 원형이 되는 것의 삶을 모방해야 한다는 것을 알고 있었다. 인간의 존재에 대한 페트라카의 이상은 역동적이었다. 그는 스콜라 변증가들이 삶의 미성숙 단계에 집착하여 지혜를 향해 진보하지 못했다고 생각하고서 그들을 공격했다. 그는 "우리 중에 나그네가 아닌 사람이 있는가? 우리는 모두 짧고 좋지 못한 시대, 태풍이 불고 추운 날에 험하고 긴 여행을 해야 한다"[5]고 말했다.

로렌조 발라(Lorenzo Valla)는 과거 시대의 정신을 파악하는 데 필요한 철학적 자료에 대한 보다 깊은 이해를 하고서 인문주의 발달의 새로운 시대를 열었다. 발라는 하나의 본문을 이해하려면 그 본문을 배출한 문화를 이해해야 하며, 동시에 그 문화의 언어에 능통해야 한다는 것을 깨달았다. 그는 진정한 모방(*imitatio*)은 학문(*eruditio*)에 토대를 두어야 한다고 인식했다. 이 통찰에는 과거와 현재의 격차에 대한 인식, 그리고 역사적인 순간들의 개별성—역사적인 관점이라고 부를 수도 있다—에 대한 인식이 잠재되어 있다. 이 인식에 포함되어 있는바 시간과 변화에 대한 의식은 정적인 이상에 순응하는 것이 아니며, 정신의 삶은 정신이 세상에 오염되는 것을 막기 위한 일련의 방어 전략이 아니라 하나의 과정, 진보, 혹은 여행이라고 이해하는 데 기여했다.

이처럼 르네상스 인문주의의 일반적인 문화와 유대-기독교 성서의 근저에 놓여 있는 문화적인 가정들은 아주 밀접한 관계에 있었다. 그것들은 인간론과 인식론을 통해서 언어의 능력에 대한 인문주의자들의 인식, 그리고 실존에 대한 그들의 역동적인 견해와 역사의식 사이를 오락가락했다. 인문주의자들의

---

[5] Letter to Tommaso Caloiro of Messina, ca. 1351, in *Petrarch, a Humanist among Princes: An Anthology of Petrarch's Letters and of Translations from His Works*, ed. David Thompson (New York: Harper & Row, 1971) 25.

수사학적인 기독교는 인간의 지성보다는 마음과 감정을 지향했으며, 거룩한 신비에 대한 관상 촉진이 아니라 이웃을 섬기는 적극적인 사랑의 행위를 촉진하는 것을 목표로 삼았다.

이것은 절대 새로운 것이 아니라, 최소한 11세기 이후 서방 기독교계에서 강화되어온 사랑과 이웃에 대한 봉사의 의무라는 의식의 확장이었다. 인문주의자들은 그 의무를 수행하는 데 특별히 언어를 활용할 것을 강조했다. 그들은 언어만이 지극히 미묘한 감정, 그리고 자신의 내적 삶의 특성을 사람들에게 털어놓을 수 있게 해준다고 주장했다. 또 언어의 설득 능력에 의해서만 인간 사이에 놓인 미움과 교만의 장벽을 허물고, 갈등을 해소하고, 사회적인 분열을 치유할 수 있다고 믿었다. 그들은 언어는 모든 사람이 공동으로 소유하고 있기 때문에 이처럼 훌륭한 목적을 위해 언어를 사용하는 일을 성직자들에게만 맡겨서는 안 된다고 생각했다(이 점에 있어서 인문주의자들은 중세 말기의 교권 반대주의와 견해를 같이한다).

인문주의 영성은 평신도 계층의 점증하는 권위 의식을 증명한 현상이었다. 인문주의자들은 대체로 충실한 가톨릭 신자들이었지만 세밀한 신학적 문제에는 그다지 관심을 갖지 않았다. 실제로 페트라카는 유식한 성직자들보다는 평민 대중이 쉽게 접근할 수 있는 참된 경건을 생각했으며, 발라는 과거 시대의 영성의 전통에서 "종교인"들에게 부여한 우월성을 거부했다. 그는 그 전통의 수호자들에게 다음과 같이 노골적인 질문을 했다:

> 평신도와 종교인들이 정신이나 육체의 질에 있어서 전혀 다른 점이 없으며 동일한 삶을 영위하고 있는데, 당신들이 "종교"라고 부르는 분파에 들어간 사람들에게 하나님께서 더 큰 상을 주셔야 하는가? 어느 당파에도

속하지 않은 사람보다 당신들이 더 종교적이라고 할 수 있는가?[6]

인문주의자들 사이에는 그 시대가 도덕적으로나 종교적으로 특별한 위기의 시대라는 의식이 팽배해 있었는데, 이 때문에 인문주의 영성의 핵심인 평신도의 사회적 의무라는 일반적인 의식이 특히 중요시되었으며, 적극적인 개혁의 운동으로 전환되었다. 그러한 신념은 시에나의 캐더린(Catherine of Siena)처럼 인문주의자가 아닌 사람들에게도 비슷한 인상을 주었던 역사적 큰 사건들의 축적에 의해서 양성되었다. 페트라카는 14세기 중엽에 그러한 사건을 고찰했다: 교황이 굴욕스럽게 로마를 버리고 아비뇽에 거한 것, 황제가 책임을 전혀 의식하지 않고 오로지 독일 내에서의 입지를 강화하려 한 것, 프랑스와 영국이 끝없이 전쟁을 벌인 것, 동유럽에서 터키가 기독교계를 위협한 것, 페스트가 창궐하여 유럽 인구가 크게 감소된 것 등. 그는 더욱 일반적인 문제인 왕족의 타락, 특히 교황청의 타락, 유럽 통치자들의 불화와 타락, 도시의 정치적 무질서 등에도 관심을 보였다. 그는 이러한 문제의 원인은 하나로 귀착된다고 생각했다. 즉 "모든 사람이 그리스도의 유익을 구하지 않고 자기의 이익을 추구하기 때문에"[7] 세상이 아주 위험한 상태에 있다고 생각했다. 그 이후 시대에 재난들(가장 현저한 것은 대분열이다)이 지속됨에 따라, 후대의 인문주의자들은 이러한 탄식을 반복했는데, 때때로 강조점을 변화시키거나 몇 가지 특별한 사항을 추가했다.

이와 같은 위기의식의 맥락에서 인문주의의 수사학자들과 스콜라주의 변증가들 사이에서 전개된 종교적/문화적 영향력 경쟁이 아주 중요해졌다. 인문주

---

6) Charles Trinkaus, "Humanist Treatises on the Status of the Religious: Petrarch, Salutati, Valla," *Studies in the Renaissance* 11 (1964) 36에서 인용.

7) Charles Trinkaus, *Images and Likeness*, 1:20 인용.

의자들의 관점에서 보면, 스콜라적 담화의 생명력 없는 추상들은 어떻게 보면 참일 수 있겠지만, 그것들은 인간을 감동하여 자신의 삶을 개혁하게 만들 수 없으며 조금이라도 지체할 경우 큰 재앙이 초래될 상황에 있는 그 시대의 전반적인 악을 치료하기 위한 대책을 강구할 수 없었다. 그들은 변증가들이 할 수 없는 것을 수사학자들은 하나님의 도움을 받아 이룰 수 있다고 확신했다. 어거스틴의 『고백록』의 영향을 많이 받은 인문주의적 통설에는 하나님의 도움이 없으면 죄악된 인간은 이 무서운 곤경에서 탈출할 수 없다는 심오한 의식이 포함되어 있었다. 은혜에 대한 의존 의식은 그들을 성경에게로 이끌어갔다. 인문주의 영성은 처음부터 역사가들이 후대, 즉 에라스무스 시대를 위해 남겨 두었던 것, 즉 복음주의라는 표어를 표방했다.

인문주의 영성

르네상스 인문주의가 배태한 영성을 설명하기 위해서는 역사적인 운동으로서의 르네상스 인문주의에 대해서 이 정도 언급하는 것으로 충분할 것이다. 이제 인문주의 영성 자체에 대해서 다루어 보자. 르네상스 인문주의자들은 인간의 지각과 반응을 인정하는 지적 체계를 거부하려 했으므로, 인문주의 영성에 대한 이야기는 타락한 인류의 상태에 대한 인문주의자들의 견해를 다루는 데서부터 시작해야 할 것이다. 물론 일부 인문주의자들은 인간이 하나님의 모양과 형상으로 지음을 받았다는 전제에 따라 세상에서의 인간의 창조성과 성취를 찬양했지만, 죄 때문에 이 성취가 연약한 것이었음을 잊지 않았다. 페트라카의 견해에 의하면, 아무리 고결한 인간이라도 "끊임없이 유혹과 치열한 싸움을 해야 하며, 많은 위험에 직면하며, 죽기 전까지는 절대 안전하지 못하다."[8]
페트라카는 자신이 성 어거스틴에게 죄를 고백하고 있는 모습을 상상했다:

> 나는 여러 번 나 자신의 불행과 죽음에 대해 깊이 생각해 보았습니다. 내 허물을 씻어 버리려고 얼마나 많은 눈물을 흘렸는지 모릅니다. 그러나 모든 것이 헛수고였습니다. 진실로 하나님은 가장 선하신 분이시며, 나는 가장 악한 존재입니다. 이렇게 크게 반대가 되는 것 안에 무슨 균형이 있겠습니까? 나는 지극한 선한 것과 질투가 얼마나 거리가 먼 것인지를 잘 압니다. 불의가 나를 얼마나 굳게 결박하고 있는지도 압니다. 자격이 없는 나에게 하나님께서 은혜를 베풀려 하시는 것은 어쩐 일입니까? 하나님의 자비는 무한하시며, 나는 그 자비를 받기에 합당치 못합니다. 하나님의 자비는 크며, 악으로 가득한 나의 마음은 너무나 좁습니다. 하나님께는 능치 못한 일이 없습니다. 그러나 큰 죄악 속에 파묻혀 있는 나는 전혀 일어설 수 없습니다.[9]

페트라카와 발라는 스토아 학자들에 맞서서 우리의 죄는 우리 자신의 것이며 우리의 덕은 하나님으로부터 온 것이라는 데 의견을 같이했다.

인문주의자들의 볼 때, 하나님은 인간과는 무한히 다르고 아주 거리가 먼 존재였다. 페트라카는 하나님의 절대적 초월성을 강조했다:

> 하늘과 땅 사이가 멀지만, 그 거리는 유한하다. 그러나 하나님과 인간 사이의 거리는 무한하다. 인간은 흙에 속한 존재이다. 흙에서 태어나서 흙에서 살다가 흙으로 돌아간다. 하나님은 하늘이 아니라 하늘을 지으신 분으로서 하늘이 땅보다 높듯이 하늘보다 높으신 분이시다.[10]

---

8) Trinkaus, Poet as Philosopher, 126 인용.
9) *Petrarch's Secret*, 15; and Trinkaus, *Poet and Philosopher*, 87.
10) Trinkaus, *Image and Likeness*, 1:36 인용.

하나님의 공간적인 거리는 인간의 지식으로는 그분에게 접근할 수 없다는 상징으로도 사용된다. 인문주의자들이 지닌 것보다 더 높은 지적 능력으로도 하나님을 이해할 수 없다. 살루타티는 인간의 행위의 신비를 찬양하면서 다음과 같이 평했다:

> 그러므로 만일 우리 자신이 앞으로 행할 일을 설명하는 방법을 알지 못할 때 하나님께 질문하는 것이 옳다고 생각하지 않는다면, 결과 안에서 하나님의 뜻의 원인을 찾기 위한 인간적인 수다를 중단해야 할 것이다.[11]

살루타티의 견해에 의하면, 하나님은 오직 그분의 행위, 우주 안에서 역사하시는 그분의 신비한 능력 안에서만 경험될 수 있다. 그는 "인간은 직접적으로는 하나님을 이해할 수 없지만, 그분이 행하신 결과 중 많은 것에 주목할 수 있으며, 그리함으로써 그 결과에 의해서만 즉, 간접적으로만 그분을 알 수 있다"[12]고 주장했다. 하나님의 초월성에 대한 브루니(Bruni)의 견해는 그가 "인간의 유창한 말로는 지극히 작은 분량조차 표현할 수 없는 영광과 위엄을 지니신"[13] 하나님을 다루기에는 언어의 능력이 부족하다는 의심을 제기하게 했다.

그러나 멀리 계시는 엄위하신 하나님은 동시에 인간이 의존할 수 있는 자비를 지니신 사랑 많은 아버지로도 느껴졌다. 인문주의자들에게 있어서, 기독교적 헌신의 목적은 하나님과의 친밀한 관계와 궁극적인 연합이었다. 발라는 하

---

11) Ibid., 1:96.

12) Nancy S. Struever, *The Language of History in the Renaissance: Rhetoric and Historical Consciousness in Florentine Humanism* (Princeton, NJ: Princeton University Press, 1970) 88.

13) *Laudatio in the Earthly Republic: Italian Humanists on Government and Society*, ed. Benjamin G. Kohl and Ronald G. Witt (Philadelphia: University of Pennsylvania Press, 1978) 135.

라파엘 산지오, *아테네의 학교*, 509-1511,
스텐자 델라 세그나투라, 바티칸

나님의 사랑은 "무척 크므로 우리는 말로 표현할 수 없는 것을 기대할 수 있다"면서, 바울의 말을 인용했다: "하나님이 자기를 사랑하는 자를 위하여 예비하신 모든 것은 눈으로 보지 못하고 귀로도 듣지 못하고 사람의 마음으로 생각지 못하였다 함과 같으니라"(고전 2:9).[14] 인문주의 영성의 본질은 기독교를 교리의 집합체로 여기지 않고, 영원히 깊어가는 하나님에 대한 관계와 그를 통한 사람들과의 관계의 발달로 본 것이다.

인간이 하나님을 의지한다는 것은, 이 관계의 본질과 그것이 체결된 방식은 인간의 노력에 의해서는 발견될 수 없으며 오로지 하나님의 주도에 의해서만 발견될 수 있다는 것을 의미했다. 이것은 성경의 말씀이나 궁극적으로는 말씀

---

14) Trinkaus, *Image and Likeness*, 1:143 인용.

이신 그리스도 안에서의 신적 계시의 절대적인 필요성을 가리켰다. 여기에서 인문주의자들은 자기들의 종교적 담화의 모범인 고대 교부들을 의지하면서, 이들을 스콜라주의자들과 비교했다. 발라는 다음과 같이 지적했다:

> [교부들은] 거룩한 교리를 변증가들의 속임수, 형이상학적인 재담, 무익한 의미 표현 양식들과 혼합해서는 안 된다고 주장했다. 그들은 "철학이나 헛된 속임수"에 의해서가 아니라고 선언한 바울의 글을 읽었기 때문에 논문의 토대를 철학에 두지 않았다. 우리는 그가 이 언명에 충실했음을 알고 있다.[15]

한마디로 말해서, 교부들은 성경적인 신학자들이었다. 그들은 변증적인 신학 방식이 아니라 문법적이고 수사학적인 방식을 사용했다.

발라가 학문(*eruditio*)의 중요성을 증명하여 제롬이 존경받기 전까지 그들에게 가장 감동을 준 교부는 어거스틴이었다. 페트라카가 볼 때, 어거스틴은 "비옥한 지성의 시대에 활동한 가장 위대한 지성"[16]이었다. 그는 『고백록』을 읽을 때면 자신이 어거스틴과 직접 말하고 있다고 상상했기 때문에, "나 자신의 이야기, 다른 사람의 방황이 아니라 나 자신의 방황에 대한 이야기"[17]를 보고 있는 듯하다고 했다. 중세 시대의 신학자들은 주로 교회에 관한 선거로서 어거스틴을 의지한 데 반해, 인문주의자들은 어거스틴을 영적 여행의 모범이 되는 삶을 산 인간으로 재발견하고 있다고 페트라카는 주장했다. 인문주의자들은 어거스틴의 교리뿐만 아니라 영성까지도 흡수하려 했다. 그들은 수사학자로서의 어거스틴의 경력에 대해서도 알고 있었다. 그들은 어거스틴의 혼이 담긴 산문

---

15) *Encomion*, in Scritti, 465.
16) Letter to Boccaccio, 28 April 1373, in *Petrarch*, 236.
17) *Petrarch's Secret*, 21.

과 스콜라학자들의 추상적인 언어 사이의 차이점을 음미했다.

교부들은 인문주의자들을 교부 신앙의 직접적인 토대인 성경으로 돌아가게 했다. 페트라카는 어거스틴의 『고백록』에 있는 어느 유명한 구절과 연결하여 다음과 같이 평했다:

> 성경이 늙은 이교도 빅토리누스에게 참된 신앙을 주입해 주었고, 하나님께서 성경을 통해서 말씀하시며 완악한 마음을 부드럽게 해주셨을진대, 기독교인인 나에게 참믿음과 행복한 삶에 대한 사랑과 사역들을 주입해주시지 않을 리 없다.[18]

인문주의자들과 성서와의 만남의 특징에는 두 개의 혁신적인 일이 포함되는데, 그 둘은 고전 문학을 연구하는 학생과 전문가로서의 경험과 관련되어 있었다. 더욱 중요한 것은 이미 세속적인 저술의 연구에서 사용되고 있던 언어 철학적 비평 방식을 거룩한 본문에 적용한 것이었다. 발라는 성경이 기독교 신앙의 원천으로 받아들여지기 위해서는 신빙성 있는 본문이 필요하다는 것을 인식했다. 그는 신약성서에 관한 일련의 메모들—그것들은 일부 주석적인 의미를 지녔지만, 대부분은 문법적인 것들이었다—을 편집하여 그러한 본문을 개발하는 일에 착수했다(1442). 그는 기독교의 믿음은 거룩한 본문의 언어에 의존하며 언어를 적절하게 사용하고 해석하는 데 가장 중요한 것이 수사학이므로, 수사학이 신학과 기독교적 삶의 기초가 되어야 한다는 확신을 하고 이 일에 매달렸다. 또 그는 성경 본문을 원래 기록된 언어로 다루는 일의 중요성도 인식했다. 그것은 벌게이트를 포함한 모든 역본에 문제가 있다는 의식이 함축된 생각이었다. 성경 사본들의 개악(改惡)에 대한 제롬의 증언을 파악한 발라는

---

18) Trinkaus, *Poet as Philosopher*, 105 인용.

다음과 같이 말했다:

> 불과 400년의 세월이 흐른 후에 강이 크게 탁해졌다는 사실을 생각할 때, 1천 년—우리와 제롬의 시대에는 1천 년의 격차가 있다—의 세월이 흐른 후에 그 강에 진흙과 쓰레기가 흐르고 있다는 것은 놀랄 필요가 없는 지극히 당연한 일이다.[19]

더욱 훌륭한 성경 본문을 확보하기 위한 인문주의의 노력은 16세기에 괄목할 만한 결과를 낳았다.

인문주의자들의 업적으로서 그에 못지않게 중요한 것은 성경의 문학적 장점을 발견한 것이었다. 이것은 복음의 정서적 영향에 대한 개방성과 연결된 발견이었다. 그들이 수십 년 동안 이교의 고전들을 연구하면서 언어의 뉘앙스에 민감하게 된 것이 이 일에 도움이 되었다. 페트라카는 성경의 많은 부분이 시(詩)라는 사실을 강조했다. 이것은 결국 본문의 다양한 의도를 이해하는 데 도움이 될 함축된 의미를 지니게 될 것이었다. 그는 이러한 발견을 기초로 신학에 대해 보다 영적인 개념을 갖게 되었다. 그는 "신학은 실제로 하나님에 관한 시라고 생각할 수도 있을 것이다"[20]라고 했다.

이 견해 역시 인문주의 영성의 특징인 정서적인 면과 관련된다. 시편에 대한 페트라카의 특별한 인식에는 기독교 영성에서 차지하는 감정의 중요성에 대한 인식이 분명히 나타나 있다(그는 깨어 있을 때는 시편을 가까이에 두고 지냈고, 잠잘 때는 베개 밑에 넣고 잤다). 그것은 복음서에 대한 발라의 반응에도 분명히 나타나 있다. 그는 "복음서를 읽을 때, 영혼은 내가 아는 가장 높은 장

---

19) Euginio Garin, *Italian Humanism: Philosophy and Civic Life in the Renaissance*, trans. Peter Munz (Oxford: Blackwell, 1965) 16 인용.

20) Letter to his brother Gherardo, 2 December 1348, *Petrarch*, 90.

소로 옮겨 가며, 나는 형언할 수 없는 감미로움에 사로잡힌다"[21]고 기록했다. 인문주의자들은 종종 스토아 철학의 이상인 무정념(apatheia)을 공격했다. 그 이유는 그것은 그들이 인격에서 가장 소중하다고 여기는 면을 거부하기 때문이었다. 16세기의 주요 인문주의자인 사돌레토(Sadoleto) 추기경이 칼빈에게 보낸 유명한 공개서한에 기록한 것처럼, 하나님의 말씀은 정서적이기 때문에 효과적이며, 마음을 꿰뚫기 때문에 설득력이 있다. 간단히 말해서 하나님의 말씀의 의사전달 방식은 본질로 수사학적이다.[22] 인문주의자들은 설교에 대해서도 비슷한 조건들을 요구했다. 발라는 스스로 질문하고 다음과 같이 대답했다:

> 분노나 자비 등의 감정에 휩싸여 보지 않은 사람이 청중들을 분노하게 만들거나 자비를 베풀게 할 수 있을까? 절대로 불가능하다. 마찬가지로 신적인 것들을 사랑하지 않는 사람은 다른 사람들의 마음에 그러한 사랑의 불을 붙일 수 없을 것이다.[23]

그러나 성육신 안에서 신의 주도권이 탁월하게 표현되었다는 인식을 볼 때, 인문주의 영성은 대단히 그리스도 중심적이다. 그것은 구원을 위해서는 그리스도의 사역에 대한 믿음과 은혜 안에서 이 믿음의 원천을 의지해야 한다는 것을 강조했다. 페트라키는 스스로를 아리스토텔레스의 추종자가 아니라 그리스도의 추종자라고 선언하면서 스콜라 학문에서 식별해낸 자연주의와 자신의 경건을 대조했다. 그는 "그리스도는 전혀 소용이 없고, 뒷받침해 주는 근거도 없는 기만적인 것에 대해 헛되고 천박한 추측을 약속하시지 않으며, 그분 자신에

---

21) Trinkaus, *Image and Likeness*, 1:143 인용.

22) *John Calvin and Jacopo Sadoleto: A Reformation Debate*, ed. John C. Olin (New York: Harper & Row, 1966) 32.

23) *De vere bono*, in *Scritti*, 165-66.

대한 지식을 약속하시는데, 그것은 그분이 만드신 다른 사물을 알기 위해 바삐 생활할 필요가 없게 해 준다"[24]고 설명했다. 르네상스 인문주의의 실용주의와 회의주의가 이 구절에서 분명히 드러난다. 이것은 인문주의 영성의 내면성을 암시해 주기도 한다. 페트라카는 "신실한 영혼이 그리스도를 보게 해 주는 내면의 빛"[25]을 찬양했다. 발라는 그리스도께서 "친히 천한 인간의 육신을 입으시고 죽음의 형벌을 받아들이신 것"은 우리가 바랄 수 있는 모든 선의 보증이라고 주장했다.[26] 15세기 인문주의자 중에서 가장 위대한 성경학자의 하나인 지아노조 마네티는 성육신 안에서 존귀하게 된 인간 상태의 권위에 대해 상세히 설명하면서 그리스도의 구속 사역을 찬양했다:

> 우리의 첫 조상이 하나님의 명령을 범했기 때문에 그를 비롯하여 모든 후손이 영원한 저주를 받게 되었지만, 하나님은 그들을 대속하기 위해서 자기 아들이 인간의 육신을 입고 저주받은 십자가에서 수치의 죽임을 당하게 하셨다.[27]

인문주의자들은 종종 구원을 위한 은혜의 필요성에 대해 저술했다. 페트라카는 하나님의 자비를 통해서만 희망을 품을 수 있다고 밝혔다: "행위는 우리를 자유케 하지 못한다. 오직 하나님의 은혜로만 가능하다." 그는 우리를 죄에서 자유하게 해 주시는 하나님께 감사했다. 그는 이 일에 있어서 인간의 도움이 무가치하다는 것, 그리고 "종종 눈물을 흘리면서"[28] 하나님의 은혜를 구

---

24) *On His Own Ignorance*, 101.
25) Trinkaus, *Image and Likeness*, 1:33에서 인용.
26) Ibid., 1:134.
27) Ibid., 1:252-53.
28) *Petrarch's Secret*, 79.

해야 한다는 것을 어거스틴에게서 배웠다. 그런데도 인문주의자들은 의는 인간 스스로의 노력으로 얻는 것이 아니라 "전가되는" 것이라고 믿었다. 페트라카는 "그리스도의 교리를 벗어나거나 그리스도의 도움을 받지 않고서는 덕을 얻을 수 없다"고 주장하면서도 "이 목표를 위해 나아가는 사람들에게"[29] 위대한 라틴의 도덕적인 철학자들과 수사학자들이 도움이 될 수 있다는 데 동의했다. 살루타티는 사람의 내면의 "성전"을 정화해야 할 필요성을 강조한 전형적인 인물이다. 그는 볼로냐의 재상에게 "그대의 성전을 깨끗이 하십시오"라고 권면했다.[30] 그러나 인문주의자들은 믿음과 행위의 관계를 자세히 묘사해야 할 필요성을 그리 느끼지 않았다. 그런 일은 그들이 비난한 스콜라주의 학자들이나 행하는 "소용없는" 일이었다. 살루타티는 "이것은 하나님의 은혜의 도움을 받아 공로를 얻거나 죄를 몰아내는 일입니다. 공로로 죄를 몰아낼 때 우리에게 행동의 은혜가 부족하지 않게 주어질 것입니다"[31]라고 기록했다.

그런데도 인문주의자들은 기독교적 삶의 토대로서 믿음을 강조했다. 페트라카는 "하나님은 전지하시고 지극히 사랑이 크시다는 토대가 섰으므로, 하나님이 행하실 수 없는 일이 있다거나 바랄 수 없는 사랑이 있다고 상상할 수 없습니다"라고 기록했다. 페트라카의 견해에 의하면, 이것이 믿음의 본질이었다. 그것은 "견고하며, 원수의 공격과 방해에도 흔들리지 않으며" 우리가 의지할 수 있는 것이다. 그는 믿음이 모든 것을 분명하게 해준다고 밝혔으며, 삼위 중 제2위에 관한 고대 신조의 조항을 자신의 신조로 삼아 반복함으로써 그것의 본질을 자세히 설명했다:

---

29) *On His Own Ignorance*, 104-5.

30) Letter to Peregrino Zambeccari, in *Earthly Republic*, 108.

31) Trinkaus, *Image and Likeness*, 1:97 인용.

하나님께서 처녀에게서 태어나셔서 인간이 되시어 우리 가운데 거하셨으며, 우리에게 삶의 방식을 가르쳐 주셨습니다. 그분은 십자가에 달려 고난을 받고 죽어 음부로 내려가셨다가 지옥을 파괴하고 하늘로 오르셔서 심판을 기다리고 계십니다.[32]

그는 기독교인의 단순한 믿음과 철학의 "오만한 무지"를 비교했다.[33] 발라는 믿음은 증명에 의해서 이루어지는 것이 아니기 때문에, 수사학적 설득력이 있다고 말했다. 이 때문에 믿음은 합리적인 신념보다 더 심오하고 효과적인 것이 된다.

그러므로 인문주의는 일종의 기독교 근본주의적 경향을 나타냈으며, 다른 형태의 근본주의와 마찬가지로 믿음에 대한 지적인 접근을 위험한 이단과 결합했다. 인문주의의 철저한 보수적 태도는 인문주의의 학문 연구를 비판한 사람에게 보낸 살루타티의 응답에 표현되어 있다. 살루타티는 "믿음에 반대되는 것을 시인하려는" 의도를 부인했다. 그는 하나님께서 "이 은혜를 주셨기 때문에 나는 조금도 믿음에 반대하거나 믿기를 주저한 적이 없다"고 단호하게 말했다. 그는 "나의 지성으로 어찌 주제넘게 거룩한 성서와 의견을 달리하거나 신자들의 공동체가 결정한 사실들을 의심할 수 있겠는가?"[34]라고 반문했다.

세상에서의 활동

그러나 초월적 존재이시면서 자애로우신 하나님을 강조한 것, 인간의 피조

---

32) Ibid., 1:32.
33) *On His Ignorance*, 76.
34) Trinkaus, *Image and Likeness*, 1:55 인용.

성과 죄악됨에 대한 의식과 그 잠재력을 결합한 인간론, 은혜와 믿음이라는 그리스도-중심적 신학 등 인문주의 기독교의 모든 요소는 인문주의 영성 안에서 최종적으로 세상에서의 활동을 가리킨다. 페트라카 자신의 행동 능력은 불안, 무관심, 낙심의 시대 때문에 방해를 받았다. 그에게 있어서 복음이란 확신과 창조적 활력의 회복을 의미했다. 발라는 "덕"이 지닌 활력과 의라는 두 가지 의미를 이용했다. 그는 인간의 인격 안에서 욕구와 의지의 중심성을 강조했고, 영을 삶의 모든 면에서 효과적으로 행하는 능력과 동일시했다. 부동의 이동자(unmoved mover)이신 하나님이라는 아리스토텔레스의 개념을 불쾌하게 여긴 그는 기독교인들의 하나님은 끊임없이 자발적으로 활동하시는 분이라고 주장했다.

처음으로 기독교적 삶을 세상에서의 활동과 분명하게 동일시한 인문주의자는 살루타티이다. 그는 『신곡』의 영향을 받은 듯한 표현에서 평신도 경건의 가치를 강조하면서 다음과 같이 말했다:

> 우리의 지고한 목적은 단순히 하나님을 아는 것이 아니라 하나님을 있는 그대로 보며, 본 것을 사랑하고, 사랑하는 사람과 사랑받는 사람을 결합해 주어 누구든지 하나님을 사랑하는 사람은 그와 한 영이 되게 해주는 사랑을 통해서 영원히 그분을 놓지 않는 복된 상태를 누리는 데 있다. 과학이나 인간의 사변으로는 이것을 획득할 수 없으며, 오직 덕행을 비롯한 행위를 통해서 하나님의 은혜로 말미암아 얻을 수 있다. 따라서 그것은 사변적인 것이 아니라 지성에 의해서 완전하게 되는 원리를 지닌 적극적인 삶이며, 참된 행복에 관한 것이다. 그 복된 상태 안에서 의지의 행위는 관상이라고 부를 수 있는 지성의 행위보다 더 고귀하고 아름답다.[35]

---

35) Ibid., 1:68.

그다음 세기의 인문주의자요 건축가인 레온 바티스타 알베르티(Leon Battista Aberti)는 다음과 같이 주장했다:

> 인간을 다른 동물보다 튼튼하고 빠르고 잔인하게 만들어 주는 신적 요인들—지성, 지력, 판단, 기억, 욕구, 분노, 이성, 분별력—은 우리에게 주어진 능력으로서 우리가 마음껏 사용할 수 있음을 부인하는 비이성적인 사람은 없을 것이다.[36]

중산층에서는 이러한 감정이란 귀족과 성직자의 생활 방식에 맞서서 노동을 정당화하는 것으로 해석해왔다. 그러나 인문주의 영성의 구성 요소로써 사용될 때, 그것들은 이웃에 대한 사랑의 봉사를 가리켰다. 페트라카는 그러한 봉사를 찬양했다:

> 그리스도의 길을 가면서 길 잃고 헤매는 영혼을 그 길로 인도해주는 거룩한 본성을 지닌 적극적인 사람들은 이제까지 있었고, 지금도 있을 것이다. 이런 사람이 있다는 것은 측량할 수 없이 큰 유익, 이중의 축복이다. 도움을 요구하는 사람을 돕고 그들에게 봉사해 주는 것이야말로 가장 복되고 가치가 있고 하나님의 선하심을 닮은 것이다.[37]

살루타티는 자신의 사회적 이상을 철학의 이상과 대조했다:

> 당신에게는 사변이 가득할지 모르지만, 나에게는 선이 풍부하게 있으므로 나는 그것에 의해서 선하게 될 것이다. 나는 항상 일할 것이며, 최종적인 목적—무슨 일을 하든지 나 자신과 내 가족과 친척들, 그리고 모든 친구를 도우며 조국에 유익을 주고 있는가?—을 생각할 것이다. 나는 행동이

---

36) *I libri della famiglia*, quoted in the translation of Renée Neu Watkins, *The Family in Renaissance Florence* (Columbia: University of South Carolina Press, 1969) 133.

37) *De vita solitaria*, in *Petrarch*, 63.

나 본을 보임으로써 인류 사회에 기여하는 삶을 살려 한다.[38]

그는 영구히 확대되는 일련의 사회 집단 안에서 적극적인 영성을 표현할 것을 주장했다. 현실적이고 다소 도전적인 발라는 기독교적 활동에 대한 인문주의의 이상을 한층 다른 방향으로 확대했다. 그는 자신을 *miles Christi*로 여겼고, 기독교적 삶은 살아가면서 직면하는 연속적인 도전에 맞서 싸우는 것이라고 보았다.

그러나 인문주의 내에서 적극적인 영성이라는 개념을 가장 독창적으로 표현한 것은 그것을 창조성과 결합한 것이다. 이것은 인간이 하나님의 형상으로 창조되었다는 것이 지닌 함의에 매료된 데서 비롯된 것으로서, 은혜로 말미암아 에너지가 풍부해지고 성화된 인간은 창조적 활동으로 자신 안에서 신적인 잠재력을 실현할 수 있다고 주장한다. 그러한 활동은 지성만이 아니라 풍부하고 복합적인 인간의 개성, 특히 상상력을 의지한다. 발라는 인간의 영은 "하나님의 형상으로 그려졌다"고 주장했는데, 이것은 인간의 영은 나름대로 하나님을 닮은 창조성을 소유하고 있다는 의미이다.

불길이 물질을 휩싸고 삼켜 재로 만들어 버리듯이, 영은 지식에 의해 양분을 얻으며 자신이 흡수한 것을 내면에 감추고는 그것을 자체의 열과 빛으로 변화시킨다. 그런 까닭에 그것은 다른 것들에 의해 채색되기보다는 다른 것을 채색한다. 자체의 빛에 의해 다른 것에게로 다가간 영은 그것에 자신의 기억과 지성과 의지의 형상을 투영하고 채색한다.[39]

---

38) *De nobilitate legum et medicinae*, ed. Eugenio Garin (Florence: Edizione nazionale dei classici del pensiero italiano, 1947) 180.

39) Charles Trinkaus, The Scope of Renaissance Humanism (Ann Arbor: University of Michigan Press, 1983) 443 인용.

하나님께서 자연 세계를 만드신 것처럼, 인간은 이런 방식으로 하나님께서 주신 영성의 자원을 가지고서 스스로를 위해 인간 세상을 만들 수도 있을 것이다. 마네티는 인간의 권위를 증명하기 위한 일환으로 다음과 같이 기록했다:

> 집, 성, 도시, 웅대한 건물 등 우리를 에워싸고 있는 모든 것은 우리의 솜씨, 인간의 작품이다. 그것들은 인간의 작품이라기보다는 천사들의 작품과 흡사하다. 그러나 그것들은 인간의 작품이다. 그림들, 조각들, 학문, 교리 등이 있고, 발명품이 있고, 여러 언어로 저술된 문학 작품이 있고, 기계도 있다. 이러한 경이로운 작품을 볼 때, 우리는 자신이 지금까지 만든 것보다 더 훌륭한 것, 보다 더 아름다운 것, 더 훌륭하게 장식된 것, 더 완전한 것을 만들 수 있다는 것을 깨닫는다.[40]

이러한 글은 르네상스 문화의 풍부한 창조성의 자극을 받은 인문주의자들이 인간적인 한계와 신적 가능성 사이의 균형을 근본적으로 체험하고픈 유혹을 받았음을 암시하는 것으로 볼 수 있다. 그러나 자율적인 인류에 도전하는 마귀의 영성은 아직 등장하지 않고 있었다. 마네티는 모든 수사학적 칭송이 극단으로 치우치기 쉽다는 것을 예시한다. 그러나 르네상스 인문주의의 영성은 근본적으로는 복음주의적이었다.

---

40) Marvin B. Becker, *Florence in Transition: Studies in the Rise of the Territorial State* (Baltimore, MD: John Hopkins University Press, 1968) 6 인용.

2. 인문주의자들의 성서 이해: 영혼의 양식

제임스 D. 트레이시(James D. Tracy)

이 책에서 북부 지방의 인문주의 운동에 대해 다룬 것에 놀라는 독자들도 있을 것이다. 오랫동안 학자들은 르네상스 인문주의자들이 세상에 대한 세속적인 견해를 제시했다고 가정해왔고, 최근에 발견된 인문주의자들의 종교 사상은 일반 독자들보다는 특수 계층에 더 잘 알려져 있다. 1860년에 발표된 제이콥 버크하르트(Jacob Burckhardt)의 유명한 책『이탈리아의 르네상스 문명』(*Civilization of the Renaissance in Italy*)은 교양있는 사람들이 전통 종교에 거의 관심을 보이지 않는 시대를 제시한 반면,[1] 지난 수십 년간 학자들은 실질적으로 주요한 이탈리아 인문주의자들의 삶이나 사상에서의 정통적인 기독교 신앙의 역할을 회복시켜 왔다. 폴 오스카 크리스텔러(Paul Oskar Kristeller)는, 현재 널리 받아들여지고 있는 인문주의 운동에 대한 일반적인 해석에서, 인문주의자들은 철학적인 신념을 공유한 것이 아니라 고전 시대의 수사학적 전통과 관련된 지적인 관심을 공유하고 있었다고 주장했다. 따라서 종교적인 토대 위에서 인간 의지의 자유에 대해 의심을 제기한 로렌조 발라는 자신의 운명을 만들어가는 인간의 운명을 찬양한 사람들(예를 들면 지오반니 피코 델라 미란돌라)에 못지 않은 인문주의자이다.[2] 찰스 트린카우스(Charles Trinkaus)를 비롯한 여러 사람

---

1) Wallace Ferguson, *The Renaissance in Historical Thought* (Boston: Houghton Mifflin, 1948)을 보라.

2) Charles G. Nauert, Jr., "Renaissance Humanism: An Emergent Consensus and Its Critics," *Indiana Social Studies Quarterly* 23(1980) 5-20.

은 과거에는 인문주의 저술가들이 엄격하게 "합리주의적" 관점을 나타낸다고 생각했지만, 이제는 죄악된 인간의 의지와 대속하시는 하나님의 은혜가 필요하다는 점을 강조하는바 바울과 같은 신앙을 고백한다고 이해해야 한다고 주장하고 있다. 발라의 *De Voluptate*나 콜루치오 살루타티(Coluccio Salutati)의 *De Nobilitate Legum et Medicinae*와 같은 책은 기독교 신앙에 대한 토마스 아퀴나스의 주장이나 아리스토텔레스의 논리학에 대해 비판적이지만, 세속적인 관점을 갖지는 않았다. 중세 말기의 "유명론" 학파들과 마찬가지로, 이 인문주의자들은 아퀴나스의 형이상학은 주제넘게도 하나님의 의지를 인간이 고안해낸 법에 종속시켰으며 인감의 본싱에 내해 시나치게 이성적인 견해를 취한다고 보았다.[3]

인문주의자들의 성서 해석

북유럽의 인문주의 역시 재해석이라는 비슷한 과정을 거치고 있었다. 세속적 정신을 지닌 계몽주의 철학자들은 로테르담의 에라스무스를 자기 학파의 일원이라고 주장해왔지만, 에리스무스와 필립 멜란히톤은 동료 종교인들로부터 의지가 박약한 도학자, 또는 타협자로서 정통 기독교의 원리를 제대로 파악하지 못했다는 비난을 받아왔었다. 견해의 차이가 있을 수 있지만, 현재 두 사람이 교리적인 문제를 진지하게 다루었고 종교를 윤리학으로 전락시키지 않았다고 인정되고 있다. 더욱 에큐메니컬한 시대라면 에라스무스와 멜란히톤이

---

[3] Charles Trinkaus, *Image and Likeness*; idem, *The Scope of Renaissance Humanism* (Ann Arbor: University of Michigan Press, 1983).

적대자들의 견해를 정직하게 이해하려 한 노력을 잘 이해할 수 있을 것이다.[4] 특히 종교개혁 직전 몇십 년 동안 북유럽의 인문주의 운동에는 보다 전통적인 종교개혁운동과의 중요한 접촉점이 있었다. 1490년대에 파리의 에라스무스와 데타플(Jaque Lefèvre d'Étaples)은 북부 네덜란드의 어거스틴 수도회의 수사신부들 출신의 수도사들을 포함한 수도원 개혁자들과 친근한 관계를 유지하고 있었는데, 당시 에라스무스도 이들 무리에 속해 있었다. 스트라스부르크에서는, 진지하고 대중적인 개혁 설교자 가일러 폰 카이제르베르크(Geiler von Kaiserberg)가 야콥 빔펠링(Jacob Wimpheling)과 친하게 지냈는데, 빔펠링은 이전 세대 학파의 충실한 인문주의자로서 젊은 학자들의 정신적 지주였다.[5] 부분적으로는 이러한 연관들 때문에, 이탈리아인 선조들의 지적 업적과 도덕적 통찰에 기초를 둔 에라스무스 세대의 인문주의자들은 종교 갱신 운동의 대변인이 되었다.

스트라스부르크의 가일러나 파리의 어거스틴 수도회 수사들처럼, 전통적인 개혁자에게 있어서 개혁이란 교회법이나 수도회의 법을 보다 엄격하게 시행하는 것을 의미했다. 그러나 영국의 존 콜렛(John Colet)이나 프랑스의 르페브르(Lefèvre)와 같은 인문주의자들은 진정한 개혁은 평신도나 성직자가 동일하게 결과를 누릴 수 있는 새로운 기독교 교육에 의존한다고 보았다. 에라스무스의 저서 『편람』(Enchridion Militis Christiani)은 개혁에 대한 인문주의 견해의 헌장이라고 간주할 수도 있다: "성경을 열심히 연구하면 강한 유혹이나 맹렬한 원수

---

4) James D. Tracy, "Humanism and the Reformation," in *Reformation Europe: A Guide to Research*, ed. Steven Ozment (St. Louis, MO: Center for Reformation Research, 1982) 33-57.

5) Augustin Renaudet, *Préréforme et Humanisme à Paris pendant les premiers Guerres d'Italie* (1494-1517)(2nd ed.; Paris: Librairie d'Argences, 1952); Otto Herding, ed., *Jacob Wimpheling, Beatus Rhenanus, Das Leben des Johnnes Geiler von Kaysersberg* (Munich: Wilhelm Fink, 1970). P. S. Allen, *Opus Epistolarum D. Erasmi* (12 vols.; Oxford: Clarendon Press, 1906-58) 1:56-88을 보라.

도 극복할 수 있으며 큰 슬픔도 견딜 수 있다." 성경을 유혹과의 싸움에서 사용되는 무기로 비유한 것은 영적인 저술에서는 흔히 있는 일이었지만, 현행의 성경 연구 방법과 고찰 등을 일소해야만 하나님의 말씀의 치유하시는 능력을 느낄 수 있다는 주장은 새로운 것이었다: "만일 당신이 토론에 대비하여 훌륭하게 무장하기보다는 영적으로 더 강건해지기를 원한다면, 만일 단순히 지식을 긁어모으는 일보다는 영혼을 위한 양분을 원한다면, 특별히 고대의 것을 연구해야 할 것이다." 다시 말해서 13, 14세기 스콜라주의 해석자들의 글보다는 교부들의 성경 해석을 공부해야 할 것이다.[6] 시대적으로 여러 세기가 흐른 시점에서, 기독교 신앙의 근원(ad fontes)으로 복귀한다는 이상이 성직자들과 학자들과 유럽 전역의 교양이 있고 라틴어를 읽을 줄 아는 대중에게 순수하고 생생한 희망을 고취해 주었음을 포착하기 어려울 수도 있다. 에라스무스는 1514년에 라인 지방을 떠나 바젤로 가는 도중에 가일러와 빔펠링이 거주하는 스크라스부르크 시 정부로부터 환대를 받으면서 비로소 자신이 얼마나 유명해졌는지 알 수 있었다. 그는 특히 『편람』(Enchiridion)의 종교적 메시지 때문에 인기를 얻었다. 한마디로, 인문주의자들은 종교개혁자들이 되었다.[7]

인문주의 운동에 대한 이와 같은 새로운 해석의 정당성을 인정하더라도, "인문주의 영성"이라는 개념에 어느 정도 문제성이 있음을 발견할 수 있을 것이다. 인문주의자들은 개인의 삶을 훌륭하게 변화시킬 수 있다고 믿고서 성경을 읽고 연구했지만, 그들이 사용한 방법에는 독창성이 결여되어 있었다. 토마스 모어가 런던탑에 갇혀 지내는 동안 저술한 *De Tristitia Christi*와 『이성에 관한

---

[6] *Enchiridion Militis Christiani*, in D. *Erasmi Opera Omnia*, ed. Jean Leclercq (10 vols.; Leiden: Leclercq, 1703-1706) 5:6EF. 8CE.

[7] James D. Tracy, "Erasmus Becomes a German," *Renaissance Quarterly* 21 (1968) 281-88.

논문』(Treatise on Reason)은 쟝 게르송(Jean Gerson)의 *Monotesseron*과 토마스 아퀴나스의 *Catena Aurea*의 영향을 많이 받은 것이며, 그의 인문주의적 관심사나 교육보다는 카르투지오 회의 수련수사로 보낸 4년 동안의 세월에서 더 많은 영향을 받은 것이다.[8] 에라스무스의 『편람』은 성경 묵상을 위해서 오리겐이 주석한 전통적인 풍유적 주석 방법을 제안한다. 그는 저지대 국가에 사는 유식하고 헌신적인 프란치스코회 소속의 친구 쟝 비트리에(Jean Vitrier)로부터 오리겐의 저술을 추천받았다.[9]

근원(Ad Fontes)

그러나 성경(특히 신약성서)에 대한 인문주의 저술들이 독창적이며, 따라서 유럽 기독교 영성의 발달에서 하나의 위치를 차지한다고 주장할 수 있는 특별한 영역이 있다. '영성'에는 기도의 관리뿐만 아니라 기도를 통해서 성취해야 할 개인적인 영적 성장이라는 개념도 함축된다. 바로 이 부분에서 인문주의 운동의 특징인 지적인 과업이 새로운 조망을 제공한다. 첫째, 근원으로 복귀한다는 인문주의 강령은 성경이 영혼을 위한 양식이라는 주제에 대한 이전의 고찰에서는 발견되지 않았던 요소를 제공한다. 언어학이라는 학문은 에라스무스의 헬라어 신약성서(1516)와 *Corpus Juris Civilis*에 관한 역사적 주석서의 저자인 기욤 부데(Guillaume Budé)를 거쳐 로렌조 발라에게서 시작되어 발달된 인문주의 운동의 특별한 창조물이다. 언어학(*philologia*)이라는 용어는 본문비평, 문

---

[8] *The Yale Edition of the Complete Works of St. Thomas More*, vol. 13, *Treatise of the Passion*, ed. Garry E. Haupt (New Haven, CT: Yale University Press, 1976); and *De Tristitia Christi*, ed. Clarence H. Miller (New Haven, CT: Yale University Press, 1967).

[9] Andre Godin, *Erasme, Lecteur d'Origène* (Geneva: Dorz, 1982) 22-116.

학적 분석 등의 현대적 관념을 결합하고 있다.[10]

신약성서에 적용된 인문주의 언어학은 본문을 문학적 산물 즉, 각 저자의 작품으로 다룰 것을 요구한다. 인문주의자들은 특히 사도 바울이라는 인물에 매력을 느꼈다. 에라스무스는 로마서에 관하여 4권으로 된 주석을 완성했지만, 그것들은 출판되지 못했고, 현재 남아있지 않는다. 후일(1517년) 그는 로마서를 이해하기 쉽게 의역하기 시작했다. 존 콜렛은 로마서와 고린도전서에 관한 주석을 저술했고, 사돌레토(Jacobo Sadoleto)는 로마서 주석을 저술했고, 르페브르(Lefèvre d'Étaples)는 벌게이트 역본의 모든 서신서를 프랑스어로 번역하여 출판했다(1512).[11] 성경 본문에 대한 인식 때문에, 인문주의사들은 과거 샹 게르송이 *Monotesseron*에서 다룬 것처럼 복음서들이 하나의 연속적인 이야기를 구성한다고 보지 않고 각기 별개의 책으로 다루었다. 중세 말기의 영적 저술에서는 그리스도의 삶의 이야기를 전하는 본문에 초점을 두지 않고 그리스도의 삶 자체에 초점을 두었다. 카르투지오회 수사인 루돌프가 저술한 『그리스도의 약력』(*Vita Christi*)과 요한네스 마우부르누스(Johannes Mauburnus)의 *Rosetum Spiritualium Exercitium*은 특별한 사건을 깊이 다루고 있으므로 어떤 복음서 본문이 인용되는지에 대해서는 무관심하다(마우부르누스는 1490년대에 파리에서 활동한 네덜란드인 수도원 개혁자였으며 에라스무스와 친분이 있었

---

10) Jerry H. Bentley, *Humanists and Holy Writ*; L. Delaruelle, Guillaume Budé: L'Origine et Développment de sa Pensée (Paris: H. Champion, 1907); Salvatore Camporeale, *Lorenzo Valle; Umanesimo e Teologia* (Florence: Istituto Nazionale di Stuidi di Rinascimento, 1972).

11) 라이덴의 *Opera Omnia*의 제7권은 에라스무스의 *Paraphrases*로 이루어져 있다. Lefèvre d'Étaples, *S. Pauli Epistolae XIV* (Paris: Estienne, 1512); Sadoleto, *Commentaria in Epistolam S. Pauli and Romanos* (Lyons: S. Gryphius, 1535).

다).¹²⁾ 토마스 모어의 저술 역시 루돌프나 게르송의 저술과 같은 흐름을 따르고 있다. 그러나 그는 이 점에 있어서 예외적인 인문주의자였던 듯하다. 르페브르의 *Commentarii Initiatirii in Quattuor Evangelia*(1527)는 에라스무스의 *Paraphrases*와 마찬가지로 각각의 복음서에 대한 주석서들이다. 에라스무스는 처음에는 바울 서신을 다루었고, 1522년에 복음서를 다루었다. 취리히의 개혁자인 울리히 츠빙글리(Ulrich Zwingli)는 그로스뮌스터에서 설교자로서의 생애를 시작할 때에(1519년) 주일 예배 때 사용하도록 규정된 복음서 본문을 사용하지 않고 마태복음에 관해 연속적으로 설교함으로써 인문주의적 배경을 나타냈다.¹³⁾

전통적인 영감설을 보존하면서도 거룩한 본문을 문학 작품으로 다룬 데는 꽤 특별한 함의(含意)가 있었다. 스콜라주의 주석학자들과는 달리, 인문주의자들은 각 저자의 독특한 개성과 문체에 대한 호기심을 가지고 본문에 접근했다. 따라서 에라스무스는 연속적으로 출판한 헬라어 신약성서에 붙인 주에서 히브리서의 저자가 바울인가에 대한 고대의 의심을 재현했으며, 바울이 사용한 헬라어에는 문법에서 벗어난 것이 있어서 루시안이나 이소크라테스의 유창한 어법과는 비교가 되지 않는다는 제롬의 견해에 따라 용감하게 논쟁에 맞섰다. 우리는 인문주의자들이 난해한 구절이나 신자들의 기대에 어긋나는 듯이 보이는 구절의 의심스러운 본질을 기꺼이 인정하려 했음을 발견할 수 있다. 예를 들어, 르페브르는 예수님께서 자신이 다시 올 때까지 "죽음을 맛보지 않을" 사람

---

12) Ludolphus de Saxonia, *Vita Jesu Christi* (Paris: F. Regnault, 1510). Johannes Mauburnus, *Rosetum Exercituum Spiritualium* (Paris: J. Petit, 1510).

13) Roland Bainton, "The Paraphrases of Erasmus." *Archiv für Reformationsgeschichte* 57 (1966) 67-76; Lefèvre, *Commentarii Initiatorii in Quattuor Evangelia* (Basel: Cratander, 1526); Emil Egli, *Schweizerische Reformationsgeschichte* (Zurich: Züricher & Furrer, 1910) 52.

들이 있다고 말한 본문(마 16:28)을 주석하면서, 비록 르페브르 자신도 전에는 해석상의 어려움을 피하고자 선호했었지만, 이것이 예수님의 재림이 아니라 변화를 언급한다고 보는 것은 억지라고 인정한다. 르페브르는 이 구절을 어떻게 이해하든지 간에 그 의미는 지극히 참되고 분명하다는 것을 사람들은 안다고 말한다.[14] 마지막으로, 인문주의자들은 신약성서라는 드라마에 등장하는 인물의 개성, 특히 그리스도의 개성에 큰 관심을 가진 듯하다. 쟈크 코마랏(Jaques Chomarat)이 지적하듯이, 비록 에라스무스의 복음서 『의역』(Paraphrases)에서 그리스도의 확실한 통찰은 그의 성품의 표명에서 하나의 약점이 되지만, 에라스무스는 예수님의 동기를 탐구했다. 왜냐하면 동기를 고찰하는 것이 "의역" 혹은 부연 설명의 표준적 기법 중 하나이기 때문이었다. 몇 년 전에 있었던 콜렛과 에라스무스 사이의 토론의 초점은 그리스도의 인간적인 동기 부여였는데, 그 토론에서 콜렛은 예수께서 겟세마네 동산에서 나타내신 두려움과 번민("아버지여 할 만 하시거든 이 잔을 내게서 지나가게 하옵소서")은 그리스도 자신의 죽음에 대한 두려움이 아니라 자신을 배척한 결과로 유대 백성들이 느끼게 될 두려움이었다는 제롬의 주장을 지지했다. 콜렛의 주장은 교부들 사이에서 강력한 지지를 받고 있다는 의미에서 인문주의적이었다. 반면에 중세 시대 절정기의 신 사상가들(neoterici), 즉 스콜라주의 신학자들은 인성을 지닌 그리스도가 죽음을 두려워했다는 데 의견을 같이했다. 에라스무스는 이번에는 의식적으로 스콜라 신학자들의 편을 들었다. 그는 보나벤투라를 비롯한 여러 사람의 표현대로 그리스도는 죄를 제외하고는 인간 본성의 모든 연약함을 경험했다는 것을 중요시했다. 토마스 모어는 런던탑에서 저술한 글에서 에라스무스의 해

---

14) *D. Erasmi Opera Omnia*, 4:1023C-1024F, 673EF; *Lefèvre Commentarii Initiatorii in Quattuor Evangelia* 75ᵛ; Richard McKeon, "Renaissance and Method in Philosophy," *Columbia University Studies in the History of Ideas* 3 (1935) 35-144.

석을 지지했다. 르페브르 역시 *Commentarii Initiatorii*에서 동일한 견해를 채택했다. 인문주의자들은 어색하거나 특별한 내용을 설명할 수 있는 전통적인 풍유적 해석을 크게 거부하지는 않았지만, 인간적인 동기부여와 인간적인 특유의 표현법에 하나님의 계시된 진리의 필수적인 구성 요소인 자율성을 크게 부여하려 했다고 요약할 수 있다. 에라스무스와 콜렛 사이의 논쟁이 암시하듯이, 또 다른 차원에서 그들은 스콜라 신학자들의 기독론적 통찰들과 그들이 존경하는 교회 교부들의 문학적이고 수사학적인 감수성을 결합할 수 있었다.[15]

비교언어학 외에, 수사학도 다양하고 잡다한 인문주의운동에 공통된 틀을 마련해 주었다. 수사학 역시 성서 이해를 위한 특별한 함의를 가지고 있었다. 인문주의자들이 교부들을 성경 해석자로서 크게 찬양한 까닭은 설득의 기법에 중심을 둔 교육을 받은 교부들 자신도 성경해석자의 과업은 사변적인 것이 아니라 훈계적인 것이며 그 목적은 하나님의 말씀을 읽고 듣는 자의 마음속에 살아 있게 만드는 데 있다고 이해했기 때문이다. 그렇기 때문에 에라스무스는 신랄하게 (교부들의 주석에서 발견되는) "영혼을 위한 양분"과 (스콜라학자들의 주석에서 발견되는) "단순히 지식을 긁어모아 놓은 것"을 비교한 것이다. 에라스무스의 저서에도 르페브르의 저서에서와 마찬가지로 성서의 가르침을 "그대 자신의 핵심부"로 옮겨 담으라는 권면, 주제나 표현에 있어서 분명히 교부들의 것을 반향하는 권면이 가득하다. 인문주의자들은 성경의 여러 책에 있는 병행구절이나 관련 구절로 주해를 구성함으로써 성서 스스로의 해석을 허용하는

---

15) Jacques Chomarat, "Grammar and Rhetoric in the *Paraphrases* of the Gospel by Erasmus," *Erasmus of Rotterdam Society Yearbook* 1 (1980) 30-68. James D. Tracy, "Humanists Among the Scholastics: Erasmus, More, and Lefèvre d'Éaples on the Humanity of Christ," forthcoming in *Erasmus of Rotterdam Society Yearbook*.

교부들의 기법을 모방했다.[16] 그러나 인문주의자들은 고전적인 수사학 훈련을 흡수하여 동화시키면서 특정의 주제나 가정들을 받아들였는데, 그때문에 그들의 주석은 교부들의 주석과 어느 정도 달랐다.

첫째, 고대 수사학의 시작과 발달은 도시적인 배경을 가지고 있는데, 인문주의자들은 연구를 통해서 이것을 다시 포착할 수 있게 되었다. 키케로나 퀸틸리안의 이론적인 저서를 보면, 이상적인 웅변가는 단순히 웅변술에 능숙한 사람이 아니라 유익한 것이라면 사람들이 반기지 않아도 진리를 말할 수 있는 사람(*vir bonus*)이었다.[17] 인문주의자들은 자기들이 사는 세상을 위해 성서의 의미를 서술할 때, 교부들이나 중세 시대의 저술에서 흔히 등장하는바 교회를 시칭하는 풍유적 언급(예를 들면 베드로의 배, 베드로의 장모의 집)에는 극히 제한적인 관심만 기울였다. 대신에 그들은 필요한 경우에는 성서를 그들 사회의 보다 규모가 큰 도시의 관심사와 연결했다. 이 점에서도 콜렛과 에라스무스의 개인적인 관계가 매우 흥미롭다. 에라스무스는 콜렛이 헨리 8세의 유럽 대륙 원정 계획을 비판하는 설교를 하여 헨리의 총애를 잃었음을 알고 있었다. 에라스무스는 친구의 직선적인 성격을 칭찬했으며, 자신의 신약성서 『의역』(*Paraphrase*)을 포함한 라틴어 저술에서 그것을 간접적으로 모방하려 했다. 성경을 올바르게 이해하면 개인의 삶뿐만 아니라 공동체 전체의 삶을 변화시킬 수 있다는 것이 교부들이 후대에 남겨준 하나님의 말씀의 특이한 능력에 대한 전통적인 이해의 일부였다. "복음이 진실로 전파되면, 기독교인들은 많은 전쟁을 피할 수

---

16) E.g., *Enchiridion Militis Christiani*, in *Erasmi Opera Omnia*, "Si non concoctum in viscera trajicit, evidens habeas argumentum valetudinariam esse animam" (4C), and "Manna tibi putrescat, nisi viscera adsectus trajeceries" (8BC).

17) James D. Tracy, "Against the Barbarians; The Young Erasmus and His Humanist Contemporaries," *Sixteenth Century Journal* 11 (1980) 1-22.

있을 것이다"[18]라고 쓸 수 있었던 사람은 인문주의자인 에라스무스뿐이었다.

키케로, 퀸틸리안, 이소크라테스 등이 저술한 교육에 관한 고대의 논문은 실제로 웅변 교육에 관한 논문이었다는 점에서 고전 시대의 수사학에도 교훈적인 면이 있었다. 로마로 전해진 헬레니즘 문화에서는 교육에 대한 소크라테스의 이상이 아니라 플라톤이 종종 공격했던 수사학자들에게 높은 지위를 부여했다. 설득의 이론은 청중들의 보다 훌륭한 본능에 호소한다고 공언하는 대중적 강연의 형태로서, 그리고 젊은 학생들의 재능을 이끌어내는 수단으로서, 인간 본성에 대한 근본적으로 낙관적인 가정에 의존했다. 인문주의 운동은 하나의 철학적 교리에 의해 통합될 수 없다는 크리스텔러의 견해를 인정하더라도,[19] 인문주의 배경을 지니고 인문주의 교육을 받은 작가들이 16, 17세기에 계속 전개된 자유의지와 예정 사이의 논쟁에서 항상 동일한 편에 선 것은 우연한 일은 아니다. 멜란히톤은 루터에 반대하여 자유의지를 변호한 에라스무스의 편을 들었다. 멜란히톤은 1530년대에 자신의 이신칭의의 교리에서 인간적 의지에 따른 승인 행위를 인정했다. 네덜란드에서는 엄격한 칼빈주의에 맞서 싸운 알미니우스 파, 유럽의 가톨릭 진영 내에서 얀센주의와 맞서 싸운 예수회 등도 에라스무스를 지지했다. 신약 성서 이해에 적용할 때, 고전 교육과 연결된 듯이 보이는 인문주의의 낙관적인 경향은 성경에는 원죄의 교리가 분명히 나타나 있지 않다는 에라스무스의 주장에서 분명하게 표현된다. 그와는 대조적으로 위대한 프랑스 학자인 기욤 부데(Guillaume Budé)는 말년의 저술에서 하

---

18) *Opus Epistolarum D. Erasmi*, Letter 1211, 1:558-616, 4:524-526; *Paraclesis*, in *Desiderius Erasmus Ausgewählte Werke*, ed. Hajo Holborn (Munich: Beck, 1933) 143-44.

19) Nancy S. Struever, *The Language of History in the Renaissance: Rhetoric and Historical Consciousness in Florentine Humanism* (Princeton, NJ: Princeton University Press, 1970).

나님 앞에서(*coram Deo*) 인간적 의지의 능력을 최소화했으며, 고전 문화, 자신이 이전에 저술한 책에서는 열렬히 옹호했던 비교언어학의 도덕적 가치에 대해 의심을 제기했다.[20]

지금까지 언급했던 것들을 요약해보면, 신약성서에 관한 인문주의의 저술 안에서 인간 세계를 위한 보다 훌륭한 장소, 교부 시대나 스콜라 시대의 저서들보다 더 다양하며, 세속적인 동기와 관심사를 지닌 장소를 발견하리라고 기대할 수 있을 것이다. 인문주의자들이 만들어낸바 기도하면서 성경을 연구함으로써 영적으로 성장한다는 관념은 영혼이 세상의 염려에서 벗어나 계속 노력하기 위해서 사용된 전통적인 금욕적 사상의 영향을 그리 받지 않는 평범한 사람들의 일상생활에 더 적합할 것이다. 특별한 인문주의자들의 저서를 간단히 살펴보는 것이 이 논거를 이해하는 데 도움이 될 것이다.

에라스무스의 『의역』

이 책의 목적을 위해서, 1523년에 에라스무스가 출판한 누가복음서 『의역』의 전반부에 초점을 둘 것이다. 이 책의 서문에는 헨리 8세에게 바치는 헌사가 수록되어 있다. 인문주의자들의 글에는 "전형적인" 것이라고 할 수 있는 것이 없지만, 에라스무스의 『의역』은 최소한 영어와 다른 언어로의 번역본을 통해서 16세기 말 평민들을 위한 영적인 글로서 어느 정도 인기를 누렸다. 누가복음은 마태복음과 요한복음, 그리고 마가복음 사이를 이어주는 수단으로 선택되었다. 에라스무스는 마가복음에 대해서는 현대 성경해석자들을 인도해줄

---

20) *Erasmi Opera Omnia*, 6:585B-590B; Budé, *De Transitu Hellenismi ad Christianismum* (Paris: Estienne, 1535).

디에릭 부츠, *거룩한 성례 제단 장식*, 중앙 판넬: 성찬의 제정, 1464-1468, 성 베드로 콜레기에트 교회, 루벵

교부들의 주석서가 없다고 불평했다.[21] 반면에 마태복음과 요한복음에 관해서는 고대 시대와 중세 시대에 주석서들이 풍부하게 저술되었다. 누가복음에 관해서 에라스무스는 상당히 많은 서적을 참고로 했다고 알려져 있다(오리겐, 크리소스톰, 암브로스, 테오필랙트, Catena Aurea 등).[22] 따라서 우리는 에라스무스의 본문

---

21) Preface to *Adnotationes on Mark, Erasmi Opera Omnia*, 6:151-52, "In hunc nihil habemus, quod equidem sciam, vetustum."

22) *Origen Homeliae in Lucam* (PG 13, cols. 1804-1900); Chrysostom *Homeliae XXV in Quaedam Loca Novi Testamenti* (PG 51); Theophylact *Enarratio in Evangelium*

을 이 저서와 비교함으로써 최소한 에라스무스 자신의 의역, 또는 주석이 지닌 특성에 대한 예비적 결론들을 작성할 수 있다. 한 가지 경고할 것은, 이 논의의 목적은 영향력을 과시하는 데 있는 것이 아니라,[23] 그 반대의 것, 즉 에라스무스의 사상이 독창적인 것처럼 보이는 예들을 분리해 내는 데 있다는 점이다. 이 목적을 위해서, 긍정적인 영향력을 증명하는 데 필요한 정확한 언어의 모방이 없을 경우에도, 주어진 구절을 하나의 파생 구절로 취급할 수 있다.

이런 식으로 문제를 제기해보면, 에라스무스가 공들여 저술한 복음서 의역의 대부분은 이전 시대 작가들의 견해와 거의 대등하다. 이것은 그리 놀라운 사실이 아니다. 왜냐하면, 에라스무스는 사신의 독창성을 뽐내지 않고 "옛사람들"의 가르침을 따르는 것을 덕으로 간주했을 것이기 때문이다. 그는 어떤 구절에서 옛 법과 새 법의 "전형들", 혹은 회당과 교회의 전형을 발견할 때 특히 분명하게 교부들을 의존했다. 따라서 암브로스의 글에서처럼, 가버나움 회당의 귀신 들린 사람은(4:34) 유대 백성들을 괴롭히던 악들의 "전형"이다. 역시 암브로스의 글에서처럼, 귀중한 향유를 예수님의 발에 부은 여인은 새로운 법의 전형이며, 돌아온 탕자를 시기한 맏아들은 옛 법의 전형이다.[24] 어린 예수가 부모님에게 순종한 것처럼 기독교인들은 감독들에게 순종해야 한다는 것, 혹은 베들레헴 들에서 양을 지키던 목자들은 충실한 감독들의 전형이라는 것

S. Lucae (PG 123, cols. 683-1126); Ambrose *Expositio in Lucam*, in *Corpus Christianorum, Series Latina*, vol. 14 (Turnhout: Brepols, 1957); Thomas Aquinas, *Catena Aurea in Quattuor Evangelia*, in *Opera Omnia*, vols. 11-12 (reprint, New York: Musurgia, 1948-1950).

23) 오리겐이 에라스무스에게 마친 영향을 추적하는 일에 있어서 Godin (*Erasme, Lecteur d'Origène*)은 타의 추종을 불허한다.

24) Erasmi, *Opera Omnia*, 6:330C, 409EF (cf. Ambrose Expositio 120, 296-97).

등 교회의 삶에 대한 특별한 언급들도 역시 전통적이다.[25] 또한, 복음서의 여러 이야기(예를 들면 마리아를 예수의 모친으로 선택한 것)는 하나님께서 마귀를 속여 인류를 속박에서 해방시키기 위해서 지혜롭게 예정하신 것이라는 내용에서는 거의 사라져 버렸던 교부들의 구세론의 흔적을 발견할 수 있다.[26] 또 분명히 본문에 토대를 두지 않았기 때문에 기이한 듯이 보이는 해석도 실제로는 이전 시대의 해석과 비슷한 경우가 종종 있다. 엘리사벳에게 아들의 이름을 요한이라고 말해준 것은 벙어리가 된 남편 사가랴가 아니라 천사였다는 견해의 근원은 암브로스인 듯하다. 반면 오리겐은 엘리사벳은 자신과 남편이 늙었음에도 성관계를 가져왔다는 것을 사람들이 알게 되는 것이 부끄러워 요한을 임신한 동안 세상을 피해 숨어 지냈다고 설명했으며, 에라스무스는 이 설명을 더욱 강조했다.[27]

복음서에 묘사된 인물의 동기를 묘사하는 데 기울인 에라스무스의 관심은 그리 전통적인 것이 아니며 현재의 논의에 잘 들어맞는다. 테오필랙트(Theophylact)와 마찬가지로, 에라스무스는 사가랴가 제단 앞에서 제사장의 직무를 행하면서 자신의 목적을 위해 기도하지 않고 백성들의 죄를 위해 기도했음에 주목한다. 그러나 그다음에 그는 천사의 말로 사가랴의 마음 상태를 묘사한다: "네가 구한 것을 얻었을 그뿐만 아니라, 가능성이 없다고 여겨 드리지 않은 간절한 기도로 인해 하나님의 선하심이 네게 임하였다. 너는 대속자를 요청했는데, 이제 대속자의 길을 예비한 선구자도 받게 되었다." 2장 17절에서, 그

---

25) *Opera Omnia*, 6:308AV (cf. Origen *Homeliae* 1852C-1853A); 6:299AB(cf. Ambrose *Expositio* 50, 53).

26) *Opera Omnia*, 6:290B (cf. Ambrose *Expositio* 31).

27) *Opera Omnia*, 6:294CD, 288BC, 284E-285A (cf. Ambrose *Expositio* 44; Origen *Homeliae* 1814A; and Ambrose *Expositio* 15-16).

는 목자들이 천사의 말에 의지하지 않고서 마구간에서 직접 목격한 것을 사람들에게 말했다는 취지로 불필요한 듯한 논평을 한다. 왜냐하면 "비천한 사람들에게도 분별력 있는 믿음이 있기 때문이다." 자기들과 같은 무리가 아니라는 이유로 어떤 사람이 예수의 이름으로 귀신을 내어 쫓는 것을 금했다고 요한이 예수님에게 말한 9장 49절에 대해서, 암브로스는 요한이 그렇게 행동한 것은 주님을 위한 사랑의 행동이었다고 생각하지만, 테오필랙트는 "제자들이 오만하고 교만하게 그 사람의 귀신 쫓는 행위를 금했기 때문에 그들이 잘못을 범할까 염려하기 시작했다"고 생각한다. 에라스무스는 테오필랙트의 제안을 더욱 상세히 설명한다:

> 어린아이라도 예수님의 이름으로 영접해야 한다는 말을 들은(9:48) 요한은 제자들이 어떤 사람을 복음의 교제에서 제외했던 일을 기억했다. 요한은 모든 사람이 복음적 구원의 교제 안에 영접할 수 있다면, 모든 사람이 복음을 전파하고 기적을 행하는 일을 행하는 것도 허락되어야 하는지 알고 싶었다. 그러나 이러한 질문의 이면에는 질투의 감정이 숨어 있었다.[28]

아마도 고전적 가치관에 대한 인문주의적 이해와 복음을 조화시키려는 에라스무스의 시도를 가장 분명히 보여주는 예는 예수를 *humanitas*와 *mansuetudo*, 전사의 전투적 덕이나 토론에서의 승리를 즐기는 스콜라주의 박사들의 덕과는 달리 열심있는 학생과 충실히 의무를 수행하는 시민의 온유한 덕의 완전한 본보기로 묘사한 데서 나타난다. 성전에서 학자들에게 성서를 해석해주실 때에도, 어린 예수는 "천재적 능력을 가진 소년들에게서 흔히 발견되는 교만이나 뻔뻔스러움이나 뽐내는 태도를 나타내지 않았다." 학자들은 "그

---

28) *Opera Omnia*, 6:285D-268B (cf. Theophylact *Enarratio* 698); 6:300B, 372EF (cf. Theophylact *Enarratio* 826).

의 얼굴, 몸짓, 말 등이 지극히 겸손한 데 크게 놀랐다. 이러한 태도는 그의 지혜로움을 한층 더 빛내주었다." 에라스무스가 묘사한 예수는 어른이 되어서도 동일한 기질을 나타낸다. 에라스무스는 9:10에 간단한 설명을 덧붙여 "예수께서는 사도들에게 기적을 행했다고 해서 오만해지지 말고 겸손할 것을 명하셨다. 왜냐하면 기적은 사람의 능력이 아니라 하나님의 능력에 의해서 이루어지는 것이며, 영생을 얻지 못할 사람도 기적을 행할 수 있기 때문이다."[29]

예수님의 겸손(*modestia*)은 에라스무스의 복음서 메시지 해석에서 거듭 등장하는 주제이다. 즉 하나님의 말씀의 전파는 절대 인간의 힘이나 능력, 또는 *praesidia humana*에 의존하지 않는다. 에라스무스는 마리아의 마음이 칼로 찌르는 듯할 것이라는 시므온의 말에 종교적으로 권세 있는 자들이 낮아지고 비천한 사람들이 높아질 것이라는 예언을 추가한다:

> 종교적 위선자들(바리새인들과 서기관들)은 세리와 창녀와 죄인들을 예배에서 제외시켰지만, 하나님은 이들을 천국에 먼저 받아주실 것이다. 우상을 숭배하는 국가들이 갑자기 변화되어 참 신앙의 가르침을 받아들일 것이다. 종교적으로나 율법적으로 최고의 명성을 누리던 바리새인들과 대제사장들은 율법의 창시자를 대적할 것이다.[30]

*praesisia humana*와 예수님의 참된 추종자들의 겸손(*modestia*)의 차이점에 비추어, 에라스무스는 자신의 저서 『의역』에 그 시대의 군주들과 대제사장들에 대한 혹평을 거리낌 없이 삽입했다. 헤롯의 악함이 두드러진 누가복음 3:19에서, 에라스무스는 헤롯과 같은 통치자가 세례 요한과 같은 성인의 조언을 구한 데는 나름의 이유가 있었을 것이라고 제안한다:

---

29) *Opera Omnia*, 6:306C, 368AB.
30) *Opera Omnia*, 6:303DF; cf. 323E.

복음적 지혜에 의해 악의 속박에서 해방되지 못한 많은 군주의 영혼이 이런 종류에 속한다. 그들은 사람들 위에 군림하여 명령하지만, 스스로는 정욕의 노예가 되어 있으면서 자신이 사악함에 예속된 상태에서도 벌을 받지 않고 살 수 있다는 점에서 스스로 왕이라고 생각한다. 때때로 그들은 거룩하다고 알려진 사람들을 불러서 대화를 하고 그들이 충고에 따라 어떤 일을 행하기도 한다. 그러나 그것은 참된 경건을 추구하기 위해서가 아니라, 이런 기만적 행위에 의해서 정직하다는 명성을 확보하며, 자신의 악행에 대한 분노를 완화시키기 위해서이다. 그들은 백성들을 약탈하거나 불의한 전쟁을 일으키거나 국민의 행복을 원하는 사람들을 공격할 때면, 이러한 일이 의로운 사람들의 충고에 따라서 행해진 것처럼 보이게 한다.

예수님을 섬긴 부자 여인들에 대해 언급한 8:3에서, 에라스무스는 그리스도는 "한 번도 누구를 괴롭힌 적이 없으며, 우리는 한 번도 그리스도께서 무엇을 요청했다는 기사를 읽지 못했다. 그러므로 복음을 위해서 일하지만, 자원하여 바치려 하지 않는 사람들에게서 예수님의 이름으로 필요한 것 이상을 착취하는 사람들은 자신의 무례함을 한층 더 부끄럽게 여겨야 한다"[31]고 말한다. 어떤 의미에서 이 구절의 주제들—호전적인 제후들과 탁발수도사들에 대한 에라스무스의 지속적인 비판—은 아주 분명하다. 여기에서 주목할 점은 영적 유익을 위해서 어떻게 성경을 읽어야 하는가에 대한 에라스무스의 이해의 요점은 기독교 사회의 개혁이라는 사실이다.

마지막으로, (에라스무스의 이해에 의하면) 인간 본성이 이해할 수 없는 힘에 압도되지 않기 위해서, 그리스도는 자신의 신적 능력을 나타내실 때 겸손하셨다. 귀신 들렸다가 나음을 받은 거라사 사람의 설교가 결실을 거두었지만,

---

31) *Opera Omnia*, 6:314DE, 360EF.

에라스무스는 "주 예수는 이 비유에 의해서 아무리 경건하지 못한 사람이라도 복음의 은혜를 받을 수 있다는 것을 가르치셨다. 우리는 원치 않는 사람들이나 멸시하는 사람들에게 복음을 강요하지 말고, 참 경건의 불꽃을 남겨둔 채 그들에게서 물러나야 한다. 그러면 나중에 그 불꽃이 점화되어 활활 타오르게 될 것이다"라고 말한다. 에라스무스는 씨 뿌리는 농부의 비유(4:4)를 다루면서 그리스도의 기적의 기능에 대해 설명한다:

> 마술사들은 단순히 과시하기 위해서, 또는 구경꾼들의 호기심을 충족시키기 위해서 놀라운 행위를 한다. 그렇기 때문에 거기에는 하나님의 영광에 대한 찬양이 없으며, 이웃에게 유익한 것도 없다. …예수님은 하나님의 능력을 찬양하며 어려운 사람을 돕기 위해서, 또는 인간의 불신에 도전하기 위해서만 기적을 행하셨다.

일반적으로 "주 예수님은 모든 말과 행위를 적절히 조율하는 것이 유익한 듯했다. 그러므로 그분은 자신의 신적 능력을 발휘하셨고, 자신을 비천한 인간의 수준으로 낮추셨다"고 에라스무스는 말한다. 여기에서 그는 교부 신학에서 채택한 *accommodatio*라는 주제를 표현했다. 조지 챈트레인(Geroges Chartraine)은 에라스무스의 저술에서 이 주제가 지니는 중요성을 강조했다.[32] 에라스무스는 이탈리아의 신플라톤주의자인 마르시글리오 피치노(Marsiglio Ficino)의 영향을 받은 듯이 보이는 표현을 사용하여 그 구절을 다루면서, "일반 군중"(*vulgus hominum*)이 연인의 영혼을 사랑하려면 먼저 그 육체의 아름다움에 매력을 느껴야 하듯이, 예수님께서 우리와 같은 인간적 본성을 입으신 것은 주 예수님을 향한 사랑을 일으키기 위한 미끼로서, 우리는 거기에서부터 시작하여 그분의

---

32) *Opera Omnia*, 6:365A, 319F.

신적 능력을 사랑하게 된다"[33]고 말한다.

이 간단한 견해는, 과거의 성서 주석자들의 작품들과 정확하게 대등한 것이 없는 곳에서도, 성서에 대한 인문주의자들의 고찰은 신학적으로나 성서 해석에 있어서 완전히 교부적이라고는 할 수 없지만, 대체로 교부적인 전통에 서 있음을 암시해준다. 그러나 우리는 그리스도께서 오로지 인간의 필요를 충족시키기 위해서 기적을 행하셨다는 에라스무스의 견해와 동일한 것을 교부들에게서 발견하지 못한다. 만일 그리스 교부들이 하나님의 위엄을 보는 것과 성육신을 통한 인성의 고양을 중심으로 주석을 했다면, 에라스무스의 『의역』은 인간의 연약함과 하나님께서 놀랍게도 그러한 연약함에 맞추어 조정하셨다는 인식에 기초를 둔 새로운 대칭을 암시한다. 주님의 제자들의 결점이 수준 이상으로 조명되지만, 그는 지속적으로 모든 영광을 부인하신 예수님의 *mansuetudo*를 강조하며, 예수님이 분노를 발하신 구절은 그럴듯하게 얼버무린다.[34]

마지막으로, 인문주의자들은 본문비평과 문학적 감수성을 특징적으로 혼합했는데, 이로 말미암아 경건하게 복음서를 읽기 위해 규정된 마음 상태에 미미하지만 중요한 변화가 초래되었다. 이러한 차이점은 묵상(*meditatio*) 기법에 관한 두 가지 간단한 묘사를 인용해보면 잘 드러날 것이다. 하나는 카르투지오회 수도사인 루돌프의 것이고, 나머지 하나는 에라스무스의 누가복음 『의역』에서 인용한 것이다:[35]

---

33) *Opera Omnia*, 6:307E-308A; Paul O. Kristeller, "Erasmus From an Italian Perspective," *Renaissance Quarterly* 14 (1961) 1-15, documents on important borrowing Ficino in Erasmus's *Moriae Encomium*.

34) *mansuetudo*라는 주제는 에라스무스와 콜렛의 토론에서 등장한다: *Disputatiuncula de Taedio Jesu*, in *Opera Omnia*, 5:1289DE.

35) *Opera Omnia*, 6:172B; Ludolphus de Saxonia, *Vita Jesu Christi*, iii-iv.

그리스도의 말과 행동, 우리가 묵상할 수 있는 모든 것이 기록으로 남겨졌다고 생각하지 말라. 보다 큰 감명을 주기 위해서, 나는 상상적인 표현에 따라서 실제로 일어난 그대로, 또는 발생했을 것이라고 생각하는 방식으로 사건을 이야기하려 한다. 따라서 여러분은 예수께서 행하신 것이나 말씀하신 것을 생생하게 기억하게 될 것이다.

조각이나 그림을 감상할 때 그 작품의 각 부분을 곰곰이 살펴본다면, 전에는 보지 못했던 새로운 것을 발견하게 될 것이다. 마찬가지로 이 놀라운 광경(지붕을 뚫고 내려진 중풍병자를 고치신 일) 앞에 잠시 멈추어 서서 경건한 호기심을 가지고 내용을 세밀하게 살펴보는 것이 중요하다.

루돌프가 중요하게 여긴 것은 우리가 그리스도의 말이나 행동을 얼마나 직접적으로 상상하는가이다. 그리스도에 대한 복음서의 실제의 기록과 우리가 경건하게 상상하는 것 사이의 차이점은 부차적이다. 에라스무스의 경우에, 묵상의 직접적인 초점은 예수님이 아니라 예수님의 모습을 묘사한 확실한 본문이다. 아름다운 작품을 감상하듯이, 그 본문도 세밀하게 숙고하여 음미해야만 한다. 영성을 연구한 역사가들은 이 두 가지 접근 방식에 대한 이해를 달리한다. 어떤 사람은 에라스무스의 심미적인 심사숙고보다는 루돌프의 직접성과 자발성을 선호한다. 그러나 그리스도의 제자들이 지닌 인간적인 약점과 마찬가지로, 인간 정신의 중요한 기능들도 성경을 이해하는 데에 나름대로 구실을 한다. 이런 면에서 에라스무스와 같은 인문주의자들은 서방 세계 영성의 발달에 나름의 공헌을 했다.

제12장

루터와 종교개혁의 태동

마르크 린하르드(Marc Lienhard)

마틴 루터: 일생과 영향력

중세에서 현대로 넘어가는 분기점에서, 루터와 그의 메시지는 기독교에 상당한 영향을 주었다.[1] 루터는 1483년에 독일 중심부에 있는 아이슬레벤에서

---

[1] 바이마르 판이라고 불리는 루터의 저작집은 100권을 포함하고 있다. 여기서는 그것을 WA(Weimarer Ausgabe)라는 약어로 사용한다. 여기에서 종종 인용되는 소요리문답은 WA 30, I, 239-339에서 발견된다. 이 연구의 주제는 다음의 저서에 기초를 두고 있다: Werner Elert, *Morphologie des Luthertums* (2 vols.; Munich: Beck, 1931 [Eng. trans., *The Structure of Lutheranism: The Theology and Philosophy of Life of Lutheranism*, 16th and 17th Centuries (St. Louis, MO: Concordia, 1974); Paul Althaus, *Die Theologie Martin Luthers* (Gütersloh: Mohn, 1962[Eng. trans., *The Theology of Martin Luther* (Philadelphia: Fortress, 1966)]); idem, *Die Ethik Martin Luthers* (Gütersloh: Mohn, 1965[Eng. trans. by Robert C. Schultz, *The Ethics of Martin Luther* (Philadelphia: Fortress, 1972]). Louis Bouyer, "La spiritualité protestante et anglicane," in *Histoire de la spiritualité chrétienne* (Paris: Plon, 1965) 3:81ff.; Jared Wicks, *Man Yearning for Grace* (Wiesbaden: F. Steiner, 1968); idem, "Luther" in *Dict. Sp.* 9, cols. 1206-43; idem, *Luther and His Spiritual Legacy* (Wilmington, DE: Michael Glazier, 1983); Peter Manns and Harding Meyer, eds., *Luther's Ecumenical Significance* (Philadelphia: Fortress, 1982); Marc Lienhard, *Luther, témoin de Jésus-Christ* (Paris: Cerf, 1973 [Eng. trans., *Luther, Witness to Jesus Christ: Stages and Themes of the Reformer's Christology* (Minneapolis, MN: Augsburg, 1982)]); idem, *Martin Luther, Un temps, une vie, un message* (Paris: Centurion; Geneva: Labor et Fides, 1983); Helmar Junghans, ed., *Martin Luther 1526-1546: Leben, Lehre und Schriften* (2 vols.; Berlin: Evangelische Verlagsanstlat; Göttingen: Vandenhoeck & Ruprecht, 1983); Albrecht Peters, "Die Spiritualität der lutherschen Reformation," in *Lutherische Kirche in der Welt: Jahrbuch des Martin*

태어났다.[2] 그는 1505년에 에르푸르트에 있는 어거스틴 수도원에 들어갔고, 1512년에는 비텐베르크 대학에서 신학박사가 되었다. 그는 잇따라 시편, 로마서, 갈라디아서. 히브리서 등에 대한 주석을 하면서, 동시에 중요한 학문적 논쟁을 고취하거나 주재했다. 1517년에 면죄부 판매에 관한 논쟁이 일반 대중에게 알려졌다. 1521년에는 로마와의 갈등으로 말미암아 루터는 파문을 당하고, 제국의 금령 하에 놓였다. 그러나 그의 저술과 행위는 이미 독일을 비롯한 여러 지역에서 상당한 영향력을 발휘하고 있었다.

1521년부터 1525년 사이에 루터는 칼스타트와 토마스 뮌처가 대변하는 급진적인 무리와 거리를 두었고, 1525년에는 농민전쟁을 반대하는 글을 썼다. 같은 해에 루터는 에라스무스와 논쟁을 하면서 인간 의지의 속박을 주장하고 구원은 오로지 하나님의 사역이라고 주장했다. 스위스의 개혁자 츠빙글리와 의견을 달리한 루터는 그리스도께서 성만찬에 실제로 임재하신다는 전통적인 믿음을 주장했다(1527-1529). 1525년에 캐터린 폰 보라와 결혼한 루터는 결혼생활의 고통과 즐거움을 알게 되었다. 그는 1546년에 세상을 떠날 때까지, 비텐베르크 대학에서 강의하면서, 다양한 주제에 관해 많은 글을 저술했다. 그의 생애의 말년에는 서방 기독교계의 거의 절반이 로마로부터 이탈해 나온 상태였다. 또 다른 기독교 신앙의 생활 방식이 태어난 것이다.

수도원 생활은 루터의 영적 근심을 완화시켜 주지 못했다: "나는 기도하고 금식하고 철야하면서 나 자신을 죽이는 생활을 했다. …그러면서 오직 하나님

Luther-Bundes 31 (Erlangen; Martin Luther Verlag, 1984) 18-41.

2) 이 주제에 관해서 다음과 같은 루터의 전기들을 참고하라: Roland H. Bainton, *Here I Stand* (New York: Abingdon, 1950); Martin Brecht, *Martin Luther: Sein Weg zur Reformation* 1483-1521 (Stuttgart: Calwer, 1981); Walter V. Loewenich, *Martin Luther: Der Mann und das Werk* (Munich: List, 1982; Minneapolis, MN: Augsburg, 1983); Marc Lienhard, *Martin Luther*.

만을 찾으려 했다. 하나님은 내가 얼마나 규칙을 잘 준수하고 얼마나 엄격한 생활을 했는지 아신다. …나는 그리스도를 믿기보다는 엄격하고 무서운 심판자, 그림에서 보듯이 무지개 위에 앉아 계신 분으로 여기게 되었다"(WA 45, 482, 9-17).

루터는 중세 시대에 많은 신자가 심판자 하나님에 대해 경험한 두려움을 다소 과격하게 경험했던 것 같다. 동정녀 마리아나 성인들과 같은 중보자들에게 피해 보았지만 헛수고였다. 동시에 그는 영성과 신학의 한계에 정면으로 충돌했다. 금욕 생활과 통회하는 일도 그에게 확신을 주지 못했다. 과연 그는 심판자이신 하나님의 회유하기에 충분한 행동을 했을까? 그는 이 문세에 대한 해답을 얻지 못했고, 죄의 영속성은 그를 절망으로 몰아갔다. 1507년에 처음으로 미사를 집전하던 루터는 거의 완전히 두려움에 사로잡혀서 "그대는 대체 어떤 사람과 이야기를 하고 있는가?"라고 스스로 질문했다(WA Tr. 5, 86 no. 5357). 그는 자신이 제단에서 도망칠까 두려워하며 자제해야만 했다.

심판주 하나님 앞에서의 근심과 자신의 죄에 대해 충분한 보속을 할 수 있다는 생각에 신자들이 항상 경험하는 유혹, 즉 하나님의 은혜로부터 버림을 받고 있다는 감정이 추가되었다.

오늘날 어떤 역사가들은 루터의 근심을 심리분석에 의해서(아버지에 대한 열등감), 또는 집단 심리(당시 서방에 팽배해있던 두려움)에 의해서 설명하려 한다. 사실, 모든 시대의 성인들을 통한 성경적 증거에서 볼 때 하나님의 거룩 앞에서의 두려움이 믿음의 체험에서 중요한 역할을 수행한다는 것을 증명할 수 있다. 그러나 또 하나의 요소가 루터의 괴로움을 증가시켰다. 그것은 루터의 신앙 형성의 배경이 된 오캄의 신학이었다. 그것은 사람의 능력 안에 있는 자연적인 힘으로 일함으로써 하나님의 은혜를 부여받을 수 있다고 장려했다. 이 신학은 기독교인들을 불확신 속에 남겨 두었다. 루터는 자신과의 싸움을 통해서 그리스도, 그리고 믿음 안에서 받은 하나님의 약속에 토대를 둔 또 다른 확실한 정의를 향해 나아갔다. 그것은 신자들의 삶의 표준이 되는 하나님의 공의에 대한 또 다른 정의, 즉 행위의 기록을 보관하는 심판자가 아니라 신자들에게 그리스도의 공의를 전가하시는 자비하신 하나님이라는 정의로 이어졌다.

1545년에 루터는 자신이 새로운 이해에 도달한 순간을 회고하면서 다음과 같이 기록했다:

> 나는 의인이 하나님의 선물, 즉 믿음에 의하여 살아가게 하는 것이 하나님의 공의임을 이해하게 되었다. 이것은 곧 복음은 하나님의 공의를 드러낸다는 것, 다시 말해서 자비하신 하나님께서 믿음에 의해서 우리를 의롭게 해주시는 수동적 공의를 의미한다. 기록된 대로 의인은 믿음으로 말미암아 산다. 이것을 깨닫는 순간 나는 다시 태어남을 느꼈고, 낙원의 열린 문으로 들어갔다(WA 54, 186, 5-9).

루터가 이러한 깨달음을 얻은 정확한 시기에 대해서 학자들의 의견은 일치하지 않지만, 아마도 1513년부터 1518년 사이의 일인 듯하다.

하나의 신학의 출현

루터 자신의 증언에 의하면, 1530-1545년 사이의 루터의 내면 여행은 여전히 수수께끼 같은 면을 지니고 있었다. 1513년부터 1518년 사이에 루터의 신학이 출현한 것을 묘사할 때 우리는 보다 확신을 하게 된다.[3] 그것은 "성경과

---

3) 여기서 Leif Grane의 저서를 참고해야 한다: *Contra Gabrielen: Luthers Auseinandersetzung mit Gabreil Beil in der Disputatio Contra Scholasticam Theologiam* 1517 (Acta Theologica Danica 4; Gylgendal, 1962); idem, *Modus loquendi theologicus: Luthers Kampf um die Erneuerung der Theologie* (1515-1518)

거룩한 교부들에 관한 순수한 연구를 다시 존중할 수 있게 해준" 대단히 정열적인 노력이었다(WA Br. I, 170-36-37). 루터는 "오늘날 통용되는 교회법, 법령, 스콜라주의 신학, 철학, 논리학 등을 근본적으로 근절하지 않는 한 교회를 개혁할 수 없다"라고 했다(ibid., 170-33-35).

따라서 루터는 성서에 중점을 두고, 새로운 성경해석학을 발달시켰다. 그는 어거스틴처럼 시편을 그리스도에게 적용했지만, 한 걸음 더 나아가 시편 기자가 하나님으로부터 버림을 받았다고 외치는 시편까지도 그에게 적용했다. 게다가 그는 (4가지 의미를 구분하는) 성경 해석의 전통은 비유적 의미에 호소하고 있다고 주장했다. 루디는 도덕적인 의미를 주장한 것이 아니라, 신사들이 그리스도를 전용함으로써 그리스도의 인격 안에 있는 것, 즉 공의와 진리와 능력이 신자 자신에게 전용된다고 주장했다. 우리를 믿음 안에서 의롭고 참되고 능력있게 해 주시는 분은 그리스도이시다. 복음의 주제는 하나님께서 그리스도에게 주신 공의, 그리고 그리스도 안에서 신자들에게 주시는 공의였다.

루터는 중세 말기의 스콜라 신학(오캄, 비엘 등)에 강력히 반대했다. 그는 "마치 원죄가 한순간에 제거될 수 있는 사물과 관련된 듯이, 자죄(自罪)와 원죄는 어둠이 빛에 쫓겨나듯이 제거될 수 있다"는 사상을 비판했다(WA 56, 273, 4-6). 그는 "인간이 행할 수 있는 일을 행함으로써" 자동적으로 은혜를 획득한다는 견해를 펠라기우스적 견해라고 칭했다. 1517년에 스콜라 신학을 대적한 논쟁에서 그는 "다른 무엇보다 하나님을 자연스럽게 사랑한다는 것은 허구요 망상이다"라고 말했다(WA 1, 225, 3). 그는 어거스틴처럼 "은혜에서 벗어나 있는 사람은 끊임없이 범죄한다"고 선언했다(ibid., 227, 14). 그는 '습관'(habitus)이

(Leiden: Brill, 1975); Karl Heinz Zur Muhlen, *Nos extra nos: Luthers Theologie zwischen Mystik und Scholastik* (Tübingen: Mohr-Siebeck, 1972).

라는 스콜라적이고 아리스토텔레스적인 개념을 거부했다. 그는 훈련으로 인해 기독교적 삶이 하나의 습관이 되며, 계속 성화되면 하나님의 용서를 구할 필요가 없는 단계에 이른다는 느낌을 피해야 한다고 가르쳤다. 1516년에 쓴 편지에는 그 당시 루터가 지니고 있던 확신을 훌륭하게 표현되어 있다: "그리스도, 십자가에 달리신 그리스도를 배우십시오. 그분을 찬양하며 당신 자신에 대해 절망하는 노래를 하십시오. 그리고 '주 예수여, 당신은 나의 공의이시며, 나는 당신의 죄악입니다. 당신은 내 죄악을 취하시고, 당신의 의를 주셨습니다' 라고 말씀하십시오. …그리스도는 오직 죄인들과 함께 사십니다. …이 큰 사랑을 생각하면, 큰 위로를 발견할 것입니다. 우리의 노력과 시련에 의해서 양심을 무마할 수 있다면, 왜 그리스도께서 돌아가셨겠습니까?" (WA Br. 1, 35, 24-27; 29; 31-33).

이 여행은 사도 바울, 특히 이신칭의라는 교리로 귀착된다. 루터가 성경을 재해석하는 데 있어서 기독교 전통의 특정한 증거가 도움을 주었다. 루터의 초기 저술에는 참된 신학자는 침묵과 황홀경 등을 사랑한다는 신비주의 주제에 대한 언급이 있다(WA 3, 372, 13-27). 루터는 라인 지방의 신비주의자인 타울러, 그리고 독일 신비주의의 전형적인 저서인 『독일신학』(Eine Theologie Deutsch)을 아주 사랑했다. 루터도 타울러처럼, 죄의 뿌리는 인간의 의지와 자기-긍정에 있다고 보았다. 타울러는 무(無)로의 환원, 즉 사람의 자기-비하에 대해 말했는데, 루터는 로마서를 다루면서 인간은 자기를 낮춤으로써 하나님을 탐색해야 한다고 말했다. 하나님을 만나는 일은 지옥의 고통을 통과해야 하는 여행을 통해서도 성취된다.

루터도 어거스틴처럼 사람의 실질적인 타락에 대해서 말했지만, 그는 어거스틴보다 한 걸음 더 나아갔다. 어거스틴은 회심한 후 자신의 내면에서 연약한 육의 잔재 외에 다른 것을 발견하지 못했다. 그러나 루터는 죄를 인간의 의지,

하나님께 대적하여 자신을 인정하려는 인간의 성향 안에 존재하는 영구적인 실체로 보았다. 그러나 루터는 어거스틴에게서 은혜의 전능함에 대한 찬송을 발견했다. 구원은 철저히 하나님 은혜의 사역으로 인식되었다. 그는 죄인이 스스로 은혜를 준비하거나 공로를 획득할 능력이 있다는 것, 그리고 이교도들에게 덕이 있다는 것을 부정했다. 이 점에서도 어거스틴과 루터의 견해에는 차이가 있다. 어거스틴은 은혜를 하나님의 선물, 인간에게 자질과 새로운 힘을 수여해주는 하나의 실체로 본 반면, 루터는 은혜를 하나님으로부터 분리된 존재의 객관적 특성이 아니라 하나님의 태도로 보았다. 즉 루터는 어느 정도 오캄주의의 영향을 받고 있었다. 오캄주의에서는 성서 안에서의 하나님의 계시를 강조하는데, 인간은 이성을 통해서가 아니라 그 계시 안에서 하나님을 발견한다고 본다.

로마와의 충돌

일부 가톨릭 신학자들은, 오늘날 전체 기독교계는 젊은 루터의 메시지를 받아들일 수 있다고 본다. 그렇다면 16세기에 기독교계가 분열된 이유는 무엇일까?[4] 사회적/정치적 요인(예를 들면 독일인들이 로마에 저항한 것) 외에, 루터의 경력 내에 있는 세 가지 요소가 하나의 문제를 야기했다. 첫째, 루터의 언어와 행동의 새로움을 들 수 있다. 루터는 사람들이 본질적으로 몇 가지 자질

---

[4] Wilhelm Borth, *Die Luthersache (causa Lutheri), 1517-1524: Die Anfänge der Reformation als Frage von Politik und Recht* (Lubeck: Matthiesen, 1970); Daniel Olivier, *Le Procès Luther* 1517-1521 (Paris: Fayard, 1971 [Eng. trans., *The Trial of Luther* (St. Louis, MO: Concordia, 1978)]); Scott H, Hendrix, *Luther and the Papacy* (Philadelphia: Fortress, 1981).

을 지니고 있다고 보지 않고, 하나님과의 관계 안에서 사람들을 보았다. 그는 도덕적 범주, 즉 은혜 아래서 행위에 의해 자신을 성화시키는 사람들에 대해서 말하지 않고, 인간은 그리스도와의 관계 안에 있다고 묘사했다. 루터는 실존적 표현이 아니라 존재론적 표현, 철학적인 표현이 아니라 성경적인 표현을 사용했다. 이것은 신학을 철학의 지배, 특히 아리스토텔레스의 철학에서 해방시켜 본래의 근원—예수 그리스도 안에 나타난 하나님의 계시(이것은 하나님의 자연적인 말씀 방법을 파괴한다)—으로 복귀시키려는 배려에서 기인한 것이다.

둘째, 1517년 이전부터 루터의 행동에는 교회 생활에 대한 비판이 함축되어 있었다. 그런데 면죄부 판매 사건 때문에 이러한 비판은 더욱 강화되었다. 물론 로마에 대한 비판이나 성직자들에 대한 비판은 그다지 새로운 것이 아니었지만, 루터는 그러한 비판에 보다 깊은 종교적 토대를 부여했다. 그는 면죄부가 기독교인들에게 그릇된 안전감을 가져다주기 때문에 면죄부 판매에 반대하여 일어섰다. 기독교인들이 "주 예수 그리스도께서는 신자들의 삶이 회개의 삶이 되기를 원하신다는 것"을 망각하고서 면죄부를 의지할 가능성이 있었다. 1517년 이후에 루터가 서원 미사, 순례, 성직자와 평신도의 구분 등에 관해 쓴 글에는 다른 비평이 등장한다. 그러나 교회는 그의 비판을 받아들이지 않았다. 그것 중 일부는 제2차 바티칸 공의회에서 채택되기도 했지만, 16세기에는 그것들로 인해 충돌이 야기되었다.

교회를 개혁하려는 루터의 노력 배후에는 당국과의 근본적인 갈등이 놓여 있었다. 1517년에 95개조를 발표한 후, 루터는 교황모독죄로 고발되었다. 1518년에 카제탄 추기경과 면담하는 동안, 루터는 교황무오설과 교회의 지고한 교학권에 따라 공격을 받지 않고 성경적 논거에 의해 납득하게 해달라고 호소했지만 헛수고였다. 루터의 말에 의하면 "신적 진리는 교황까지도 지배한다"(WA 2, 18, 2). 루터는 교회의 교학권은 복음과 관련된 경우 외에는 권위를 갖지 못한다고 생각했다. 반면에 루터의 적들은 루터는 그리스도께서 사도들과 그의 후계자들에게 약속하신 성령의 도움을 소홀히 여기고 있다는 견해를 가졌다. 그들은 루터가 전통과 교학권보다 자신의 성경 해석을 더 우위에 둔다고 생각했다.

  이와 같은 불화로 인해 루터는 고난을 받게 되었다. 그는 교회 내에서 행동하면서 설교와 믿음의 혁신을 이루려 했었다. 1522년에 그는 다음과 같이 썼다: "나는 사람들이 내 이름을 함부로 인용하지 말고 자신을 루터파라고 하지 말고 크리스천이라고 말하기를 요구합니다. 루터는 무엇을 위해 존재합니까? 이 교리는 절대 나의 교리가 아닙니다. 나는 어떤 사람을 위해서도 십자가에 달린 적이 없습니다. …나는 누구의 주인도 아니며 그렇게 되기를 원하지도 않습니다. 나는 우리의 유일한 주인이신 그리스도의 이 특별하게 평범한 가르침을 공동체와 함께 소유합니다"(WA 8, 685, 4-15).

  루터의 저술, 행동, 그리고 사람들의 요청을 받아 제공한 온갖 종류의 조언, 그리고 다양한 주장은 상당한 영향력을 발휘했다. 그는 600개 이상의 글을 썼다(100권의 책으로 수집됨). 루터는 논쟁적인 글은 말할 것도 없고 성경주석서까지도 기독교인들의 교회히기 위해서 지술했다. 『독일 귀족들에게 고함』, 『기독교 자유에 관한 논문』과 같은 논문이나 『그리스도의 거룩한 고난을 관상하는 일에 관하여』(1519)와 같은 설교, 죽음을 대비하는 것에 관한 설교, 1522년에 저술한 『작은 기도서』(Betbüchlein), 또는 1535년에 저술한 『기도입문서』(A Simple Way to Pray) 등도 역시 교화의 목적을 지닌 것이다. 1529년에 저술한 두 개의 요리문답서와 36개의 찬송은 오늘날까지도 영향을 미치고 있다. 그러나 루터의 가장 중요한 업적은 성경을 독일어로 번역한 것이다(1522년에 신약성서가 번역되었고, 1534년에는 성경이 완전히 번역되었다). 루터는 성경 본문을 그 시대 사람들이 사용하는 일상적인 언어로 옮겨 쓰면서도 원본이 지닌 특성이나 시적 운율을 손상하지 않았다. 그것은 분명히 같은 성경 본문을 루터의 종교적 경험을 드러내는 방식으로 다시 기록된 것이었다. 이 역본은 루터의 메시지를 사람들 사이에 전파했으며, 수백 년간 독일 문화와 종교신앙을 고취하게 될 책이었다.

그러나 영적 지도자로서의 루터의 활동을 알고자 하는 사람은 1501년부터 1546년 사이에 쓴 2,650통에 달하는 그의 편지들을 보아야 한다. 거기에서 우리는 루터가 때 따라 적절하게 서신을 받는 사람들의 기쁨과 고통에서 대단히 개인적인 역할을 한 것, 단호하면서도 부드럽게 그들을 권면하고 교화하는 방법을 알고 있었다는 것을 발견할 수 있다.

믿음에 대한 견해

신학자인 루터는 믿음의 두 가지 주제를 강조했다: "신학의 적절한 주제는 죄 때문에 고발되어 버림을 받은 인간, 그리고 죄인을 의롭다 하시고 구원하시는 하나님이다. 신학에서 이 주제에서 벗어나서 연구하거나 논의되는 것은 모두 오류이며 독이다"(WA 40, II, 328, 17-20).[5]

죄인에 대한 루터의 정의를 자세히 살펴보자. 루터의 견해에 의하면, 죄의 근저에는 방향을 돌려 자신을 향하려는 경향이 놓여 있다(incurvatio hominis in se

---

5) Paul Althaus와 Marc Lienhard의 저서 외에 다음과 같은 책을 보라: Gerhard Ebeling, *Luther: Einführung in sein Denken* (Tübingen: Mohn-Siebeck, 1964 [Eng. trans., *Luther: An Introduction to His Thought* (Philadelphia: Fortress, 1970)]); Daniel Olivier, *La foi de Luther: La cause de l'Evangile dans l'Eglise* (Paris: Beauchesne, 1978 [Eng. trans. by John Tonkin, *Luther's Faith: The Cause of the Gospel in the Church* (St. Louis, MO: Concordia, 1982)]); Otto Hermann Pesch, *Hinführung zu Luther* (Mainz: Grünewald, 1982).

ipsum). 우리는 죄인이기 때문에 자신을 사랑할 수밖에 없다. 그것은 근본적인 죄이지, 본능이나 성향의 지배가 아니다. 사람은 내향적이다: 그것은 그 사람의 감각과 욕망뿐만 아니라 지적 능력에도 관계된다. 믿음에 의해서 말씀을 붙들며 자신을 포기하여 하나님께 맡기지 않고 자신의 내면 안에 들어박혀 있으므로, 사람은 전적으로 죄인이다. 죄는 이와 같은 "중심을 달리하는" 방향 설정에 반대가 된다. 이러한 반대는 자신의 자율성을 확인하려는 의도에서 경건한 말을 하는 것 외에는 율법과 상관없이 살기를 원하는 방탕한 도덕률 폐기론으로도 나타난다.

물론 끊임없이 용서를 받겠지만 죄, 죄의 영속성을 강조한 것이 루터의 특징이다. 그럼으로써 모든 완전론(perfectionism)이 기독교적 삶에서 배제되는데, 여기에서 바리새인들의 영적 교만을 축출해야만 한다.

루터는 철학적 전통의 하나님보다는 성경적 계시의 하나님과 구원사의 하나님을 중시했다. 루터의 신학은 예수 그리스도 안에서 구원하시는 하나님을 말한다. 믿음으로 말미암는 칭의에는 항상 하나님께서는 도덕적이고 형이상학적인 공의의 기능으로서 사람을 다루는 것이 아니라 또 다른 공의, 즉 복음의 공의, 은혜의 공의의 기능 안에서 사람을 다루신다는 의미를 함축한다. 그것은 사람들은 그리스도 때문에, 그리고 믿음 안에서 그리스도와 연합된 분량만큼 하나님 앞에서 존재할 수 있다는 의미를 함축한다. 그러므로 이 삼중적 해결책—오직 은혜, 오직 그리스도, 오직 믿음—에 의해서 모든 인간의 공로, 모든 행태의 행위의 신앙은 배제된다.

루터는 이 메시지가 교회의 삶 전체를 결정해야 한다고 가르쳤다. 이신칭의라는 조항은 "모든 형태의 교리 위에 서는 주요 군왕이요, 안내자요 재판관이다. 그것은 모든 교회의 교리를 지키고 다스리며 우리의 양심을 하나님 앞에 가져온다. 이 조항이 없다면, 세상은 죽음이요 그림자에 불과할 것이다"(WA 39,

I, 2056, 2-5).

율법과 복음

교회의 중심 메시지는 구원을 선포하는 것이다. 루터는 그것을 자세히 구분했는데, 이것이 그의 사상의 특징이다. 그는 복음과 율법을 분리하지 않고 혼동하지도 않고 율법과 복음에 대해 말했다. 율법은 죄인을 고발하고 드러내는 말씀이다. 천하고 힘이 없고 근심하는 사람들에게 자유하게 하는 하나님의 말씀이 복음이 선포된다. 만일 율법만 선포하면, 죄인은 절망하거나 교만해질 것이다. 만일 복음만 선포한다면, 그것은 값싼 복음이 될 염려가 있다. 무상으로 주어지는 구원의 특성을 분명히 하려면, 모세와 예수 그리스도, 아리스토텔레스의 하나님과 성경적 하나님을 구분하려면, 복음과 율법을 제대로 구분해야 한다. 그러나 율법은 죄인이 빈손으로 구원의 약속을 받을 준비를 하게 해 준다는 점에서 복음을 위해 봉사하기도 한다.

말씀, 믿음, 그리고 상징

"영혼은 하나님의 말씀을 제외하고는 모든 것을 포기할 수 있다"(WA 7, 50, 39). 말씀이 없이는 믿음은 존재할 수 없다. "하나님의 약속이 없는 곳에는 믿음도 없다"(WA 6, 364, 8-9). 말씀도 성례전과 동등하게 "구원의 방편"이 된다. 성례전은 다른 형태의 말씀, 하나님의 약속과 결합한 상징에 불과하다. 루터는 이러한 요소를 감추려고 하나님의 은혜의 상징인 성례전을 사람들이 하나님께 드리는 행위로 변화시킨 그 시대의 성례전 관습을 비판했다. "하나의 성례가 성립되려면 무엇보다도 말씀, 하나님의 약속이 필요하다. 그것에 의해서 믿음이 발휘될 것이다. …우리는 모든 성례 안에 하나님의 약속의 말씀이 있다고 말해왔다. 말씀의 상징을 받은 사람은 이 약속을 믿어야 한다. 그러나 상징이 홀로 성례가 될 수는 없다"(WA 6, 550, 9-25).

그러나 선하신 하나님은 믿음의 확실성을 강화하기 위해서 그의 말씀에 "상징과 보증"을 결합시키셨다(WA 7, 323, 5). 성례는 두 가지로 이루어진다: 눈에 보이는 상징과 말씀, 즉 은혜의 약속. 루터는 이 표준적 의식 안에 전통적인 7가지 성례 중 세 가지만 포함시켰다: 세례, 성만찬, 회개. 그는 나머지 성례전 안에는 은혜의 약속이 없다고 보았다. 후일 개신교도가 될 사람들과는 달리, 루터는 성례전보다 설교를 우위에 두지 않았다. 1537년에 그는 슈말칼트 신조(Smalkald Articles)에 다음과 같이 기록했다:

> 복음은 우리를 도와 죄를 대적하게 해준다. 하나님은 자비가 풍성하시므로 여러 가지 방법으로 그 일을 행한다. 복음은 주로 전세계에서 죄 사함을 설교하는 말에 의해서 우리에게 도움을 준다. 둘째로는 세례에 의해서, 세 번째로는 제단의 거룩한 성례에 의해서, 네 번째로는 형제들과의 대화나 위로와 열쇠의 능력에 의해서 도움을 준다.

그러나 만일 사람이 말씀을 듣고 성례전을 이용함으로써 유익을 얻는 데 믿음이 필요하다면, 그것은 성례전과 성례전에 결합하여 있는 성령의 행위에 의해 도출된다. 그러므로 루터는 칼스타트와 그가 "열광주의자"라고 부른 사람들을 반대했다. 그는 그들이 성령과의 관계에서 표면적인 말씀(과 성례전)의 가치를 저하시켰다고 책망했다. 칼스타트는 "먼저 성령 안에 들어가기"를 원했다(WA 18, 136, 31). 반면에 루터의 견해에 의하면, 하나님은 "표면적인 말씀과 상징이 없이 성령이나 믿음을 사람에게 주기를 원치 않으신다"(1Bw, 136, 17). 사람은 먼저 복음을 듣고 물질적인 상징물, 즉 세례와 성찬을 받아야 하며, "고행, 십자가, 사랑의 행위 등은 그다음에 임한다"(ibid., 139, 24-25).

권위와 성서

복음은 하나의 본문이기 전에 "커다란 외침"이다. 그것은 처음에는 사도들에게 주어졌고, 그다음에는 모든 세대에게 전해진 살아있는 메시지이다. 그럼에도 불구하고, 구두로 전파할 때는 이단적인 변형의 염려가 있으므로 복음을 기록해둘 필요가 야기되었다. 게다가 복음은 공동체를 위한 판단의 도구, 목사들을 견제하여 균형을 이루는 역할을 했다. 루터에게 있어서, 성서는 도덕적, 혹은 교리적 법전이 아니었다. 그는 로마 교황을 "종이로 된 교황"으로 바꿀 의도가 없었다. 성서의 중심은 예수 그리스도이기 때문에 성서는 권위를 갖는다. 다양한 성서들은 이 중심을 축으로 하여 모인다. 더 정확하게 말하자면, 성서의 중심에 계신 분은 입법자나 본보기가 되시는 그리스도가 아니라 구원하시는 실체이신 그리스도이시다. 구약성서의 약속이 조망하는 것도 이 중심적 메시지이다. 다른 법들과 권면들도 이 그리스도에게로 이어진다. 그것들은 신자들을 인도하여 율법을 완전히 성취하시는 유일한 분, 율법의 저주에서 해방시키시는 분을 향하게 해준다.

그리스도에 대한 사도들의 원래의 진정한 증언과 관련하여, 성서는 그 뒤를 따르는 전통과의 관계에서 탁월하며, 또 교학권과 관련해서도 탁월하다. 감독들, 공의회들, 교황들은 잘못을 범할 수 있으며 실제로 그런 일이 있었다. 분명히 성서와 일치하지 않는 한, 우리는 그들의 가르침을 따라서는 안 된다. 루터는 "성서는 자체의 빛"(WA 10, III, 238, 10)이고, 그것의 핵심인 믿음은 쉽게 이해할 수 있다고 확신했다. 이것은 의심이 제기되는 경우에는 교회의 교학권이 성서의 적절한 해석 여부를 결정해야 한다는 원리를 파기하는 것이었다. 신자들은 누구나 성서를 이해할 수 있다. 그러나 성서의 권위는 성경의 증거에다가 다른 곳에서 취한 정신, 특히 자기들 고유의 영감을 결합하려는 사람들, 조명론자들과 반대가 된다.

그러나 루터는 성서가 전통과 완전히 반대된다고 생각하지 않았다. 그는 성경의 중심에 새겨져 있는 이신칭의와 그리스도와 관련된 메시지에 반대되지 않는 한, 교회의 전례적/찬송학적 전통과 고대 교회의 신앙고백을 참작했다.

신자들과 그리스도의 연합

루터의 견해에 의하면, 그리스도는 믿음의 분명한 대상일 그뿐만 아니라 믿음 안에 임재해 계신 분이시다. 이와 관련하여 그는 종종 *fides Christi* 라는 용어를 사용했다. 그는 『기독교적 자유에 관하여』(*On Christian Liberty*)라는 글에서, 에베소서 5장 30절을 본문으로 하여 영혼과 그리스도의 결혼이라는 신비 전통(성 베르나르)에 대해 말한다. "그리스도는 우리와 한 몸, 한 육체가 되신다. …그리하여 그분은 본질적으로, 그리고 진실로 우리 안에 거하신다"(WA 33, 232, 26-28). 그러나 일부 신비가들이 주장하듯이 그것은 하나님 안에 개인이 흡수되는 것은 아니며, "인간에게 정의를 주시는 그리스도와 자기 죄를 그리스도께 바치는 인간 사이의" 상호 교환이다. 게다가 "우리 안에 계신 그리스도"는 금욕적 노력이나 묵상의 결과가 아니라, 말씀과 결속되어 계시는데, 말씀은 그리스도를 하나의 본보기로 치켜들기 전에 유익한 선물로서 그리스도를 제공한다. 그러나 "우리를 위한" 그리스도는 진실로 신자들 안에 임재해 계신다. 루터는 "믿음과 관련하여 그리스도는 우리 안에 영적으로만 존재하며 실질적으로는 천국에 계신다는 분파주의자들의 견해에도 반대했다. …그리스도와 믿음은 완전히 함께 결합하여야 하며, 그것은 우리가 천국을 향하며 그리스도가 우리 안에 계시고 사시며 행동하시는 데 필요하다"고 주장했다(WA 40, I, 546, 24-27).

이와 같은 그리스도와의 연합은 죄 때문에 고발된 양심을 자유롭게 해준다. "그리스도와 나의 양심이 하나가 되어야 한다. 그렇게 되면 십자가에 달려 죽으셨다가 부활하신 그리스도 외에 다른 것은 생각할 수 없게 된다. 그러나 만일 내가 그리스도를 제외하고서 나 자신만을 의지한다면, 그것은 나의 행위이다"(WA 40, I, 282, 21-23).

그러나 루터는 구원의 원인으로서의 그리스도에 관해서만 이야기한 것이 아니라, "성례와 본보기"로서의 그리스도라는 어거스틴의 공식도 되풀이했다. 그리스도는 신자로 하여금 다른 사람을 향하게 하신다. 루터는 또 하나의 형상으로서의 그리스도에 대해 말했는데, 하나님은 그 형상에 따라서 신자들을 인도하여 십자가를 통해서 영광으로 향하게 하신다.

만인제사장설

만일 우리가 그리스도와 연합되어 있다면, "우리에게는 하나님 앞에 나가며, 사람들을 위해 기도하며, 서로 하나님의 일을 가르칠 수 있는 권위가 주어진다"(WA 7, 57, 26-27). 루터는 모든 신자가 제사장이라고 주장하면서, 사제의 신분과 평신도의 신분을 구분하던 전통적인 구분을 종식시켰다. 그것은 교회 내에서 평신도의 지위를 크게 안정시킨 조처로서, 특히 신앙과 증거의 차원에서 평신도들을 책임 있는 장성한 사람으로 여기려는 노력이었다. 루이 보이어(Louis Bouyer)에 의하면, 루터는 "신자들의 사제직을 분명히 확인해준 인물, 평신도 영성을 구체적으로 제안한 최초의 인물이다."[6] 그러나 그는 공동체의 부름을 받아 복음을 발표하고 성례를 집전하는 특별한 사역을 배제하지는 않았다. 이것은 여러 가지 기능 중 하나이지, 사제를 다른 사람들보다 우위에 두는 상태는 아닐 것이다.

루터에 따르면, 기독교 믿음은 교회의 범위를 초월하는 방법을 알려 하지 않

---

6) Bouyer, "La spiritualité," 107.

는다는 사실에 주목할 필요가 있다. 분명히 루터는 그 시대의 교회, 더욱 정확하게 말하자면 로마 교회와 충돌했다. 그러나 그런데도 그는 개개의 신자들을 말씀과 성례전을 중심으로 한 신자들의 모임으로 간주하는 교회와 대립시키지는 않았다:

> 그리스도를 발견하고자 하는 사람은 먼저 교회를 발견해야 한다. …그러나 나무나 돌로 만들어진 교회가 아니라 그리스도를 믿는 사람들의 모임인 교회를 발견해야 한다. 우리는 이 점을 굳게 지키며, 그리스도를 믿는 사람이 어떻게 살고 가르치는지 보아야 한다. 그들은 분명히 그리스도를 소유하고 있다. 왜냐하면 그리스도의 교회를 벗어난 곳에는 진리가 없고, 그리스도가 없고 구원이 없기 때문이다(WA 10, I, 1, 140, 8-9, 14-17).

사람들이 그리스도께서 주신 유익에 참여하여 그것들을 공유하기 때문에 교회는 존재한다. 그리고 사람이 육신 안에 사는 한, 하나님에 대한 관계는 표면적인 방편들, 즉 설교와 성례전을 통해서만 임한다.

기독교적 삶의 배경과 소명

루터는 많은 저술에서 하나님께서 제정하신 세 가지 상태(Stände), 또는 토대를 귀중히 여겼는데, 기독교인들은 그 상태 안에서 행동하라는 소명을 받는다: 사제의 명령, 결혼 상태, 그리고 세속 권위. 많은 성경 구절에서 증거되는 바와 같이, 이러한 상태는 하나님의 뜻에 부응한다. 그러므로 신자들은 이러한 상태들에 의해서 하나님은 자신의 창조적 사역을 계속하시며 사탄의 지배와 맞서 싸우신다는 것을 기억하고, 그것들을 피하지 말고 하나님께 순종하면서 그 안에서 살아야 한다. 하나님의 뜻에 따른 이 상태는 이웃을 섬기는 것을 목적으로 한다. 그러나 이웃을 섬기지 않으며 하나님의 뜻이 아닌 상태들도 있다. 루터는 특별히 하나님의 말씀을 선포하지 않는 수도사들과 성직자들이 있다는 것, 그리고 구걸, "강도질, 강탈, 매춘"과 같은 세속적인 상태에 대해서도 생각했다(WA 10, I, 1, 317, 22).

그것은 숙명론과 관련된 모든 것을 받아들이는 일이 아니었다. 영성은 정적주의(Quietism)에 빠지지 않는다. 기존의 구조가 하나님의 뜻에 반대되며 이웃을 섬기지 않는다면, 기독교인들은 기회가 있으면 그러한 구조에 도전하거나 그것을 포기해야 한다.

여기에서 "소명"(Berufung)이라는 특별한 용어에 대해 언급해야만 한다. 독일 신비주의에서 사용되는 이 용어는 루터파 영성의 전형적인 용어로서 각 사람이 자신을 발견한 상태 안에서 하나님으로부터 받는 부름을 가리킨다. 중세 시대에는, 종교인들은 수도 서원에 의해서 세상과 완전히 결별하고 자신을 완전히 하나님께 바친다는 사상과 더불어 완전한 의미에서 "소명"이라는 용어를 사용했다. 루터는 사회의 중심에 있는 세속적 기능들을 재평가하는 또 하나의 중세 전통을 발달시켰다. 여기에는 농부와 장인들이 포함되는데, 그들은 하나님과의 직접적인 관계에 있었다. 루터는 이 전통에 동의했고, 그것을 신비주의와 대립시켰다.

또 루터는 다른 행위보다 더 거룩하다고 간주하는 행위 위에 세워진 경건을 비판해야 한다고 느꼈다. 그는 이러한 상태에서 하나님과 소명에 의해서 요구되는 행위와 사람이 스스로 선택하여 행하는 일, 예를 들면 순례를 대조했다. 그는 기독교인의 행위는 사람의 상태나 소명의 범주 안에 포함되지 않는다고 말한 후에 "이 세 가지 제도와 질서 위에 기독교적 사랑의 평범한 질서가 있는데, 그 안에서 우리는 세 가지 질서를 섬길 그뿐만 아니라, 필요를 느끼는 각 사람을 온갖 종류의 유익에 의해서 섬긴다"고 했다(WA 26, 505, 11-13).

기독교인들의 덕 함양, 또는 영성을 함양하는 법

루터의 개혁은 신자들이 다양한 형태의 하나님 말씀과 접촉하게 만들려는 커다란 시도였다. 그 기초는 읽고 또 읽고, 주석하고 극이나 그림으로 묘사된 성경과 친숙해지는 것이다.[7] 인문주의와 종교개혁은 근원으로의 복귀, 특히 성경적 근원으로의 복귀를 옹호했다. 루터의 성경 번역은 기독교인의 거룩한 책을 대중화시켰다. 루터가 죽기 전까지 그가 번역한 성경은 430판 이상 출판되었다. 1535년에는 독일인 칠십 명 중 한 사람이 신약 성서를 소유하고 있었다고 추정할 수 있다. 그러나 모든 사람이 글을 읽을 줄 알았던 것은 아니며, 루터 자신도 성경을 성문화된 저서로보다는 구전의 메시지라고 여겼다. 그렇기 때문에 복음을 전달하는 다른 형태들을 고려해 보아야 한다.

설교와 요리문답

종교개혁 시대의 교회에서 설교가 증가한 것은 잘 알려진 사실이다.[8] 말씀의 직무들이 날마다 드리는 미사를 대신했다. 그것들은 1526년의 『독일의 미사』(*The German Mass*)에 묘사되어 있다:

> 월요일과 화요일 아침에는 독일어로 십계명, 믿음, 우리 아버지, 세례와 성례를 주제로 강의한다. …수요일 아침에는…마태복음 전체를 읽어야

---

7) Wilhelm Walther, Luthers Deutsche Bibel (Berlin: E. S. Mittler and Son, 1917); Heinz Blum, Martin Luther-Creative Translator (St. Louis, Mo: Concordia, 1965); Bernhard Lohse, "Die Aktualisierung der christlichen Botschaft in Luthers Bibelübersetzung," *Luther* 51 (1980) 9-25.

8) Emmanuel Hirsch, "Luthers Predigtweise," *Luther* 25 (1954) 1-23; Alfred Niebergall, "Die Geschichte der Christlichen Predigt," in *Leiturgia: Handbuch des evangelischen Gottesdienstes* (Kassel: Stauda, 1952-) 2:2578-75.

하며, 목요일과 금요일 아침에는 사도들의 서신중 그 주간에 학습해야 할 것, 그리고 신약성서의 나머지를 공부해야 한다. …대학에는 봉사하는 것 외에도 학습하는 사람들이 배워야 할 교과들이 있다(WA 19, 79, 17-80, 3).

일요일에는, 신자들은 세 차례 설교를 들을 수 있다: 아침 5시나 6시에는 그 날을 위해 정해져 있는 서신에 관한 설교, 8시나 9시 미사 때는 복음서에 관한 설교, 그리고 저녁기도 때는 구약성서에 관한 설교. 전통적으로 낭독이나 설교에 쓰이는 성경 구절(pericopes)의 순서도 지켜졌다. 자력으로 설교할 능력이 없는 목회자들은 루터가 준비해둔 설교의 요약본을 활용하고, 그 날의 설교를 낭독해야 했다. 목사들은 장차 설교자가 될 사람들이었으므로, 이것은 미봉책에 불과했다. 여러 전례, 특히 성만찬에서는 설교 외에 권면이 증가했다.

사실 루터에게는 어린아이의 교육은 물론이요, 대학의 교육 과정도 설교의 형태로 이루어졌다. 요리문답에 큰 노력을 기울였다. 1529년에 루터의 요리문답서가 만들어지기 전에도, 여러 가지 요리문답이 출현했었다.[9] 어린이들에게 믿음을 전하는 일은 가정에서만이 아니라 교회와 학교에서도 해야 할 일이 되었다. 어린아이들은 성경과 친숙해졌으며, 기억력을 활용하면서 믿음, 기도, 성례전 등과 관련된 것들을 배우기도 했다.

설교에 가치를 부여했다는 점에서 루터의 개혁은 이전 시대의 경향을 받아들였다. 중세 시대 말기에 설교 수도회는 꾸준히 교회 안에서 일하고 있었다. 스트라스부르크와 같은 도시에서는 설교자들을 위한 성직록을 제정했었고, 인

---

9) Karin Bornkamm, "Das Verständnis christlicher Unterweisung in den Katechismen von Erasmus und Luther," *Zeitschrift für Theologie und Kirche* 65 (1968) 204-30; Albrecht Peters, "Die Theologie der Katechismen Luthers anhand der Zuordnung ihrer Hauptstücke," *Lutherjahrbuch* 43 (1976) 7-35; Gerald Strauss, *Luther's House of Learning: Introduction of the Young in the German Reformation* (Baltimore, MD: John Hopkins University Press, 1978).

문주의자들은 의식이 아니라 말씀에 의해서 신자들을 교육할 것을 주장했다. 그러나 루터는 단순히 설교 자체에 가치를 부여하는 것으로 만족하지 않고, 설교의 부흥을 위해서 싸웠다. 설교자들은 그리스도에 대한 역사적인 지식을 진작하는 데 만족해서는 안 되며, 또 감정을 자극하려 해서도 안 된다. 그들은 "그리스도가 단순히 그리스도로 존재하기 위해서가 아니라 여러분과 나를 위한 그리스도가 우리 안에서 자신에 대해 이야기된 것과 그의 이름이 의미하는 것을 행하도록 하기 위해서 그리스도에 대한 믿음을 자극해야 한다"(WA 7, 58, 39). 지금까지 보존되어오고 있는 루터의 설교들 안에서 가르침이 아무리 큰 역할을 한다 해도, 루터에게 있어서 설교는 예수 그리스도에 관한 강론이 아니라 하나의 말씀으로서 그 안에 예수 그리스도가 임재해 계시며, 그 말씀을 통해서 예수가 활동하신다.

세례와 성만찬

세례와 성만찬은 대단히 중요하다.[10] 취리히와 제네바에서와는 달리, 루터파 교회의 중앙에는 간단한 식탁이 아니라 제단이 놓여 있었다. 루터의 시대에 비텐베르크에서는 매 주일 성만찬이 거행되었다. 츠빙글리를 상대로 한 열띤 논쟁은 루터에게 있어서 성만찬과 그리스도의 실질적 임재에 관한 문제가 믿음의 핵심에서 발견되는 것이었음을 보여준다.

상징(물)과 약속이 있다: "누구든지 믿고 세례를 받는 사람은 구원을 받을

---

10) 루터가 전례를 어떻게 이해했는지, Vilmos Vajta, *Die Theologie des Gottesdienstes bei Luther* (3rd ed.; Göttingen: Vandenhoeck & Ruprecht, 1959)을 보고, 루터의 성례관을 알려면 Wolfgang Schwab, *Entwicklung und Gestalt der Sakramentstheologie bei Martin Luther* (Frankfurt and Berlin: Lang, 1977); Frieder Schulz, "Der Gottesdienst bei Luther" in *Martin Luther 1526-1546*, ed. H. Junghans, 1:297-302, 2:811-825를 보라.

것이다."[11] 루터는 세례를 하나님 은혜의 표현이며, 따라서 어린아이들에게도 세례를 줄 수 있다고 보았다. 그러나 그것이 효력을 발휘하려면 믿음이 필요하다. 세례는 기독교적 삶의 초기에 하나님의 은혜를 표현하면서 기독교인들이 확신을 하도록 하는 데 공헌한다. 루터는 의심이 생기고 유혹을 받을 때 자신을 위로하기 위해서 자신의 작업대 위에 "나는 세례를 받았다"(*Baptizatus sum*)이라고 적어 놓았다.

하나님의 말씀이라는 점에서, 세례는 어린아이의 삶에서도 효력을 발휘하며 새 생명과 믿음을 준다. "만일 그리스도가 임재하신다면, 만일 그분이 친히 말씀하시고 세례를 주신다면, 세례 요한의 세례가 그랬듯이 주님이 주시는 세례를 통해서, 그리고 말씀을 통해서 아이에게 성령과 믿음이 주어지지 않을 이유가 없지 않은가?"(WA 26, 156, 38-40).

루터는 세례의 행위도 명시했다: "그것은 하나님의 말씀과 약속이 표현하는 것을 믿는 모든 사람에게 죄 사함을 가져다주며, 사망과 마귀로부터 자유케 하며, 영원한 행복을 제공한다"(소요리 문답). 1523년에 독일어로 번역된 세례 정식에서, 그리고 1526년의 개정판에서 루터는 유아에게 입김을 부는 것, 기름과 소금을 사용하는 것과 같은 전통적인 상징적 행위를 버렸다. 그러나 사탄을 대적하는 말은 그대로 두었다: "세례를 베푸는 목사는 '더러운 영은 나가고 성령을 위한 처소를 만들라. …더러운 영아, 나는 성부와 성자와 성령의 이름으로 이 예수 그리스도의 종에게서 나갈 것을 명한다"(WA 19, 540; cf. WA 12, 44).

우리는 세례와 회개 사이의 유대를 강조해야 한다. 세례는 죽음과 부활을 상징한다. 믿음은 세례가 상징하는 삶 전체를 통해 실현되어야 한다. "믿는 순간

---

11) Lorenz Gronvik, *Die Taufe in der Theologie Martin Luthers* (Acta Academica Aboensis; Åbo, 1968).

부터 우리는 이 세상에 대해서는 죽고 다가올 세상에서 하나님을 위해서 살기 시작한다. 그러므로 믿음은 진실로 죽음이요 부활이 된다"(WA 6, 534, 15-16). 루터의 영성에서 세례는 중요한 위치를 차지한다.

루터 교회에서 성만찬 의식은 중세 시대 서방에 확립되어 있었던 전통적인 미사의 순서를 따른다.[12] 그러나 루터의 신학적인 선택에 따라서 그 세부 실천 사항과 전례 본문은 약간 변화되었다.

예수께서는 제자들에게 잔을 주셨으며, 교회는 그리스도가 제정하신 것을 거슬린 권위를 갖지 못하므로 2종 성찬이 다시 확립되었다. 게다가, 루터는 사람들이 미사는 선한 행위이며 사람들이 하나님께 가져가는 예물이라고 생각하게 할 가능성이 있는 모든 것을 대적했다. 미사를 거행하는 것은 하나님께 재물을 가져가는 것이 아니라 하나님으로부터 무엇인가를 받는 것이다. 1520년에 루터는 성만찬을 그리스도의 약속, 즉 그리스도께서 죽으시면서 남기시고 죽음으로써 확인하신 영생과 죄사함의 약속이라고 정의했다.

그러므로 일반적으로 사람들이 없이 사제가 홀로 집전하는 봉헌 미사는 억제되었다. "미사는 다른 사람에게 전할 수 있는 것이 아니다. 그것은 각 사람을 위해 양육하고 강화해야 할 믿음의 대상이다"(WA 6, 523, 6). 미사에서 중요한 것은 은혜의 약속과 믿음이다. 그러므로 죄 사함을 선언하는 제정의 말씀을 평민들의 언어로 큰소리로 선언하는 일이 중요하다. 루터는 미사법에서 제사에 관한 모든 언급을 삭제했다. 성만찬 제정의 말씀에서는 "제사나 행위에 대해서는 전혀 언급하지 않는다"(WA 6, 523, 20).

우리는 루터와 츠빙글리 사이의 충돌을 기억해야 한다. 루터는 전통을 따

---

12) Hans Bernhard Meyer, *Luther und die Messe* (Paderborn: Bonifacius, 1965); Albrecht Peters, *Realpräsenz* (Berlin: Lutherisches Verlagshaus, 1960); Marc Lienhard, *Luther, Witness to Jesus Christ*, 195-251.

루카스 크라나흐, 마틴 루터의 초상화, 1529
Lucas Carnach the Elder, Galleria Uffizi, Florence

라서 성만찬의 떡과 포도주 아래 있는 몸과 피 속에 그리스도가 실제로 임재한다고 주장했다(동시에 화체설도 부인했다). 반면에 츠빙글리는 상징적인 개념을 가르쳤다. 그리스도는 육체적으로 임재하는 것이 아니라 영적으로 임재한다고 주장했다. 성만찬은 과거에 모든 사람을 위해서 행해진 것, 그리고 "믿음의 관상"(Contemplatio fidei)을 통해서 영원히 현존하는 것을 상기시켜준다. 육은 아무 데도 유익하지 않다고 츠빙글리는 말한다. 그리고 "육" 안에 그리스도의 역사적인 육을 포함한다. 떡과 포도주는 없어져 버릴 요소이며, 따라서 영과 반대가 된다. 한편, 루터는 유형적이고 가시적인 것의 가치를 절하하지 않았다. 성만찬 안에서 그리스도의 성육신은 특별한 방식으로 지속된다. 말씀은 절대 홀로 행동하는 것이 아니다. 하나님은 언제나 말씀에 상징을 결합하신다.

이러한 충돌은 루터가 주장한 성만찬의 의미를 강조한다. 의심의 순간에 객관성에 의해서 믿음에 토대를 제공하는 것은 이러한 요소 중 하나이다. 그렇기 때문에 그것은 특히 병들어 집에 있는 사람이나 임종하는 사람에게 주어져야 한다. 츠빙글리에게 있어서 성만찬은 공동체적 지향 이상의 의미를 지닌다. 그것은 사람들이 자기들이 그리스도의 공동 소유물이라는 것, 그리고 그분을 섬기려는 의지를 표현하는 것을 허용한다. 혹 루터의 접근 방식은 죄 사함을 지나치게 강조한 나머지 성찬의 다른 요소를 손상하는 것이 아니냐고 질문하는 사람들도 있을 것이다(예를 들면, 송영, 윤리적 차원과 공동체적 차원 등). 그리고 성례전 의식에 삽입된 많은 권면과 교훈들이 기도의 자리를 지나치게 많이 차지한 것은 아닌지 의심하는 사람도 있을 것이다. 교훈적인 지향이 전례의 과정을 변화시키지는 않는가?

죄 고백

통회, 죄 고백, 그리고 보속 등으로 이루어지는 참회는 일곱 가지 성례전의 전통적인 일부였다. 죄는 사제에게 고백해야 했는데, 사제는 죄를 사해주고 참회의 행위를 부과했다. 사제는 오감(五感), 일곱 가지 대죄, 십계명 등에 기초를 둔 질문을 하는데, 이러한 질문은 상세하고 정확한 특성을 지녔다. 그러나 너무 여러 가지 처방에 의지하다 보면, 질문이 정확하지 못하게 되는 경우도 있었다. 제2차 라테란공의회(1215) 이후, 최소한 일 년에 한 번은 죄를 고백하도록 했다. 어디선가 루터는 죄 고백의 중심 요소는 면죄, 즉 목사가 신자에게 개인적으로 해주는 용서의 말이라는 사실을 강조했다. 그러나 그는 죄 고백의 필요성에 대해서는 문제로 삼지 않았다. 1520년부터 1522년 사이에 그는 교황들이 신자들의 양심에 관해 행사하는 독재를 강력하게 비난했다. 1521년에는 죄 고백에 관한 논문에서(*Von der Beicht*, WA 8, 129-185), 루터는 양심을 짓누르는 죄만 고백하면 된다고, 즉 기억에서 잊혀진 것은 모두 이미 용서를 받는 것으로 생각했다. 또 반드시 사제나 수도사에게 죄를 고백할 필요도 없으며, 어떤 형제든지 죄 고백을 듣고 면죄를 줄 수 있다고 생각했다. 그러나 기독교인들이 죄를 고백하도록 몰아치는 데는 두 가지 이유가 있다. 죄 고백의 수치는 기독교인들이 십자가를 질 수 있게 해주는 방법이 되며, 면죄를 통해서 신자들은 무조건적인 용서의 보증을 받는다.

루터 교회 내에서의 죄 고백의 발달에서 두 가지 사실을 고려해야 한다.[13] 1521년 성탄절, 루터가 없는 동안, 칼스타트는 일반적으로 미사 전에 행하는 죄 고백을 거치지 않은 채 비텐베르크에서 복음적 미사를 거행하여 루터를 크게 노하게 했다. 게다가 복음적 운동에 합류한 공동체 내에서 개인의 죄 고백이 갈수록 감소되었다. 사람들은 죄 고백은 로마 교회의 전형적인 제도로서 루터가 교인들을 그러한 관습에서 해방시켰다고 생각했다. 사람들은 집단적 죄 고백과 면죄로 만족했다.

1523년에 루터는 성찬식을 거행하기 전에 양심을 성찰하는 방식을 도입했다. 수찬자들을 천박함에 빠지지 않게 하기 위해서, 그리고 성례의 거룩성 때문에, 각 사람은 성찬을 받기 전에 자신의 믿음과 삶에 대한 질문을 받아야만 했다. 비텐베르크에서 처음으로 사용된 이 관습은 반대에도 불구하고 대부분의 루터 교회로 퍼졌다. 그리하여 죄 고백은 성만찬과 연결되었다. 그것은 성만찬에 앞서 거행하는 의무적 행위가 된 것이다. 그것은 점차 수찬자들을 위한 요리문답 시험을 대신하게 되었고, 거기에 도덕적 권면이 추가되었다. 17세기 말에는 경건주의의 영향을 받아 루터 교회 내에서 이 관습이 사용되지 않았다.

찬송과 성상(聖像)

되도록 훌륭하게 복음을 전달하기 위해서, 루터는 노래와 그림도 주저하지 않고 사용했다. "나는 예술을 주시고 창조하신 분을 섬기기 위해서 그것

---

13) Leonhard Fendt, "Luthers Reformation der Beichte," *Luther* 24 (1953) 121-37; Laurentius Klein, *Evangelisch-lutherische Beichte: Lehre und Praxis* (Paderborn: Bonifacius, 1961).

들을 모두 사용하겠다"(WA 35, 475, 4-5). 특히 찬송은 루터의 영성의 특징이라고 할 수 있다.[14] 루터는 "찬송을 통해서 하나님의 말씀과 기독교 교리가 가능한 한 여러 가지 형태로 전파되고 실천되도록 하기 위해서" 친히 36개의 찬송을 지었다(WA 35, 474, 8). 그는 라틴어 찬송을 독일어로 번역하고, 기존의 독일어 찬송을 개작했다. 루터의 개혁에서 두 가지 혁신적인 사실이 특히 강조되어야 한다. 첫째는 시편(예를 들면 시 130편)을 찬송으로 변형시킨 것이다. 둘째는 찬송가책을 만든 것인데, 그 초판은 1529년에 비텐베르크에서 출판되었다. 1524년 이후로 폴 스페라투스(Paul Speratus), 엘리자베스 크로이지거(Elisabeth Kreuziger), 라자루스 스펭글러(Lazarus Spengler) 등의 작곡가들이 활동했다. 루터교 신자들의 경건에서는 성경 외에 찬송집도 중요한 역할을 했다. 처음에는 낱장으로 출판되었던 루터가 지은 일부 찬송은 특히 복음주의 주제를 확산하는 데 기여했다. 그 예로 "내 주는 강한 성이요" "내게 새 노래가 있네", "주여, 당신의 말씀으로 우리를 강하게 하소서", 하늘 아버지는 모든 것을 보시네" 등의 찬송을 들 수 있다. 그 외에 특히 요리문답 교육 때는 십계명에 관한 찬송들이 사용되었고, 전례 때 사용되는 찬송도 있었다.

이러한 대중적 형태를 취했기 때문에 루터의 메시지의 기본 주제들—이신칭의, 성육하시고 죄와 사망과 마귀를 이기신 그리스도, 교회의 유일한 요새가

---

14) Christhard Mahrenholz, *Luther und die Kirchenmusik* (Kassel: Barenreiter, 1937); Marc Lienhard, "Les cantique de Luther et leur témoignage christologique," *Positions luthériennes* 20 (1972) 235-49; Patrice Veit, "Martin Luther, chantre de la Réforme. Sa conception de la musique et du chant d'église," *Positions luthériennes* 30 (1982) 47-66. 종교적 감수성에 대한 저서로는 P. Veit, "Le cantique luthérien et ses prolongements jusqu'à l'époque de J. S. Bach (XVIe-XVIIe siècles)," in *Bulletin de la Soc. d'Hist. du Prot. Français* (1983) 23-46; Markus Jenny, "Luthers Gesangbuch" in *Martin Luther* 1526-1546, ed. H. Junghans, 1:303-22, 2:825-32을 보라.

되시는 하나님에 대한 신뢰―은 널리 확산하였다. 성령 강림을 기원하는 찬송도 많았다. 후대에 발달된 루터파의 찬송과는 달리(예를 들면 Paul Gerhard), 아무도 그리스도의 고난에 중심을 두지 않았다. 성육신과 부활의 기쁨에 의해서 신앙을 도출해 냈다. 반면에 구원의 역사에 관한 위대한 사실이 찬양되고, 그리스도의 사역을 통해서 개개의 신자들에게 적용되었다. 그러나 이 찬송에서는 믿는 영혼의 상태가 아니라 하나님의 사역을 환기했는데, 이것은 경건주의 찬송과의 괄목한 차이점이다.

무식한 사람들에게 복음을 전하며 구체적으로 이해시키기 위해서, 루터는 회화(繪畫)도 사용하려 했다.[15] 복음적 운동의 대표자들―특히 츠빙글리, 칼스타트, 칼빈, 그리고 재세례파―이 교회에서 그림과 조각을 사용하는 것을 철저히 금지했음은 잘 알려진 사실이다. 루터는 성상을 교회 내에 남겨 두는 것을 허용하는 데 따르는 위험을 잘 알고 있었다. 물론 그것을 숭배해서는 안 된다. 또 성상을 교회에 바친 사람이 선한 행위를 했다는 생각 역시 피해야 했다. 성상 숭배를 공격하는 설교도 해야 했다.

그러나 루터는 성상에 대해 점차 긍정적인 인식을 갖게 된 듯하다. 처음에는 십계명과 구약성서 전체에서 성상을 금했다는 사상을 거부했다. 칼스타트가 강제로 성상을 제거하려 했을 때 루터는 반대했다. 그는 기독교인들은 성상을 자유로이 사용할 수도 있고, 사용하지 않을 수도 있다고 보았다. 그는 더 나아가 성상을 바람직한 것으로 보기도 했다. "영주들이나 부자들이 자기 집 안팎에 성경을 묘사하는 장면들을 그리게 만들 수 있다면 하나님께서 기뻐하실 것이다. 그것은 기독교적인 일이 될 것이다. …성상은 눈으로 보는 설교이다"(WA

---

15) Margarete Stirm, *Die Bilderfrage in der Reformation* (Gütersloh: Mohn, 1977); Carl C. Christenson, *Art and the Reformation in Germany* (Athens, OH: Ohio University Press, 1979).

18, 83, 3). "마음에서 우러나 성상을 보는 것은 절대 해롭지 않을 것이다"(WA 18, 67, 12ff). 따라서 루터는 십자가 고상, 성인이나 성모 마리아의 상을 가지고서 "하나의 증언으로서, 기억을 돕는 도구로서, 하나의 상징으로서 그것을 보는 일"을 허락했다(WA 18, 80, 9).

그럼에도 불구하고, 변화는 있었다. 루터는 불안을 느낀 사람들이 성모 마리아의 외투 아래서 피난처를 찾는 모습을 표현한 성상은 배격했다. 또 성인 바나바나 크리스토퍼의 성상, 교회를 성직자들만 환영하는 배로 묘사하는 성상 등을 비판했다. 개혁의 주제가 성상이나 회화의 주제가 되어야 했다. 특히 크라나흐(Cranach)가 그린 것처럼 죄인들의 칭의, 타락과 구속을 묘사한 그림, 그리스도께서 간음한 여인을 만나는 장면이나 예수님이 어린아이를 영접하는 모습을 그린 그림들이 널리 확산하였다.

요리문답서, 찬송가책, 루터가 번역한 독일어 성경 등도 그러한 그림의 주제가 되었다. 성상은 본문을 구체화해 주었고, 본문은 성상을 설명해주었다. 그러므로, 루터의 종교개혁은 성상과의 관계에 있어서 보다 단순한 신앙과 변화를 이룩했지만, 그런데도 눈에 보이는 것들의 혜택을 입고 있었다.

기도

복음을 듣고 여러 가지 은혜의 방편을 받아들이는 것에 기초를 둔 믿음은 정상적으로는 말과 행위, 기도와 찬송으로 표현된다.[16] 루터는 믿음은 곧 "순수

---

16) Ingetraut Ludolphy, "Luther als Beter," *Luther* 33 (1962) 128-41; Horst Beintker, "Zu Luthers Verständnis vom geistlichen Leben des Christen im Gabet," *Lutherjahrbuch* 31 (1964) 47-68; Jean-Paul Cazes, "Martin Luther Commentateur du Notre Père, Le Commentaire de 1519," *Positions luthériennes* 28 (1980) 97-116.

한 기도"라고 외쳤다.

그는 "무엇인가를 요구하려는 생각은 전혀 하지 않은 채 밤낮 중얼거리는 수도사들과 사제들의 기도, …그들은 전혀 하나님에 대한 순종을 통한 기도, 그의 약속에 대한 믿음을 표현하는 것, 또는 긴급하게 곤경에 처했을 때 도움을 구하는 것 등을 권한 적이 없다. 그들은 하나님으로부터 무엇인가를 받으려 하지 않고 바치려 하므로 오직 선행만 생각한다"고 공격했다(WA 30, I, 196, 23-30).

기도하는 데에는 세 가지 근본적인 이유가 있다. 첫째, "하나님께서 우리의 기도를 원하시며, 우리의 기분이 좋아질 때를 기다리셔서는 안 되기 때문이다"(ibid., 193, 34). 게다가 기도에는 약속이 첨부된다: "하나님께서는 분명히 우리의 기도를 들어주실 것이라고 약속하셨습니다"(ibid., 195, 30). 마지막으로, 기독교인이 성화의 길을 가는 도중에 마귀와 세상과 자신의 육신을 대면했을 때 "끊임없이 기도하면서 필요한 것을 달라고, 우리를 구원하며 믿음을 성장시켜 주며 십계명에 순종하게 해달라고 기도하는 것보다 더 절실하게 필요한 일은 없다"(ibid., 193, 8-9).

이와 같은 견해를 가진 루터는 공동 기도와 개인 기도를 중히 여겼다.

공동기도

공동체에는 세 가지 형태의 모임이 있었다. 주중에는 목사들과 학자들로 이루어진 소규모 집단이 아침저녁으로 모여 기도해야 했다. 또 가정에서의 모임도 있었는데, 루터는 소요리문답에서 이러한 집단에 조언을 했다. 세 번째는 주일날 미사를 드리기 위해서 모이는 전체 공동체였다.

루터는 미사 전례에서 성서에 반대되지 않는다고 생각되는 전통적인 요소는 그대로 보존했다. 특히 이 전례의 많은 부분을 이루고 있는 시편은 그대로 두었다. "주여 불쌍히 여기소서"로 시작되는 연도(Kyrie), 영광송(Gloria), 축복송(Benedictus), "하나님의 어린양"(Agnus Dei) 등 비성경적인 것들도 그대로 두었다. 루터는 이것들이 복음과 일치하게 하나님을 찬양하는 것으로 생각했다. 이런 것들은 고대 교회와의 연속성을 나타내준다. 그는 복음과 어긋난다고 생각되는 전통적인 본기도문들은 모두 삭제했지만, 교회력, 그리고 공동기도 때 "우리"라는 대명사를 사용하는 관습도 그대로 보존했다.

1529년경에 비텐베르크 전례에 연도(連禱)가 다시 등장했지만, 성인들에게 드리는 기도는 제거되었다. 루터는 전통적인 본문의 감화를 받았지만, 거기에 새로운 요구를 추가했다. 루터의 견해에 의하면, 연도는 공동체의 적극적인 협력에 적합하며, 인류의 다양한 괴로움을 열거하므로 적절하게 활용할 수 있었다.

학생들의 일상적인 성무일과는 특히 시편에 기초를 두었다(종종 라틴어로 노래하기도 했다). 성경 외에, 찬송도 하고 주기도문을 암송한 후에 목사가 본기도문을 드린다. 성무일과는 *Benedicamus Domino*로 끝이 난다.

가정에서도 기도를 드렸다. 가장에게는 매일 식사 전후에 감사 기도를 드리고, 아침저녁으로 자녀와 가솔을 가르쳐야 할 의무가 있었다. 가정에서 가능한 한 날마다 행해야 할 성무일과가 있었는데, 그것은 찬송, 성경읽기, 기도, 그리고 요리문답으로 이루어져 있었다.

개인 기도

루터는 전통적인 기도서들의 "강력하고 선한 개혁"이 필요하다고 믿었다(WA 10, II, 375, 11). 이러한 기도는 신자들이 죄를 깨닫게 해주기보다는 행위를 통한 칭의를 구하게 했기 때문이다. 하나님의 계명, 사도적 믿음, 그리고 주기도문을 통해서 사람들이 참된 기도를 하게 만드는 것이 훨씬 더 좋은 일이 아닐까? 그는 『소기도서』(*Betbüchlein*)에서 이러한 본문을 주해하면서(WA 10, II, 331-501),

기도에 관한 교훈과 믿음에 관한 지시를 줄 것을 제안했다. 기도하기 위해서, 기독교인들은 이미 확립되어 있는 본문을 낭송해야 할 그뿐만 아니라 기도를 위한 좋은 태도를 갖추어야 한다. 반복하여 사용하도록 규정된 유일한 기도 본문은 주기도문이다. "주기도문을 제대로 기도하는 것은 풍부하게 기도한 것이 된다"(ibid., 376, 1-2). 루터는 평생 주기도문에 관해 주석을 함으로써 참된 기도를 가르쳤다. 그 밖에 루터가 사용한 성경 본문에는 시편이 포함되었다. 1522년에 출판한 『소기도서』에는 여러 개의 시편이 포함되어 있는데, 각 시편에는 그것이 어떤 상황에서 기도하는 데 적합한지를 가리키는 표제가 붙어 있다.

1535년에 출판된 『기도하는 간단한 방법』(*Eine einfältige Weise zu beten*, WA 38, 351-375)에서 루터는 기도에 관한 많은 조언을 제공했다. 그는 제롬의 말이라고 알려진 "신자들의 행위는 모두가 기도이다"라는 말, 그리고 "충실하게 일하는 사람은 두 배로 기도한다"는 잠언을 거부하지 않았다. 그는 그것을 "신자는 일을 할 때 하나님을 두려워하고 하나님께 영광을 돌리며 항상 그의 계명을 기억한다"라고 해석했다(WA 38, 359, 14-15). 그러나 "신자들은 참된 기도의 습관을 잃지 않도록⋯게으르고 나태해지지 않도록, 기도에 싫증을 내고 냉담해지지 않도록 조심해야 한다. 마귀는 우리를 공격하는 데 있어서 절대 나태하지 않으며, 우리의 육은 지나칠 정도로 기운차고, 죄를 지으려 하며 우리를 기도의 영과는 반대되는 곳으로 몰아간다"(ibid., 359, 30-35). 중요한 것은 "오랫동안 공허한 말을 늘어놓는 것이 아니라"(ibid., 362, 38), "기도하려는 자유로운 마음"(ibid., 363, 17)을 갖는 것이다.

루터는 아침저녁 규칙적으로 기도할 것을 권장했다. (무릎을 꿇거나 서는 것, 두 손을 마주 잡는 것, 시선을 하늘에 두는 것 등) 표면적인 자세도 도움이 된다. 또 소리를 내어 암송하는 것도 유익하다:

나는 이상한 생각이 사로잡히거나, 그러한 생각 때문에 냉담해지고 기도하려는 갈망을 잃을 경우…나는 작은 시편집을 손에 잡는다. 나는 내 방이나 교회로 달려가서 큰 소리로 십계명, 신조를 암송하기 시작한다. 시간이 있으면 어린아이들이 하듯이 그리스도나 바울이나 시편을 암송한다 (WA 358, 5-359, 3).

루터는 기도할 때 다음과 같은 방식으로 십계명을 사용하라고 충고했다: "나는 먼저 각각의 계명을 하나의 가르침으로 간주하며, 그 계명에서 하나님께서 나에게 요구하시는 것이 무엇인가를 생각한다. 두 번째로 나는 하나님께 감사한다. 세 번째로 죄를 고백하고, 네 번째로 기도한다"(ibid., 365, 1-4).

묵상에 관한 루터의 저서는 그가 전통적인 *lectio, meditatio, oratio, contemplatio*를 *oratio, meditatio, tentatio*로 바꾸었음을 보여준다.[17] 회상과 조명과 관련하여, 기도는 성경읽기보다 우월하다. 성경읽기는 묵상에 삽입되어야 하는데, 묵상은 실질적으로 항상 성경적 토대 위에서 진행된다. 가장 본질적인 변화는 기도의 방향이다. 더 신비적으로 하나님을 보는 것을 구하지 않고, 시험과 시련에 맞서 굳건한 믿음을 지키게 해줄 것을 기도한다. 그러므로 기도는 일상생활로 흘러 들어간다.

성도들의 교제

루터는 성인들에게 기도하는 관습을 종식시켰다.[18] 하나님과 백성 사이의 중

---

17) Martin Nicol, *Meditation bei Luther* (Göttingen: Vandenhoeck & Ruprecht, 1984).

18) Paul Althaus, *The Theology of Martin Luther*, 254-78: Marc Lienhard, "La communion des saints," *Positions luthériennes* 30 (1982) 119-35; Vilmos Vajta, "The Church as Spiritual-Sacramental Communion with Christ and His Saints in the Theology of Luther," in *Luther's Ecumenical Significance*, ed. P. Manns and H. Meyer, 111-21.

보자는 그리스도뿐이다. 따라서 다른 중개자가 필요치 않다. 거룩한 사람들을 포함하여 모든 사람은 오직 그리스도의 공로로 살아왔다. 루터는 삶의 특별한 상황에 알맞은 수호성인들이 있다는 사상을 공공연하게 비판했다. 기독교인들은 오직 하나님으로부터만 도움을 기대해야 한다.

결국, 기도는 언제나 그리스도를 통해서 하나님께 드린다. 마리아를 포함하여 성인들에게 기원하는 관습은 사라졌고, 신자들의 개인 기도가 강조되었다. 한 사람이 다른 사람을 대신하여 믿을 수 없듯이, 다른 사람을 대신하여 기도할 수도 없다. "우리 모두는 죽는다. 우리 중에 누구도 다른 사람을 대신하여 죽을 수 없다. 우리 각 사람은 자신을 위해 준비를 갖추고 무장을 해야만 한다. …각 사람은 자신의 요새를 지켜야 하며, 친히 자기의 원수들, 마귀, 죽음 등과 맞서 싸워야 한다"(WA 10, III, 1, 7ff).

루터가 성도들의 교제에 대해 얼마나 자주 언급했는지를 살펴보는 것도 중요하다. 루터는 신자들이 홀로 존재하는 것이 아니라 산 자든 죽은 자든 다른 신자들과 함께 살고 믿으며 기도하는 것을 대단히 중요시했다. 그렇다면 루터가 말한 "성도"란 무엇을 의미했는가? 성도들이란 신자들, 즉 특별한 일을 성취해낸 사람들이 아니라 일상생활 속에서 믿음과 그리스도의 은혜 안에 사는 사람들을 말한다. 이런 관점에서 "성인들이 어떻게 은혜를 획득했으며 믿음의 도움을 받았는지를 보면서 자신의 믿음을 강화하기 위해서 성인들을 기억해야 한다. 또 우리는 그들의 선한 행위들을 본보기로 삼아야 한다"(아우구스부르크 신조 21조).

루터가 쓴 많은 글은 그가 성인들의 중보에 부여한 중요성을 보여준다:

> 그런 까닭에 내가 고난받을 때 나 홀로 고난받는 것이 아니라 그리스도와 모든 신자가 나와 함께 고난을 받는다. …교회의 믿음은 두려움 속에 있

는 나를 도와주며, 다른 신자들의 순결은 육적인 시험을 받는 나를 뒷받침해주며, 다른 신자들의 금식은 나에게 유익이 되며, 다른 신자들의 기도는 나를 염려해 준다. …그러므로 우리는 하나님의 거룩한 자녀들의 도움, 그리고 궁극적으로 그리스도의 도움을 받기 때문에 죄 속에서 절망할 필요가 없다. 이것이 성도들과 그리스도의 교회와 교제하는 것의 위대함이다(WA 6, 131, 14-19; 26-29).[19]

루터는 신자들에게 좋은 기도 방법을 가르치기 위해서, 가장 훌륭한 기도인 주기도문을 풀어 해석함으로써 그들이 스스로 이 기도를 활용할 수 있도록 도움을 주려 했다. 복음적 기도문을 실은 최초의 책은 브룬펠스에 의해 스트라스부르크에서 출판되었는데(*Biblisch Betbüchlin*, 1528), 그것은 성경적 기도문들, 특히 시편을 수록한 기도문집이었다.[20] 초기에 암스도르프(Amsdorf)와 스팔라틴(Spalatin)과 같은 루터와 가까운 사역자들은 루터의 저술에 있는 구절을 발췌하여 기도문으로 사용했다. 그러한 기도문을 수록한 소책자가 1579년에 트로이어(Treuer)에 의해 출판되었다(*Beteglocklin Doctoris Martin Lutheri*).

1530년경에 루터의 사상에 감화를 받은 성경적 본문과 비성경적 본문을 실은 다양한 기도문집이 출판되기 시작했다. 병자와 임종을 앞둔 사람을 위한 것도 있고, 성찬을 준비하는 사람들을 위한 것도 있고, 어린아이들을 위한 것도 있었다. 오테르(J. Otter)의 *Betbüchlein für allerlei gemein Anliegen der Kirches*와 같은 찬송집이나 서적에서는 개인적인 경건을 공동체의 전례와 결속시키려 한 노력을 엿볼 수 있다. 1550년에는 구원에 관련된 성경적 메시지

---

19) WA 28, 150, 2ff.; WA 38, 362, 32을 보라.

20) Paul Althaus, Sr., *Forschungen zur evangelischen Gebetsliteratur* (Gütersloh: Bertelsmann, 1927) 1-142 (reprint with additions, Hildesheim, 1966); Frieder Schulz, "Gebetbuucher III: Reformations- und Neuzeit," in *Theologische Realenzyklopädie* (Berlin and New York: de Gruyter, 1984) 12:109-19.

와 신자들의 교육에 관심을 둔 간결한 본문이 등장했다. 16세기 후반의 기도서들은 동시대 로마 가톨릭 저자들(특히 예수회)과 중세 말기의 영성을 포함한 여러 가지 자료들을 인용하기 시작했다. 다양한 직업과 상황에 따라 기도문들은 한층 더 개별화되었다. 감정적인 표현과 주관적인 요소들이 득세하기 시작했다. 종말론, 특히 천국의 영광에 대한 기대가 현저해졌다.

루터파 영성에서 각 요소들이 차지하는 비중

현세의 삶

루터는 피조 세계를 멀리하며 육체와 결혼을 회의적으로 보는 금욕적 신앙을 비판했다.[21] 창조주 하나님에 대한 루터의 긍정적인 반응은 신조 제1조에 대한 설명에서 잘 나타난다:

> "나는 모든 피조물과 나를 지으신 하나님을 믿습니다. 하나님은 나에게 몸과 영혼과 눈과 귀와 모든 지체와 이성과 모든 감각을 주시고 나를 위해 그것들을 보존해 주십니다. 하나님은 날마다 나에게 옷과 신, 먹을 것과 마실 것, 집, 아내와 자녀들, 밭, 짐승들과 모든 물건 등 이 세상에서 사는 데 필요한 모든 것을 풍성히 주십니다"(소요리문답).

부부의 행복함을 보실 때 하나님은 "기뻐 웃으십니다"(WA 34, I, 62, 20). 아기의 잉태와 탄생에 대한 감탄, 가정의 행복에 대한 감사, 먹고 마시는 것, 놀고 춤추는 것, 예술 등에 대한 루터의 긍정적인 태도를 보여 주는 글이 많다. 지상 생활의 모든 차원에서 이루어지는 창조주 하나님의 지속적인 행위는 우리

---

21) Werner Elert, *Morphologie des Luthertums*; see "Erdverbundenheit" (pp. 393-406) and "Kreuz und Jammertal" (pp. 407-18).

가 하나님을 찬양하며 그분께 복종하게 만든다: "이 모든 유익으로 인해 나는 하나님께 감사하고 찬양하며 그분을 섬기고 복종해야 한다"(신조 제1조의 설명 끝부분). 하나님으로부터 선물로 받은 지상 생활에 뿌리를 둔 루터의 영성은 삶에서 기쁨을 장려하며, 창조주 하나님의 미소에 인간 역시 미소로 응답한다. 그리고 하나님께서는 육적인 차원에서까지 피조물에 관여하시기 때문에, 피조물들 역시 지극히 일상적인 일에서까지 하나님을 섬겨야 한다. "믿음은 눈을 열어주며, 영 안에서 불쾌하거나 멸시받는 이 모든 비천한 일을 고려한다. 그리고 하나님의 은총이 그것들을 금이나 다이아몬드로 만들어진 장신구로 치장해 주신다고 말해준다"(WA 10, II, 295, 27-296, 2).

루터의 영성은 피조 세계를 긍정하면서도 동시에 고통하는 세계, 마지막 날의 도래를 향해 펼쳐진 삶도 인식하고 있다. 루터의 영성은 피조물의 탄식, 피조 세계를 올바르게 이용하지 못하게 하려고 노력하는 하나님의 대적 사탄의 부단한 활동 등도 의식하고 있다. 그러므로 "불량배들로 가득한 외양간"에 불과한 이 세상에 자리를 잡는 것은 불가능하다.

> 어느 시대에나 성도들은 다음과 같은 방식으로 세상에서 살아간다: 성도들은 가정적인 일과 세속적 영역에 몰두하며, 공석인 일을 행하며, 가정을 돌보며, 밭을 경작하고, 장사하거나 기타 여러 가지 일에 종사한다. 그런데도 그들은 자기들이 유배 생활을 하는 나그네임을 인정한다. 그들은 세상을 단지 임시로 거쳐 가는 장소로 활용한다(WA 42, 441, 40ff.).

루터 역시 너무나 더디 임하는 "마지막 날"에 대한 향수를 느끼고 있었다. 그는 기독교인은 자기를 환영하지 않는 여인숙에 묵고 있는 손님이라고 보았다. "우리는 이 세상이라는 여인숙에서 종살이하고 있습니다. 그 여인숙의 주인은 마귀요, 안주인은 세상입니다. 그곳은 온갖 악한 정욕이 지배하고 있습니다"(WA 2, 329, 22). 우리는 이 세상에 "정착"해서는 안 된다. 우리는 하나님께서 주신 물건들을 활용해야 하지만, 그것들이 우리의 우상이 되어서는 안 된다. 하나님께서 요청하시면 언제라도 그것들을 버릴 준비가 되어 있어야 하며, 항상 마지막 날을 기대해야 한다.

믿음의 생활

성령께서 그리스도 안에 있는 믿음을 주시고 그 믿음을 통해서 성화시키실 때 우리 안에 그리스도를 닮은 성성(聖性), 혹은 기독교적인 성성이 이루어진다(WA 50, 626, 15).[22] 루터의 영성에서의 핵심 단어는 '믿음'이다. 오직 믿음에 의해서 기독교인들은 하나님께 다가갈 수 있다. 그러므로 참된 기독교 영성을 얻기 위한 루터의 노력은 참믿음을 얻기 위한 노력이다. 참믿음은 인간이 하나님의 말씀을 굳게 붙드는 것으로 정의된다. 믿는다는 것은 곧 하나님의 말씀 위에서 하나님을 믿는 것이다. 그것은 "오직 하나님께만 귀착되는 신뢰"이다(대요리문답). 그러나 믿음은 인간이 자신의 능력에 의해서 실현하는 행위가 아니다. 신자는 신조의 제3조의 설명과 더불어 "나는 믿습니다"라고 고백한다. "나 자신의 이성과 힘으로는 나의 주 예수 그리스도를 믿을 수도 없고 그분께 나아갈 수도 없습니다. 그러나 성령께서는 복음에 의해서 나를 부르십니다"(소요리문답). 루터는 거짓 믿음, 인간의 노력으로 만들어진 믿음, 또는 무식하고 고지식하게 믿는 믿음에 맞서 쉬지 않고 싸웠다. 참믿음은 선물이며, 신자들은 그것의 기원을 말씀과 성령 안에 둔다. 이러한 믿음만이 유혹을 거부한다. 믿음 안에서 산다는 것은 하나님의 말씀이 신자들을 지배하시면서 내적인 확신을 준다는 것을 끊임없이 경험하는 것인데, 이것은 지극히 개인적인 확신이다. 루

---

22) Paul Althaus, *The Theology of Martin Luther*.

터의 개혁은 개인의 가치, 그리고 개인의 영적 여행의 가치를 강조했다.

이 믿음과 관련된 말씀이 감추어진 실재(하나님, 그리스도)와 관여되므로, 믿음은 가시적인 것들에 대한 경험을 반대한다. 신자는 적대적인 세상, 감추어진 하나님, 그리고 이 믿음을 반대하는 실체를 경험한다. "그러므로 우리는 자기 생각이나 사람들의 조언을 따르지 않으며, …우리를 아버지께로 다시 이끌어주는 만물 안에서 그리스도를 찾아야 한다는 것을 기억해야 한다. 그리고 그리스도를 분명하게 보여주며 그분을 우리에게 알려주는 복음의 말씀을 굳게 붙잡아야 한다"(WA 17, II, 25, 20-24).

루터의 영성에는 신자들이 시련과 의심을 경험할 여지가 많다. 신자는 하나님의 법에 따라 고발되며, 하나님의 분노 외에는 아무것도 감지할 수 없다. 그러한 시점에서 신자는 경험을 거슬러서, 즉 하나님을 거슬러서 믿어야 한다. 그때 믿음은 하나님의 부정 너머에 있는 하나님의 긍정을 분별해 내기 위해 싸우는 영웅적인 믿음이 된다. 이러한 시련은 신자가 거짓된 안전감에 빠지지 않고서 계속하여 하나님과 그의 말씀을 향해 나아가도록 하려는 하나님의 뜻에 일치한다는 사실을 아는 것은 신자에게 위로가 된다. 그런 까닭에 하나님께서는 슬퍼하는 사람들만을 위로하시며, 죽은 자들에게만 생명을 주시며, 죄인들만 의롭다 하신다"(WA 42, 254, 6-8).

믿음은 무엇보다도 말씀을 의지하지만, 믿음은 경험을 통해서 해석된다. 루터는 하나님과 하나님께서 약속하신 것을 신자들이 "느낀다"는 사실을 표현하기 위해 신비적 용어을 사용했다. 신자는 버림받음, 의심, 시련 등만 경험하는 것이 아니라 하나님의 효과적인 임재와 행위로 인한 위로와 확신도 경험한다.

기독교인의 싸움

신자는 쉬지 않고 항상 "육신", "세상", "마귀"를 대적하여 싸운다. 이 세 가지 세력은 하나님과 그의 말씀을 대적한다. 이 세 가지가 기독교인에게 작용할 때 그것을 항상 구분해 낼 수 있는 것은 아니다. 루터가 마귀에 대해 언급한 것은 중세 시대로부터 물려받은 것 이상의 행위였다.[23] 그가 마귀에 대해 자주 언급한 이유는 그가 전체 세계사를 창조주요 대속자이신 하나님을 대적하는 마귀의 세력과의 전쟁으로 이해한 데 있다. 악은 단순히 도덕적인 것이나 사람들의 약점이 아니다. 그것은 루터가 전통에 따라서 사탄, 혹은 마귀라고 부른 신비한 세력에 결속된 초인간적인 것이다. 인간의 의지는 하나님과 사탄 사이에 있다. "그것은 마치 짐을 나르는 짐승과 같다. 그 짐승 위에 하나님이 올라타면 그 짐승은 하나님이 원하는 곳으로 가고, …사탄이 올라타면 사탄이 원하는 곳으로 간다"(WA 18, 635, 17). 사람은 세례에 의해서 사탄에게서 해방되며, 세례는 그를 그리스도와 연합시켜 준다. 그러나 이 자유는 평생 끊임없는 싸움을 통해서 보존되어야 한다. 이 싸움에서 기독교인들은 "우리를 위해 싸우시는 참된 인간이신 예수 그리스도를 의지한다. …그분은 그곳의 주인으로 머물러 계시다"(루터의 찬송 "내 주는 강한 성이요" 2절). 다른 각도에서 보면, 신자들은 각기 하나님의 말씀을 통해서 사탄과 싸운다. 그는 "가르침(복음)의 힘을 통해서 마귀를 죽여야" 한다(WA 30, I, 129, 2-3).

마귀(그리고 어떤 면에서 마귀의 도구를 상징하는 "세상")를 자주 언급했기 때문에, 루터의 영성의 방향은 우주적인 것이 된다. 신자들은 자신의 구원을 위해서 행동할 경우라도 스스로를 위해서만 살지 않는다. 그들은 믿음과 기도와 복음 선포에 의해서 적극적으로 훨씬 광범위한 역사에 참여한다. 그들은 창조주요 대속자이신 하나님의 도구이며, 하나님은 혼돈의 발생에 맞서 싸우신다.

---

23) Heiko, A. Oberman, *Luther, Mensch zwischen Gott und Teufel* (Berlin: Severin & Siedler, 1982).

종종 루터는 신자들의 싸움을 육과의 싸움으로 묘사하기도 한다. 물론 신자들은 세례와 믿음에 의해서 "새 사람"이 되지만 "옛사람"과 그 성향들은 그대로 존속한다. 앞에서 루터의 개혁에서 죄의 영속성을 분명하게 강조했음을 살펴보았다. 그러므로 신자들은 두 개의 실체로서 살아간다. 즉 신자들은 이중적 존재이다. 신자들은 평생 "의인인 동시에 죄인"[24]이다. 인간은 하나님께서 전가하시는 그리스도의 의로 말미암은 완전한 의인이며, 또한 본질로 완전한 죄인이다. 그리스도인은 항상 전인(全人)이 하나님의 용서로 복귀해야 한다.

그러나 이것을 다른 각도에서 볼 수도 있다: 기독교인들은 본질에서 이중적이다. 그들은 믿음 안에서 살고, 동시에 육체 안에서 산다. 인간은 믿음과 육체가 쉬지 않고 싸우는 전쟁터이다. 루터는 "육"을 인간에게서 (본능, 몸, 감각 등) 열등하다고 판단되는 부분이 아니라 하나님을 반대하는 것으로 이해했다.

신자들의 실존은 세례와 더불어 시작되는 이 싸움에서 정확하게 표명된다. 반면에 불신자들은 육체의 종이 되어 살아간다. 하나님은 세례받은 사람들이 살아가는 동안 "옛사람"을 사망에 넘기겠다고 약속하신다. 반면에 세례받은 사람은 행위와 고난을 통해서 세례에 의해서 상징되고 시작된 이 작업에 참여하겠다고 약속한다.

하나님은 각 사람에게 싸울 장소와 시간을 주신다. 그것은 (특히 다양한 상태와 제도 안에 있는 사람들의 소명에 속한) 행위와 고난이다. "옛사람", 특히 교만과 싸울 때 십자가가 필요하다. 신자는 금식하고 철야하고 기도하고 일하면서 싸우라는 부름을 받고 있다. 간혹 루터는 지나치게 죄와 화목하고 성화에서의 발전을 이룰 가능성을 부인했다는 비난을 받는다. 루터의 견해를 따르자면, 신자는 죽을 때까지 용서가 필요하다. 그러나 동시에 신자는 육과 끊임없

---

[24] Otto Hermann Pesch, *Hinführung zu Luther*, 189-202.

이 싸우라는 부름을 받으며, 이 분야에서의 상대적인 진보는 배제되지 않는다.

영성과 윤리학

루터는 오해의 소지에도 불구하고, "그리스도에 대한 믿음은 우리를 행위에서 해방시키는 것이 아니라 행위에 대한 우리의 견해로부터 해방시켜준다"고 선포했다(WA 7, 70, 14).[25] 구원은 값없이 주어지는 선물이므로, 기독교인의 행동은 하나님을 향한 감사와 그의 뜻에 대한 순종을 나타내야 할 것이다. 이런 점에서 우리는 행위의 영감에 대해 말할 수 있다. 행위의 대상은 궁핍한 이웃이다. "이웃을 섬기는 것을 유일한 목적으로 삼지 않는 행위는 선한 행위가 아니며 기독교적 행위도 아니다"(WA 7, 37, 18-20). 기독교인들은 자아, 나아가 자신의 구원에 몰두할 필요가 없다. 이제 기독교인들은 완전히 이웃의 처분에 따른다.

죄의 영속성, 그리고 그에 따른 인간의 행위의 불완전성에도 불구하고 하나님의 영접을 받은 신자들은 두 가지 자유를 알고 있다. 첫째, 그들은 자신이 처해 있으며 이웃의 궁핍함과 연결된 구체적인 상황에서 하나님께서 기대하시는 비천한 일을 자유로이 행한다. 그들은 특별히 종교적인 행위만을 추구하지 않는다. 둘째, 그들은 완전에 대한 집착에서 해방된다. 용서받은 죄인이기 때문에, 그들은 자신의 연약함과 실패에도 불구하고 용감하게 자신을 헌신한다.

하나님의 사랑과 영접을 받으며 성령의 인도하심을 받는 신자는 삶에서 사랑을 나타낸다. 좋은 나무는 좋은 열매를 맺는다. "믿음의 열매는 사랑과 하나님 안에 있는 기쁨, 자유롭고 자발적이고 즐거운 존재에 대한 사랑이다. 그것은 자유로이 이웃을 섬기는 일에 헌신한다"(WA 7, 36, 3-4). 루터는 어거스틴

---

25) Paul Althaus, *Die Ethik Martin Luthers*.

의 견해를 따라서 종종 새 생명과 사람의 자유와 자발성을 강조했다. 신자들은 "새" 사람이 되었기 때문에, 속박하는 율법이 필요치 않다. 그들은 스스로 자기에게 부과된 선행을 성취한다. 루터의 영성은 율법주의와 결의론(決疑論)에 반대한다.

산상수훈의 해설과 관련하여 특별한 문제가 제기된다. 가정생활과 시민으로서의 생활에 필요한 것을 어떻게 조화시킬 수 있는가? 루터는 한편으로는 수도원적인 선택을 거부하고, 다른 한편으로는 재세례파의 선택도 거부한다. 수도원적 선택에 따르면, 엘리트(수도사들)만이 산상수훈에 따라 살 수 있고, 일반인은 십계명을 따라 사는 데 만족해야 했다. 재세례파에서는 산상수훈의 완전한 적용을 요구하고, 기독교인들은 시민으로서의 기능과 전쟁을 단념해야 한다고 주장했다. 루터는 산상수훈은 모든 신자에게 적용되어야 한다고 보았다. 예를 들면, 신자들은 자신의 직업이나 가정의 차원에서 재산을 활용해야 하지만 내적으로 거리를 두어야 한다는 점에서 산상수훈의 인도를 받아야 한다. 마찬가지로, 신자는 비폭력을 실천해야 한다. 그러나 때에 따라서는 이웃을 보호하기 위해서 무기를 들어야 할 때도 있다. 우리는 루터파 신자들이 산상수훈의 핵심을 제대로 이해했느냐고 질문할 수도 있을 것이다.

심판자요 대속자이신 하나님: 종말 때의 역사

신자들은 심판자요 대속자이신 하나님께서 역사 안에서 일하신다는 것을 안다. 하나님은 사탄의 통치에 대적하여 통치하신다. 그러나 이러한 하나님의 행위는 여전히 감추어져 있는데, 특히 그리스도와 그의 말씀의 연약함 안에 감추어져 있다. 기독교인들은 인내하면서 종말에 나타날 그의 영광의 계시를 기다린다.²⁶⁾ 그들은 기다리면서 두려움과 확신을 가지고 하나님의 현재의 행위와 강림에 주목한다. 루터는 모든 사람이 구속함을 받는다는 오리겐의 사상을 배제했고, 행위에 따른 심판이 있을 것이라고 주장했다. 그는 그 시대 사람들에게 끊임없이 하나님의 명령에 대한 불순종과 불신앙을 경계하라고 했다.

피터즈(A. Peters)가 강조한 것처럼, "루터의 경건에서는 질투하시는 거룩하신 하나님 앞에서의 두려움이 결정적인 주제가 된다."²⁷⁾ 소요리문답에 있는 십계명 해설은 다음과 같은 말로 끝난다: "하나님은 계명을 범한 모든 사람에게 벌을 주신다. 그러므로 우리는 그분의 분노를 두려워하며 그분의 법에 반대되는 일을 하지 말아야 한다."

그러나 두려움은 "계명을 지키는 사람에게 모든 좋은 것과 은혜를 주겠다고 약속하시는" 아버지에 대한 신뢰와 결합하여 있으므로, 공포와는 다르다. "그러므로 우리는 그분을 사랑하며, 그분께 자신을 맡기며, 그분이 명하신 것을 마음을 다하여 행해야 한다"(ibid.).

하나님은 매 순간 자신의 영예를 위해 싸우시며, 복음을 공격하는 사람들뿐만 아니라 창조와 결혼 같은 자연적인 유대를 파괴하는 사람을 대적하신다. 그러나 심판자와 구속자의 결정적인 개입은 마지막 심판 때 종말의 사건에 의해서 이루어질 것이다. 믿음은 두려움과 확신을 하고 이러한 사건이 임하기를 기다린다. 마지막 수평선을 은폐하려는 것은 하나님을 은폐하려는 것과 같다. "*Negatio enim futurae vatae tollit simpliciter Deum*"(WA 43, 363, 21).

---

26) Albrecht Peters, *Glaube und Werk: Luthers Rechtfertigungslehre im Lichte der Heiligen Schrift* (2nd ed.; Berlin: Lutherisches Verlagshaus, 1967); idem, "Die Spiritualität der lutherischen Reformation," 29-31; Ilrich Asendorf, *Eschatologie bei Luther* (Göttingen: Vandenhoeck & Ruprecht, 1967).

27) Peters, "Die Spiritualität," 30.

제13장

취리히의 종교개혁자 츠빙글리와 불링거의 영성

프리츠 뷔서(Fritz Büsser)

전반적인 종교개혁을 단순히 루터와 동일시할 수 없고, 개신교가 "칼빈주의"만을 의미하는 것은 아니다. 역사의 과정과 그 결과에 있어서, 그것은 생각보다 복잡한 문제이다. 역사를 분류해 보면, 종교개혁기는 고립된 기간이 아니며 중세 후기와 르네상스 시대와 관련하여 살펴야 한다. 종교개혁은 많은 신학적, 교회적 요인의 복합체였다. 종교개혁의 진행 방향과 성격을 규정했던 다양한 인물은 물론이요 정치, 사회, 경제, 문화적 영향들도 무시할 수 없다.

훌드리히 츠빙글리(Huldrych Zwingli, 1484.1.1-1531.10.11)로 대표되는 취리히의 종교개혁 역시 복잡하기는 마찬가지였다. 츠빙글리가 취리히에서 활동한 것은 12년 남짓한 짧은 기간이었지만, 그것은 루터와 칼빈의 그것과는 구별되는 츠빙글리 특유의 교회 개혁의 기초—그 특유의 영성도 마찬가지로—를 닦을 만한 기간이었다. 이 종교개혁은 하인리히 불링거(Heinrich Bullinger, 1504, 7, 4-1575, 9, 17)의 지도하에서 계속되었고 세계적으로 중대한 사건이 되었다. 불링거는 40년 이상 "그로스무엔스터(Grossmuenster)의 담임 목사"였으며 "취리히 교회의 현명한 지도자"였을 뿐 아니라 "개혁 교회의 고문"이요 많은 복음적 프로테스탄트의 "아버지 같은 후원자이자 보호자"였다. 그의 훌륭한 신학적 업적과 방대한 서신은 전 유럽으로 전파되었는데, 적어도 칼빈에 필적할 만큼의 영향을 미쳤다.

개신교에서는 비교적 최근에야 영성이라는 개념이 등장했다. 오늘날에도 독일어를 사용하는 지역에서 사용되는 신학 어휘 사전에는 영성에 대한 만족한 정의가 없는 형편이다. 그러므로 나는 (비종교적인) 『브로크하우스 백과사전』(*Brockhaus Encyclopedia*)에 있는 정의를 가지고 시작하려 한다. 그 사전에서 "영성"은 한편으로 "인간과의 협조 관계에서 이루어지는 하나님의 영의 완성된 역사(work)"라고 설명되어 있지만, 또한 "구원의 메시지의 개인적 전용"이라는 보다 구체적인 말로 재구성되어 있다. 브로크하우스의 설명은 다음과 같이 계속된다:

> 그렇게 전개되는 영적 삶을 통하여 인간은 그리스도 안에서 더 깊고 성숙된 하나님과의 개인적 관계로 접어들게 되고, 이는 기도와 예배를 통하여 그뿐만 아니라 교회와 타자를 위한 섬김에서도 나타나게 된다. 그러한 태도의 발전과 함께 영성은 때때로 세속적인 직업까지도 변모시킨다. 현재 새로운 형태의 영성이 발전되고 있는 것 같다. 그것은 근원으로 되돌아가는 것, 그리고 깊은 내적 감성(感性)을 가지고 세상의 일에 대해 개방적인 태도를 키워가는 것으로 특징지어진다.[1]

이 정의는 크게 보아서 취리히의 종교개혁의 영성에 부합되는 큰 장점이 있다. 츠빙글리와 불링거는 처음부터 자기들의 일을 원래의 교회로 돌아가는 것, 즉 교회의 쇄신으로 이해했다. 이러한 과정을 통하여—이는 루터와는 반대가 되지만 칼빈과는 반대가 되지 않는다—사회의 쇄신 역시 이루어진다는 것이다. 그들의 개혁은 자신의 구원 문제로 고민하던 한 수도사의 영적 번민에 의해서가 아니라 교회 공동체와 정치적 공동체의 연합체인 자기들의 공동체에

---

1) *Brockhaus Enzyklopädie* (20 vols.; 17th ed.; Wiesbaden: Brockhaus, 1973) 17:748.

대한 책임이 자신들에게 있다는 것을 자각한 목회자들의 관심에 의하여 점화되었다. 취리히는 기독교 공화국이었다. 취리히의 종교개혁은 처음부터 영적, 세속적 영역 모두를 포함하는 것이었다. 그것은 좁은 의미에서 종교적 의식과 예배에만 적용된 것이 아니라 하나님의 소명을 실천하는 데 있어서 공동체에 대한 개인적인 봉사의 문제에까지 적용되었다.

그러나 영적인 측면이 더 중요한 문제로 남는다. 취리히의 개혁자들은 자기들의 일을 성령의 일이라고 이해하였다. 개신교에서는 영성이 최근에야 비로소 발견되고 있는데[2]—이 점과 관련하여 성령론이 모자란 것이 애석하다(헨드릭 벌콥이 "성령의 신학"에서 그 애석함을 잘 표현하였다)[3]—진작 영성에 관해 관심을 기울였어야 했을 것이다. 취리히에는 절대 성령론이 결여되지 않았다. 오히려 루터는 츠빙글리와 취리히의 개혁자들을 광신자(Schwärmer), 침례주의자, 칼슈타트의 추종자, 슈벵크펠트의 아류들과 동일시하였다. 루터가 볼 때 그들은 "심령술사"(spiritualist)들과 다를 바 없었다. 이것은 성만찬에 관한 갈등에서 비롯된 것으로서 절대적으로 옳지는 않지만, 아주 일리가 없는 것은 아니다. 츠빙글리와 불링거의 신학은 분명한 성령론적인 내용을 가지고 있다. 이 점을 고려해 보면, 츠빙글리는 명백히 성령론자이지 심령술사가 아니라고 한 부르크하르트(A. E. Burckhardt)와 프리츠 슈미트-클라우징(Fritz Schmidt-Clausing)의 글을 떠올릴 수 있다. 고트프리트 로허(Gottfried W. Locher) 역시 다음과 같이 단언하였다: "츠빙글리의 사상을 이야기할 때 종종 심령론(spiritualism)이 논의

---

[2] *Breaking Barriers: Nairobi 1975: The Official Report of the Fifth Assembly of the WCC, Nairobi, Kenya, 23 November-10 December 1975*, ed. David M. Paton (Geneva: World Council of Churches, 1976); and *Nairobi to Vancouver, 1975-1983: A Report of the Central Committee to the Sixth Assembly of the World Council of Churches* (Geneva: World Council of Churches, 1983) 199ff.

[3] H. Berkhof, *The Doctrine of the Holy Spirit* (Richmond, VA: John Knox, 1964).

되곤 하였다. …우리는 츠빙글리 신학의 성령론적 특성에 관하여 일으키는 것을 선호한다."⁴⁾ 불링거에 관해서도 같은 말을 할 수 있다. 츠빙글리의 추종자들에게 있어서 언약론의 중심은 성령론으로 가득 차 있다는 기본적인 사실을 고려할 필요가 있다.⁵⁾

뿌리와 근원

취리히 종교개혁의 영성의 뿌리와 근원은 무엇인가?『하이델베르크 요리문답』(Heidelberg Catechism) 다음에 나온 『제2 스위스 신앙고백』(Second Helvetic Confession, 1566)은 개혁교회의 가장 중요한 신앙고백서로서 다음과 같은 제목을 가지고 있다: "스위스 연방 내의 교회의 종들에 의한 정통 신앙과 참 기독교의 일반적 가르침에 대한 신앙고백과 해명…모든 믿는 자들로 하여금 그들이 옛날의 참 교회와 일치하며 어떤 새롭거나 잘못된 가르침을 전파하는 것이 아니며, 그러므로 여러 종파나 잘못된 교리들과는 전혀 공통점이 없음을 확신시킬 의도로 전원 합의하에 출판함." 그 고백서는 취리히의 개혁 교회는 거룩

---

4) A. E. Burckhardt, *Das Geistproblem bei Huldrych Zwingli* (Quellen und Abhandlungen zur Schweizerischen Reformationsgeschichte 9; Leipzig: M. Heinsius Nachfolger, 1932); F. Schmidt-Clausing, *Zwingli* (Berlin: de Gruyter, 1965); G. W. Locher, *Die Zwinglische Reformation im Rahmen der europäischen Kirchengeschichte*, 208; Locher, "Die Lehre vom Heiligen Geist in der Confessio Helvetica Posterior," in *Glauben und Bekennen: Vierhundert Jahre Confessio Helvetica Posterior*, ed. Joachim Staedtke (Zurich: Zwingli, 1966).

5) *Confessio et expositio simplex orthodoxae fidei...qui sunt in Heluetia, Tiguri, Bernae,...*(Tiguri: Christophorus Froschouerus, 1566); Microfiche EPBU-226. Modern English edition, "A Simple Confession and Exposition of the Orthodox Faith: The Second Helvetic Confession of 1566," in *Reformed Confessions of the 16th Century* ed. Arthur C. Cochrane.

한 보편 교회의 일원임을 강조한다. 그것은 서양 기독교의 전통에서 이탈하지 않고, 오히려 그 근원, 즉 보편 교회(catholic church)와 그 전통의 진정한 풍요함으로의 회귀를 추구한다.

그 신앙고백서의 첫 장은 취리히의 종교개혁과 그 영성의 뿌리와 근원이 하나님의 말씀인 성서에 있음을 보여준다. 교회와 영성은 오직 하나님의 말씀을 들음으로써 존재한다. 이러한 의미에서 특히 츠빙글리는 선한 목자의 비유(요 10)로 교회의 존재를 설명한다. 예수님께서는 "양은 목자의 음성을 듣고 따른다. …끝으로 목자이신 하나님의 음성을 듣는 교회만이 타락하지 않고 실수하지 않는다"고 가르치셨다(Commentarius de vera et falsa religione[Z III 258f.; LW III 372]).[6] 츠빙글리는 67개 신조(Sixty-seven Articles)에서 이미 교회가 그리스도의 몸이라는 전통적 개념을 강조했었다. 모든 신자는 구원이요 머리이신 그리스도를 의지한다는 것이다.

> 첫째, 머리(Head) 안에 사는 자들은 모두 그의 지체들이요 하나님의 자녀이다. 이것이야말로 성도의 교회요 교제요 그리스도의 신부이며 보편교회(ecclesia catholica)이다. 둘째, 몸의 각 지체가 머리의 인도 없이는 아무것도 할 수 없듯이 그리스도의 몸 안에서는 머리 되신 그리스도 없이는 아무것도 할 수 없다(Z I 459, art. 8, 9; Cochrane, 37).

취리히의 개혁에서는 교회에 대한 이러한 이해는 단순히 이론적인 것이 아니었다. 그것은 실행되는 과정에서 훨씬 잘 나타났고, 반대로 실행되는 과정을

---

6) 아래 자료들의 약자들이 이 논문에서 사용된다. 완전한 자료의 인용은 관련 저서 목록을 참고하라. Z=*Huldreich Zwinglis samtliche Werke*; LW=*The Latin Works of Huldreich Zwingli*; Cochrane=*Reformed Confessions of the 16th Century*; CH II=*Second Helvetic Confession*; Writings=*Zwingli, Writings*, trans. E. J. Furcha and H. W Pipkin. Microfiche EPBU=*Refomed Protestantism*.

결정했다. 츠빙글리와 불링거는 자기들이 우선적으로 예언자, 즉 목자와 설교자라고 생각했다. 그들은 기록된 하나님의 말씀을 시대와 청중에 맞춰서 실존적으로 적절한 하나님의 선포된 말씀으로 바꾸는 대단히 어려운 과업을 수행했다. 불링거는 이 믿음을 다음과 같은 고전적인 방법으로 표현했다:

> 주님은 복음서에서 "말하는 이는 너희가 아니라 너희 속에서 말씀하시는 자 곧 너희 아버지의 성령이시니라"; 그러므로 "너희 말을 듣는 자는 곧 내 말을 듣는 것이요 너희를 저버리는 자는 나 보내신 이를 저버리는 것이라"고 말씀하셨다(마 10:20; 눅 10:16; 요 13:20). 하나님의 말씀을 설교한 것은 곧 하나님의 말씀이다. 그러므로 이 하나님의 말씀이 합법적으로 부름받은 설교자들에 의하여 교회에서 전해질 때, 우리는 바로 하나님의 말씀이 선포되었고 충실한 신자들에 의해서 받아들여진다는 사실을 믿는 것이다 (CH II, chap. 1; Cochrane 224f.).

예언자로서 츠빙글리와 불링거는 성령의 활동 없이는 이 일을 감당할 수 없음을 잘 알고 있었다. 한편으로 그것은 그들에게 용기와 확신과 위로를 주었다. 츠빙글리는 1522년에 이미 하나님의 말씀의 명료성과 확실성 내지는 무오성(Z I 338-84)을 확신하고 다음과 같이 썼다:

> "당신은 하나님의 말씀이 당신을 새롭게 해주고 있다고 느낍니까? 당신이 인간의 가르침에 귀를 기울일 때 하나님이 전보다 더 소중한 분이시라고 느껴집니까? 그렇다면, 그렇게 생각하게 만드신 분은 하나님이십니다. 당신은 그것이 당신이 하나님의 은혜와 영원한 구원을 확신하게 만든다고 느낍니까? 그러면 그 느낌은 하나님으로부터 온 것입니다. 그것이 당신 안에 있는 하나님을 크게 하고 당신은 왜소하고 무가치하게 만든다고 느낍니까? 그렇다면 그것은 하나님의 역사입니다. 하나님을 경외하는 것이 당신을 슬프게 하기보다는 더 행복하게 한다고 느낍니까? 그렇다면 그것은 분명히 하나님의 말씀과 성령의 역사입니다. 하나님께서 우리에게 이

러한 느낌을 주시기를 바랍니다. 아멘(Z I 384)".

한편, 예언적 임무는 대단한 책임이었다. 츠빙글리와 불링거는 하나님의 말씀을 선포하는 일을 매우 진지하게 다루었기 때문에, 그들의 삶에서 성경 연구와 복음의 선포가 차지하는 비중은 절대적이었다. "오직 성경"(Sola scriptura)이라는 원리는 취리히에서 여러 가지 구체적인 발달과 결과를 낳았다. 1525년에 개혁 교회의 첫 신학원인 프로페짜이(Prophezei)가 취리히에 설립되었다. 이 신학교의 지원을 받아 츠빙글리와 불링거와 다른 중요한 신학자들—콘라드 펠리칸(Conrad Pellikan), 테오도르 비블리안더(Theodore Bibliander), 루돌프 그발터(Rudolph Gwalther), 페테르 미디 페르미글리(Peter Martyr vermigli)—은 최고 수준의 신·구약 주석서를 편집하였고, 그것들은 전 유럽으로 배포되었다. 특히 프로페짜이 신학원의 성경 해석 사역을 통해서 취리히 성경 번역본이 나왔다. 이 성경은 루터의 성경보다 먼저 완성되었을 뿐 아니라 나름의 성과를 거두었다. 전문가의 판단에 의하면 "루터는 성경을 능숙한 시인으로서 성경을 번역했고, 츠빙글리와 취리히 학파는 식견 있는 언어학자로서 번역하였다"고 한다.[7]

이렇게 치밀하게 성경에 관해 작업한 결과로, 취리히의 개혁자들의 기본적이고 체계적 저서 속에 심오한 성서 신학이 등장했다: 츠빙글리의 『신조, 혹은 신앙고백의 해석과 기초』(Auslegen und Gründe der Schlussreden, 1523)와 『참 종교와 거짓 종교에 관한 주석』(Commentarius de vera et falsa religione, 1525), 『불링거의 설교 50편』(Sermonum decades quinque, 1552; 영문판 Fiftie godlie and learned Sermons,

---

7) Adolf Fluri, "Luthers Uebersetzung des neuen Testamentes und ihre Nachdrucke in Basel und Zürich," in *Schweizerisches Evangelisches Schulblatt* 37(1922) 294: "Luther übertrug die Bibel ins Deutsch als sprachgewaltiger Dichter. Zwingli und die Zurcher übersetzten sie als sprachenkundige Philologen" (cited in Hans Rudolf Lavater, *Die Froschauer Bibel 1531-Das Buch der Zurcher Kirche* [Faksimile-edition of Die Zurcher Bibel von 1531; Zurich: Theologischer Verlag, 1983] 1386).

divided into five Decades, 1577)과 『신앙고백서』 혹은 『제2 스위스 신앙고백서』 (*Confessio Helvetica posterior*, 1566).[8]

성경이 하나님의 말씀이라는 것은 개혁 교회의 영성의 뿌리와 근원이 또 다른 측면에 관련되어 있음을 보여준다. 츠빙글리와 불링거는 인간은 누구도 하나님의 영을 제어할 수 없다는 것을 항상 명심하였다. 츠빙글리는 성경의 어떤 구절보다도 요한복음 3장 8절("바람이 임의로 불매")과 요한복음 6장 44절("나를 보내신 아버지께서 이끌지 아니하면 아무라도 내게 올 수 없으니")을 자주 인용하였다. 불링거와 마찬가지로, 츠빙글리는 성령론자로서 이 사실에서 두 가지 결론을 끌어내었다. 첫 번째는 루터의 가르침과 반대되는 것으로서 하나님의 영은 성경과 성례전에 의하여도 구속함을 받지 않으신다는 것이다. 그는 이렇게 말했다: "이러한 방법으로 성령께서는 자유롭게 각 개인에게 임하시되 누구에게, 언제, 어디서 임하실지를 스스로 정하신다"(Z III 761. 4f.; LW III 376), "따라서 우리는 하늘의 아버지께서 우리의 마음에 선포하신 말씀, 우리를 조명하여 이해하게 하며 우리를 이끌어 따르게 하는 데 사용하시는 말씀에 의해서 우리는 신실하게 된다"(Z III 752. 17-19; LW III 376).

---

8) *Usslegen und grund der schlussreden oder articklen...523*. (Z II, 1-457). Latin, *Opus articulorum sive conclusionum...a L. Judae in Latinam versum...*(Zurich: Christoph Froschauer, 1535; Microfiche EPBU-476, edition of 1544-45); English, *Huldrych Zwingli Writings*, vol. 1, *The Defense of the Reformed Faith*, trans. Edward J. Furcha (Allison Park, PA: Pickwick Publications, 1984). *De vera et falsa religione, Huldrychi Zwinglii Commentarius* (Z III, 590-912); English, *Commentary on True and False Religion*, ed. Samuel Macauley Jackson and Clarence Nevin Heller (Durham, NC: Labyrinth Press, 1981). *Sermonum decades quinque, de potissimis Christianae religionis capitibus...athore Heinrycho Bullingero...*(Zurich: Christoph Froschauer, 1552; Microfiche EPBU-159); English, *The Decades of Henry Bullinger, Minister of the Church of Zürich*, trans. H. I.; ed. Thomas Harding for the Parker Society (Cambridge: University Press, 1949-52). *Confessio Helvetica posterior*; see n. 5.

하나님의 영은 어느 누구의 마음대로 움직이시지 않는다는 그들의 가르침으로부터 취리히의 개혁의 또 다른 결과가 나왔다. 성령은 성경의 말씀에도 구속되지 않으며, "구원의 역사"에도 구속당하지 않는다는 것이다. 츠빙글리가 최초로 주장하였고 불링거는 소극적이었으나 테오도르 비블리안더에 이르러 더욱 확대된 것은 "선택된 이교도들의 구원"이 있다는 것이다. "따라서 자연의 법칙 역시 오직 하나님으로부터 오는 것이며, 그것은 내적으로 이끄시고 밝히 보여주시는 하나님의 영의 역사이다"(Z II 327.5-7; Writings, 1:265). 프랑스의 왕 프란시스 1세에게 헌정한 『신앙 해설』(Fidei expositio)에서 츠빙글리는, 장차 하늘나라에서 프란시스 1세가 하나님을 경외하는 모든 신·구약의 사람들뿐만 아니라 왕의 조상들과 헤라클레스, 테세우스(Theseus), 소크라테스 등도 만나게 될 것이라고 썼다. 이러한 면에서 츠빙글리를 오해한 루터는 츠빙글리가 인간은 스스로 하나님을 알 수 있고 자신의 노력으로 구원을 얻을 수 있다고 가르친다고 말하였다. 츠빙글리의 말은 정확하게 그 반대였다. 선택받은 이교도들에 대한 그의 주장은 하나님의 영이 자유로 활동하신다는 것을 보여준다. 취리히 종교개혁의 신학에는 초보 단계의 만인구원론이 있었고, 세상의 다른 종교에 대한 개방성이 있었는데, 이는 계몽주의 운동 때 다시 나타났고 20세기에 처음으로 주요 교회들에 의하여 받아들여졌다.

영성의 중심: 그리스도

취리히의 개혁 교회에서의 영성의 실천은 무엇이었는가? 지금까지의 설명에서 중세 시대와는 대조되는 가장 중요한 차이점이 떠오른다. 1519년부터는 하나님께 드리는 예배의 중심이 미사에서 설교로 바뀌었다는 것이다. 츠빙글리는 매일 설교했던 것 같다. 불링거 역시 40년 이상 매주 설교했는데, 아마 일주일에 두세 번 설교한 것 같다. 1532년의 "설교자와 종교회의에 관한 규범"(Prediger-und Synodalordnung)에서는, 모든 목회자는 주일날 두 번, 주중에 한 번 설교해야 하고, 사도들을 기념하는 축일에도 해야 한다고 규정했다. 취리히의 종교개혁자들은 청중들이 성경 전체에 친숙해지기기를 원했기 때문에, 로마나 비텐베르크의 지도자들과는 달리 중세 시대에 사용하던 규정된 본문을 사용하지 않고 성경의 각 권을 계속해서 설명해 나가는 교부들의 방식을 따랐다. 그들은 설교에서 실질적으로 신·구약 전체를 연속적으로 상술했는데, 이는 개혁 교회 전체의 전형이 되었다. 유감스럽게도 현재 우리는 츠빙글리가 잘 정리하여 설교한 본문들의 순서 외에 다른 자료는 가지고 있지 못하지만, 출판되거나 출판되지 못한 수백 편의 불링거의 설교, 수천 개의 설교 아이디어를 가지고 있는데, 이러한 자료는 최근에 와서 문서화되었다.[9]

취리히 개혁 교회의 영성은 절대적으로 "오직 그리스도"(solus Christus)여야 한다는 사실이 "오직 성경"(sola scriptura)이라는 명제로부터 나왔다. 그런데도 어느 곳이나 어느 때보다도 진정한 기독교 영성—즉, 브로크하우스의 정의에 의하면 "그리스도 안에서 어느 때보다도 깊고 성숙한 하나님과의 개인적 관계"로 설명되는 "구원의 메시지에 대한 개인적 사유"—이 취리히에서 발전되었다. 십자가에서 죽으시고 부활하신 그분 안에 있는 하나님의 은혜로운 행위에 대한 믿음의 결과로 믿음에 기초를 두고서 그리스도를 모방하는 일이 이루어졌는데, 그것은 하나님과 이웃에 대한 적극적인 활동을 통해 이루어졌다. 하나님 나라의 도래에 대한 소망은 취리히 개혁 교회의 복음의 실질적 내용이었다. 이것을 증명하기는 어렵지 않다. "오직 그리스도"라는 명제는 츠빙글리와

---

[9] Fritz Büsser, "Bullinger-der Prediger," in Fritz Büsser, *Würzeln der Reformation in Zürich*, 143-58; idem, "Bullinger, Heinrich," in *Theologiche Realenzyklopädie*, 7:375ff.

불링거가 출판한 모든 저작의 표지에 인용된 성경 구절에 의하여 잘 나타난다. 츠빙글리가 사용한 구절은 마태복음 11장 28절("수고하고 무거운 짐 진 자들아 다 내게로 오라 내가 너희를 쉬게 하리라")였으며, 불링거가 사용한 구절은 마태복음 17장 5절("이는 내 사랑하는 아들이요 내 기뻐하는 자니 너희는 저의 말을 들으라")이었다.[10]

어느 경우에도 설교의 내용이 더욱 정확한 정의를 부여한다. 따라서 츠빙글리는 『결론들』(Conclusions)의 서문에서 쓰기를, "복음의 절정은 하나님의 참 아들이신 우리 주 예수 그리스도께서 우리로 하여금 하늘 아버지의 뜻을 알게 하시고 그의 죄 없음을 통하여 우리를 사망에서 건지시고 하나님과 화해케 하셨다는 것이다"(Z I 458. 2).[11] 그는 계속해서 다음과 같은 부연 설명을 한다:

> 내가 이 말을 하는 것은 그리스도께서는 우리를 구원하러 오셨을 뿐 아니라 하나님의 참 사랑과 하나님께서 우리에게 요구하시는 일이 무엇인지를 가르치시려고 오셨다는 것을 보여 주려 함이다. …복음서 기자들의 글에는 이 사실이 가득 차 있지만, 그중에서도 이웃을 향한 기독교적 행위에 관해서 가장 훌륭하게 잘 요약해서 표현한 곳은 마태복음 5-7장이고, 하나님을 경배하는 것에 관한 곳은 요한복음 5-6장과 최후의 만찬 뒤에 그리스도께서 가르침을 행하신 14장 이후의 부분이다(Z II 28f.; *Writings*, 1:15).

이것은 츠빙글리가 1523년 10월에 있었던 제2차 취리히 논쟁(The Second Zurich Disputation)에서 행한 유명한 설교 「목자」(*The Shepherd*)에서의 주장과 일치한다.

---

10) *The New English Bible* (Cambridge: University Press, 1972)에서 그대로 인용함.

11) "Summa des euangelions ist, das unser herr Christus Jhesus, warer gottes sun, uns den willen sines himmlischen vatters kundt gethon unnd mit siner unschuld vom tod erlost und gott versunt hat" (Cochrane, 36).

그러므로 목자는 그들로 하여금 그들의 약함을 알게 하는 책임이 있다. 그들이 그것을 이해하고 그들 자신의 힘으로는 구원받을 수 없다는 것을 깨달은 후에, 그(목자)는 그들에게 하나님의 은혜를 설명해 주어 그들로 하여금 완전히 그 은혜를 신뢰하게 해야 한다. 하나님께서는 그의 은혜를 보증하시기 위하여 독생자이신 우리 주 예수 그리스도를 주셨고, 우리는 그를 통하여 영원히 하나님께 나아가는 확실한 관문을 얻었다(롬 5:2 참고). 만약 육과 저주 아래 있던 자들이 하나님 은혜의 구원과 보증을 믿고 하나님의 자녀가 되었다면, 그들은 이제 새로운 피조물이 되었으므로 하나님의 뜻에 합당하게 살아야 한다(Z III 22; *Writings*, 2:92).

불링거의 설교의 핵심도 역시 그리스도였다. 그의 기독론은 1527년 혹은 1528년의 *Ratio Studiorum*에서 이미 발견되는데, 그 형식이 독창적이고 비할 데 없이 탁월하다:

나는 그리스도께서 십자가에 달리셨다는 글을 읽었고, 그분이 모든 신자를 위한 대속물이 되셨음을 믿는다. 나는 그리스도께서 죽은 자를 살리셨다는 등의 글을 읽었다. 나는 위험에 처했을 때 오직 그분께만 간구해야 한다고 가르친다. 나는 그리스도께서 세상적인 것들을 멸시하셨고 순결과 사랑을 가르치셨다는 글을 읽고, 참된 하나님 예배는 깨끗한 삶, 순결, 사랑에 있지 절대 외형적인 제물, 축제, 의복에 있지 않다고 결론을 내린다.

불링거의 가르침은 그의 주석, 설교, 신앙고백 등에 본격적으로 나타난다. 주석서 중에서 특히 네 복음서의 해설에 가장 뚜렷하게 나타난다. 예를 들어, 그 책의 헌정 서문에서 그는 마태복음은 "주 예수 그리스도께서는 교회에 짐을 지우시지 않았다는 사실, 그리고 참된 경건의 근원들이 무엇인가"를 보여주려

했고 보여주고 있다고 말하였다(1542).[12] 요한복음은 "크리스천의 진정한 칭의, 그리고 선한 행위에 대해 옳고 정확한 개념"을 다루고 있다고 했다(1543). 마가복음은 "대제사장이시요 충성스러운 백성의 왕이 되셔서 성도들의 교회를 다스리시는 예수 그리스도"에 관해 다루고 있다(1545). 끝으로 누가복음의 주제는 "성부 하나님께서는 독생자 예수 그리스도 안에서 인간의 생명과 구원에 관련된 모든 것을 교회에 주셨으므로 다른 데서 그것을 구하려 할 필요가 없다는 것이다"(1546).

설교들이 기본적으로 같은 방향을 따르고 있다는 사실은 『5권의 설교』(Decades)에서 인상적으로 증명된다. 이 책에 있는 50편이 교훈적인 설교(1549-1551)는 칼빈의 『강요』(Institutio)에 비견될 만큼 그 가치가 인정될 뿐 아니라 개혁교회의 풍부한 사상을 전 유럽에 퍼뜨리는 데 결정적인 역할을 하였다. 여기서 불링거는 기독론을 하나님에 관한 가르침의 핵심에 두며, 동시에 그것을 성령론과 밀접하게 연결한다. 불링거는 우선적으로 삼위일체 하나님, 하나님, 창조, 섭리, 예정 등에 관해서 다룬다(설교 33, 34). 그다음에 유

---

[12] 이러한 헌정사들은 다음과 같은 저서에서 발견된다: *In sacrosanc-tum...Euangelium secundum Matthaeum, Commentariorum libri XII. per H. Bullingerum* (Zurich: Christoph Froschauer, 1542), fol. 2a: "Dominum Iesum Christum non onerasse Ecclesiam suam, & quae sint numerata illa uerae pietatis capita…"; *In divinum Iesu Christi...Euangelium secundum Ioannem, Commentariorum libri X. per H. Bullingerum* (Zurich: Christoph Froschauer, 1543), fol. 2a: "De uera hominis Christiani iustificatione, uera item & iusta bonorum operum ratione…"; *In sacrosanctum Euangelium...secundum Marcum, Commentariorum lib. VI. per H. Bullingerum* (Zurich: Christoph Froschauer, 1545), fol. 2a: "De Iesu Christo Pontifice Maximo & Rege fidelium summo, regnante in ecclesia sanctorum,…"; *In luculentum et sacrosanctum Evangelium...secundum Lucam, Commentriorum lib. IX. per H. Bullingerum* (Zurich: Christoph Froschauer, 1546), fol. 2a: "Deum patrem in filio suo unigenito domino nostro Iesu Christo omnia dedisse ecclesiae suae, quae ad vitam & salutem hominis pertinent, ita ut non sit necesse illa aliunde petere…"

일한 중보자이신 그리스도(35), 하나님의 아들 되심(36), 왕과 제사장으로서의 그리스도(37), 성령의 능력과 활동(38)에 관하여 차례로 설명한다. 츠빙글리와는 구별되는 불링거의 전형적인 또 다른 측면이 "하나님의 예정과 성도들의 택함"에 관하여 쓰인 제2 스위스 신앙고백의 제10조에서 강조되고 있다. 여기서 그리스도는 택함의 수단이요 목적으로 나타난다: "우리는 그리스도 안에서 택함 받고 예정되었으며" 또 "성도들은 뚜렷한 목적 아래 그리스도 안에서 하나님에 의하여 선택되었다. … '그는 우리를 그 안에서 선택하시고 양자로 삼으셔서 우리로 하여금 사랑으로 그의 앞에서 거룩하고 흠이 없게 하셨다'(엡 1:4)"(*Cochrane*, 240).[13] 불링거는 칼빈처럼 예정의 심연에 빠지지 않고 하나님의 궁극적 타자 되심이라는 신비에 주목할 것을 촉구하였다. 그는 보편 구원의 경향을 뚜렷하게 보이면서 다음과 같은 성경 구절을 인용하였다: 마태복음 11장 28절: "수고하고 무거운 짐 진 자들아 다 네게로 오라 내가 너희를 쉬게 하리라"(츠빙글리의 좌우명); 요한복음 3장 16절: "하나님이 세상을 이처럼 사랑하사 독생자를 주셨으니 이는 저를 믿는 자마다 멸망치 않고 영생을 얻게 하려 하심이니라"; 마태복음 18장 14절: "이와 같이 이 소자 중에 하나라도 잃어지는 것은 하늘에 계신 너희 아버지의 뜻이 아니니라", 빌립보서 2장 12절: "그러므로 나의 사랑하는 자들아 너희가 나 있을 때 뿐 아니라 더욱 지금 나 없을 때에도 항상 복종하여 두렵고 떨림으로 너희 구원을 이루라"(CH II, chap. 10; Cochrane, 240-42).

---

13) Peter Walser, *Die Prädestination bei Heinrich Bullinger im Zusammenhang mit seiner Gotteslehre* (Zurich: Zwingli-Verlag, 1957); J. Wayne Baker, *Heinrich Bullinger and the Covenant*.

기도와 예배에 나타나는 영성

설교가 예배의 초점을 이루지만 전부는 아니었다. 그것은 체제 안에서 신약성서에 따라 개혁된 포괄적인 예배의식의 일부분이었다. 이것은 일반적으로 만들어지고 받아들여진 것보다 훨씬 더 값진 것이다. 1535년의 『교회 규범』(Church Order)의 머리말에 의하면 다음의 말이 기본적으로 적용된다: "취리히 교회는 초대 교회의 관례를 따른다."[14] 이 『교회 규범』은 주일과 주중에 있는 설교 예배, 성례전(세례와 성만찬), 결혼, 장례 등을 위한 구체적인 예배 의식을 포함하고 있다. 이것들은 츠빙글리가 초안을 잡았고, 나중에 불링거가 수정했다(Z IV 695-717). 이것들은 전체적으로는 성경에 일치하였지만, 츠빙글리와 불링거는 전통 예배 의식에서 사용되는 많은 본문과 기도문을 그대로 사용했다. 따라서 전통적으로 교리문답의 세 부분인 주기도문(성모송 Hail Mary와 함께), 십계명, 사도신경뿐만 아니라 중보 기도, 공중 신앙고백, 교회를 위한 기도, 죽은 자를 위한 기도(Commemoratio pro defunctis) 등이 포함되었다.

성만찬 예배는 교회 규범에 있는 설교 예배보다 훨씬 뚜렷하게 성경과 초기 기독교 전통에 이중으로 의존하고 있음을 보여준다. 취리히 개혁에서는 성만찬을 거행하는 횟수가 현격히 줄어서 크리스마스, 부활절, 오순절, 교회 헌당 기념식 때로 한정되었다. 츠빙글리의 말에 의하면 취리히에서는 성만찬이 다음과 같이 이루어졌다:

"나는 미사 안에 보존되어 왔어야 하는 것 모두를 성만찬을 행할 때 지킨다. 즉 기도, 찬양, 신앙고백, 성도의 교제, 그리스도의 몸을 먹는 영적, 성례전적 절차 등은 완전히 지키지만 그리스도께서 제정하신 것이 아닌

---

14) Ludwig Lavater, *De ritibus et institutis ecclesiae Tigurinae* (Zurich: n.p., 1559).

것들, 즉 "우리는 산 자와 죽은 자를 위하여 효험있게 드리고 죄의 사면을 위하여 드린다"는 따위의 것, 그리고 교황주의자들이 경건치 못하고 무지하게 주장하는 것들은 생략한다.[15]

로마 교회의 미사와의 결정적인 차이점은, 취리히의 종교개혁자들이 신자들의 공동체가 성령의 역사를 통해서 그리스도의 몸으로 변화하였다고 주장함으로써 화체설을 대체한 것이다. 성만찬은 기념과 감사와 기쁨의 의식이며, 무엇보다도 신자들의 공동체를 한 데 묶는 상징이며 필요한 표시라는 것이다."

"오직 그리스도"라는 주제는 취리히에서의 설교의 내용이며, 하나님께 드리는 예배의 경우에는 더욱 그러하다. 설교와 하나님 예배 모두 인간의 죄성에 대한 인식, 그리스도 안에서의 하나님의 은혜, 그리고 기독교적 삶에 나타나는 긍정적인 영향 여하에 달려 있다. 지금 여기서 츠빙글리와 불링거가 이 세 요소로 개혁 교회의 영성에 결정적인 자극을 주었다는 사실을 확증하려는 것은 아니다. 이러한 영성의 세속적, 즉 정치적 결과에 대하여 살펴보기 전에, 영적인 영역에 있는 어떤 요소를 고려하는 데 필요한 몇 가지 요인을 강조하여야 할 필요가 있다. 첫째, 취리히의 그리스도 중심적인 영성의 몇 가지 특징과 주제를 열거하여 보자.

츠빙글리는 예를 들어서 『결론들』의 제6조에서 발견되는 것처럼 무엇보다도 그리스도가 "지도자요 대장"이라는 생각을 상기할 필요가 있었다. 로허(G. W. Locher)는 이 사상이 한편으로는 성경(엡 6; 히 12:2 이하)에서 나온 것이고, 다른 한편으로는 츠빙글리의 군목으로서의 경험에서 나온 것이라고 지적하였다.[16] 츠

---

15) *Christianae fidei a H. Zuinglio praedicatae brevis et clara expositio*⋯(1531), in *Huldrici Zuinglii opera*, ed. Melchior Schuler and J. Schulthess (Zurich: ex officina Schulthessiana, 1841) 4:74; LW II 286f.

16) G. W. Locher, "Christus unser Hauptmann," in *Zwingliana* (Zurich: Berichthaus,

홀드리히 츠빙글리의 초상화가 새겨진 메달

빙글리는 대장이 단순히 그의 병력을 명령하는 것에서 그치는 것이 아니라 죽음을 무릅쓰고 진두지휘하는 것을 보았다. 그리스도는 복종, 투쟁, 희생, 그리고 어떤 상황에서는 죽음을 대표하실 뿐 아니라 우리의 믿음을 받으시는 성령의 내적 위로를 통한 위안을 대표하시는 "우리의 대장"이라는 것이다. 이러한 믿음을 바탕으로 츠빙글리는 카펠(Kappel)에서 전사했다.

불링거는 진정한 크리스첸의 생존에 매일 필요한 것에 관해서 말하면서도 똑같은 것을 다루었는데, 특히 사방에서 크리스첸을 공격하는 유혹에 관하여 이야기할 때는 그러하였다. 츠빙글리뿐만 아니라 불링거도(당연히 루터도) 그리스도인의 삶에는 십자가가 따르며 하나님께서는 모든 짐을 견딜 능력을 주신다는 것을 알았다. 이 믿음은 불링거의 두 권의 저서에 인상적으로 묘사되었는데, 그 저서는 그 당시에 일어난 사건이 계기가 된 것이지만 "영원한" 진리를 담고 있으며, 그런 점에서 폭넓은 인정을 받았다. 1557년에 그는 교회에 위안을 주는 위대한 책인 묵시록에 관한 100편의 설교문을 출간하고 신앙 때문에 유럽에서 박해받을 모든 사람에게 바쳤다.[17] 그는 성 바돌로뮤 축일의 학살

1950) 9:121-38.

17) *In Apocalypsim Iesu Christi...Conciones centum: authore H. Bullingero* (Basel:

사건의 자취를 쫓아서 『기독 교회에 대한 가혹한 박해에 관하여』(On the Severe Persecution of the Christian Church)라는 책을 써서 박해의 이유를 다루고 인내와 끈기를 요청하는 한편 전 교회의 역사가 총체적 박해의 역사임을 묘사하려 하였다.[18]

이것은 일련의 목양적인 글이 취리히 종교개혁 영성의 특징이었음을 지적해 준다. 츠빙글리로서는 교육적 관심이 우선이었다. 가장 으뜸 되는 것이 교육적인 저작 *Quo pacto ingenui adolescentes formandi sint*였다.[19] 재능 있는 교사였던 이 종교개혁자는 헌정문에서 그의 의붓아들에게 다음과 같이 쓴다:

> 이 가르침의 첫 부분은 경건한 교훈들과 고귀한 크리스천의 온유한 성격에 대해서 다룬다. 두 번째 부분은 자기 수양, 세 번째는 이웃과의 관계에 관한 것이다. 나의 의도는 요람에서부터 시작하려 함도 아니요 제1과에서부터 시작하려는 것도 아니다. 나는 이성을 가지는 나이에 이르기까지, 구명복 없이 헤엄칠 수 있을 때까지 기다린다. 너는 이제 그 나이가 되었다. 나는 네가 이 가르침을 주의 깊게 읽고 그것에 맞는 삶을 살아서 다른 사람들에게 살아 있는 본이 되기를 바란다. 예수님께서 다스리시기를! 아

Johannes Oporinus, 1557; Microfiche EPBU-196); English, *A hundred Sermons upon the Apocalips*… (London: John Day, 1561; Microfiche EPBU-201).

18) *Veruolgung. Von der schweren langwirigen veruolgung der Heiligen Christlichen Kirchen…durch H. Bullingern* (Zurich: Christoph Froschauer, 1573; Microtiche EPBU-248); Latin, *De persecutionibus ecclesiae Christianae, liber ab H Bullingero…conscriptus…* (Zurich: Christoph Froschauer, 1573; Microfiche EPBU 249); English, *The tragedies of tyrantes. Exercised upon the church of God, from the birth of Christ unto this present yeere. 1572. Written by H. Bullinger, and now Englished* (London: William How, 1575; Microfiche EPBU-251).

19) *Quo pacto ingenui adolescentes formandi sint…H. Zuinglio autore*…(Basel: Johannes Bebelius, 1523; Z II 526-551); German, *Wie man die jugendt in guten sitten und christenlicher zucht uferziehen unnd leeren solle, ettliche kutze underwysung durch H. Zuinglin beschriben* (Zurich: Christoph Froschauer, 1526; Z V 427-447).

멘!(Z V 431).

그의 목회 신학 역시 같은 분야에 속한다: 『목자』(Der Hirt), [20] 『설교의 직무에 관하여』(Vom dem Predigtamt)라고 제목이 붙여진 책, [21] "대장(Captain)은 어떤 사람이어야 하는가?"[22]에 대하여 설명한 한 『운동에 관한 계획』(Plan über einen Feldzug), 마지막으로 그의 세 노래: "재난의 노래"(Plague Song), 시편 69편을 손질한 노래, "카펠의 노래."[23] 이 노래들은 츠빙글리가 교회의 노래에 반대하는 사람이 아님을 간접적으로 시사한다.

불링거가 훌륭한 영적 조언자요, 그러한 면에서 취리히 종교개혁의 영성에 지대하게 공헌하였다는 사실은 설교에 대한 그의 개념에서 잘 나타난다. 이것은 다음의 신약 성경의 세 단어의 모델을 따른다: 가르치다(docere), 권면하다(hortari), 위로하다(consolari). 위에 언급된 위로의 저작 못지않게, 『5권으로 된 설교집』(Decades)과 『제2 스위스 신앙고백』에서도 동일한 목적을 위해 그와 유사한 방법으로 다룬다. 특히 효율성 때문에 널리 전파된 저술이 그러하다: 『크리스천의 결혼』(Der christliche Ehestand)[24]과 『환자의 보고서』(Bericht der Kranken:

---

20) *Der Hirt*⋯(Zurich: Christoph Froschauer, 1524; Z III 1ff.); English, "The Shepherd" *Writings*, 2:77ff.

21) *Von dem Predig Ampt*⋯(Zurich: Christoph Froschauer, 1525; Z IV 369-433); English, "The Preaching Office" (*Writings*, 2:147ff.).

22) *Plan zu einem Feldzug*, 1524/25(Z III, 579).

23) Markus Jenny, *Luther, Zwingli, Calvin in ihren Liedern* (Zurich: Theologischer Verlag, 1983).

24) *Der Christlich Ehestand…durch H. Bullingern beschriben* (Zurich: Christoph Froschauer, 1540; Microfiche EPBU-137); English, *The golden boke of christen matrimonye…set forthe in English by Theodore Basille*…(London: John Mayler, 1542; Microfiche EPBU-138).

환자들을 돌보는 사람들을 위한 지침서).[25] 불링거의 경우에는 통치자, 친구, 동료, 학생들에게 보낸 많은 서신을 생각해 볼 수 있는데, 그 안에는 취리히의 영성에 있어서 가장 직접적이고도 감동적인 표현이 담겨 있다.

세상에 유익을 주는 영성

취리히 종교개혁의 영성은 절대 예배와 기도에 머무르지 않았다. 설교, 전례, 성례전, 공중 기도와 개인기도 등 모든 것이 기독교적 생존에 필요한 중심적이었다. 츠빙글리와 불링거의 견해에 따르면, 기독교적 생존에는 그 이상의 것이 필요했다. "구원의 메시지를 개인적으로 전용하는 것," "그리스도 안에서 영원히 깊어지고 성숙해지는 하나님과의 개인적 관계"는 매일의 삶으로 확대되었다. 취리히 종교개혁에서는 교회와 이웃에 대한 섬김의 목적을 공적인 생활의 영역에서, 정치적/사회적 영역의 활동들 안에서 이루어 갔다. 현대의 용어로 표현하자면, 취리히 종교개혁의 영성은 "세속화"였다. 기독교계의 세속화란 기독교가 세속적으로 되는 과정을 의미하는 것이 아니라 세상의 기독교화를 의미한다. 그것은 하나님의 뜻을 이 세상에서 실현하려는 시도이다.

복음적 개혁 교회 영성의 이러한 측면은 루터의 그것과 달랐고, 츠빙글리와 불링거의 교회론과 성령론에 긴밀하게 연결되어 있다. 그들에게 있어서 교회는 전 세계적인 우주적 공동체로서 항상 실재하는 것이었다. 그리스도의 몸인 교회는 개 교회 공동체 안에서, 그리고 모든 민족의 우주적 교회로서 구체화하

---

25) *Bericht der krancken...Heinrychen Bullingers* (Zurich: Christoph Froschauer, 1535; Microfiche EPBU-126); Latin, *Quo pacto cum aegrotantibus ac morientibus agendum sit*...(Zurich: August Fries, 1540; Microfiche EPBU-127).

였다. 이러한 견해의 신학적, 정치적, 사회적 배경과 결말에 대해 언급해야겠지만, 그것은 여기서 더 자세하게 다루어야 할 성격의 것은 아니다. 한편, 콘스탄틴과 어거스틴에로 소급되는 corpus christianum의 개념은 취리히의 개혁에서 살아남았다. 이것은 취리히 공동체가 기독교 공화국(republica christiana)으로 인식되었음을 뜻한다. 취리히의 개혁은 교회를 지방 자치화하는 최고의 활동이었다. 월튼(R. C. Walton)에 따르면, 그것은 "시 당국의 권위가 교회의 외형적인 모든 일을 관장하는 제도의 완성"을 초래했다. 이러한 의미에서 취리히의 개혁은 그 과정의 시작이 아니라 마지막을 장식했다.[26] 다른 한 편으로 취리히의 개혁 모델은 계속 존속하여 국제적으로 영향을 미쳤다. 그것은 영국의 국교회 형태에 크게 영향을 미쳤고, 현대 세계의 많은 정치적, 사회적, 경제적 발전에 영향을 직접 주었다.

여기서 취리히 종교개혁의 세속화된 영성의 내용에 대한 질문이 제기되어야 한다. 개인적인 영성의 분야에서와 마찬가지로, 취리히의 개혁자들이 루터처럼 법과 복음을 서로 상치시키지 않고 오히려 그것들이 상호 보완하는 것으로 이해하였다고 추론하는 것은 온당한 일이다. 라바터(H. R. Lavater)는 블라러(A. Blaler)에게 보낸 츠빙글리의 편지를 해설한 글에서 다음과 같이 간명히게 말하였다:

"종교개혁은 하나의 정치적인 문제이고, 기독교 국가는 기독교 공동체의 정치적 형태이며, 좋은 크리스천은 좋은 시민이다. 이로써 그리스도의 나라란 믿는 자의 마음 안에 있는 내적인 것일 뿐 아니라 세상의 변화를 명령하기 때문에 또한 외형적인 것이다(Regnum Christi *etiam* externum). 그리

---

26) R. C. Walton, "The Institutionalization of the Reformation at Zürich," in *Zwingliana*, 13: 497.

스도의 주권에서 벗어날 수 있는 영역은 없다. 에티암(*etiam*)이라는 단어는 내면과 외면 사이의 구별이 마침내 무너졌음을 의미하여 준다. 오직 그리스도의 왕국이 구체적으로 실현될 뿐이다."[27]

기독교 공동체로서의 국가라는 개념은 츠빙글리의 『하나님과 인간의 의에 관하여』(*Von götlicher und menschlicher Gerechtigkeit*)에서 매우 분명하게 상술되어 있다.[28] 정신과 물질, 영혼과 육체의 차이와 상호관계에 기초를 두고서, 츠빙글리는 개념과 실재 사이에 있는 긴장 관계를 발견한다. 모든 시대의 크리스천들이 되풀이해서 성취하려고 하는 이상적인 목표는 "하나님의 공의" 즉, 하나님의 주권이다. 이것은 하늘 아버지가 온전하신 것처럼 우리도 온전하라고 권고한다. 산상수훈의 가르침에 표현되어 있으며 하나님과 이웃에 대한 사랑을 이행하는 규범에 표현된 이 하나님의 공의에 따라 판단해보면, 우리는 죄인이며 또 계속 그러할 것이다. 그러므로 우리에게는 무엇보다도 하나님의 은혜가 항상 필요하다. 우리의 죄 때문에, 자비로우신 하나님께서 우리에게 인간의 정의, 즉 세속 질서를 주셨는데, 이 질서는 "교사"의 역할을 하며 인간의 법으로 훈육하고 벌을 주는 세속 관리들에 의하여 관리되고 있다. 하나님의 공의와 비교해보면, 인간의 정의는 상대적이고 정의라고 불리기에는 극히 미흡하다. 그런데도 그것은 필요하다. 우선 그것은 모든 수준에서 공동생활을 가능하게 한다. 인간의 정의는 항상 불완전하기 때문에, 하나님의 공의의 표준을 통하여 개선될 여지가 있다.

---

27) H. R. Lavater, "Regnum Christi etiam externum-Huldrych Zwinglis Brief vom 4. Mai 1528 an Ambrosius Blarer in Konstanz," in *Zwingliana* 15:338f.

28) *Von gottlicher und menschlicher Gerechtigkeit, wie die zemen sehind und standind. Ein predige Huldrych Zuinglis*⋯(Zurich: Christoph Froschauer, 1523; Z II, 458-525); English, "Divine and Human Righteousness" (*Writings*, 2:1-41).

교회 공동체와 국가 공동체의 정체성에 관한 불링거의 생각은 츠빙글리와 같은 전제에서 기인하였지만 츠빙글리보다 훨씬 더 큰 영향을 미쳤다. 불링거에 관한 최근의 연구는, 그의 신학—그의 해석학적 저작들, 『5권으로 된 설교집』, 『제2 스위스 신앙고백』 등에 나타나는—이 때로는 노골적으로 때로는 은연중에 언약의 개념에 중심을 둔다는 것을 명백하게 증명한다. 그러므로 불링거가 개혁 교회의 "언약 신학"(Föderaltheologie)의 효시로 알려져 있는 것은 당연하다. 이것은 칼빈이 시작하지 않은 또 하나의 개혁 교회의 전통이다. 여기서 특별히 관심을 끄는 것은 로허가 말한 대로 이 언약 신학은 성령론 일색이리는 것이다. 언약 신학적 주장과 성령론적 주장은 서로 평행선을 달리기 때문에, 그 둘의 동일성을 인식해야 할 필요가 있다. "성령이 언약 안에 있고, 언약이 성령 안에 있다."[29]

그리스도 안에서 인간과 맺어진 유일하고 영원한 언약이라는 개념은 개인적인 의미뿐만 아니라 사회적, 윤리적 의미가 있다. 따라서 불링거는 『5권으로 된 설교집』에서 질서가 잡힌 기독교 국가에 대하여 다음과 같이 설명하였다:

"내가 바라건대 질서 정연한 도시의 훌륭한 강단보다 더 즐거움을 주는 곳은 없다. 그곳에는 교회가 든든히 자리를 잡고 있고, 하나님을 올바로 예배하며, 믿음과 사랑 안에서 하나님의 말씀에 순종하므로 하나님께서 기꺼이 은혜의 선물을 주신다. 그곳의 통치자는 선한 규율과 의로운 법을 옹호하며, 시민들은 단결하고 순종하며 참된 종교와 의로운 일을 위해 모인다. 그곳 사람들은 교회나 법정이나 공동 예배의 장소에서 정직한 모임을 갖곤 한다. 그곳 사람들은 덕과 학문 연구에 매진하며, 인간 생활에 필요한 학문을 하거나 경작을 하거나 장사를 하거나 그 밖의 다른 직업에 종

---

29) G. W. Locher, "Die Lehre vom Heiligen Geist in der Confessio Helvetica Posterior," 335.

사하면서 정직한 생활을 하려 한다. 그곳의 어린이들은 정직하게 양육되며, 부모들은 수고의 대가를 받으며, 가난한 사람들은 구제를 받으며, 곤란에 처한 나그네들은 쉴 곳을 얻는다."[30]

불링거가 그의 저서들, 특히 설교집 2, 3권에서 포괄적인 사회 윤리를 얼마나 주의 깊게 개설하였는지를 여기서 자세하게 이일으키는 것은 무리일 것이다. 이 설교들은 그 시대 사람에게 중요했고, 지금까지도 사람들에게 중요하게 여겨지는 정치적, 사회적, 경제적 특질의 제반 문제를 실질적으로 고찰한다.

결론적으로, 우리는 세상에 대해 개방적인 이 전형적인 개혁 교회 영성의 역사에 나타난 효율성을 강조한다. 츠빙글리와 불링거의 세속화된 신앙은 스위스의 개혁 교회를 창출하였을 뿐 아니라, 개혁 개신교로서 세계적인 영향을 미쳤다. 따라서 "언약" 신학은 그 윤리적인 암시와 함께 그에 상응하는 정치사상에서 그 반향을 느낄 수 있을 뿐 아니라, 서양의 현대 민주적 사회 법치 국가들 안에서 그러한 사상들이 실현되게 하는 데에 결정적으로 영향을 주었다. "언약 사상과 미국의 민주주의"(The Idea of Covenant and American Democracy)라는 제목의 논문에서 니버(H. R. Niebuhr)는 언약 사상의 의미에 대하여 다음과 같이 썼다: "세계는 언약 사회의 이러한 근본적인 도덕 구조를 가지고 있다. 그리고 정치적 영역에서 가능하거나 요구되는 것은 세계 공동체 안에서 약속한 자, 약속 이행자, 계약자로서 인간의 책임에 대한 확인과 재확인이다."[31]

---

30) *The Decades of Henry Bullinger, Minister of the Church of Zürich*, 276.

31) H. R. Niebuhr, "The Idea of Covenant and American Democracy," *Church History* 23 (1954) 130.

제14장

존 칼빈의 영성

윌리엄 보우스마(William J. Bouwsma)

칼빈의 영성은 르네상스 인문주의에 의해서 대표되는 15세기와 16세기 수사학적 전통에 그 기원을 두고 있다. 칼빈은 로렌조 발라(Lorenzo Valla)를 탁월한 학자로 인정했을 그뿐만 아니라, 또한 예정의 교리를 주장하는 동지로 여겼다. 칼빈이 발간한 최초의 책은 세네카(Seneca)에 대한 주석으로서, 에라스무스를 능가하려는 의도로 쓰인 것이었다. 그는 에라스무스의 성경적 학식에 대해 잘 알고 있었고, 또 루터와는 달리 이 위대한 북유럽의 인문주의자에 대한 직접적인 비판을 피했다.

칼빈의 종교가 일반적으로 "영성"으로 취급되지 않은 것은, 주로 칼빈에 관해서 보다는 후일의 칼빈주의를 다룰 때 사용된 관념, 즉 그를 조직신학자와 교리신학자로서 이해하려는 관념의 결과이다. 칼빈은 자신을 철저한 성서신학자로 생각했고, 또 그는 인간의 모든 신학 작업과 관련하여 이것이 어떤 의미를 함축하는지를 잘 알았다. 그는 체계를 높이 평가했고, 또한 오직 제한되고, 실제적이며, 교육적인 목적을 위해서만 체계적으로 자신을 표현했다. 그렇지 않았다면, 그는 특히 종교적인 문제에서 무엇을 체계화하려는 지극히 인간적인 충동을 불신했을 것이다. 칼빈은 "하나님이 침묵하시거나, 혹은 그분 자신의 결정에 따라서 말씀하도록 허용하지 않는 것은 곧 하나님께 명령하려 하는 것으로서, 이는 자연 그 자체를 모욕하는 것이다"라고 선언했다. 그는 "성경의 아름다운 섭리"를 철학적 체계의 건물과 대조시키면서, 약간은 역설적으로 성령은 "전혀 가식 없이 가르치셨기 때문에, 방법론적인 계획에 정확하게 혹은 지속해서 집착하지 않으셨다"는 것을 주목했다.

인문주의자 칼빈

칼빈은 기독교는 기본적으로 역설적인 종교라고 주장했다. 신학의 주요 조항(articles)은 역설이기 때문에, 칼빈은 "인간의 일반적인 인식은 그러한 조항을 경멸하고 거부한다"고 주장했고, 도전적으로 그러한 역설들을 열거했다: "하나님께서 필멸의 존재가 되신 것, 생명이 죽음에 굴복하는 것, 의가 죄의 모양 아래 감추어진 것, 축복의 원천이 저주의 지배하에 놓인 것." 성서신학자로서, 칼빈은 그의 설교에 설득력 있고 논쟁적이며 교육적 목적, 혹은 그 외 다른 실제적 목적에 이바지하리라고 생각되는 예기치 못한 상상적 통찰력, 수사학적 표현, 여담, 반복 등을 도입하기 위해서 체계적 순서를 희생시킬 각오가 되어 있었다.

그는 수사학을 매우 높이 평가했다. 따라서 그는 사도 바울이 말의 지혜 (sapientia verbi, 고전 1:17)를 거부한 것은 구두 설교의 기술을 전반적으로 거부한 것이 아니라고 주장하면서, 이 구두 설교의 기술에 대해 "인간이 올바로 사용하도록 하나님께서 주신 고상한 선물"이라고 변호했다. 그는 글이나 설교에서 차지하는 수사학의 힘을 강조하면서, 그것은 인간의 마음속에 침투해서 그의 내면에서부터 인격을 변화시킬 수 있다고 했다. 종교적인 커뮤니케이션에서 비유적인 언어를 사용하는 것을 반대하는 주장에 대해 그는 이렇게 답변했다:

신학자에게 어울리는 유일한 답변: 비록 그다지 정확하지 못한 상징적 표현이라도, 상징을 사용하지 않고 말할 경우보다 훨씬 더 의미 깊고 우아하게 표현하게 해준다. 이런 까닭에, 상징을 연설의 중심이라고 부른다. 이는 상징이 일상적인 언어보다 어떤 주제를 더욱 쉽게 설명할 수 있기 때문이 아니라, 타당성으로 인해서 청중의 관심을 끌고, 정신을 환기해주며, 생생한 유사성에 의해서 전하고자 하는 바를 보다 효과적으로 마음속에 주입시키기 때문이다.[1]

그는 특별히 구약 선지자들의 수사학적 은사를 존경했고, 또한 성경 본문의 내용뿐만 아니라 기교도 충분히 이해하기 위하여, 헬라어와 히브리어 원어로 그것을 연구해야 할 필요성을 인식했다. 따라서, 칼빈은 인문주의의 중심적 이상인 *persuasio*와 *eruditio*에 대한 발라(Valla)의 평가를 결합했다.

이러한 특징적 표현이 암시하고 있는 것처럼, 칼빈은 칼빈의 영성을 형성해준 르네상스 인문주의의 기초가 되는 인간론적, 인식론적 전제에 공감했다. 그는 또한 인간의 인격을 복합적이고 신비적인 통일체로 이해했으며, 인격 안에서는 감정과 의지가 중심적이지만 지성은 주변적인 위치를 차지하는 것으로 보았다. 그는 스토아 철학의 무정념(*apatheia*)은 사람이 "현명해지기 위해서 철저히 무감각해져야 할 것"을 요구하는 "미친 철학"이라고 공격했다. "하나님께서 인간의 본성에 심어 두신" 감정은 "본질적으로 그것을 만드신 분 이상으로 타락하지는 않는다"라고 그는 썼다. 또한 그는 다른 인문주의자들과 마찬가지로, 인간의 몸을 만드신 분의 솜씨를 존경했고, 또한 언약의 궤 앞에서 다윗이 춤을 춘 사건(삼하 6:16)에 근거해서 전 인격이 예배에 참여해야 할 당위성을 명확하게 변호했다: "예배 때 우리는 모든 감각, 발, 손, 팔, 그리고 기타 모

---

[1] *The Clear Explanation of Sound Doctrine concerning the True Partaking of the Flesh and Blood of Christ in the Holy Supper* (1561), in *Calvin: Theological Treatises* (Library of Christian Classics 22; London: SCM, 1954) 319.

든 것을 활용하고 사용하여, 전인이 하나님을 섬기고 찬양해야 한다." 칼빈은 그리스도인의 삶에서 금식의 중요성을 다른 개신교 형제들보다 깊이 인식했지만, 그의 영성에서 육체의 금욕은 주요한 자리를 차지하지 않았고, 육체의 쾌락에 대해서는 우호적인 태도를 보였다. 예를 들면, 그는 음식을 "합당하게 사용하는 것"에는 영양 섭취 이상의 것이 포함된다고 주장했다. "음식이 영양뿐만 아니라 맛도 가지고 있어야 하듯이, 하늘 아버지께서는 맛있는 것으로 우리를 기쁘게 해주시기 때문이다." 아마도 에라스무스의 유명한 대담을 회상하면서, 그는 다음과 같이 제안했다: "거룩한 사람들은" 친구를 초대하여, "함께 하나님께 감사를 드리며, 특별히 유쾌하게 상호 잔치의 즐거움을 누리자." 칼빈은 독신 생활이 영적으로 가치가 있다고 생각하지 않았다. 그는 성적 매력을 옹호하고, 심지어 찬양하기도 했다. 이와 관련해서, 그는 야곱이 레아보다 라헬을 좋아한 것에 대해, "외모에 마음이 끌려 한 여자를 아내로 선택하는 것이 죄는 아니다"라면서 야곱의 입장을 변명했다. 그는 서방 영성의 전통에서 드러나는 금욕적 경향에 대하여 거의 공감하지 않았다.

인간의 인격을 지적인 존재 이상이며 동시에 그 이하로 이해하는 그의 개념은, 다른 인문주의자들의 경우와 마찬가지로, 정신이 특정한 지식, 특히 영적인 문제에 관한 지식을 얻을 수 있다는 가능성에 대해 의심을 가지게 했다. 다른 인문주의자들과 같이, 그는 종교적 지식에 대한 인간의 권리 주장을 공격했다. 예정에 관해서 그가 언급한 바와 같이, "주어진 것도 아니고 합법적으로 알 수도 없는 것들에 관해서는 무지의 상태로 있는 것이 차라리 유식한 것이다. 알기를 갈망하는 것은 일종의 미친 짓이다." 이러한 입장이 가져온 한 가지 결과는 영적인 삶의 민주이다. 칼빈은 "오늘날 많은 바보가 있다. 그들은 언어의 사용에 있어서 무지하고 솜씨가 없지만, 거만한 사변에 사로잡힌 모든 가톨릭 신학자들보다 그리스도를 더욱 충실하게 증거한다"라고 선언했다. 그러나 그의 더욱 심오한 요점은, 영적 지식은 "정신에 의해서만 파악될 뿐, 심령에 뿌리내리지 않았기 때문에 신속히 사라져 버리는" 지식과는 다르다는 것이다. 칼빈의 견해에 있어서, 영적인 지식은 언제나 정의적(情意的)인 것이다. 이것은 왜 신앙이, 그가 주장한 대로, 단순히 "복음의 역사에 대한 일반적인 동의"와 동일시될 수 없는지 그 이유를 제공한다. "왜냐하면 진정한 믿음은 두뇌의 것이라기보다는 마음의 것이며, 이해보다는 성향의 문제이기 때문이다."

칼빈에게 있어서, 단순한 지적 지식이 지닌 보다 심각한 약점은 그것의 무용성이었다. 유용성은 그가 진리를 판단하는 주된 기준이었다. 그는 "하나님의 가르침은 실천을 이룬다"라고 주장했다. "성경은 성령의 학교이다. 그 학교에서는 알아야 할 필요가 있으며 알아서 유익한 것은 아무것도 생략되지 않는다. 따라서 오직 유익한 것만 가르친다." 따라서, 그는 주로 "적절하고 균형 있게 다루어진다면, 예정의 교리만큼 유익한 것이 없다"는 근거에서 예정의 교리를 변호했다. 역으로, 그는 공로(행위)의 개념을 공격했는데, 이는 그것이 오류일 그뿐만 아니라, 인간의 자만심을 북돋우기 때문이었다. 칼빈은 일반적으로 자신의 가르침의 실질적 결과에 대해 수사학자적인 관심을 지녔고, 그의 종교적 설교는 인간적 지식의 확실성에 대한 의심과 실용성에 대한 그의 주된 관심에 비추어 해석되어야 한다.

그의 교리 형성에 작용한 사항 중에는 언제나 세속 공동체와 영적 공동체에 미친 영향이 있었다. 사람들은 칼빈의 개인주의를 크게 과장해 왔다. 그것은 성경적이면서도 아리스토텔레스적이고 스토아적인 주장, 곧 인간의 사회성과 연대성에 대한 주장에 의해 균형을 이루어 왔다. 칼빈은 "인간은 본성상 사회적인 동물이므로 자연적 본능을 통해서 사회를 발전시키고 보존하려는 경향이 있다. 결과적으로, 우리는 모든 인간의 정신 안에는 시민적 공평성과 질서에 대한 보편적 인사들이 존재한다는 것을 관찰한다"고 썼다. 그는 "우리를 형제

사랑의 띠로 묶기 위해서, 하나님께서는 우리의 이웃을 일반적인 인류라고 증언하시는데, 이는 공통된 본성의 끈이 우리를 연합시키기 때문이다"라고 주장했다.

칼빈은 사회에 일반적으로 필요한 것은 특히 교회에 의해서 요구된다고 보았다. 교회는 포괄적인 상호 도움의 공동체이기 때문이다. "하나님께서는 우리에게 손을 뻗으시는 것은 우리 각 사람이 자신의 인생을 영위하게 하기 위해서가 아니라, 우리가 사람들을 돕고 그들의 영적인 진보를 촉진하기 위해서이다"라고 지적했다. 칼빈은 공예배는 의무적인 것으로 보았다. 왜냐하면, "모든 사람은 자신이 경험한 하나님의 은혜를 공적으로 찬양하여, 다른 사람들이 그분을 믿도록 돕는 본이 되어야 하기 때문이다." 혹은 칼빈이 다른 곳에서 말했듯이, "신앙의 통일성이 지배해야 하는 하나님의 교회에서 가장 혐오스럽고 불쾌한 일은 각 사람이 자신이 따를 것을 스스로 결정하는 것이다."[2] 그는 성례전을 "사랑의 띠"요 교회 통일성의 상징이라고 칭했다. "공동으로 떼기 위해 성별된 떡은 많은 낟알로 만들어졌지만, 낟알을 구별할 수 없도록 완전히 섞인 것처럼, 우리는 분해할 수 없는 단일한 우정으로 연합되어야 한다." 칼빈의 영성은 사회적이고 포괄적이었다; 그는 수도원 영성은 배타적이라고 여겼기 때문에 그의 영성을 수도원 영성과 절연시키기 위해 노력했다. 그는 "특이한 사역과 성례전의 개인적인 시행을 채택하는 과정에서, 수도사들은 자신을 합법적인 신자들의 회에서 분리하지 않는가?"라고 수사학적으로 질문했다.

칼빈은 특별한 도덕적/종교적 위기의 시대에 개혁의 시급성을 절감했다는 점에서 이탈리아의 인문주의자들과 흡사하다. 그는 세계를 하나님의 뜻에 일

---

2) Commentary on Acts 19:23-24, in *Johannis Calvini Opera quae supersunt omnia* (Brunswick: C. A. Schwetske er filius, 1863-1900) [hereafter referred to as OC] 48, col. 450.

치시키려는 간절한 염원에 이끌려, 종종 그 시대의 사악함과 죄악을 비난했다:

"지난 30년 혹은 40년 동안 유럽은 얼마나 많은 고통을 겪었던가! 유럽의 회개를 촉구하기 위해 내려진 징벌은 얼마나 많았던가! 그럼에도, 그것들이 효과가 있었던 것으로 보이지는 않는다. 그와 반대로, 사치는 매일 증가하고, 무법한 욕망은 여전히 불타고 있으며, 사람들은 전보다 더 부끄러움도 없이 죄와 방탕을 고집하고 있다"(이사야 9:10 주석; OC 36, col. 202).

그러나 그를 가장 크게 괴롭힌 것은 거룩한 공동체의 타락이었다. 그는 종종 그것을 에라스무스의 용어를 사용하여 극단적 형식 존중주의(externalism)요 미신이라고 공격했으며 그릇된 교리로 간수했다. 그는 가톨릭교회는 오직 은혜에 의한 구원이라는 복음의 메시지에서 이탈하여, 진정한 성성(sanctity)의 가능성에서 끊어진 '행위-의'로 변질되었으므로, 교회의 가르침은 그릇된 것일 그뿐만 아니라 크게 유익치 못한 것이 되었다고 생각했다. 그럼에도 불구하고, 그는 이러한 오류의 원인을 성경을 잘못 해석한 것이나 지적인 실패의 탓으로 돌리지 않고, 고위 성직자의 지배욕(libido dominandi)의 탓으로 돌렸다. 이들 성직자는 영혼 구원을 위하여 신과 선행을 교역하면서 이 세상에서 엄청난 권력을 약속받았다: "이 신성 모독직인 인간은 교회의 직무라는 가면 아래 무세한 적인 독재를 행사하기를 원했기 때문에 그저 이러한 관념을 무식한 사람들에게 강요할 수만 있다면, 그들이 자신과 다른 사람들을 올가미로 씌우는 허무맹랑한 짓에 대해서는 일말의 반성의 빛도 보이지 않는다."[3] 칼빈의 견해에 의하면, 그 결과는 하나님께서 자기 백성들을 위해 제정하신 공동체의 파괴였다.

그러므로, 칼빈의 영성은 파괴된 거룩한 공동체를 재건하기 위해서 계획된

---

[3] *Institutes of the Christian Religion*, trans. Ford Lewis Battles (Library of Christian Classics 20-21; London: SCM, 1961) 1.7.1.

것이었다. 이탈리아 인문주의자들이 그들의 정치적 공동체—그들에게 있어서 이 공동체는 거룩한 공동체였다—를 재건하기 위하여 언어의 힘에 의존했듯이, 칼빈은 언어의 힘을 이용하여 거룩한 공동체를 재건하자고 제안했다. 중세의 어둠으로부터 빛을 가져오기 위해서 칼빈은 인간 언어의 유창함 대신 하나님 말씀의 능력으로 대체할 것을 주장했다. 르네상스의 참신한 역사적 관점은 교회가 처한 상황에 대한 칼빈의 이해를 형성해 주었다. 칼빈은 그러한 관점에 제2세대 종교개혁의 공격성을 첨가했다:

> 하나님의 인자하심 덕분에 순수한 복음이 오랜 세월 동안 묻혀 있던 무시무시한 어둠을 뚫고 나타났지만, 우리는 여전히 혼란에 빠져 있다. 경건하지 못한 사람들은 여전히 칼과 독한 말로 끊임없이, 그리고 맹렬하게 불쌍한 교회를 공격하고 있다. 교회 안의 적들은 우리의 조직을 무너뜨리려고 은밀한 방법을 사용한다: 악인들은 모든 질서를 파괴하고, 우리의 진보를 방해하기 위해서 많은 장애물을 설치한다. 그러나 하나님은 여전히 이 시대적 고통 속에서 그분의 영적인 성전을 세우기를 원하신다. 신실한 자들은 한 손에는 삽을, 그리고 다른 손에는 칼을 쥐어야 한다. 왜냐하면, 교회를 세우는 일은 많은 고투를 동반하는 일이기 때문이다(다니엘서 주석 9:25; OC 41, COL. 184).

하나님을 경험함

새로운 역사적 상황에 적합한 이러한 호전성을 제외하면, 칼빈의 영성은 이탈리아 인문주의자들의 영성을 닮았는데, 그의 영성은 하나님의 초월성과 그분에 대한 인간의 전적인 의존성에 대한 인식에서부터 시작되며, 양자는 각각 서로를 조명해준다. 칼빈은 "많은 유대에 의해서 결합하여 있기 때문에, 어느 것이 선행하며 어느 것이 나머지 것을 초래하는지는 식별하기가 쉽지 않다"는 사실을 인정했다.

그럼에도 불구하고, 있는 그대로의 하나님을 아는 것은 전적으로 불가능하다고 칼빈이 주장한 것은 인간의 지식에 대한 그의 부정적인 태도와 일관된 것이었다. 칼빈의 견해에 의하면, 신자들은 이 세상에서 나타나는 하나님의 전능하신 행위와 사역, 즉 하나님 능력의 결과라고 이해하는 것을 통해서 간접적으로만 하나님을 경험한다(이것은 더 구체적이고 제한된 단어인 "알다"라는 단어보다 칼빈의 의미를 더 잘 전달하는 단어이다). 신자들은 천둥(이것은 종교적 경험을 설명하기 위해 즐겨 사용하는 은유)을 경험하듯이 하나님을 경험한다—그러나 "안다"고 말할 수는 없다. 그것은 신성에 대한 아주 미미한 이해가 지니는 힘을 가리켰다(이 신성이 더욱 생생하게 이해가 되더라도 우리는 그것을 견뎌낼 수 없을 것이다): "우리는 천둥소리만 듣고서도 공포에 사로잡힐 것이다. 그렇지만 아무것도 말로 표현될 수 없다. 오직 하나님만이 희미한 천둥소리를 만들어 낼 수 있다. 하나님께서 우리에게 말씀하시거나 그의 영광을 드러내신다면 어떻게 될까? 인간은 죽거나 소멸되지 않고서는 하나님을 뵐 수 없다"(신명기에 관한 설교 43; OC 26, col. 399). 칼빈의 영성은 자연계에서 작용하는 에너지들로부터 취한 상징 안에 특징적으로 표현되는 신비한 경외감으로 뒤덮여 있었다.

그러나 우리의 하나님 체험은 유익한 것에만 제한된다. 칼빈은 주장하기를, 신실한 자들은 이러한 경험으로부터 "하나님을 영화롭게 하는 데 필요한" 지식만을 끌어내야 한다. 왜냐하면, "우리는 하나님의 엄청난 능력에 대한 경외심으로 가득하고 압도될 때에만 그분을 올바로 찬양할 수 있기 때문이다." 그러나 또 다른 이유 때문에, 인간은 하나님의 능력을 먼저 의지해야 한다: 하나님의 능력에 대한 신뢰는, 인간을 돕고 "우리의 의식 속에서 일어날 수 있는 불안한 생각을 물리칠 수 있는" 그분의 능력을 신뢰할 수 있는 유일한 근거이다.

칼빈이 하나님의 초월성과 능력을 강조한 것(그의 성서주의에 반대됨에도 불구하고)은 그의 영적 경험의 산물인 동시에 오캄주의(Ockhamism)로부터 물려받은 사변적인 유산이었다. 그가 성부의 아버지되심은 은유적이라는 입장을 분명히 가지고 있었음에도(이러한 류의 감성은 아마도 그의 수사학적 문화에 의해 심화되었을 것이다), 하나님을 사랑 많으신 아버지라고 주장한 것은 분명 성경적이었다. 칼빈은 설명하기를, 성경은 하나님을 세상의 아버지들에 비유했는데, "이는 그분이 그들과 유사해서가 아니라, 우리를 향한 하나님의 무한하신 사랑을 달리 표현할 길이 없기 때문이다." 칼빈은 종종 종교에서 가장 족장적인 전형으로 인정되는데, 그는 하나님을 어머니로 경험하는 것을 지지하는 성경적 전거를 식별할 수 있었다. 그는 이것을 제네바에서 행한 설교에서 강조했다: "우리 주님은 자신을 독특하게 친밀한 존재로 만드셨습니다. 그분은 간호사와 같기도 하고, 어머니와 같기도 합니다. 그분은 자신을 자녀들에 대해서 온화하고 자비로운 인간 아버지들에게만 비유하지 않으십니다. 그분은 자신이 어머니 이상이며, 간호사 이상의 존재라고 말씀하십니다"(욥기 설교; OC 34, col. 316). 그는 이사야서의 말씀, "내가 해산하는 여인 같이 부르짖으리니 숨이 차서 심히 헐떡일 것이라"(사 42:14)에 깊이 공감했다: "[하나님은] 자신을 엄청난 고통을 겪으면서 출산한 갓난 아기를 사랑하는 어머니에 비유하신다. 이러한 비유가 하나님께는 어울리지 않는다고 생각될지 모르지만, 비유적인 언어 이외에는 다른 어떤 방식으로도 우리를 향한 하나님의 뜨거운 사랑을 표현할 길이 없다"(이사야 42:14 주석; OC 36, col. 69). 전투적인 상황에서, 혹은 수사학적 목적을 위해서 어쩔 수 없이 해야 했던 말과는 상관없이, 그는 하나님을 "모든 사람이 그분의 임재를 피해 도망쳐야 할 두려운 신"으로 묘사하는 사람들을 비난했다. 칼빈의 하나님은 "온유하고 친절하고 관대하고 긍휼하신 분이므로, 연약한 자들이 견딜 수 없을 정도로 심하게 몰아내는 분이 아니시다." "하나님께서 그 선하심에 의해서 우리의 마음을 사로잡지 않는 한, 우리는 절대 자발적으로, 그리고 마음 깊은 곳으로부터 그분을 찬양할 수 없을 것이다"라고 칼빈은 선언했다.

칼빈의 섭리론과 예정론은 오직 하나님을 경험하는 그의 적극적인 방식에 비추어서만 이해될 수 있다. 칼빈의 견해에서, 섭리는 하나님의 능력의 표현이다. 정확하게 말하면, 그것은 하나님의 사랑을 효력있게 만드는 하나님의 능력이다. 섭리는 세계를 위한, 특히 인류를 위한 하나님의 부단한 관심과 활동을 보여준다. 이것은 그리스도인의 하나님을 철학자들의 신으로부터, 그리고 그분의 섭리를 스투아 철학자들의 섭리로부터 구분해 준다. "하나님은 절대 쉬지 않으신다. 그분은 자신의 에너지로 세계를 지탱하시고, 아무리 멀리 떨어져 있는 것이라도 전부 통치하신다"고 칼빈은 주장한다. 하나님의 "덕"(virtue)은 칼빈이 종종 사용했던 용어로서, 강하며 동시에 의롭기도 한 하나님의 애매성을 지칭하는 용어인데, 그가 말했듯이, 추상적인 개념인 "동작과 행동"으로 생각될 수 있을지도 모른다. 그러나 칼빈에게 있어 섭리의 의미는, 그가 자신에게 특별한 감정적 의의를 지닌 사건들, 곧 어린아이의 출생과 성장 등과 연결시킬 때 가장 생생하게 드러난다.

> [그와 같은 사건 안에서] 하나님의 놀라운 섭리가 빛을 발한다. 우리는 이 기적의 일상성(ordinariness) 때문에, 그것을 잘 파악하지 못한다. 그러나 감사하지 않는 마음 때문에 우리의 눈이 어리석게 되지 않는다면, 우리는 이 세상에서 일어나는 모든 아기의 출생을 경탄하며 기뻐할 것이다. 하나님께서 비밀하고 불가해한 능력에 의해 어머니의 태 속에서 지켜 주지 않으신다면, 과연 무엇이 아기가 세상에 태어나기 전까지 많은 죽음의 위험으로부터 보호해줄 것인가? 아기가 세상에 태어난 후에도 많은 재난에 휩싸이며, 스스로는 손가락 하나도 움직일 수 없는 상황에서 단 하루라도 생

명을 유지할 수 있는 것은, 하나님께서 그 다정한 사랑의 품에 그를 끌어안아서 돌보아주고 보호해 주시기 때문이 아닌가?(시 22:10 주석; OC 31, col. 226).

칼빈이 반복해서 주장했던 것처럼, 예정론이 공포를 조성하는 것이 아니라 신자들에게 위로를 안겨 주는 교리가 될 수 있는 것은, 오직 하나님이 능력이 세계를 통치할 수 있을 만큼 충분하기 때문이다.

인간이 처한 상황

인간이 처한 상황을 다루는 데 있어 칼빈은 인문주의자들을 닮았다. 칼빈도 인문주의자들처럼 하나님의 모양과 형상으로 창조된 인간에 대한 예리한 관심을 타락의 결과에 대한 심오한 의식과 결합했다. 그는 인간이 원래 하나님을 닮았다는 점을 종종 언급하면서 그것을 인격이 지닌 어떤 기능이나 특성과 결부시키려 했다. 그러한 노력의 결과들은 일관성이 없었지만, 그러한 시도는 그가 그 교리를 중요하게 여겼음을 지적해 준다.

칼빈은 타락으로 말미암아 잃은 것을 강조했기 때문에 사람들은 칼빈이 타락으로 인해서 하나님의 형상이 완전히 상실되었다고 생각한다고 여기게 되었다. 그러나 다른 증거를 검토해 보면, 타락한 인간에 대한 그의 비난은 종종 서술적인 동시에 수사적이었고, 일반적인 진리를 진술하기보다는 외람된 태도를 버리고 겸손한 자세를 갖도록 격려하기 위해 의도된 것이었다는 것을 알 수 있다. 칼빈은 어거스틴과 마찬가지로, 타락의 결과를 그렇게 준열하게 선언하면서도, 동시에 열렬하게 인간의 성취를 찬양했다. 그는 종종 타락 이후에도 보존된 하나님의 형상과 모양을 소중히 여긴다고 말했다. 실제로 그는 그렇게 주장했다. 예를 들면, 그는 욥이 자신이 태어난 날을 저주함으로써 결국 생명의

칼빈의 초상화, 일명 The Potrait of Rotterdam; 프랑스 16세기
Musée Bymans, Rotterdam

선물을 거부한 태도를 꾸짖었다. "이 원리를 고수해야 합니다. 다시 말해서 인간의 생명은 본질에서 값지고 고귀한 하나님의 선물이므로 반드시 크게 칭송받아야 할 대상이라는 사실을 알아야 합니다. 따라서, 항상 다음의 진리로 되돌아갈 필요가 있습니다: 하나님은 지으신 모든 인간 안에 자기의 형상을 새기셨습니다"(욥기 11장 설교; OC 33, col. 145).

역사적 실존 안에 있는 인간의 상황에 대한 칼빈의 인식 또한 부정적인 측면을 가지고 있다. 칼빈은 그의 저서 중 여러 곳에서 그러한 입장을 표명한다: "인간의 정신은 하나님의 의로부터 크게 벗어났기 때문에 경건하지 못하고 왜곡되고 더럽고 부정하고 수치스러운 것만 생각하고 바라고 시행한다는 사실을

제14장 존 칼빈의 영성 465

어떤 반대로도 흔들어 놓을 수 없는 진리로 여겨야 한다. 마음은 죄에 깊이 뿌리박고 있어서 역겨운 악취만을 토해낸다"(기독교 강요 2. 5. 19). 그러나 이 구절과 이와 유사한 다른 구절은 칼빈의 저서 중에서 수식적 표현이 결여된 것을 설명하는 데 도움이 되는 논쟁적인 맥락에서 등장한다. 또 그 구절에서 흥미로운 것은 그 구절이 가진 격렬성보다는 죄에 대한 정의이다. 그는 여기서 죄를 인격의 "보다 저급한" 영역이 아니라 마음과 의식의 영역에서 일어나는 것으로 보고 있다. 이러한 강조는 전적 타락이라는 개념을 설명하는 데 도움이 된다. 그것은 인간에게는 선한 것은 하나도 남아 있지 않다는 의미가 아니라, 인간 인격의 어느 부분도 죄에 의해서 감염되지 않은 곳이 없으므로 구원을 위해서 자아의 어떤 영역도 의존할 수 없다는 뜻이다. 그 교리의 실제적인 효과(칼빈은 항상 유용성에 중요성을 부여했다)는 인간이 전적으로 그리스도만 의지하도록 하는 데 있었다.

죄에 대한 칼빈의 이해는 나태(*acedia*)라는 중세 시대의 개념, 즉 13세기에 이르러서는 평신도에게까지 퍼졌던 수도원적 실존의 막연한 영적 불안감과 긴밀하게 연관되어 있었다. 페트라카도 그것으로 인해 고통을 겪었었다. 그래서 칼빈은, 죄로 인해 세상에 들어온 죽음은 이미 모든 인간을 사로잡았다고 보았다. 우리는 다음과 같은 경우에 이를 경험한다: 깨어 있어야 할 때 조는 것, 관심을 가져야 할 때 무관심한 것, 부지런해야 할 때 게으른 것, 다정하게 대해야 할 때 냉담한 것, 힘이 필요할 때 연약한 것 등이다. 간단히 말해서, 죄의 결과는 무엇보다 칼빈이 하나님의 능력과 관련지었고 성령과 동일시했던 다양한 에너지가 나타나지 않는 데서 그 증거를 발견할 수 있다. 칼빈은 설교에서 그 에너지가 부재하는 다양한 징후에 대해서 특별한 관심을 기울였다. 칼빈은 그것을 특별한 목회적인 문제로 간주했다.

성령에 대한 이러한 이해, 즉 성령의 임재와 성령의 부재에 대한 칼빈의 이해는 여러 가지로 표현되었다. 예를 들면, 그리스도인에게서 하나님께서 주신 영성을 메마르게 하려고 애쓰는 마귀는 그의 제물이 잠들도록 수단과 방법을 다하기 때문에, 하나님께서는 그들을 일깨우기 위해 다양한 전략을 사용하셔야 한다. 하나님은 그들이 하나님을 기억하게 하려고 그들의 삶을 악화시킴으로써 그들을 위협하시고 징계하신다. 성령의 능력이 부재할 때, 신자들은 피조세계의 경이로움에 대해서 적절한 경외감을 나타내지 못하고, 그것이 하나님께서 창조하신 것이라는 사실을 인식하지 못하고, 그것으로 인하여 하나님께 영광을 돌리지 못하게 된다. 따라서, 영성의 쇠퇴는 천박한 지적인 지식으로부터 전 인격을 움직일 수 있는 정의적인 인식으로 이동하는 것을 가로막는 주된 장애물이었다. 칼빈은 죄의 결과에 관하여 생각하면서, 죄가 감정을 무디게 하는 방법—특히 예배에서—에 특별한 중요성을 부여했다. 이런 점에서 때때로 그는 자기의 추종자들을 이교도나 로마 가톨릭교도와 비교했다: "우상 숭배자들이 열정적으로 우상을 숭배하는 데 비해서, 우리는 그토록 게으르고 차갑고, 심지어 얼어붙은 마음을 가지고 있음을 부끄럽게 여겨야 한다." 그는 그 시대의 스콜라 신학은 영적인 반응을 끌어낼 수 없는 "냉담한 사변들"의 짜집기—이 점에서 원죄의 다른 징후를 발견할 수 있다—에 불과한 깃이라고 비판하며 반대했다. 죄는 우리를 "게으르게 만들기 때문에 우리는 한 걸음을 걷는 데 일분이 소요되는 것이 아니라 몸을 기동하는 데 한 시간이 걸린다. 우리는 한 걸음을 내디디면 비틀거리며 두 걸음을 뒤로 물러선다." 간단히 말해서, 영의 결핍은 인간에게서 성취의 능력을 빼앗아 갈 수 있다.

 죄를 다룬 칼빈의 태도에 대해 두 가지를 더 지적할 수 있겠다. 첫째는 예리한 통찰력이다. 이것 때문에 그는 특별하게 빈틈없는 영적인 지도자가 될 수 있었을 것이다. 그는 막중한 목회적 책임을 수행하면서 많은 사람을 위한 영적 지도자 역할을 해왔으며 이것이 그의 인생에서 중요한 일면인데, 이 사실은 종종 간과되고 있다. 신자들을 향한 하나님의 요구에 반응하면서, 그는 "한 그루 나무의 가지가 서로 얽히고설키듯이," 그들의 생각들도 "굽어지고 뒤섞여 혼란과 모순을 초래한다"고 인식했다. 그는 악한 충동을 억제하는 힘인 억압(이것이 없으면 우리는 대체로 이러한 충동에 빠질 수밖에 없을 것이다)과 진정한 거룩을 구별해야 한다는 점을 충분히 인식하고 있었다. 그러나 그는 억압에 의해서 죄를 숨기는 것이 진정한 의를 불가능하게 만들더라도, 그것은 "공동체를 위해 필요하다"는 점을 이해했다. 그도 수사학자들처럼, 죄를 덮기 위한 언어의 남용에 주목했다: "교활함과 잔꾀를 부리는 것을 신중함이라고 부른다. 그리고 사람들을 갈취하고, 단순한 사람들을 속이며, 가난한 사람들을 학대하는 사람들은 선견지명이 있고 용의주도한 인물로 간주한다." 그는 다른 뺨을 돌려대는 것은 공격의 형태가 될 수 있다고 이해했으며, 사람들이 바치는 희생은 종종 "하나님께 바치는 것이라기보다는 자기 자신에게 바치는 것"임을 주목했다.

둘째로, 비록 칼빈은 전통적인 의미에서 선을 아는 것만으로는 선을 행하는 데 충분하지 못하다는 것을 분명히 했지만, "진정한 앎"이라는 칼빈의 개념은 분리된 지식과 행동을 다시 연결 짓는다. "하나님께서 진정으로 알려지실 때는, 그분에 대한 두려움이 우리의 마음을 변화시켜야 하고, 그때 우리는 자발적으로, 그리고 기꺼이 그분을 예배하고 섬긴다는 것을 우리는 안다"고 칼빈은 언급했다. 그 이유는, 지식이 단순히 정신의 기능이 아니라 전 인격의 기능일 때, 그것은 실질적인 반응과 분리될 수 없기 때문이다. 그러한 입장은 또한 죄란 최종적으로 도덕적 문제가 아니라 종교적 문제라는 것, 무법함이나 악한 욕망의 산물이 아니라 하나님과의 깨어진 관계의 산물이라는 칼빈의 인식을 보여준다. 선을 아는 것만으로는 죄를 피하기에 부족하다. 우리는 성경적인 의미에서 하나님을 알아야 한다.

인간의 죄성을 적나라하게 드러내는 칼빈의 기술은, 기독교 영성의 전통에서 종종 영적 성장의 가장 심각한 장애로 간주되어온 자아상(self-image)에 대한 집착을 깨기 위한 자기 성찰이라는 칼빈주의적 관행과 결합되었다. 칼빈에게 있어서, 인간의 죄성을 적나라하게 깨우쳐 줌으로써 자신의 추악함을 완전히 인식하게 하려는 뚜렷한 목적을 가진 자기 성찰이야말로 사람에게 자유를 가져다줄 수 있는 진리를 계시하는 일종의 치료 요법이었다. 칼빈은 자기 성찰로부터 무엇이 나타나야 하는지 알고 있었고, 자책감을 제외한 모든 결과는 실패라고 보았을 것이다. 그러나 이것은 칼빈이 말한 자기 성찰은 무의미한 호기심에서 행하는 것이 아니라, 가장 실제적인 목적이 있있다는 것을 의미한다. 인간의 본성에 대한 균형 잡힌 묘사보다는 자신이 목표했던 결과에 더 관심을 가졌던 그는 다음과 같이 주장했다: "우리 내면을 주의 깊게 조사해보면, 부패와 저주받을 악 외에 다른 것은 발견하지 못할 것이다." 자기성찰의 본질적인 목적은 인간이 사용하고 있는 방어적인 전략을 와해하는 데 있는데, 그럼으로써 진정한 영성을 위한 길을 열며, 또 이런 방식으로 "이중적인 마음속에서는 찾아볼 수 없는" "고요한 정신"과 "복된 평화"를 낳는다. 요컨대, 칼빈은 완전(wholeness)을 목표로 했다. 이것을 대신할 수 있는 것은 오직 "그림자를 보거나 한 점 바람 앞에서도 두려워 떨어야 하는 근심"이 있을 뿐이었다.

칼빈은 이것을 단순하고 보다 복음적인 용어로 진술할 수 있었다: "이러한 엄격한 자기 성찰은 우리가 당황함에 이를 때까지 지속되어야 하며, 이런 방식으로 우리가 그리스도의 은혜를 받을 준비를 하게 해주어야 한다." 그는 후일에 몽테뉴(Montaigne)가 사용한 것과 같은 언어를 사용하기도 했다: 그는 자기 성찰은 "인간을 벌거벗겨서" 그들이 하나님과의 친밀성에 자신을 개방하게 한다고 선언했다. 칼빈에게 있어 자기 성찰은 죄 고백과 같은 위치를 차지했다. 그는 자기 성찰을 위해 자신이 예배에서 거부했던 개인의 프라이버시를 요구했다. 그는 "독거"(solitude)는 "사람들이 마음을 진정시키고, 자신을 철저하게 성찰하며, 자유롭고 진지하게 자신과 교통할 수 있도록 도와준다"고 했다. 프라이버시는 신자들로 하여금 자신에게 빠져 있는 것은 "하나님 안에서 회복될 수 있다"는 사실을 발견할 수 있도록 도와준다. 따라서, 이러한 발견은 죄로 인하여 파괴된 하나님과의 관계를 회복하는 첫 단계였다.

하나님의 주도권과 그리스도인의 반응

칼빈도 다른 인문주의자들과 마찬가지로, 인간의 영적인 한계는 오직 하나님의 주도에 의해서만 하나님과 자신들을 갈라놓고 있는 틈을 극복할 수 있다고 생각했다. 그래서 계시가 필요하다. 그러나 성경에 대한 접근 방법은 그의 영성과 관련되는 몇 가지 특별한 점에서 인문주의자들과 달랐다. 칼빈은 인문주의 학문 발달 단계의 후기에 등장했으므로 성경 연구와 관련있는 더욱 진보된 학문 자료를 이용할 수 있었다. 그뿐 아니라, 세계는 하나님의 뜻에 순응해야 한다는 심원한 관심 때문에 성경이 제시한 일반적인 명령과 금령뿐만 아니라 성경의 인물이 보여준 본을 통하여, 인간의 행동에 관한 지시를 받기 위해 성경을 참고했다. 그는 성경에 기록된 모든 것은 인간의 교화를 위한 것이라고 가정했기 때문에, 그의 설교와 주석에 그 당시 유행하던바 모세와 다윗, 선지자들과 사도들을 찬양하거나 비난하는 수사학적인 구절을 포함했다.

칼빈과 그 이전의 인문주의자들 사이의 또 다른 점을 들자면, 칼빈은 하나님의 말씀에 대한 인간 반응의 복합성에 더욱 뚜렷한 관심을 가진 것이다. 성경은 "때로 애매한" 것처럼 보이고, "다양한 의미를 가질 수도 있으며," 좋은 의도를 가진 독자들이 볼 때도 때때로 "헛되고, 열매도 없으며, 지루함 밖에 주지 못하며" 자신이 "꼼짝달싹하지 못하게 되었다"고 느끼게 된다는 것을 칼빈은 알고 있었다. 그러므로 칼빈은 말씀과 성령의 통일성을 특별히 강조했다. 칼빈은 "성령에 의해 내적으로 가르침을 받은 사람들은 진정으로 성경을 의지한다"고 보았다. 그는 "성경의 확실성은 분별의 영이기도 한 성령의 증거에 의해서 획득된다는 것을 모든 신자는 마음으로 경험한다"고 주장했다. 우리가 성경과 씨름할 때, 성령은 우리를 애매함과 모호함을 통과하게 하는 동시에, 본문에 생명과 의미를 부여한다. 따라서 성령은 복음을 통해서 우리의 영을 자극하여 하나님과 연합을 향하게 하는 원천이 되신다.

　복음의 중심적인 요소들—성육신과 대속, 이들을 통해서 이루어진 은혜, 신자들이 이 은혜를 받을 수 있게 해주는 믿음의 선물, 그리고 거기서부터 흘러나오는 성화—는 인간이 원래 누리고 있는 하나님과의 일치를 한 걸음씩 회복하는 방법을 객관적으로 묘사한다. 칼빈은 자기보다 앞서 활동했던 인문주의자들처럼, 칼빈은 그것들을 완전히 인정했다. 그의 영성의 관점에서 볼 때, 그것들은 인간이 하나님의 형상으로 지음을 받을 때 부여받았던 에너지들의 회복을 제공해 주었다. 칼빈은 이러한 에너지의 회복을 "소생"(quickening, *vivificatio*)으로 묘사했다. "하나님께서 우리를 소생시키지 않는 한 우리는 어쩔 수 없이 죽은 자를 닮는다"고 그는 회중에게 말했다. 그것은 믿음을 통해서 인간에게 다가오는데, 이 믿음은 "나태한 것이거나, 혹은 우리의 정신 안에 질식한 상태로 누워 있는 냉담한 상상력이 아니라 효과적이다. …믿음으로부터 힘이 솟아나고, 힘으로부터 성취가 솟아 나온다." 믿음은 "에너지의 충만이다." 그것은 성례전으로부터 추가로 힘을 공급받는데, 성례전 안에서 "우리는 참되게 그리스도 안에 동참하여 소생하고" 또 그 안에서 "그의 생명이 우리에게 전달되고, 우리의 것이 된다." 그 결과 의식(意識)이 강화되고 삶이 새로워진다. 신자들은 "평온해질 그뿐만 아니라 기쁨과 즐거움이 넘치게" 된다. 그러나 무엇보다도 "우리에게 활기를 불어넣어 주어 부단히 노력하게 해주는 것이 바로 믿음의 속성이다." 믿음은 "의지를 행동으로 이끈다."

그러므로, 칼빈의 견해에 의하면, 행동은 영적인 삶의 궁극적인 표현이다. 여기에서 그의 입장은 인간은 일하도록 창조되었다는 그의 일반적 확신—그는 이것을 근거로 하여 수도원운동을 공격했다—과 관련되어 있다. "아무런 행동도 하지 않고 게으르게 누워 있는 것"은 인간의 본성에 어긋난다. 우리는 "하나님께서 우리에게 주신 것 모든 것을 활용"해야 한다. 여기서, 칼빈의 견해는 지속된 행동이라는 하나님의 생명의 개념과 병행하는데, 인간은 하나님의 형상으로 창조되었다.

칼빈도 다른 인문주의자들과 마찬가지로, 인간의 행위를 먼저 사회 안에 두었다. 그는 "사회에 유익한 삶이 하나님 앞에서 칭찬받을 삶이다"라고 선언했다. 특히 그는 사회적 경험 때문에 교회를 섬기는 일에 알맞게 된 사람들을 환영했다: "우리가 일상적인 삶과는 동떨어진 독신생활이나 철학적 삶을 아무리 존경한다고 해도, 현명하고 신중한 사람이라면 일상적인 삶을 잘 알고 인간관계에서 행해야 할 일을 잘 수행하는 사람들이 교회의 지도자가 되기에 훨씬 더 적합하다는 것을 경험해서 알 수 있다"(마 25:24 주석; OC 46, col. 570).

그러나 사회에 대한 봉사는 칼빈이 생각한 그리스도인의 활동적인 삶의 개념 중 하나에 불과했다. 특별한 전쟁 시대에 살았던 칼빈도 그보다 앞서 활동했던 에라스무스처럼, 그리스도인의 삶이란 자아와 세상 사이에서 벌어지는 악의 세력과 끊임없는 전쟁이라 했다. 이러한 개념은 다니엘서 주석 강의를 마치면서 드린 기도에 요약되어 있다:

기도를 들어주소서, 전능하신 하나님! 당신은 우리의 일생 끊임없는 전쟁 이외의 다른 목적을 주지 않으셨으며, 또한 우리가 이 싸움의 목표에 도달할 때까지 많은 근심을 하게 하시는 분이십니다. 당신께 기도합니다! 우리가 절대 지치지 않게 해 주십시오. 언제나 전쟁에 대비하여 무장하게 해주십시오. 그리

고 당신께서 우리를 시험하기 위해 시련을 능히 감당할 수 있게 해 주십시오.[4]

칼빈은 그리스도인들은 진리를 위해서라면 자신의 육신에 대항하고, 다수의 인간을 대적하고, 그리고 궁극적으로 마귀를 대적하여 싸워야 한다고 생각했다. 그러나 궁극적으로 그리스도인의 싸움에는 한 가지 독특한 점이 있었다. 그것은 "다른 사람들에게 해를 끼치기보다는 인내하며 견디는 데 있기 때문이다." 그리스도인의 싸움은 십자가를 지는 것이다.

그렇다면, 칼빈에게 있어서, 그리스도인의 삶을 나타내는 은유인 싸움은 고난 속에서 조용히 인내하는 지상에서의 실존이라는 개념과 융합된다. 칼빈은 인간에게는 "역경보다는 형통함이 더 위험하다"고 생각했다. 왜냐하면, 인간은 자신의 성공을 기뻐하고, 자신의 행복에 도취하기 때문이다." 반면에, 가난, 기근, 질병, 추방 등의 재난들(마지막 두 가지는 칼빈이 친히 겪은 특별한 재난이었다), 심지어 죽음까지도, 비록 그것들 자체는 "하나님의 저주"이며, 악인에 대한 형벌이지만, 하나님의 자녀에게는 오직 유익만을 가져다줄 뿐이다. 왜냐하면, 그들은 은혜로 말미암아 그러한 재난을 "우리들에게 의무감을 불러일으켜 주는" 유용한 징계로 받아들일 수 있기 때문이다. 칼빈의 견해에 의하면, 역경은 믿음을 시험하고 강화해 주고, 인내와 겸손을 증진시키며, 육적인 충동을 정화시켜주고, 신자들이 눈을 들어 천국을 바라보게 해준다. 또 그는 환난은 하나님께서 신자들을 "소생" 시키시는 수단이라고 해석했다. 그러한 수단에 의해서, 하나님은 "그들이 땅에 누워 잠에 곯아떨어지거나" "태만하게 너무나 많이 휴식하지" 않고 깨어 있게 하신다. 하나님의 심판은 "나태한 우리를 자극하기 위해서 필요한 것"이다. 칼빈의 견해에 의하면, 비록 일시적

---

[4] *Commentaries on the Book of Daniel*, trans. Thomas Myers (Edinburgh: Calvin Translation Society, 1852) 2:323.

인 것이라도 휴식은 오직 악인들만을 위한 것이다.

칼빈은 자신이 영적 삶과 동일시한 행동을 여행 혹은 순례, 즉 목적지를 향해서 가는 움직임으로 묘사했다. 칼빈의 주장에 따르면, 교회는 천막과 같다. 왜냐하면, 하나님의 자녀들은 "이 세상에 고정된 거주지"를 가지고 있지 않으며, 거주지를 옮길 때마다 자기의 집도 함께 운반해야만 하기 때문이다. 그는 "인생은 여행과 같다. 그런데 우리가 가고 싶은 대로 나아가는 것은 하나님의 뜻이 아니다. 하나님께서는 우리 앞에 목표를 세워 두시며 그곳에 이르기 위해 걸어가야 할 올바른 길을 지시해 주신다"고 강조했다. 그러나 이 길 또한 싸움의 길이었다. 누구도 쉽게 앞으로 나갈 수는 없으며, 대부분의 사람은 너무나 연약해서 "비틀거리고, 절름거리며, 심지어 기어가면서 느리게 움직인다." 그럼에도, 모든 사람이 매일 "조금이나마 앞으로 나갈" 수 있다는 것 또한 행복한 일이다. 이 개념에서 한마음을 품는다는 것이 주목할 만하다: "우리는 생각이나 정신을 다른 활동으로 돌리지 않도록 조심해야 한다. 그리고 우리의 정신을 산만한 것에서 해방되고 온전히 하나님의 소명에만 전념하도록 노력해야 한다"(빌립보 3:13 주석; OC 52, col. 52). 칼빈은 우리가 "언제나 목적지만 바라보면서 나그네와 같은 심정으로 여행할 경우"에만 이 세상을 사랑하는 것을 허용한다.

끝으로, 영성 생활은 시작에서부터 정해져 있는 종착점에 이르기까지 격렬하고 분투적인 순간을 거치는 동안 봉사, 투쟁, 역경, 순례 등을 통해서 극적인 통일성을 획득한다. 적극적인 영성 생활이란 인간 실존의 목적을 실현하는 과정을 의미한다. 그것은 하나님과의 친밀하고 신뢰 깊은 관계(믿음)를 점점 발전시키는데, 이 관계는 보다 자발적이고 기쁜 마음으로 하나님의 뜻을 따르는 것(성화), 그리고 전심으로 하나님을 영화롭게 하며 그분의 행하신 일을 감사하는 데서 표현된다.

칼빈은 이 세상에서는 아무도 그 목표에 도달할 수는 없다고 주장하면서, 자기의 추종자들이 종종 범했던 자기만족을 공격했다. 그는 영(spirit)의 발전 과정을 유아기로부터 완전한 성인에 이르기까지 삶의 여러 단계를 통과하는 움직임에 비유했지만, 그리스도인이 이 세상에서 완전한 성인이 될 수 있다는 사실은 받아들이지 않았다. 이 세상에서 가장 크게 성숙한 사람이라도 아직 미숙하고 균형 있게 성장하지 못했고, 서툴고, 쉽게 퇴보하지만, 성장을 갈망하며, 자신이 의식하지 못하는 사이에 그리스도의 장성한 분량에까지 성장하고 있는 사람들이다. 그러나, 칼빈이 가르치는 대로, 신자들이 마땅히 해야 할 일을 행하고, "경탄하기를 쉬지 않는다면," 그들의 믿음은 "비록 처음에는 연약했더라도 점차 진보할 것이다." 그렇다면, "이 세상에 사는 동안 우리의 순결함은 날마다 어느 정도 증가하고 부패함은 제거될 것이다." 그리고 "우리의 지식이 증가하면 할수록, 우리의 사랑도 자라야 한다." 우리는 "평화롭고 고요하며 자비로우신 하나님의 얼굴"을 더욱 명확하게 경험하게 될 것이다. 우리는 처음에는 "멀리서 하나님의 얼굴을 보게 되겠지만 우리가 절대 속고 있는 것이 아님을 충분히 알 수 있을" 것이다. 그리고 "우리는 점진적이고 지속해서 성장해야 하는데, 앞으로 나갈수록 그분을 더 가까이에서 더 확실히 볼 수 있게 된다. 이러한 과정이 계속되면서 우리는 그분과 더욱 친밀한 관계를 맺게 된다"(기독교강요 3.2.19). 따라서 칼빈도 그 전의 많은 사람과 마찬가지로 영성 생활은 하나님을 봄(visio Dei)에서 절정에 이른다고 본다.

칼빈의 영성을 다룬 이 글은, 칼빈의 종교 사상 속에는 다른 성향의 요소가 없었다는 것을 주장하려는 의도를 가지고 있지 않다. 칼빈은 복합적인 시대에 활동한 복합적인 인물이었다. 그는 종종 자신이 처한 상황에 따라 자신을 달리 표현하기도 했다. 그러나 그의 영성은 기독교에 대한 그의 이해의 중심부에 근접해 있었다.

제15장

급진적 종교개혁의 영성

티모시 조지(Timothy George)

급진적 종교개혁(Radical Reformation)은 16세기의 종교적 대 변혁기에 로마 가톨릭과 프로테스탄트와 같은 교회의 가장자리에 있었던 놀라운 영적 쇄신과 교회 쇄신 운동이었다. 이 운동은 기본적인 경향이나 영적 생동력에서는 절대 하찮거나 사소한 운동이 아니었다. 하나의 실체로 간주하는 급진적 종교개혁은 초교파성과 종파주의, 격렬한 혁명과 평화적 공동체주의를 동시에 수용할 뿐 아니라 중세 후기로부터 기원하는 금욕적/신비적/이성적 충동을 승화시키면서, 프로테스탄트 주류와 트리엔트 공의회적인 가톨릭의 변이 안에서 전체 기독교계(corpus christianum)에 대한 철저한 비판을 제기했다.

그러나 기독교 영성을 표준적으로 다룰 때 대체로 급진적 종교개혁은 무시되거나 외면되어 왔다. 급진적 종교개혁자들이 16세기에 반대파들이 덮어씌운 불명예의 그림자에서 벗어나기 시작한 것은 최근의 일이다. 예를 들어, 하인리히 불링거는 그들을 "악마 같은 적이요 하나님의 교회를 파괴하는 자들"[1]이라고 불렀다. 루터는 그들을 지칭하여 사용한 표현은 "광신자"(Schwärmer)인데, 이는 그가 수많은 반대자에게 무차별적으로 사용하였던 말로서 벌통 주위를 정신없이 맴도는 벌을 연상시킨다. 칼빈도 "광신자들," "미혹된 자들," "머

---

1) Heinrich Bullinger, *Von dem unverschampten fräfel* (Zurich, 1531) fol. 75r.

리가 산만한 자들," "얼간이들," "불한당들," "미친개들" 등의 경멸적인 명칭을 사용하였다.[2] "급진주의자들"(Radicals)이라는 용어는 반대자 또는 일반 규범을 거부하는 자 등의 부정적인 의미로 해석됨으로써, 그들의 영성은 왜곡되어 알려지게 되었다. 현대의 영국의 어느 역사가는 재세례파의 "진정한 본질"을 "비이성적이고 심리적으로 불균형한 몽상에서 배태된 폭력적인 현상으로서 이성을 부인하며 사람들이 자신이 원하는 대로 행할 수 있게 해주는 직접적인 영감에 대한 믿음의 고양에 의지하고 있다"[3]고 묘사함으로써 이러한 잘못을 그대로 반영하고 있다. 마르크스주의자든 아니든 사회주의 역사가들은 "급진주의자들"을 16세기의 사회 경제적이며 계층적인 구조 안에 놓고 이해하는 데 많은 기여를 했다. 그러나 최근에 재세례 운동을 연구하는 한 사회 역사가는 그 운동이 지닌 영적인 힘을 충분히 인정하면서도 여전히 그 운동을 "문명 파괴에 도취한" 실패로 끝난 "위험한" 개혁으로 규정한다.[4]

지난 25년 동안 "수정주의" 사료 편집에서는 주로 급진주의자들의 기원과 선례를 찾는 데 주력해 왔다. 과거의 사상 학파들의 손쉬운 통념을 수정하고 왜곡된 과거의 역사를 바로잡으려는 훌륭한 학문적 연구도 있었다. 이러한 방향의 연구가 성과가 있었다고 해도, 그것은 급진주의자들 특유의 자기 이해와 영적인 동기부여보다는 다른 개혁 사조에 대한 그들의 표면적인 관계에 초점

---

2) John Calvin, *Treatises against the Anabaptists and against the Libertines*, trans. Benjamin W. Farley (Grand Rapids: Baker Book House, 1982) 30.

3) G. R. Elton, *Reformation Europe, 1517-1559* (New York: Harper & Row, 1963) 103.

4) Claus-Peter Clasen, *Anabaptism: A Social History, 1525-1618*, 425. 최근의 사료 편집을 검토해 보려면 James M. Stayer et al., "From Monogenesis to Polygenesis: The Historical Discussion of Anabaptist Origins," *Mennonite Quarterly Review* 49 (1975) 83-121, and the collection of essay in *Umstrittenes Täufertum, 1525-1975*, ed. Hans-Jürgen Goertz (Göttingen: Vandenhoeck & Ruprecht, 1975)를 보라.

이 두고 있었다.

이 장에서는 급진적 집단을 일괄적으로 "종교개혁의 좌익"이라고 부르기도 한다. 이 명칭은 루터가 가톨릭교도들과 "광신자들"(Schwärmer)이 각기 진리의 도에서 벗어나 "왼편과 오른편"에서 잘못하고 있다고 비난한 것을 반영한다. 그러나 루터는 현대의 입장과는 반대로 가톨릭을 왼편에, 급진주의자들을 오른편에 두었다.[5]

"좌익"이라는 명칭을 16세기의 "반대자들"에게 적용한 것은 시대착오적이라고 인식한 조지 윌리엄스(George H. Williams)는 가톨릭이나 프로테스탄트 어디에도 소속되기를 거부했던 모든 종교 혁신 집단을 통틀어 "급진적 종교개혁"(The Radical Reformation)이라고 부를 것을 제안했다. 에른스트 트룈치(Ernst Troeltsch)와 마찬가지로, 윌리엄스는 급진주의자들을 크게 "재세례파", "신령파", 그리고 "복음적 이성주의자" 등 셋으로 나누었다. 이 세 집단은 각기 다시 세분되었다. 예를 들어, 윌리엄스는 재세례파를 복음적 재세례파(스위스 형제단, 메노파, 후터파), 혁명적 재세례파(뮌스터라이트), 관상적 재세례파(한스 뎅크) 등으로 세분했다.

이 연구의 목적을 위해서, 앞으로 윌리엄스의 구분을 따르기로 한다. 왜냐하면 그것은 가장 포괄적이고 오랫동안 이견 없이 사용되어 왔기 때문이다. 1962년에 처음 출판된 그의 책 『급진적 종교개혁』(*Radical Reformation*)은 증보되었고, 스페인어(*La Reforma Radical*, 1982)로도 출판되었다. "급진적 종교개혁"는 널리 받아들여져 왔으며, 원래 윌리엄스가 원래 의도한 바와 다르게 사용하는 역사가들까지도 그 용어를 받아들이고 있다.[6]

---

5) *Luther's Works*, ed. Helmut T. Lehmann (Philadelphia: Fortress, 1958) 40:129.
6) 예를 들어 Hans-Jürgen Goertz가 편집한 *Radikale Reformatoren* (Munich: Beck,

재세례파, 신령파, 그리고 복음적 이성주의자들은 이구동성으로 소위 발타사르 후브마이어(Balthasar Hubmaier)가 "인간적 교의의 진흙 구덩이 내지는 시궁창"이라고 명명한 교회 전통의 부착물을 다 잘라내고 믿음과 질서의 가장 확실한 근원으로 돌아가기를 원했다. 그 근원이 무엇인가에 대해서는 그들의 견해가 일치하지 않았다.[7] 이 사실과 그들이 기성교회의 테두리 밖에서 기독교적 삶의 모델을 발전시켜야 했다는 사실이 결합하여 그들의 영성에 독특한 성격을 부여했다.

　"영성"이란, 종교적인 사람이 신성한 것에 참여하고 자신을 그것에 일치시키는 매개가 되는 특별한 존재 양식을 의미한다.[8] 이 연구에서 우리의 목적은 위에 언급된 주요 세 집단 안에서 되풀이하여 다양하게 나타나는 주제에 초점을 맞추면서 급진적 영성의 윤곽을 파악하는 것이다.

　앞으로 교리와 교회 정체에 관한 문제도 다루겠지만, 우리의 주된 목표는 급진적 종교개혁자들의 영적 경험을 가능한 한 근접하게 일으키는 것이다. 그러므로 신앙적인 논문, 기도문, 설교, 교리문답, 찬송가, 신앙고백, 순교담, 서신, 연대기, 교회 규범 등을 포함하는 일차 자료에 특별한 주의를 기울일 것이다. 이러한 방법을 사용함으로써 급진주의자들 자신의 증언을 토대로 하여 그

1978) 7-20; and Roland Crahay, "Le non-conformisme religieux du XVIe siècle entre l'humanisme et les Eglises," in *Les Dissidents du XVIe siècle entre l'Humanisme et le Catholicisme*, ed. Marc Lienhard (Baden-Baden: Valentin Koerner, 1983) 15-34를 보라. Williams는 "The Radical Reformation Revisited," *Union Seminary Quarterly Review* 39 (1984) 1-28에서 그의 저서에 대하여 논의되어온 것들을 검토하고 답변하였다.

7) *Three Reformation Catechisms*, ed. Denis Janz (New York: Mellen, 1982) 135.

8) 이 정의는 Otto Gründler, "John Calvin: Ingrafting into Christ," in *The Spirituality of Western Christendom* (Kalamazoo, MI: Cistercian Publications, 1976) 170-71에서 참고한 것이다.

들의 독특한 영적 감각을 떠올려 볼 수 있을 것이다.

신의 직접성의 분별을 위한 탐구

루키엔 페브레(Lucien Febvre)는 종교개혁의 "전야"를 "신적인 것에 대한 엄청난 갈망"9)으로 점철된 시대라고 묘사하였다. 이 시기는 가슴에 예수의 이름을 문신으로 새기거나 성모 마리아가 탔던 당나귀에 경의를 표하는 일환으로 미사 시에 당나귀 울음소리를 내는 등 기상천외한 관습에서부터 면죄부, 성지순례, 성유물 숭배, 묵주기도, 축성된 떡 숭배, 교부들의 글을 암송하는 등과 같은 신앙의 주된 요소에 이르기까지 온갖 종류의 영적 활력소로 충만해 있었다. 급진적 종교개혁자들도 그 시대 사람들과 마찬가지로 하나님을 크게 갈망했다. 동시에 그들은 매개되지 않은 방법으로 직접 신적인 것을 자신의 것으로 삼을 것을 주장하였다. 따라서 그들은 대속하시는 하나님의 신비적 활동에 직접 접근을 시도하면서 종교의 모든 외형적인 것을 거부하거나 제한하였다.

루터도 유명한 『독일신학』(*Theologia Deutsch*)을 출판함으로써 많은 급진주의자들에게 신비적인 것을 지향하기 위한 토내를 마련해 주었다. 『독일신학』은 루터의 초기의 열정이 식은 뒤에도 모든 진영의 급진주의자들에 의해서 널리 읽혔다. 급진주의자들은 루터의 칭의의 교리와 비본질적인(*extra nos*) 의의 전가를 고집한 것을 따르기보다는, 하나님께서 인간의 영혼에 내재하신다는 전제 하에 하나님과의 신비적 연합으로 되돌아가고자 하였다.

모든 급진적 종교개혁의 분파들은 교권반대주의를 격렬하게 부르짖었고, 구

---

9) Lucien Febvre, "The origins of the French Reformation: A badly-put question?" in *A New Kind of History*, ed. Peter Burke (New York: Harper & Row, 1973) 65.

교의 사제와 수도사들, 그리고 비텐베르크, 취리히, 제네바의 "새로 등장한 교황들"을 겨냥했다. 메노 시몬스(Menno Simons)는 로마 가톨릭교회를 두고 "인간의 발명품…공공연하게 영혼들을 교사함, 용납할 수 없는 게으른 사제들의 삶의 수단 내지는 돈벌이…거짓되고 비열한 종교 내지는 공공연한 우상숭배"라고 비난했다. 후브마이어는 한술 더 떠서, 소위 목회자들이라는 자들은 정말 암퇘지나 암염소를 맡기지 못할 난봉꾼, 매춘부, 간부, 뚜쟁이, 도박꾼, 주정뱅이, 어릿광대에 지나지 않는다고 했다.[10] 이 악의가 있는 언어 이면에는 도덕적 타락에 대한 단순한 항거 이상의 깊은 관심이 놓여 있다. 성직자들은 그들 자신과 그들의 직무 또는 교리를 하나님의 계시와 하나님의 백성 사이의 매개체로 두었다.

많은 급진주의자 특히 신령파는 구원의 내면적 과정을 강조함으로써 기록된 성서의 중요성을 격하시켰다. 칼스타트(Andreas Bodenstein von Carlstadt)는 "나에게는 표면적인 증거가 필요치 않다. 나는 그리스도께서 약속하신 대로 내 안에 성령님의 증거를 소유하기를 원한다"[11]라고 말했다. 토마스 뮌쩌(Thomas Müntzer)는 내면에 성령을 소유하지 못한 사람은 "성경책을 수백 권이나 읽었어도 하나님에 관하여 깊이 있는 것을 말하는 방법을 알지 못한다"[12]고 강조했다. 급진주의자들은 성경을 광범위하게 사용하긴 했지만, 성경을 맹목적으로 숭배하는 것은 거부했다. 그들은 비록 선하고 중요한 것이라도 믿음과 관련된

---

10) *The Complete Writings of Menno Simons*, ed. J. C. Wenger (Scottdale, PA: Herald Press, 1956) 332-36; *Three Reformation Catechisms*, 136.

11) George H. Williams, *Radical Reformation*, 823. Cf. the recent discussion in Calvin A. Pater, *Karlstadt as the Father of the Baptist Movements* (Toronto: University of Toronto Press, 1984) 15-24.

12) *Spiritual and Anabaptist Writers*, ed. George H. Williams and Angel M. Mergal, 58.

표면적인 도움을 구원과 연결 짓지 않았다.

일부 극단적인 신령파 사람들은 세례식과 성찬식을 포함한 모든 외적인 의식의 준수를 중단했는데, 이는 다음 세기의 퀘이커 교도들을 앞지른 행위였다. 가장 대표적인 인물인 카스파르 슈벵크펠트(Caspar Schwenckfeld)는 성찬식을 그리스도의 "천상의 몸"을 내적으로 먹는 것으로 생각했다. 슈벵크펠트에 있어서 이 신비적인 성찬식의 영적 양육은 직접적인 구원론적인 의미가 있었다: "먹는다는 것은…참믿음을 통해서 그리스도의 본성에 참여하는 것을 의미한다. …그 영적 양식은 우리를 그 자체, 즉 신적 본성으로 변화시켜서 거기에 동참하게 해준다."[13] 그러므로 신령히게 된 성찬은 점진적인 인간의 신화(deification), 그리스도의 천상의 몸에 신비적으로 참여함으로써 신성을 직접 획득하기 위한 수단이 되었다.

대부분의 급진주의자는 칼빈이 표면적인 은혜의 방편이라고 부른 것에 그다지 과감하게 접근하지 않았다. 그들 모두에게 있어서, 진정한 기독교란 개인적이고, 경험적이며, 개별적이었다. 이것은 재세례파에서 유아세례를 반대하는 배경이 되었다. 필그램 마르페크(Pilgram Marpeck)가 말했듯이, "아내가 남편을 대신하여, 남편이 아내를 대신하여, 자녀가 부모를 대신하여, 부모가 자녀를 대신하여" 믿을 수는 없다.[14] 아무도 대리인에 의해서 하나님의 가족으로 태어날 수 없다. 그러나 세례의 물도 본질적으로나 저절로 중생을 가져올 수 없다. 신생(新生)은 "물에도 있지 않고 말에도 있지 않다. 그것은 우리의 마음속에 있

---

13) *Corpus Schwenckfeldianorum*, ed. Chester Hartranft et al. (19 vols.; Leipzig: Breitkopf & Hartel, 1907-61) 2:574.

14) John C. Wenger, ed., "Pilgram Marpeck's Confession of Faith Composed at Strasburg, December 1531-January 1532," *Mennonite Quarterly Review* 11 (1938) 195.

는 하나님의 거룩하고 살아 생동하며 소생시키시는 능력에 있다."¹⁵⁾

종종 격렬한 정서적 갈등을 포함하기도 하는 신생의 경험은 물 세례의 선행 조건이었다. 세례는 때때로 회심 과정의 정점으로 묘사되었다. 초기에 취리히 근처의 졸리콘(Zollikon)이라는 마을의 재세례파에서 거행된 세례식이 이에 해당한다.

> 주밍겐(Zumingen)의 한스 브루크바하는 일어서서 울면서 자신이 큰 죄인이니 자기를 위해서 하나님께 기도해 달라고 외쳤다. 블라우록(Blaurock)이 그에게 하나님의 은혜를 받기를 원하느냐고 물었고, 그는 그렇다고 대답하였다. 그때 만쯔(Manz)가 일어나서 "그에게 세례를 베푸는 것을 막을 사람이 있습니까?"라고 물었다. 블라우록은 "없습니다"라고 대답하였다. 그러자 그는 물을 한 그릇 가져다가 성부, 성자, 성령의 이름으로 그에게 세례식을 베풀었다.¹⁶⁾

메노 시몬스는 자신의 회심 경험을 설명했는데, 그것은 후대의 존 웨슬리(John Wesley)나 경건주의자들의 경험과 유사하다:

> 나의 심장이 두근거렸다. 나는 탄식하고 눈물을 흘리면서 이 불안해하는 죄인에게 은혜의 선물을 주시고 내 안에 깨끗한 마음을 창조해 달라고, 그리스도의 주홍 같은 보혈의 공로로 나의 더러운 행위와 안일한 삶을 용서해 달라고 기도했다. …보라, 자비의 하나님께서…먼저 나의 마음을 만지시고 나에게 새로운 정신을 주셨고, 두려워하는 마음으로 나를 겸손하게 하셨고, 나를 가르치셔서 나 자신을 알게 하셨고, 죽음의 길에서 나를 돌

---

15) *Complete Writings of Menno Simons*, 265.

16) Leonhard von Muralt and Walter Schmid, eds., *Quellen zur Geschichte der Täufer in der Schweiz: Zürich* (Zurich: S. Hirzel, 1952) 42-43. Fritz Blanke interprets this early phase of Anabaptism as a "revival movement"; see his *Brüder in Christo* (Zurich: Zwingli, 1955).

이키시고 인생의 좁은 길로, 성도의 교제 속으로 불러주셨다. 영원토록 그 분을 찬양할지어다.[17]

급진주의자들의 회심의 형태와 강도는 무척 다양했지만, 하나님과의 특별한 만남을 통해서 조명되고 재창조되고 중생을 체험했다는 공통된 자각이 있었다. 복음적 이성주의자인 마이클 세르베투스(Michael Servetus)는 그의 반-삼위일체론의 기원을 설명하면서, 자신이 20살 때 아직 아무에게도 가르친바 없는 그 교리를 다루라는 거룩한 자극을 받았다"고 주장하였다.[18] 종교적 경험의 직접성 혹은 구원이나 신의 은혜가 지금 여기에 있다는 확실한 의식이 모든 형태의 급진주의자들의 영성을 이루고 있다.

그리스도를 따름(Nachfolge Christi) : "슬픔의 그리스도"를 따름

해롤드 벤더(Harold S. Bender)는 1944년에 출판된 논문에서 재세례파 운동의 핵심은 제자도(Nachfolge)의 개념에서 찾을 수 있다고 주장하였다.[19] 급진적 종교개혁에서는 "따름"(following)이 "믿음"보다 더 중요한 말이라고 해도 과언이 아니다. 급진주의자들은 갈빈의 절대적 이중 예정론이라는 개념과 루터의 법적 칭의론인 "오직 믿음"(sola fide)을 단호하게 거부하였다. 이 두 공식은 급진

---

17) *Complete Writings of Menno Simons*, 671. I follow the translation of Cornelius J. Dyck, "The Life of the Spirit in Anabaptism." *Mennonite Quarterly Review* 47 (1973) 318-19.

18) Roland H. Bainton, *Hunted Heretic: The Life and Death of Michael Servetus* (Boston: Beacon Press, 1953) 73.

19) Harold S. Bender, "The Anabaptist Vision," *Church History* 13(1944) 3-24. Cf. the recent study of J. Denny Weaver, "Discipleship Redefined: Four Sixteenth Century Anabaptists," *Mennonite Quarterly Review* 54 (1980) 255-79

주의자들을 "산" 믿음의 실체로부터 이탈한 추상적인 자들이라고 공격하였다. 개신교의 표준적인 입장은 루드비히 해쳐(Ludwig Haetzer)가 지은 찬송에 풍자적으로 묘사되어 있다:

> 세상은 그리스도께서 나를 대신하여 죽으셨으니
> 내가 그리스도와 함께 고난 당할 필요가 없다고 말합니다
> 나는 단지 그의 대신으로 죄지을 따름입니다
> 주께서 나 대신 대가를 지불하셨다는 것을 믿습니다
> 이제 나는 확실히 압니다
> 오 형제여, 그것은 마귀가 만들어낸 거짓일 뿐입니다.[20]

급진주의자들은 주류 종교개혁자들의 복음은 "고난의 그리스도"의 절박한 복음과는 대조가 되는 "달콤한 그리스도"의 복음이라고 묘사하였다. 이 주제는 신비적 경향을 띤 신령파의 글에 등장하지만, 복음적 재세례주의자들에게서도 발견된다. 1524년에 콘라드 그레벨(Conrad Grebel)은 뮌쩌에게 다음과 같이 썼다: "우리 역시 유식한 목자로부터 배척당하고 있습니다. 그들은 죄스러운 달콤한 그리스도를 전하기 때문에 모두 그들을 따르고 있습니다."[21] 고난의 그리스도를 따른다고 한 급진주의자들의 말은 무엇을 의미했을까? 우리는 그

---

20) "Ei, spricht die Welt, es ist ohn Not/Dass ich mit Christo leide…," *Lieder der Hutterischen Brüder* (Scottdale, PA: Herald Press, 1914) 29. Robert Friedmann, *The Theology of Anabaptism* (Scottdale, PA: Herald Press, 1973) 69. 다음의 찬송가는 Peter Riedemann가 쓴 것인데 믿음과 사랑의 필연적인 관련성을 강조한 것이다: "In Glauben kein Mensch Gott gefelt, / Wie und Paulus ein Zeuckhnus stelt, / Thuts den Ebreen schreiben. / Noch ist goettliche Lieb das best, / Dass sich Kains andern dunckhen lest, / Es muess beynander bleiben." Quoted in Albert J. Ramaker, "Hymns and Hymn Writers Among the Anabaptists in the Sixteenth Century," (Th. M. thesis, Colgate-Rochester Divinity School, 1927) 48.

21) *Spiritual and Anabaptist Writers*, 78-79.

들의 제자도 개념에서 핵심적인 사상의 세 가지 측면을 발견할 수 있다: (1) 그리스도와 신자들의 고난 안에서의 결속, (2) "모든 피조물의 복음" 안에 반영된 크리스챤의 삶, (3) 철저한 자기 포기(Gelassenheit)의 필요성.

루터는 스콜라주의의 "영광의 신학"에 대항하여 "십자가의 신학"을 제시했었지만, 급진주의자들이 볼 때 그가 그리스도의 고난의 대리적 본질을 강조한 것은 십자가를 아주 먼 과거의 사건으로 간주하는 것으로 여겨졌다. 그들에게 있어서, 그리스도의 수난은 그들이 동참하도록 부름 받은 것으로서 그 시대에 진행되는 과정이었다. 머리와 지체들이 함께 당하는 그리스도의 고난이 그들의 저술에 등장하는 주제이다. 힌스 후트(Hans Hut)는 그것을 다음과 같이 표현하였다:

> 어린 양이신 그리스도께서는 태초부터 죽음을 당하셨던 것처럼, 세상 끝날까지 십자가에 달리셔서 그리스도의 몸이 그리스도의 사랑의 길이와 넓이와 깊이와 높이에 따라 완전하게 된다.[22]

그러나 이 갈보리의 재연은 기독교의 제단에서 행해지는 의식이라기보다 자기 부인, 시련, 고난, 죽음 등과의 매일의 싸움이었다. 그러므로 머리 되시는 그리스도의 수난은 그의 지체들 안에서 새롭게 된 그리스도의 고난으로 확장됨으로써 상대화되었다. 후자가 없이 전자만으로는 구원을 이루기에 충분치 못하다. 그레벨은 "그리스도는 아직 그의 지체들 안에서 더 많은 고난을 당하셔야 한다. 그러나 그분은 그들에게 힘을 주시며 끝까지 불변하도록 지켜 주실 것이다"라고 썼다.[23] 급진주의자들은 "고난의 그리스도"의 발자취를 따름으로

---

22) Quoted in Werner O. Packull, *Mysticism and the Early South German-Austrian Anabaptist Movement*, 1525-1531 (Scottdale, PA: Herald Press, 1977) 75.

23) *Spiritual and Anabaptist Writers*, 84.

써 그들이 자신과 온 세상의 구원을 위해서 "그리스도의 남은 고난을 육체에 채우고 있음(골 1:24)"을 느꼈다.

크리스천의 삶에서 고난의 자리에 대한 가장 매력적인 표현은 "모든 피조물의 복음"이라는 말인데, 이것은 뮌쩌, 후트, 덴크, 마르페크, 세르베투스 등을 포함한 많은 급진주의자가 제의한 것이다. 이 주제의 성경적 근거는 마가복음 16장 15절인데, "모든 피조물에게"(헬라어와 라틴어로는 여격) 복음을 전하라는 분부가 독일어에서 소유격으로, 즉 "모든 피조물의"로 잘못 해석되었다. 급진주의자들은 이 표현을 근거로 하여 보편적으로 고난 당하는 피조세계 안의 모든 것에 임재해 있는 하나님의 계시를 이해했다. 이것은 개나 고양이, 소나 송아지, 나뭇잎이나 풀과 같은 모든 피조물에 전파해야 하는 복음이 아니라, 창조된 질서 자체의 본질 안에 내재해 있는 "복음"이었다. 모든 피조물이 인간의 계획에 종속되는 것처럼, "사람은 고난과 고통에 의해서만 구원받을 수 있다. 만약 어떤 사람이 어떤 동물 요리를 먹으려 한다면, 그 동물을 마련하여 요리하고 구워야 한다. 그 동물은 그 고기를 먹으려는 사람의 의지에 따라서 고난을 당해야 하는 것이다. 만약 하나님께서 우리를 사용하려 하신다면, 우리는 먼저 의롭다 함을 받고 안팎으로 깨끗함을 입어야 한다. …이것은 오직 고난의 십자가 아래에서만 이루어질 수 있다."[24]

이 "복음"은 삶을 이루는 구조가 된다. 일상적인 일은 구원을 나타내는 은유가 된다. 농부가 밭을 갈 때, 혹은 어부가 그물을 당길 때, 혹은 재단사가 낡은 옷을 수선할 때, 혹은 도살업자가 도살을 준비할 때, 그들은 이러한 행동을 통해서 모든 창조물 안에서의 고통의 중요성과 일치감을 상기한다. 그리하여 그

---

24) E. Gordon Rupp, "Thomas Müntzer, Hans Huth and the 'Gospel of All Creatures,'" *Bulletin of the John Rylands Library* 43(1960-61) 514-15에 인용됨.

들은 그리스도의 이름으로, 그리스도를 위하여 구속적인 고통의 삶을 받아들이게 된다.

급진주의자들은 이 고통의 신학에 내포된 자기 포기의 기술을 방념(放念, 또는 "버려두고 떠남"; *Gelassenheit*)이라고 부른다. 중세 신비주의 전통에서 유래된 이 용어는 양보, 굴복, 무저항, 체념 따위로 다양하게 해석됐지만, 단순히 "자아에서의 해방"이라고 번역하는 것이 옳을 것이다. 그 반대의 개념(*ungelassenheit*)은 침착하지 못하고 불안한 상태로서 "항상 하나님의 손을 피해 숨을 곳을 찾는다."

하나님의 뜻을 받아들이고 복종하는 영혼은 어려운 유혹과 위험 속에서도 마음의 평정을 체험한다. 본받음(*Nachfolge*)과 방념(*Gelassenheit*)이라는 개념은 예수 그리스도의 사심 없는 복종에서 잘 나타난다. 예수의 죽음에서 정말로 구속적인 것은 복종의 방식이었다. 뎅크는 "그리스도는 완전히 체념하셨다. 그러므로 그는 모든 사람을 무한히 사랑하심에도 불구하고 아버지의 뜻이라면 헛된 고난이라도 기꺼이 받으려 하셨을 것이다. 그러므로 이 희생은 아버지의 마음에 합당한 것이었다"[25]라고 말했다. 기독교인은 예수 안에서 "자기 포기"의 삶의 구조와 결과를 완전히 볼 수 있다. 그러므로 기독교인들은 단순히 표면적인 것만 준수하는 데 그치지 말고 보다 심오하게 그리스도를 본받으라는 부름을 받고 있다. 기독교인은 그리스도께서 십자가를 지신 것과 똑같은 방법으로 십자가를 져야 한다. 마이클 새틀러(Michael Sattler)는 옥중에서 호르프(Horb)에 있는 그의 교회에 다음과 같이 썼다: "이러한 위기에 저는 저 자신을 완전히 주님의 뜻에 맡기고…그를 증언하기 위하여 죽음까지도 각오합니

---

25) *Spiritual and Anabaptist Writers*, 94, 102.

다."²⁶⁾ 방념과 순교가 밀접하게 연결되어 있음은 그리 놀라운 일이 아니다.

피로 물든 극장: 수많은 증인들

고통이라는 주제는 순교한 급진적 종교개혁자들에게서 구체적으로 표현된다. 책으로 출판되고 노래로 불린 그들의 이야기는 급진주의자들의 영성의 주된 장르가 되었다. 취리히에서 최초의 첫 번째 재세례 의식(1525년 1월 21일)이 시의회의 명령을 무시하면서 거행되었다. 재세례주의자들은 시초부터 선동적이고 이단적인 자들로 규정되었다. 1527년에 츠빙글리는 재세례주의 운동에 대한 두려움을 "그들은 세상을 뒤집어엎으려 한다"고 표현하였다.²⁷⁾ 2년 뒤 스파이어(Speyer)의 제국회의(1529년 4월)에서 옛 유스티니아누스 법전을 부활시키고 재세례를 시행하는 자는 사형을 처할 것을 결정했다. 프로테스탄트나 가톨릭 할 것 없이 모든 관리는 급진적 종교개혁을 무자비하게 억압했다. 예를 들어, 재세례주의자요 반-삼위일체주의자였던 세르베투스는 프랑스에서는 로마 가톨릭 신자들에 의해서 모의 화형을 당하고 제네바에서는 프로테스탄트들에 의해 실제로 화형을 당했다.

1528년에 참수당한 레온하르트 쉬머(Leonhard Schiemer)는 박해의 결과에 대하여 통탄하기를, "이제 우리는 소수의 무리로 전락했으며, 어느 국가에서나 사람들은 우리에게 질책과 치욕을 퍼부었다. …우리에게는 세상이 좁을 지경

---

26) Thieleman J. van Braght, *The Bloody Theater or Martyrs' Mirror*, 419; 1660년 네덜란드에서 처음으로 출판됨.

27) *Huldreich Zwinglis Sämtliche Werke*, ed. Emil Egli et al., (Leipzig and Berlin, 1905) 6:46: "Omnia turbant inque pessimum statum commutant."

이다."[28] 모라비아 재세례주의자들의 지도자인 야콥 후터(Jacob Hutter)는 조국에서 쫓겨난 형제자매를 위해서 모라비아 총독에게 다음과 같이 편지했다:

> 우리는 황량한 광야에 내몰려 있습니다. 우리는 이것을 인내하며 받아들이고, 하나님의 이름을 위하여 고난 받을 수 있게 해주신 하나님께 감사드립니다. …그러나 우리 중에는 과부들과 고아들, 그리고 걸을 수도 없고 거동할 수도 없는 병자들과 무력한 어린아이들이 많습니다. 그 아이들의 부모들은 하나님의 정의를 거스르는 폭군 페르디난트에 의해 살해되었습니다.[29]

후터도 오랫동안 고문을 당하나가 1536년에 참수되었다.

박해에 따른 결과로 방대한 순교 서적들이 나왔다. 사실상 순교를 권하는 논문과 설교가 많았다. 메노 시몬스가 압제를 받는 그의 추종자들에게 쓴 『성도들의 십자가』(The Cross of the Saints)는 그 좋은 예이다. 메노는 산상수훈 중 "의를 위하여 핍박받는 자는 복이 있나니"를 주제로 삼고, 그의 독자들에게 그들이 "의인들을 대적하는 이 경건치 못한 세상이 가하는 고문과 유혈극, 광포한 폭력"을 처음으로 당하는 것이 아님을 상기시켰다.[30] 그는 아벨에서부터 시작하여 성경에 있는 순교의 예를 열거했고, 초대 교회의 순교자들과 그와 친교가 있는 순교자들 사이의 연속성을 입증하기 위해서 가이사랴의 유세비우스가 저술한 『교회사』(Ecclesiastical History)를 전거로 사용하기도 했다. 그리고 그는 자신이 폭동을 교사한다는 비난, 그리고 재세례파를 폭력적인 뮌스터파와 연결

---

28) A. Orley Swartzentruber, "The Piety and Theology of the Anabaptist Martyrs," *Mennonite Quarterly Review* 28 (1954) 25.

29) Jakob Hutter, *Brotherly Faithfulness: Epistles from a Time of Persecution* (Rifton, NY: Plough Publishing House, 1979) 67-68.

30) *Complete Writings of Menno Simons*, 595.

시키려 한 그럴듯한 시도를 배격하였다. 결론적으로, 그는 자기의 추종자들에게 "그리스도 안에 있는 군사요 정복자"로서 견고함과 용기를 가지고 지고한 희생을 대면할 것을 촉구하였다.

> 하나님의 백성들이여, 잔인하고 미친 세상이 행하는 것처럼 외형적인 무기와 갑옷이 아니라, 견고한 확신, 조용한 인내, 열렬한 기도로 전쟁을 대비하십시오. …세상은 여러분의 머리에 가시면류관을 씌우고 손과 발에 못을 박을 것입니다. 그리고 여러분의 몸을 채찍질하고 얼굴에 침을 뱉을 것입니다. 여러분은 골고다 언덕에서 희생의 제물로 드려질 것입니다. … 낙심하지 마십시오. 하나님은 여러분의 대장이십니다.[31]

초대교회에서와 마찬가지로, 16세기 급진주의자들 사이에서 "순교자 숭배"가 등장했다. 화형당한 한스 후트의 유골은 그의 제자들이 모아서 성유물로 보관했다. 초대 교회의 일부 순교자들처럼, 급진주의자들이 고의로 스스로의 죽음을 유도하거나 환희에 넘쳐 불 속으로 뛰어들었다는 증거는 없다. 그러나 순교에 대한 갈망은 없었다 하더라도, 그들은 마지막 고통의 순간에는 영웅적으로 행동했다. 발타자르 후브마이어는 화형 당하기 직전 유황과 화약가루를 그의 머리카락과 수염에 바르는 동안 "소금을 잘 뿌리시오. 제대로 뿌리십시오"라고 소리쳤다. 장작에 불이 붙었을 때, 그는 예수께서 십자가상에서 하신 말씀을 라틴어로 반복하였다: "주여 내 영혼을 당신의 손에 부탁하나이다"(*In manus tuas, Domine, commendo spiritum meum*).[32] 후브마이어, 그리고 목에 돌을 묶인 채 다뉴브강에서 수장 당한 그의 부인은 순교자로서 기억되고 존경받았다. 이러한 이야기를 극적인 이야기로 개작되었다. 순교자를 찬양하는 많은 민요

---

31) Ibid., 621.

32) Williams, *Radical Reformation*, 229.

가 스위스 형제단의 찬송집인 「아우스분트」(Ausbund)에 흘러들어갔는데, 오늘날도 북아메리카의 아만 파(The Amish)에서는 그것을 사용하고 있다. 그러한 찬송 중 하나인 "*Wer Christo jetzt will folgen nach*"는 확실하게 재세례교도는 아니었지만 사제의 속죄 중개설과 물세례의 구속 효험을 반대한 이유로 기소된 조지 와그너(George Wagner)의 순교를 기념하는 것이다. 여기서 18연 중에 4연을 소개한다.

이제 새로 내어나 그리스도를 따를 자들아,
이 세상의 멸시 때문에 동요되지 말라,
성실하게 십자가를 지라;
다른 길로는 천국에 이르지 못함을,
어릴 때부터 우리는 분명히 배웠지.

조지 와그너도 이것을 갈망했으니,
그는 연기와 불꽃 속에서 천국으로 갔네,
십자가가 그의 시험이요 증거였네,
금이 풀무 속에서 정련되듯이,
그의 가슴의 열망이 증명하고 있네.

맨발의 두 수도사가 잿빛 옷을 입고 섰네,
조지 와그너의 슬픔이 가라앉으려고 하네,
그들은 그의 마음을 돌려보려 하지만,
그는 그들에게 손을 흔들어 그들 수도원 집을 가리키네,
그들의 말을 그는 피하려 하네.

사람들은 그를 사다리에 단단히 묶었고
불 피울 나무와 짚이 준비되었네,
이제 웃음소리조차 음산해졌네;
예수여! 예수여! 그는 불길 속에서

크게 네 번 외쳤네.[33]

재세례파에서 성경 다음으로 중요한 문서는 『신앙고백을 전제로 세례를 받고 구세주 예수를 증거하기 위하여 무방비 상태의 신자들이 고난과 죽음을 당한 잔인한 극장 혹은 순교자의 거울』(The Bloody Theater or Martyrs' Mirror of the Defenseless Christian Who Baptized Only Upon Confession of Faith, and who Suffered and Died for the Testimony of Jesus their Saviour)이다. 이 탁월한 책은 1660년에 네덜란드에서 1,290쪽의 2절판으로 출판되었다. 이 책은 초기 네덜란드 순교자의 책을 기초로 해서 여러 종류의 역사 기록물, 간증문, 재판 기록, 그리고 재세례주의자들의 신앙고백과 연대기 등에서 발췌한 것을 포함하고 있다. 급진주의자들의 영성 형성에 영향을 주었다는 점에 있어서, 『순교자의 거울』은 청교도 전통에서 존 폭스(John Fox)의 『기독교 순교자들의 삶과 업적』(Acts and Monuments of the Christian Martyrs)의 역할에 비견된다.

『순교자의 거울』의 첫 부분에는 16세기에 이르기까지의 영웅적인 기독교 순교자들의 이야기가 수록되어 있다. 이 책에 의하면 "재세례파"의 첫 순교자는 "참된 회개의 세례"를 베풀고 왕실의 도덕적 타락을 질타한 죄로 헤롯 왕에 의해 참수당한 세례 요한이다. 피의 행진은 초대 교부들, 도나투스 파("생소하고 알려지지 않은 그릇된 정신의 소유자들이 아니라 우리 시대의 재세례주의자들과 같은 류의 사람들"), 중세의 여러 분파적 집단들로 이어지며 1498년의 사보나롤라(Savonarola)의 죽음에서 끝이 난다.[34]

---

33) 이것은 Ausbund에 있는 11번 찬송이다. 독일어 가사로 된 완전한 찬송이 The Christian Hymnary (Uniontown, OH: Christian Hymnary Publishers, 1972) 418에서 발견된다.

34) Van Braght, Martyrs' Mirror, 198.

『순교자의 거울』의 전반부에서는 피로 물든 열다섯 세기를 다룬 뒤에 "대 종교개혁 이후 진리를 위하여 목숨을 바친" 사람들에 관해서 쓰고 있다. 그 목적은 전반부의 순교자들과 후반부의 순교자들을 한 데 묶음으로써 교회가 모든 시대를 통해서 계속 고난 당하였음을 증명하는 데 있었다.[35]

1552년에 코넬리우스 아에르츠 데 만(Cornelius Aertsz de Man)이라는 17세의 청년이 처형되기 전에 심문을 받았다. 판사는 메노파 교회가 존재한 지 30년 정도에 불과함을 지적했는데, 청년은 그리스도께서 세상 끝날까지 함께 하시겠다고 약속하셨기 때문에 "나는 그분이 그의 몸(교회)을 지금까지 지켜 오셨음을 의심치 않습니다. …때때로 일부 국가에서 유혈과 핍박 때문에 교회가 사라지기도 했지만, 절대 이 세상에서 멸절되지 않았습니다"라고 대답했다.[36]

순교자들이 죽임을 당한 상황이 흥미롭게 묘사되어 있다: 취리히에서는 펠릭스 만쯔라는 사람이 림맛 강에 수장되었는데, 그의 어머니와 형은 강둑에서 끝까지 믿음을 지키라고 그를 격려했다; 오틸리아 골드스미트는 형장에서 어떻게든 그녀를 살려 보려는 청년로부터 세 번이나 청혼을 받았다; 네덜란드에서는 어거스틴이라는 빵집 주인은 화형장에 끌려가면서 자기에게 사형을 언도한 시장에게 "사흘 안에 하나님의 심판대 앞에 당신을 소환하겠습니다"라고 말했는데, 실제로 사형이 집행된 직후 그 시장은 중병에 걸려 삼일만에 죽었다. 이러한 이야기들이 믿는 자들 사이에 퍼져서 비슷한 시련을 당하는 사람들에게 힘을 주었다.

『순교자의 거울』에 수록된 많은 편지는 감옥에 갇힌 사람들이 친구나 가족들에게 보낸 것이다. 그 편지는 순교자들의 인간성을 보여주는데, 그들은 고통

---

35) Ibid., 411.
36) Myron S. Augsburger, *Faithful Unto Death* (Waco, TX: Word Books, 1978) 13-14.

의 순간에도 사랑하는 자들과의 친밀한 유대를 소홀히 하지 않았다. 그들은 친구들에게 사랑하는 가족을 부탁하였고, 또 그들을 두고 떠나는 것이 얼마나 고통스러운 일인지를 토로하기도 하였다. 이러한 감동적인 편지 중의 하나는 야네켄 문스트도르프(Janneken Munstdorp)가 역시 야네켄이라는 이름을 가진 어린 딸에게 보낸 편지이다. 그 아기는 엄마가 옥중에서 사형 집행을 기다리는 동안에 낳은 아기였다. 이 편지는 "주후 1573년, 앤트워프에서, 주님을 위하여 억울하게 갇혀 있는 동안 사랑하는 딸 야네켄에게" 쓴 유언의 형식을 취한다.

나의 사랑하는 아기야, 나는 위대하시고 전능하시고 두려우신 하나님께 너를 맡긴다. 그분만이 지혜로운 분이시다. 그분은 너를 지켜 주실 것이며, 네가 그분을 경외하면서 자라게 해 주실 것이다. 혹 그분은 네가 젊을 때 본향으로 데려가실 것이다. 이것이 아직 어린 너를 이 사악하고 비뚤어진 세상에 두고 가는 내가 주님께 요청하는 것이다.

내가 너를 이곳에 두고 떠나야 하며 네가 엄마 아빠도 없는 고아가 되는 것은 주님께서 명하시고 정하신 일이므로, 나는 너를 주님께 맡기려 한다. 주님께서 그의 거룩하신 뜻에 따라 너를 돌보실 것이다. 네가 하나님을 경외하기만 하면 하나님은 너를 다스리시며 네 아버지가 되어주실 것이며, 너는 이 세상에서 부족한 것이 없을 것이다. 그분은 고아들의 아버지가 되시며 과부의 보호자가 되실 것이다.

내 사랑하는 딸아, 주님을 위하여 감옥에 갇혀 있는 나는 너를 도울 방법이 없구나. 나는 주님을 위하여 네 아빠를 떠나야 했고, 아빠와 내가 함께 지낸 세월은 잠시뿐이었다. 우리는 영혼 구원을 추구하였기 때문에 반년 정도 함께 살다가 체포되었단다. 그들은 나의 상태도 모른 체 내게서 네 아빠를 빼앗아 갔고, 내가 갇혀 있는 동안 네 아빠는 먼저 저세상으로 가셨단다. 나를 감옥에 남겨 두는 것이 그분에게는 큰 슬픔이었지. 나는 너를 잉태한 채 9개월 동안 큰 슬픔에 잠겨 지내다가 감옥에서 큰 고통 속에서 너를 낳았지만, 그들은 너를 나에게서 빼앗아 가버렸단다. 나는 지금 매일 아침 죽음을 기다리면서 감옥에서 지내고 있다. 멀지 않아 나도 네 사랑하는 아빠를 따라가게 될 것이다. 사랑하는 딸아, 사랑하는 이 엄마는 네가 사랑하는 엄마 아빠를 항상 기억하게 하려고 이 편지를 쓴단다.

야네켄, 내 사랑하는 어린 딸아, 이 편지와 함께 내가 감옥에서 지니고 있던 금화 한 개를 너에게 남긴다. 이것은 영원한 작별의 표시요 너에게 남기는 유물이니 네가 그것들을 보면서 나를 기억하기를 바란다. 네가 자라서 이해할 수 있을 때가 되면 그것을 읽어보고, 엄마 아빠의 기념으로 평생 간직하렴. 나의 사랑하는 딸 야네켄 문스도르프야, 이제 너에게 영원한 평안의 입맞춤을 하며 작별을 고한다. 엄마와 아빠의 뒤를 따르고, 세상 앞에서 우리를 부끄럽게 여기지 말아라. 우리는 세상 앞에서, 그리고 이 음란한 세대 앞에서 부끄러움이 없이 우리의 믿음을 고백했단다.

우리가 죄를 지었기 때문에 죽은 것이 아니라는 것을 너의 자랑으로 삼아라. 그리고 그들이 너를 죽이려 한다면, 너도 우리처럼 행동하거라. 그리고 어떤 상황에서도 하나님 사랑하기를 멈추지 말아야 한다. 누구도 네가 하나님을 경외하는 것을 말을 수 없단다. 네가 선한 것을 좇고 평화를 추구하고 노력하면, 영생의 면류관을 받게 될 것이다. 나는 네가 이 면류관 받으며, 십자가에 달리셔서 피 흘리시고, 벌거벗기시고, 멸시당하시고, 거부당하시고, 죽임을 당하신 예수 그리스도를 네 신랑으로 모시기를 소원한단다.[37]

어린 야네켄이 어떻게 되었는지 우리는 알지 못한다. 그러나 그 엄마의 아름다운 뜻과 유언에서, "고난의 그리스도"를 따랐던 급진적 종교개혁자들의 지주가 되었던 순교 신학을 보여주는 통렬한 증언을 접할 수 있다.

---

37) Van Braght, *Martyrs' Mirror*, 984-87. 그 편지는 Hans Hillerbrand, *The Protestant Reformation* (New York: Harper & Row, 1968) 146-52에 수록되어 있다.

성례를 중시하는 삶

급진적 종교개혁자들은 주류 프로테스탄트들과 마찬가지로 로마 가톨릭교회의 일곱 가지 성례전의 교리를 거부하였다. 그들은 세례식과 성찬식을 그대로 실행하였지만, 여기에 자기들 나름의 독특한 의미들을 부여하였다.

실제로 모든 급진적 종교개혁자들은 유아세례를 신·구약 성서 어디에도 근거가 없는 것으로서 마귀가 고안해낸 것이라고 여겨 거부하였다. 그들은 그것을 개의 목욕, 돼지의 목욕, 불결한 목욕, 혐오스러운 우상숭배 등 경멸하는 뜻의 이름으로 불렀다. 이러한 적대적인 태도는 유아세례를 신학적으로 중요한 의식으로 간주할 그뿐만 아니라 정치적 일치의 방편으로 여기는 프로테스탄트와 로마 가톨릭 당국자들에게 정면으로 도전하는 것이었다.

급진적 종교개혁자들은 대담하게 유아들에게 세례 주는 것을 금하였을 뿐 아니라 세례반에 대하여 파괴적인 행위를 감행하였다. 예를 들어, 발트슈트에서는 후브마이어를 따르는 사람들이 나락은 세례반을 철거해서 라인강에 던져버렸다. 그리고 후브마이어는 300여 명에게 우유통에 담긴 물로 세례를 주었다.[38]

츠빙글리는 원죄론을 약화시켜서 종래의 유아세례의 필요성을 배제하고 한동안 그 의식을 보류했었다.[39] 에라스무스도 세례식은 부모의 재량에 따라 청년기까지 유보될 수 있다고 주장했고, 이미 유아세례를 받은 자는 나중에 공중

---

38) Johannes Kessler, *Sabbata*, ed. Emil Egli (St. Gallen, 1902) 144.

39) See Timothy George, "The Presuppositions of Zwingli's Baptismal Theology," in *Prophet, Pastor, Protestant: The Work of Huldrych Zwingli After Five Hundred Years*, ed. E. J. Furcha and H. W. Pipkin (Pittsburgh, PA: Pickwick Press, 1984) 71-87.

앞에서 세례 의식을 다시 시행할 것을 제안하였다.[40] 재세례주의자들은 이 문제와 관련하여 다음과 같은 『슐라이타임 신앙고백서』(*Schleitheim Confessions*)의 내용을 고집했다.

> 세례는 회개하고 삶이 변화된 사람들, 그리스도에 의해 죄 씻음 받았다는 사실을 진실로 믿는 사람들, 부활의 예수 그리스도 안에서 행하는 사람들, 그리고 주님과 함께 부활하기 위해서 주님과 함께 죽어 장사 되기를 원하는 사람들에게 주어져야 한다.[41]

이 어른 본위의 세례는 "믿는 자의 세례"라고 불리기도 한다. 그러나 이것은 참회의 측면이 강하기 때문에 "회개자의 세례"라고 불릴 수도 있다. 급진주의자들은 칼빈의 가르침과는 반대로 회개가 항상 믿음보다 선행한다고 말하는데, 칼빈은 이 순서를 바꾸고 회개는 믿음의 열매라고 해석했다.[42] 회개의 특징은 결정적인 전환, 즉 이전의 삶의 방식과 집착에서 단호히 돌아서는 양심선언이다. 이러한 마음으로부터의 회심은 성례전적인 "유아의 목욕"에 비견될 수 없었다.

루터, 더욱 광범위하게는 츠빙글리, 불링거, 칼빈 등은 유아세례를 구약의 할례와 유사한 것이라고 변호하였다. 재세례주의자들은 성경을 두 세대에 걸친 한 계약의 기록이라고 보지 않고 두 개의 분리된 계약으로 보기 때문에, 그들은 이를 겉치레의 논쟁이라고 간주하였다. 신앙과 교회 체제에 관한 모든 일

---

40) *Opus epistolarum Des. Erasmi Roterodami,* ed. P. S. Alien and H. M. Allen (Oxford, 1906-57) X, no. 2853, pp. 39-42. See also Kenneth Davis, "Erasmus as a Progenitor of Anabaptist Theology and Piety," *Mennonite Quarterly Review* 47 (1973) 174.

41) Hillerbrand, *Protestant Reformation*, 131.

42) Calvin이 그의 저서 *Institutes of Christian Religion*, trans에서 재세례파의 믿음과 회개의 순서에 대하여 반대한 글을 보라. E. L. Battles (Philadelphia: Westminster, 1960) III, 3.2, pp. 594-95.

에 있어서 구약성서보다는 신약성서를 우위에 두었다. 그러므로 예수께서 어른이 되신 후에 세례를 받으신 것, 그리고 먼저 모든 민족을 가르친 후에 세례를 주라고 명하신 것(마 28:19-20)을 기독교 세례의 규범적 모델로 삼았다.

그러나 재세례파의 세례는 회개한 신자가 회중 앞에서 헌신의 서약을 해야 한다는 점에서 강력한 계약적 의미를 내포하고 있다. 후브마이어는 세례의 이러한 측면을 다음과 같이 묘사하였다:

> 세례 시에 수세자는 이제부터 그리스도의 규범에 따라 살기로 공중 앞에서 고백한다. 이 고백의 힘으로 그는 자신을 형제자매들과 교회에 복종시키기 때문에, 그가 잘못할 때 충고하고, 치리하고, 교제를 끊고, 다시 받아들이는 권한을 그들에게 부여한다. …세례 때의 서원이 아니라면 어디서 이러한 권위가 부여될 것인가?[43]

급진적 종교개혁의 성인 세례는 자신의 과거의 삶과 철저하게 결별하며 수도원 내에서가 아니라 세상에서 삶의 갈등을 겪으면서 "온전함"을 이루려 한다는 점에서 금욕적 공동체의 엄숙한 헌신 서원과 흡사하다.

세례는 또한 순교를 위한 예비적 씻음으로 여겨졌다. 후브마이어의 『요리문답』에서 학생은 성령 세례, 물 세례, 피 세례 등 세례의 세 가지 면을 인정하도록 되어 있다. 성령 세례는 물세례에 선행하는 내적인 은혜의 체험이며, 물세례는 신자가 고난과 죽음의 "좁은 길"에 들어서게 한다. 한스 후트는 이 세 번째 의미에 대하여 "지극한 고난의 물은 세례의 정수요 능력"이라고 말하였다. 물에 빠뜨려 죽이라는 선고를 받은 펠릭스 만쯔가 "그것이 진정한 세례야"라

---

[43] *Balthasar Hubmaier: Schriften,* ed. Gunnar Westin and Torsten Bergsten (Gütersloh: Mohn, 1962) 145. Rollin S. Armour, *Anabaptist Baptism* (Scottdale, PA: Herald Press, 1966) 43의 번역을 따랐다.

고 한 말은 이 "붉은 세례"를 상기시켜 준다.[44]

급진적 종교개혁 진영 내에서도 다른 전통에 따라서 세례의 방식은 다양하게 나타났다. 재세례는 불법적인 행동이므로 은밀하게 행해졌다. 재세례파의 세례는 집안, 헛간, 급수탑, 들판이나 목초지, 또는 강이나 시냇가에서 행해졌다고 한다. 당국에서는 재세례파 사람들이 물가에서 모인다는 소식을 들으면, 그들이 세례식을 거행할 것이라고 의심했다. 가장 일반적인 세례 형태는 물을 붓는 방식이었다. 세인트 갈(St. Gall) 출신의 재세례주의자인 볼프강 울리만(Wolfgang Ulimann)은 침례 방식을 고집했다. "그는 대접의 물로 부음을 받는 데서 만족지 않고, 그레벨이 자기를 완전히 발가벗은 상태에서 라인강 물에 몸이 완전히 잠기게 해줄 것을 원했다."[45] 복음적 이성주의자인 세르베투스 역시 침례 방식을 주장했는데, 특히 예수님의 세례를 그대로 본받아 30세 때 세례받는 것을 선호했다. 세르베투스의 영향을 받아서, 그리고 아마 인근에 있는 러시아 정교회의 영향으로, 반삼위일체를 주장하는 폴란드의 마이너 교회(Minor Church)는 물에 잠기는 방식이 진정한 외적 세례라고 하였다. 1574년의 라코비아(Racovian) 교리문답서(Catechesis)는 "물에 잠기는 방식이 아니고는 세례가 지니는 주 예수 그리스도의 죽으심, 묻히심, 그리고 부활하심의 의미를 이해할 수 없다"고 기술하고 있다.[46]

후터파(The Hutterite)의 『연대기』(Chronicle)는 주의 만찬을 주님의 고난과 죽음

---

44) Armour, *Anabaptist Baptism*, 84; Rupp, "Thomas Müntzer," 519.

45) Harold S. Bender, "Baptism" in *Mennonite Encyclopedia* (Hillsboro, KS: Mennonite Brethren Publishing House, 1955) 1:226.

46) Williams, *Radical Reformation*, 704. 침례(immersion) 의식이 *The Polish Brethren: Documentation of the History and Thought of Unitarianism in the Polish-Lithuanian Commonwealth and in the Diaspora*, 1601-1685, ed. George H. Williams (Chico, CA: Scholars Press, 1980) 446-60에서 발견된다.

을 아름답고 은혜롭게 기념하는 것, 그리고 죄로부터의 구원에 대한 열렬한 감사의 표현이라고 묘사했다. 『슐라이타임 신앙고백서』(The Schleitheim Confession)에서도, 떡을 떼는 것은 그리스도의 찢긴 몸을 기억하는 것이고 잔을 마시는 것은 주가 흘린 피를 기억하는 것이라고 하였다. 취리히의 최초의 재세례주의자들은 성만찬 문제에서는 급진적인 츠빙글리파였다. 그들과 그들의 추종자들은 로마 가톨릭, 루터파, 칼빈파 등이 주장하는 그리스도께서 성찬에 실제로 임재한다는 신학을 부인하였다. 취리히 시의회에서는 여전히 교회에서 미사를 거행할 것을 요구했음에도 불구하고, 첫 번째 재세례식이 있기 수개월 전인 1524년에 그레벨과 만쯔의 무리는 "친교의 만찬"에 대한 구체적인 내용을 발표했다. 그레벨이 제안한 간소한 성찬식은 후대의 급진주의자들을 위한 모범이 되었다고 볼 수 있다. 회중 중에서 선발된 복사(服事)가 성찬 제정의 말씀을 낭독했다. 축성 기도는 드리지 않고 감사 기도를 드렸다. 일상적인 떡과 잔을 사용했다. 그리고 개인적으로 성찬식을 거행하거나 사제에 의한 성찬식은 금지되었다. 사제의 예복, 노래, 그리고 그릇된 존경심을 야기할 수 있는 요소는 철저히 배제했다. 긍정적인 의미에서, 성찬은 "그리스도의 몸과 피, 십자가의 언약을 상기시키는" 기념의 잔치요, "우리가 진실로 하나의 빵, 한 몸을 이룬다는 것을 보여주는" 친교의 식사였다.[47]

16세기 말까지도 라인강 이남에 있던 재세례주의자들은 평신도 대신 임명된 성직자가 집례자가 된 사실을 제외하고는 거의 이러한 방식에서 그다지 벗어나지 않았다.

만찬이 시작되면, 성직자는 참석자들에게 빵을 분병(分餅)하여 나누어 주

---

47) *Spiritual and Anabaptist Writers*, 76-77.

었다. 사람들 모두에게 나누어주고 나서, 집례자 자신이 빵을 들어 입에 넣고 먹으면, 회중들도 떡을 입에 넣고 먹었다. 그러나 성직자는 아무런 말도 하지 않고 격식이나 축복의 말도 하지 않았다. 빵을 먹은 뒤에, 성직자는 즉시 포도주병이나 잔을 각 사람에게 주었다. 이러한 방법으로 그들은 성찬식을 거행하였다.[48]

순교자들은 자신의 성찬 신학에 대해서 질문을 받을 때 성만찬의 상징적 특성을 변호했다. 서 프리슬란트(West Friesland)의 어느 재세례파 신자는 "성례에 대하여 무엇을 믿느냐"라는 질문을 받고서, "나는 당신네들의 구워진(baked) 하나님에 관하여는 아는 바 없다"라고 대답하였다. 헤이그(Hague)에서는 베인켄(Weynken)이라는 과부가 주의 만찬의 성례전의 효험을 완고하게 부인하다가 교살형 선고를 받았다. 사형당하는 날 아침에 성례를 베풀러 온 도미니크회 수도사에게 그 부인은 "나에게 어떤 종류의 하나님을 주렵니까? 썩을 수밖에 없는, 한 푼의 가치도 없는 하나님이 아닌가요?"라고 말했다. 그리고 그날 미사를 집전한 사제에게는 그가 하나님을 다시 못 박았다고 말했다.[49]

이러한 증언에는 성찬에 대한 소극적인 신학이 내포되어 있지만, 급진주의자들이 거행한 주의 만찬은 피상적이고 무심한 의식이었다기보다는 오히려 예수님의 마지막 식사를 생생하게 재연하는 것인 동시에 종말론적, 메시아적인 잔치를 미리 행하는 것이었다. 메노 시몬스는 성찬식을 "예수 그리스도께서 그의 은혜와 성령과 언약을 가지고 임재"하시는 "크리스천의 혼인 잔치"라고 하였다.[50] 보다 후대의 메노파인 디트리히 필립스(Dietrich Philips)는 성찬식의 "만

---

48) Cornelius Krahn, "Communion" in *Mennonite Encyclopedia*, 1:652.
49) Van Braght, *Martyrs' Mirror*, 484, 423.
50) *Complete Writings of Menno Simons*, 148.

나"를 그리스도의 천상의 몸이라고 하면서, 그것이 "천사의 음식"을 떼기 위하여 주의 만찬의 식탁에 모인 중생한 크리스천들에게 영양을 주고 점차 신화(神化)시킨다고 하였다. 그러므로 주의 만찬은 우선적으로 기념 의식으로 이해되지만, 구원론적 의미를 상실한 것은 아니었다. 이러한 이유로, 주의 만찬은 악한 세상에서 흠 없는 공동체를 이루기 위해서 행하는 훈계와 출교와 같은 훈육적 제재의 기회가 되었다.[51]

예배와 기도

해롤드 벤더(Harold Bender)는 급진적 종교개혁에서의 예배의 중요성을 지적하면서, 재세례파 회중은 국가에 예속된 건물 안에서 성직자에 의하여 베풀어지는 예배에 참석한 "청중"이 아니라 성경 공부, 기도, 상호 권면 등에 동참하는 신자들의 참된 교제라고 했다.[52] 많은 급진주의자에게 있어서 크리스천의 삶이란 수도원 안에서 생활하지는 않지만 날마다 거룩한 순종, 기도, 찬양 등의 생활을 할 것을 전제로 하는 수도 생활이었다. 예를 들어, 1535년 할버슈타트의 성당 뒤편에 있는 집에 작은 무리의 재세례파가 살고 있었다. 그들은 하루에 네 번, 식사 전후에 기도와 찬송을 하곤 했고, 또 밤에도 두 번 일어나서 하나님을 찬양했다고 한다.[53] 후터파도 날마다 삼위일체적 구조에 따라서 기도했다고 한다. 아침에는 성부 하나님께, 정오에는 성자 하나님께, 저녁에는 성

---

51) Williams, *Radical Reformation*, 502-3. 성만찬과 관련하여 권징의 중요성을 강조한 폴란드 형제단의 성만찬 실행에 관해서는 *Polish Brethren*, 461-74에 나와 있다.

52) Harold Bender, "Public Worship" in *Mennonite Encyclopedia*, 4:984.

53) Clasen, *Anabaptism*, 146.

령 하나님께 보호해 달라고 기도하였다. 어떤 급진주의자들은 일요일에만 특별한 의미를 부여하는 것을 거부하고 하나님께서는 일주일의 모든 날을 똑같이 만드셨고 크리스천들에게 "영원한 안식일"을 주시고 그들이 매일 중단 없이 찬양하고, 죄를 멀리하고, 하나님께서 그들 속에서 역사하시는 것을 허락해야 한다고 말했다.[54]

급진주의자들은 특별한 사물이나 장소나 인물, 혹은 날에 거룩함을 부여하기를 꺼렸다. 후브마이어의 『교리문답』에 "어디에서 그리스도께 기도하는가?"라는 질문이 있다. 이에 대한 대답은 "특정한 장소가 없습니다. 간혹 어떤 사람이 '그리스도께서 제단 위에 계시다. 돌이나 은으로 만든 작은 집에 계신다'고 말하는데 저는 이것을 믿지 않습니다"라고 되어 있다.[55]

재세례파의 공식적인 집회 장소에 대한 가장 오래된 증거는 1590년경의 것이다. 후터파 사람들은 교회 건물이나 예배당을 짓기보다는 식당과 같은 큰 공동의 방에 모여 예배드리는 것을 선호하였다. 필연적으로 많은 급진주의자의 비밀 집회는 종종 특별한 모임인 경우가 많았다. 메노는 "우리는 집에서, 들판에서, 숲속이나 광야에서, 이곳저곳에서, 고향이나 타향에서…밤낮으로 설교한다"고 인정했다.[56] 그러한 모임은 항상 당국에 의하여 발견되고 공격당할 소지가 있었다.

대부분의 급진주의자는 공식적인 전례를 따르지 않았기 때문에, 그들의 예배 형식을 재구성하기란 쉽지 않다. 성경 읽기와 해설, 찬양, 그리고 빈번하게 거행하는 성찬식 등이 재세례파 예배의 공통 요소이다. 베른(Bern)에 있는 고

---

54) *Three Reformation Catechisms*, 161.

55) Ibid., 158.

56) *Complete Writings of Menno Simons*, 633.

문서 보관소에서 발견된 1529년의 교회 규범은 한 번에 한 사람만 발표하도록 규정했다. 페테르 리데만(Peter Riedemann)의 신앙고백서(1540)는 후터파에서 사용한 것보다 더 공식적인 예배 구조를 전한다. 예배는 고요히 마음을 준비하고 자기 성찰을 하는 것으로부터 시작해서, 감사와 기도의 시간, 말씀 선포, 찬양, 축도의 순으로 진행되었다.[57]

주기도문은 모든 급진주의자에 의하여 널리 사용되었다. 후브마이어는 기도를 "신령과 진정으로 영혼을 하나님께 고양하는 것"이라고 정의하고 주기도문을 교리문답 교육의 일부로 포함했다.[58] 그러나 오스트리아의 재세례주의자인 레온하르트 쉬머(Leonhard Schiemer)는 명목상의 신자들에게 주기도문이 어떤 것인지를 통렬하게 꼬집어 풍자하는 희문(戱文)을 지었다. 명목상의 신자들은 "하늘에 계신" 하나님께 기도하지만, 땅에서는 그의 계명대로 살지 않는다. 그들은 "일용할 양식"을 요청하지만, 그것을 받은 후에는 그것이 마치 "나의" 양식인 양 행동하고 믿음으로 살기보다는 물질적인 이득에 따라 산다. 급진주의자 중에서 유니테리언인 카밀로 레나토(Camillo Renato) 같은 사람은 주기도문까지도 포함해서 귀에 들릴 수 있는 모든 기도를 배제하는 데까지 이르렀다. 스페인의 신령파 사람인 후앙 데 발데스(Juan de Valdés)는 그러한 주장에 동의하지 않고 주기도문에 대한 경건한 주석서를 썼다. 그러나 그는 기도는 "말로 하는 것이 아니라 영적인 기도가 되어야 하며" 절대 "책이나 염주"와 결부시킬 수 없다고 주장했다.[59]

---

57) Bender, "Public Worship," in *Mennonite Encyclopedia*, 4:985.
58) *Three Reformation Catechisms*, 144. 후브마이어가 주기도문에서 루터가 교리문답에 포함시켰던 "프로테스탄트" 송영을 생략한 것은 흥미있는 일이다.
59) Williams, *Radical Reformation*, 175; *Spiritual and Anabaptist Writers*, 321-22.

규격화되거나 간소화된 기도는 전혀 용납하지 않는 급진주의자들은 형식에 얽매이지 않고 은사 중심적인 예배 형태를 선호한 듯하다. 일설에 의하면, 렘스(Rems) 계곡에 사는 재세례주의자들은 "엎드려서" 두 손을 잡고 "주님께 찬양을 돌릴지어다"를 외쳤다고 한다. 어느 적의를 품은 목격자는 재세례주의자들의 기도의 혼란스러운 모습을 "늙은 말이 수레를 끌며 내는 신음소리와 끙끙거리는 소리"에 비유했다.[60] 또 영국의 헨리 배로우(Henry Barrow)는 『공동기도서』(The Book of Common Prayer)를 "돼지의 살점"이요 "무대 위의 대사"라고 비하하면서, 예배의 특징은 성령의 자유로운 왕래하심과 사람들의 자발적인 응답이라고 주장했다. 배로우파 사람들도 유럽 대륙의 재세례주의자들과 마찬가지로, 국교회의 예배를 거부하고 런던 주변의 한적한 곳에서 자기들 나름의 예배를 드렸다. 한 밀고자의 보고에 의하면, 그들의 예배는 성경 해설, 즉흥적인 기도("한 사람이 소리내어 기도할 때 나머지 사람들은 마치 눈물이라도 짜내는 것처럼 신음하거나, 흐느끼거나, 한숨짓는다"), 헌금, 일상적인 식사, 그리고 간단한 성만찬이 이어졌다.[61] 급진적 종교개혁의 범주 내에 있는 많은 분파에게서 이러한 종류의 영적 예배가 시행되었음이 분명하다. 이 거듭난 크리스천들은 유아세례와 미사, 기독교계의 공식적인 예배의 전통들을 내던지고, 성령의 신선한 자극을 받아 고무된 마음의 이끌림을 따랐다.

---

60) Clasen, *Anabaptism*, 92.

61) *The Writings of John Greenwood, 1587-1590*, ed. Leland H. Carlson (London: Alien & Unwin, 1962) 294. 윌리엄스 언급하였지만, 영국 국교에서 공식적으로 분리해 나온 첫 번째 청교도 종파의 하나인 배로우 파는 보통 급진적 종교개혁의 일부로 간주하지 않는다. 영국의 분리파들은 그들의 종파적 교회론에서는 급진주의와 통하지만(예를 들어, 회중적 차원의 권징이 진정한 가시적 교회의 중요한 표식 위치로 승격된 것) 그들이 유아세례와 극단적 칼빈주의의 예정론을 보유했던 것은 프로테스탄트와 통한다. Timothy George, *John Robinson and the English Separatist Tradition* (Macon, GA: Mercer University Press, 1982)을 보라.

급진주의자들 가운데서 시행된 보다 조용한 예배의 전통에도 주목해야 한다. 네덜란드의 초기 메노파 교회에서는 예배가 시작될 때와 끝날 때 회중은 무릎을 꿇고 침묵의 헌신을 하였다. 침묵 기도를 실행한 것은 모든 사람이 "혼동하거나 시끄럽게 소리를 내지 않고" 주님께 아뢰기 위함이었다.

스위스와 네덜란드의 재세례주의자들은 기도문을 모아 출판하였다. 그중에는 개인적 신앙을 위한 기도가 많았다: 아침 기도와 저녁의 기도, 식사 전후의 기도, 염려와 실망에 빠진 자를 위한 기도, 그리고 병자들을 위한 기도 등. 1625년에 레온하르트 클로크(Leonhard Klock)는 네덜란드어로 『몇 가지 기도문 공식집』(*Formulary of Several Prayers*)이라는 책을 출판하여, 세례, 성만찬, 결혼식을 위한 기도를 수록하였다. 원래 "프러시아의 모든 형제"에게 헌정된 이 책에는 후일 메노파의 모범이 된 기도문이 포함되어 있다:

> 주님과 우리를 미워하고 박해하며 우리를 해친 모든 자에게 주님은 자비를 베푸셨습니다. 그들은 자신이 하는 일을 모르고 있사오니, 그들을 용서해 주십시오. 그러므로 우리 때문에 그들에게 죄 있다 하지 마옵소서. 또한 당신의 말씀 듣기를 즐기나 연약하여 당신께 완전히 복종하지 못하는 선한 양심의 사람을 위해서도 기도드립니다. 성령을 통하여 그들에게 힘을 주십시오. 거룩한 증언 때문에 감옥에 갇히거나 결박당하거나 쫓기고 있거나 추방당하거나 멸시당하거나 학대를 받거나 모든 재산과 위로를 빼앗긴 채 고통받고 있는 모든 사람을 위해 기도합니다. 오, 전능하신 아버지여, 우리 마음을 깨뜨리고 두드리고 상하게 하셔서 당신께서 보시는 넘쳐 나는 눈물이 있게 하소서. …오, 우리 아버지 하나님, 우리에게 당신의 그 큰 사랑과 소망의 마음, 그리고 향기롭고 경건한 성품을 주셔서 우리가 어린아이와 같은 사랑으로 당신께 나아가게 하소서.[62]

---

62) Friedmann, *Mennonite Piety through the Centuries* (Goshen, IN: Mennonite

그리스도의 군사(Militia Christi) : 무력과 출교

롤랜드 배인톤(Roland H. Bainton)은 기독교가 진지해지면 세상을 버리거나 지배하려고 하며, 여러 가지 점에서 두 가지를 동시에 행하려 할 것이라고 말하였다.[63] 이 두 가지 충동이 급진적 종교개혁 내부에 나타났다. "대 농민 전쟁"(The Great Peasants' War, 1525)과 뮌스터(Münster)에서 발생한 "마카비적" 재세례주의자들의 반란(1535)은 급진적 종교개혁 내부에서 종교적으로 인정된 무력을 휘두른 주목할 만한 사건이었다. 기독교인들과 국가와의 관계에 대해 다소 온건한 견해를 가지고 있었던 후브마이어는 그의 논문 「무력에 관하여」(On the Sword, 1527)에서 정당한 전쟁이나 사형과 같은 정부의 합법적인 강제력을 인정했고, 크리스천이 양심에 위배됨 없이 공직의 일을 수행할 수 있다고 주장하였다(그의 추종자들은 "칼 든 자들"이라 불렸는데, 이는 그리스도의 군사로서 칼보다는 막대기를 들어야 한다는 평화주의자인 "막대기를 든 자들"과는 반대가 된다). 혁명적인 폭력이나 실질적인 정치적 타협은 급진적 종교개혁 전체로 보면 소수의 의견에 불과했다. 전반적으로 신령파, 재세례파, 복음적 이성주의자 모두가 한결같이 무기를 드는 일, 군 복무, 맹세, 혹은 공직에서 일하는 것 등을 거부하면서 고의로 사회의 강제적인 제도와의 관계를 단절했다.[64]

대부분의 평화주의적 경향의 급진주의자들은 『슐라이타임 신앙 고백서』에

Historical Society, 1949) 182-83.

63) R. H. Bainton, *The Medieval Church* (Princeton, NJ: Van Nostrand, 1962) 42.

64) George Williams는 급진적 종교개혁의 평화주의를 네 가지로 분류한다. (1) 정당화된 전쟁을 드물게 인정하는 에라스무스적인 신중한 평화주의, (2) 그리스도의 명령을 근거로 한 복음적 평화주의, (3) 박해와 순교로 확인되는 고난의 평화주의, (4) 재림 때 하나님의 성도들에 대한 궁극적인 변호를 기대하는 종말론적 평화주의. 한 개인이 종종 이러한 평화주의 사상의 여러 갈래를 동시에 가지고 있기 때문에 명백하게 "이상형"이란 없다.

기술되어 있듯이, 무력은 하나님께서 정하신 것이지만 오직 "그리스도의 완전성 밖"에 있다고 간주했다. 다시 말해서, 교회는 세상을 향한 증인으로서 그리스도의 비폭력과 고난의 사랑을 따라야 한다. 거꾸로 말하면, 그리스도를 따르려 하는 공직자는 문자 그대로 공직자로서의(qua magistrates) 자기를 부인해야 한다. 그는 원수들을 죽이지 말고 사랑해야 한다. 중생과 세례는 물론이요, 폭력과 권력을 거절하는 것은 입교에 필요한 조건이다. 하나님께서 공직을 인정하시고 동시에 그것을 보유한 자들의 구원을 막으실 수도 있다는 모순에 대한 설명을 요구하는 사람에게, 한 재세례주의자는 칼빈의 이중 예정론에 대한 변호와 흡사한 말을 했다: "공직과 공권력의 문제, 즉 하나님께서 당신을 공직에 임명하고 세우셨지만, 당신은 그 공직에 있으므로 정죄를 받고 구원에 이르지 못한다는 사실에 놀라신 모양인데… 나의 친구여, 당신이 어찌 하나님과 분쟁하려 하는가? 피조물이 창조자에게 '왜 나를 이렇게 만들었느냐'고 하겠는가?"[65]

이러한 극단적인 무저항의 영적 근거를 찾아보면, 급진주의자들이 되풀이해서 예수님의 본보기에 호소하는 것을 발견하게 된다. 야곱 후터(Jacob Hutter)는 모라비아의 통치자에게 다음과 같이 안심시켰다: "우리는 누구에게도, 심지어 우리의 최대의 원수인 페르디난드에게도 해를 끼치거나 부당한 행동을 하려 하지 않습니다." 그는 또 자기의 추종자들은 자기들의 최악의 원수를 손으로 (창, 칼, 도끼창 따위는 말할 것도 없고) 공격하기보다는 100 플로린(화폐의 단위)의 돈을 강탈당하는 편이 낫다고 생각한다고 하면서, "보다시피 우리는 창이나 소총 같은 무기를 갖고 있지 않다. 우리는 사람들이 그리스도의 참된 제

---

65) Quoted in Hans Hillerbrand, "The Anabaptist View of the State, *Mennonite Quarterly Review* 32(1958) 101.

잔 스키트의 순교, 텔레만 J. 브라흐트의 저서 순교자의 거울 963쪽에서

카타리나 뮬레만의 체포, 틸레만의 순교자의 거울 1111쪽

자로서 살아야 한다는 것을 우리의 말과 행동으로 보여 주려고 한다"고 말했다. 후터는 "우리는 뮌스터 사람들처럼 행동하려는 생각은 해본 적이 없다"고 분명히 하였다. 그리스도께서 용서와 비폭력을 토대로 새로운 왕국을 여셨기 때문에, 이제 전쟁과 유혈극의 선례로 구약성서가 인용될 수 없었다. 그리스도의 군대(The militia Christi)는 피를 흘리지 않는 군대이다. 그 군대의 무기는 기도와 금식과 믿음이다. "하나님께서는 이제 우리의 칼을 두드려 보습과 낫으로 만들라고 명하신다. 전 세계 어디서나 신자들이 있는 곳에서는 전쟁이 종식되어야 한다."[66] 후터파는 비폭력의 원칙에 따라, 양심에 어긋나지 않는 일에서는 국가에 복종했지만 전쟁이나 사형집행자의 봉급을 위한 세금을 내는 것은 거부했다.

무저항의 복음은 이러한 급진주의 영성의 핵심을 이루었다. 그들의 정치적 무관심은 하나님은 강요하는 분이 아니라는 관점에서 직접적으로 비롯되었다. 한스 뎅크는 왜 하나님께서는 "우리를 만드시되 하나님의 꼭두각시처럼 만들지 않으셨는가?"라고 질문하고 "그 이유는 하나님께서는 자신의 자비가 인정되고 멸시받지 않기 위해서 강요하기를 원하지 않으시기 때문이다"라고 대답하였다. 뎅크에 의하면, 예수님은 하나님의 성품과 의도를 가장 분명하게 나타내셨기 때문에 크리스천들의 표준적인 모델이 되신다. 하나님께서는 모든 사람을 하나님 자신과 동등하게 창조하셨다. 그러나 사람들을 사랑하시되 그들을 위해 자기 생명까지 내어 주신 예수님을 제외하고는 아무도 그 상태를 유지하지 못하였다. "예수님은 성부와 완전히 동등하시며 매사에 성부를 마음에 두셨기 때문에 성부로부터 그러한 태도를 배우셨음이 분명하다."[67] 이 사상 안

---

66) Hutter, *Brotherly Faithfulness*, 70, 168-69.
67) *Spiritual and Anabaptist Writers*, 97, 102.

에는 온유하고 관대하신 하나님께서 아들을 보내신 것은 폭군으로서 다스리게 하려는 것이 아니며 무력을 행하기 위해서가 아니라 구원하고 설득하기 위함 이었다는 초대 기독교인들의 주장이 메아리치고 있다. 왜냐하면 "무력은 절대 하나님의 속성이 아니기 때문이다."[68]

『슐라이타임 신앙고백서』에서는 크리스천의 무력 사용을 금하는 문맥에서 세상에서의 폭력의 목적과 교회 안에서의 훈육의 목적을 다음과 같이 대조하였다: "그리스도의 완전함 안에서, 출교는 죄지은 자를 경고하고 교제에서 끊고자 하는 것이지 육을 죽음에 이르게 하려는 목적이 아니다."[69] 재세례파의 사고에 의하면, 교회 내의 통치 권위는 어떤 면에서 국가 관리의 권력에 필적한다. 로마제국과 대치 상태에 있던 콘스탄틴 이전의 교회처럼, 16세기의 급진적 분파들은 주변 문화에 순응하기를 거부하면서 교회를 자체의 규율과 훈육의 제도를 갖춘 "양자택일적인 사회"로 인식하였다.

"출교"는 자격이 없고 타락한 교인을 회중으로부터 제외하는 수단이었다. 재세례주의자들은 이 의식이 참 교회의 본질적인 표식이며, 모든 살아있는 유기체가 그러하듯이, 교회도 자신과 관련이 없는 것을 제거할 능력이 있어야 한다고 주장했다. "이러한 능력이 없는 교회는 배설물이나 악취가 나는 것들을 배출해 내는 기능과 장치가 없는 기형의 몸이며, 그렇기 때문에 절대 하나님께 속한 생명의 몸이 아니라 죽음과 멸망에 빠질 몸이다."[70]

폴란드 형제단의 라코비안 『교리문답서』(Catecheis)는 교회의 권징 제도가 있

---

68) *The Epistle to Diognetus* 7.3-4, in *The Apostolic Fathers,* ed. Kirsopp Lake (Loeb Classical Library; Cambridge, MA: Harvard University Press, 1913) 2:364-65.

69) Hillerbrand, *Protestant Reformation,* 134.

70) John Robinson, *A Justification of the Separation from the Church of England* (Amsterdam, 1610) 83.

어야 할 이유 다섯 가지를 기록하였다: (1) 범죄한 사람이 치유되고 올바른 길로 돌아서게 하기 위하여; (2) 다른 사람들이 두려워하며 악인들에 물들지 않게 하기 위하여; (3) 불미스러운 일이나 무질서로부터 교회를 지키기 위하여; (4) 주님의 말씀이 교회 밖에서 잘못 전해지는 것을 막기 위하여; (5) 주님의 영광과 이름이 더럽혀지지 않기 위하여.[71] 거짓 교리와 "우상 숭배적인" 성례, 그리고 정상적인 권징을 시행하지 못하는 국교회의 무능력은 분열의 중요한 원인이 되었다.

급진주의자들은 권징의 교정적 의도를 강조하였다. 출교를 행하기 전에 마태복음 18장에서 명령한 세 단계의 우애 있는 권고를 따라야 했다. 더욱이 적어도 이론상으로는 공식적인 출교는 회개치 않은 자의 마음속에서 이미 일어난 그리스도와의 단절을 사회적으로 확증하는 것에 불과했다.

> 우리가 형제들의 교제로부터 제명하거나 축출한 자들은 이미 잘못된 교리나 적절치 못한 행동 때문에 스스로 형제들의 교제로부터 분리하고 제외된 사람들이다. 우리는 어느 사람이든 쫓아내기보다는 받아들이기를, 잘라 내기보다는 치유하기를, 내버리기보다는 되찾기를, 저주하기보다는 구원하기를 원한다.[72]

이 목양적인 분위기의 구절은 메노 시몬스의 『교회 권징에 관한 권면』(*Admonition on Church Discipline*, 1541)에서 인용한 것인데, 실제로는 종종 출교된 사람들을 "회피"하는 것과 관련된 변명조의 거친 역비난에서 사용되었다. 회개치 않은 사람들과의 모든 사회적 접촉을 회피하는 것이 네덜란드의 메노파의 특징적인 관습이었다. 이것은 그들이 폭력적인 뮌스터 사람들로부터 자신

---

71) *Polish Brethren*, 700.
72) *Complete Writings of Menno Simons*, 413.

을 구별하려는 노력에서 비롯된 것인 듯하다. 그러나 곧 그것은 보다 확대 적용되어 출교당한 자의 가족들과도 접촉하지 않게 되었다. 메노는 특히 출교당한 사람의 배우자에게 관대하라고 충고했다. 1550년 엠덴에 있는 한 교회에서 스윈 룻거스(Swaen Rutgers)라는 여인을 둘러싸고 논쟁이 벌어졌다. 그 여인은 타락한 남편과의 부부 관계를 거부했는데, 교회의 어떤 사람은 그녀도 함께 출교시켜야 한다고 주장하였지만 메노는 이를 허락지 않았다.[73]

출교에 해당하는 죄목은 과음, 간음, 맹세하기, 불신자와의 혼인, 잘못된 교리를 가르침, 배우자와 화해치 않는 것, 교회 돈을 횡령하는 것 등이다. 이것들은 대부분 개인적인 성결이나 교회 내부적인 관심사에 관한 것이다. 그러나 세상을 향한 순수한 증거의 삶을 살려는 더욱 넓은 관심을 간과해서는 안 된다. 예를 들어, 어느 영국인 재단사는 분리파 교회로부터 출교당했는데, 그 이유는 한 벌에 5실링인 양복 값을 7실링을 받았기 때문이었다.[74] 권징을 엄격하게 시행하다 보면 율법주의로 전락할 가능성이 있었는데, 실제로 그런 일이 종종 있었다. 그렇지만 그것은 한 교회의 테두리를 넘어서는 사회적 저항의 요소도 포함하고 있었다.

급진주의자들의 비밀 집회는 종교 사회학자들이 "의도적" 공동체라고 부르는 것의 모델이었다. 교인의 자격이 우연히, 또는 그저 주어지는 것이 아니었다: 진심에서 우러난 열렬한 참여가 필요했다. 참된 가시적 교회는 곧 세상과는 구별되는 자체의 자율적인 정체를 가지고 모든 폭력적인 관련을 삼가는 재세례를 받은 성도들의 모임인 동시에, 자기들의 신앙고백을 거역하는 자를 권

---

73) John C. Wenger, "Avoidance" in *Mennonite Encyclopedia*, 1:200.

74) Richard Bernard, *Plaine evidences: The Church of England is apostacall* (London, 1610) 117.

징함으로써 다시 분리하여 세상으로 돌아가는 영적 돌격 분대였다.

모든 사람을 위한 복음: 종말론과 초교파주의

급진적 종교개혁의 신봉자들은 임박한 그리스도의 재림에 관하여 강한 종말론적인 열정에 사로잡혀 있었다. 어거스틴의 시대 이후로, 요한계시록 20장의 천년왕국은 교회의 현재 시대로 해석되어 왔었다. 이 이론에 의하면, 사탄의 악한 계획은 크리스천 관리들에 의해 저지되고("쇠사슬" 계시록 20:1), 구원받은 자들과 버림받은 자를 모두 포함한 교회는 모든 것의 궁극적 종말을 기다리고 있었다. 급진주의자들은 행정적인 강압과 연결된 국교회를 떠나면서 이러한 국교회의 종말론과도 분명하게 결별했다. 그들은 그들의 시대를 마지막 때로 해석했고, 스스로를 새 시대를 여는 비밀의 사자들로 인식하였다. 교회를 원래의 순수한 상태로 회복(단순히 "개혁"의 차원이 아니라)한 그들은 어둠의 세력과 천년왕국의 안내자를 뒤엎는 역사적 소용돌이의 한복판에 서 있었다. 어색하게 결합하고 세부 내용이 일치하지 않는 그러한 생각은 급진주의자들이 마지막 때의 그늘 밑에서 그들의 독특한 영성을 발전시키는 원동력이 되었다.

대부분의 초기 재세례파 문헌에 나타나는 묵시적 어조는 농민전쟁 때문에 촉발된 강력한 기대와 그 후에 일어난 종교적 극단주의에 대한 혹독한 억압을 배경으로 하여 결정되었음이 틀림없다. 자신을 구약성경의 전사–제사장으로 여기고 자기의 편지에 "기드온의 칼을 가진 토마스 뮌쩌"라고 서명했던 토마스 뮌쩌는 프랑켄하우젠의 전쟁(1525)이 끝나고 참수되었다. 뮌쩌의 가르침의 반향은 책 장사에서 재세례파의 사도로 전향한 한스 후트의 예언적인 발언에서는 뮌쩌의 가르침의 메아리를 들을 수 있었다. 후트는 임박한 그리스도의 재림을 "시대의 징조"인 그 시대 사건에 입각하여 해석했는데, 그중에서 가장 괄목할 만한 사건은 터키 군대가 기독교계를 공격한 것이었다. 1520년대 말에, 그들은 비엔나 문턱에까지 진격하였다. 후트는 계시록 13장과 다니엘서 12장의 예언을 토대로 하여, 정확하게 농민 전쟁이 끝나고 나서 3년 반 뒤인 1528년 오순절에 그리스도가 재림할 것이라고 예언했다. 후트는 144,000명의 택함을 받은 성도를 모으기 시작했고(계 7:4), 그들의 이마에 십자가 성호를 그어 세례를 줌으로써 그들을 인쳤다. 그리스도께서 재림하시면, 의인은 정부도 없고 칼도 없고 경제적 차별도 없는 나라에서 세상을 다스릴 것이며, 반면에 악인은 영원한 형벌을 받을 것이라고 주장했다. 후트는 1528년에 죽었는데, 그의 타버린 시체(그는 탈옥하려고 감옥에 불을 질렀으나 실패했었다)는 사후에 사형에 처했다. 그를 따르던 사람들은 뿔뿔이 흩어졌다. 그러나 멜콰이어 호프만(Melchoir Hoffman)과 같은 예언자들이 그의 묵시적 가르침을 계승했다. 호프만은 재림의 시기(1534)와 장소(스트라스부르크)를 다르게 잡았지만, 결과는 비슷했다. 후트와 호프만 모두 추종자들에게 "칼집에 꽂힌 칼"을 사용하라고—즉 폭력을 흡수하되 상처를 주지 말라고—권고했지만, 그들의 과격한 예언과 황제, 교황, "피를 빨아먹는 적그리스도인 루터파와 츠빙글리파의 설교가들"을 향한 가차 없는 독설은 공공연히 혁명적인 뮌스터의 왕국이 번성할 수 있는 분위기를 형성했다.[75]

스위스 형제단은 처음부터 명백하게 평화주의적이었고, 토마스 뮌쩌의 영향을 거의 받지 않았다. 그러나 유사한 종류의 묵시적 풍조가 그들에게서도 발견된다. 1525년 6월에 졸리콘에서 온 일단의 재세례파 농부들이 취리히에 들어와서 거리를 행진하면서 "화 있을진저, 화 있을진저, 화 있을진저, 오 취리히

---

75) Goertz, ed., *Radikale Reformatoren*, 163. 호프만은 황제, 교황, 거짓 교사를 "악한 삼위일체"(höllische Dreieinigkeit)라고 칭했다.

여"라고 외쳐댔다. 그들은 마지막 때 신자들은 "허리띠 대신에 끈"을 두를 것이라는 이사야의 예언을 좇아서 허리 때 대신에 버드나무 가지와 끈을 둘렀다. 그들은 츠빙글리를 "늙은 용"이라고 조롱하면서 요나의 정신을 따라 그 도시에 40일 안에 회개하라고 촉구했다.[76] 그리스도의 임박한 재림에 대한 기대가 순수한 교회를 세우는 데 있어서 중심적인 동기 유발의 요인이 되었다.

『슐라이타임 신앙고백서』를 작성한 마이클 사틀러는 감옥에서 호르프(Horb)에 있는 그의 교회에 편지를 썼다. 그는 요한계시록과 에스드라서를 인용하면서, 세례받은 교회들의 모임은 종말이 가깝다는 징조라고 해석했다. .

> 타작의 때가 가까이 왔으므로, 추수꾼들이 추수하러 나가도록 기도하라. 황폐함을 미워함이 너희 가운데 보이도다. 하나님의 선택받은 남종과 여종들의 이마에는 성부 하나님의 이름이 표시되리라. 세상은 죄로부터 구원을 받은 자를 해하려고 일어서도다. 복음은 증거로서 온 세상 앞에 증거되리라. 이 증거에 따르면, 주의 날은 지체함 없이 오리라.[77]

사틀러는 "헛된 공상"을 경계했고, 그리스도의 재림의 정확한 시기를 말하지 않았다.

초기 재세례주의자들은 새 예루살렘의 강림을 고대하며, "주께서 가져오실 고통과 고난"에 참여하지 않으려고 "바빌론과 세속적인 애굽"에서 도망쳤다(계시록 18:4).[78] 물론 그들의 성급한 탈출은 현세에서 그들에게 엄청난 고통과 고난을 가져왔다. 박해가 심해질수록, 그들의 종말론적인 희망도 열렬해졌다. 그들

---

76) *Huldreich Zwinglis sämtliche Werke*, 6:43.

77) John H. Yoder, ed., *The Legacy of Michael Sattler* (Scottdale, PA: Herald Press, 1973) 61.

78) Ibid., 38.

은 영주할 곳 없이 이 나라 저 나라로 쫓겨 다니면서, 이 불행한 광야에서 평화나 안식을 소유하지 못했기 때문에 저 "거룩한 고향"을 동경했다.[79)]

벨기에의 역사가 헨리 피레네(Henri Pirenne)는 재세례파를 한마디로 "가난한 자들의 개신교"라고 묘사했다.[80)] 묵시적 성향이 급진적 종교개혁 내에 널리 퍼진 것은 16세기에 광범위하게 퍼져 있던 기아, 인플레이션, 실업, 페스트 등에 의한 사회적 혼란에 동반된 현상이었다. 더욱 편안한 환경에 처했던 많은 급진주의자(예를 들면 많은 귀족들이 동참했던 폴란드 형제단)도 강력한 종말론적 신앙을 가지고 있었던 사실로 볼 때, 여기에서 직접적인 인과 관계적 고리가 있다고 주장할 수는 없다. 그렇지만 급신주의자들의 비밀 집회에 잠석한 자 중에 많은 사람은 농부, 침모, 빵 제조업자, 단추 제조업자, 비누 제조업자, "욕조 기술자," 목동, 신발 제조업자들 등 평범한 사람들이었다. 그중에는 재산이라고는 거의 없는 사람들과 거지들이 많았다. 이 사람들의 대부분은 이 세상의 희망 없는 환경을 넘어서서 완전한 평등과 풍부함의 시대를 가리키는 복음 속에서 그들의 비참한 경제적 곤궁으로부터의 휴식을 발견했다. 그들은 또한 모든 정치적, 종교적 "거물들"에게 주어진 하나님의 의를 기대하고서 기뻐했다.

천년왕국에 대한 기대는 많은 급진주의자가 영성 생활에 또 다른 깊은 영향을 주었다. 그것은 역사의 포기와 이 세상 안에서의 책임으로부터 그들을 구해주었다. 폴 알트하우스(Paul Althaus)는 루터파와 급진주의자들의 종말론을 비교하면서 이러한 통찰의 중요성을 다음과 같이 잘 지적하였다: "천년왕국설

---

79) Hutter, *Brotherly Faithfulness*, 63. 후터파 사람들이 오래 전부터 천년왕국설을 부인하였기 때문에 1962년에 그들의 찬송가를 개편했을 때 천년왕국설에 관련된 찬송 "Vom Neuen Jerusalem,"을 포함시키지 않았다. Friedmann, *Theology of Anabaptism*, 106을 보라.

80) Quoted in Irvin B. Horst, *The Radical Brethren* (Nieuwkoop: B. de Graaf, 1972) 29.

은 이 세상에 충실하는 것, 즉 이 세상의 악마들을 극복하려는 노력을 의미한다."[81] 대부분의 급진주의자는 이 세상을 정치적으로 변화시키려는 희망을 품지 않았고, 세속적 권력의 구조들은 그 운용방식이 폭력적이라는 점에서 악한 것일 수밖에 없다고 여겨 반대했지만, 그런데도 절대 정적주의나 정치적 무관심이라는 궁극적 유혹에 빠지지 않았다. 그들은 현재의 임시적인 시대 안에서 충실한 증거의 삶을 살려고 노력하면서, 지극히 내세적이면서 동시에 역사 악에서의 하나님의 목적에 확실히 헌신하는 영성을 이룩했다.

급진적 종말론의 보편주의적인 의미를 살펴보기 전에, 개인 영혼의 불멸이라는 전통적 교리의 주요한 변형 형태에 대해서 간단하게 짚고 넘어가야 한다. 루터를 제외하고는 개신교도들은 연옥을 내세의 한 범주로 여기는 것을 거부했지만, 그들은 모두 불멸의 개념을 강력하게 주장했다.[82] 칼빈은 그의 첫 신학 논문 『사이코파니키아』(*Psychopannychia*)에서 급진주의의 영혼 수면설을 조롱하고, 지옥에 떨어진 저주받은 자들의 고통과 대조하여 천국에 있는 복 받은 사람들의 기쁨을 생생하게 묘사했다.[83] 급진주의자들은 죽음과 일반 부활 사이

---

81) Paul Althaus, *Die letzten Dinge* (Gütersloh: Bertelsmann, 1928), quoted in Friedmann, *Theology of Anabaptism*, 103.

82) 이 문제의 양면 모두에서 루터가 인용될 만하다. 1553년의 설교에서 그는 "우리는 그리스도께서 오셔서 무덤을 두드리며 '마틴 박사여, 일어나라!' 말씀하시기까지 잠자고 있어야 합니다"라고 말하였다. WA 37:151. 루터의 영혼 수면의 개념에 대한 언어 유희는 그의 종말의 임박성에 대한 감각과 관련이 있는데, 이는 급진주의자들과 같은 생각이다. Heiko A. Oberman의 저서 "Martin Luther: Vorläufer der Reformation," in *Verifikation: Festschrift für Gerhard Ebeling zum 70 Geburtstag*, ed. Eberhard Jüngel (Tübingen: Mohr-Siebeck, 1982) 91-119를 보라.

83) 칼빈의 저서 초판은 1534에 쓰여졌고, 1542년에 출판되었다. 칼빈의 관점은 스코틀랜드 신앙고백서(The Scottish Confession of Faith, 1560)에 다음과 같이 나타난다: "택함받은 자 중 죽은 자는 그들의 일을 위하여 평화와 휴식을 취하고 있다. 그들은 자는 것이 아니라 어떤 환영을 본 사람들이 말하듯이 망각의 상태에 있다. 그러나 그들은 모든 공포나 고통, 유혹으로부터 해방되어 있다. 반대로 저주받고 불신했던 자 중 죽은 자들은 번민, 고문 고통을 받는다."(*Creeds of Christendom*, ed. Philip

에 있는 영혼은 잠들어 있거나(정신적 수면상태, psychosomnolence) 말살된다고(사망 상태) 주장했다. 두 경우 모두에 그들은 자기들이 기독교 종말론의 원형을 회복했다고 믿었는데, 거기서 중요한 요소는 영혼 불멸이 아니라 죽은 자들로부터의 부활이었다.

급진주의자들은 내세에 관해서 "죽음 후의 죽음"이라고 규정할 수 있는 견해를 고수했는데, 그들은 재림(parousia)은 역사의 마지막 대단원이라고 강조하였다. 죽음과 부활의 중간 시기는 완전한 소멸, 또는 꿈이 없는 수면의 기간이지만, "눈 깜짝할 사이에" 궁극적인 변명과 대화합의 순간인 마지막 날이 임할 것이다. 이러한 기대는(천국, 지옥, 혹은 연옥에서의 지각 있는 삶을 부인하는 것과 아울러) 부분적으로 급진주의자들 진영에 장례 의식의 발전이 결여된 이유를 밝혀준다고 볼 수 있다. 순교자들은 흔히 교수대 밑이나 범죄자들을 위해 특별히 지정된 장소에 묻혔다. 어떤 사람들은 풀밭이나 포도밭, 나무 밑, 헛간 뒤, 또는 벌판에 묻혔다. 그들은 장례의식이 구원에 영향을 주지 않는다고 생각했으며 또 하늘나라 나팔 소리와 기초가 튼튼한 도성이 하강할 것을 열심히 기대했기 때문에 의식이나 절차를 갖추지 않고 장례를 거행했다.[84]

급진적 종교개혁은 기독교적 의식의 수평선을 크게 확장해준 시식(고전 시대와 기독교 고대 시대의 자료로 돌아가게 해주고, 내적으로는 신비적/신령한 전통을 새로이 사용하고, 표면적으로는 기독교계의 울타리를 넘어서서 새로운 대륙과 새로운 인류를 발견하며, 위로는 천문학이라는 새로운 학문과 망원경

Schaff [New York: Harper & Brothers, 1877] 3:459).

84) 급진주의의 장례식에 대해서는 Clasen, *Anabaptism*, 149-50을 보라. 급진주의의 영혼수면설의 의미에 대해서는 George H. Williams, "Socinianism and Deism: From Eschatological Elitism to Universal Immortality!" *Historical Reflections/Réflexions Historiques* 2 (1975) 265-90를 보라.

의 발명을 통해서 하에 대해 연구하게 됨)과 믿음의 쇄신의 일부였다. 급진주의자들은 보통 이러한 발달의 선구자로 간주되지 않았다. 그들은 의도적으로 정치적/종교적 삶의 주류로부터 물러섰기 때문에 제한적이고 배타적인 자세를 지녔다. 현대에는 그들을 "분파주의자"라고 칭하는데, 이 용어는 편협함과 완고함을 시사해준다. 그들의 분리주의적인 교회론에도 불구하고, 그들은 일종의 "분파주의적 초교파주의"를 발전시킴으로써 그들의 지방적 이해관계의 경계를 뛰어넘었다. 그들은 전 세계적인 종말론적 비전에 근거하여, 전통적 제한과 장벽을 무너뜨리고 구속적이고 박애적인 관심사의 영역을 넓히는 데 도움을 주는 보편적인 경향을 보여 주었다.[85]

보편 구원

『아우크스부르크 신앙고백』(*Augsburg Confession*) 제17조는 재세례주의자들이 "마귀들과 정죄 받은 인간의 고통이 끝날 때가 있을 것이라"고 가르치는 것을 비난했다. 이것은 재세례주의자들이 일반적으로 받아들이는 견해는 아니지만, 급진적 종교개혁의 구세론 중 몇 가지 점에서 교파를 초월하는 구원의 관심을 발견하게 된다. 이 주제의 세 가지 변형을 간단히 살펴보자.

첫째, 급진주의자들은 유아세례를 무익하고 사소한 일로 간주했으므로, 개인적으로 책임을 질 수 있는 나이에 이르지 않은 아이들은 그리스도의 구원

---

85) George H. William은 *Radical Reformation*과 두 논문 "Sectarian Ecumenicity: Reflections on a Little Noticed Aspect of the Radical Reformation," *Review and Expositor* 64 (1967) 141-60; and "Erasmus and the Reformers on Non-Christian Religions and *Salus Extra Ecclesiam*," in *Action and Conviction in Early Modern Europe*, ed. Theodore K. Rabb and Jerrold E. Seigel (Princeton, NJ: Princeton University Press, 1969) 319-70에서 "종파적 초교파주의"의 주제에 관하여 진지하게 다루었다.

사역에 의하여 보호받는다고 가르쳤다. 후터파의 전도자인 니콜라우스 게예르스뷜러(Nikolaus Geyersbühler)는 이러한 혜택이 콜푸스 크리스티아눔(corpus christianum)의 경계를 넘어서까지 확대된다고 하였다. 하나님께서는 크리스천에게 태어났던지, 이슬람교도에게 태어났던지, 유대인에게 태어났던지 아이들을 차별하지 않으신다. 왜냐하면 모두가 하나님의 피조물이기 때문이다.

둘째, 종교재판과 십자군 전쟁의 시대에 어떤 급진주의자들은 이슬람교와 유대교의 긍정적인 종교적 가치관에 대하여 상당한 인식이 있음을 보여 주었다. 코란경을 읽은 적이 있는 토마스 뮌쩌는 이슬람교도로 태어난 사람도 성령의 진징한 감동과 참믿음의 시작을 경험할 수 있다고 인정하였다. 나아가서 유대인도 어느 모로 보나 무지하고 무책임한 사람보다 더 정당성을 가진다. 왜냐하면 적어도 그들은 성서의 의미에 관하여, 또 우리와는 달리 명성이나 재산에 관하여 논쟁을 벌이기 때문이다.[86] 복음적 이성주의자인 제이콥 팔래올로구스(Jacob Palaeologus)는 대담하게 유대교와 기독교와 회교로 구성된 종파를 초월한 "교회"의 개념을 발전시켰다. 팔래올로구스는 자신의 일신론적 신학이 이러한 다른 유일신적인 전통들과의 자연스러운 접촉점을 제공해 줄 수 있다고 느꼈다.[87]

소수의 급진주의자는 모든 사람의 궁극적인 구원을 선포했다. 스트라스부르크의 옥외 설교자인 클레멘트 지글러(Clement Ziegler)는 마지막 때는 유대인뿐만 아니라 "이슬람교도, 타타르인, 희랍인, 이교도들"도 구원받을 것이라고 희망하였다. 그는 자신이 인용한 오리겐의 정신 안에서 이교도들과 마귀들조차

---

86) Thomas Müntzer, *Protestation oder Entbietung* (1524), quoted in Williams, "Sectarian Ecumenicity," 156.
87) Palaeologus의 종교간의 초교파성에 대한 생각이 *De tribus gentibus* (1572); Williams, *Radical Reformation*, 740-43에 있다.

도 그리스도의 역사적 사역에 대한 지식을 고백함 없이도 결국 구원받을 것이라는 신념을 발표하였다. 급진주의자 중에 분명한 보편구원론자인 한스 뎅크는 지옥을 "비신화화"하려 했다. 그의 설명에 의하면, 지옥은 죄와 불신을 인정하게 하는 양심의 고통을 의미한다. 그러나 비록 고통스럽고 필요한 것이지만, 이러한 속죄의 과정은 일시적이다. 왜냐하면, 지옥에도 은혜가 있기 때문이다.[88]

선교적 충동

대부분의 급진주의자는 보편적 구원의 개념을 의심의 눈으로 바라보지만, 그들 모두는 복음의 말씀을 가지고 "세상으로 나가라"는 예수님의 명령(마 28:19-20)을 진지하게 받아들였다. 예수님의 지상 명령은 급진주의자들이 즐겨 사용하는 구절인데, 그것은 믿는 자의 세례를 보증해줄 뿐 아니라 선교의 명령이기 때문이었다. 이 구절을 다룬 개신교의 표준 해석에서는 주님의 명령을 과거에 속하는 것으로 한정했다. 이 명령은 초대 사도들의 선교에 의하여 성취되었으므로 더는 효력이 없다는 것이다. 급진주의자들은 세계 선교의 명령이 그 시대에 적용되는 것으로 간주하여 모든 크리스천에게 차별 없이 적용하였다. 급진주의 종교개혁자들은 국교회의 도시, 도, 국가적 경계를 완전히 무시하고 전 유럽으로 퍼져 갔으며, 비잔틴과 모슬렘의 영역에까지도 퍼져갔다. 세계 선교의 사도직을 이해하는 데에 급진주의자들은 19세기에 이르러서야 비로소 선교적 사명에 눈뜬 개신교 주류보다는 활기를 되찾은 가톨릭 종교개혁의 수도회들에 더 가깝다고 볼 수 있다.

16세기의 대부분의 급진주의자는 삶의 터전을 잃은 유민(流民)들이었다. "가

---

88) 뎅크의 보편주의에 관해서는 Packull, *Mysticism*, 42-50를 보라.

족, 친지, 직업이라는 뿌리를 벗어나 예수의 영역으로" 부름을 받은 그들은 자신을 이 세상의 거류민으로, 이 땅에 도래할 새 예루살렘의 선구자로 생각하였다.[89] 사틀러가 그의 교회에 보낸 편지 중 "추수할 때가 가까왔으니 추수꾼들이 추수하러 나가도록 기도하라"는 권고에서 종말론적인 긴장감과 선교의 열정이 융합된 것을 볼 수 있다.

급진주의자들은 초대 교회의 선교 열정을 되찾았다. 최초의 제자들처럼 그들도 "두루 다니며 복음을 전하였다"(행 8:4). 이런 면에서 급진주의자들은 "초교파적"이라는 말의 본뜻을 개신교 종교개혁자들보다 훨씬 더 많이 회복시켰다. 그늘의 선교 이상에는 확대된 오이쿠메네(oikoumenē), 사람이 사는 전 세상이 포함되었다.

종교적 관용

영국의 침례교도인 토마스 헬위스(Thomas Helwys)는 1612년에 런던에서 『불법의 비밀에 관한 짧은 선언문』(*A Short Declaration of the Mystery of Iniquity*)을 출판하였다. 이 논문은 국왕 제임스에게 헌정된 것인데, 현존하는 어느 사본에는 다음과 같은 인사말이 있다: "폐하, 가난한 자들의 권고를 멸시하지 말고 들으소서. …폐하도 하나님이 아니라 죽을 수밖에 없는 인간이므로 백성들의 불멸하는 영혼을 지배할 권세를 갖지 못합니다." 헬위스는 계속해서 보편적인 종교의 관용을 호소했다: "이단자든, 이슬람교도든, 유대인이든, 그들을 벌히는 것은 세상 권력에 속한 것이 아닙니다.[90] 헬위스와 그의 교회는 암스테르담에 망

---

89) Walter Klaassen, "The Modern Relevance of Anabaptism," in Goertz, ed., *Umstrittenes Täufertum*, 295.

90) Thomas Helwys, *A Mistery of iniquity* (London, 1612) 69. 손으로 쓴 부분은 현재 옥스퍼드 보들레이언 도서관에 소장된 사본에서 발견된다. 헬위스와 대륙의 재세례주

명해 있는 동안에 메노파와 밀접하게 접촉했었다. 그의 종교적 관용에 대한 논리는 바로 이 급진적 종교개혁의 계승자들과의 접촉을 통하여 형성된 것으로 생각된다.

콘라드 그레벨은 1525년에 그의 매형인 세인트 갈(St. Gall)의 종교개혁자 요아킴 바디안(Joachim Vadian)에게 종교적 관용을 호소하는 편지를 썼다: "만약 그 형제들과 함께 할 수 없다면, 적어도 그들을 방해하지는 마십시오. 최소한 다른 지역에 박해의 선례를 제공하지 마십시오."[91] 후브마이어는 화형당하기 4년 전에 쓴 『이단자들과 그들을 불태우는 자들에 관하여』(Concerning Heretics and Those Who Burn Them)라는 소책자를 저술했다. 그는 "이단자들을 불 속에 던지는 법은 피로 시온성을, 악으로 예루살렘 성을 쌓을 뿐이다. …그리스도는 도살하고 파괴하고 태우러 오신 것이 아니라 산 자들이 더 풍성히 살게 하려고 오셨다"[92]고 했다.

종교적 관용은 여러 가지 세속적이고 종교적인 요인과 맞물린 결과로 이루어졌다. 우리는 헬위스와 후브마이어 등의 사람들이 소리를 높여 종교적 관용을 호소했기 때문에 종교적 강압이 종식되었다고 주장할 수는 없다. 그러나 박해의 와중에서 형성된 종교적 관용에 대한 급진주의의 시각은 종교 문제에 개입하는 국가에 기독교인들이 응전한 것을 보여주는 중요한 본보기이다.

급진주의자들이 종교적 관용을 부르짖은 것은 두 가지 중요한 방법으로 우

의와의 관계에 대하여는 Timothy George의 "Between Pacifism and Coercion: The English Baptist Doctrine of Religious Toleration," *Mennonite Quarterly Review* 58 (1984) 30-49를 보라.

91) Williams, *Radical Reformation* 129.
92) Henry Kamen, *The Rise of Toleration* (New York: World University Library, 1967) 60-61.

리가 지금까지 간략히 다루어온 영성과 관련된다. 그들의 호소는 단순히 한 억눌린 종파가 종교적 관용의 권리를 부르짖은 것이 아니라, 보편적인 종교의 관용을 분명하게 언명한 것이었다. 믿음의 특성은 비강압적이므로, 믿음의 문제에서 사람들을 강요하는 것은 역효과를 가져온다. 통치자들과 관리들은 사람의 마음을 강요할 권리를 갖지 못한다. 강요에 의해서는 참된 크리스천이 아니라 위선자들을 만들 수 있을 뿐이다.

  급진주의자들은 각 영혼은 하나님과 특별하고 직접적인 관계에 있는데, 종교적 강압은 그것을 회피하려 한다고 믿었다. 그들은 양심의 신성불가침을 들어 국교회에 복종하라는 요구에 반대했다. 예를 들어서 야콥 후터는 모라비아의 당국자들에게 이렇게 말했다: "하나님께서는 우리의 양심을 거스르는 문제에 있어서 우리의 복종을 요구할 권리를 정부에게 주시지 않았다. 그러므로 우리도 사도 베드로처럼 사람이 아니라 하나님께 복종해야 한다고 말할 수 있다."[93] 앞에서도 이야기했듯이, 유아세례는 원하지 않는 사람에게 종교적 위상을 부여해주는 강압적인 행동이라고 여겼기 때문에 그들은 유아세례를 거부했다. 그들은 또 양심의 신성함을 들어 맹세하는 것과 무기를 드는 것을 반대하였다. 그들이 크게 귀하게 여긴 선교의 임무는 그들이 종교적 관용을 옹호하게 된 또 다른 동기였다. 후터는 다음과 같이 썼다: "우리는 전 세계가 우리처럼 살기를 원한다. 우리는 모든 사람을 설득하여 이 신앙을 받아들이게 하기를 원한다. 그것은 곧 전쟁과 불의에 종식을 의미하기 때문이다."[94]

---

93) Hutter, *Brotherly Faithfulness*, 164.
94) Ibid., 70.

경제적 정의

후터파의 자녀들은 그들 공동체 생활의 핵심인 경제적 정의와 물질의 공유에 대한 관심을 요약한 동요를 배웠다.

이기심이 많지 않으면 하나님의 말씀은 절대 어렵지 않아요.[95]

급진적 종교개혁자들은 가난한 자들과 불이익을 당한 자들의 곤궁에 깊은 관심을 가졌고, 그런 사람 중 다수는 긴밀하게 맺어진 그들의 집회에서 위안과 도움을 받았다. 그들은 세례 공동체에 초점을 둔 상호간의 도움을 강조했지만, 긍휼의 마음은 그들 내부 집단에 국한되지 않았다. 1528년에 순교한 스위스 형제단의 한스 레오폴드(Hans Leopold)는 그 형제단에 관하여 이렇게 말했다: "그들은 자기 교회의 사람이든 아니든 상관없이 궁핍한 사람들이 있다는 것을 알면 하나님에 대한 사랑에서 그들을 돕는 것을 자신의 의무라고 생각했다."[96] 사회에서 소외된 많은 사람이 급진주의 교회에 이끌린 이유는, 그 형제자매들이 아낌없이 베푸는 사랑의 관심이라고 할 수 있겠다.

메노 시몬스는 가난한 자에 대한 참된 동정심이야말로 그의 운동과 주류 종교개혁자들의 운동을 구별해주는 표식이라고 생각했다. 그는 가난한 교인들이 먹을 것을 구걸하고 나이 든 자, 저는 자, 눈먼 자, 고통받는 자들이 묵살되는 상황에서도 사치와 호사한 삶을 영위하는 개신교 성직자들의 "안이한 복음과 메마른 성만찬"을 비난했다:

---

95) Franklin H. Littell, *The Origins of Sectarian Protestantism* (New York: Macmillan, 1964) 96: "그처럼 자만하지 않았다면, 하나님의 말씀이 그렇게 받아들이기 힘든 것으로 여겨지지 않았을 것이다."

96) Guy E. Hershberger, *The Recovery of the Anabaptist Tradition* (Scottdale, PA: Herald Press, 1957) 49; see also the excellent study of Peter J. Klassen, *The Economics of Anabaptism* (The Hague: Mouton, 1964).

[진정한 기독교인들은] 그들 가운데 있는 걸인을 그대로 두지 않는다. 그들은 궁핍한 성도들을 긍휼히 여긴다. 그들은 불행한 자를 받아들이고, 나그네를 집 안에 맞아들인다. 슬퍼하는 사람을 위로하고 곤궁한 사람에게 필요한 것을 빌려준다. 벗은 자들에게 옷을 입히고 배고픈 자들에게 빵을 나누어준다. 가난한 자를 외면하지 않고, 그들의 노쇠한 수족과 육신을 개의하지 않는다. 이것이 우리가 가르치는 형제애이다.[97]

메노는 이러한 박애가 혁명적인 뮌스터의 재세례파에서 실천한 것처럼 물건을 통용하며 개인의 재산 소유를 금지한 공동체를 의미하는 것이 아니라고 주장했다.

그러나 후터파에서는 올바른 기독교인의 삶을 살려면 소유의 정신을 완전히 버려야 한다고 주장했다. 그들은 모라비아에 신약 성경의 교회를 모델로 하는 평화적이고 공산적 공동체를 설립했는데, 이 공동체에서는 모든 재산을 공동으로 소유하며 전체 집단의 복지를 위해 필요할 때 사용했다. "세상의 필요를 위해 봉사하는 종들"은 물품을 분배하고, "말씀의 종들"은 설교와 의식과 관련된 임무를 수행했다.

공동생활 내에서 이러한 특별한 경험을 하게 된 영적인 토대가 되는 몇 가지 동기가 있다. 그들은 소유 공동체에 대한 성서적 근거를 초대 예루살렘 교회의 예에서, 그리고 고대 이스라엘 백성에게 만나를 주신 것, 그리스도께서 오천 명을 먹이신 것, 성전에서 돈 바꾸는 사람들을 몰아내신 것, 그리고 바울이 탐심에 대해 여러 번 경고한 것과 디모데에게 "선한 일을 행하고 선한 사업에 부하고 나눠주기를 좋아하며 동정하는 자가 되게 하라"(딤전 6:18)고 권면한 일 등에서 찾았다. 구세론적 함의를 담고 있는 "방념"(*Gelassenheit*)이라는 신비적 원

---

97) Robert Friedmann, "Community of Goods" in *Mennonite Encyclopedia*, 1:659.

리도 이 세상의 재산을 포기하거나 내어놓는 것으로 해석되었다. 이 세상의 부질없는 재물에 얽매이는 것이야말로 체념치 못하는 의지, 하나님께 완전히 복종하지 못한 태도의 특징이다. "모든 피조물을 위한 복음"이라는 개념 역시 모든 자연—동물, 식물, 새, 물고기—이 창조의 혜택을 누리고 있다는 점에서 공동생활을 가르쳤다.[98]

후터파에서 신학적으로 가장 일가견이 있는 페테르 리데만(Peter Riedemann)은 하나님의 성품 안에서 소유 공동체를 정당화하는 근거를 발견했다.

> 공동체라는 것은 그 테두리 안에 있는 사람들 모두가 자신을 위해서는 아무것도 소유하지 않고 모든 것을 공유하는 것이다. 그것은 성부께서 자신을 위해서는 아무것도 소유하지 않으시며 모든 것을 성자와 함께 소유하시는 것처럼, 또 성자께서 아무것도 자기 자신을 위해서 소유하시지 않으시며 모든 것을 성부와 그와 교제하는 모든 사람과 함께 소유하신 것과 같다.[99]

급진주의자들은 상부상조의 관습을 따르거나, 혹은 보다 철저한 기독교적 공산주의 형태를 따르거나 간에, 경제 정의에 관한 관심이 기독교 제자도의 중요한 부분을 형성한다고 보았다. 그들의 자세 안에는 그 시대의 경제생활에 대한 비판이 은연중에 포함되어 있었다. 만물이 자유스럽고 공동으로 창조되었기 때문에, 창조된 것을 사유하고 자신을 위해서 축적하는 것은 사실상 도둑질이었다. 한 후터파의 사람은 "이 세상에는 그러한 도둑들로 꽉 찼다. 하나님께

---

98) "Sie tun uns auch anzeigen / Die Gemeinschaft alles klar / Keines nichts har für eigen." W. Wiswedel, *Bilder and Führergestalten aus dem Täufertum* (Kassel: Oncken, 1952) 3:100.

99) Williams, *Radical Reformation*, 433.

서 하나님 자신의 것을 그들로부터 지키실 것"이라고 썼다.[100] 급진적 공산주의자들은 그 시대의 경제 구조를 변형시키는 것에 극히 회의적이었다. 그러나 그들은 공동소유와 통일과 일치에 토대를 둔 그들 나름의 사회를 건설하면서, 기독교계의 세속 생활과 종교 생활을 크게 지배하고 있는 소유의 정신과 고삐 풀린 개인주의에 도전하였다.

인간 평등

급진적 종교개혁의 경건과 영성의 특징은 교권반대주의와 걸맞은 강력한 인류평등주의이다. 루터는 "만인 제사장설"을 강조했는데, 많은 급진주의자는 루터가 이 원리를 실천하는 데 있어서 불완전하고 열의가 상실되었다고 보았다. 루터의 미봉책에 환멸을 느낀 칼스타트(Calstadt)는 성직과 교직을 버리고 올라뮌데(Orlamünde)라는 마을에서 농민 설교가의 삶을 택했다. 그는 자신을 "안드레아스 형제"라고 명명했다. 어떤 재세례주의자들은 정부 관리들에게 특별한 존경을 표하는 것을 거부하고, 그들을 "나의 형제들" 혹은 "친애하는 사람들과 형제들"이라고 불렀다. 후터파 사람들은 상대방을 지칭할 때는 "당신"(Ihr: 이 명사는 하나님을 지칭할 때만 사용했다)보다는 "너"(Du)를 사용했다.[101] 물론 평등의 실천이 항상 그들의 교리와 일치하지는 않았다. 한 변절자는, 공동체의 일반 형제들은 완두콩이나 양배추를 먹고 지도자들은 구운 고기, 물고기, 좋은 포도주 등을 먹었다고 불평하였다.[102]

급진적 종교개혁에서의 여성의 역할에 대해서는 더 많은 연구가 필요하다.

---

100) *Spiritual and Anabaptist Writers*, 278-79.
101) Clasen, *Anabaptism*, 176.
102) Ibid., 252.

서양에서 여성 해방의 중요한 일보가 급진주의의 혁신에 의해서 이루어졌다고 말하는 것은 너무 과장된 것이다.[103] 그러나 믿는 자의 세례는 남녀 모두를 집회, 선교, 순교 등에 평등하게 참여하게 하는 성례전이었다. 급진주의자들의 신앙고백, 교회 규칙, 서신 등에 "형제자매들"이라는 말이 상당히 자주 사용되었다. 여자들이 보호자, 후원자, 예언자, 사도, 설교가, 집사, 찬송 작곡가로 봉사했다. 영국의 한 익명의 작사자는 급진적 신앙의 평등주의적, 여성주의적 측면을 다음과 같이 공박하였다:

> 여자들이 설교하고 신기료 장수들이 기도할 때 마귀들은 지옥에서 휴식을 취한다네.[104]

인류 평등에 대한 탐구는 때때로 주변 문화의 가부장적 장애들을 극복하였다. 보헤미아 형제단의 유명한 교육자요 감독이었던 얀 코메니우스(Jan Comenius)는 남녀 구별 없이 모든 아동에게 초등교육을 한 후터파의 본보기에 감화를 받았다. 후일 그는 보편적 교육을 거리낌 없이 옹호했고, 학문에서의 배움의 평등은 깊은 영성 생활의 필수조건이라고 주장했다.[105]

*****

초기 재세례파 지도자인 빌헬름 로이블린(Wilhelm Reublin)은 기존 개신교 운동에 대하여 다음과 같이 풍자하였다: "당신들의 설교가들은 형편없는 목수들

---

103) Williams, *Radical Reformation*, 507.
104) *Luciers Lacky* (London, 1641), sig. A3.
105) Joyce L. Irwin, *Womanhood in Radical Protestantism, 1525-1675* (New York: Mellen, 1979) 133-36.

과 같습니다. 그들은 교황의 교회를 무너뜨리기는 했지만, 그리스도의 명령에 따라 새로운 교회를 세우지는 못하였습니다."[106] 많은 급진주의자는 더욱 철저한 개혁 프로그램을 받아들이기 전에 프로테스탄트의 "단계"를 거쳤다. 지금까지 훑어본 급진주의 영성의 많은 주제는 루터의 만인 제사장설, 츠빙글리의 성례전적 회의주의, 혹은 규율이 잡힌 공동체에 대한 칼빈의 관심 등과 같은 프로테스탄트의 순수한 통찰을 더욱 강렬하고 철저하게 적용한 것이었다. 이러한 면에서 급진주의자들은 주류 종교개혁자들의 "의붓자식들"이었다. 그러나 또 다른 면에서 그들은 공식적 프로테스탄트주의보다는 그 시대의 가톨릭교회나 에라스무스의 인문주의에 훨씬 가까웠다. 트리엔트 종교회의에서는 전가된 칭의론과 이중 예정론의 교리에 대한 경멸이 메아리쳤고, 구속의 과정에서 하나님의 은혜와 인간의 협력한다는 것을 강조했다. 동시에 급진주의자들은 중세로부터 내려온 신비적, 금욕적 자극들을 그들 고유의 영성 생활에 도입했다.

아마 대부분의 다른 크리스천 집단보다 급진적 종교개혁자들의 영성을 그들의 교회론과 윤리관으로부터 분리하는 것은 더 어려울 것이다. 어떤 고독한 신비주의자들이나 초언한 인문주의자들과는 달리, 급진주의자들은 "기독교 질서에 걸맞은 새로운 교회"를 세우는 일에 열렬히 헌신하였다. 대부분의 급진주의자들은 필요에 의해서, 그리고 의도적으로 제국과 국가와 영지와 도시국가와 결별했는데, 어느 급진주의자가 표현한 것처럼 "옛날 원시 기독교의 영광스러운 면모"를 회복하기 위한 행동이었다. 따라서 급진적 종교개혁이라는 현상은 단순히 로마 교회에 대항한 가장 과격한 형태의 개신교일 뿐만 아니라, 중요한 면에서 개신교와 로마 가톨릭교회와는 다른 기독교 공동체의 새로운 의미

---

106) Goertz, ed., *Radikale Reformatoren*, 100.

를 찾으려는 독특한 탐구였다. 그중 다수는 기존 질서를 벗어나 살면서, 십자가를 지고 따르라고 부르신 주님을 부인하지 않고 추방, 고문, 사형 등을 받아들였다. 이 사실은 급진적 종교개혁 진영의 영성에 엄격한 성격을 부여한다. 한 재세례주의자는 자기를 심문하는 재판관에게 크리스천이 되는 것은 아이들 장난이 아니라고 말했다. 그들의 기도, 찬송, 순교 이야기 등을 통해서 우리는 악한 세상을 대적한 그들의 저항, 큰 슬픔, 깊은 외로움 등을 듣는다. 콘스탄틴 황제 이전 시대의 크리스천들처럼, 그들은 하나님께서 세우시고 만드시는 "하늘나라"(politeuma, 빌 3:20)에 대한 강한 동경과 기대로 고취되어 있었다.

급진적 종교개혁자들이 세운 대부분의 교회는 16세기의 혹독함을 견뎌 내지 못했다. 그런데도 성령의 삶을 추구하는 그들의 정신은 이미 자리를 잡은 교회의 전통 안에서는 상실되거나 억제되어 온 진정한 기독교적 경험의 명맥을 유지하게 했다. 급진적 종교개혁자들의 유산은 퀘이커파, 메노파와 그들을 기억하고 존중하는 사람들 사이에서뿐만 아니라 그들의 경건과 용기와 희망에 감명을 받는 더욱 광범위한 종교적, 인도적 구도자들과 성도들의 공동체 안에 존속하고 있다. 이런 사람 중 하나인 철학가 에른스트 블로흐(Ernst Bloch)는 적절한 비문을 썼다:

그들의 고통에도 불구하고,
두려움과 떨림에도 불구하고,
이 모든 영혼 안에서
저세상의 불꽃이 빛난다.
그것은 지체되고 있는 왕국에 불을 붙인다.[107]

---

107) "Soviel Leid, soviel Furcht and Zittern auch gesetz sein mag, so glüht in alien Seelen doch neu der Funke von drüben, und er entzündet das zögernde Reich" *Profiles of Radical Reformers*, 9.

제2부

주제

제16장

그리스도의 인성과 수난

에웨르트 커진즈(Ewert Cousins)

　기독교 영성은 본질상 그리스도에 초점을 둔다. 그러나 다른 지리적, 역사적 배경으로 인해서, 그리스도인들은 그리스도의 신비가 가지고 있는 다양한 측면에 근거하여 자신의 영성을 형성해 왔다. 중세 시대 중반 무렵 서유럽에서는 그리스도의 인성을 강조하기 시작했다. 그리스도의 인성에 대한 인식은 처음부터 존재하고 있었지만, 이 시기에 그분의 인성에 대한 인식은 새로운 양상을 띠게 되었다. 그것은 새로운 경건의 촉매 역할을 하면서 감각의 변화를 초래했는데, 이로 인해 애정이나 연민과 같은 인간적 감정들이 생겨났다. 또 그로 인해 가장 특징적이고 가장 광범위하게 사용된 기독교 묵상의 형태들이 생겨났다. 예술 분야에서, 그것은 승리하신 그리스도의 형상으로부터, 번민하며 피 흘리는 십자가 상의 인간 그리스도의 형상으로의 전환을 가져왔다. 중세 후기에 그것은 거의 절정에 도달하여 그리스도의 수난만을 극단적으로 강조한 나머지 그리스도의 수난이 부활을 압도해 버릴 정도에 도달했다. 이런 일이 11세기부터 15세기까지 전개되면서, 그것은 라틴계의 서유럽을 비잔틴계의 동유럽으로부터, 그리고 중세 시대를 그 이전 시대로부터 구별 짓는 역할을 했다.[1]

---

1) 중세 후기 영성 신학의 맥락에서 그리스도의 인성과 수난 숭배를 다룬 글로는, 이 책 제3장에 실린 리처드 키엑헤퍼(Richard Kieckhefer)의 논문을 보라.

초기 역사에서의 그리스도의 인성

그리스도의 인성에 대한 흠숭은 기독교의 중심이신 나사렛 예수의 역사적 존재에 그 뿌리를 두고 있다. 비록 예수의 생애에서 발생한 역사적 사건에 대한 기술이 신약 성서의 저술 안에서 최고의 자리를 차지하긴 했지만, 처음 1,000년 동안 기독교 영성은 역사적 예수보다는 부활하신 주님에게 초점을 두는 경향이 있었다. 사도 바울도 부활하신 그리스도를 강조했다. 그는 역사적 예수를 알지 못했으며, 또한 그리스도께서 세상에 계시는 동안 그분을 알고 지냈던 사람들에게만 사도적 특권을 주려는 움직임에 대해서 항거했다: "비록 우리가 그리스도도 육체대로 알았으나 이제부터는 이같이 알지 아니하노라"(고후 5:16). 바울에게 있어서, 그리스도인의 영성 생활은 역사적 예수에게 초점을 두는 것이 아니라, 오히려 부활의 신비 안에 계시면서 지금 여기에서 신자들에게 임재하시는 부활의 주님에게 초점을 둔다. 이러한 강조점을 정확하게 공식화하기는 쉽지 않다. 왜냐하면, 부활의 신비에 역사적 예수의 사역과 그분이 세상에 계실 때의 사건도 포함되기 때문이다. 그리스도께서 세상에 계실 때의 사건을 회상함으로써 신자들은 부활의 신비에 들어간다. 그런데도 기독교 역사의 처음 1000년 동안에는 그리스도의 인성에 대한 흠숭 운동이 중세 시대만큼 널리 발달하지 못했다. 중세 시대에는 구체적인 묵상 방법으로 상상력의 사용하고, 인간의 감성 특히 연민을 폭넓게 배양했으며, 수난을 거의 절대적으로 강조했고, 미술로도 표현되었고, 경건한 찬송, 기도, 고행으로도 발달하였다.

헬라 세계에서는 로고스이신 그리스도에게 관심이 집중되었다: 삼위일체 안에서의 선재하시면서, 창조를 완성한 판토크레토(*pantocrator*)로서, 개개 영혼과 교회의 신랑으로서, 그리고 만물이 성부에게로 되돌아가는 신화(divinization)의 과정이 완성되는 통로가 되시는 부활의 주님에게 관심을 기울였다. 이러한 강조점은 특별히 알렉산드리아 학파에서, 클리멘트, 오리겐, 아타나시우스, 그리고 카파도키아 교부에서 찾아볼 수 있다. 동방의 안디옥 학파는 예수의 인성에 특별한 관심을 기울였지만, 그러한 강조가 중세 서방 기독교가 보여준 그리스도의 인성 숭배에 필적할 만한 것을 산출해 내지는 못했다.[2]

라틴 교부에 있어서, 그리스도의 인성은 중심적인 역할을 하지 않았다. 예를 들면, 어거스틴은 그리스도를 영혼 안에 로고스로서 임재하시는 분으로 발견했다. 이것은 그가 그리스도의 일생에서 일어난 역사적 사건을 묵상하는 것이 아니라, 삼위일체의 형상인 영혼을 힘겹게 분석하도록 이끌었다. 중세 초기의 서구 영성을 시배했던 베네딕트 수도원과 거서 파생된 운동에서는 역사적 예수가 아니라 부활의 주님에게 초점을 두었다. 부활의 신비는 매일의 미사에서, 그리고 전례의 순서에 따라서 연중 내내 기념되었다. 수도원 영성을 구성하는 두 번째 요소는 성무일과(Divine Office)의 영창이었는데, 이는 주로 시편으로 이루어졌다. 시편은 그리스도를 지칭하는 것으로 풍유적으로 해석되었는데, 이때의 그리스도는 수도사가 모방해야 할 구체적이고 세부적인 역사적 사건으로서의 그리스도가 아니라, 부활의 신비를 예시하는 그리스도였는데, 수도사들은 그 인에서 그들 자신의 역사적 생존에 참여하고 있었다.

수도원적 기원

중세 후기에 발달한 그리스도의 인성 숭배와 관련된 기본적인 요소는 기독

---

[2] 교부 시대의 그리스도 숭배에 관한 연구서로는, Irénée Noye et.al., *Jesus in Christian Devotion and Contemplation* 및 Flavio Di Bernardo, "passion (Mystique de la)," *Dict. Sp.* 12, cols. 312-38을 보라.

교의 초기 몇 세기에서 발견할 수 있다: 로마의 클레멘트, 안디옥의 이그나티우스, 이레니우스, 오리겐, 어거스틴, 크리소스톰, 카파도키아 교부들 등.[3] 예를 들면, 안디옥의 이그나티우스는 로마의 성도들에게 다음과 같은 편지를 썼다: "나로 말할 것 같으면, 예수 그리스도 안에서 죽는 것이 이 세상을 지배하는 제왕이 되는 것보다 좋습니다. 내가 구하는 것은 오직 우리를 위해 죽으신 그 분뿐입니다. 우리를 위해 부활하신 그분이 나의 모든 갈망의 대상이십니다. …나로 하여금 내 하나님의 수난을 모방하도록 내버려 두십시오."[4] 그러나 그리스도의 인성 숭배가 수도원적 배경에서 펼쳐지기 시작한 것은 11세기와 12세기에 베네딕트 수도원과 시토 수도원을 통해서였다. 초기 수도원 영성에서는 역사적 예수에 초점을 두지 않았지만, 그리스도의 생애에 대한 묵상의 근원은 수도원의 성독(lectio divina)으로 거슬러 올라갈 수 있다. 이것은 주로 성서 읽기에 집중된 개인적 독서였는데, 그것은 대단히 느리고 묵상적인 형태로 수행되었다. 그것은 복음서에 묘사된 사건에만 국한되거나, 공식적인 방식으로 다듬어지지도 않았지만, 수도사들은 그리스도의 생애에서 있었던 역사적 사건을 제시하는 본문을 충분히 묵상했다.[5] 이러한 경건한 독서가 발전되면서, 그러한 사건의 구체적인 내용에 더욱 철저하게 집중하게 되었다. 그것은 상상력을 자극함으로써 그리스도인을 그리스도의 사건 안으로 이끌어 들였고, 심지어 그

---

3) See, e.g., Clement of Rome *Epistle to the Corinthians* 2; Ignatius of Antioch *Epistle to the Smyrnaeans 1; Irenaeus Adversus haereses* 5; Origen *In Lucam* 15.3; Augustine *Discourses on the Psalms;* Gregory Nazianzen *Oration* 37.17.

4) Ignatius of Antioch *Epistle to the Romans* 6; trans. Maxwell Staniforth, *Early English Writings* (New York: Penguin Books, 1968) 105.

5) 중세기의 수도원 영성에 관한 저술로는 Jean Leclercq, *The Love of Learning and the Desire for God: A Study in Monastic Culture* (and rev. ed.; New York: Fordham University Press, 1974)가 있다.

에게 드라마 속의 한 배우의 역할을 부여했다. 일단 그 사건에 들어간 사람은 인간이 발휘할 수 있는 다양한 감정으로 각 장면에 반응했다. 이것은 그가 그리스도와 자신을 동일시하려는 마음, 그분의 덕성, 특히 겸손과 청빈을 닮고자 하는 열망을 불러일으켰고, 동시에 그리스도의 고난에 동참하려는 갈망을 일으켰다.

이러한 발달의 실례는 피터 다미안(Peter Damian, 1007-1072), 페켐프의 존(John of Fécamp, 990-1078), 그리고 켄터베리의 안셀름(Anselm of Canterbury, 1033-1109) 등에서 찾아볼 수 있다.[6] 이러한 숭배의 기본적인 요소는 안셀름의 『기도집』(Prayers)에 나타나 있다. 안셀름은 신학적 논문들, 예를 들면, 『프로슬로기온』(Proslogion)이나 『하나님은 왜 인간이 되셨나?』(Cur Deus Homo) 등으로 널리 알려졌지만, 그는 그리스도의 인성 숭배를 불러일으키는 데 주요한 공헌을 했다. 사실상, 그의 『기도집』은 경건의 차원에서 보면, 그가 『하나님은 왜 인간이 되셨나?』에서 정식화한 구속 신학의 자매서로 볼 수 있다. 그 책은 베네딕트 수도원 내에서의 그리스도의 인성 숭배의 전개를 보여주며, 또한 중세 후기의 탁발수도사들과 평신도들 사이에서 형성될 발달의 틀을 마련해 주었다.

안셀름은 『그리스도께 드리는 기도』(Prayer to Christ)에서, 그리스도의 삶에서 있었던 중요한 사건을 기억해야 한다고 말한다: "나는 내가 해야 하는 만큼은 못되지만, 능력이 닿는 한 당신이 당하신 수난, 조롱, 채찍질, 십자가, 상처를 기억합니다. 또 당신께서 나를 위해 죽으신 것, 나아가서 당신이 무덤에 장사지낸 바 되신 그 과정을 마음에 새깁니다." 이러한 숭배의 후기 단계에서와는 달리, 그는 부활을 생략하지 않는다: "나는 또한 당신의 영광스러운 부활과

---

6) Peter Damien, *Oratio 26*; John of Fécamp, *Confessio theologica; Anselm Orationes*를 보라.

승천을 기억합니다." 안셀름은 그리스도께서 고난당하신 상세한 과정을 실제로 목격하지 못한 것을 안타까워한다: "오, 내 영혼아! 너는 왜 구세주께서 창으로 옆구리를 찔리실 때 거기 함께 있어서 쓰라린 고뇌의 칼에 찔리지 못했는가? 왜 너는 네 창조주의 손과 발에 못이 박히는 광경을 보지 못했는가?" 안셀름은 기도의 형태로 이러한 수사학적인 질문을 하면서, 그리스도인이 그러한 역사적 사건들로 되돌아가서 그러한 사건이 지닌 영적 능력을 현실화하게 해 줄 새로운 형태의 묵상의 필요성을 예시했다. 안셀름은 그 질문을 생생하게 표현하면서, 역사적 실제 속에서는 불가능하지만, 그의 상상의 범주 안에서 그 사건에 동참할 수 있는 수단을 제공해 주었다.

그는 그 사건 속으로 더욱 철저히 들어가기 위해서 성모 마리아를 의지하며, 이로써 고난당하는 아들에 대한 마리아의 연민에 동참하려 한다. 이러한 태도는 그리스도의 인성 숭배의 후기 발전 과정에서 주된 요소가 되었는데, 찬송 슬픔의 성모를 노래한 찬송(Stabat Mater)과 예수의 시체를 안고 슬퍼하는 마리아를 묘사한 그림과 조각(pietà)에 잘 표현되었다. 안셀름은 다시 자기 영혼에게 말한다: "어찌하여 너는 지극히 순결한 동정녀, 곧 고귀하신 그분의 어머니이며 너의 소중한 연인이 되신 마리아의 고통에 동참하지 않았느냐?" 안셀름은 마리아에게 말을 건네면서 이렇게 말한다: "당신의 아들이 당신의 면전에서 묶여 매 맞고 상처를 입는 것을 볼 때, 당신의 지순한 눈에서 흘러나온 눈물에 대해서 내가 감히 무엇이라 말할 수 있겠습니까?"

안셀름은 다시 한번 그리스도의 생애에 대한 묵상에서 중요한 위치를 차지하게 될 또 다른 요소를 만들어 낸다. 그는 그 연극에서 배우가 되기를 원한다: "내가 행복했던 요셉과 함께 나의 주님을 십자가에서 내리고 향료를 넣은 세마포에 싸서 무덤에 안치할 수 있었으면 얼마나 좋을까?" 그는 계속 말을 잇는다: "내가 그 복된 여인들과 함께 천사들을 보고 두려워 떨고, 주님께서 부활하셨다는 소식을 들었다면 얼마나 좋을까?"

클레르보의 베르나르(Bernard of Clairvaux, 1090-1153)는 12세기에 이 숭배의 전통을 발전시킨 가장 주요한 인물이라고 일컬어진다.[7] 그의 주요 저서인 『아가서 설교』(Sermons on the Song of Songs)는 영혼과 교회의 신랑 되시는 분, 로고스이신 그리스도에 대한 풍유적 해석을 시도하는 오리겐의 전통에서 기원하였으므로, 부활하신 주님을 강조하는 고전적인 전통 안에 위치한다. 그러나 이 설교에서도 그는 "그리스도에 대한 육체적인 사랑"이라는 개념을 발전시킨다. 그는 말하기를, "마음의 사랑은 어떤 의미에서 육체적인 것이다. 왜냐하면 우리의 마음은 그리스도의 인성, 그리고 그분이 육체로 계실 때 행하시거나 명하신 일에 가장 많이 끌리기 때문이다"라고 했다. 베르나르는, 우리는 세상에 계실 때 있었던 사건 안에서 그리스도를 생각하면서 이러한 사랑을 계발해야 한다고 충고했다: "기도할 때 영혼은 신인(神人)의 거룩한 형상, 그분의 탄생과 어린 시절, 혹은 그분이 가르치거나 임종하시거나 부활하시거나 승천하시는 모습을 자기 앞에 두고 묵상해야 한다." 베르나르는 하나님이 인간이 되신 주된 이유를 다음과 같이 제시한다: "하나님께서는 먼저 자신의 인성에 대한 사랑으로 그들을 이끄심으로써 다른 방법으로는 사랑할 수 없는 육적인 사람들의 사랑을 확보한 후에 그들을 영적인 사랑에게로 끌어올리려 하셨다"(『아가서 설교』 20.6). 교회력에 따른 축일의 설교에서, 베르나르는 그리스도의 인성을 상상해 볼 것을 조언한다. 축일들은 상세하게 묵상할 수 있는 사건을 제공해주고, 감

---

[7] 이러한 숭배의 발전에 있어서 클레르보의 베르나르가 행한 역할에 대해서는, Jean Leclercq et al., The Spirituality of the Middle Ages, 196-200; idem, "La Devotion Mediévale envers le Crucifié," in La Maison-Dieu 75(1963) 119-21; idem, "Drogon et S. Bernard." Revue Benedictine 63(1953) 116-31; idem, "Saint Bernard and the Monastic Theology of the Twelfth Century," in Saint Bernard Theologian (2 vols.; Berryville, VA: Our Lady of the Holy Cross, 1961) 1:1-18를 보라.

십자가 처형, Monastro de S. Chiara, Assisi

정을 자극하여 그 사건을 모방하게 해준다. 예를 들면, 베르나르는 성탄절 설교에서 다음과 같이 말한다: "우리는 구유에 계신 그분을 경배할 것입니다. 무덤에 계신 그분을 경배할 것입니다. 우리를 위해서 연약한 아기가 되신 분, 우리를 위해서 피로 덮이시고 무덤에 묻히신 분을 우리는 크게 찬미할 것입니다"(In nat. [On the Lord's Nativity] 4). 그 설교의 후반부에서 그는 그 장면의 세부적인 것에서 도덕적 교훈을 끌어내기 위해 수사학적인 기교를 도입한다: "어린 그리스도는 수다쟁이를 위로하지 않습니다; 그리스도의 눈물은 세상의 것으로 인해 즐거워하는 사람을 위로하지 않습니다; 그분의 남루한 옷은 좋은 옷으로 치장한 사람들을 위로하지 않습니다; 마구간과 구유는 회당에서 상좌를 차지하기를 좋아하는 사람들을 위로하지 않습니다. 아마 어느 날 그들은 침묵 속에서 주님을 기다리는 사람들, 슬피 우는 사람들, 그리고 초라한 옷을 입은 사람들에게 이러한 보편적인 위로가 임하는 것을 보게 될 것입니다"(*In nat*. 4).

그 방법은 시토회 수도사인 리보의 엘레드(Aelred of Rievaulx, 1110-1167)에 의해서 더욱 발전되었는데, 그 초기 단계에서 그 방법을 통달한 인물로 간주한다. 그의 기술은 그의 저서 『그리스도의 탄생에 관한 묵상』(*De Institutione Inclusarum*)에서 발췌한 다음의 인용문에서 찾아볼 수 있는데, 여기에서 그는 다음과 같이 권면한다: "그 아름다운 구유를 끌어안으십시오. 망설이지 말고 사랑으로 행동하십시오. 사랑으로 두려움을 몰아내십시오. 그분의 거룩한 발에 입맞추십시오. 그다음에는 목자들이 밤새 양을 지키는 모습, 천군 천사들의 합창 소리에 놀라는 모습을 마음속에 그려 보십시오. 그대의 입술과 마음으로 그들과 함께 찬양하십시오: 하늘에서는 하나님께 영광이요 땅에서는 기뻐하심을 입은 사람 중에 평화로다"(눅 2:14, *De Institutione Inclusarum*, 29).

그러한 발전과 관련된 인물은 에크베르트(Eckbert, ca. 1132-1184)이다. 그는 독일의 쉐나우(Schönau)에 있는 베네딕트 수도원의 원장으로서, 쉐나우의 엘리자벳(Elizabeth of Schönau)의 오빠이자 영적 지도자였다. 엘레드와 마찬가지로, 에크베르트는 보나벤투라의 『생명의 나무』(*Lignum vitae*)의 한 원천이었다. 그리스도의 고난을 생생하고 상세하게 묘사하는 기술은 다음의 글에서 잘 나타난다. 그는 예수님께서 재판을 받는 동안 예수님을 학대한 사람들에 대해서 이렇게 말했다: "그들은 더러운 입술에서 나오는 침으로 당신을 모독했고, 신을 모독하는 손으로 당신을 때렸으며, 당신의 존귀한 얼굴을 희롱하면서 수건으로 가렸습니다. 그러나 당신의 얼굴은 천사들이 뵙기를 갈망하는 대상이고, 온 하늘을 기쁨으로 채워주는 얼굴이요, 사람 중에 가장 부유한 자들이 간절한 기도로서 당신의 얼굴을 향해 탄원합니다"(*PL* 158, cols. 754 AB).

아씨시의 프랜시스

아씨시의 프랜시스(Francis of Assisi, 1181-1226)는 12세기를 배경으로 해서 등장했다. 프랜시스는 다른 성자나 신령한 작가들보다 훨씬 더 강력하게 종교적 감성을 그리스도의 인성 숭배의 방향으로 변형시켰다.[8] 비록 그 과정에서 행한 그의 역할은 폭넓게 인정되어왔지만, 그것을 분석하는 것은 쉬운 일이 아니다. 왜냐하면, 베르나르와는 달리, 그는 "그리스도에 대한 육체적인 사랑"의 이론을 제시하지도 않았고, 또 그리스도의 삶에서 일어난 역사적 사건에 관해 묵상하는 법을 발달시켜준 베르나르의 설교와 같은 설교가 현재 남아 있지 않기 때문이다. 프랜시스는 청빈 속에서 그리스도를 닮아가는 것, 그리고 복음의 본질에 기초한 생활방식을 만드는 일에 중점을 두었다. 그는 자신의 전 인격 속에서 이러한 생활방식을 철저하게 실현하려 했다. 마침내, 그는 죽기 2년 전에 손과 발, 그리고 옆구리에 그리스도의 수난의 표시인 성흔을 받았다. 그의 제자들은 이것을 그리스도를 닮음의 궁극적인 실현이요, 하나님의 인정하심을 나타내주는 궁극적인 표시라고 해석했다.

보나벤투라(1217-1274)가 쓴 전기는 프랜시스가 그러한 생활을 하게 된 동기에 대해 다음과 같이 설명한다:

> 어느 날 미사 도중에 그리스도께서 제자들을 전도하러 내보내시면서 복음에 합당한 생활 방식을 설명해주신 복음서 구절을 들었다: "너의 전대에 금이나 은이나 동이나 가지지 말고, 여행을 위하여 주머니나 두 벌 옷이나 신이나 지팡이를 가지지 말라"(마 10:9). 그 말씀의 의미를 파악한 크게 기뻐하면서 말했다: "이것이 바로 내가 원하던 바이다; 이것이 내가 전심으

---

[8] 아씨시의 프랜시스의 영향에 대해서는, Robert McNally, *The Unreformed Church* (New York: Sheed & Ward, 1965), 170-74를 보라.

로 갈망하던 것이다."

보나벤투라는 프랜시스가 그리스도의 명령을 어떻게 문자 그대로 실천했는지 묘사한다: "그는 즉시 신을 벗어버렸고, 지팡이를 던져 버렸으며, 지갑과 돈을 마치 저주받은 물건인 양 던져버렸고, 한 벌 옷으로 만족했으며, 가죽 허리띠 대신에 밧줄을 허리에 둘렀다"(*Major Life* 3.1). 이러한 통찰은 후일 프랜시스와 그의 첫 제자인 퀸타발레의 베르나르(Bernard of Quintavalle)가 하나님의 인도를 구하기 위해서 성 니콜라스 교회에 갔을 때 확인되었다. 프랜시스는 복음서를 세 번 펼쳤다. 처음에 펼친 곳은 마태복음 19장 21절이었다: "네가 온전하고자 할진대 가서 네 소유를 팔아 가난한 자를 주라." 그다음에는 누가복음 9장 3절이었다: "여행을 위하여 아무것도 가지지 말라." 마지막으로 그는 마태복음 16장 24절을 펼쳤다: "아무든지 나를 따라 오려거든 자기를 부인하고 자기 십자가를 지고 나를 좇을 것이니라." 프랜시스는 "이것이 우리가 앞으로 살아야 할 삶이고 지켜야 할 규칙이며, 또한 우리와 함께하려는 모든 사람이 따라야 할 삶이요 규칙이다"라고 말했다(*Major* Life 3.3).

이러한 복음서의 구절에서 프랜시스는 공생애 기간 동안 그리스도와 제자들이 영위한 청빈한 생활방식을 감지했다. 그것은 거처할 집도 갖지 못하고 모든 소유를 다 버린 순회교사요 순회설교자의 삶이었다. 이러한 그리스도의 모습은 "청빈한 사람" 프랜시스가 문자 그대로 철저하게 닮기를 원했던 이미지였다. 그의 접근 방법을 통해서, 우리는 그리스도의 인성 숭배의 본질적인 요소를 보게 된다: 구체적인 사실에 초점을 두고서 역사적 그리스도를 되돌아보며 (여기서는 그분의 공생애 사역), 이러한 상세한 사건 안에 구현된 그리스도의 덕성을 모방하는 것. 비록 여기에서 중심적인 사건은 그리스도의 공생애였지만, 프랜시스는 그리스도의 초라한 탄생과 죽음에도 주목했다. 결국, 이 두 사건은 그리스도의 인성 숭배에서 중심적인 주제가 되었다. 이것은 놀라운 일이 아니다. 왜냐하면, 이러한 사건이 가지고 있는 극적인 요소뿐만 아니라, 인간이 처한 상황의 역사성을 설정하는 것은 출생과 죽음이기 때문이다.

1223년에 프랜시스는 그레치오(Greccio)에서 자정 미사를 위해서 구유를 만들었다. 프랜시스의 전기 *First Life*를 쓴 첼라노의 토마스(Thomas of Celano)에 따르면, 프랜시스는 친구인 그레치오의 존(John of Greccio)에게 다음과 같이 자정 미사를 준비해 달라고 부탁했다: "만일 우리가 그레치오에서 주님의 강림 축일을 경축하기를 원한다면, 부지런히 서둘러서 내가 말하는 대로 준비해 주십시오. 나는 베들레헴에 태어나셨으며 어떤 면으로는 아기로서의 불편함을 겪어야 하는 모습을 보여주셨던 그 어린 아기의 기억을 상기시켜줄 일을 하고 싶습니다. 소와 나귀가 곁에 서 있고 건초 더미 위 구유에 누워 계신 모습을 상기시켜 주고 싶습니다"(1 *Celano* 84).

죽기 2년 전인 1224년에 프랜시스는 투스카니의 라 베르나 산에서 금식 기도를 하던 중에, 여섯 날개를 가진 스랍이 십자가에 달리신 그리스도의 모양으로 서 있는 환상을 보았다. 보나벤투라가 쓴 프랜시스의 전기를 보면 다음과 같다:

> 십자가를 높이는 축일 아침에, 산기슭에서 기도하던 프랜시스는 여섯 개의 타는 듯이 빛나는 날개를 가진 스랍이 하늘 높은 곳에서 내려오는 것을 보았다. 그 스랍은 빨리 날아와서 하나님의 사람 근처에 도착했다. 그의 날개 사이에서 십자가에 못 박히신 사람의 모습이 나타났는데, 그의 손과 발은 십자가의 형태로 펼쳐져서 십자가 위에 묶여 있었다(*Major Life* 13.3).

그 환상이 사라졌을 때, 프랜시스는 손과 발과 옆구리에 그리스도의 고난의 상처를 받았다. 기적적이고 회화적이며 극적인 성격 때문에, 이 사건은 십자가에 달리신 그리스도에 대한 숭배의 발달에 강력한 촉진제 역할을 했다. 13세기에 그리스도의 고난은 그리스도의 인성 숭배의 주된 초점이 되었다.

그러므로, 프랜시스파 수도원의 환경 내에서의 그리스도의 삶 특히 그의 고난에 대한 묵상이 보나벤투라의 『생명의 나무』(Lignum Vitae)에서 고전적으로 표현된 것은 지극히 당연한 일이다. 13세기 후반에 익명의 저술가가 『그리스도의 생애에 관한 묵상』이라는 보다 대중적인 책을 펴냈다. 이것은 삭소니의 루돌프(Rudolph of Saxony)가 쓴 *Vita Jesu Christi redemptoris nostri*에 통합되었는데, 이 책은 이냐시오 로욜라의 『영신수련』(Spiritual Exercise)에 영향을 미쳤다. 이러한 형태의 의식(意識)은 결코 묵상에만 국한되지는 않았다. 그것은 찬송과 예배, 그림과 조각, 그리고 서유럽의 전반적인 종교 의식(意識) 안에 침투해 들어갔다.

종교 의식과 역사적 사건

이러한 형태의 묵상은 13세기에 구체화하였다. 그것은 기도의 방법으로서 묵상, 관상, 심지어 역사적 사건에 대한 신비주의적 태도라 불릴 수 있는 것을 포함한다.[9] 그러나 이러한 기도 방법은 단순히 실제적인 기법으로서보다는 영성의 역사에 있어서 더 큰 의의를 지닌다. 왜냐하면, 그것은 중세 후기에 두드러지게 나타나서 서유럽 종교 생활에 침투한 더욱 기본적인 구조의 종교의식을 나타내 주기 때문이다. 그리스도의 삶에 관한 묵상이라는 프리즘을 통해서

---

9) 나는 다른 곳에서 역사적 사건의 신비주의라는 개념을 발전시켰다. Steven T. Katz, ed. *Mysticism and Religious Traditions* (New York: Oxford Universty Press, 1983), 163-191에 실린 나의 논문 "Francis of Assisi: Christian Mysticism at the Crossroads,"을 보라.

이러한 현상을 검토해 봄으로써, 새로운 종교적 감성을 구성하는 요소를 파악할 수 있다.

예를 들면, 보나벤투라는 『생명의 나무』(Lignum Vitae)에서 직접적이고 직선적인 방법으로 그리스도의 삶에서 일어났던 사건들—예를 들면, 베들레헴 탄생, 예루살렘에서 십자가에 달려 죽으셨다가 부활하신 일 등—을 묵상한다. 보나벤투라는 복음서의 이야기에 근거해서 상상력을 동원하여 그 장면들을 마음속에 생생하게 그리며, 독자들이 행동에 참여하도록 초청한다. 이러한 묵상은 독자들이 모방해야 할 덕을 드러내 주기 때문에, 독자들은 그 사건 속으로 되돌아감으로써 그 사건이 지닌 의미와 접촉하게 된다.

이러한 묵상은 역사적 사건에 초점을 맞추고 있기 때문에, 그것은 신비적 혹은 우주적인 원형적 상징을 묵상하는 것과 구별된다. 묵상하는 사람은 이 사건을 현재의 관점에서 관찰되는 먼 과거의 일로 인식하는 것이 아니다. 그는 목격자로서, 또는 그 사건이라는 드라마에 출연하는 배우로서 그 사건으로 들어간다. 그는 그 사건에 현재적으로 참여하고, 그 사건은 그에게 현실화된다. 그가 그 사건에 들어감으로써, 그 사건의 의미와 가치를 파악할 수 있게 된다.

이러한 종교적 의식과 유사한 것이 세속적인 분야에도 있다. 예를 들면, 그것은 관광 여행의 기초가 된다. 수많은 사람이 유명한 사건이 일어났던 장소—예를 들면 워털루(Waterloo)나 체르보그(Cherbourg) 반도와 같은 유명한 전쟁터, 전쟁의 승리를 기리는 축제가 개최되고 케사르가 암살된 고대 로마의 광장—을 찾아간다. 전쟁터를 방문하는 사람은 종종 그 전쟁에 친히 참전해서 수천 명이 충돌하고 죽으면서 역사의 흐름이 바뀌던 그 순간의 힘을 느끼곤 한다. 그러한 사건은 권력과 정의를 위한 인간의 갈등을 드러내 주기 때문에, 우리는 그러한 사건의 드라마 속에 몰입함으로써 그 사건의 의미를 분별하게 된다. 만일 그 사건이 종교인 사건이라면, 그 계시적인 힘은 보다 강력하다. 왜냐하면, 그것은 신자에게 하나님의 구원 역사의 계획을 드러내 주며, 또한 구원 역사를 통해서 하나님 자신을 드러내 주기 때문이다. 이러한 이유로 중세 시대의 신자들은 성도들이 순교하거나 묻혀있는 성지를 찾곤 했다. 특히 그들은 성지를 순례해서, 예수님께서 다니셨던 거리를 걸어보고, 그분이 탄생하시고 못 박히시고 부활하신 곳을 방문하기를 원했다. 그들은 친히 직접 순례하지 못한다면, 최소한 상상 속에서나마 성지에 가서 그곳에서 발생한 위대한 종교적 사건에 참여할 수 있었다. 이처럼 상상력을 사용함으로써 그리스도의 생애를 묵상할 수 있었다.

그리스도의 탄생과 수난

보나벤투라의 『생명의 나무』에 수록된 묵상은 성부에 의한 그리스도의 영원한 발생에서부터, 그분의 성육신과 탄생, 공생애와 사역, 수난, 부활, 승천, 그리고 심판과 천국에서의 영원한 생명에 이르기까지 그리스도의 생애를 총망라하고 있다.[10] 역사적인 차원에서, 우리는 두 가지 사건—그리스도의 베들레헴에서의 탄생과 십자가상에서의 고난—을 선택해서 나눌 것이다. 왜냐하면 이 사건들은 모든 인간의 삶에서 근본적인 사건인 탄생과 죽음을 조명해 주기 때문이다. 이 사건들은 그리스도의 인성 숭배의 핵심을 다룬다. 또 그것들은 프란시스코 수도회에서 발전된 예수의 인성 숭배의 두 가지 양식—성탄의 구유에 누이신 아기 예수 숭배와 십자가상에서 고난 당하시는 고난의 구세주 숭배

---

10) 중세 시대의 그리스도의 인성에 숭배의 맥락에서 보나벤투라의 *Lignum Vitae*에 대한 상세한 연구를 위해서는, Patrick O'Connell, "The *Lignum Vitae* of Saint Bonaventure and the Medieval Devotional Tradition" (Ph.D. diss., Fordham University, 1985)를 보라.

마티아스 그뤼네발트, 이세하임 제단장식, 중앙 판넬: 십자가 처형, 1515년경.
Musée d'Unterlinden, Colmar

―를 조명해 준다.

보나벤투라는 『생명의 나무』에서, 어떤 면에서 프랜시스가 그레치오에서 극화했던 것에 비교할 만한 방법으로 그리스도의 탄생 사건에 들어가기 위한 묵상 방법을 제공한다. 그는 먼저 누가복음 2장 1-18절의 복음서 기사를 요약하면서, 프랜시스가 이해한 청빈과 겸손의 개념을 강조한다: "그분은 본향을 떠나서 마구간에서 태어나시고, 강보에 싸여, 처녀의 젖을 먹고, 송아지와 나귀들이 있는 구유에 누워 계시기를 선택하셨다." 그는 그 장면을 생생하게 제시하고 메시지를 알리면서, 독자가 배우로서 그 드라마 속에 들어가기를 촉구한다. 리보의 앨레드(Aelred of Rievaulx)의 글을 거의 그대로 모방한 구절에서, 보나벤투라는 다음과 같이 말한다: "이제 내 영혼아, 그 거룩한 구유를 얼싸안아라. 아기의 발에 입맞추라." 독자는 다른 배우들과 함께 그 드라마에 참여하며 그들이 반응하는 것과 같이 반응해야 한다. "그대 마음으로 목동들처럼 양을 지키고, 허다한 천군들의 합창 소리에 놀라며, 마음과 입으로 하늘의 곡조를 함께 노래하라: '지극히 높은 곳에서는 하나님께 영광이요 땅에서는 기뻐하심을 입은 자들 중에 평화로다'(눅 2:14)"(*Lignum Vitae* 4).

보나벤투라는 그리스도의 고난과 죽음의 주제를 다루면서도 같은 방법을 사용한다. 프랜시스의 성흔과 십자가에 달리신 그리스도께 대한 헌신에 감동을 받은 보나벤투라는 그의 책 『생명의 나무』의 1/3, 혹은 총 16개의 묵상을 그리스도의 수난에 할애했다. 그는 독자를 그 사건 속으로 이끌고 들어가서 자신을 마리아와 동일시하게 함으로써, 고난 당하는 구주를 향한 마리아의 연민의 감정에 동참하게 한다. 이러한 묵상에서는 그리스도가 당하신 육체적 고난의 내용과 그에 대한 연민을 특히 집중적으로 강조한다. 보나벤투라는 마리아에게 다음과 같이 말한다:

> 이 복되고 지극히 거룩한 몸—당신이 순결하게 잉태했고, 정성을 다해 양육하고 젖을 먹였던 몸, 당신이 무릎에 눕히고 입 맞추었던 그 몸이 채찍에 맞아 찢어지고, 가시에 찔리고, 갈대로 맞았고, 수많은 손과 주먹으로 맞았고, 나무 십자가에 못 박혔고, 그 십자가에 달려 있는 동안 그 몸의 무게로 인해서 찢어졌습니다(*Lignum Vitae* 28).

이처럼 우리는 자신을 마리아와 동일시함으로써 그리스도의 고난을 함께 나누고, 그분의 구속적 죽음의 의미를 통찰한다. 이와 비슷한 방식으로, 『그리스도의 생애에 대한 묵상』의 저자는 그 역사적 사건이 지닌 신비성에로 우리의 주의를 환기시킨다.[11] 그는 "당신은 주님에게 행해진 모든 악한 행위, 그분이

---

11) *Meditations on the Life of Christ*에서의 묵상의 방법에 관한 연구를 위해서는 Jaime Vidal "The Infancy Narrative in Pseudo-Bonaventure's *Meditationes vitae Chriti*:

친히 말씀하시거나 스스로 행하신 모든 것, 혹은 그분에 관해서 언급된 모든 것들에 자신이 친히 참여하고 있는 것으로 상상하고, 또한 부지런히 그에 대해 생각해야 합니다"라고 말했다. 그리고 나서 저자는 더욱 구체적으로 지시한다: "당신의 마음의 눈으로 보십시오. 어떤 사람은 십자가를 땅에 세우고, 어떤 사람은 못과 망치를 준비하며, 또 다른 사람은 사다리와 기타 도구를 준비하고, 어떤 사람은 해야 할 일을 명령하고, 또 어떤 사람은 그분의 옷을 벗기고 있습니다." 그는 이제 극적인 행동에 초점을 맞춘다: "다시 그분의 옷을 벗깁니다. 이제 세 번째로 많은 군중 앞에서 완전히 벌거벗은 몸이 됩니다. 몸에 달라붙었던 옷이 떼어지면서 상처가 다시 터집니다." 이 시점에서 그는, 보나벤투라가 했던 것처럼, 마리아를 드라마 속에 끌어들여서, 마리아의 연민과 예민한 마음을 통해서 독자의 마음속에 고난받는 구세주를 향한 연민을 불러일으킨다. 그러나, 복음서 이야기의 범위를 넘어서지 않았던 보나벤투라와는 달리 저자는 특징적인 방법으로 그 자신의 독특한 극적인 장면을 연출하는데, 이는 아씨시의 주교 앞에서 프랜시스가 벌거벗은 장면을 연상케 한다.

이제 처음으로 성모는 죽음의 고뇌를 맞이할 운명을 맞은 성자를 바라본다. 아들이 완전히 벌거벗은 모습을 보면서 마리아는 형언할 수 없는 슬픔과 수치를 느낀다: 그들은 그에게서 속옷까지도 벗겨버렸다. 그러므로, 그녀는 급히 서둘러 아들에게 달려가서, 그를 부둥켜 안고 그녀의 머리에서 썼던 베일로 그를 감싼다. 오! 지금 그녀의 영혼은 얼마나 비통한 심정이겠는가! 그녀가 아들에게 한마디도 하지 못했을 것이다. 그녀가 아들을 위해 무엇을 할 수 있었다면, 당연히 그 일을 했으련만, 그녀는 아들을 도울 수 없었다. 그들은 그녀에게서 아들을 거칠게 떼 내어 십자가 밑에 내

A Study in Medieval Franciscan Christ-Piety(ca. 1300)" (Ph.D. diss., Fordham University, 1984)를 보라.

려놓았다(*Meditations* 78).

그리스도의 수난 숭배에 대한 평가

　13세기 말에 이르러 그리스도의 인성 숭배는 서방의 영성에서 확고하게 자리를 잡았는데, 그 초점은 그리스도의 수난에 두었다. 중세 후기에서는 그것은 많은 대중적인 관행들, 곧 '주님이 십자가를 지고 걸어가신 14처'(Stations of the Cross), 그리스도의 수난을 기리는 찬송, 로사리오의 슬픈 신비에 대한 묵상, 겸손과 고난을 삶을 사신 그리스도를 모방하는 것, 그리고 그리스도의 고난과 죽음을 기념하는 축일을 강조한 것 등의 관습으로 표출되었다. 이러한 인성 숭배는 미술 분야에서 혁명적 변화를 가져오는 데 선봉이 되었다. 즉, 그것은 그리스도의 인성을 사실적으로 묘사하는 방향으로의 전환의 초점에 되었고, 중세 후기와 르네상스 미술에서 지배적인 위치를 차지했던 미켈란젤로의 피에타(pietàs)와 십자가 처형 장면을 묘사한 작품을 배출하는 데 기여했다.

　중세 시대가 깊어가면서, 그리스도의 수난은 서방 기독교의 종교 정신에 더욱 깊이 침투했다. 성인들의 전기에는 이러한 숭배의 강도를 묘사해주는 이야기가 많은데, 소름 끼칠 정도로 고통과 치욕의 삶을 갈망한 이야기도 수록되어 있다. 심리학적인 관점에서 보면, 중세 후기에 그리스도의 수난에 초점을 둔 것은 기독교 영성사에서 가장 문제가 되는 현상 중의 하나이다. 그것은 또한 교리적/영성적인 관점에서도 난처한 문제이다. 왜냐하면, 그리스도의 고난과 죽음에 관한 관심이 너무나 강렬해서 어떤 경우에는 그리스도인들이 기독교적 신비의 다른 측면들과 그것들 상호간의 유기적인 관련성을 상실해 버렸기 때문이다. 수난에 대한 강조는 부활에 대한 망각을 초래했다. 그리스도의 고난받는 인성에 대한 강조는 삼위일체와 창조 세계에 부어진 하나님의 사랑에 관한 관심을 압도했다. 그리스도의 고난을 강조한 것은 그리스도인의 마음을 분산시켜 우주적 구속의 계획과 개인 혹은 집단의 영적인 순례에서 차지하는 수난의 역할을 식별하지 못하게 했다.

이러한 불균형에서 예외가 되는 것이 노리지의 줄리안(Julian of Norwich, ca. 1343-1416)이다. 14세기에 줄리안이 본 그리스도의 수난에 대한 환상은 기독교 영성의 역사에서 가장 생생한 것으로 인정되고 있다. 그럼에도, 그것들은 삼위일체의 기쁨과 창조의 선 안으로 들어가는 길을 열어준다. 예를 들면, 줄리안은 자신이 본 하나의 환상을 다음과 같이 묘사한다: "그때, 나는 갑자기 면류관 밑으로 붉은 피가 흘러 내려오는 것을 보았다. 마치 가시 면류관이 그분의 복된 머리를 찌를 때 흘러내린 피처럼 많은 양의 뜨거운 피가 마치 생명의 시내처럼 무한정 흘러내렸다." 그 환상은 그녀를 인간이 겪는 고통 안으로 더 깊이 끌어들이는 대신, 삼위일체의 신비 속으로 인도하는데, 이것이 그녀를 기쁨을 가득 채운다: "동일한 계시 속에서, 갑자기 삼위일체께서는 측량할 수 없는 기쁨으로 내 마음을 채우셨다. 나는 장차 천국에 들어갈 사람에게도 그러한 기쁨이 무한정 베풀어질 것을 깨달았다. 왜냐하면, 삼위일체는 하나님이시며, 하나님은 삼위일체이시기 때문이다. 삼위일체는 우리의 창조자이시고, 보호자이시며, 영원한 연인이시다. 우리 주 예수 그리스도에 의해서, 그리고 그분 안에서 삼위일체는 우리의 영원한 기쁨과 지복이시다"(*Showings, Long Text*, 4).

기독교 영성의 관점에서 그리스도의 수난 숭배를 어떻게 평가할 수 있겠는가? 이상적으로 말하자면, 중세 시대의 기록에 따르면 이러한 숭배는 그리스도인들로 하여금 그리스도 안에 있는 구속에 대해 감사, 그분이 고난받게 만든 죄에 대한 회개, 그리고 그들을 우주적인 구속의 섭리 속으로 끌어들인 그리스도의 고난에 대한 연민의 마음을 불러일으키려는 의도를 가지고 있었다. 마침내, 이것은 그리스도의 고난과 인내, 견인, 그리고 신실하심 등의 덕을 모방하려는 마음을 불러일으켰다. 이러한 복합적인 경건 의식이 성숙한 형태로 표현된 것은 사실이지만, 그것은 더욱 큰 영적 세계관과 영적 순례의 단계와 연결되어야 했다.

그리스도의 고난 숭배는 인간의 경험에 초점을 두고 있기 때문에, 깊은 영적 수준으로부터 유리된 피상적인 감상주의로 전락할 수 있다. 만일 그것이 단순한 감정을 초월하여 도덕적 가치의 수준으로 침투한다고 할지라도 그것은 여전히 피상적인 상태로 머물 수 있다. 궁극적인 종교적 가능성을 실현하려면, 그것은 인간적 경험과 역사적 사건 속에 표현된 보다 심오한 실재에 자신을 개방해야만 한다: 예를 들면, 그리스도의 죽음과 부활에 대한 기독교적인 이해에서 구현된 변화의 역동성—영적이고 우주적인—이다. 그리고 심지어 이것까지도 초월하여, 사건 안에 현시되시는 하나님 자신을 경험할 수 있는 보다 심오한 신비적 각성의 차원으로 들어가야 한다. 중세 시대의 성서 해석의 범주 속에서, 그것은 궁극적으로 성경의 네 가지 의미를 모두 파악해야 한다. 그 사건으로부터 문자적, 혹은 역사적 차원에서 시작하여, 도덕적 의미를 도출해 낸다. 이것은 『생명의 나무』에서 보나벤투라가 사용한 해석방법인데, 이 책에서 고난 받으시는 독자들이 모방해야 할 인내와 성실함의 모델로 제시되었다. 도덕적 의미는 풍유적 의미와 긴밀하게 연결되는데, 이것은 구원사에 있어서 그리스도의 사역, 특히 그분의 죽음과 부활의 신비와 관련된 변형을 다룬다. 여기에서 그리스도인은 인간 그리스도의 고난에 대한 연민으로부터 죄로부터의 우주적 구속을 위한 그분의 사역의 중요성에게로 이동한다. 이 수준에서 그리스도인의 궁극적인 반응은 하나님의 자비에 대한 감사가 될 것이다. 안셀름의 구속론에 따르면, 하나님의 자비는 무척 크므로 인류의 죄에 대한 징벌로서 부과된 고난을 하나님 스스로 짊어지셨다. 따라서, 하나님의 자비는 하나님의 공의를 포함하게 되며, 그리스도의 인성 안에서 무거운 죄의 짐을 담당했다. 노리지의 줄리안과 같이 중세 시대의 분별력 있는 신자들은 이런 방법으로 보혈과 고난을 통해서 삼위일체의 자비하신 사랑으로 침투해 들어갈 수 있었다.

네 번째 의미는 신비적 의미이다. 이것은 궁극적인 신비적 의미를 드러내 준다. 즉 영혼이 죽음 이후에 경험하게 될 하나님과의 신비적 연합, 혹은 신비 체험을 통해서 이 세상에서 그러한 연합을 미리 맛보는 것이다. 줄리안은 그리스도의 수난에 대한 환상을 통해서 이 차원에 도달하여 삼위일체의 기쁨을 경험했다. 영적 순례의 마지막 단계에서 십자가에 못 박히신 그리스도 숭배의 역할을 가장 많이 묘사한 사람은 보나벤투라일 것이다. 그에게 있어서, 그리스도의 죽음은 최근의 영적 저술에서 자아, 곧 유한하거나 피상적인 자아의 죽음이라고 불려온 것, 그리고 하나님과 연합되는 보다 깊은 자아의 각성을 상징한다. 보나벤투라는 『하나님께로 영혼의 순례』(*Journey of the Soul into God*)의 서문에서, 아씨시의 프랜시스가 십자가에 달리신 그리스도의 형태를 한 여섯 날개 가진 스랍의 환상에 대하여 자신이 라 베르나 산에서 묵상한 방법에 대해 말한다. 그는 스랍의 여섯 날개는 영적 순례의 여섯 단계를 상징하며, 십자가에 못 박히신 그리스도는 그러한 여행과 목적지로 들어가는 입구임을 깨달았다. 보나벤투라는 다음과 같이 관찰한다:

> 십자가에 달리신 분에 대한 불타는 사랑, 곧 바울이 "셋째 하늘에 이끌려 갔을 때"(고후 12:2) 그를 그리스도로 변형시켜 그가 "내가 그리스도와 함께 십자가에 못박혔나니 이제는 내가 산 것이 아니요 오직 내 안에 그리스도께서 사신 것이라"(갈 2:20)고 말하게 했던 그 사랑 외에 다른 길은 없다. 이 사랑이 프랜시스의 영혼을 사로잡았기 때문에 그의 영은 육체를 통해서 너무나 밝게 빛나게 되었고, 죽기 두 해 전에 그는 자신의 몸에 거룩한 수난의 성흔을 간직하게 되었다. 그러므로, 스랍의 여섯 날개는 피조물로부터 시작하여 하나님께로 이르는 조명의 여섯 단계를 상징하는데, 십자가

에 못 박히신 분을 통하지 않고서는 누구도 하나님께 이를 수 없다. 왜냐하면, "양의 우리에 문으로 들어가지 아니하고 다른 데로 넘어가는 자는 절도며 강도"이기 때문이다. 그러나 이 문을 통해서 들어가는 자는 "누구든지 구원을 얻고 또는 들어가며 나오며 꼴을 얻을 것"이다(요 10:1, 9). 그러므로, 요한은 계시록에서 이렇게 말한다: "그 두루마리를 [어린 양의 피에] 빠는 자들은 복이 있으니 이는 저희가 생명나무에 나아가며 문들을 통하여 성에 들어갈 권세를 얻으려 함이로라"(계 22:14). 요한은 마치 문을 통하여 들어가듯이 어린 양의 피를 통하지 않고서는 누구도 묵상에 의해 거룩한 예루살렘 안으로 들어갈 수 없다고 말하는 듯하다(*Journey*, prol. 3).

『순례』(*Journey*) 제7장에서, 보나벤투라는 이 주제로 돌아와서 영혼이 황홀경 속에서 하나님 안으로 몰입해 들어가는 것을 다룬다. 그는 독자에게 성전 지성소 안에 있는 속죄소로 상징되는 그리스도의 인성을 응시하라고 명령한다: "얼굴을 속죄소로 향하는 사람, 그리고 믿음, 소망, 그리고 사랑, 경배와 경외, 환희, 감사, 찬양과 기쁨으로 십자가에 달리신 분을 바라보는 사람은 파스카(Pasch) 곧, '그리스도와 함께 통과함'을 이룬다." 보나벤투라는 출애굽의 풍유적 의미를 이용하여, 죽음을 맛보신 그리스도와 자신을 동일시하며, 하나님과의 신비적 합일의 단계까지 통과해 들어간다: "그는 십자가의 막대기로 홍해를 건너서 애굽엘 떠나 사막으로 들어가는데, 그곳에서 "숨겨진 만나"(Apoc 2:17)를 맛보게 될 것이다; 그리고 그는 마치 외부 세계에 대해서는 죽었지만, 이 나그네의 상태에서 가능한 한도까지, 그리스도께서 십자가 위에서 자신을 믿은 강도에게 말씀하신 축복, "오늘 네가 나와 함께 낙원에 있으리라"(눅 23:43)을 경험하면서, 그리스도와 함께 무덤에서 안식할 것이다"(*Journey* 7.2).

제17장

서방 교회에서의 마리아 숭배

엘리자베스 존슨(Elizabeth A. Johnson)

하나님의 어머니인 마리아 숭배는 중세 시대의 영성의 가장 뚜렷한 특징이다. 중세 시대의 영성은 복잡하고 복합적인 성격이 있다. 하나의 사려 깊은 논문에서 마리아 숭배를 다루는 데 따르는 위험은, 마리아 숭배가 전체 영성의 구조 안에 잘 통합된 하나의 양상이 아니라 배타적이고 압도적인 영성의 형태로 비추어질 염려가 있다는 것이다. 그런데도 과거의 기독교 역사에서 전례를 찾아볼 수 없는 방식으로 아름다운 동정녀요 자비로운 성모이며 권능의 여왕인 마리아라는 인물을 숭배하는 신앙은 이 시대 서방 그리스도인들―학자, 수도사, 신비가, 설교자, 주교, 그리고 일반 민중―의 종교 생활에 깊이 침투하여 친밀한 요소가 되었다.

중세 시대에 마리아 숭배는 직선적으로 발달하지 못했고, 또한 민족적 기질의 차이점으로 인해 같은 시점에서도 통일을 이루지 못했다. 그럼에도 불구하고, 더욱 가속적인 발전을 한 운동을 개관할 수는 있다. 11세기와 12세기에 수도원 영성은 동정녀 마리아의 아름다움과 영광에 대한 신비적 관상에 정서적으로 친밀한 태도를 취했고, 마리아의 개인적인 개성이 우선적 관심사로 대두되었다. 일반 민중들이 마리아 축제와 연관된 수도원 축제에 참여함으로써 이러한 숭배 형태에 관심을 두게 되었지만, 그러한 숭배는 주로 수도원에서 독점적으로 이루어졌다. 한편, 도시의 성장과 새로 설립된 대학들과 연관된 지적 생활의 분출로 말미암아 사회구조가 변화되기 시작했다. 이로 인해 전통적인 수도적 배경을 벗어나서 복음적 삶을 살아보려는 새로운 계층이 출현했다. 13세기 초, 이러한 평신도를 대상으로 한 새로운 탁발수도회의 사역은 전체적으로 영적 감성을 보다 상상적이고 인간적인 수준으로 이동시켰다. 구유 안과 십자가 위에서 드러난 인성의 가난 속에서 예수 그리스도를 상상했는데, 두 장면 모두에서 마리아도 뚜렷한 인간적 역할을 한다. 동시에, 스콜라 신학은 죄에 대한 보속을 해야 할 개인의 필요성을 강조하는 구속의 교리를 체계화하고 있었다. 이런 과정에서 마리아는 죄인과 의로운 재판관이신 그리스도 사이에서 중재자 역할을 하는 어머니, 비록 자격이 없지만 자기 자녀들이 그리스도 구원의 은혜로 말미암아 천국의 기쁨을 누리게 만들려는 관심을 가진 어머니로서 두각을 나타냈다. 자비의 어머니와 구원을 추구하는 불완전한 인간 사이의 유대를 표현하고 공고히 하는 많은 숭배의 관습이 생겨났다. 마지막 발달 단계인 14세기와 15세기에는 흑사병과 같은 자연재해나 백년전쟁과 서방 교회의 대분열과 같은 교회의 혼란이 가뜩이나 혼란스러운 세상에서 엄청난 불안을 초래했기 때문에 보호와 안정을 희구하는 열망이 심화하였다. 극심한 고난을 겪었지만, 지금은 영광의 면류관을 쓰고 계신 마리아의 전능한 보호는 사방에서 다가오는 위험에서 지켜주는 보루가 되었다. 때때로 그녀의 구원 능력이 신앙의 초점이 되어 심지어 하나님으로부터 독립해서 활동하는 구원의 대리자로 간주할 정도였다. 이러한 일이 일어나지 않는 곳에서도, 극심한 개인적 불안에서 솟아났고 대중적 설교에 의해 자극받은 강력한 마리아 숭배로 말미암아 하늘의 여왕이자 죄인들의 피난처인 마리아는 개인 구원의 과정에서 의지할 수 있는 중심적 위치를 차지했다.

중세 시대의 마리아 숭배의 궤도는 몇 가지 상호 관련된 특성이 있다. 마리아 숭배의 횃불이 수도원으로부터 탁발수도단, 단순한 성직자, 그리고 일반 백성들에게로 옮겨감에 따라서, 그 관습의 적극적인 대리인이나 주된 원동자도 바뀌었다. 마리아라는 인물 자체도 영감 넘친 그리스도의 성모 동정녀로부터 그리스도 앞에서 백성을 위해 중재하는 어머니로, 그리고 신실한 자를 보호해 주는 하늘과 땅의 주권적 여왕으로 바뀌었다. 마리아라는 인간에 초점을 둔 영성은 신비적 관상으로부터 대중적 상상으로 변천되었으며, 이 대중적 상상에는 마리아의 자비롭고 강력한 도움에 대한 강렬한 경외, 친밀함, 신뢰 등이 어우러져 있었다.

이 시기에는 시대별로 다르고 국가별로 다른 마리아 숭배의 다양한 표현을 연결 지었는데, 이것은 그 이전 시대의 숭배와 내조가 되는 특성이다. 이것은 마리아와 마리아와 그리스도인 개인의 관계 모두를 완전히 인격화한 것이었다. 교부 시대에는 마리아라는 인물은 구원사의 위대한 사건들과의 관계 속에서 이해되었다: 마리아는 하나님의 뜻에 순종함으로써 하와의 불순종을 역전시키고, 구세주의 동정녀 성모가 되었고, 구세주의 정체성에 비추어서 하나님의 동정녀 성모가 되었다. 동방 교회에서 마리아는 위대한 테오토코스(*Theotokos*), 곧 하나님을 잉태한 자로 칭송받았다. 서방에서는 은혜가 충만한 마리아를 교회의 전형으로서 묵상했다. 동방에서나 서방에서나 마리아에 대한 사상과 찬양의 맥락은 교리적이며 전례적이었다.

종교예술에서 아들과 함께 신성하고 지적이며 장엄한 인물로 묘사된 위대한 테오토코스는 자신의 아기에게 젖을 먹이는 다정한 인간 어머니가 되었다. 교회의 전형으로서 믿음이 충만한 마리아는 그녀 나름의 기쁨과 슬픔, 그리고 영광을 경험하는 개인적인 인간 마리아로 인격화되었다. 이것은 마리아가 그리스도께서 대신하여 죽으신 모든 사람의 어머니로서 그들과 직접적인 관계를 갖게 해주었다. 이 시대의 경건의 특징은 대단히 주관적인 형태(*Gestalt*)였고, 사람들은 자신의 죄악된 상황을 인식함으로써 개인적으로 공포를 경험했으며,

개인적 구원의 수단을 추구했다. 따라서, 과거에는 객관적 구원의 역사에서 차지한 마리아의 역할에 초점을 두었으나, 이제 신자 개인의 현재의 구원 역사에서 차지하는 그녀의 주관적 역할에 초점을 두었다. 마리아는 주로 그리스도와 관계를 갖는 주님의 여종에서부터 구원을 얻으려고 노력하는 개인과 동일하게 중요한 관계를 맺는 활동적인 주체가 되었다. 이와 같은 객관적/전례적 관점으로부터 주관적/인격적 관점으로의 변화는—이는 새로 형성된 숭배 형식의 번창으로 표현되었다—중세 시대에 꽃을 피운 마리아 숭배의 특성을 강조한다.

이러한 발달 사항을 탐구하면서, 우리는 유식한 엘리트들의 마리아에 대한 접근 방식과 일반 민중들의 접근 방식을 절대적으로 구별하지 않도록 주의해야 한다. 이러한 이중적인 모델은 흄(Hume) 이래로 이론상으로는 다소 수용할 만한 것이지만, 교육받은 사람들(수도사들, 교회 지도자들, 스콜라 신학자들)의 계몽된 종교는 점차 오염되었고, 하층 대중 종교의 저속하고 미신적인 개념으로부터 밀려오는 압력에 의해서 변화를 강요당했다. 이 모델은 민중 종교 자체에서 변화를 설명하지 않을 그뿐만 아니라, 또한 많은 유식한 기독교 지도자들이 설교나 성지를 경제적으로 지원하는 일 등을 통해서 마리아 숭배 관습의 대두를 체계적으로 지원했다는 점을 간과한다. 학습된 교리와 대중의 신앙이 모든 면에서 일치하지는 않지만, 최상의 경우 양자 사이에는 변증적인 관계, 곧 진정한 역사적 상호 의존성이 존재한다. 왜냐하면, 양자 모두 나름의 독특한 방식으로 실체에 대한 하나의 비전을 표현하려 했기 때문이다.

그러한 사실을 인정하더라도, 마리아 숭배는 그 시대의 다른 믿음의 형태보다 더 유식하고 진보된 생활의 통찰에서 벗어나 있었다. 대학에서는, 스콜라 신학이 *quaestio*의 방법을 통해서, 이성이라는 기능을 엄격히 사용하여 교리를 정확하게 구분하며 또 그것들을 상호 관련지어 질서정연한 관계를 가지며 하나님께 초점을 둔 방대한 종합을 이루어냈다. 이러한 접근 방식에는 마음의 동기들, 감정과 사랑의 표현을 위한 공간이 없었다. 문제를 더 어렵게 만든 것은, 비록 설교와 개인 기도에 사용하기 위해서 다양한 토착어가 발전되고 있었지만, 학문적 강론과 전례에 사용되는 언어는 라틴어라는 사실이었다. 마리아 숭배 현상 때문에 정신(mind)과 마음(heart)의 균열은 더욱 심화하였다. 이와 관련된 흥미로운 결과는 마리아에 대한 학구적 저술, 그리고 그 시대의 설교집이나 경건 서적에서도 차이점이 발견된다는 사실이다. 피터 롬바르드의 『문장론』(Sentences)의 지도를 받은 스콜라 신학자들은 마리아에 대해서 고려하기 위해서는 시간과 공간을 거의 할애하지 않았다. 위대한 『대전』(Summas)에서, 마리아는 단지 성육신에 관한 질문과 관련해서만 나타나며, 그다음으로는 그리스도께서 세상에 오심과 관련된 표제 아래서만 등장한다. 그와 대조적으로, 복된 동정녀 마리아의 『거울』이라고 알려진 묵상 서적은, 성육신의 순간에 천사들이 한 찬양에서 계시되었듯이, 마리아 자신의 은사들과 풍성한 은혜를 인하여 열렬한 기쁨을 표현한다. 복된 동정녀의 시편들은 한층 강렬한 경배의 표현을 담고 있었다. 그 책에서는 구약의 시편들을 수정하여 하나님으로부터 마리아에게 주어지는 찬양으로 기록했다. 예를 들면, 보나벤투라가 쓴 것으로 간주하는 한 기도 시에서는 다음과 같은 내용을 읽게 된다:

새 노래로 우리의 성모 마리아께 노래하라: 이는 그가 놀라운 일을 행하였음이라.
그녀는 열방 앞에서 자비를 드러내셨도다; 그 이름은 땅끝에서도 들릴 것이다.
가난하고 비참한 자들의 성모 마리아여, 기억하소서. 그리고 당신의 거룩한 음료로 그들을 먹여 주소서. 오 성모 마리아여! 당신은 친절하시고, 진

실하시며, 끝까지 인내하시며, 긍휼이 가득한 분이십니다(시 96/97).[1]

따라서, 본질적으로 대중 종교의 창조물인 마리아 숭배의 흐름이 점점 더 뚜렷하게 나타나고 있었다.

이러한 배경에서 연대기적 발전 과정과 대체로 일치하며 서로 연결된 중세 시대 마리아 숭배가 지닌 세 가지 특성을 중세 마리아 숭배가 지닌 세 가지 특성을 파악할 수 있다. 그것은 동정녀의 아름다움에 대한 찬양, 성모의 자비에 대한 신뢰, 그리고 여왕의 보호를 간청함이다.

하나님의 보화

중세 시대 마리아 숭배의 특징적인 요소 중 첫 번째 요소는 동정녀 마리아에 대한 순수한 기쁨에서 생겨났다. 그 기초는 하나님께서 마리아를 위해서 행하신 일, 그리고 마리아가 세상에서 하나님의 계획을 실현하기 위해서 행한 일에 대한 믿음이었다. 비천한 여종인 마리아는 하나님의 특별한 사랑을 받았고, 하나님의 어머니로 선택되었으며 믿음으로 그 일에 동의했다. 마리아는 하나님의 보화였고, 그녀가 있는 곳에는 하나님의 마음도 있었다. 그녀의 삶에서 발생한 사건과 그녀의 덕과 은혜에 대한 관상은 사람들이 그녀의 이름을 높이며 그녀의 아름다움을 노래하고 마리아와 그녀를 창조하시고 그녀에게 은사를 베푸신 하나님의 위대하심을 찬양하게 만든다. 특히 사람들을 즐겁게 하는 생각은 성모 마리아가 동정녀였다는 것이었다. 왜냐하면, 이것은 역설적으로 하나님께서 이 땅에 가까이 오시는 수단이었기 때문이다. 어느 사람에게도 속

---

1) *The Mirror of the Blessed Virgin Mary and the Psalter of our Lady*, trans. Sr. Mary Emmanuel (St. Louis, MO: Herder, 1932) 254.

하지 않은 채, 동정녀는 구원의 새벽을 밝게 비추었다. 절대적으로 중요한 것은, 성령에 의해 그리스도를 잉태한 것을 알려 주었을 때 그녀가 그것을 수락한 우아한 태도이다. 마리아의 순결은 "너무나 지극하여 하나님 아래서 그보다 더 위대한 것을 상상할 수 없다"(켄터베리의 안셀름의 De conceptu virginali [PL 158, col.451]). 여기에는 그녀의 독특한 성품에 영광을 돌리고, 그것으로 인해 기뻐한다는 의미가 포함되어 있다. 문화적으로는, 기사도의 도래와 궁정에서의 사랑의 경험이 마리아 숭배의 정신을 형성하는 데 적지 않은 역할을 했다.

거룩한 동정녀를 관상하는 데 있어서, 이처럼 인간의 정신을 높이는 표현은 서정적 찬송과 시, 찬양의 기도, 그리고 미리아를 기리는 전례적 축제 행사 때 행해진 설교에서 많이 나타난다. 켄터베리의 안셀름은 "마리아에 비견할 만한 것은 없다. 하나님 외에는 그 무엇도 마리아보다 위대하지 못하다"라고 찬양했다. 그의 마리아를 기리는 기도는 마리아 숭배의 역사에서 하나의 전환점을 이루었다. 왜냐하면, "하나님께서는 만물을 창조하셨고, 마리아는 하나님을 낳았기 때문이다. 만물을 창조하신 하나님께서는 자신을 마리아로부터 태어나게 하셨고, 이로써 자신이 만든 모든 것을 새롭게 형성하셨다. …따라서, 하나님은 모든 피조물의 아버지시요, 마리아는 재창조된 만물의 어머니시다."[2] 세상에서 모든 새롭고 신선한 것은 재창조하는 그녀의 존재와 연관되었다. 그녀를 통하여 어두운 세상에 빛이 들어왔다. 그녀의 생산적인 동정성을 통해서 과거의 죄는 뒤엎어졌고, 잃어버렸던 세상을 되찾았으므로, 하늘과 땅, 심지어 지옥에 이르기까지 기쁨이 두루 퍼졌다. 그녀에게 경이를 느끼며, 모든 이해를 초월한 그녀의 거룩한 동정성을 경배하는 것 외에는 인간이 무엇을 할 수 있겠

---

2) Anselm of Canterbury, "Prayer to St. Mary, to ask for her and Christ's love," in *Prayers and Meditations of Saint Anselm*, trans. S. Benedicta Ward (New York: Penguin Books, 1973) 120-21.

는가? 사랑 어린 외경심으로 가득 찬 마음에서 찬송과 찬사가 솟아났다:

> 오, 은혜가 충만하여 넘쳐흐르는 여인이여,
> 당신에게서 풍성한 은혜가 흘러나와 모든 피조물을 다시 푸르게 합니다.
> 복되고 영원히 복된 동정녀시여
> 당신의 축복은 모든 자연에 미칩니다.
> 피조물이 창조주에 의해 복을 받을 뿐 아니라,
> 창조주 자신도 또한 피조물에 의해서 복을 받습니다. …
> 바라볼수록 아름다운 마리아여,
> 관상하기에 사랑스럽고, 사랑하기에 기쁜 여인이여,
> 나의 넓은 가슴을 피하여 어디로 가십니까?[3]

이러한 찬양, 곧 거의 신비적인 형태의 마리아 숭배는 특히 수도원에서 꽃을 피웠다. 수도원 경내의 예배당, 식당, 정원 등지에는 마리아상이 세워져 있고 도서관에는 마리아에 관한 사본이 있었다. 수도사들은 매일 복된 동정녀 마리아에게 기도를 드리고, 매주 토요일에는 마리아를 기념하여 금식하고, 아베 마리아를 기도하고, 그녀를 기리는 찬송을 불렀다. 관상의 습관은 그들이 실재의 두꺼운 껍질을 통과해서 내면에 있는 영적 핵심으로 들어갈 수 있게 해 주었고, 크게 존경되는 것은 모두 동정녀의 아름다움을 반영하는 것으로 여기게 되었다: 깨끗한 연못은 그녀의 순결이었고, 수평선 위에 우뚝 선 산은 그녀의 장엄함, 봄에 피어나는 꽃은 그녀의 덕을 반영한다고 여겼다. 성경도 그녀를 숭배하는 데 이용되었다. 수도원 저술가들은 아가서를 마리아 숭배의 입장에서 해석했으며, 이 때문에 그 이야기는 성자 하나님과 마리아 사이의 매력적인 사랑을 관상하게 해주었다. 더욱이, 구약 성경에서 끌어낸 많은 은유가 그녀에게

---

3) Ibid.

적용되었다: 불타는 가시덤불, 언약의 방주, 바다의 별, 둘러싸인 정원, 이새의 뿌리에서 싹이 남, 양털, 신부의 침실, 문, 새벽, 야곱의 사닥다리. 하나님의 임재의 모든 신비와 은총이 마리아에게 거하는 것으로 간주하였다. 이러한 배경에서 관상의 주제로서의 동정성은 특별한 의의를 지녔다. 타락하여 수도적 소명을 감당할 수 없는 여인들은 수도원을 떠나야 했다. 수도사들은 동정녀 마리아에게서 거룩한 이상형의 여성을 발견했으며, 이것이 그들의 마음에 위로와 격려를 가져다주었다. 때때로 이것은 직관적 분별의 경계를 넘어서, 입맞춤과 포옹으로 가득 찬 연합에 대한 관능적인 관상을 자아낼 수 있었는데, 이것은 수태고지(로잔의 아마데우스, d. 1159)나 성자 하나님과 동정녀 신부 사이에 존재했던 다소 선정적인 결혼 개념(리보의 엘레드, d. 1167)에서 찾아볼 수 있다. 기사도의 시대에 동정녀는 수도사에게 있어서 이 세상의 기사가 헌신적으로 봉사하고 사랑하는 대상인 기사 부인의 영적인 상대역의 역할을 했다.

클레르보의 베르나르는 살아있을 때와 사후에 뜨거운 경건과 유려한 언변으로 유명했던 수도사인데, 그는 이 정의적(情意的) 형태의 마리아 숭배를 발전시키고 촉진하는 데 영향을 미친 중요한 인물이다. 비록 그의 신학적/영적 저서는 그의 신앙의 그리스도 중심성을 보여주는 풍부한 증거를 제공하지만, 그리고 마리아에 관한 그의 사상은 언제나 교회의 전통적인 공식 입장에 머물러 있었지만(그는 마리아 무염시태의 축일에 반대했는데, 이는 그것이 교회의 전통에 의해서 전해 내려온 것이 아니었기 때문이다), 마리아를 기리는 축일에 관한 그의 설교는 마리아 숭배를 지향하는 설교의 열정을 고취했다.[4] 청취자들의

---

[4] 성모무염시태(Immaculate Conception) 교리는 중세 시대에 많은 논란의 대상이 되었다. 웨어의 윌리엄(William of Ware)과 던스 스코투스(Duns Scotus, d. 1308)의 통찰 덕분에 돌파가 이루어졌다. 그러나 논쟁은 여전히 계속되었고, 그 교리는 단지 서서히 발판을 마련할 수 있을 뿐이었다. 기도, 성상학, 기타 영성의 다른 표식들로부터 판단

마음을 파고드는 그의 호소와 태도에는 애정이 담겨 있었는데, 이것은 그가 성경 본문을 마리아에게 유형론적으로 적용한 것과 어우러져서 그 세대 전체에게 엄청난 존숭과 찬양의 마음을 불러일으켰다. 이러한 유형의 마리아 숭배의 고전적인 공식은 동정녀 마리아를 찬양하는 베르나르의 두 번째 설교에서 나타났다:

"동정녀의 이름은 마리아였으며"(눅 1:27), 그 뜻은 "바다의 별"을 의미한다. …그녀를 별에 비유하는 것은 매우 적절하다. 별은 자신에게는 아무런 해를 끼치지 않고 빛을 발한다. 동일한 방식으로, 동정녀는 자신에게는 아무런 해를 입히지 않고 아들을 낳았다. …그녀는 야곱에게서 솟아난 고귀한 별로서 그 빛으로 지구를 밝게 비추어준다. 그녀의 광명은 가장 높은 하늘에서 빛나고 지옥의 나락을 뚫고 들어가며, 이 땅에 비춰며, 우리의 몸보다는 마음을 훨씬 뜨겁게 해주며, 덕을 육성하고 악을 마비시킨다. 그녀는 필연성에 의해 이 거대한 바다 위에 걸려 있는 찬란하고 경이로운 별로서, 공덕으로 광채를 발하며 본으로써 찬연히 빛을 내고 있다. 진정 마른 땅을 걸을 때보다는 이 세상의 물결 속에서 질풍과 돌풍 속에서 이리저리 요동하게 된다는 것을 느끼는 사람이여, 만일 그대가 폭풍우 속에서 쓰러지기를 원치 않는다면, 이 밝게 빛나는 별에서 눈을 돌리자 말라. 그대의 내면에서 유혹의 폭풍이 일어날 때, 환난의 바위에 좌초했을 때, 그 별을 바라보며 마리아를 소리쳐 부르라. 교만이나 야망, 혹은 중상모략이나 질투의 파도에 휩싸여 이리저리 흔들릴 때 그 별을 바라보며 마리아를 소리쳐 부르라. 격노나 탐욕, 혹은 육체적인 욕망이 그대의 영혼이라는 배를 강하게 연타할 때, 마리아를 바라보라…그분을 생각 속에 간직한다면, 그대는 절대 방황치 않게 될 것이다. 그분의 손을 잡으면, 절대 넘어지지 않을 것이다. 그분이 보호해 주신다면, 절대 두려움이 엄습하지 못할 것이

해 볼 때, 성모무염수태는 사실상 중세 마리아 숭배의 주된 요소는 아니었다.

다. 그분이 그대를 인도해주신다면, 그대는 절대 피곤하지 않을 것이다. 그분이 조력자가 되시면, 그대는 여행의 목적지에 도달하게 될 것이다.[5]

이 설교는 12세기의 그 어느 설교보다도 동정녀에 대한 관상의 가치를 강조하고 있으며, 사람들의 마음을 개인적인 애정과 신뢰 속에서 마리아에게 집중시켰다.

이러한 유형의 마리아 숭배는 수도원에서만 이루어진 것은 아니다. 일반인들도 동정녀를 사랑했고, 그녀의 생애에서 일어난 사건을 묵상함으로써 삶의 스트레스 속에서도 위로하고 감화해주는 힘을 발견했다. 그녀는 성모 마리아로서, 주님과 함께 그들의 덕을 세워 주었고, 그로 인해 장엄한 찬양을 불러일으켰다. 7세기 말 이래로, 그녀의 생애에 발생한 사건을 기념하는 축일이 준수되어 왔다: 성모 마리아 탄생 축일, 성 수태고지일, 성모 몽소승천 축일, 성촉절 등. 중세 시대에는 이런 축일이나 다른 축일 미사 때 전례적 드라마를 상영함으로써 마리아의 일생에서 중요한 사건을 생생하게 묵상할 기회를 제공했다. 마리아가 가브리엘 천사를 만나는 장면이나 갓 태어난 아기 예수를 목동에게 보여주는 장면에 대한 생생한 회화적 표현은 경외심 어린 즐거움과 구원의 이야기에서 그녀가 차지하는 특별한 역할에 대한 깊은 인식을 끌어냈다. 마리아를 기념해서 건축되기 시작한 웅대한 성당은 돌로 된 조각이나 스테인드글라스로 그러한 믿음에 대한 응답으로 그녀가 임재한다는 사실을 묘사했다. 샤르트르 대성당(Chartres Cathedral) 중앙 입구에는 홀로 장엄하게 다스리시는 그리스도가 묘사되어 있다. 그 오른쪽에서 그는 마리아의 무릎에 누워 있는 어린

---

5) Bernard of Clairvaux, *De laudibus beatae Mariae-Homily* 2, in *Magnificat: Homilies in Praise of the Blessed Virgin Mary*, trans. Marie-Bernard Said and Grace Perigo (Kalamazoo, MI: Cistercian Publications, 1979) 30-31.

동정녀의 승리, 샤르트르 대성당

왕으로 보좌에 앉아 있고, 또한 예수님의 탄생 장면에서는 아기로 묘사되어 있다. 북쪽 중앙 입구에는, 마리아의 죽음과 죽은 후에 깨어나는 모습이 조각되어 있다. 그리고 그 위편에서는 마리아가 그리스도의 오른편에 위엄있게 면류관을 쓰고 앉아 있다. 이러한 조각을 비롯하여 많은 성상은 마리아의 삶의 신비와 그리스도와의 관계에서 나타나는 그녀의 아름다운 인격을 관상하면서 기뻐하는 사람들의 영성을 형성했다.

비록 이러한 형태의 찬양 신앙은 동정녀이며 성모이신 마리아의 선은 모든 사람의 선을 초래한다는 인식 위에서 세워졌지만, 기도하면서 마리아에게 청원하는 것을 강조하지는 않았다. 사람들은 마리아를 사랑했고, 그녀를 하나님의 창조의 가장 위대한 산물로서 그 안에서 영원히 경이로움을 새롭게 발견할 수 있다고 생각했다. 성경에 기록되어 있는바 천사와 마리아의 사촌인 엘리사벳의 인사를 결합하여 이루어진 기도인 '성모송'(Ave Maria)을 암송하는 일로 말미암아 동정녀를 찬양하고 축복하는 것이 기독교 신앙의 핵심적 요소가 되었다: "은총이 가득하신 마리아님 기뻐하소서, 주님께서 함께하시니 여인중에 복되시며, 태중의 아들 예수님 또한 복되시나이다."[6] 역동적이었던 것은 특별히 생산력을 가진 동정성에 초점을 두고서 마리아의 영혼의 아름다움을 강력하게 느낀 것이었는데, 이것은 사람들이 즐거운 찬양을 하게 이끌었다. 성모를 찬양하는 것은 아들을 찬양하는 것이며, 이 아들이 마리아를 택하여 자기 어머니로 삼으셨다는 확신이 있었기 때문에 사람들은 영적으로 마리아의 사랑스러움으로 인해 기뻐했다. 신자들은 믿음에 관한 핵심적 관심사에서 이탈하지 않고서 이러한 숭배를 통해서 아름다움 동정녀 마리아를 사랑하시는 하나님의 선한 심판을 재확인했다.

성모 마리아

중세 시대 마리아 숭배의 또 한 가지 양상은 신뢰할 수 있는 구원의 수단을 얻으려는 욕구에서 생겨났고, 또 모는 사람에게 하나님의 은혜와 자비를 중재해줄 수 있는 대상인 성모 마리아의 이미지에 초점을 두었다. 하나님 앞에서의 자신의 위치에 대한 신자들의 이해와 구원의 과정에서 마리아가 행하는 역할에 대한 새로운 신학적 이해가 특히 설교에서 상호 연관되어있고, 싱모의 자비로운 행위에 대한 신뢰의 태도로 이어졌는데, 이것은 중세의 영성에서 강력한 영

---

6) 성모송의 두 번째 부분인 탄원부는 15세기에 다양한 형태에 기원을 두고 있으며, 16세기에 와서 최종적으로 확립된 형태를 갖게 되었다; Gerard Sloyan, "Marian Prayers," in *Mariology*, 3:64-87.

향력을 발휘했다.

하나님 앞에서 신자의 상황은 복합적이고 절대 평온할 수 없는 것이었다. 이 시대는 구원의 계획안에서 공의와 자비의 역설이 얽힌 시대였다. 죄가 하나님의 공의를 침해했는데, 그 공의는 하나님이 형벌, 혹은 하나님께 드린 보속이 없이는 죄를 용서할 수 없게 만들었다. 하나님의 자비는 하나님의 공의가 요구한 바를 예수 그리스도의 성육신과 죽음을 통해서 제공하셨다. 이제 죄인들이 해야 할 일은 그리스도 안에 나타난 하나님의 자비를 받아들이며, 회개의 행위와 기도를 통해서 주님께서 하나님의 공의를 충족시키기 위해 바친 속죄에 참여하는 것이다. 교회의 참회 관습은 이러한 이해를 지지해 주었다. 이러한 구조 안에서는 누구든 자기가 충분한 행동을 했다고 느끼기는 어려웠다. 죄인은 하나님 앞에 서서 자신의 죄악됨을 의식하고 두려워 떨었다. 하나님은 자비가 풍성하셨지만, 또한 의로운 재판관이셨다. 누가 감히 하나님의 세밀한 조사를 견뎌 낼 수 있단 말인가? 심판의 두려움은 교회 내의 조각이나 스테인드글라스에 생생하게 묘사되어 있는데, 그러한 그림에서 사탄은 정죄받은 자를 입으로 물어 갈기갈기 찢거나 지옥의 불로 인도하는 반면, 그리스도는 엄하고 공정한 재판관으로서 그 과정을 지켜보고 계신다. 죄의식과 심판에 대한 두려움이 그 시대의 양심의 특징이었다. 이것은 새로 등장한 탁발 수도단의 설교에 의해 간접적으로 부추겨졌는데, 이 수도단은 평신도들에게 새로운 차원의 윤리적 행위를 요구하면서, 회개하여 기도와 선행으로 자신의 구원을 이루어 나갈 것을 권면했다. 평범한 사람들이 어떻게 시험을 통과해서 천국을 얻을 수 있을까?

마리아 신학의 발전은 그에 대한 하나의 답변을 제공해 주었다. 그 이전에는 마리아가 그리스도 강림의 시초에 구원 사역에 참여했다고 간주하였었다. 왜냐하면, 마리아의 거룩한 모성이 그녀를 성육신의 신비에 긴밀히 연결했기 때문이었다. 이제 그리스도께서 십자가에 달려 계신 동안 함께 겪은 고난을 통해서 마리아는 계속 구원의 사건에 참여했다는 사상이 발전되었다. 마리아의 슬픔을 숭배한 것은 그러한 사상을 분명히 해주었다.[7] 그리스도의 어머니였으며 또 그리스도와 함께 고난을 받았던 마리아는, 하늘나라에서 그리스도의 오른편에서 영광을 받으셨다. 안셀름이 깨달았던바, 이러한 마리아 숭배의 역사 속에는 의롭게 하시는 분의 어머니는 또한 의롭게 된 자들의 어머니라는 의미가 포함되어 있었다: "복된 확신이요 안전한 피난처이신 하나님의 성모는 우리의 어머니이시다. 우리의 유일한 희망의 근원이요 두려움의 대상인 그리스도의 어머니는 우리의 어머니이시다. 유일한 구주이시며 정죄하시는 분이신 그리스도의 어머니는 우리의 어머니이시다."[8] 법적인 유대와는 거리가 먼 그녀의 영적인 모성은 이제 은혜의 질서 안에 있는 진정한 관계로 간주하였다.

넓은 의미에서, 이것은 구원의 사역에서 마리아를 그리스도 가까이에 놓았다. 이제 그리스도는 첫 아담처럼 그의 하와를 가지게 되었으므로, 마리아는 한 여성(*adiutorium simile sibi*)으로보다는 교회를 나타내는 전형으로 간주하였다. 그리스도와 마리아 사이의 균형을 유지하려는 노력은 묵상의 개념으로 이어졌다. 이 개념은 베르나르가 사용한 수로(水路)라는 이미지에 뚜렷하게 포함되어 있다: 거룩한 은혜의 물의 근원은 영생의 샘이신 그리스도 안에 있다; 그 물은

---

7) 마리아의 슬픔 숭배는 점차 명백해졌으며, 그녀의 고난에 대한 새로운 시각적 묘사가 대두되었다: 피에타, 일곱 개의 칼에 찔린 가슴을 그린 형상, 갈보리에서 그녀가 눈물 흘리는 모습이나 졸도하는 모습을 묘사한 그림. 마리아는 과거의 전통에서는 볼 수 없었던 간절함을 가지고 죽은 그리스도를 애도했는데, 이처럼 과도한 형태의 애도는 *Beowulf*나 『니벨룽겐의 노래』(*Nibelungenlied*)에서 나타나는 것처럼, 죽은 자에 대한 게르만(German) 식의 애도 형식을 모방한 것 듯하다. 때때로, 그녀의 미칠 듯한 슬픔이 너무나 사실적으로 묘사되어서, 그녀의 종교적인 성품을 찾아볼 수 없다.

8) Anselm, "Prayer to St. Mary," 122. 하나님의 공의와 인간의 죄성과의 관계에 대한 그 시대의 이해를 최초로 체계화한 사람은 안셀름이다. 그는 *Cur Deus Homo*에서 그 관계를 설명했다.

수로인 마리아를 통해서 세상에 흘러 내려온다. 그리스도는 마리아를 통해서 세상에 오셨다; 거룩한 은혜는 마리아를 통해서 세상에 내려온다; 그리고 인간은 그와 같은 길을 통해서 하나님께로 되돌아가야 한다.[9] 그리스도께서 신자들과 하나님 사이에서 중재자 역할을 하시듯이, 마리아는 신자들과 그리스도 사이에서 중재자 역할을 한다는 일반적인 견해가 대두되었다.

더욱 구체적인 의미에서, 중재자로서의 마리아의 역할은 자비를 갈구하는 인간의 욕구에 초점을 두고 있었다. 자녀 중 하나도 잃는 것을 원치 않는 인간 어머니로부터 유추하여, 구원의 은혜의 중재자인 마리아는 언제나 죄인을 위한 자비의 편에 서는 자비의 어머니가 되었다. 그 주제에 관한 베르나르의 설교에는 이러한 발전의 역동성이 드러나 있다: 그것은 공포이다. 확실히 그는 "그리스도만이 우리의 은혜로운 구세주시요, 우리의 구원을 위해 충분한 분이시다"라고 설교했다.[10] 그리스도는 하나님과 인간 사이에 계신 강력한 중재자이시다. 그러나 우리는 또한 그분 안에서 두려움을 불러일으키는 신적인 위엄을 만난다. 그분은 지극히 자비하신 우리의 구세주이시지만, 동시에 심판자가 되시므로 우리는 그분을 두려워해야 한다. 그러나 마리아가 계시므로 연약한 인간은 두려워할 필요가 없다. 마리아 안에는 어려운 것이나, 두려움을 일으키는 것이나, 분노의 흔적이 전혀 없다. 그녀는 지극히 아름답고 매력적이며 부드러운 분이시다. 그녀는 모든 사람이 그녀의 충만함을 받도록 하기 위해 자비의 팔을 내미신다. 죄인은 성자도 존중하는 순결한 인성을 지니신 마리아에게로 피해야 한다. 성자는 성모의 말씀을 들으시고, 성부는 성자의 말씀을 들으

---

9) Bernard of Clairvaux, De aquaeductu, in Saint Bernard et Notre Dame (Desclée de Brouwer pour l'Abbaye de Sept-Fons, 1953) 208-13.

10) Bernard of Clairvaux, De duodecim praerogativis beatae Mariae virginis, in Saint Bernard et Notre Dame, 174-75.

시기 때문이다: 이렇게 연결되기 때문에 죄인에게는 희망이 있다. 인류에게 그러한 중재자를 주신 하나님께 감사를 드려야 할 것이다.

마리아를 자비의 성모로 이해하는 것은 하나님 앞에서 죄인이 갖는 애매한 위치에 대한 이해와 밀접하게 연관되었다. 모든 사람은 마리아와 그리스도의 관계를 통해서 주어진 마리아의 자녀였다. 자비와 인자함과 온유함이 넘치는 마리아는 모든 자녀에게 어머니로서 용서의 사랑을 아낌없이 베풀었고, 특별히 그들의 구원을 위해 중보의 기도를 드렸다. 최후의 심판을 묘사한 장면에서, 마리아는 그리스도 앞에 엎드려 죄인을 위해 탄원하는 존재로 묘사되기 시작했다. 안셀름의 기도는 이러한 축복을 다음과 같이 묘사한다:

> 성모여, 나는 이미 엄청난 죄의 무게에 짓눌리면서 준엄한 심판관의 전능하신 공의 앞에서, 참을 수 없을 정도로 큰 진노를 대면하고 있는 듯합니다. 지극히 관대한 성모여! 내가 공포로 떨며 두려움에 휩싸여 있을 때 당신 외에는 누구에게 중보를 구하오리까? 당신은 태 안에 세상의 화목을 품고 있습니다. …성모여! 모든 사람 하나하나를 공의로 벌하시거나 자비로 용서해 주시는 분에게 젖을 먹이신 당신의 중보를 통하지 않는다면 과연 누구에게서 저주받는 자들이 용서를 구할 수 있겠습니까?[11]

따라서, 마리아의 자비로운 중보기도에 대한 신뢰로 말미암아 마리아 숭배는 중세 시대 사람들의 구원 추구와 밀접하게 연결되었다. 사람들은 죄인의 피난처 마리아에게 기도했고, 시험을 받을 때, 특히 임종 시에는 마리아의 도움을 요청했다. 이것은 때로 난처한 문제를 야기하기도 했다. 왜냐하면, 그리스도보다 마리아의 자비를 더 우위에 두며, 심지어 그리스도를 자비가 전적으로

---

11) Anselm of Canterbury, "Prayer to St. Mary, when the mind is anxious with fear." in *Prayers and Meditations*, 110.

결여된 분으로 취급했기 때문이다. 13세기의 영향력 있는 설교를 쓴 익명의 저자가 말한 바와 같이, 하나님의 나라는 두 가지 영역, 공의와 자비로 나누어졌다. 복된 동정녀는 "좋은 편을 택했다. 왜냐하면, 그녀는 자비의 여왕이 된 반면, 그녀의 아들은 공의의 왕으로 남아 있었기 때문이다. 자비는 공의보다 위대하다."[12]

아마 마리아의 자비로운 중보기도에 대한 신뢰의 성장과 그에 따른 많은 기적 이야기를 위한 패러다임에 가장 큰 영향을 준 문학 작품은 테오필루스 전설이었을 것이다. 동방에서 기원했고, 8세기 말에 라틴어로 번역된 이 전설은 10세기에 시로 만들어졌고, 13세기까지는 드라마의 형태를 취하게 되었다. 그것을 낭송하거나 상연한 것은 마리아의 중보기도의 효력에 대한 신념을 확산시키는 데 도움이 되었다. 이 이야기에서, 세상에서 권세를 얻기를 갈망하던 테오필루스는 영혼을 마귀에게 팔았다. 그는 부와 성공을 얻었지만 크게 후회하게 되었다. 그는 회개하려고 했지만, 마귀는 영혼의 포기에 서명한 계약을 취소해 주려고 하지 않았다. 테오필루스는 복된 동정녀의 도움을 청하는 간절한 기도를 드렸다. 마리아는 마귀와 협상하여 그 계약을 취소시켰고, 그는 평화롭게 죽음을 맞이했다. 이 전설은 엄청난 영향을 끼쳐서, 시와 기적 모음집에, 스테인드글라스와 대성당 입구의 조각에(예를 들면 노트르담 사원), 심지어 가장 진지한 신학자들의 설교(예를 들면 토마스 아퀴나스)에 등장했다. 그것은 아무리 어려운 상황에서라도 마리아의 중보기도의 도움을 받으면 마귀를 정복하고 구원을 얻을 수 있다는 사상을 강화했다.

자비의 성모를 신뢰하는 신앙은, 그녀의 기적을 주제로 한 다른 전설이 대중

---

12) 이 설교는 오랫동안 보나벤투라의 것으로 간주하여 왔지만, 현재 그 설교는 그의 마리아론과 모순되는 것으로 여겨지고 있다; Hilda C. Graef, *Mary: A History of Doctrine and Devotion*, 1:281-90을 보라.

적으로 폭넓게 낭송되면서 더욱 확산되었다. 구전으로 전해지고 윤색된 이 이야기는 결국 기록된 형태로 수집되었고, 설교자들의 예화 소재나 권장할 만한 본보기로 사용되었다.[13] 이러한 대중적인 이야기에서 마리아는 왕, 주교, 위대한 기사를 도와주었으며, 심지어 단순한 일반인들—예술가, 비천한 남녀 수도사, 여행자, 망나니 아들을 둔 어머니, 점원, 곡예사들도 도와주었다. 마리아는 여러 분야에서 도움을 주었다. 그녀는 폭풍을 잠재우고, 물에 빠진 사람을 구했으며, 해산하는 여인을 도왔고, 납치당한 어린아이들을 보호해주었고, 불구자와 박해받은 자를 변호했고, 단순한 민중으로부터 선물을 받고서 축복으로 보상했다. 가장 중요한 것은, 그녀가 그리스도와 함께 죄인들을 위해서 중보기도를 드린 것이다. 마리아는 임종하는 사람을 다시 살려 죄를 고백한 후에 은혜 안에서 죽도록 배려해 주고, 다른 사람의 영혼을 위해서 마귀와 논쟁하며, 어떤 사람의 공로와 죄의 무게를 달고 있는 저울을 기울였다. 중세 시대 사람들은 마리아와 함께 있으면 행운이 뒤따른다고 믿었다. 왜냐하면, 그녀는 언제나 그들 편에 서서 자비를 행사했기 때문이었다. 그로 인한 결과는 그녀에 대한 강렬한 애정과 그녀의 도우심에 대한 무한한 신뢰였다.

   교회의 공적 전례 생활에서는 이미 찬송과 기도, 연극, 행진 등으로 구성된 마리아 기념 축일을 해서 마리아를 존숭했는데, 여기에는 면죄부가 첨가되었고, 세속 당국자들은 이것을 안정화하는 데 협조했다. 마리아의 모성적 자비에 대한 의존이 강렬해지면서, 개인적인 숭배의 표현이 급증했다. 토요일 금식과 마리아를 기념하는 미사를 드렸고, 평신도에게는 「복된 동정녀 마리아의 소기도문」(Little Office of the Blessed Virgin Mary)을 암송할 것을 권장했다. 무릎을 꿇거

---

13) E.g., Johannes Herolt, called Discipulus, *Miracles of the Blessed Virgin Mary*, trans. C. Bland, with an introduction by Eileen Power (London: G. Routledge & Sons, 1928).

나 부복하고서 성모송을 여러 번 되풀이해서 낭송했는데, 이것을 체계화한 것이 로사리오 기도이다. 또 저녁 종을 울릴 때 성모송을 세 번 암송했는데, 이 관습이 발전하여 삼종기도(Angelus prayer: 예수의 수태를 기념하는 기도)가 되었다. 찬양과 탄원의 연도(litany)는 기존의 기도로부터 배제되어, 더욱 길어지고 영창되었다. 성모의 기쁨과 슬픔에 대한 묵상이 널리 퍼졌고, 도시에는 그녀를 기리기 위한 형제회 모임이 결성되었다. 수도원과 대성당 안에서 행진하면서 엄숙하게 마리아를 기리는 성모 찬가(Salve Regina)를 불렀다. 이 기도는 마리아에 대한 중세인의 신뢰감을 완벽하게 표현한다:

> 거룩한 여왕, 자비의 성모, 우리의 생명이요 기쁨이요 희망이신 분을 찬양하라. 추방당한 하와의 자손인 우리는 당신에게 부르짖습니다. 이 눈물의 골짜기에서 슬퍼하고 눈물 흘리면서 당신에게 우리의 한숨을 올려보냅니다. 지극히 자비로운 중보자시여, 당신의 자비로운 눈길을 우리에게 돌리시며, 추방당한 우리에게 당신의 태의 복된 열매인 예수님을 보여 주소서.

기도를 비롯한 갖가지 관습이 과다하게 발전되었을 그뿐만 아니라, 어떤 마리아 성당은 특별한 숭배의 자리로서 민중의 관심을 끌었다. 귀중한 성모 마리아상, 혹은 그녀의 옷이나 머리털과 같은 유물을 보관한 성당도 있었다. 또는 마리아가 출현한 장소이거나 그녀가 행한 치유의 장소도 있었다. 자비로운 마리아를 가까이에서 경험할 수 있는 장소로서, 영국의 월싱헴(Walsingam) 대성당, 프랑스의 샤르트르 대성당, 스페인의 기둥 위의 성모 대성당 등이 순례의 목적지가 되었다. 그러한 여행은 순례자들에게 육체적, 정신적으로 위험 부담을 안겨 주었다. 이상적으로, 순례 여행은 성지에서 절정을 이루게 되었는데, 그곳에서 믿음이 강화되고, 죄 용서를 발견하며, 은총을 얻고, 희망과 두려움을 품은 다른 순례자들과 연대감을 느끼게 되었다. 이 모든 것은 하나님의 어머니요, 순례자들의 자비로운 어머니이신 마리아의 보호 아래 가능했다(이러한 여행에서는 매춘, 절도, 그 밖에 여러 가지 악습을 경험할 수도 있었다).

마리아 숭배의 현상을 일일이 열거할 수 없을 것이다. 사람들은 기도와 실천으로 마리아에 대한 신뢰가 그릇된 것이 아니라는 신념을 표현하고 강화했다. 강한 신뢰 속에서, 그들은 죄인들의 중보자이신 자비의 성모에게 탄원했다. 왜냐하면, 마리아는 그녀를 사랑하는 사람을 위해 하나님의 자비로운 구원의 은혜를 획득해 주시는 분으로 절대 신뢰할 수 있는 대상이기 때문이었다. 삶의 모든 영역에서, 마리아는 사람들의 어머니로서 영원한 축복과 세상의 축복을 중재하시는 분으로 신뢰되었다.

하늘과 땅의 여왕

세월이 흐르면서, 동정녀의 아름다움을 찬양하는 신앙은 성모의 자비를 신뢰하는 신앙과 교차되게 되었는데, 이것은 양자를 심화시켜 준 신령한 운동 안에서 이루어졌다. 그 두 가지 신앙 형태가 합병되어 중세기 마리아 숭배의 세 번째 양상이 출현하게 되었는데, 이것은 마침내 지배적인 양상이 되었다. 그 신앙은 동정 성모를 하늘과 땅의 여왕으로 찬양하고, 사방에서 사람들을 위협하는 위험—세상에서 당하는 개인적 재앙과 공적인 재앙, 지옥의 영원한 형벌—으로부터 지켜줄 것을 여왕에게 호소했다. 이러한 신앙의 완전히 빌달된 형태에서 중요한 요소는 보호와 도움의 필요성을 느끼는 것인데 이것은 고달프게 살아가는 사람들이 거의 절대적으로 느끼는 욕구였다.

마리아의 보호하는 힘에 관심을 집중하게 된 맥락은 세상은 죄와 은혜라는 익명의 세력의 활동의 장이 아니라, 보이지 않는 선과 악한 인격체의 활동의 장이라는 인식이었다. 한 분 하나님 밑에 있으며 그분의 전능하신 힘에 예속된 많은 마귀와 천사들은 상대방의 의지를 반대하여 끝없는 전쟁을 벌이며, 전쟁이나 폭풍, 전염병을 초래하기도 했지만, 궁극적으로는 각 영혼의 영원한 구원을 가져왔다. 일종의 악한 열기에 사로잡힌 시대였던 후기 중세 시대 사람들의 의식 안에서는 특히 마귀의 존재가 실재했다. 영혼을 유혹하는 이 악한 영들은 사람이 어떤 사람에게로 들어가서 그 사람을 지옥으로 끌어가기 위해서 그 사람이 악한 행동을 하는지 지켜보며 기다린다. 특히 사람이 임종할 때 마귀의 유혹이 강력했는데, 이는 그때가 그들이 승리할 수 있는 마지막 기회이기 때문이었다. 그 당시, 사람들은 사탄의 군대와 전능하신 하나님, 곧 공의롭고 자비로우시며, 인간이 구원의 소망을 둘 수 있는 유일한 근원이신 하나님의 군대 사이의 전쟁에 자신이 갇혀 있다고 상상했다. 가장 효과적인 도움이나 구조를 보장하는 수단에 의지하려는 욕구가 매우 강했다. 이러한 욕구에 토대를 두고 여러 가지 신앙 형태가 형성되었다: 성인에게 드리는 기도, 성례전 참여, 자선 행위, 공적인 속죄의 고행 등. 이러한 틀 안에서 영광스러운 하늘과 당의 여왕 마리아의 보호는 가장 중요한 위치를 차지하게 되었다.

 마리아의 자비로운 중보의 경우와 마찬가지로, 그녀를 여왕으로 보는 사상은 공식적인 신학 저서들보다는 경건 서적이나 설교집에서 더 발전되었다. 그러한 사상이 비약하게 된 근거는 마리아가 지상 생활을 마친 후에 승천했다는 믿음이었다. 그리스도께서 마리아의 존재를 통해서 세상에 오셨을 때 마리아가 그분을 따뜻하게 환영했듯이, 마리아는 그와 같이 그리스도로부터 따뜻한 환영을 받으면서 하늘로 영접을 받으셨고, 하늘과 땅의 여왕이 되셔서, 그 두 영역에서 그리스도와 함께 다스리기 시작하셨다. 이 영광스러운 여왕은 또한 백성의 자비로운 어머니이시기 때문에, 그녀를 존중하며 또한 투쟁 속에서 그녀에게 도움을 청하는 세상의 약한 사람을 보호하기 위해서 그 힘을 사용할 수 있다. 봉건 시대의 궁전과 흡사한 천국은 왕뿐만 아니라 그 왕의 어머니이신 여왕을 모시고 있었는데, 그녀는 왕과 긴밀한 관계를 맺으면서, 자기의 도움을 요청하는 사람들을 위하여 영향력을 행사할 수 있었다. 베르나르는 마리아를 숭배하는 사람들을 *servuli*라고 지칭함으로써 마리아의 도움을 입은 사람들이 느끼는 감정을 선명하게 표현했다. "종"이라는 단어는 주인에게 얽매인 종의 신분을 나타내는 것이 아니라 헌신과 겸손, 그리고 소속감을 나타내는 것이었다: 마리아를 숭배하는 사람들은 그녀의 시종으로서, 사랑하는 자신의 여왕이신 성모를 따르고 직접 섬기는 사람들이다.[14]

천국의 여왕의 강력한 보호에 대한 신앙이 성경과 전례, 그리고 공식적인 신학적 가르침과 연결되었을 때, 마리아는 자신의 권리로서가 아니라 그리스도와 함께 발휘하는 영향력을 통해서 통치하는 것으로 여겨졌다. 마리아는 지속적인 중보기도를 통해서 그리스도의 흘러넘치는 은혜를 얻었다. 더욱이, 마리아는 영원히 의지할 수 있는 중보자였다. 왜냐하면, 그리스도께서 어머니의 요청을 거절할 것이라고는 생각할 수 없기 때문이었다. 그런데도 세월이 흐르면서, 특히 14세기 이후에, 개인적인 마리아 숭배는 공식적인 가르침으로부터 크게 이탈해 갔다. 점차, 최소한 암시적으로, 마리아는 독자적으로 활동하는 것으로 간주하였다. 즉, 그녀는 악마의 악한 계략을 대적하며, 심지어 하나님의 의로운 심판마저도 역전시키는 것으로 간주하였다. 마리아는 당연하게 가공할 만한 권세를 소유한 자리에 오른 것이다.

천국 권세를 가진 여왕이라는 인식의 성장은, 신적인 모성에 근거하여 마리아를 덕성과 특권에 있어서 성자의 지위에까지 접근시키기려 한 광범한 운동의 한 가지 요소였다. 베르나르는 12개의 별에 대한 설교에서 이미 계시록에

---

14) Bernard of Clairvaux, *In Assumptione. Sermo 4, Praeconium virginis*, in *Saint Bernard et Notre Dame*, 376-77.

나오는 여인, 곧 태양으로 옷을 입고 달(교회)을 발아래 둔 여인의 이미지를 마리아에게 적용함으로써, 마리아를 그녀 자신이 모형이 된 교회 위에 있는 존재로 묘사했다.[15] 곧 성경이 그리스도에 대하여 말한 거의 모든 것은 그분의 어머니에게도 적용된다는 원리가 명시적으로 언명되었고, 또 열매를 맺기 시작했다. 십자가 밑에서 마리아가 고난을 겪은 것은 그녀가 구속의 행위에 참여하는 수단이 되었으며, 그리하여 *salvatrix* and *redemptrix*라는 칭호가 그녀에게 주어졌다. 마리아는 그리스도와 함께 영광의 보좌에 앉아서 적극적으로 세상을 다스리고, 또 그녀에게 호소하는 사람들의 구원을 효과적으로 이룬다: 그러므로, 마리아를 통하지 않고서는 아무도 하늘나라에 들어갈 수 없다고 할 수 있었다. 왜냐하면, 마리아가 자신을 낮췄기 때문에 하나님께서는 그녀를 높이시고 그리스도 다음으로 존귀한 이름을 주셨기 때문이다. 마리아는 하나님께서 자신을 위해서 할 수 있는 것보다 더 많은 일을 하나님을 위해서 행했고, 최소한 하나님께서 온 인류를 위해서 행하신 것만큼은 하나님을 위해서 행했다(시에나의 베르나딘). 은혜가 충만하며, 천사들도 포함해서 모든 피조물 위에 뛰어난 마리아와 그녀의 뜻은 하늘과 땅을 통틀어 지배하고 있다. 모든 것은 그녀의 아들을 통해서 그녀에게 복종한다. 하나님 자신도 아들로서 어머니인 마리아에게 복종했으며, 마리아의 요청을 거부할 수 없었다. 복된 동정녀는 하나님의 공의와 그녀 자신의 자비의 균형을 이루었고, 인류를 겨냥한 하나님의 날카로운 칼을 칼집에 넣었다. 마리아는 죽을 인생에 생명을 주었고, 세상을 정화했으며, 천국과 지옥의 문을 여셨다. 어떤 부분에서, 마리아는 사실상 성부의 기능(그녀는 세상을 사랑하여 외아들을 주었다), 성자의 기능(하늘과 땅의

---

15) Bernard of Clairvaux, *De duodecim praerogativis, in Saint Bernard et Notre Dame*, 178-81.

쟝 밀하리에, 자비의 성모, Chapelle de la Misericorde, Nice

모든 권세가 그녀에게 주어졌다), 그리고 성령의 기능(그녀는 교회의 중보자요 조명자였다)을 맡았다. 이 일이 일어나지 않는 곳에서조차, 마리아의 권세는 엄청난 것으로 이해되었고, 그녀의 도움을 요청하는 기도는 일상적이고 광범위한 기독교적 삶의 일부가 되었다. 단테는 『신곡』(*Divine Comedy*)에서, 마리아를 순례자를 하나님에게로 인도하는 빛으로 묘사함으로써 마리아 숭배 신앙의 확산을 증명했다. 아름답고 빛나는 여왕으로서 영광 속에 보좌에 앉아 계신 마리아는 그를 위해서 복된 환상 중재해 주었다; 순례자의 여행은 그녀의 영향력이 온 우주—땅, 지옥, 연옥, 천국—에 스며 있다는 사실을 보여 주었다. 이 시기에 하나님을 찬양하는 전례적 찬송인 테 데움(*Te Deum*)이 마리아를 찬양하는 노래로 개작되었을 것이다:

> 오 하나님의 어머니여, 당신을 찬양합니다,
> > 영원한 동정녀 마리아여, 당신에게 고백합니다.
> 당신은 영원한 성부의 반려자이십니다:
> > 온 땅이 당신을 경배합니다.
> 모든 천사들과 천사장들, 보좌와 권세가
> > 당신을 섬깁니다.
> 모든 권세와 천국의 모든 덕과 모든 천사가
> > 당신에게 복종합니다.
> 천사들의 찬양대와 그룹과 스랍들이
> > 당신 앞에서 경배의 찬양을 드립니다.
> 모든 천사들이 쉬지 않고
> > 당신을 선포합니다
> 거룩, 거룩, 거룩, 하나님의 성모 동정녀 마리아여.[16]

중세 말기에 마리아 존숭이 크게 유행한 것은 천국의 여왕이요 세상의 여왕이요 교회의 여왕이며 여주인으로서 마리아가 지닌 권세와 일치했다. 도처에서 마리아의 성유물과 성상을 숭배했다. 사람들은 마리아를 기리는 성당으로 순례를 했고, 마리아에게 기도를 드렸고, 마리아를 주인공으로 하는 신비극이 공연되었고, 마리아의 강력한 보호를 기원하는 기도를 드렸다. 대중적인 기적

---

16) In *The Mirror of the Blessed Virgin Mary*, 294-95.

이야기들은 그녀가 능력을 발휘하는 방법을 어렴풋이 볼 수 있게 해준다; 마리아의 능력은 법의 제한을 받지 않고 여인의 사랑으로 자유롭게 움직였다. 이것은 마리아가 평판이 나쁜 명백한 죄인들을 도와주며, 그들이 어떤 방식으로든 그녀에게 헌신하기만 하면 구원의 기회를 준다는 이야기에서 분명히 나타난다. 편집자가 지적했듯이, 한 사람이 죄인일 수 있는데 "마리아의 죄인"이었다. 임종 장면이나 하나님의 심판대 앞에서, 마리아는 자기의 사람들을 위해 싸웠는데 절대 패배하지 않았다. 기적 이야기에서, 악한 자들은 임종하는 사람이 하나님께 하는 호소는 마음에 두지 않았지만, 그들이 "그 여인"이라고 부르는 마리아에게 하는 호소는 견딜 수 없었다. 왜냐하면, 그 경우 그들은 당연히 자기들의 것인 영혼을 빼앗기기 때문이었다. 어느 논란이 많은 소송에서 마귀들은 이렇게 말한다:

> 그것은 악의 선택이기 때문에, 이 소송에서는 거짓말을 하지 않는 최고 심판자의 판단에 호소하는 것이 최상의 일일 것이다. 그의 어머니는 어떤 소송도 바르게 심판하지 않을 것이다. 그러나 하나님은 공정하게 심판하기 때문에, 우리의 정당한 몫을 돌려주실 것이다. 그의 어머니의 심판 방식은 다르므로, 우리는 자신이 올라간다고 생각할 때 내려가는 것을 발견한다. 그녀는 어떤 식으로든 우리에게 해를 끼친다. …하늘과 땅에서 그녀는 하나님보다 더 강력한 통치자이다. 하나님은 그녀를 사랑하고 믿기 때문에, 그녀와 반대되는 결정을 하지 않으며 그녀의 말이나 행동을 거부하지 않는다. 그녀는 자신이 좋아하는 모든 것을 그가 믿게 만든다. 그녀가 검은 것을 희다고 말하거나 진흙탕의 물을 맑다고 해도, 그는 "그것은 사실입니다. 나의 어머니께서 그렇게 말씀하시니까"라고 말할 것이다.[17]

---

17) Herolt, *Miracles*, xxxi에서 인용함.

심판자의 어머니이신 여왕은 마귀들을 미치게 만든다. 그녀의 힘은 사랑의 힘이다. 비록 항상 그 힘을 신중하게 발휘한 것은 아니었지만, 그녀의 보호 본능은 분명히 신뢰할 만했다. 그녀의 도움을 간절히 구하는 것은 분명히 이러한 확신의 표현이었다.

이처럼 마리아의 보호하는 힘을 의지하는 태도 때문에 새로운 성상이 등장했다. 즉 보호 망토를 입은 마리아의 성상이 등장했는데, 이것은 여러 가지 이야기와 기도에 표현된 그녀의 보호를 강력하게 의지하는 것과 그것을 간구하는 것이 혼합된 현상에 부응한다. 마리아의 조각이나 그림은 '그리스도와 함께'가 아니라 홀로 생각하는 모습으로 표현되었다. 마리아의 길게 늘어뜨린 팔 아래 보호를 받으려고, 가족이나 수도회, 평신도 단체, 왕, 혹은 도시의 모든 사람이 모여들었다. 근심에 차 있는 것처럼 보이기도 하고, 공포에 사로잡혀 있는 이 중세 시대의 인물은 전염병이나 전쟁이나 유혹이나 심판 등 저 너머에서 기다리고 있는 두려운 일을 피하고자 모든 것을 포용하는 마리아의 능력의 그늘 아래 숨었다. 그리스도께서 말씀하신 성경적 이미지, 곧 자기 날개 아래 새끼를 모으는 어미 닭의 이미지를 본뜬 성모의 보호 망토는 산 자와 죽은 자들에게 은혜를 베풀며 권세를 행사하는 마리아의 자율적인 주권을 나타낸다.

중세 시대 마리아 숭배는 동정녀의 아름다움을 기리는 서정적인 찬양과 성모의 자비에 대한 단순한 신뢰를 넘어서서, 여왕의 보호를 요청하는 문제에 이르게 되면서 한층 더 강력해졌다. 마리아가 모든 악을 대적하는 확실한 보장, 심지어 죄의 합법적인 결과까지도 대적하는 보장으로서 간주하는 경향이 일반 대중 사이에서 점점 강해졌다. 마리아에게 사실상 거의 절대적인 효험을 부여했고, 그녀의 초자연적인 능력을 요청하는 것이 윤리적 삶이나 성례전의 사용과 같은 기존의 구원 수단보다 우위를 차지했다. 엄격한 교리에 따르면 하늘과 땅의 여왕은 그리스도와의 관계에서 존재하며, 그들을 돕는 것도(필요할 경우) 세상을 구원하고자 하는 그리스도의 의지의 범위 안에서만 가능하다는 것을 망각하는 경향이 있었다. 중세 후기 마리아 숭배의 여러 가지 형태와 관습은 주로 모든 존재 중에서 가장 독특한 그녀의 영광스러운 자아에 초점을 두었으며, 겸손하게 간절히 호소하면 마리아의 강력한 은총을 얻을 수 있었다.

종교개혁자들의 견해

이 시기가 끝나기 전에도, 마리아 숭배에 대한 비판적 평가가 제기되었다. 위대한 인문주의사인 로테르담의 에라스무스(Erasmus of Rotterdam, d. 1536)는 그 시대의 신앙을 공유했고, 심지어 월싱헴으로 순례를 가기도 했다. 그러나 그는 자신의 관찰, 그리고 성경과 교부를 연구하면서, 그 자신이 '대중적 악습'이라고 생각하는 것을 강력하게 비판했다. 그는 하나님을 무시하고 지속해서 마리아에게 간구하는 것을 비판했다. 그는 천국에서 다스리시는 그리스도가 그의 어머니에게 복종한다는 관념에 반대했다. 그는 윤리적 생활을 대신한 양초, 성상, 동정녀에 대한 영창 등을 비난했다. 그는 방탕하게 생활하여 동정녀 마리아의 마음을 상하게 했어도, 이해하지도 못하는 성모 찬가(Salve Regina)를 부르기만 하면 동정녀께서 자비를 베풀 것으로 생각하는 사람들을 비난했다. 그는 진정한 종교적, 도덕적 내용이 결여된 외적 관행을 격렬하게 비판했지만, 그 자신은 마리아 숭배를 떠나지 않았다. 에라스무스는 왜곡된 신앙을 교정할 것을 요구하면서도 '복된 동정녀'를 예배하는 복합적 태도를 대표하는데, 이러한 태도는 후대에도 되풀이해서 출현하곤 했다.

원래는 가톨릭 신자였으며 마리아 숭배를 강조하는 영적 환경에서 성장한 개신교의 제1세대 종교개혁자들은 마리아 숭배를 완전히 포기하지는 않았다. 그들은 마리아 숭배의 남용은 복음의 중심 메시지, 즉 인간은 예수 그리스도에 의해서 믿음을 통해서만 구원받는다는 진리로부터의 이탈이라고 해석했다. 후일 마틴 루터는 자신이 과거에 받은 가르침을 술회하면서, 그리스도는 분노한 심판자인 반면, 마리아는 은혜의 보좌에 앉아서 구속을 중개해주는 분이라고 배웠다고 말했다.[18] 루터는 자신의 구원 문제로 근심에 빠졌을 때, 자비하시며 구원의 유일한 매개자이신 그리스도를 재발견했다. 마리아 숭배를 지속적으로 비판하는 도구로서, 그는 성경에 나오는 마리아의 노래(Magnificat)에 관한 주석을 썼는데, 이 주석에서 그는 마리아를 겸손한 신앙의 모델로 삼았다. 겸손한 여종 마리아는 자신이 아무것도 아니라는 사실을 인정하고 하나님을 전심으로 신뢰했고, 그 결과로 하나님의 선하심을 통해서 자비로이 값없이 주어진 은사를 충만히 받았다. 따라서 "마리아는 하나님의 은혜를 보여주는 최고의 모범이어야 하며, 또 그럴 것이다."[19] 루터, 칼빈, 그 밖의 다른 개혁자들은, 예수 그리스도의 어머니로서의 마리아의 역할을 계속 존중했지만, 그녀를 의지하고 그녀에게 도움을 요청하는 것은 유일한 구원의 매개자인 그리스도의 자리를 빼앗는 것으로 간주하여 금지했다. 그 후 개신교에서는 마리아 숭배는 거의 사라졌다. 이로써 개혁자들에 의해 도입된 새로운 형태의 복음적 영성, 그리고 점점 더 강력하게 마리아를 숭배하는 로마 가톨릭교회와 지속적인 논쟁이 벌어지는 불행한 사태가 일어나게 되었다.

최근의 보다 에큐메니컬적인 정신 속에서, 중세의 마리아 숭배를 연구한 개신교 학자들은 부정적으로 평가해왔는데, 그 근거는 그 신앙의 남용뿐만 아니

---

18) Martin Luther, "Exhortation to All Clergy Assembled at Augsburg, 1530," *Luther's Works* (American edition; Philadelphia: Fortress, 1955-) 34:27.

19) Martin Luther, *Commentary on the Magnificat*, in *Luther's Works*, 21:323.

라 그들이 판단할 때 그리스도의 중심성을 무시하는 기본 구조 때문이었다.[20] 특히 마리아의 중보 개념에 대해서 비판을 제기했는데, 그 이유는 신자들과 그리스도와의 관계의 직접성을 감소시키고, 구속의 성취에 있어서 제2의 대리인으로 그녀를 소개하기 때문이었다. 중보자로서의 마리아의 역할은 그녀를 그리스도 아래의 위치에서 그리스도와 유사한 위치로, 그와 동등한 위치로, 마침내 그녀가 인간의 연약함을 자비로 이해한다는 점에서 그리스도와 대립된 위치로 상승시키는 현상을 일으켰다. 그 결과, 마리아는 그리스도보다 우월한 위치를 차지하여, 사실상 구주의 기능을 차지했으며, 또 경모를 받을 정도로 영광스러운 존재가 되었다. 싱경의 마리아와 중세 시대의 마리아 사이에 연결점은 지극히 미미한 것에 지나지 않았다.

로마 가톨릭 진영의 학자들은 개신교 학자들만큼 마리아 숭배 전체의 구조에 대해 부정적이지는 않았지만, 중세 후기에 성행했던 갖가지 남용 행위에 대해서는 비판했다. 특별히 그들은 성육신의 신비에 초점을 두지 않는 것, 그리고 마리아를 모든 것을 마련해 주는 "어머니"로 보는 마술적 개념에 대해 개탄했다. 마리아 숭배에서는 찬양 대신에 요구, 냉정함 대신에 지나친 공상, 신앙 대신 미신이 자리를 차지했다. 저명한 미리아 희자인 르네 로렌틴(René Laurentin)은 14세기에 대해 다음과 같이 관찰했다. "메마른 지성주의에 환멸을 느낀 사람들은 상상적이고 감성적인 삶을 추구했다. 이러한 퇴폐한 시기에, 복된 동정녀를 향한 대중의 열정은 흔들리지 않았다. 그러나 그러한 열정을 성장하게 만든 잡동사니 사료들은 겉만 번드레한 기적, 애매한 구호, 일관성없는

---

[20] Jaroslav Pelikan, *The Growth of Medieval Theology* (Chicago: University of Chicago Press, 1978); Heiko Oberman, *The Harvest of Medieval Theology* (Cambridge, MA: Harvard University Prass, 1963).

이야기 등으로 이루어져 있었다."[21] 종교개혁 시대에는 연옥에서의 정화(淨化) 이론이 이미 오래전부터 무르익어 있었다.

 비록 신학자들은 마리아가 그리스도의 역할을 탈취하고, 악화와 타락의 결과로서 신앙을 왜곡시켰다고 판단하지만, 다른 각도의 해석도 가능하다. 종교사가들은 천국 여왕의 우위를 억제되었던 선사시대에 유럽 종족들이 섬기던 모신(mother-goddess)이 재등장한 것으로 평가했다.[22] 인류학자들은 그것을 세계 속에서의 여성적 요소의 민중적 해석이라고 분석했는데, 거기에는 긍휼, 부드러움, 약간의 변덕스러움, 쉽게 고난을 받음, 그리고 죄를 처벌하기보다는 슬퍼하는 경향 등이 포함된다. 이렇게 특성을 묘사하는 것은 부계제도와 연관성이 있는데, 이 제도에서 부계는 법적 권위와 재산의 전수 등을 포함하는 강경한 인물이지만 모계는 애정이 있고, 부드러우며, 피난처를 제공한다.[23] 여권신장론을 주장하는 작가들은 그 모든 현상은 가부장적 가정구조를 하늘나라에 반영했기 때문에 가능했다고 주장하는데, 이러한 가정구조에서 엄한 가장의 권위는 제멋대로 행동하는 자녀에게 사랑으로 가득한 자비를 느끼는 어머니의 중재에 의해 완화된다. 학자들은 다음과 같은 이유로 중세의 마리아 숭배를 비난한다: 마리아 숭배는 남성 지배적인 관념과 필요에 따라서 여성의 이미지를 형성했기 때문에, 한 여인 마리아를 영화시킨 것은 여성들이 처한 진정한 상황을 변화시키는 데 아무런 영향을 끼치지 못했다.[24] 이처럼 중세 시대 마리아 숭

---

21) René Laurentin, *Queen of Heaven*, 60; see also Jean Leclercq, "Grandeur et misère de la dévotion mariale au moyen âge." in *La liturgie et les paradoxes chrétiens* (Paris: Cerf, 1963) 170-204.

22) H. P Ahsmann, *Le culte de la sainte Vièrge et la littérature française profane du moyen âge*; Eileen Power, "Introduction." in Herolt, *Miracles*, xi-xii.

23) Victor Turner and Edith Turner, *Image and Pilgrimage in Christian Cullure*.

24) Eleanor Commo McLaughlin, "Equality of Souls, Inequality of Sexes: Woman in

배에 대한 해석은 그 현상 그 자체만큼이나 다양하고 복합적이다. 중세인들에게 있어, 동정녀에 대한 신앙은, 죄를 없애는 사랑의 능력과 심판에 직면한 자들에게 긍휼을 베풀 수 있는 자비의 능력을 경험할 수 있게 해주며 아울러, 본질적으로 하나님과 관련된 한 여성을 경험할 수 있게 해 주었는데, 이것들은 당시의 시대적 상황에서 다른 방법으로는 경험할 수 없는 것이었다.

Medieval Theology." in *Religion and Sexism*, ed. Rosemary Radford Ruether (New York: Simon & Schuster, 1974) 213-66; Marina Warner, *Alone of All Her Sex: The Myth and the Cult of the Virgin Mary* (New York: Knopf, 1976).

제18장

전례와 성찬

1. 동방 교회

로버트 테프트(Robert Taft)

배경

　전례와 경건한 행위는 더욱 큰 범주의 역사-문화적 환경의 일부이다. 중세 시대 동방에서는 이러한 환경은 그리스도적 삶에 호의적이지 않았다. 5-6세기의 기독론 논쟁으로 말미암아 초래된 교회의 분열은 이미 완전히 굳어졌고, 모슬렘의 정복은 이 분열된 공동체들을 거대한 이슬람 세계에서 소수파의 지위로 축소해 버렸다. 고대 말기에 동방의 도시에서 거행되던바, 그리스도께서 십자가를 지고 가시면서 지나가신 곳을 재현하는 행렬이나 장엄한 의식은 사라졌다. 전례 생활은 가정, 수도원, 교회 등의 내부의 것으로 제한되었고, 더욱 개인적인 것이 되었다. 비잔틴 제국의 잔존자는 유비적인 변화를 보았다. 교회에서는 유스티아누스 황제 시대의 기념비적인 건축을 상대적으로 축소하여 계승했다. 성상파괴주의(726-843)에 대한 수도원의 승리로 말미암아 세속 성직자들의 사기는 저하되었다. 수도원은 더욱 부유해지고 자율권을 누리게 되었으며, 특히 도시에서 그 수가 증가했다. 그 후 비잔티움에서는 세속적인 교회보다는 수도원적인 교회가 건축되었다.[1] 제4차 십자군 원정 이후 콘스탄티노플이 라틴 제국의 통치를 받게 되면서, 세속의 성직자들은 그 위대한 교회의 복합적인 의식을 유지할 수 없었고, 성직의 수도원화에 순응했다. '팔레올로간 회복기'(Paleologan restoration, 1259-1453)에도 교회와 수도원은 민중의 삶 속에서 강력한 힘을 발휘하고 있었고,[2] 이 시기에 아토스에서 시작된 헤시카스트(hesychast) 영적 부흥운동은 동방정교회 세계 전역에 퍼졌다.[3] 이 부흥 운동의 중심인물은 니콜라스 카바실라스(Nicholas Cabasilas)이다. 그는 1350년경에 집필활동을 한 평신도 인문주의자로서, 최고 수준의 인문주의와 헤시카스트 영성을 결합하여 뛰어난 글을 씀으로써, 헤시카스트 부흥기 동안에 비잔틴 전례 신학의 고전적 주창자로서 알려졌다.

전례의 형성

중세 말기에, 동방 교회의 성찬식은 세 가지 "온화한 행동" 요점에 초기 성찬의 공통적이고 기본적인 틀을 추가함으로써 다소 뚜렷한 형태를 획득했다: (1) 교회 안으로 들어감, (2) 평화의 입맞춤과 봉헌, (3) 성찬 예식과 폐회.[4] 중세 시대의 전례에서 몸짓 자체로 의미를 전달하는 것을 거부하게 되면서, 이러

---

1) Cyril Mango, *Byzantine Architecture* (New York: Abrams, 1976) 197-98 and chaps. 7-8 *passim*.

2) Donald M. Nicol, *Church and Society in the Last Centuries of Byzantium* (Cambridge: University Press, 1979) esp. chap. 2.

3) John Meyendorff, *St. Gregory Palamas and Orthodox Spirituality*, 56-170 *passim*; idem, *A Study of Gregory Palamas* (London: Faith Press, 1974) esp. part 1.

4) Robert Taft, "How Liturgies Grow: the Evolution of the Byzantine Divine Liturgy," *Orientalia Christiana Periodica* 43(1977) 357A.

한 행동들은 예식, 영창, 기도 등을 요구하게 되었다.

그 시기의 사회-정치적, 그리고 경제적 상황도 표준의 변화를 해야 했다. 교회 생활이 소규모화된 교회의 테두리 안으로 압축되면서 상징화 현상이 더욱 뚜렷이 나타났다. 의식들은 원래의 실질적 목적을 상실하고, 상징적인 것이 되었다.[5] 이로 인해서 최종적으로 덜 제국적이고 더욱 친밀한 전례가 형성되었다. 그리스도의 고난과 죽음을 기념하는 행진이 전 도시를 에워싸는 일이 없게 되었다.[6] 여전히 강요되기는 했지만, 그 의식은 교회 건물 안으로 제한되었고, 행진은 성직자들이 제단의 경계선 뒤로부터 열을 지어 등장하는 것으로 축소되었다.[7]

이와 같은 소규모로의 변화는 전례의 사유화를 초래했다.[8] 과거에 대규모로 이루어졌던 공적인 행진은 조그만 예배당 안에서의 의식으로 축소되었고, 교회 안에서조차도 예전적 행동은 완전히 폐쇄된 제단에서만 행해졌다. 교회당 동편에 높이 들린 주교좌는 사라졌고(미사 집전자는 사람들에게 모습을 보여서는 안 되었다), 설교와 말씀의 선포가 공식화된 예식이 되어 주로 설교집에서 인용한 본문을 낭독하는 것으로 바뀌면서 본당 회중석 중앙에 놓여 있던 큰

---

5) Ibid., 359-60.

6) 10세기에 콘스탄티노플에서는 그리스도의 수난과 죽음을 기념하는 행진이 활기차게 행해지고 있었다; John Baldovin, "La liturgie stationnale à Constantinople," *La Maison-Dieu* 147(1981) 85-94를 보라.

7) See Thomas F. Mathews, *The Early Churches of Constantinople: Architecture and Liturgy* (University Park, PA and London: Pennsylvania State University Press, 1971) 111-12; Taft, "How Liturgies Grow," 359.

8) Thomas F. Mathews, "'Private' Liturgy in Byzantine Architecture: Toward a Reappraisal," *Cahiers archéologiques* 30 (1982) 125-38; Cyril Mango, "The Liturgy and the People," 1979년 5월 10일 Dumbarton Oaks Symposium에서 발표된 논문이다(미간행 논문임).

설교단은 축소되거나 제거되었다. 담당 성직자가 있는 사적인 기도실의 번창은 거대한 공중예배로부터 보다 가정적이고 수도원적인 예배로의 전환을 보여주는 표식이었다.

전례적 경건 행위: 의식, 비법전수, 성상학

그러나 특히 동방에서의 성찬 예식은 변증법적인 긴장 속에서 상호 작용하는 내적/외적인 역사가 있다. 왜냐하면 동방에서는 의식에 대한 영적인 이해가 그것의 상징적 형태의 발전에 기여했기 때문이다.[9] 중세와 비잔틴 시대 말기에 비잔틴 교회 성찬식의 변화(성찬 식탁에 산 자와 죽은 자를 위해 작은 제병 조각을 놓은 것; 장엄한 입당식과 그 상징성의 발달; 그리스도의 장사되심을 주제로 한 짧은 성가의 증가; *Orate fratres* 본문, 성찬식을 행하기 전에 드리는 기도, 그리고 마지막 의식)[10] 등은 중세 전례 의식의 변화와 경건의 발전 과정을 가르쳐 준다. 교인들이 전례식 때 가져오는 산 자와 죽은 자를 위한 봉헌물은 전례식에서 그들이 행하는 역할의 주된 표현이다. 그리고 성찬탁에서 예수님의 성육신의 케노시스(*kenosis*)와 은둔생활을 상징하는 행위로부터 시작하여 공생애의 설교, 말씀이신 예수님의 출현을 상징하는바 복음서를 가지고 행진하는 것 혹은 "소 입장", 그리고 말씀의 기도문 봉독 등 전례는 예수님의 세상

---

9) 이러한 의식과 해석의 상호작용의 역사에 대해서는 Hans-Joachim Schultz, *The Byzantine Liturgy: Symbolic Structure and Faith Expression* (New York: Pueblo, 1986)를 보라.

10) 이러한 역사의 대부분은 Robert Taft, *The Great Entrance: A History of the Transfer of Gifts and Other Preanaphoral Rites of the Liturgy of St. John Chrysostom* (Orientalia Christiana Analecta 200; 2nd ed.; Rome: Pontifical Oriental Institute, 1978)에 상세히 기록되어 있다; and idem, "How Liturgies Grow."

에서의 경륜을 상징하는 것으로 해석되었다. 이러한 의식은 "대 입장"에서 절정에 도달하는데, 이때 사람들은 엎드려 희생과 죽음과 매장과 부활로 이어지는 주님의 출현을 기다리는 동안 떡과 포도주를 제단으로 가져간다.[11] 이 모든 의식적 행위가 회중의 경건에 깊은 영향을 미쳤다는 것은 전례식의 이러한 부분에 깊은 경의를 표하는 일반인들의 태도에서 알 수 있다.[12]

이러한 영성에 대한 신학적 해석은 전례적 주석서에서 공식화되었고, 의식 자체를 통하여 대중에게 전달되었다. 그뿐만 아니라 전례식 경향과 교회 건물의 장식을 통해서도 전달되었는데, 그것은 그 의식의 물리적 환경뿐만 아니라, 그것의 상징직 요소 중의 하나를 제공해 주었다. 교회 장식과 의식이 함께 어우러져서 그리스도 안에 있는 구원의 신비로 들어가도록 계획된 하나의 상징적 환경을 창조했다. 성찬식은 그리스도인들 간에 식탁 교제를 경축하는 것 이상으로서, 주님의 말씀과 만찬에 동참하는 것 이상이었다. 그것은 테오파니(*theophany*) 즉 신현현(神顯現)으로서, 하나님의 신비 자체를 만나는 장소이다. 전례에 "적극적인 참여"는 단순히 행진과 영창에 참가하거나, 가르침과 설교를 주의 깊게 듣거나, 그저 만찬을 받는 것 이상을 의미했다. 그것은 믿음을 통해서 *historia*로부터 *theoria*로, 가시직 상징과 의식 형태에서부터 그것이 담고 있는 초월적 실재의 관상으로 상승하는 것을 의미했다.

그와 같은 견해에서 중심적인 것은, 가시적 세계는 불가시적 세계의 이미지요 현현이라는 확신이다. 그러한 상징은, 비록 그 원형과는 구별되지만, 그것의 실재에 참여하고 실재를 전해준다. 이것이 영적인 석의, 비법 전수, 그리고

---

11) 이러한 해석의 역사에 대해서는 Robert Taft, "The Liturgy of the Great Church: An Initial Synthesis of Structure and Interpretation on the Eve of Iconoclasm," *Dumbarton Oaks Papers* 34-35(1980-81) 45-75를 보라.

12) See Taft, *Great Entrance*, 213-14.

성상학의 기초이다. 문자적이고 가시적인 것 속에 묘사된 것은 지식(gnosis)을 감추고 있는데, 그 지식은 믿음으로 그것을 관상하는 사람만이 감지할 수 있다. 신비적 해석(anagogy)을 통해서, 인간은 문자에서부터 정신으로, 가시적인 의식과 성상에서 신비, 곧 하나님에 대한 관상에까지 상승한다.[13]

이처럼, 전례 의식의 관상이 영혼을 이끌어 불가시적 세계의 신비한 실재로 인도한다고 보는 "알렉산드리아식" 해석 방법은 후대의 종합에 나타날 한 가지 경향을 나타낼 뿐이다. historia에 더 초점을 두는 "안디옥식"에서는 성찬식을 그리스도의 수난과 죽음 안에 표현된 그리스도의 자기 봉헌으로 보았다. 전례적 historia를 예수의 지상에서의 경륜의 극적인 재연으로 보는 이러한 해석은 그 이후 거의 모든 동방의 전례 해석에서 결정적인 역할을 했다. 이 방법은 730년경에 총대주교 성 게르마노스 1세(St. Germanos)에 의해 도입되었고, 1350년경에 니콜라스 카바실라스의 『거룩한 전례에 관한 주석』(*Commentary on the Divine Liturgy*, PG 150, cols. 367-492)[14]과 『그리스도 안에 있는 생명』(*The Life in Christ*, PG 150, cols. 493-726)에서 고전적 전례의 표현을 획득했다.

카바실라스는 그의 주석서의 초반부터 거룩한 전례 안에 있는 모든 것—가르침, 기도, 영창—은 "우리를 하나님께로 되돌려서 우리가 거룩한 몸과 피를 받고 보존하기에 합당한 존재로 만드는 것(이것이 성찬의 목적이다)을 의미한다고 분명히 밝힌다. 그러나 전례에는 또 다른 차원의 의미가 있다. 즉, "이러

---

13) 이러한 질문에 관해서는 Taft, "The Liturgy of the Great Church," 58-75; René Bornert, *Les commentaires Byzantins de la Divine Liturgie du VIIe au XVe siécle* (Archives de l'Orient chrétien 9; Paris: Institut Française d'Études byzantines, 1966); idem, "Die Symbolgestalt der byzantinischen Liturgie," *Archiv für Liturgiewissenschaft* 12(1970) 54-70를 보라.

14) Critical ed., Sources chrétiennes 4bis (Paris: Cerf, 1967); cited from Nicholas Cabasilas, *A Commentary on the Divine Liturgy*, trans. J. M. Hussey and P. A. McNulty. 이 본문에서 나오는 인용은 이 책에서 따온 것이다.

한 형식을 통해서…우리를 성화시키는 다른 방법"이 있다.

> 그것은 다음과 같다: 그리스도와 그분이 우리를 위해서 성취하신 일, 그리고 그분이 대신하여 고난이 그 안에 표현되어 있다. 그것은 전례식에서 행하는 사제의 모든 행동이 의미하며, 시편과 복음서가 상징하는 구속 사역의 구조 전체이다. …혹 누군가 복음서와 시편은…우리가 덕을 행하려는 마음을 일으키기 위해서 도입되었다고 주장한다고 해도, 그것은 그 예식들이 우리가 덕을 행하라고 촉구하면서 동시에 그리스도의 구속 사역의 계획을 예시할 수는 없다는 의미는 아니다. …각각의 예식은 그리스도의 사역, 행위 혹은 고난의 일부를 상징했다. 예를 들면, 우리는 복음서를 제단으로 가져가고, 그다음에 예물을 봉헌한다. 이 예식들은 각기 한 가지 목적을 위해 행해진다. 즉, 첫째 행동은 복음서를 낭독하기 위해서이고, 두 번째 행동은 제사를 드리기 위해서이다. 그러한 목적 외에도, 첫째 행동은 구주의 출현을 표현하고, 두 번째 행동은 구주의 현현을 나타낸다. 첫째 것은 그분의 삶의 시초의 것으로서 애매하고 불완전하지만, 둘째 것은 완전하고 최고의 현현이다.

그러나 성찬식이 지닌 이와 같은 상징적인 양상은 공허한 겉치레가 아니다. 성찬식에서 행해지는 예식은 개인적인 믿음의 반응을 일으키기 위한 것이다.

> 처음으로 성취된 구속사역이 세상을 회복시킨 것처럼, 이제 우리 눈앞에 있는 구속 사역은 그것을 바라보는 사람들의 영혼을 보다 선하고 신적인 존재로 만든다. 나는 그 이상의 것을 말한다: 만일 그것이 관상과 믿음의 대상이 되지 않았다면, 그것은 아무런 소용이 없었을 것이다. …그러나 그것은 전파되면서 과거에 그것을 알지 못했던 은혜를 받지 못한 영혼 안에 존재하지 않았던 그리스도에 대한 경배와 믿음과 사랑을 창조했다. 오늘날, 이미 믿음을 가진 사람의 열렬한 관상에 의해서…그것은 신자들을 믿음 안에서 더 강하게 하고, 경건과 사랑 안에서 더 관대하게 만든다.

세 명의 존경 받는 예전론자의 이콘(성 바실, 성 그레고리, 성 존 크리소스톰), 러시아, 14세기, 개인 소장품

카바실라스는 이러한 전례적 상징주의의 작용은 어느 정도 난해한 상징체계에 의존하지 않는다고 본다. 그것은 지극히 사실이었다:

> 우리는 모든 것을 소유하신 분의 완전한 가난, 모든 곳에 거하시는 분이 세상에 오신 일, 지극히 복된 하나님이 당하신 수치와 고난에 대해서 생각할 그뿐만 아니라 그것을 보아야 한다. 우리는 그분이 얼마나 큰 미움을 받았고 얼마나 많은 사랑을 받았는지; 지극히 높으신 그분이 어떻게 자신을 낮추셨는지를; 어떤 고문을 당하셨는지를, 우리를 위해 이 거룩한 식탁을 준비하기 위해서 그분이 어떤 일을 성취하셨는지를 알아야 한다. 따라서, 하나님의 충성한 자비에 압도되어 구원 사역의 형언할 수 없는 신선

함을 바라볼 때, 우리는 우리를 긍휼히 여기시는 분, 그렇게 비싼 값을 지불하시고 우리를 구해 주신 분을 경배하게 된다. 그분께 우리 영혼을 맡기며 삶을 그분께 헌신하며 마음속에 그분의 사랑의 불을 밝히게 된다. 이리하여 준비된 우리는 신뢰와 믿음을 가지고 들어가서 엄숙한 신비의 불과 만나게 된다.

이것은 지성주의자의 영성가 아니고 영적 엘리트의 거만한 영지주의도 아니며, 매우 상상적이고 대중적인 경건이다.

이 신학이 비잔틴의 이콘 숭배의 기초가 된다. 그리고 그것의 두 가지 영역─구원의 신비를 반영하는 거울로서의 교회와 전례, 그리고 천상의 세계와 그 예배의 우주적/종말론적인 형상으로서의 교회와 전례─은 이미 비잔틴 시대 말기에 교회 건축 신학에 등장했다.

비잔틴 교회는 점차 카바실라스와 같은 작가들의 저술로는 감동을 줄 수 없는 일반 신자들에게 이러한 이상을 표현해 주기 위해 성상 숭배의 프로그램을 발전시켰다.[15] 우주적인 구조에서, 교회 건물과 그 안에서 이루어지는 의식은 교회의 현시대를 나타내는 상징인데, 그 안에서는 거룩한 거처(성소)로부터 세상(회중석)에 있는 사람들에게 하나님의 은혜가 주어진다. 그것은 천국에서의 예배를 상징하기도 하는데, 이것 역시 신자들이 영광중에 천국에 들어가게 될 미래의 정점(종말론)을 상징한다. 신적 경륜이라는 틀 안에서, 성소와 제단은 지성소, 최후의 만찬 장소, 골고다, 부활의 무덤 등을 동시에 상징하는데, 그곳으로부터 부활하신 주님의 거룩한 선물인 말씀과 몸과 피가 흘러나와 죄로 어

---

15) See Otto Demus, *Byzantine Mosaic Decoration* (New Rochelle, NY: Caratzas Bros., 1976); Else Giordani, "Das mittelbyzantinische Ausschmuckungssystem als Ausdruck eines hieratischen Bildprogramms," *Jahrbuch der Österreichischen Byzantinischen Gesellschaft* 1 (1951) 103-34.

두워진 세상을 밝혀준다.

교회 내부는 많은 이콘으로 덮여 있어서 교회 건물과 이콘은 비잔틴 전례의 중심인 기독교적 우주에 대한 이상을 불러일으키는 데 있어 하나가 되었다. 중앙의 돔 형 천정에 있는 전능한 통치자(Pantocrator)의 형상이 전 구조를 지배하면서, 성직 계급제도나 전례에 관한 주제에 통일성을 부여한다. 성직 계급구조에 관한 주제의 움직임은 수직적이어서, 회중석에 모인 예배공동체로부터 성인들과 선지자, 총주교, 사도 등을 거쳐서 하늘 찬양대의 시중을 받으시는 주님에게로 상승한다.

전례와 관련된 주제는 성소에서부터 위쪽으로 확대되는데, 예술적으로나 신학적으로 성직 계급 구조적 주제와 결합한다. 사실상, 전례에 관한 주제와 관련해서만 교회의 상징주의가 되살아나며 하나님의 눈을 통해서 본 우주의 정적인 구현 이상의 것으로 등장한다. 신적인 세계와 피조 세계와의 연결은 그리스도의 피의 언약에 의해 이루어졌다. 이 역동적인 결속은 교회의 배치와 이콘 안에 표현되어 있다. 언약의 신비가 새롭게 갱신되는 장소인 폐쇄된 성소는 하늘과 땅을 이어주는 장소로 간주한다. 제단 뒤편 높은 곳, 중앙 성소의 돌출부의 벽에는 사도들의 만찬이 묘사되어 있다—대제사장이신 그리스도께서 천사들에 의해 둘러싸여 열두 제자에게 성찬을 주고 계신다. 제단 위의 반원형 지붕에는 하나님의 어머니가 우리를 위해 중보하시는 모습이 묘사되어 있다. 그녀와 더불어 마리아의 희생적인 중보를 가능하게 해준 성육신의 인물인 아기 예수가 묘사되어 있다. 그 위 아치의 정상에 "거룩한 심판의 보좌"가 있는데, 이 보좌는 하나님 앞에서 희생적인 중보기도를 통한 중재가 이루어지는 곳이다. 성소에서부터 시작해서 교회의 벽에 돌아가면서 전례와 관련된 축일들이 프레스코화로 묘사되어 있어, 역사적 과거를 현재와 새로이 연결 짓는다.

이러한 배경 안에서 전례 공동체는 천상 교회의 예배와 결합하여 수속의 신비를 기념하는 한편, 성모의 펼친 손을 통해서 그리스도의 언약의 신비를 제시하는데, 이 모든 것이 성상학적 구조의 성례전적 환경 속에 존재한다. 글을 읽을 수 없는 그리스도인조차도 천국의 전례를 묘사하는 향로에서 향기가 올라오는 환경에서 예배를 드리다 보면 그 시대 최후의 비잔틴 주석가였던 테살로니카의 시메온(Simeon of Thessalonica, d. 1429)이 그의 논문 『성전에 관하여』(*On the Holy Temple*, chap. 131 [PG 155, cols. 337-40])에서 의도했던 바의 일부라도 이해했을 것이다:

> 하나님의 집인 교회는 온 세상의 상징이다. 왜냐하면, 하나님은 모두 곳에, 그리고 모든 것 위에 계시기 때문이다. …성소는 더 높고, 지극히 거룩한 곳, 곧 하나님의 보좌와 그분이 임재하시는 곳을 상징한다. 제단은 보좌를 나타내며…교회는 가시적인 세상을 나타낸다. …주교는 성소 안에 들어갈 수 있는데, 주교는 신인이신 예수를 나타내며, 예수의 전능하심을 공유한다. 그 밖의 다른 성직자들은 그 서열에 따라서 낸다. 나는 천사, 주교, 그리고 사제들과 함께 사도들을 언급하는데, 이는 하나님께서 세상에 오셔서 우리 가운데 사시면서 우리를 위해 일하셨으므로 하늘과 땅에는 오직 하나의 '교회'만 존재하기 때문이다. 그리고 우리 주님의 희생과 만찬, 그리고 관상이 하나인 것처럼, 그것도 하나의 일이다. 그것은 하늘과 땅에서 성취되지만, 다음과 같은 차이가 있다: 하늘에서는 아무런 베일이나 상징 없이 행해지지만, 땅에서는 상징을 통해서 성취된다.

그리스인들은 그들의 중세 전례적 신앙을 표현하는, 보다 발전되고 풍부한 서적과 이콘을 남겼다. 그러나 그것은 비잔틴 전통에만 있는 독특한 것은 아니었다. 방법에 있어서 "안디옥"의 방법에 가까운 서부 시리아와 아르메니아의 전례적 주석가들은 대체로 전례 본문만 주석했으며, 의식적 상징주의에 대한 해설이나 알레고리로의 비약은 가끔 행할 뿐이었다. 거의 완전히 전례의 규정이나 표준에 관해 기술하는 중세 콥트 교회의 전례 서적은 비법 전수라고 부를 수 없다. 그러나 동부 시리아인들은 몹수에스티아의 테오돌(Theodore of Mopsuestia, d. 428)의 영적 유산을 직접 상속한 사람들이며, 그들의 전례적 영성의 전통은 나르사이(Narsai, d. 502), 가브리엘과 아브라함 카트라야 바르 립파(Abraham Qatraya bar Lipah, 7세기), 위-아르벨라의 조지(Pseudo-George of Arbela, 9세기)를 거쳐서 요하난 바르 조비(Johannan bar Zoʻbi), 그리고 모술의 요하난(Johannan of Mosul, 13세기), 니시비스의 아브디소 바르 브리카(ʻAbdišo bar Brika of Nisibis, d. 1318), 티모시 2세(Catholicos, 1318-1332)에게로 어어진다.[16] 이 후기의 저자들은 전례를 "그리스도의 육체적 탄생에서부터 시작하여 죽음, 부활, 승천에까지 계속된 그리스도의 지상 사역에서 성취된 하나님의 전체 경륜을 기념하는 일"으로 해석하는 가브리엘 카트라야의 입장을 따랐다.[17] 바르 조비에

---

16) 가브리엘의 라틴어 번역본을 위해서는 Sarhad Y. H. Jammo, *La structure de la messe chaldéenne* (Orientalia Christiana Analecta 207; Rome: Pontifical Oriental Institute, 1979) 29-48를 보라. 사실상, 가브리엘의 작품의 요약에 불과한 아브라함의 작품을 보려면 R. H. Connolly, ed., *Anonymi auctorts Expositio officiorum ecclesiae Georgio Arbelensi vulgo adscripta, accedit Abrahae bar Lipeh Interpretatio officiorum* (Corpus scriptorum Christianorum Orientalium 64, 71-72, 76=script. syri. 25, 28-29, 32; Rome: de Luigi; Paris: Gabalda; Leipzig: Harrasowitz, 1911-15)를 보라. Yohannan bar Zoʻbi에 대해서 알려면 Albert Khoraiche, "'L'explication de tous les mystères divins' de Yohannan bar Zoʻbi selon le manuscrit Borgianus syriacus 90," *Euntes docete* 19(1966) 386-426을 보라. 그리고 Yohannan of Mosul의 시리아어 본문을 보려면 Elias I. Millos, *Directorium spirituale ex libris sapientialibus desumptum*… (Rome: Propaganda Fide, 1868)을 보고, 'Abdišo bar Brika of Nisibis의 라틴어 본문을 보려면 J.-M. Vosté "De expositione officiorum ecclesiasticorum," Codificazione canonica orientale, Fonti, ser. 2, fasc. 15: *Caldei-diritto antico* II (Vatican City: Vatican Press, 1940) 82-115을 보라. Timothy II에 대해서 알려면 Wilhelm de Vries, "Timotheus II über 'Die sieben Gründe der kirchlichen Geheimnisse,'" *Orientalia Christiana Periodica* 8(1942) 40-94을 보라.

17) Cited by William F. Macomber, "The Liturgy of the Word according to the Commentators of the Chaldean Mass," in *The Word in the World: Essays in Honor of Frederick L. Moriarty, S.J.*, ed. R. J. Clifford, G. W MacRae (Cambridge, MA: Weston College Press, 1973) 182, 에서 인용함. 나는 여기에서 그의 입장을 따른다.

따르면, 전례는 그리스도의 부활과 흡사한 우리의 부활, 그리고 모든 신자에게 주어진 영원한 지복의 약속을 미리 맛보는 것이다. 교회는 또한 상징적 통일체의 일부이다: 폐쇄된 성소는 장래의 천상 세계요, 회중석은 이 세상이요, 회중석 복판에 있는 성단(聖壇)은 말씀이 선포되는 장소인 예루살렘이다. 성소와 성단 사이로 행하는 장엄한 행진은 하늘과 땅 사이의 신적인 교역을 상징하는데, 전례는 이 신적인 교역을 표현하고, 그 효력을 발생시킨다.

하루에 번 하는 기도와 다른 의식

동방 교회의 교구에서는 날마다 성찬식을 거행하는 관습이 널리 퍼지지는 않았다. 콘스탄티노플의 소피아(Hagia Sophia) 성당에서도 콘스탄틴 9세 모노마코스 황제가 1044년에 이러한 목적으로 예산을 배정하기까지는 날마다 성찬식을 행할 수 없었다(*PG* 122, col. 340). 그러나 이것은 평일에는 전례가 없었다는 의미가 아니다.[18] 아침 기도와 저녁 찬양은 수도원에서 하는 예배가 아니라 상징, 예식, 노래, 기본적으로 필요한 것을 위한 간구 등을 포함하는 대중 예배였다. 그것은 일반인들이 매일 새벽과 일몰 때 교회에서 드리는 기도였다.[19]

특별한 필요에 의해서 예수 승천축일 전 3일 동안 드리는 기도(rogation)와 예수께서 십자가를 지고 가신 14곳을 행진하는 것과 같은 의식은 경건한 순례의

---

18) See Robert Taft, "The Frequency of the Eucharist throughout History," *Concilium* 152 (1982) 13-24.

19) See Robert Taft, *The Liturgy of the Hours in the Christian East: Origins, Meaning, Place in the Life of the Church* (Cochin: KCM Press, 1984).

완성이었다.[20] 성 금요일에 드리는 예수의 장례 예식도 이 기간에 생겼다.[21] 그리스도의 수난을 기념하는 것은 절대 중세 서방에서만 있었던 현상이 아니다. 그것은 14세기에 비잔티움에서 성행했고, 특별히 팔레스타인과 서부 시리아 지역의 전례에 강한 영향을 미쳤다. 이집트 사막 지대와 와디 안-나트룸(Wadi an-Natrum) 지역의 다이르 아부 마카르(Dayr Abu Maqar)의 성 마카리우스 교회에서 최근에 발굴된 중세 콥틱의 *via crusis* 프레스코화가 이것을 증명한다.

부정적 요소

그러나, 중세 동방교회의 전례적 삶에서 모든 것이 비법 전수요 신비적 해석, 상징이요 은혜였던 것은 아니다. 교회법에 관한 문헌은 성직자에게서조차 전례가 널리 남용되고 있었음을 증언한다.[22] 우리는 미신, 마술, 주술, 마법 등 성직자들이 범한 죄에 대해서 듣고 있다; 성례전 집전과 관련하여 돈을 주고받은 것, 특히 교회법에 어긋한 결혼을 축복한 것; 교회 내에서 행한 싸움과 농담, 불경 행위; 성물을 훔치는 행위와 예배를 드리는 중에 한 외설; 성찬의 떡과 잔을 모독한 것.[23] 또한, 설교와 종교 교육을 포기한 것은 그리 놀라운 일이

---

20) See Baldovin, "La liturgie stationnale à Constantinople"; and Robert Taft, "The Pontifical Liturgy of the Great Church according to the Twelfth-Century Diataxis in Codex British Museum Add. 34060," *Orientalia Christiana Periodica* 46(1980) 111-12.

21) Taft, *Great Entrance*, 216-19.

22) Nicol, *Church and Society*, 98A.; L. Oeconomos, "L'état intellectuel et moral des byzantins vers le milieu du XIVe siécle d'après une page de Joseph Bryennios," *Mélanges Charles Diehl* (Paris: E. Leroux, 1930) 1:225-33(text and trans. of Bryennios: 227-30).

23) Carolina Cupane, "Una 'classe sociale' dimenticata: il basso clero metropolitano,"

아니었다. 더욱 불길한 일은 성례전을 무시한 것이었다.

성례전 회수의 감소

그러한 악습에 물들지 않은 경건한 사람들에게 있어서도, 4세기에 시작되었던 성찬식을 거행하는 빈번하게 관습이 쇠퇴했다.[24] 중세 비잔틴 수도원주의에서 매일 혹은 한 주에 몇 번씩 전례를 했고, 날마다 성찬식을 행하는 것이 이상적으로 간주했다. 그러나 12세기부터 14세기까지의 수도원적 *typica*는 보다 제한적인 정책의 성장을 보여 주며, 15세기에는 수도원에서조차 날마다 성찬식을 행하는 것은 매우 예외적인 일로 간주하였다. 중세 후기에 이르러서는 거룩한 전례에서 신자들은 방관자의 지위로 전락했고, 성만찬은 공개되는 떡과 포도주를 함께 나누어 먹는 것이 아니라 간혹 개인적으로 행하는 헌신 행위로 전락했다. 그러나, 성만찬이 없는 거룩한 전례는 좋게 보면 관상되어야 할 상징적 실재였고, 나쁘게 보면 진부한 의식주의일 뿐이었다.

헤시카스트 부흥

체계적인 규율과 공식화된 의식을 소유한 대규모의 공주생활 공동체에서보다 작은 규모의 스케테(skete)가 중심이 된 헤시카스트 부흥이 지향한 방향은 의

---

in *Studien zum Patriarchatsregister von Konstantinopel*, ed. H. Hunger (Österreichischen Akademie der Wissenschaften, Phil.-hist. klasse Sitzungsberichte, 383; Vienna: Österreichischen Akademie der Wissenschaften, 1881) 1:66-79.

24) See E. Hermann, "Die Häufige Kommunion in den byzantinischen Klöstern," in *Mémorial Louis Petit* (Archives de l'Orient chrétien 1; Bucharest: Institut Français d'Etudes byzantines, 1948) 209-15.

식주의적인 것이 아니었다. 15세기 러시아에서 볼가강 건너편에서 생활한 성 닐 소르스키(St. Nil Sorsky)의 추종자들의 헤시카즘과 그의 경쟁자인 성 조셉 볼로콜람스키(St. Joseph Volokolamsky)의 승리 주의적인 도시 수도원운동 사이에 생겨난 유명한 안티테제(antithesis)는 내적인 기도와 정교한 의식 사이의 긴장을 보여주는 본보기이다. 중세 말기에는 의식적 기도를 강조하는 것보다 내적 갱신의 필요성이 더욱 요청되었다. 그리고 아토스산, 그리고 나중에는 전 러시아 정교회 세계 전체에서 헤시카스트들과 스타르치(startsy)들이 마음으로 드리는 기도를 지향하는 수도적 생활방식을 가지고 이러한 요청에 응답했다. 스케테(Scetis), 아르메니아, 북-메소포타미아, 그리고 레바논과 시리아의 산악 지방에서 이러한 유형의 수도 생활이 지속된 것은, 비잔틴이나 동양 정교회의 경건 생활만이 "고교회적"이거나 전례적인 특성이 있다고 있다고 볼 수 없는 증거가 된다. 헤시카즘은 이 본래의 이상에 새로운 생명을 부여해 주었다.

헤시카스트 부흥 기간에, *Protheoria*(1085-1095) *(PG* 140, cols. 417-68)와 12세기의 저서인 『위-소프로니오스의 전례 주석』(*Liturgical Commentary of Pseudo-Sophronios*, PG 873, cols. 3981-4001)에서 볼 수 있는 외형주의(extrinsicism)와 풍유주의(allegorism)의 독단적인 침입으로부터 후일의 동방 전례 신학을 이러한 내적인 중심으로 되돌려 놓은 것은 평신도인 니콜라스 카바실라스의 재능이었다. 카바실라스의 해석은 절대 의식의 구조와 의미와 관계없는 것이 아니었고, 그의 관상은 성례전 참여의 대체 행위도 아니라 오히려 그 전주곡이었다(1.1). 그의 견해에 의하면, 전례는 단순히 의식이나 관상이 아니라, 성별된 떡과 잔을 받음으로써 구원적 신비 안에 실제로 들어가는 것이었다. 만일 감추인 비밀이신 그리스도가 성육신 안에 계시되었다면 그것은 오직 행위에서만 볼 수 있다. 왜냐하면, 예수의 인성은 죄를 제외하고는 우리의 인성과 같기 때문이다. 이것이 바로 기독론과 전례적 영성이 기독교 윤리와 만나는 지점이다: 인간은 그리스도의 행위 안에서만 그의 신성을 감지한다. 또한 기독교적 삶을 통해서만 인간은 세례 때 받은 신적 생명의 실체가 빛을 발하는 참된 성상이 된다. 카바실라스가 『그리스도 안에 있는 생명』에서 제시한 대로(4.8-9), 전례 의식이 아니라 우리의 삶에서 나타나는 그 의식의 효과가 참된 예배이다. "그분에게 순수한 존경을 바치는 것은 거룩한 식탁의 효과이다. …올바른 이성에 따라서 살며 덕을 향하는 경향은 하나님을 예배하는 것이다."[25]

---

25) Nicholas Cabasilas, *The Life in Christ*, 126.

2. 서방 교회

제임스 멕쿠(James F. McCue)

1150년부터 1500년까지는 성찬의 발달 역사에서 명확하게 구분되는 시기가 아니다. 이 시기의 성찬론에 관한 사상과 신앙의 주된 특징은 이미 부분적으로는 1150년경에 발달하였고, 1500년 이후로도 계속되었다. 그러한 발달에 따른 결과 중 일부는 종교개혁 이후 로마 가톨릭에서도 오늘날에 이르기까지 지속되고 있다. 이러한 성찬 신앙의 발달을 이해하려면 이 시기의 서방 기독교의 역사의 특징인 보다 넓은 변화의 맥락 안에 그것들을 두어야 한다.

성찬에 관한 신앙

11세기 중반경부터 라틴 교회는 역사적으로 대단히 중요한 국면에 들어서고 있었다. 이러한 변천은 신조나 신앙고백과 관련된 분열을 남기지 않았으며, 그렇기 때문에 그것은 콘스탄틴과 니케아 또는 종교개혁에 비해 주목을 덜 받은 듯하다. 그러나 어떤 면에서 그 변화는 지극히 근본적인 것이었다. 그 당시에는 아무도 인식하지 못했지만, 서유럽은 최후의 대규모 침입을 경험했다. 몇 세기 후 오스만 터키족이 유럽에 진출했는데, 어떤 사람들은 이로써 기독교 세계의 종말이 다가온 것으로 예견하기도 했다. 그러나 게르만족이나 노르만족, 혹은 마자르족이 자행한 약탈에 비교해 보면, 터키족이 서유럽에 초래한 참화는 경미한 것이었다. 1050년경에 이러한 참화는 끝이 났다. 11세기 말에 이르러 유럽 군대는 처음으로 유럽 외부를 향한 정복에 나섰으나 실패로 끝났다(제

1차 십자군 원정). 그로부터 4세기 동안 유럽은 오랜 내부적 통합기를 누리다가, 1500년경부터 세계적 팽창과 권력의 확장기가 시작되었는데, 이것은 전 세계의 운명에 심원한 영향을 미쳤다.

1050년경부터 라틴 유럽과 라틴 교회에서 중앙집권화와 합리화를 향한 폭넓은 운동이 시작되었다. 라틴 교회에서 이러한 움직임이 가장 뚜렷이 나타난 것은 교황제의 개혁과 강화에서였다. 이론적으로, 여기에는 교부적 교황제의 주장을 넘어선 교황제의 권력 확장이 포함되어 있었고, 실질적으로는 교회의 실질적 삶에서 교황제의 중요성이 급속히 성장한 것이 포함되어 있었다. 그러나 이 시기에 변화된 제도는 교황제만이 아니었다. 이 시대에 교회법 학자들은 전해 내려온 많은 교회법의 전통 중에서 통일된 의미를 파악하는 과업을 수행했다. 또한, 신학자들은 교회의 교리적 전통에 합리적인 일관성과 체계를 부여하는 과업을 수행하기 시작했다. 전형적인 중세 신학의 장르였던 "문장론"(books of sentences) 혹은 신학 견해의 요약은 과거로부터 상속받은 명백히 다른 많은 견해를 출발점으로 삼고서 이 견해에 체계적인 통일성을 부여하고자 했다. 이러한 동시 발생적인 발달 현상은 서유럽이 정치적으로나 사회적으로 매우 다원화되어 있던 시기에 라틴 교회를 전례없이 크게 중앙집권화하거나 동질화하는 결과를 초래했다. 물론 실생활에서의 신앙의 관습은 기록된 문서를 통해서 우리가 알 수 있는 것보다 훨씬 다양하다. 그러나 그 시대, 이 지역 교회의 중요한 특징은, 곧 교회는 자체의 통일을 위해 크게 노력했으며, 상당한 수준에서 이에 성공했다는 점이다.

이 시기에 교회 내부에서는 극히 대립하는 현상이 있었다. 즉 사회와 교회에서 부가 축적되어 가던 시기인 동시에, 은자들의 시대요 프랜시스코적인 청빈의 시기였다. 종교적 이상은 인간의 연약함에 거의 타협하지 않았고, 이러한 이상을 강력하게 실현하려 한 사람이 많았다. 그럼에도 이 시기에 일반적으로 받아들여지는 교회 조직의 형태는 국민 교회(*Volkskirche*)—전체 사회를 포함하는 교회—였다. 이 시대의 종교 지도자들과 엘리트 사이에서는 교회 내의 많은 부분이 잘못되었으며 많은 사람은 입으로는 신앙을 고백하지만, 실생활은 그에 미치지 못한다는 불평이 있었다. 그러나 이 시대는 또한 민중의 종교적 열정이 대규모로 분출된 시기이기도 하다. 그 시대의 성찬과 전례에 관한 신앙을 논의할 때, 이 시기에 계속 존재한 방대한 불일치를 간과해서는 안 되지만, 일반인들이 생각하듯이 그 시대의 극단적인 행태에 집착하여 괄목할 만한 업적들을 간과해서도 안 된다.

이 시기에 그리스도인들의 일상생활에서 성례전이 점차 중요한 위치를 차지하게 되었다. 신학 개요는 성례전의 분석에 더 많은 주의를 기울이게 되었는데, 15세기 말엽에 활동한 가브리엘 비엘(Gabriel Biel)과 같은 신학자는 그의 신학적 대작의 1/3을 성례전의 분석에 할애했다. 무엇보다도, 점증하는 관심을 끌면서, 피차 더욱더 밀접하게 연결된 성례는 고백성사와 성찬식이었다.

외형적으로 성찬 예식은 12세기부터 16세기 사이에는 극적인 변화를 겪지는 않았다. 이 시기의 초기와 말기에, 성찬식에서 사용되는 언어는 라틴어뿐이었다. 라틴어는 대학과 직업과 국제적 커뮤니케이션에서 사용되는 언어였을 그뿐만 아니라, 한층 더 엄숙한 교회 예배의 언어였다. 그러나, 라틴어는 다수 계층인 평민이 사용하는 언어가 아니었고, 심지어 성직자 중에도 예식을 거행할 때 라틴어를 제대로 사용하지 못하는 사람들이 많았다. 그러나 미사가 대부분의 사람이 전혀 이해할 수 없는 언어로 집전되었을 뿐만 아니라, 미사 언어 중 많은 것이 침묵 중에 말해졌으며, 19세기에 이르기까지 가장 거룩한 부분은 토착어로 번역되거나 기록되어서는 안 된다는 전통이 지배했다.[1]

---

1) Adolph Franz, *Die Messe im deutschen Mittelalter*, 631-37.

그 언어의 침묵과 생소함으로 인해 야기된 비평과 어려움은 예상할 수 있는 것보다 적었다. 아마, 그 침묵과 이해할 수 없지만 신성한 언어가 넓게 보면 성례전의 개념, 구체적으로는 성찬식에 대한 개념과 조화되었기 때문이었을 것이다. 성례전은 신자가 참여하는 의식이나 신자에게 전파되는 말씀으로 이해된 것이 아니라, 적절한 조건만 충족된다면 신자에게 효력을 가져다줄 수 있는 능력이 충만한 행위였다. 성찬은 그리스도의 명령에 따라서 일반 신자들을 위해서 사제가 수행하는 행위였다. 후일 중세 대학의 표준적 신학 교과서가 된 12세기 중엽의 저서에서 피터 롬바르드(Peter Lombard)는, 성찬을 *benedictio panis*라고 불렀는데, 이것은 마치 성찬 예식에서 사용되는 말은 기본적으로 떡을 지칭하기 위한 것이며, 회중은 단순히 기립해서 대기해 있었던 관행을 나타내는 것 같다. 회중에게 있어 중요한 일은 미사에서 분여될 축복(주로 구원의 은혜)과 그러한 축복의 원천(그리스도의 수난)을 관상하는 것이었다. 사제가 미사를 집전하면서 하는 특별한 말은 그다지 직접적인 의미를 갖지 못했다. 이렇게 성찬식을 능력이 충만한 행위로 이해한 것을 보여주는 극단적인 예를 중세 후기의 어느 설교자의 권면에서 찾아볼 수 있는데, 그는 미사 도중에는 기도조차도 금하라고 말한다. 비록 사제의 말을 이해할 수 없어도, 평신도는 미사 도중에 일체의 기도를 드려서는 안 된다. 왜냐하면, 이러한 기도가 사제가 하는 말의 능력을 방해할지도 모르기 때문이었다.[2]

일반적으로 말해서, 성찬에 대한 중세 시대의 설명은 이러한 일반적인 경향에 걸맞다. 메츠의 아말라르(Amalar of Metz)의 전통을 따른 중세의 저자들은 미사를 다소 복합적인 풍유로서, 그 안에서 모든 종류의 영적, 교훈적 진리가 발견된다고 보는 경향이 있었다. 대체로, 미사는 예수의 삶과 수난, 죽음, 부활의

---

[2] Ibid., 25.

극적이고 상징적인 재연으로 이해되었다. 이와 같은 전례의 풍유화를 통해서, 하나의 다른 유형의 이해 가능성이 창조되었는데, 이는 이전 시대의 성찬식 관행 안에 은밀하게 내재해 있던 이해 가능성의 대체물이 되었다.

앞에서 말한 바와 같이, 이러한 유형들은 우리가 지금 다루고자 하는 시대가 시작되기 전에 설정되었다. 그러나, 중세 후기에 전례의 외적 형태가 약간 변화되었다. 그중 두 가지가 특별히 중요한데, 그것들은 중세 후기의 성찬과 관련된 신앙의 두 가지 가장 뚜렷한 특징과 긴밀하게 연관되어 있다. 한 가지는 사제의 축성이 끝난 즉시 성체와 성배를 높이 드는 관습의 도입이었는데, 이는 회중들이 그것들을 보고 예배할 수 있게 하기 위해서였다. 다른 하나는 봉헌 미사와 특별한 목적을 위한 미사를 정교하게 수정한 것이다.

임재의 신앙

중세 후기의 성찬 신앙은 주로 임재의 신앙이었다. 이 시대에는 미사 도중에 실제로 성찬을 받는 일은 극히 드문 일이었지만,[3] 14세기의 한 프란시스코 수도회의 작가는 "성찬은 오늘날 민중들의 신앙의 토대가 되는 성례전이다"[4]라고 관찰했다. 최소한 일반인의 신앙의 차원에서 볼 때, 성찬에 참여하는 것은 성례전적 교제라기보다는 성체를 보고 예배하는 것이었다.

2세기의 신학적 문헌에는 그리스도의 몸과 피가 어떤 방식과 어떤 의미에서 성찬의 떡과 포도주 안에 임재해 있다는 기독교 신앙이 표현되어 있었다. 그러

---

[3] 성찬식을 자주 거행하지 않은 일에 대해서는 Joseph Duhr, "Communion fréquente," in *Dict. Sp.* 2, cols. 1234-92을 보라.

[4] Peter Browe, *Die Verehrung der Eucharistie im Mittelalter*, 22.

나 중세 시대에, 이 전통적인 주제가 전례 없이 강조되고, 사변(思辨)의 초점이 되었다. 9세기와 11세기에 있었던 신학적 논쟁의 초점은 떡과 포도주 안의(혹은 중세 교회가 결국 주장하게 되듯이, 빵과 포도주의 외형 아래) 예수의 몸과 피의 임재의 문제에 있었다. 이러한 논쟁은 성례전에 대한 매우 실재론적인 해석으로 끝이 났는데, 이 견해는 11세기의 반 베렝가르(anti-Berengarian) 서약에 뚜렷하게 표현되었다:

> 제단 위에 놓인 떡과 포도주는 사제의 축성 후에는 성례일 그뿐만 아니라, 주 예수 그리스도의 참된 몸과 피이다. 이 몸과 피는 성례전적일 그뿐만 아니라, 사제의 손에 의해서 찢어지며, 신자들의 이빨에 의해 씹힌다.[5]

이러한 발달은 주로 신학적 논쟁의 문제거나 교황이나 종교회의가 내린 정의의 문제만은 아니었다. 그 시대의 많은 모범적으로 거룩한 사람들의 신앙 중심은 성찬 속의 그리스도의 임재—하나님의 임재—였다. 예를 들면, 13세기 후반에 성 게르트루드(St. Gertrude)는 사람이 믿음과 경건한 자세로 성체를 바라볼 때마다 천국에서의 공적이 증가된다고 이해했다. 그렇게 된 부분적인 이유는, 성체를 바라보는 것은 복받은 사람의 특징적인 상태인 환상을 보는 것과 일종의 유비가 된다는 사실이다.[6] 1세기 후에 단지히의 성 도로시(St. Dorothy of Dantzig)는 미사를 집례하는 사제의 손에 들린 성체를 관상하면서 황홀함을 경험했는데, 어떤 때는 그것이 너무 심하여 성체를 바라볼 수도 없을 정도였다는 기록이 있다. 그녀와 동시대의 전기 작가의 증언에 따르면, 그녀는 그리스도의

---

5) 그 본문은 H. Denzinger and A. Schönmetzer, *Enchiridion symbolorum*, n. 690에서 찾아볼 수 있다.

6) Edouard Dumoutet, *Le désir de voir l'hostie et les origines de la dévotion au Saint-Sacrement*, 15.

미사를 집전하는 사제, 이탈리아, 15세기

몸을 보는 것만으로는 만족할 수 없어서(*non enim satiabat*), 일 년에 여러 번 성례전을 받으러 가곤 했다.[7]

성찬을 바라보는 것이 무척 중요한 일이 되었기 때문에, 성체를 보기 위해서

---

7) Ibid., 16.

필수적으로 준비해야 할 것이 무엇인지를 질문하는 것이 공통된 신학적 주제가 되었다. 중세 시대에는 일반적으로 대죄를 범하고 나서 제대로 회개하지 않은 사람은 성찬을 받을 수 없었다(그런 사람이 성찬을 받는 것은 큰 죄를 다시 범하는 것이었다). 그러므로 대죄를 범한 상태에서 성체를 보는 것도 죄를 범하는 것인가 하는 질문이 제기되었다. 일반적으로 그에 대한 답변은 그것은 죄가 아니라는 것이었다. 그와 정반대로, 죄를 제대로 회개하지 않은 사람이 성체를 보는 것은 그들의 내면에 하나님을 향한 사랑과 회개할 수 있는 적절한 성향을 불러일으킬 수 있었다.[8]

성체를 보는 것보다 받는 것—먹는 것—에 더 큰 가치를 부여한 데는 신학적 이유가 있었다: 성찬을 받음으로써 받는 유익은 *ex opere operato*, 즉 성례전 자체에서 오는 것인 반면, 단지 성체를 바라보는 것만으로는 그런 유익을 줄 수 없었다. 그러나, 이것은 성체를 바라보는 것을 성찬 신앙의 중심으로 만들려는 경향과 완전히 상반되지는 않은 신학적 해결책이었다. 16세기에 한 가톨릭 변증가는 가톨릭교도들이 성찬을 받는 것보다 경배에 더 높은 가치를 부여하지는 않는다고 말하면서도, 경배를 덜 위험한 것으로 간주한다는 점을 인정했다.[9]

대중 신앙에서는 성찬의 떡과 포도주 안에 있는 그리스도의 임재의 실재를 철저히 문자적으로 이해했는데, 이것은 중세 시대에 생겨난 많은 대중적 전설에서 증명된다. 예를 들면, 독일의 빌스낙(Wilsnack)에서는 화재로 인해 타버린 교회 안에서 피로 뒤덮인 성체가 발견되었는데, 이로 인해 그 지역에서는 성체

---

[8] 이러한 취지의 본문으로는 Dumoutet, *Le désir*, 18을 보라.
[9] Ibid., 35.

숭배의 신앙이 발달했다.[10] 또 다른 전설에 의하면, 어떤 사람이 중병에 걸려서 성찬을 받을 수 없었다. 그러나 그는 성체를 보기를 간절히 원했다. 그의 소원이 너무나 강했기 때문에, 사제는 그의 가슴에 성체를 놓아 주었다. 그런데 그 성체가 그의 몸 안으로 실제로 들어가는 것을 많은 사람이 목격했다.[11]

12세기 말엽에 '성체 거양'이 도입된 것은 이미 충분히 발달한 화체설 강조에 대한 반응이었고, 또한 역으로 이러한 강조를 강화하는 데 많은 도움이 되었다.[12] 사제가 축성한 후에 곧바로 성체를 거양하는 것은 신자들이 떡과 포도주 아래 임재해 계신 구세주의 몸과 피를 볼 수 있게 하기 위함이었다. 이러한 형태의 성찬 신앙은 교회 안에 존재해 온 전통의 지위에 도전했다.[13] 대중 신앙에서는 성체를 보는 사람들을 위해서 지나치게 다양한 주장과 기대를 발전시켰다. 거양된 성체를 보는 사람은 눈이 멀지 않거나 돌연사를 하지 않는다는 것 등이다.[14]

14세, 15세기에 개혁 정신을 가진 많은 저술가는 이렇게 지나친 대중의 기대를 비판했지만, 개혁자들은 매우 힘겨운 싸움을 하고 있었다. 기적 이야기가 많았는데, 어떤 경우에는 종교적 관행에 지대한 변화를 초래했다. 이러한 변화는 교회의 성직자단의 지지를 받았으며, 일련의 전례에서 확실한 위치를 차지했다. 14세기의 기록에 의하면, 1263년에 이탈리아의 볼세나(Bolsena)라는 도시에서 어느 사제가 성찬식을 집전하고 있었는데, 자신이 성체를 축성했는지

---

10) Ibid., 81. 중세 성찬의 기적에 관한 전설에 대한 보다 충분한 설명을 위해서는 J. Corbet, *Histoire du Sacrament de l'Eucharistie*, 1:464-515를 참고하라.

11) Dumoutet, *Le désir*, 75 n. 1.

12) Browe, *Die Verehrung der Eucharistie im Mittelalter*, 49.

13) 본문은 Dumoutet, *Le désir*, 57 n. 1을 보라.

14) Franz, *Die Messe im deutschen Mittelalter*, 56.

확신할 수 없었다. 어떤 보고서에 따르면, 그는 화체설에 대해 의심을 하고 있었다고 한다. 그때, 그가 들고 있던 성체에서 피가 흐르기 시작하더니, 제단보 위에 구세주의 모습을 이루었다. 이런 일에 반대하는 데 있어서, 신학적 절제는 그다지 효과적이지 못했을 것이다. 14세기에 교회의 권세자들이 성체축일을 지키는 것을 확언하고 보편화했을 때, 이 기적이 그 근거의 하나로서 제시되었다. 이 축일이 발달하면서, 교회 건물 밖에서 성체를 들고 행진하는 관습이 도입되었다. 더욱이, 성체축일과 관련하여 성찬식과는 별도로 성체를 전시하여 경모하게 하는 관습이 도입되었다.[15] 이처럼 "복된 성례전의 해설"과 성체강복식—성체로 회중을 축복하는 일—은 일종의 논리적 결론으로서 이러한 측면의 중세 성찬 신앙의 발달을 가져왔다. 이러한 관습이 성찬을 대체하지는 않았다. 그러나 그것들은 성찬 봉헌에서 크게 귀중하게 여겨진 것—하나님의 임재—을 정화하여 표현한 것들이다.

성찬의 유익

중세시대의 성찬 신앙에는 또 하나의 중요하고 특징적인 것이 있다. 성찬은 그리스도께서 임재하시게 되는 기적적인 행위일 뿐만 아니라, 또한 신자로 하여금 특정한 유익을 얻게 해주는 대단히 중요하고 강력한 수단이었다. 중세시대, 특히 중세 후기의 미사에는 많은 다른 목적이 있었기 때문에 그 문세의 전반적인 의미를 파악하기가 쉽지 않다. 그러나, 어떤 주제는 되풀이하여 등장하며, 우리로 하여금 아주 다양한 주제를 이해하도록 해준다.

무엇보다도, 미사는 영적인 유익을 얻는 수단이었다. 그것은 은혜의 수단,

---

15) Ibid., 154.

말하자면 그리스도인이 그리스도를 더 온전히 닮고, 천국에서 하나님과 더욱 깊은 교제를 준비하게 해주는 수단이었다. 중세 가톨릭교회의 신앙에서는 그리스도인의 삶을 은혜의 축적, 곧 신적으로 부여된 에너지로 간주하는 강력한 경향이 있었다. 일반적으로, 성례전은 은혜의 수단으로 여겨졌다. 성찬은 그러한 은혜를 나누어주는 주된 수단이라고 해석되었는데, 이론상으로 이것이 가장 중요한 유익이었다.

성찬은 또한 이미 죽었지만, 아직 천국의 상급을 받아 누리지 못하고 있는 사람들에게 세상의 교회가 영적인 유익을 나누어줄 수 있는 수단이었다. 이것은 고백성사의 발달과 깊은 관련이 있었다. 11세기에는, 고백성사의 일부였던 속죄의 고행은 면죄와 화해가 이루어지기 전이 아니라 후에 수행하게 되었다. 이것은 이러한 행위들의 기능에 대한 질문을 일으켰다. 결국, 그것들은 죄 사함을 받은 후에 수행되었으므로 사죄에 필요한 전제조건이 될 수 없었다. 그러나 그렇지 않다면, 어떤 기능을 할 수 있을 것인가? 일반적으로 제시되는 대답은, 면죄를 받은 후에도 지급되어야 할 일시적인(영원한 것은 아니라 할지라도) 처벌의 빚은 남아 있었고, 고행의 행위는 이 빚을 갚기 위한 것이었다.[16] 따라서, 경건한 사람이라도 이 세상을 떠난 이후에 받아야 할 형벌에 대한 관심이 점차 강하게 일어나게 되었고, 이러한 과정에서 죽은 자들, 즉 연옥에 있는 영혼들을 위한 미사가 성행하게 되었다. 연옥의 교리와 면죄의 관습과 이론은 분명히 이러한 관습의 변화와 이러한 변화를 뒷받침하려는 이론적 노력에 많이 기인한다. 죽은 자를 위한 미사는 아주 흔한 관습이 되었다.

미사는 매우 다양한 영적 유익을 제공할 수 있었고, 그러한 유익의 목록이

---

16) 이러한 발달에 관해서는 Bernard Poschmann, *Penance and the Anointing of the Sick*, 157-58을 참고하라.

전해져 오고 있다. 그중 가장 중요하고 흔히 인용되는 것은 중세 시대 서방 기독교계의 주요한 특징이었던 점증하는 염려와 관련되어 있다. 만일 어느 날 신자가 미사 도중에 죽는다면, 그가 미사에 참석했던 것처럼 그리스도께서 그 사람이 임종할 때 함께 해주실 것이라는 약속이 주어졌다. 훨씬 더 매력적인 것은 신자들은 미사에 참여한 날에는 갑작스러운 죽음이나 불행한 죽음을 맞지 않을 것이라는 약속이었다. 만일 경건한 마음으로 미사에 참여하고 죄를 회개하고 나서 그날 죽는다면, 그 사람은 교회의 모든 성례전을 받은 것과 다름이 없다는 것이다.[17]

미사로부터 기대된 유익은 세속적인 것 이상이었다. 미사에 참석하는 동안에는 사람은 늙지 않는다거나, 미사 때문에 세상일에 지장이 없을 것 등을 기대하기도 했다. 튼튼한 신앙이 있으면, 종일 열심히 일하는 것보다 미사에 참여함으로써 완전히 세속적인 의미에서 더 많은 유익을 얻을 수 있을 것이다. 축성된 성체를 보면 눈이 멀지 않을 뿐만 아니라 소화가 잘된다고 보장했다. 물론, 그러한 견해가 무비판적으로 혹은 보편적으로 받아들여진 것은 아니지만, 사실상, 그것들이 민간전승의 많은 부분을 이룬다는 것은 이 시대의 성찬 신앙의 일반적인 경향에 대해서 무언가를 말해 준다.[18]

어느 기사가 자살하고픈 강력한 유혹을 받고 있었는데, 그 사람의 유일한 치유책은 매일 미사에 참석하는 것이었다. 그런데 여행을 하던 중 자신의 실수는 아니었지만 어쨌건 그는 미사에 참석하지 못했다. 다시 자살하고픈 충동을 느끼게 되자, 그는 주위 사람들에게 그날 미사에 참석했던 사람들에서 미사의 열매를 기사가 타는 말과 교환할 사람이 있느냐고 물었다. 한 청년이 그 제안을

---

17) Franz, *Die Messe im deutschen Mittelalter*, 64-65.
18) Ibid., 69-70.

수락하여 교환이 이루어졌다. 그 즉시 기사는 자살하고픈 강박관념에서 해방되었다. 예상할 수 있는 바와 같이, 그날 늦게 그 청년은 목을 매어 자살했다. 이 이야기를 하는 사람이나 듣는 사람들이 그 이야기의 내용을 완전히 믿었다고 생각할 필요는 없다. 예를 들면, 그 두 사람이 단순하게 미사의 열매를 교환할 수 있었다고 믿어졌는지는 분명하지 않다. 그러나 그것은 미사가 올바르게 사용되면 선을 위한 강력한 도구가 되고 남용되면 악을 위한 강력한 도구가 된다는 신념이 있었음을 증명해준다.[19]

이렇게 미사를 능력의 원천으로 보는 견해는 봉헌 미사의 발달과 병행했고, 또 그것에 의해서 강화되었다. 신자에게는 미사를 드림으로써, 혹은 특정한 소원을 위한 미사를 가짐으로써 충족될 수 있는 온갖 종류의 소원이 있을 수 있으므로 교회력의 배열과 전례 본문이 이러한 경향을 반영하게 되었을 것이라고 보는 것이 타당한 듯하다. 초기의 성례전집(성찬식에서 사용되는 본문을 편집한 것)인 레오나인(Leonine)과 겔라시안(Gelasian)은 이미 이러한 경향을 보여주었다. 그러나 이러한 경향이 완전히 발달한 것은 우리 시대에 와서였다.

봉헌 미사 중 가장 중요한 것은 죽은 자를 위한 미사였다. 죽은 자를 위해 기도하는 것은 중세 시대에 생긴 관습은 아니었으며, 중세에 들어서 다른 성격을 띠게 되었다. 죽은 자를 위한 기도는 죽은 사람에게 지정된 연옥의 고통을 완화하거나 취소시키는 수단으로 간주하였다. 그러한 기도는 다양한 형태를 띠었지만, 일반적으로 죽은 자를 위한 가장 강력한 형태의 기도는 미사라고 인정되었다. 14세기의 미사의 열매를 열거한 목록에는 다음과 같은 내용이 들어 있다: 각 미사를 통해서 죄인이 회심하게 되고, 영혼이 연옥에서 해방되며, 의인

---

19) 그 이야기와 그 원천에 관해서는 Franz, *Die Messe im deutschen Mittelalter*, 71을 보라.

은 복을 확증 받는다. 훨씬 더 야심적인 주장이 이루어졌다. 그러나 일반적인 경향은 수적인 것보다 중요치 않았다: 우리보다 먼저 죽은 사람은 우리의 도움이 필요하며, 우리가 그들에게 줄 수 있는 가장 강력한 도움은 미사이다.[20]

성찬식을 거행함으로써 어떻게 영혼을 연옥에서 해방시켜 주는 것과 같은 특별한 목적을 성취할 수 있다고 생각되었는지는 분명하지 않다. 토마스 아퀴나스는 미사의 제사 자체와 신자들이 미사 때 드리는 기도를 구분하면서, 미사 때 드리는 기도와 미사 참석자들의 헌신의 강도에 따라서 미사의 효력이 달라진다고 주장했다(*Summa Theologiae*, Suppl., 71, 9 ad 5). 그러나 대중 신앙이 그러한 구분에 특별히 민감했는지는 분명히 알 수 없다. 죽은 자를 위해서 미사를 드리는 것은 보편적인 일이었는데, 이것은 미사란 하나님만이 주실 수 있는 유익을 얻기 위해 그분께 바쳐지는 것이라는 견해를 표현한다고 가정하는 것이 합리적인 듯하다. 비록 신학자 중에는 미사의 제사가 좋은 수확하기 위해 바쳐지는 것으로 생각하지 않는 사람들이 있었겠지만, 신학자가 아닌 사람들이 그와 마찬가지로 분명하고 공정하게 문제를 바라보았는지는 분명하지 않다. 미사를 제사로 보는 매우 엄격한 신학적 개념이 있었을 것이다. 그러나 그러한 개념이 대중 신앙을 통제하거나 지배할 수 있었는지 아닌지의 여부의 문제는 논란의 여지가 있다.[21]

---

20) Ibid., 239.

21) 이 점에 관해서는 James F. McCue, "Luther and Roman Catholicism on the Mass as Sacrifice," in *Lutherans and Catholics in Dialigue*, 3:45-74, 특히 72-73을 보라.

성찬을 받기 위한 준비

중세의 성찬 신앙은 정결과 정화의 신앙이었다. 그리스도의 실질적 임재에 대한 강조와 긴밀하게 연관된 것은 경외, 존숭, 그리고 두려움의 태도였다. 중세 시대의 신앙은 전체적인 정화의 체계로 성찬을 둘러싸고 있었다. 거룩한 떡과 포도주를 만지는 사람은 성찬을 행하기 전에 손을 씻어야 했다. 이것은 지극히 당연한 일로 간주하였기 때문에, 신학자들이 그 이유를 체계적으로 제시할 필요는 없는 것 같았다(Thomas Aquinas In 4 Sent.d. 9, q. 1, a. 4). "몽정"을 한 다음 날은 성찬을 받아서는 안 된다는 것은 그다지 분명한 견해가 아니었다. 이에 대해서는 보다 자세한 논의가 필요했다. 그런 상황에서 성찬을 받는 것을 절대적으로 금해야 한다는 것이 아니라, 그것은 부적절하다고 주장되었다.

가장 중요한 정결은 죄의 정화였다. 16세기 초에 마틴 루터는 4세기의 인물인 암브로스(Ambrose)의 글을 인용하여, 우리는 매일 죄를 범하기 때문에 매일 성찬을 받아야 한다는 취지로 말했다. 루터는 이것을 반복해서 말하면서, 우리는 성찬을 독(毒)처럼 생각해서는 안 된다고 촉구했다.[22] 여기에서 그는 중세 시대의 성찬 사상의 중심 주제에 대해서 반발하여, 그 대안을 만들려 했다. 11, 12세기에 고백성사가 매일의 죄를 용서해주는 의식으로 변화되면서, 라틴 기독교계의 영적인 분위기도 변화되었다. 신학과 교회법에서는 하나님 앞에서 인간의 지위를 근본적으로 변화시키는 "대죄"와 그와 같은 근본적인 결과를 초래하지는 않는 "가벼운 죄"를 뚜렷하게 구별하는 해석이 발달했다. 일반적인 상황에서 모든 사람은 고백성사 때 사제에게 모든 대죄를 고백해야 했다.

이 모든 것이 성찬과 연관됨으로써, 일반적으로 대죄를 용서받지 못한 사람

---

22) Martin Luther, WA, 1.333.7ff.

은 성찬을 받을 수 없다고 주장되었다. 이러한 금지 사항을 위반하는 사람은 또 다른 대죄를 추가하는 것으로 간주하였다. 비록 미사의 열매들의 목록은 미사에 가벼운 죄를 용서해 주고, 이미 용서받은 대죄에 합당한 일시적인 형벌을 사해 줄 수 있는 능력을 지속해서 부여했지만, 성찬은 심각하지만 "일상적인" 죄의 용서를 위한 성례전으로 간주하지는 않았다. 더욱이, 고백성사라는 관습을 둘러싸고 발달된 많은 문제는 성찬이 봉헌되는 방법에 많은 영향을 미쳤다. 신자들은 자신의 죄를 추가하는 위험을 무릅쓰고라도, 성만찬을 받기 전에 모든 대죄에서 정화되어야 했다. 그러나 이러한 종종 정화의 과정이 대단히 어렵고 힘겨운 것임이 입증되었기 때문에,[23] 성만찬을 받기 위한 준비도 어렵고, 종종 매우 걱정스러운 것이 되었다. 이렇게 발달하기 전에도 라틴 교회에서 성찬식의 회수는 감소하였는데, 이것은 대개 종교적 무관심의 한 징후로 간주하였다. 그러나 우리가 다루고 있는 이 시대에는 경건한 사람들조차도 성찬 받기를 주저하는 일이 있었다.[24] 앞에서 언급한 것처럼, 중세 말에는 많은 사람이 성찬을 받는 것보다는 바라보는 것이 훨씬 안전하다고 생각했다.

******

중세 시대 가톨릭교회의 성찬 신앙은 개신교와 보다 최근의 로마 가톨릭 내부의 전례 개혁가들의 준열한 비판을 받았지만, 그러한 비판으로 해서 그러한 성찬 신앙이 담당했던 긍정적인 역할을 간과해서는 안 된다. 이러한 신앙은 인간의 삶과 창조의 한복판에서 하나님의 실재와 임재에 대한 매우 강력한 의식

---

23) 이것은 종종 문서화 되어 왔다. 최근의 연구 중에는, 특별히 Thomas Tentler, *Sin and Confession on the Eve of the Reformation*, 특히 156-62를 보라.

24) Duhr, "Communion fréquente," in *Dict. Sp.* 2, cols. 125-56을 보라.

을 육성한 듯하다. 동시에, 예민한 죄의식과 심판자 하나님 앞에서의 두려움은 주요한 긴장을 유지해준 듯하다. 성찬 안에 현존하신 하나님은 상식적으로는 인지할 수 없는 신비한 존재였다. 이 신앙 안에서, 우리는 중세 시대에 라틴 교회가 하나님의 내재성과 초월성을 기리고 감지한 특별한 형태를 본다.

제19장

교회의 두 가지 이상: 근대 전야의 동방과 서방

존 메엔도르프(John Meyendorff)

중세의 비잔틴 제국은 자기의 기독교 문명이 역사의 궁극적 완성이라고 보았다. 콘스탄틴 황제는 보스포러스 해협을 끼고 "새로운 로마"를 건설함으로써, 성육신 자체에서 의도된 하나님의 계획—세상에 하나님의 나라를 세우는 것—을 성취했다고 간주하였다. 제국은 이러한 이상의 기본적인 내용을 바꾸지 않은 채 천 년 동안 존속했지만, 그 이상은 내적, 외적으로 도전을 받았다. 내적으로는, 기독교의 성경, 전례적 전통과 영속적으로 존재하는 수도원적 금욕주의의 예언적 임재 등은 다른 종말론을 가리키고 있었다: 하나님의 나라는 지상의 제국과 구별되며, 장차 임할 것이다. 외적으로는, 비잔틴 제국의 국경과 영향이 축소되고 있었고, 하나님께서는 회교도가 광대하게 펼쳐진 전통적인 기독교 지역을 정복하는 것을 묵인하시는 것 같았다. 13세기까지 동방의 기독교인들은 서방 기독교를 하나님께서 세우신 *oikoumenē*의 일부로 간주하고 있었다: 로마 가톨릭 교인들은 "야만적인" 생각의 영향을 받아 약간의 오류를 범하고 있는 형제들이지만, 4세기 이래로 간주해 왔던 것처럼, 기독교 로마 세계에 복귀하도록 운명 지워졌다. 비잔틴 사람들은 성 소피아 대성당에 들어가서 제국의 보편성에 대한 메시지를 들을 때마다, 그리고 문 위쪽에 모자이크로 장식된 콘스탄틴과 저스틴 황제의 모습을 바라볼 때마다, 언제나 이 지울 수 없는 희망을 상기했다.

13세기에 발생한 비극적인 사건 때문에 그 꿈은 종식된 듯하다. 1204년에 십자군은 "새로운 로마"를 약탈했다. 프랑크족의 황제가 콘스탄틴의 보좌에 앉았고, 베니스 출신의 총주교가 크리소스톰과 포티우스의 자리를 차지했다. 1240년에는 몽골족이 러시아—광활하고 유망한 정교회의 선교 정복지—를 정복했고, 불가리아와 세르비아의 교회들은 정교회에 대한 충성심이 흔들렸다. 비잔틴의 제국적 보편주의는 가톨릭교회의 교황이 주도하는 *orbis christianorum*에 의해서 영원히 대체되었고, 몽골 제국과 회교도인 터키족의 위협에 홀로 대면하고 있었다. 동방의 기독교인들이 취할 수 있는 유일한 대안은 영적, 정치적, 문화적으로 서방 기독교계나 아시아 제국들에 흡수 통합되는 것인 듯했다.

이러한 기념비적인 사건과 기본적인 영적 질문은 동방 교회의 종말론에 결정적인 영향을 미쳤고, 그들이 자신의 영적인 정체성을 새롭게 규정하도록 강요했다. 물론, 1261년에 그리스인들은 콘스탄티노플을 탈환했고, 1453년까지 연약한 황제들은 기울어가는 "새로운 로마"의 위신을 유지하기 위해 애를 썼지만 그것은 상징적인 행동에 불과했다. 동방 기독교의 진정한 힘과 탄성을 교회 자체가 점유했는데, 교회 내에서 지도적 위치는 헤시카즘과 결합한 강력한 수도원 부흥운동의 대표자들이 차지했다.

헤시카스트 부흥 운동

서방 기독교와는 대조적으로, 동방의 기독교는 지방의 주교들로부터 독립해서 주교의 영역을 넘어서 사역하는 교단들이 발달하지 않았다. 사실 비잔틴 교회법에서는 주교가 모든 지방의 수도 공동체들을 관할할 것을 요구했고, 비잔틴의 수도사들은 그들의 규율 속에 교육이나 선교와 관련된 일을 거의 포함하지 않았는데, 그런 일은 보다 행동인 중세와 현대의 서방 수도회의 특징이었다. 그러나 실제적인 예외는 있었다. 예를 들면, 8세기 말에 위대한 수도원장 성 테오도르(St. Theodore)가 지도한 스투디오스(Studios) 수도원은 "교회 내의 교회"와 같은 존재로서, 사회에 영향을 미칠 수 있는 대단히 구체적인 프로그램을 가지고 있었다. 이와 비슷하게, 그리고 훨씬 더 광범한 규모로, 흔히 "헤시카스트"라고 불리는 운동은 14세기에 정교회가 자리 잡은 동방 전역에서 광범위한 영적 갱신을 이루어 냈다. 그 역할은 서방의 클뤼니 수도원의 개혁과 비교될 수 있다. 그 두 운동의 이념적인 입장과 역사적인 조건은 분명히 달랐지만, 점진적으로 교회내의 성직을 독점하게 된 수도원적 지도력은 양자의 경우에서 사회적/정치적 조건보다 영적 가치를 우위에 두는 일련의 우선순위를 확립하는 데 성공했다.

"헤시카즘"(hysychasm)의 초기 역사는 이 백과사전의 여러 곳에 묘사되어 있으며, 또한 그레고리 팔라마스의 신학 저술 속에 반영된 "헤시카즘"의 교리적 표현은 앞에서 다루었다.[1] 그럼에도 불구하고, 헤시카즘의 광범위한 영적인 영향력을 완전히 이해하려면, 그 용어는 여기에서 우리의 관심사가 되는 운동을 지칭하기 위해서 매우 넓은 의미에서만 사용될 수 있다는 점을 이해해야 한다. 헤시카스트, 혹은 아토스의 관상적 은수사들은 "그리스도 안"에 사는 사람들

---

1) See J. Gribomont, "Monasticism and Asceticism. I, Eastern Christianity," and Kallistos Ware, "Ways of Prayer and Contemplation. I, Eastern," both in *Christian Spirituality: Origins to the Twelfth* Century, ed. B. McGinn and J. Meyendorff (World Spirituality 16; New York: Crossroad, 1985) 86-112, 395-414. 이 책 제9장의 George Mantzarides의 논문을 참고하라.

은 직접 신적인 삶에 접근할 수 있다고 주장했는데, 이러한 사상을 따르는 사람 중에는 평신도 신학자들(예를 들면 니콜라스 카바실라스), 정치 지도자들, 그리고 교회나 세속의 권력 구조 내에서 상위직에 올랐기 때문에 일반적인 의미에서 은수자나 신비가로 간주할 수 없는 성직자들도 포함했다.[2] 그들은 그 시대의 사회생활, 문화생활, 정치생활에 직접 개입하여, 구체적이고 실질적 목표를 추구했다. 그들은 그렇게 행하면서 공통적이며, 기본적으로 영적인 우선 사항을 채택했는데, 이것은 하나의 운동으로서의 그들의 정체성, 그리고 그들의 행동의 일관성을 설명해준다.[3]

1341년, 1347년, 그리고 1351년에 콘스탄티노플에서 열린 "팔라마이트"(Palamite) 공의회의 결정은, 모든 기독교인은 즉각적으로 하나님에 대한 지식과 경험에 접근할 수 있다는 기본적으로 단순한 언명으로 축약될 수 있다. 그러한 경험을 추구하는 것은 기독교 신앙의 표현이다. 신앙은 지적인 추측이 아니라, 진리 자체를 보는 것이다. 진정한 기독교적 경험을 위해서 교회의 성례전적 삶이 필요하다. 더욱 기술적인 신학적 문제, 곧 신적인 본질과 신적인 에너지를 구별한 팔라마이트 구분은 공의회가 확인한 경험적 사실주의의 술어상의 결과이지 그 원인은 아니었다. 15세기 중엽에 비잔틴 정교회에서 그처럼 중요한 영적인 선택을 했다는 사실은 수도원운동의 부흥과 수도원의 영적 지도력에 대한 새로운 인식과 관련되어 있다. 수도원 운동의 부흥은 앞에서 언급된 대변혁적 사건과 연결되어 있었다. 라틴 정복과 터키의 도전으로 말미암아 비잔틴 제국과 제국의 문화적 자부심은 산산조각이 났다. 정교회 외에는 신뢰

---

[2] 이 점에 관해서는 J. Meyendorff, *Byzantine Hesychasm* (London: Variorum, 1974)의 서론을 보라.

[3] See the chapter "Victory of the Hesychasts in Byzantium: Ideological and political consequences" in Meyendorff, *Byzantium and the Rise of Russia*, 96-118.

할 만한 구원의 닻이 남아 있지 않았다. 그러나 교회의 힘은 제국의 구조 안에 있는 것이 아니라 수도사들이 주장하는 종말론적이고 신비적이고 금욕적인 전통 안에 있는 것으로 간주하였다.

1338년경, 그레고리 팔라마스는 그의 저서 『삼부작』(*Triads*)에서 이탈리아 남부의 "철학자" 발라암(Barlaam)의 공격에 맞서 헤시카스트 운동을 변호하면서, 그와 그의 제자들이 그 운동의 모델이라고 여긴 영적 지도자의 목록을 제공했다. 그 목록에서 가장 주목의 대상이 되는 사람은 필라델피아의 테오렙투스(Theoleptus of Philadelphia, 1250-1321/26)나 아타나시우스 I세(Athanasius, 1289-1293, 1303-1310) 총주교와 같이 강한 의지와 사회적 에너지를 지닌 주교들이었다. 엄격하고 금욕적인 개혁자였던 아타나시우스 총대주교는 정치 문제에 관해서 황제 안드로니쿠스(Andronicus II)를 부모 같이 가르쳤고, 박애 사업을 위해서 많은 힘을 쏟았으며, 이기적인 교회 직원들을 억제하고, 수도원에 규율을 부여했다.[4] 콘스탄티노플의 다른 총대주교들은(이시도어, 칼리스투스, 필로테우스) 특히 1347년의 팔라마스의 승리 이후, 최소한 공식적인 의도에서는 아타나시우스의 예를 따랐다.

헤시카스트 운동의 특징인 영적인 관심사의 우선성은 고대 그리스 문화와 철학에 대한 인문주의적인 관심에 반대한 점에서 뚜렷이 표현되었다(이는 동방의 수도사들의 전통적인 입장이었다). 팔라마스와 그의 제자들이 체계적인 반계몽주의자였던 것은 아니다. 그들은 신학적 논의를 할 때 철학적 언어와 개념을 사용했지만, 비잔틴 제국을 하나의 "헬라" 국가로 여기며 콘스탄티노플

---

4) On Athanasius, see A,-M. Talbot, ed., *The Correspondence of Athanasius I* (Dumbarton Oaks Texts 3; Washington, DC, 1975); and J. Boojamra, *Church Reform in the Late Byzantine Empire: A Study for the Patriarchate of Athanasios of Constantinople* (Thessaloniki: Analekta Vlatadon, 1982).

을 그 국가의 새로운 "아테네"로 이해하려는 경향에 반대했다. 비잔틴 제국의 지적 엘리트들 간에 대두된 세속적 민족주의(이는 중세의 종말을 예고해준다)는 문화적/정치적 생존을 획득하려는 희망을 가지고 라틴 신학에 교리적인 굴복을 함으로써 이루어진 교회 연합 시도에서 정치적으로 표현되었다. 헤시카스트들은 그러한 시도에 반대하면서, 새로운 형태의 정교회 보편주의를 진작시켰다. 아토스산의 그리스인, 슬라브인, 몰다비아인, 시리아인, 그루지아인 수도사들이 하나의 공통된 영성과 공통된 가치관을 채택함으로써 하나가 되었다. 그러므로, 그들 가운데서 선택된 콘스탄티노플의 총대주교뿐만 아니라 불가리아인 총대주교(유티미우스), 세르비아인 대주교들(사바), 그리고 "키예프와 러시아"의 대주교들(키프리안)도 모든 정교회 세계 안에 그와 유사한 우선순위의 체계를 진작시키게 되었다. 이것들에는 팔레스타인의 성 사바스(St. Sabas of Palestine)의 *Ordo*("Typikon"), 콘스탄티노플 총주교에 대한 공통의 충성(그리고 "모든 그리스도인의 황제"라는 표현에서 나타난 것처럼, 상징적인 황제의 지위), 그리고 교황청과의 통합에 대한 공통적인 거부감(이 운동을 추진하는 자들의 동기는 신학적이라기보다는 정치적이었다)에 근거한 전례의 통일이 포함되었다.

11세기 서방의 클뤼니와 마찬가지로, 아토스산은 그 경계를 넘어서까지 공식적인 규제력을 행사하지는 않았지만, 확실한 수도원 운동의 중심지였다. 이 거룩한 산은 북부 그리스에 있었다. 아토스 반도의 전 영역에는 공주생활을 하거나 은둔생활을 하는 많은 수도 공동체가 산재해 있었다. 각 공동체에는 다스리는 수도원장이 있었다. 그러나 모든 수도원은 *prōtos*라고 알려진 대수도원장의 권위를 인정했다. 오늘날까지도 아토스산에서는 다양한 수도적 규율과 일반적인 생활방식이 존속하고 있다.

14, 15세기에, 수도원운동은 아토스에서부터 발칸 제국과 러시아까지 파급

되었다. 그것은 서적과 여행하는 수도사들에 의해 이루어진 일이었다. 아토스 산이나 콘스탄티노플에서, 혹은 세르비아나 불가리아나 러시아에 거주하는 헬라어를 사용하는 수도사들에 의해서 서적들이 슬라브어로 번역되었다. 그리스의 영성 서적들의 새로운 유입은 역사가들로 하여금 러시아에 미친 "제2의" 비잔틴이나 혹은 남슬라브의 영향(최초의 영향은 988년의 "러스[Rus]의 세례"에 이어 바로 나타났다)에 대해서 언급하게 했다. 대부분 번역서의 원본은 교부 시대의 헬라 교부들이나 시리아 교부들의 것이었으며, 신학자 시메온(St. Symeon the New Theologian, d. 1022)의 찬송이나 14세기 헤시카스트들의 기도에 관한 서적처럼 중세 비잔틴 시대의 서적도 있었다. 팔라마스의 저서처럼 어려운 신학서적은 슬라브 독자들의 이해 수준을 넘어선 것이었고, 슬라브인들은 헤시카즘의 원리에 대해 지적으로 도전하지 않았으므로 그러한 서적은 실제로 필요하지 않았으며, 번역되지 않았다. 난해한 신학을 제외하면, 그 시대의 세르비아, 불가리아, 혹은 러시아 수도원의 일반 장서는 내용에 있어서 아토스 산, 콘스탄티노플, 밧모, 시내산 등에 위치한 헬라 수도원의 것과 동일했다.

헤시카스트 부흥 운동과 연결된 가장 큰 발전은 러시아 북부에서 진행된 수도원운동이 확산일 것이다. 라도네즈의 성 세르기우스(St. Sergius of Radonezh, ca.1314-1392)는 이 북부 테바이드(Thebaid)의 시조로 인정되었다. 그가 모스크바 북동쪽에 설립한 성삼위 "라브라"(lavra)는 14세, 15세기에 북부의 삼림 지대에 세르기우스의 제자들이 세운 150개가 넘는 수도원들의 본원이 되었다. 은수사들이나 공주생활을 하는 사람들 모두가 세르기우스를 본보기로 언급했다.[5] 그

---

5) 그 기간의 러시아 수도원운동에 관해서는 I. Smolitsch, *Russisches Mönchtum: Entstehung, Entwicklung und Wesen*, 988-1917 (Wurzburg: Augustinus-Verlag, 1953) 79-100; G. P. Fedotov, *The Russian Religious Mind*, vol. 2, *The Middle Ages: The Thirteenth to the Fifteenth Centuries,* ed. J. Meyendorff (Cambridge, MA:

의 『생애』(Life) – 이 책은 그의 제자인 현자 에피파니우스의 작품으로서, 그 시대의 문학 양식을 보여주는 본보기이다 – 는 그가 독거(hēshchia) 형태의 수도 생활을 시작했다고 묘사한다. 세르기우스는 맹수들과 함께 생활한 이집트 교부들을 본받아 독거생활을 하다가 곰 한 마리와 친해졌다. 세르기우스의 전기를 쓴 작가는 세르기우스의 삶의 특징이었던 단순, 겸손, 형제사랑의 덕을 강조하고, 그의 신비적 경험의 일부 실례를 상세히 언급한다. 육체노동을 사랑했고 조직력이 있었던 세르기우스는 콘스탄티노플 총대주교의 가르침을 받아서 수도원 안에서의 공주생활의 창시자가 되었다. 세르기우스는 동시대의 인물인 비잔틴 헤시카스트의 정신을 가지고, 그 시대의 사회생활과 정치생활에 개입했다. 그는 비잔틴 제국의 교회 지도층과 밀접한 관계를 가진 불가리아인 대주교 키프리안과 견해를 같이하면서, 러시아 교회의 통일성을 지지했고(이 교회의 교구들은 심한 전쟁에 휘말려 있던 모스크바 공국과 리투아니아 공국 전역에 있었다), 모스크바 군대가 몽골족에 대항하여 처음 출정할 때(1380), 그 군대를 축복해 주었다.

그러므로, 이 시대의 러시아 수도원운동의 역사는 헬라어를 사용하는 지역의 수도원 이념과 매우 일치한다: 신비적/종말론적인 강조는 부수적인 역사적 조건과는 관련이 없는 영적 의식으로 이끌지만 경건주의적인 초연성이나 역사에 대한 무관심을 내포하지는 않는다.

그 시대의 영적 열정을 보여주는 또 다른 예는 선교 활동의 부흥이다. 콘스탄티노플 총대주교의 다양한 활동에 대해서는 극히 일부만 알려졌지만, 고문서들은 멀리 코카서스와 다뉴브강 북부의 루마니아어를 사용하는 지역인 발라키아(Valachia)에 새로운 교구를 설립했음을 증명해준다. 헬라어를 배운 세르기

Harvard University Press, 1966) 195-264를 보라.

우스의 제자요 친구였던 페름의 성 스테픈(St. Stephen of Perm, 1340-1396)은 새로 식민지가 된 러시아 북부 지역에서, 성경과 전례서를 핀 족(Finnish)의 일파인 지리안족(Zyrian)의 언어로 번역하는 작업을 지휘했다. 그는 그 종족을 위해 특별한 알파벳을 고안해 냈고, 그 종족 최초의 주교가 되었다. 따라서, 9세기에 키릴과 메토디우스가 본을 보인 것처럼, 선교지에서 원주민의 언어를 사용하는 전통은 중세 후기에도 전적으로 받아들여졌다.

14, 15세기의 동방 기독교의 영성에 대한 묘사를 하려면 최소한 그 시대의 지적 운동과 영적 운동에 병행하는 미술 분야의 발전에 대한 언급이 필요할 것이다.

소위 팔레올로간(Paleologan) "문예부흥" 기간의 그리스 미술가들의 작품을 논하면서, 안드레 그라발(André Grabar)은 다음과 같이 말한다: "우리는 그들이 카발리니(Cavallini)와 지오토(Giotto)가 발견한 것을 예시하는 동시에 고전 미술의 위대한 양식을 부활시키게 될 15세기 이탈리아 화가들의 발견을 예시하고 있음을 본다."[6] 13, 14, 15세기에 비잔틴 제국과 슬라브족의 영토에서 발달한 기독교 예술 작품에 친숙한 사람은 그것들의 혁신적인 양식, 새로운 운동 의식, 삶에 대한 친밀성 등의 특징을 인식하게 된다. 이러한 특징은 더욱 장엄하고 엄격한 10, 11세기의 비잔틴 미술과 뚜렷한 대조를 이룬다.

어떤 현대 작가들은 헤시카즘에 의해서 촉발된 영적 갱신과 이러한 미술적 발달을 직접 연결하려고 시도해 왔다. 반대로, 다른 사람들은 수도원 금욕주의는 예술에 억압적인 영향을 주었으며, 팔레올로간 "문예부흥"은 비잔틴 인문주의자들이 고전 시대에 보인 새로운 관심을 반영한다고 이해한다. 이처럼 지

---

6) André Grabar, "The artistic climate in Byzantium during the Palaeologan period," in *The Kariye Djami*, ed. P. A. Underwood (Princeton, NJ: Princeton University Press, 1975) 4:7-8.

1251년 공의회를 그린 이콘

나치게 단순화된 딜레마의 양면이 각기 기본적으로 기독교적이며 종종 수도원적인 미술이면서, 전혀 "르네상스적"이지는 않은 미술을 설명할 수 있을까? 더욱이 콘스탄티노플의 유명한 코라(Kariye Djami) 수도원처럼 고대의 영향을 부인할 수 없는 구체적인 경우, 그와 같은 관심이 슬라브족 후원자와 마케도니아의 미술가들, 혹은 러시아의 위대한 안드레이 루블레프(Andrei Rublev)의 탁월한 업적을 자극했을 것이라고 믿을 이유가 없다. 그러므로, 정치적으로 멸망해 가는 비잔틴 제국에서 기원하여 정교회를 믿는 슬라브족 사이에서 퍼져간 예술의 부흥은 하나님과의 사귐이 가능하고, 그 사귐은 하나님의 은혜에 대한 인

638 제2부 주제

간의 반응에 달려 있으며, 고대로부터 상속한 헬라적 의미의 *humanum*은 진압된 것이 아니라 오히려 기독교적 경험에 의해서 갱신되고 변형되었다고 보는 새로운 인식의 표현으로 이해할 수 있을 것이다. 따라서, 예술적 부흥의 메시지는 하나의 기독교적 영성, 곧 성상파괴주의에 대한 승리 이후 말이나 개념으로뿐만 아니라 형상과 색깔로 표현되었고, 또한 육화되지 않은 인간의 정신뿐만 아니라, 예수 그리스도 안에서 하나님이 취하신 인간 존재의 전체성에 관심을 두게 된 기독교적 영성을 반영했다.

동방과 서방: 점진적인 결별

현대 역사가들은 하나의 부정적인 요점에 동의한다: 중세 시대 기독교계의 중심이었던 로마와 비잔틴의 분열은 하나의 특별한 사건 또는 정확한 날짜와 연결 지을 수 없다. 그것은 점진적인 결별―이브스 콩가르에 따르면 "소원"(疏遠)―로서, 에큐메니컬 공의회와 교회 내에서 권위의 역할에 대한 상반된 이해가 발달된 시기에 존재했던 신학적 긴장과 함께 시작되었다. 기독교계의 두 진영은 몇 차례 교제를 단절하기도 했지만 결국에는 화해했었다. 그러나 1054년에 발생한 비교적 사소한 사건이 계기가 되어, 로마와 콘스탄티노플은 궁극적으로 결별했다. 그러나 이것은 양측에게서 화해가 불가능하다고 생각했다는 의미가 아니며, 교회에 대한 두 가지 비전이 다른 방향으로 움직이고 있었다는 것을 의미한다. 그레고리 개혁, 십자군 원정, 이노센트 3세의 "제국적" 교황제, 스콜라주의와 대학들의 대두, 그리고 14세기에 공의회주의와 서방의 대분열에서 절정을 이룬 다양한 지적 경향을 지닌 라틴 기독교계는 스스로를 자족할 수 있는 통일체의 본보기라고 여겼다. 한편 동방 기독교는 서방 교회의 제도적 발달, 특히 중앙집권화된 교황제의 발달에 민감한 반응을 보였다. 반면에, 14세기 비잔틴 제국에서 꽃을 피운 수도원 신학은 서방의 교회 제도와 학교들을 지배했던 법률적, 합리적 원리보다는 기독교 신앙의 경험적, 신비적, 종말론적 요소를 강조했다.

양 진영의 신학자들은 주로 니케아-콘스탄티노플 신조의 해석을 중심한 논쟁에 몰두했다. 원문에서는 성령은 "성부로부터"(요 15:26) 발출한다는 점을 확언했는데, 서방에서는 거기에 "성자로부터"(*Filioque*)라는 단어를 삽입했고, 그 결과 서방의 그리스도인들은 성령이 "성부와 성자로부터" 발출한다는 "이중" 발출을 고백하게 되었다. 그 표현을 삽입한 원래 목적과는 상관없이(7세기에 스페인에서 시작되었을 가능성이 크다), 그것을 지지하는 변증론자들은 신성의 본질적인 통일성을 강조한 어거스틴의 삼위일체 교리를 언급함으로써 그것을 정당화했다. 그리하여 본질에 있어서 하나이신 성부와 성자는 성령의 유일한 원천이 되신다는 주장을 폈다. 한편 동방에서는 거룩한 삼위일체에 대한 규범적인 개념은 카파도키아 교부들(4세기의 바실과 그의 친구들)의 개념이었다. 그들의 견해로는, 성부 성자 성령의 위격적, 혹은 *hypostatic*, 정체성이 주요한 기독교적 계시와 경험을 이루었다. 반면, 공통적인 신적 본질은 그 자체로는 초월적이고 미지의 것이어서 에너지를 통해서만 현시될 수 있었다.[7] 그러므로 필리오케 논쟁의 이면에는 하나님 이해에 대한 상이성이 있었다. 두 가지 개념—카파도키아 교부들의 견해와 어거스틴의 견해—은 기독교 영성을 위한 직접적인 함의를 가지고 있었다.[8] 그것들은 기독교계 안에 공존해 오다가,

---

7) 이 문제에 관해서는, Thomas Hopko, "The Trinity. I, The Trinity in the Cappadocians," in *Christian Spirituality: Origins to the Twelfth Century*, 260-76 및 이 책 제9장에 수록된 George Mantzarides의 논문을 참고하라.

8) 그 두 개념의 양극성은 T. de Régnon의 *Etudes de théologie positive sur la Sainte Trinité* (Paris, 1893) 이후로 잘 정립되었다. 이 중요한 문제에 관한 최근의 논쟁에 관해서는 K. Rahner, *The Trinity* (London: Burns & Oates, 1969); and D. Staniloae,

원문에 필리오케를 삽입한 것과 관련된 논쟁에서 그것들의 상이성에 논쟁의 초점이 주어졌다.

 *Filioque*를 에큐메니컬 공의회에서 인정한 공동의 신조에 첨가한 것은 일방적인 일로서 교회 권위의 문제를 제기했다. 비록 그것이 라틴 기독교 세계의 외진 곳에서 자발적으로, 아마도 몰이해로 인해 발생했지만, 11세기에 와서 로마의 주교들이 그것을 받아들임으로써 그 문제는 새로운 양상으로 발전되어 갔다. 교황은 그의 베드로적 권위에 근거해서 그 스스로 에큐메니컬 신조를 수정할 자격이 있는가?

 그러므로, *Filioque*라는 교리적 문제는 동방에서 알려진 것처럼 교황의 권위의 문제를 포함하는 논쟁의 시금석이 되었다. 교황의 권위의 문제는 교황 이노센트 3세가 십자군의 콘스탄티노플 함락을 재가한 것이나(1204), 제국의 수도에 라틴계 총대주교를 임명한 일 등을 포함해서 여러 가지 방법으로 표출되었다. 기독교적 경험의 중심적인 쟁점이 부상되었: 신앙은 교황제와 같이 절대적이고 합법적으로 규정된 제도적 기준에 의존하는가? 공의회나 교부들, 그리고 궁극적으로 헤시카스트들이 증언하듯이 교회의 성례전적 몸 안에 있는 모든 기독교인이 소유하는 하나님 지식보다 이 기준을 더 신뢰할 수 있는가? 그리스도께서는 베드로에게 공식적이고 절대적인 권위를 주셨는가, 그리고 이 권위는 로마의 주교에게만 전해졌는가? 동방교회에서는 언제나 교회들의 특정한 도덕적 권위와 책임을 인정해 왔고, 논쟁의 대상인 문제에 대한 세계적인 합의를 끌어내기 위해 그들의 도움을 청했었다. 그러나 중세 그레고리 교황 이후 서방 교회에서는 근본적으로 새로운 방식으로 교황의 권력을 공식화하고

 Theology and the Church (Crestwood, NY: St. Vladimir's Seminary Press, 1981)를 참고하라.

있었다. 그 시대의 정치적, 문화적 충돌을 넘어서 두 가지 교회론이 등장했다. 하나는 교회는 하나님께서 재가하신 질서와 진리의 수호자이므로, 교회의 가시적인 수장에게 복종해야 한다고 주장했다. 나머지는 과거에 오류가 있기는 하지만 실질적으로 유용한 기독교 황제들의 권력에 의해서 확보되었던 질서와 가시적 통일성이 이제 제국이 붕괴하면서 초대 시대처럼 주교단과 평신도들 모두를 포함하는 합의를 통해서만 성례전적 질서와 교리적 통합이 보장될 수 있는 신비한 교제로 간주했다.

그 시대의 많은 접촉과 논쟁에서 그러한 차이점을 관찰할 수 있었다. 그것은 베드로에 관한 신약의 세 가지 주요 본문을 이해하는 방법에서도 드러났다(마 16:18-19; 눅 22:32; 요 21:15-17). 그리스도가 베드로에게 하신 말씀이 로마의 주교에게만 적용된다고 보는 로마의 전통은 서방 교회 전체에서 받아들여졌다. 동방 교회에서는 베드로에 관한 성구들은 각 개교회 혹은 신자 개인의 삶의 맥락에서 매우 일반적으로 이해되었다. 예를 들어, 오리겐(3세기)은 베드로를 모든 신자가 본받아야 할 모델로 보았다: 믿음은 모든 그리스도인을 "돌들"(*petrai*)로 만들며, 그리스도인은 또한 천국에 들어갈 수 있는 열쇠를 받는다.[9] 교부적 전통에서, 베드로는 자신의 지역 공동체의 양 떼를 가르치고 먹이는 사명을 부여받은 최초의 "주교"로서, 또 성찬 공동체의 수장이자 회장으로 이해된다. 3세기에 카르타고의 키프리안이 표현한 이 전통은 모든 "보편적" 교회 안에서, 주교는 "베드로의 보좌"에 앉아서 신자들을 주재한다는 사상에 토대를 두고 있었다. 그것이 비잔틴에서 받아들여진 교회론적 모델이었다. 순교한 베드로의 무덤이 있다는 사실로 인해, 로마는 순례 중심지가 되었고, 로마의 도

---

9) *Homilies on Matthew* 12.10, ed. Klostermann; GCS 38.(Leipzig, 1935) 85-89 (*PG* 13, cols. 997-1104).

덕적 위상도 높아졌다. 그러나 개 교회에서는 지역 주교에 의해서 구현된 베드로의 영적 임재를 경험할 수 있었다. 14, 15세기의 비잔틴 작가들은 가톨릭교회의 주장을 반박하면서, 사도 중에서 베드로가 차지한 특별하고 독점적인 지위를 부인하지는 않았지만, 로마에서만 베드로의 직분의 배타적인 계승이 이루어진다는 관념에 대해 도전을 제기했다. 14세기에 데살로니카의 주교였던 네일로스 카바실라스(Neilos Cabasilas)는 다음과 같이 썼다: "베드로는 사도이자 사도들의 지도자였다. 그러나 교황은 사도도 아니요(왜냐하면, 사도들은 다른 사도들을 임명한 것이 아니라 목사와 교사들을 임명했기 때문이다), 사도들의 지도자도 아니다. 베드로는 전 우주의 교사이다. …교황은 로마의 주교일 뿐이다"(*PG* 149, cols. 704D-705A).

교회의 일치를 이룩하려는 반복된 시도는, 회교도의 위협에 맞서 서방을 군사적, 정치적으로 지원하려 했던 비잔틴 황제들에 의해서 주도되었다. 교황들은 그러한 시도를 환영하면서도 라틴 기독교계의 교리적 입장과 교회 구조를 공식적으로 분명히 받아들일 것을 주장했다. 그러한 주장에 대해서 일반적으로 그리스와 슬라브 지역의 성직자들이 반대를 제기했는데, 이들은 교회의 일치가 단순한 항복이어서는 안되며, 일치의 문제는 두 교회의 공개석이고 사유로운 공의회에서 논의되어야 한다고 주장했다. 서방에서 공의회주의가 승리함으로써 이러한 교착 상태를 해결할 새로운 상황이 야기되었다. 1378년 이후로 교황과 대립 교황(antipopes)들이 존재하게 만든 대분열의 영향을 받아, 에큐메니컬 공의회의 권위가 교황의 권위보다 우월하다는 사실이 콘스탄스(1414-1418)에서 인정되었다. 교황 마르틴 5세는(그의 선출로 인해 싸우던 서방 교회의 파당들이 연합했다) *Frequens* 칙서를 승인했는데, 이 칙서에서는 교황이 일정한 간격으로 공의회 앞에서 책임을 지게 했다. 이것은 기독교 역사의 처음 1000년 동안 그랬듯이 동서방 교회의 대표들이 참석하는 에큐메니컬 공의회를 개최하려는 진정한 시도를 가능하게 해 주었다.

이탈리아의 페라라와 플로렌스에서 잇달아 개최된 그 공의회(1438-1440)는 교황측이 동방교회의 교회론에 크게 양보함으로써 성사되었다. 그전까지 교황들은 동방과 서방의 차이점에는 협상의 여지가 없으며, 동방이 베드로의 감독직에 대한 신앙과 교황의 권위를 받아들이는 것 이외에 다른 대안이 있을 수 없다고 여겼다. 페라라-플로렌스에서 양측은 아무런 전제조건 없이 만났다. 실상 라틴 교회는 그 회의를 "제8차" 공의회로 간주했는데, 그것은 787년에 니케아에서 열려 성상파괴주의를 정죄한 "제7차" 공의회에서 최종적으로 표현되었던 공동의 전통을 계승한다는 취지였다. 따라서 787년부터 1438년 사이에 이루어진 서방의 신학적, 교회론적 발전은 암묵적으로 의문시되었다.

그러나, 페라라와 플로렌스에서 오랫동안 논쟁하는 동안 교회의 일치 운동에 유익한 이 최초의 중요한 이점은 적절하게 활용되지 않았다. 두 세계의 영적인 차이점과 다른 신학적 방법론은 상호 이해를 어렵게 만들었다.

그 공의회에서 라틴 교회의 입장은 라틴 스콜라주의의 후예들이 제시하고 변증했는데, 이들은 전통의 권위를 사용했을 그뿐만 아니라, 또한 비잔틴의 정교회에는 대단히 낯선 방식의 철학적 논증을 시도했다. 도미니칸 수도사인 토르케마다의 존이 하나의 신학적인 문제에 대해 논하는 동안, 멀리 그루지아에서 온 사절이 어리둥절하여 혼잣말로 "왜 아리스토텔레스, 아리스토텔레스 하는가? 아리스토텔레스는 전혀 이로울 것이 없는데"라고 중얼거렸다.[10] 연옥에 관한 오랜 토론 또한 기본적인 기독교적 경험에 대한 다른 접근을 예증해 주는 또 다른 실례이다. 양 진영 모두 죽은 자를 위한 기도의 가능성과 그 필요성에

---

10) 그 사건은 헬라 대표단의 일원이었던 Sylvester Syropoulos의 비망록에 기록되어 있다. V. Lauvent, *Les "Mémoires" de Sylvestre Syropoulos sur le concile de Florence* (Paris: CNRS, 1971) 464를 보라.

동의했지만, 죽은 영혼에 요구되는 "정화"의 본질을 달리 이해했다. 라틴 측이 옹호한 법률적 견해에 따르면, 신적 공의는 적절한 참회 행위가 수행되지 않은 죄에 대한 대속을 필요로 했다. 이것은 닛사의 그레고리의 사상을 계승한 헬라의 관념, 즉 하나님과의 사귐은 순결함 안에서의 끝없는 성장인데, 영성 생활의 목적인 이 성장은 죽은 후까지도 계속된다는 견해와 충돌했다.

그러나 플로렌스 회의에 참석한 동방의 사절들은 일치를 이루지 못했다. 본질에서 신학적 논쟁을 할 준비되지 않았던 다수의 사절은 터키의 위협을 모면하려는 소원에 지배되어 있었던 반면, 지적인 대변인들은 두 가지 특징적인 집단에 속해 있었는데, 이 두 집단은 토론이 시작되기도 전에 양극화되었다.

에베소의 대주교 마크 유게니코스(Mark Eugenikos)는 수도원적, 혹은 헤시카스트 부흥 운동을 대표했다. 그는 기독교 진리가 완전히 계시되고 경험된다고 생각했으며, 정교회는 당연히 그러한 경험의 현장이라고 보았다. 그는 정치적 수단보다 신앙을 우위에 두었고, 다가오는 터키의 학살에서 비잔틴 제국이 살아남기 위해서 교리상의 타협을 하는 것은 가치 있는 일이 아니라고 여겼다. 그는 광신적인 사람이 아니었다. 그는 라틴 사람들에게 정교회 신앙 안에 살아 있는 진리를 납득시키려는 희망을 품고 진지하게 교회 일치의 협상에 참여했으며, 그의 사절단이 페라라에 도착했을 때 교황 유게니우스 4세를 위한 공식적인 찬사를 낭독했다.

동방측의 또 하나의 집단은 니케아의 대주교인 베사리온이 가장 잘 대표한다. 그는 1세기 전에 팔라마스의 그레고리의 적수였던 칼라브리안 출신의 발라암의 사상과 맥을 같이 하고 있었다. 수도원적 신비주의에 대해 회의적이었던 베사리온 파는 고대 그리스의 사상과 문화적 성취에 몰두했다. 베사리온에 의하면, 기독교 계시 그 자체는 헬라 기독교 철학에서 나타난 그 계시의 육화로부터 분리될 수 없는 것이었다. 또한 그는 이슬람의 멍에 아래 있는 기독교의 생존을 생각할 수 없었다. 더욱이, 그가 르네상스 이탈리아에서 발견한 모든 헬라적인 것에 대한 존중과 라틴 스콜라주의의 철학적 부흥은 그가 구원은 (filioque라는 구절에도 불구하고) 서방으로부터만 올 수 있다고 생각하게 했다. 베사리온의 견해는 특별히 "키예프와 전 러시아"의 대주교였던 이시도르를 포함한 여러 사람의 지지를 받았다.

베사리온과 이시도르는 황제를 설득하여 결국 연합 신조를 받아들이게 했고, 심리적으로 탈진해 버린 대부분의 동방 사절들도 그 문서에 서명했다. 마크(Mark)만이 서명을 거부했다. 통합 칙령에서는 *Filioque*에 대한 서방의 입장을 승인했다. 성령은 성부와 성자에게서부터, "하나의 원천으로부터"(*sicut ab uno principio*) 발출하며, 또한 신조에 그 구절을 삽입한 것은 "합법적"인 것으로 선포되었다. 그 신조는 서방의 연옥설을 승인했고, 마지막으로 교황을 진정한 "그리스도의 대리자"로서, 우주적 교회를 통치하고 먹이는 데 있어 "충만한 권능"(*plena potestas*)을 소유한다고 선포했다. 마지막 용어는 서방 공의회주의의 종말을 결정적으로 상징하는 신호였다. 플로렌스 공의회는, 콘스탄스 공의회에서 인정한 체계, 즉 교황이 정규적으로 개최되는 공의회에 대한 책임을 지도록 한 결정을 거부하고 있었다.

따라서, 플로렌스 공의회에 대한 가장 최근의 가장 긍정적인 평가에 따르면, 그 모임의 정해진 목적—동서방의 일치—은 이루어지지 않았고, 실제로 동방 전체는 에베소의 마크가 발언한 거부 의사의 배후에 서 있었다.[11] 더욱이, 연옥과 교황의 권위라는 두 가지 쟁점에 관하여 그 공의회의 칙령은 공의회주의를 거부했을 그뿐만 아니라 1세기 이후에 마틴 루터에게 중세 서방의 교회 체계를 반대하고 거부할 주된 근거를 제공해 줄 신학을 채택했다. 기독교의 일치

---

11) J. Gill, *The Council of Florence* (Oxford: University Press, 1959) vii.

를 회복하려는 시도로 여겨진 그 공의회는 분열을 낳을 씨앗을 뿌리고 있었다.

동방의 암흑 시대

14, 15세기의 연합 시도들은 그 동기가 정치적이었고, 또한 진정한 대화의 필수적인 조건인 신학적 개방성이 없었기 때문에, 동과 서 사이의 간격을 더욱 넓혀 놓았다. 만일 그 만남에 교회 정치가들과 스콜라 신학자들뿐만 아니라 진정한 영적 전통의 대표자들—예를 들면, 서방의 프랜시스칸 영성의 추종자들이나 라인란트(Rhineland) 신비주의 학파의 추종자들—도 참여했다면, 그 결과는 달라졌을 것이다. 최근의 고고학적 발굴로 콘스탄티노플의 한 헬라 교회 안에서 성 프랜시스의 프레스코화가 발견되었고, 또 페라라의 고고학적 증거에 의해서 플로렌스 공의회의 논쟁에 참여했던 이탈리아의 은수사를 식별해 냈는데, 그들은 헬라인들의 입장에 동정을 표했다는 이유로 교황청 대표자들에 의해 공식적으로 문책을 당했다.[12] 이 정보는 그 시대에 많은 서방 사람들이 표현한 바 14세기 동방 수도원운동의 영성에 대한 특별한 관심을 보여준다. 정교회의 팔라마스파 신학자인 블라디미르 로스키는 마이스트 에크하르트에 관한 연구에서 이러한 관심을 나타냈다.[13]

그와 같은 잠재적인 기회가 있었음에도 1453년 콘스탄티노플이 터키에 함

---

12) C. L. Striker and Y. D. Kuban, "Work at Kalenderhane Camii in Istanbul, Second Preliminary Report," *Dumbarton Oaks Papers* 22 (1968) 185-93, pls. 23-26. 그 프레스코화는 라틴 십자군의 점령기(1204-1261)에 그려진 것으로 추측된다. 그러나 그것들은 헬라인들이 돌아온 후에도 보존되었다. 또한 V. Lauvent, *Les "Mémoires" de Sylvestre Syropoulos*, 342를 보라.

13) V. Lossky, *Théologie negative et connaissance de Dieu chez Maître Eckhart* (Paris: J. Vrin, 1960).

락되면서 동서방 그리스도인들의 직접적인 접촉은 종식되었다. 서방은 뛰어난 문화적 활동의 시기에 들어섰지만, 동시에 세속화의 물결에 대처해야 했다. 서방은 놀라운 선교의 확장을 이룩했지만, 계속 분열을 겪었다. 서방의 르네상스와 르네상스 이후 시대의 역사를 되돌아보면서, 우리는 서방 기독교계가 일방적인 선택을 하는 과정에서 동방의 영성과 교회론, 그리고 신학의 많은 부분을 상실하고 있었음을 발견한다. 한편, 동방의 헬라 세계는 이슬람 지배하의 사회에서 지적인 발전을 포기하고, 그저 생존을 위한 투쟁 속에서 계토화된 공동체 내에서 정착하도록 강요당했다. 14세기 수도원에 남아있던 헤시카스트 부흥운동을 추종하는 사람들이 제공한 영적 지도력과 비잔틴 전례의 풍성한 경험이 없이도 그러한 생존이 가능했을지 의심스럽다. 러시아만이 곧 유럽과 아시아에 걸친 기독교 제국(Eurasian Chiristian)으로서 발전하기 시작했지만, 러시아 교회는 19세기까지 그리스인들이나 발칸의 슬라브인과 같이 중세 비잔틴 전통에 의존하여 영성 생활의 활력을 유지했다. 따라서, 서방의 영성은 동방의 뿌리에서 기원한 많은 유산을 상실했지만, 동방은 현대를 형성한 사건에서 격리되고 거리를 유지한 상태로 남아 있었다.

제20장

성인들과 죄인들:
16세기 로마 가톨릭과 개신교 영성

질 라이트(Jill Raitt)

이 글은 시험적인 논문이다. 첫째로, 이 글에서는 16세기에는 "영성"이라는 용어가 어떠한 의미로 사용되었는지 이해하려고 한다. 둘째로, 그러한 이해에 근거해서, 로마 가톨릭교도와 개신교도가 공유하는 영성의 원리는 무엇이며 각기 구별되는 영성의 원리는 무엇인지 정교하게 살펴보려 한다. 그럼으로써, 나는 이러한 문제를 논의하기 위한 기초를 제공하기를 원한다.

"영성"(spirituality)이라는 단어는 정의하는 것은 물론이요, 묘사하기도 어려운 용어이다. 대부분 개신교도는 16세기에 널리 사용되던 "경건"(piety)이라는 용어를 선호해왔는데, 그 당시 개신교도들은 "영성"이라는 용어 이면에는 남녀 수도사들, 예수회, 그리고 그릇된 '행위-의'(work-righteousness)의 교리가 숨어 있을지 모른다고 의심했다. 반면에 로마 가톨릭교도들은 클레르보의 베르나르, 아빌라의 테레사, 십자가의 요한, 이냐시오와 진정한 수도사요 예수회원이었던 신앙의 위인에게서 굳건한 영성의 기초를 발견했다.

16세기 초에 독일에서 "영적"(spiritual)인 것이 무엇을 의미했는지를 올바로 이해하려면, 1517년에 출판된 알텐스테이그(Altenstaig)의 신학 사전을 참고하면 도움이 된다.[1] 그 사전에서 처음에는 경건(*pietas*)를 보나벤투라와 힙포의 어거스틴에 따라서 논의했다. 알텐스테이그는 "경건은 하나님을 예배(*cultus*)하는 것으로 이해하는 것이 적절하다"라고 썼다. 그다음에 그는 그 단어의 고전적이고 보편적인 용례를 제시했는데, 말하자면 부모님을 돌보고 존경하는 것과 궁핍한 사람들을 향한 자비의 행위 등이다. 처음 두 가지 경우—하나님 예배와 부모님을 돌봄—에 경건은 정의의 덕에 참여한다. 자연법에 따르면 그것은 마땅히 하나님과 부모님이 받으셔야 할 것들이다. 궁핍한 이웃에게 행하는 친절의 경우, 경건은 자비의 은사와 관련되며, "경건한 사람에 있는 하나님의 형상으로부터 이웃에 있는 하나님의 형상을 섬김"으로 이동한다. 이어서, 알텐스테이그는 우리가 *pietas*의 첫 번째 의미, 곧 하나님 예배(*latria*)라는 관념을 취한다면, 그것은 "종교"(religion)라는 단어와 동의어가 된다고 지적한다. 이러한 그의 설명의 모든 근거를 다루면서, 알텐스테이그는 경건이라는 단어를 부모와 조국에 대한 존경과 섬김이라는 의미와 최초로 연결시킨 토마스 아퀴나스를 인용한 후, 이어서 키케로를 인용하는데, 키케로에 따르면 경건은 신들을 향한 정의였다.

성 빅토 수도원의 리처드(Richard of St. Victor)와 가브리엘 비엘(Gabriel Biel)을 따르고 있는 알텐스테이그에 따르면, *Spirituale*는 부사의 형태로만 세 가지 방식으로 사용된다. 첫째, 그 단어는 은혜와 덕과 관련된다. 둘째, 설교, 교정, 방문, 기도 등의 영적 행동과 관련된다. "spiritual"(영적인)은 "carnal"(육적인)과 반대된다. 더 구체적으로, 장 게르송(Jean Gerson)에 따르면, 영적인 사람은 문자를 초월한 사람으로서 세상적인 애정에서부터 진리의 명료성을 얻고자 하

---

1) Joannes Altenstaig Vendelicus. *Vocabularius Theologie complectens vocabulorum descriptiones, difinitiones [sic] et significatus ad theologiam utilium*··· (Hagenau: Henricus Gran, 1517).

는 자유롭고 순수한 사랑과 실재의 핵심을 원하는 소망으로 상승하는 사람이다.

알텐스테이그는 사도 바울에 관해 주석하고 있는 게르송을 따라서 계속 설명한다. 어떤 사람이 잘못을 범할 경우, 영적인 사람은 누구나 유혹에 넘어지는 경향이 있다는 것을 알기 때문에 그 죄인의 잘못을 관대하게 바로잡아준다. 영적인 사람은 모든 일을 영적으로 판단하며, 고난을 통해서 긍휼을 배운다. 그러한 사람은 자신의 이익을 추구하지 않고, 오직 예수 그리스도만을 바라본다. 또한, 사랑과 겸손과 경건으로 가득 차 있어서 그 사람 안에는 허영심이나 탐욕이 자리 잡지 못한다. 영적인 사람은 마치 하나님의 천사와 하나인 것처럼 하늘에 속한 대화를 한다. 그런 사람은 축복이나 저주 때문에 요동하지 않고, 모든 것을 통해서 좋은 본을 보여준다. 영적인 사람은 자기 영혼에 손해가 될 일을 겪기보다는 온 세상을 잃어버리는 편을 택하려 한다.

알텐스테이그는 이어서 두 가지 다른 의미를 제시한다. 바울은 부활한 몸을 영적인 것이라고 말했는데, 이것은 몸이 영이나 유령이 될 것이라는 뜻이 아니며, 몸이 투과성(*subtilitas*)—예수님께서 승천하시기 전 40일 동안 그러셨던 것처럼, 몸이 단단한 물체를 통과할 수 있게 하는 상태—을 누리게 된다는 뜻이었다. 마지막으로, 다시 게르송을 인용하면서 알텐스테이그는 육적인 죄와 영적인 죄를 구별한다. 육적인 죄는 몸에서 기원한 죄이고(예를 들면 정욕), 영적인 죄는 마음에서 생긴 것이다(분노, 시기).

알텐스테이그 덕분에, 우리는 16세기 초반에 이해되었던 대로 경건(piety)과 영성(spirituality)을 구별할 수 있다. 첫째, 경건은 하나님, 부모님, 그리고 나라에로부터 받은 은혜에 보답하는 것을 말한다. 그것은 그리스도인의 의무요, 자녀로서의 의무이며, 국민으로서의 봉사이다. 둘째, 경건은 궁핍한 사람들을 향한 긍휼의 행위 드러난다. 모든 경우에 있어서, 그것은 기독교인다운 행동과 관련이 있다. 그와 반대로, 영적인 사람이 되는 것은 특정한 인격체가 되는 것이다. 진정으로 경건한 사람은 그들이 가지고 있는 영적인 특성을 의식할 필요가 없다. 그러나 영적인 사람이 되기를 추구하는 사람은 분명히 경건할 것이다. 만일 그 용어의 확장된 용례를 살펴보면, "경건한" 사람 안에는 많은 영적인 사람들이 포함된다. "영적인" 사람에는 소수의 사람이 포함되지만, 영적인 사람은 또한 경건한 사람이어야 한다는 의미를 지닌다.

만일 젊은 수도사 마틴 루터에게 에르푸르트(Erfurt) 주위에 사는 사람들에게 이 용어를 적용해보라고 요청했다면, 아마 그는 대부분의 시민은 "경건한" 사람이고 그중 소수만이 진정으로 영적인 사람이라고 구분했을 것이다. 또한 개혁된 어거스틴파 은수사들은 영적인 사람이 되기 위해 애쓰고 있는 경건한 사람이라고 규정했을 것이다. 수도사 중에는 총대리였던 요한 스타우피츠(John Staupitz)와 같이 진정으로 영적인 사람도 있었는데, 스타우피츠는 번민에 빠진 수도사 루터를 긍휼히 여겨 올바른 방향으로 이끌어 주었다. 스타우피츠는 루터에게 자신의 완전성에 대한 요구를 줄이고 그리스도의 사랑을 더욱 신뢰하라고 충고했으며, 그러한 성향을 기르기 위해서 성경을 공부하라고 지시했다.

치료의 길은 성경에 있었다. 그러나 그것은 마틴 루터로 하여금 영성과 그에서 기원한 경건을 중세의 그것들과는 판이한 길로 끌어가도록 이끌었고, 그래서 루터의 상속자들은 "영성"이라는 용어를 거의 사용하지 않고 주로 "경건"이라는 용어를 사용하게 되었다. 루터는 두 가지 원리를 주장했다: (1) 죄인들은 율법을 충족시킬 수 없는 자신의 무력함, 자기 자신을 의롭게 할 수 없음을 인식한다; (2) 절망한 죄인은 그리스도의 죽으심과 부활 안에서 인쳐진 하나님의 용서의 약속의 말씀을 믿는다. 그러므로, 의는 믿음을 통해서 전가되는 것이지, 자신의 노력 결과로서 획득하거나 주장할 수 있는 것이 아니다.

루터는 두 종류의 '행위-의'를 맹렬히 비난했다. (1) 공덕(功德)의 체계: 가톨릭 신자들은 칭의를 받기 전에 자신과 은혜와의 협력이 최선을 다하는 형태를 취하든지, 아니면 위로부터 부어진 초자연적인 자선의 덕과 협력하는 형태를 취하든지 간에, 이 체계에 의해서 천국을 살 수 있다고 믿었다. (2) 십자가에 못 박히신 분이 주신 선물로 인하여 기뻐하는 대신, 십자가 밑에서 눈물을 흘린 과격파들의 감정적 묵상. 루터는 어떤 형태의 것이든 행동적인(active) 의를 단호하게 반대했다. 그는 하나님께서 죄인에게 요구하시는 것은 믿음의 은사에 굴복하는 것뿐인데, 그것에 의해서 그리스도의 의가 전가된다고 주장했다. 그리하여, 의롭다 함을 받은 신자들은 그리스도와 일치하는 일에 주의를 기울이며 기쁨으로 이웃을 기쁨으로 섬길 수 있다. 그들의 동기는 공덕을 얻기 위한 시도가 아니라, 주어진 칭의로 인해 하나님께 드리는 감사가 되어야 한다. 그러므로, 루터는 공덕을 얻으려는 욕망으로 오염되었다고 생각한 서원, 금식, 독신생활—전반적인(in toto) 수도 생활—을 통렬하게 비판했다. 루터 자신은 하나님을 기쁘게 하려고 노력하면서, 즉 이러한 수단에 의해서 "영적"인 사람이 되려고 노력하면서 좌절만을 경험했었다. 수도원을 통해서 전해진 사막교부들로부터, 그리고 타울러와 같은 수도사들이나 장 게르송과 같은 추기경의 활동을 통해서 전해진 영적인 가르침은 루터에게 있어서 예수 그리스도께서 필요한 모든 것을 다 이루셨다는 성직자나 평신도의 단순한 선언이 되었다: "하나님께서 진정으로 용서하시고 의롭게 하셨다는 사실을 믿고, 다시는 죄를 짓지 말라"는 말은 누구에게나 필요한 유일한 훈계의 말씀이다. 설교는 경건한 삶, 즉 생의 어느 위치에 있든지 간에 하나님을 섬기며, 윗사람에게 복종하고 아랫사람에게 자비한 삶을 사는 데 대한 지침을 제공했다. 그렇게 함으로써, 그리스도인은 "옛 아담"을 죽이고, "그리스도 안에서" 새로운 사람으로 살아갈 수 있었다.

이것은 하나님께 어떤 요구를 할 권리를 주장하는 것은 아니었다. 왜냐하면, 인간은 항상 그리스도의 의를 필요로 하는 죄인으로 머물러 있으며, 그 의에 의해서만 의롭게 되거나 거룩해질 수 있기 때문이다. 그리스도에 의하여 의롭다 함을 받은 사람에게는 부분적으로 세상 권세자들—하나님께서는 이들을 통해서 세상의 질서를 세우시고 유지하신다—에게 순종해야 할 의무가 있으므로, 루터는 농민들이 영주들의 통치에 만족하지 못하여 폭동을 일으켰을 때 격분했다. 그는 또 성령의 인도를 받고 있다고 주장하면서 올바로 질서 잡힌 사회를 거부하고, 심한 경우에는 성경과 성례전도 거부하려 한 사람들에 대해서도 격노했다. 그는 이러한 급진적 종교개혁(Radical Reformation)의 선구자들을 "광신자들"(*Schwärmerei*)이라고 불렀다. 루터는 재세례파가(그 밖에 급진적 종교개혁의 일반적인 범주에 포함되는 사람들) 이신칭의의 교리를 잘못 전하고 있다고 비난했다. 왜냐하면, 루터가 본대로, 그들은 십자가에 달리신 그리스도에 대한 신앙심—말하자면, 그들을 위해 행하신 그리스도의 사역 안에서보다는 그들 스스로 성취한 것 안에서—위안을 구했기 때문이다. 루터는 그러한 신앙심은 공덕의 체계와 마찬가지로 함정이 된다고 생각했다. 왜냐하면, 두 가지 모두 인간의 노력에 의존하는 것이기 때문이었다. 루터의 견해에 의하면, 두 가지 태도 모두 '행위-의'라는 죄를 범하는 것이었다.

루터가 이냐시오 로욜라와 같은 16세기 로마 가톨릭교도의 영적 훈련이나 규율을 저주하고, 로마 가톨릭교도와 광신자들을 "행위-의"라는 이름표를 단 하나의 집단으로 취급한 것이 과연 올바른 것이었는가?

이냐시오 로욜라가 제자들을 훈련한 영성은 두 가지 신학적 초점과 한가지 지배적인 실제 훈련을 가지고 있다.[2] 첫째 초점은 삼위일체의 신비에 대한 깊

---

2) See Adolf Haas, "The Mysticism of St. Ignatius according to *His Spiritual Diary*," in *Ignatius of Loyola, His Personality and Spiritual Heritage*, 1556- 1956, ed. Friedrich Wulf (St. Louis, MO: Institute of Jesuit Sources, 1977).

은 신앙심이다. 이냐시오는 그것에 대해 묵상했을 그뿐만 아니라, 그의 일기에 따르면, 그는 하나의 "비전", 곧 세 분의 신적인 위격에 대한 심오한 이해를 경험했는데, 이것은 하나님의 본질을 꿰뚫고 들어가는 또 다른 "경험" 안에서 절정을 이루었다.

두 번째 초점은 『영신수련』(The Spiritual Exercise)에서 더 명백히 드러나는데, 그것은 예수 그리스도의 삶과 구원 사역 안에 나타난 성육신, 곧 삼위일체 하나님의 계시에 대한 신앙이었다. 삼위일체의 순환적 관계는 그리스도를 통해서, 창조와 구속을 통해서 세상으로 확장된다. 그리스도를 통해서 세상, 특히 인간 세상은 하나님께 되돌아간다. 이러한 "그리스도 묵상의 신비주의"는 천사와 마리아와 성인들에 대한 묵상, 그리고 기독론적인 의미에서 피조 세계에 대한 묵상을 포함한다. 그리스도 안에서 행하신 이 하나님의 계시적이고 구속적인 사역이라는 보다 큰 원의 중심은 성찬이며, 성찬은 그리스도의 적극적인 임재의 수단으로 격상된 창조(떡과 포도주)의 역할을 표현한다.

중요한 실질적 훈련은 매일 자기성찰을 하는 것으로서, 자신의 양심뿐만 아니라 영혼의 영적 움직임도 인식한다. 이러한 자기 성찰의 목적은, 그리스도를 보다 긴밀하고 효과적으로 따름으로써 구속의 대상이 됨과 동시에 그리스도 안에서 중재자가 되는 것이다. 그와 같이 조심스러운 검토, 그리고 그것을 기록한 일기를 토대로 하여 『영신 수련』이 배출되었다.

영신수련(exercitia spiritualia)이라는 관념은 이냐시오가 고안한 것은 아니며, 12세기에도 발견된다.[3] 이냐시오가 가르친 것처럼, 영신수련에는 두 가지 중요한 요소가 포함된다:

---

3) Heinrich Bacht, "Early Monastic Elements in Ignatian Spirituality: Toward Clarifying Some Fundamental Concepts of the Exercises," in *Ignatius of Loyola*, 207 with n. 27.

(1) 가장 친숙한 요소는 양심 성찰일 것이다. 이냐시오는 그리스도를 본받는 삶의 진보를 이루기를 원했다. 그는 자신의 진보 내용을 기록했을 그뿐만 아니라, 그 기록을 매주, 매월 비교했다.[4] 그 목적은 청빈의 실천, 겸손과 형제 사랑 등 기독교적 덕의 성장이었다. 그는 자신의 실패를 표시했고, 또 성령의 자극과 인도를 인정했다. 두 가지 모두 은혜의 움직임을 이해하려는 노력이라고 볼 수 있다. (2) 은혜의 움직임을 이해하는 목적은 첫째로, 하나님을 찬양하고, 둘째로는 겉보기에는 고결한 충동인 듯이 보이는 마귀의 충동뿐만 아니라, 인간적 충동이나 합리화, 그리고 가면으로 가려진 욕망 등으로부터 은혜를 구분하는 것이다. 이냐시오가 자신의 영성 생활을 주의 깊게 점검한 것과 영적 지도자로서의 경험은 영들을 분별하기 위한 규칙에 요약되어 있다.

그처럼 활력있는 로마 가톨릭의 영적 관습이 '행위-의'인가? 아니면 그리스도 안에서 하나님에 대한 순종과 의존을 더욱 강화하는 수단인가? 로마 가톨릭교도에게 사람이 무언가를 행하려 하는 이유가 중요하다(이런 까닭에 이냐시오의 "영을 분별하는 규칙"이 쓰여졌다).[5] 이냐시오와 그 이후의 여러 성인은 영적 지도를 하면서 그러한 동기를 정화하기를 추구함으로써, 예수 그리스도에 대한 신앙과 하나님과 이웃에 대한 사랑을 자신의 유익보다 중요하게 여겼다. 그러나 자신의 영혼을 돌보는 일은 절대 소홀하게 취급될 수 없는 주요한 의무로 간주하였다. 금욕주의의 목적은 세상적이고 육적인 야망의 유혹으로부터 보다 철저하게 자신을 끊음으로써 자신의 동기를 정화하려는 데 있었다. 이것은 세상이나 육체가 악해서가 아니라(양자 모두 하나님의 선물이다),

---

4) Haas, "The Mysticism of St. Ignatius," 167.

5) *The Spiritual Exercises of St. Ignatius*. 몇 종류의 영역본이 있다. 손쉽게 접할 수 있는 책으로는 Anthony Mottola가 번역한 것으로서 Image Book 선집으로 출판되었다 (Garden City, NY.: Doubleday, 1964), 129-34.6.

미켈란젤로 부오나로티, 최후의 심판, 1537-1542
시스티나 성당, 바티칸

그것들 자체가 쉽사리 목적, 예배의 대상이 되는 경향이 있기 때문이었다. 그래서 이냐시오는 그의 훈련생들이 그리스도를 절대적으로 추구하되, 가난이든 부요든, 질병이든 건강이든, 죽음이든 생명이든 당하는 대로 받아들이며, 주 그리스도를 섬기는 일 외에 다른 것을 선택하지 말라고 요청했다. 하나님보다 건강이나 부요, 그리고 생명을 우선적인 위치에 두는 경향을 교정하기 위해서, 이냐시오는 그의 훈련생들에게 가난한 그리스도와 함께 가난하고, 지극히 작은 죄도 범하지 말고 십자가에 달리신 그리스도와 함께 고난을 받고 죽으라고 요청했다. 심지어 이냐시오는 고통스러운 삶과 죽음을 사모하라고 요청했는데, 그 이유는 그것이 그리스도의 삶과 죽음을 모방해서 살고 죽을 수 있는 길이었기 때문이다. 이러한 우선적인 강조점들로부터, 자기중심적인 삶 대신에 그리스도 중심의 삶을 살기 위한 수단으로서 청빈과 순결, 그리고 순명의 서원이 형성되었다.

비록 그리스도 중심의 삶을 성취하는 방법에 대해서는 의견이 일치하지 않았지만, 로마 가톨릭교회와 루터파에서는 모두 그리스도 중심의 삶을 강조했다.

금욕주의의 역할을 평가하는 데 있어서 또 하나 중요한 점은, 그것은 사방의 로마 가톨릭뿐만 아니라, 동방의 정교회, 그리고 극동 지방과 인도의 위대한 영적 전통에서도 영적 진보와 관련을 맺고 있는 듯하다는 점이다. 그러므로, 시간과 공간 속에서 많은 사람이 엄격한 금욕주의가 영성에 불필요하다고 여긴 듯하다고 해서, 반드시 그렇게 볼 수만은 없다. 자신을 정화하고, 세상을 부인하며, 청빈과 순결과 순명의 삶을 살기 위해 노력하는 것을 쓸데없는 노력이라고 평가할 수 있을까? 지각이 있는 로마 가톨릭교도들이 은혜가 없으면 이러한 노력은 불가능하다고 이해한 것은 당연한 일이다. 그것은 타락 이후에도 존재하는 "인간의 자연적 능력에 의해 할 수 있는 바를 행하는 것"이 아니다. 루터가 질문했던 것은, 자신의 죄성에 대한 인식과는 상관없이 그러한 종류의 노력이 요구될 수 있는지였다. 그의 답변은 칭의 이전에는 그러한 것이 불가능하다는 분명한 선언이었다. 그러나 루터는 칭의 이후에 기독교적 훈련의 필요성을 자신 있게 강조했는데, 그러한 훈련은 하나님의 은혜를 끌어당기거나 공덕을 얻기 위한 수단이 아니라, 하나님에 대한 감사의 마음에서 우러난 자발적인 충성이었다. 그것은 금욕주의가 좋은 것이라기보다는, 세상적의 것이나 피조물에 대한 지나친 애정은 그리스도인의 마음을 그리스도와 이웃을 섬기는 일로부터 분산시킨다는 것이었다. 세상의 물건은 귀히 여겨서는 안 되는 것으로 여겨졌다. 결혼한 사람이나 독신으로 지내는 사람에게나 순결이 요구되었다. 복종은 고용주와 노동자의 관계에 있거나 시민과 관료의 관계에 있거나 모든 사람이 지닌 의무였다. 루터는 도덕률폐기론자가 아니었다.

급진적 종교개혁자들과 로마 가톨릭교도 모두 '행위-의'와 관련해서 동일하게 죄를 범했다는 루터의 주장은 과연 올바른 것이었는가? 덕을 얻기 위한 노력은 모조리 행위-의라는 루터의 주장에 동의하든 그렇지 않든 간에, 로마 가톨릭의 관행과 일부 급진적인 신령주의적 개혁자들의 관행에서 약간의 유사성을 발견한 점에서 루터는 옳았다. 왜냐하면, 급진적 종교개혁의 기초에는 인간은 책임 있는 존재이고, 도덕적 피조물이며, 그들의 도덕성은 자유에 근거한다는 확신이 있었기 때문이다. 그들은 십자가 위에서 그리스도께서 보이신 본에 따라 올바른 선택을 하도록 기대되었다. 십자가에 달리신 그리스도를 따르려는 태도는 급진적 종교개혁자들과 그 추종자들이 박해를 받게 되면서 더욱 심화하였다. 만일 그들이 믿음 때문에 죽음을 맞게 되었을 때 그들에게 용기를 주어 따르게 하는 본보기가 없었다면, 그들은 그 신앙을 지속하지 못했을 것이다. 십자가에 못 박히신 그리스도를 향한 이 예민한 사랑과 연민은 그들을 대신하여 행하신 그리스도의 사역에 대한 감사의 마음을 배제하지 않았다. 급진적 종교개혁이 주류 기독교(그리고 로마 가톨릭교회)와 크게 다른 점은 권위의 관념이었다. 그렇다면, 그 두 번째 질문에 관하여, 그리스도를 적극적으로 추구하고, 또 그리스도를 따르기 위해서 힘쓴 로마 가톨릭과 급진적 종교개혁의 기본적 관심사에서 루터가 유사성을 발견한 것은 옳았던 것 같다. 그러므로, 문제는 그와 같은 "행위"를 경멸적인 호칭인 "행위-의"라고 부를 수 있느냐이다.

그와 관련된 하나의 관심사는 그리스도인이 진정으로 영적인 사람이 되기 위해서 무엇을 행해야 하는가 하는 질문과 관련해서 주류 개신교와 로마 가톨릭의 차이점이다. 루터에게 있어서, 그것은 은혜 아래서 수동적이고, 이웃을 향해서 적극적으로 행동하는 것이다. 로마 가톨릭의 경우, 이웃을 섬기는 것은 하나님을 섬기는 수단인데, 그것은 직접적으로는 "자비의 협동적 행위"를 통해서, 혹은 간접적으로 기도와 다른 "자비의 영적인 행위"를 통해서 이루어질 수 있다. 로마 가톨릭교회에서는 영성 생활의 시작 단계에서 인간은 겸손과 같은 기본적 덕목을 얻기 위하여 소극적이 아니라 적극적이 되어야 한다. 인간은 십자가에 못 박히신 그리스도를 묵상하고, 그분을 따르며, 그리스도의 죽으심과 부활의 성례전에서 힘을 발견한다. 성례전의 질서, 그리고 본보기 속에 포함되어야 한다고 루터가 주장했던 이 두 가지 개념은 로마 가톨릭교도들의 삶에서 앞뒤로 작용한다. 사람은 영적으로 강건해져서 그리스도를 따르기 위해서 성례전을 받는다. 그리고 그는 성례전을 더 의미깊게 해주는 그리스도를 닮은 삶 안에서 성장하기 위해서 그리스도를 따르려 한다.

영적인 사람이 되고자 하는 사람의 삶에서는 경험도 문제가 되었다. 루터의 회심의 경험적인 성격에 근거하여, 하나님의 행위를 경험해야 할 필요성에 관한 문제가 제기되었다. 루터의 추종자들 사이에서 경험의 타당성에 관한 판단의 모호함이 야기되었는데, 그 문제는 경건주의자들의 경험을 지지하고 17세기 루터파 스콜라 신학자들은 경험을 반대하는 것으로 해결되었다.[6] 로마 가톨릭의 전통에서 신뢰받는 영적 지도자들은 영적인 경험을 신중하게 평가해야 한다고 강조한다. 한 사람이 가는 길이나 기도하는 방법을 지시하는 것은 용납

---

[6] 이러한 질문을 다룬 것으로는 *The Theologia Germanica of Martin Luther*, trans. Bengt Hoffman (Classics of Western Spirituality; New York: Paulist Press, 1980)를 보라 한글어 역본으로 『마틴루터의 독일신학』(은성출판사)가 있다.

될 수 없다. 만일 한 사람의 경험이 즐거운 것이라면, 그것은 유익한 것으로 인식된다. 만일 그에게 하나님 임재의 즐거운 경험이 빠져 있다면, 그것을 퇴보나 하나님께서 불쾌하게 여기신다는 징조로 여겨서는 안 되고 영성 생활의 일부로 간주해야 한다. 사실상, 그것은 믿음의 시험으로서 그런 시험을 당할 때 우리는 하나님만 의지해야 한다. 시험이 너무나 극심하므로 하나님께 매달리고 있다는 의식조차 잃는 경우도 있다. 그럴 때 우리는 단지 하나님께서 우리를 붙들어 주시신다고 바라고 믿어야 한다. 이 후자의 경험은 비워짐의 경험이다. 그것은 아브라함의 품에 파묻혀 있는 따스하고 아늑한 감각이 아니라, 세상이나 자신을 믿을 수 없을 때 하나님은 신실하시며 우리가 신뢰할 만한 분이시라는 꾸밈없는 믿음이다. 16세기 깔멜 수도회의 아빌라의 테레사(Teresa of Avila)와 십자가의 요한은 이러한 경험을 가장 잘 기록해 놓았다.[7]

그와 같이 "건조한" 기간을 통과하는 것은 그 사람의 신앙과 하나님을 향한 사랑을 알아보는 가혹한 시험이다. 학자들은 루터의 "이신칭의"가 로마 가톨릭의 "사랑에 의해 알려진 신앙"과 근본적으로 다른지 아닌지에 대해 논쟁해 왔다. 그러한 논쟁은 너무나 복잡해서 이 책에서 재론할 여유가 없다. 그러나 칭의의 순간에 사람은 내주하시는 성령에 의해 성화 된다고 믿는 모든 그리스도인들—개신교도들과 로마 가톨릭교도들—의 근본적인 통일성을 강조하는 것이 적절할 것이다. 이 성령은 그리스도인을 위해서 "말할 수 없는 탄식으로"(롬 8:26) 중보의 기도를 하신다. 하나님의 사랑을 그리스도인들의 가슴 속에 부어주시는 분, 또한 사실상 그리스도인들에게 주어진(롬 5:5) 분도 이 성령이신데, 이 사실은 믿을 수 없을 정도로 엄청난 경이의 사건이다.

---

7) 루터파 영성에서 그와 유사한 태도를 알기 원하면, Marc Lienhard가 집필한 것으로서 이 책 12장에 수록된 논문을 보라.

성화의 과정도 논란의 대상이 될 수 있다. 그러나 신실한 사람, 믿음이 충만하고 하나님을 끊임없이 섬기는 그리스도인 안에서 그러한 변화가 일어난다는 데 대해서는 논란의 여지가 없다. 이러한 유사성은 무척 심오하므로, 하나님의 영광을 위해서 성령에 의해서 감동한 그리스도 중심의 영성 안에서 개신교도나 로마 가톨릭교도를 막론한 모든 그리스도인을 연합하기에 충분하다.

참고문헌

제1장 사도적 삶과 교회 개혁

Fox, Matthew. *Illuminations of Hildegard of Bingen*. Santa Fe, NM: Bear, 1985.

Kirchberger, Clare, ed. *Richard of Saint Victor: Selected Writings on Contemplation*. New York: Harper, n.d.

Lambert, M.D. *Medieval Heresy: Popular Movements from Bogomil to Hus*. New York: Holmes & Meier, 1977.

Leclercq, Jean. *The Love of Learning and the Desire for God: A Study in Monastic Culture*. New York: Fordham University Press, 1961.

Reeve, Marjorie. *Joachim of Fiore and the Prophetic Future*. London: SPCK, 1976.

_____, and Beatrice Hirsch-Reich. *The "Figurae" of Joachim of Fiore*, Oxford: Clarendon Press, 1972.

Southern, R.W. *The Making of the Middle Ages*. Manchester: University Press, 1921.

제2장 탁발 수도회 / 1. 도미니크 수도회의 영성

도미니크의 일생에 대한 권위 있는 저자는 Vicaire이며, 그 수도회의 주요 역사를 영어로 기술한 이는 Hinnebusch이다. 초기 도미니크 영성 개관을 위하여는 Tugwell이 쓴 *Early Dominicans*를 보라. 대(大) 알버트와 토마스 아퀴나스의 선집이 *Classics of Western Spirituality* (New York: Paulist Press)의 일부로 준비 중이다. 에크하르트에 대한 소개로는 Colledge와 McGinn을 보라. 도미니크 회원 십자가의 요한의 번역이 *Dominican Sources* (Chicago: Dominican Publications)의 일부로 준비 중에 있다. 도미니크 수도회 개혁의 최초 단계에 대한 간략한 개관으로는 Ramond of Capus (*Life of Catherine of Siena*)를 보라. 16세기 스페인의 도미니크 회원들에 대해서는 Peers(특히 제3권)와 Tugwell("Dominican Theology" 128-44)을 보라.

Colledge, Edmund, and Bernard McGinn. Meister Eckhart. Classics of Western Spirituality. New York: Paulist Press, 1981

Hinnebusch, William A. *The History of the Dominican Order*. 2 vols. Staten Island, NY: Alba House, 1965, 197

Jordan of Saxony. *On the Beginnings of the Order of Preachers*. Dominican Sources. Chicago: Dominican Publications, 1982.

Lacordaire, H. D. *Essay on the Reestablishment in France of the Order of Preachers.* Dominican Sources. Chicago: Dominican Publications, 1983.

Peers, Allison. *Studies of the Spanish Mystics.* London: Sheldon Press, 1960.

Raymund of Capua. *Life of Catherine of Siena.* Translated by Conleth Kearns. Dublin: Dominican Publications, 1980.

Tugwell, Simon. "A Dominican Theology of Prayer." *Dominican Ashram* 1(1982) 128-44.

_____ . *Early Dominicans: Selected Writings.* Classics of Western Spirituality. New York: Paulist Press, 1982.

_____ . *The Way of the Preacher.* Springfield, IL: Templegate, 1979.

Vicaire, M. H. *St. Dominic and His Times.* Translated by Kathleen Pond. London: Darton, Longman & Todd, 1964.

Walshe, M. O'C. *Meister Eckhart.* 2 vols. London: Watkins, 1979, 1981.

제2장 탁발 수도회 / 2. 프란시스 수도회의 영성

출전

Angela of Foligno. *Il Libro della beata Angela da Foligno.* Edizione critica. Ludger Thier, O.F.M. Abele Calufett, O.F.M. Grottaferrata: Editiones Collegii S. Bonaventurae ad Clara Aquas. 1985.

Bonaventure. *The Soul's Journey into God, The Tree of Life, The Life of St. Francis.* Translated by Ewert Cousins. New York: Paulist Press, 1978.

_____ . *Sermons on St. Francis of Assisi [The Disciple and the Master].* translated by Eric Doyle, O.F.M. Chicago: Franciscan Herald Press, 1983.

_____ . *The Works of Bonaventure.* translated by Jose de Vinck. 5 vols. Paterson, NJ: St.Anthony Guild Press, 1960-1970.

Francis of Assisi. *St. Francis of Assis. Writings and Early Biographies, English Omnibus of the Sources for the Life of St. Francis.* Edited by Marion A. Habig, O.F.M. Chicago: Franciscan Herald Press, 1973.

Francis of Assisi and Clare of Assisi. *Francis and Clare: The Complete Works.* Translated by Regis Armstrong and Ignatius Brady. New York: Paulist Press, 1982.

Jacopone da Todi. *The Lauds.* Translated by Serge and Elizabeth Hughes. New York: Paulist Press, 1982.

Thomas of Celano. *The First Life of St. Francis in St. Francis of Assisi: Writings and Early Biographies, English Omnibus of the Sources for the Life of St. Francis*, 225-354. Edited by Marion A. Habig, O.F.M. Chicago: Franciscan herald Press, 1973.

Ubertino da Casale. *Arbor Vitae Curcifixae Jesu.* Edited by Charles T. Davis Monumenta politica et philosophica rariora 4. Turin: Bottege d'Erasmo, 1961.

연구 도서

De Robeck, Nesta. *St. Clare of Assisi*. Milwaukee, WI: Bruce, 1951.

Englebert, Omer. *St. Francis of Assisi: A Bibliography*. Translated by Eve Marie Cooper. 2nd Eng. ed. revised and augmented by Ignatius Brady, O.F.M. Chicago: Franciscan Herald Press 1965.

Esser, Cajetan. *Origins of the Franciscan Order*. Translated by Aedan Daly and Irina Lynch. Chicago: Franciscan Herald Press, 1970.

Flood, David, O.F.M., and Thadee Matura, O.F.M. *The Birth of a Movement: A Study of the first Rule of St. Francis*. Chicago: Franciscan Herald Press, 1975.

Fortini, Arnaldo. *Francis of Assisi*. Translated by Helen Moak. New York: Crossroad, 1981.

Iriarte, Lazaro de Aspurz, O.F.M. Cap. *The Franiscan Calling*. Translated by Carole Marie Kelly. Chicago: Franciscan Herald Press, 1974.

_____ . *Franciscan History: The Three Order of St. Franscis of Assisi*. Translated by Patrica Ross. With an appendix, "The Historical Context of the Franciscan Movement," by Lawrence C. Landini, O.F.M. Chicago: Franciscan Herald Press, 1983.

LaChance, Paul, O.F.M. *The Spiritual Journey of the Blessed Angela of Foligno According to the Memorial of Frater A*. Rome: Athenaeum Antonianum, 1984.

Reeves, Marjorie. *The Influence of Prophecy in the Later Middle Ages*. Oxford: Clarendon Press, 1969.

제2장 탁발 수도회 / 3. 갈멜 수도회의 영성

정기 간행물로는 Carmelus: *Journal of the Institutum Carmelitanum* (Rome, 1954-)와 *Ephemerides Carmeliticae* (Florence, 1947-1982년에 Teresianum으로 됨)가 있다.

Brandsma, Titus. *Carmelite Mysticism: Historical Sketches*. Chicago: Carmelite Press, 1936.

_____ . "Carmes (Spiritualité de L'Ordre des)" in *Dict. Sp.* 2, cols. 156-71.

Cicconetti, Carlo. *La Regola del Carmelo: Origine, natura, significato*. Rome: Institutum Carmelitanum, 1973.

Friedman, Elian. *The Latin Hermits of Mounts Carmel: A Study in Carmelite Origin*. Rome: Teresianum, 1979.

Paul-Marie de la Croix. "Carmelite Spirituality." in *Some Schools of Catholic Spirituality* 110-85. Edited by Jean Gautier. Translated by Kathryn Sullivan. New York: Desclée, 1959.

Secondin, Bruno. *La Regola del Carmelo: Per una nuova interpretazione*. Rome: Presenza del Carmelo, 1982.

Smet, Joachim. *The Carmelotes*. 3 vols. Darien, IL: Carmelite Spiritual Center, 1975, 1976, 1982. 광범위한 참고문헌으로는 제1권의 독일어 번역, Ulrich Dobhan, *Die*

Karmeliten (Freiburg: Herder, 1981)을 보라.

Steggink, Otger, and Efrén de la Madre de Dios, "Carmelite Spirituality." in *New Catholic Encyclopedia*, 3:114-18. New York: McGraw-Hill, 1967.

제2장 탁발 수도회 / 4. 어거스틴 수도회의 영성

Bavel, Tarsicius van. "The Evangelical Inspiration of the Rule of Saint Augustine." *Downside Review* 93 (1975) 83-99.

Bertalia, Olimpia. "Fray Luis de Leon, Mistico." *Revista Augustiniana de Espiritualidad* 2(1961) 149-78, 381-409; 3(1962) 308-40.

Brocardo, Pietro. "Jérôme de Sienne." in *Dict. Sp.* 8, cols. 939-42.

Chaurand, Jacques. "Jacques Legrand." in *Dict. Sp.* 8, cols. 46-48.

Ciolini, Gino. "Scrittori spirituali agostiniani dei secoli XIV e XV in Italia." In *Sanctus Augustinus*, 2:339-87.

Gutiérrez, David. "Asceticos y misticos agustinos de España, Portugal y Hispanoamérica" In *Sanctus Augustinus*, 2:147-238.

_____ . "Ermites de Saint-Augustin," In *Dict. Sp.* 4, cols. 983-1018.

_____ . *History of the Order of St. Augustine.* 2 vols. thus far. Villanova: Augustinian Historical Institute, 1979-.

_____ . "Michel de Massa." In *Dict. Sp.* 10, cols. 1182-83.

Gutiérrez, Gilberto. "La vita espiritual en los escritos de Santo Tomas de Villanueva." *Revista Augustiniana de Espirtualidad* 1(1960) 24-34; 2(1961) 411-26; 4(1963) 197-220.

Hackett, M. Benedict. "Guillaume Flete." In *Dict. Sp.* 6, cols. 1204-8.

_____ . "The spiritual life of the English Austin friars of the fourteenth century" In *Sanctus Augustinus*, 2:421-92.

Hamm, Berndt. *Frömmigkeitstheologie am Anfang des 16. Jahrhunderts. Studien zu Johannes von Paltz und seinem Umkreis.* Tübingen, 1982.

Sanctus Augustinus, *vitae spiritualis Magister.* 2 vols. Rome: Analecta Augustiniana, 1959.

Lang, F. "Alphonse de Orozco." In *Dict. Sp.* 1, cols. 392-95.

Martin, François-Xavier. "Jean Waldeby." In *Dict. Sp.* 8, cols. 788-90.

Romanis, Alphonse de. "Charité 6. L'École Augustinienne. In *Dict. Sp.* 2, cols. 627-36.

Ros, Fidèle de. "La Contemplation au XVIe siècle: 3. Les Augustins" In *Dict. Sp.* 3, cols. 2018-20.

Toner, Nicholas. "Augustinian spiritual writers of the English province in the fifteenth and sixteenth centuries" In *Sanctus Augustinus*, 2:493-521.

Viller, M. "Agazzari, Philippe" In *Dict. Sp.* 1, col. 250.

Zumkeller, Adolar. "Henri de Freimar" In *Dict. Sp.* 7, cols. 191-97.

_____. "Hermann de Schildesche." In *Dict. Sp.* 7, cols. 302-8.
_____. "Jean de I-Huxaria." In *Dict. Sp.* 8, cols. 556-57.
_____. "Jean de Rynstett." In *Dict. Sp.* 8, cols. 697-98.
_____. "Jean de Schaftholzheimi" In *Dict. Sp.* 8, cols. 722-23.
_____. "Jourdain de Saxe." In *Dict. Sp.* 8, cols. 1423-30.
_____. "Die Lehrer des geistlichen Lebens unter den deutschen Augustinern vom dreizehnten Jahrhundert bis sum Konzil von Trient." In *Sanctus Augtustinus*, 2:239-337.
_____. "Mattieu de Saxe." In *Dict. Sp.* 10, cols. 814-16.
_____. "Oswald Reinlein." In *Dict. Sp.* 11, cols. 1054-55.
_____. "Paltz (Jean Jeuser de)." In *Dict. Sp.* 12, cols. 145-48.
_____. "Proles(André)." In *Dict. Sp.* 12, cols. 2406-9.

제3장 중세 후기 헌신운동의 주요 흐름

Boase, T. S. R. *Death in the Middle Ages: Mortality, Judgment and Remembrance*. New York: McGraw-Hill, 1972.

Brooke, Rosalind B., and Christopher Brooke. *Popular Religion in the Middle Ages: Western Europe* 1000-1300. London: Thames & Hudson.

Coulton, George Gordon. *Five Centuries of Religion*. Cambridge: University Press, 1923-50.

Gougaud, Louis. *Devotional and Ascetic Practices in the Middle Ages*. Translated by L. Gougard and G. C. Bateman. London: Burns, Oates & Washbourne, 1927.

Huizinga, J. *The Waning of the Middle Ages: A Study of the Forms of Life, Thought and Art in France and the Netherlands in the XIVth and XVth Centuries*. Translated by E. Hopman. London: Arnold, 1924.

Jeffrey, David L. *The Early English Lyric and Franciscan Spirituality*. Lincoln: University of Nebraska Press, 1975.

Kieckhefer, Richard. *Unquiet Souls: Fourteenth-Century Saints and Their Religious Milieu*. Chicago: University of Chicago Press, 1984.

Leff, Gordon. *The Dissolution of the Medieval Outlook: An Essay on the Intellectual and Spiritual Change in the Fourteenth Century*. New York: Harper, 1976.

Mâle, Emile. *Religious Art: From the Twelfth to the Eighteenth Century*. Rev. English ed. Princeton, NJ: Princeton University Press, 1982.

Manselli, Raoul. *La religion populaire au Moyen Age: Problèmes de méthod et d'histoire*. Montreal: Institut d'Etudes Médiévales Albert-le-Grand, 1975.

Oakley, Francis. *The Western Church in the Later Middle Ages*. Ithaca, NY: Cornell University Press, 1979.

Rothkrug, Lionel. *Religious Practices and Collective Perceptions: Hidden Homologies in the Renaissance and Reformation=Historical Reflections* 7/1 (Spring 1980).

Schiller, Gertrud. *Iconography of Christlan Art*. Translated by Janet Seligman. London: Humphries, 1971-72.

Sumption, Jonathan. *Pilgrimage: An Image of Mediaeval Religion*, London: Faber & Faber, 1975.

Trinkaus, Charles, and H. Oberman, eds. *The Pursuit of Holiness in Late Medieval and Renaissance Religion: Papers from the University of Michigan Conference*. Studies in Medieval and Reformation Thought 10. Leiden: Brill, 1974.

Wilmart, André, *Auteurs spirituels et textes dévots du moyen âge latin: Etudes d'histoire littéraire*. Reprint. Paris: Etudes Augustiniennes, 1971.

제4장 영성과 후기 스콜라주의

Cabassut, André. "Curiosité. In *Dict. Sp.* 2, cols. 2654-61.

Dress, Walter. *Die Theologie Gersons: Eine Untersuchung zur Verbindung von Nominallismus und Mystik in Spätmittelalter*. Gütersloh: Bertelsmann, 1931.

Oberman, Heiko A. *Contra vanam curiositatem*. Theologische Studien 113. Zurich: Theologischer Verlag, 1974.

_____ . *The Harvest of Medieval Theology*. Cambridge, MA: Harvard University Press, 1963.

Ozment, Steven. "Mysticism, Nominalism and Dissent." In *The Pursuit of Holiness in Late Medieval and Renaissance Religion: Papers from the University of Michigan Conference*, 67-92. Edited by C. Trinkaus and H. Oberman. *Studies in Medieval and Reformation Thought* 10. Leiden: Brill, 1974.

Pantin, W. A. *The English Church in the Fourteenth Century*, Notre Dame, IN: University of Notre Dame Press, 1962.

Smalley, Beryl. "The Bible in the Medieval Schools." In *The Cambridge History of the Bible. Vol. 2, The West from the Fathers to the Reformation*, 187-220. Edited by G. W. H. Lampe. Cambridge: University Press, 1969.

_____ . *English Friars and Antiquity in the Early Fourteenth Century*. Oxford: Blackwell, 1960.

_____ . *The Study of the Bible in the Middle Ages*. Notre Dame, IN: University of Notre Dame Press, 1964.

Stegmüller, Friedrich. *Repertorium Biblicum Medii Aevi*. 11 vols. Madrid: Instituto Francisco Suárez, 1940-80.

제5장 중세 후기의 여성 종교인들

Abels, Richard, and Ellen Harrison. "The Position of Women in Languedocian Catharism." *Medieval Studies* 41 (1979) 215-51.

d'Alverny, Marie-Thérèse. "Comment les théologiens et les philosophes voient la femme" *La femme dans les civilisations des Xe-XIIIe siècles: Actes du colloque tenu à Poitiers les 23-25 septembre 1976, Cahiers de civilisation médiévale* 20(1977) 105-29.

Baker, Derek, ed. *Medieval Women: Dedicated and Presented to Professor Rosalind M.T.: Hill* ··· Studies in Church History: Subsidia 1. Oxford: Blackwell, 1978.

Benz, Ernst. *Die Vision: Erfahrungsformen und Bilderwelt.* Stuttgart: E. Klett, 1969.

Bolton, Brenda M. *"Mulieres sanctae."* In *Sanctity and Seculrity: The Church and the World*, 77-95. Edited by Derek Baker. Studies in Church History 10. Oxford: Blackwell, 1973.

Børresen, Kari Elisabeth. *Subordination et equivalence: Nature et rôle de la femme d'après Augustin et Thomas d'Aquin.* Oslo: Universitetsforlaget, 1968.

Bullough, Vern L. "Medieval Medical and Scientific Views of Women." *Viator* 4(1973) 487-93.

Bynum, Caroline W. "Woman Mystics and Eucharistic Devotion in the Thirteenth Century" *Women's Studies* 11(1984) 179-214.

_____. "Fast, Feast, and Flesh: The Religious Significance of Food to Medieval Women." *Representations* 11(Summer 1985) 1-25.

Elm, Kasper. "Die Stellung der Frau in Ordenswesen, Semireligiosentum und Häresie zur Zeit der heiligen Elisabeth." In *Sankt Elisabeth: Fürstin, Dienerin, Heilige: Aufsätze, Dokumentation, Katalog*, 7-28. Edited by University of Marburg. Sigmaringen: Thorbeke, 1981.

Freed, John B. "Urban Development and the 'Cura Monialium' in Thirteenth-Century Germany." *Viator* 3(1972) 311-27.

Goodich, Michael. "Contours of Female Piety in Later Medieval Hagiography." *Church History* 50(1981) 20-32.

Grundmann, Herbert. "Die Frauen und die Literatur im Mittelater: Ein Beitrag zur Frage nach der Entstehung des Schrifttums in der Volkssprache." *Archiv für Kulturgeschichte* 26(1936) 129-61.

_____. *Religiöse Bewegungen im Mittelalter: Untersuchungen über die geschichtlichen Zusammenhänge zwischen Ketzerei, den Bettelorden und der religiösen Frauenbewegung im 12, und 13. Jahrhundert* ··· 1935. Reprint, with additions, Darmstadt: Wissenschaftliche Buchgesellschaft, 1977.

Herlihy, David. *The Social History of Italy and Western Europe* 700-1500. London: Variorum Reprints, 1978.

Kieckhefer, Richard. *Unquiet Souls: Fourteenth-Century Saints and Their Religious Milieu.* Chicago: University of Chicago Press, 1984.

Koch, Gottfried. *Frauenfrage und Ketzertum im Mittelalter: Die Frauenbewegung im Rahmen des Katharismus und des Waldensertums und ihre sozialen Wurzeln: 12.-14. Jahrhundert.* Forschungen zur mittelalterlichen Geschichte 9. Berlin: Akademie-Verlag, 1962.

Lerner, Robert E. "Beguines and Beghards." In *Dictionary of the Middle Ages*, 2:157-62. Edited by Joseph Strayer. New York: Scribner, 1983.

_____ . The *Heresy of the Free Spirit in the Later Middle Ages*. Berkeley and Los Angeles: University of California Press, 1972.

McDonnell, Ernest W. *The Beguines and Beghards in Medieval Culture with Special Emphasis on the Belgian Scene*. 1954. Reprint, New York: Octagon Books, 1969.

McLaughlin, Eleanor. "Equality of Souls, Inequality of Sexes: Women in Medieval Theology" In *Religion and Sexism: Images of women in the Jewish and Christian Traditions*, 213-66. Edited by Rosemary Ruether. New York: Simon & Schuster, 1974.

_____ . "Les femmes et l'hérésie médiévale. Un problème dans l'histoire de la spiritualité." *Concilium* 111(1976) 73-90.

Pontenay de Fontette, Micheline. *Les rellgieuses à l'âge classique du droit canon: Recherches sur les structures juridiques des branches féminines des ordres*. Paris: J. Vrin, 1967.

Roisin, Simone. *L'hagiographie cistercienne dans le diocèse de Liège au XIII siècle*. Louvain: Bibliothèque de l'Université 1947.

Schmitz, Philibert. *Histoire de l'ordre de saint Benoît*. 7 vols. Maredsous: Éditions de Maredsous, 1942-56. Vol. 7, Les moniales(1956).

Southern, Richard W. *Western Society and the Chttrch in the Middle Ages*. Pelican History of the Church 2. Harmondsworth: Penguin Books, 1970.

Thurston, Herbert. *The Physical Phenomena of Mysticism*. Chicago: Henry Regnery, 1952.

Vauchez, André. *La sainteté en occident aux derniers siècles du moyen âge d'après les procès de canonisation et les docunents hagiographiques*. Bibliothèque des études françaises d'Athènes et de Rome 241. Rome: Ecole française de Rome, 1981.

Weinstein, Donald, and Rudolph Bell. *Saints and Society: The Two Worlds of Western Christendom*, 1000-1700. Chicago: University of Chicago Press, 1982.

Wemple, Suzanne E. *Women in Frankish Society: Marriage and the Cloister*, 500 to 900. Philadelphia: University of Pennsylvania Press, 1981.

제6장 중세 후기 신비주의 학파들

출전

The Book of the Poor in Spirit by A Friend of God. Translated by C. F. Kelley. New York: Harper, 1954.

Catherine of Genoa. *Purgation and Purgatory: The Spiritual Dialogue*. Translated by Serge Hugues. Introduction by Benedict J. Groeschel. Classics of Western Spirituality New York: Paulist Press, 1979.

Catherine of Siena. *The Dialogue*. Translated by Suzanne Noffke. Classics of Western

Spirituality. New York: Paulist Press, 1980.

_____. *The Prayers of Catherine of Siena*. Edited by Suzanne Noffke. New York: Paulist Press, 1983.

Eckhart, Meister. *The Essential Sermons, Commentaries, Treatises and Defense*. Translated by E. Colledge and Bernard McGinn. Classics of Western Spirituality. New York: Paulist Press, 1981.

_____. *German Sermons and Treatises*. Translated and edited by M. O'C. Walshe. 2 vols. London and Dulverton: Watkins, 1979, 1981.

_____. *Parisian Questions and Prologues*. Translated by Armand A. Maurer. Toronto: Pontifical Institute of Mediaeval Studies, 1974.

_____. *Teacher and Preacher*. Translated by Bernard McGinn, Frank Tobin and Elvira Borgstadt. Classics of Western Spirituality. New York: Paulist Press, 1986. 여기에 "캐더린 수녀"가 부록으로 들어 있다.

Gerson, Jean. *Selections from "A Deo Exivit," "Contra curiositatem studentium" and "De mystica theologia speculativa."* Edited and translated by Steven E. Ozment. Leiden: Brill, 1969.

Hadewijch. *The Complete Works*. Translated by Mother Columba Hart. Classics of Western Spirituality. New York: Paulist Press, 1980.

Il Libro della Beata Angela da Foligno. Edited by Ludger Thier and Abele Calufetti. Grottaferrata(Rome): Editiones S. Bonaventurae, 1985.

Luther, Martin. *The Theologia Germanica of Martin Luther*. Translated by Bengt Hoffman. Classics of Western Spirituality. New York: Paulist Press, 1980.

Mechthild of Magdeburg. *The Revelation of Mechthild of Magdeburg, or The Flowing Light of Godhead*. Translated by Lucy Menzies. London: Longmans, Green, 1953.

Mediaeval Netherlands Religious Literature. Translated by E. Colledge. New York: London House and Maxwell, 1965.

Merswin, Rulman. *Mystical Writings of Rulman Merswin*. Edited by Thomas S. Kepler. Philadelphia: Westminster, 1960.

Raymond of Capua. *The Life of Catherine of Siena*. Translated by Conleth Kearns. Wilmington, DE: Michael Glazier, 1980.

Ruusbroec, Jan van. *Opera omnia*. Edited by G. de Baer et al. 2 vols. Leiden: Brill, 1981-.

_____. *The Spiritual Espousals and Other Works*. Translated by James A. Wiseman. Classics of Western Spirituality. New York: Paulist Press, 1985.

Suso, Heinrich. *Suso's Works*. Translated by Frank Tobin. Classics of Western Spirituality. New York: Paulist Press, 1987.

Tauler, Johannes. *Sermons*. Translated by Maria Shardy. Introduction by Josef Schmidt. Classics of Western Spirituality. New York: Paulist Press, 1985.

_____. *Spiritual Conferences by John Tauler*, O. P. Translated and edited by E. Colledge and Sister M. Jane. Rockford, IL: Tan Books, 1978.

연구 도서

Altdeutsche und altniederländsche Mystik. Edited by Kurt Ruh. Darmstadt: Wissenschaftliche Buchgesellschaft, 1964.

Ancelet-Hustache, Jeanne. *Master Eckhart and the Rhineland Mystics*. New York: Harper, 1957.

_____. "Les Vitae Sororum d'Unterlinden." *Archives d'histoire doctrinal et littéraire du moyen âge* 5(1930) 317-509.

Axters, Stephanus. *The Spirituality of the Old Low Countries*. London: Blackfriars, 1954.

Deutsches Nonnenleben. Translated by Nargarete Weinhandl. Nunich: O. C. Recht, 1921.

Grundmann, Herbert. *Religiöse Bewegungen im Mittelater: Untersuchung über die geschichtlichen Zusammenhänge zwischen Ketzerei, den Bettelorden und der religiösen Frauenbewegung im 12. und 13. Jahrhundert...* Hildesheim: Georg Olms, 1961. 이 고전연구의 두 번째 증보판이 특히 여성 신비주의를 위해 중요하다.

Guarnieri, Roman, "Il Movimento del Libero Spirito: Testi e Documenti." *Archivio Italiano per la Storia della Pietà* 4(1965) 353-708. 여기에 Marguerite Porete의 *Mirror of Simple Souls*이 들어 있다.

Haas, Alois M. *Sermo mysticus: Studien zu Theologie und Sprache der deutschen Mystik*. Freiburg: Universitätsverglag, 1979.

_____. *Geistliches Mittelalter*. Freiburg: Universitätsverglag, 1984.

_____. "Die Theologia Deutsch: Konstitution eines mystologischen Texts." In *Das "einig Ein" Studien zu Theorie und Sprache der deutschen Mystik*, 369-415. Edited by Alois M. Haas and Heinrich Stirnimann. Freiburg: Universitätsverglag, 1980.

_____, and Heinrich Stirnimann, eds. *Das "einig Ein" Studien zu Theorie und Sprache der deutschen Mystik*. Freiburg: Universitätsverlag, 1980. 최근 연구들의 중요한 수집임.

Hopkins, Jasper. *Nicholas of Cusa's Debate with John Wenck: A Translation and Appraisal of De Ignota Litteratura and Apologia Doctae Ignorantiae*. Minneapolis, MN: Arthur J. Banning Press, 1981.

Hügel, Friedrich von. *The Mystical Element of Religion as Studied in Catherine of Genoa and Her Friends*. 2 vols London: J. M. Dent, 1961.

Lerner, Robert E. *The Heresy of the Free Spirit in the Later Middle Ages*. Berkeley and Los Angeles: University of California Press, 1972.

Lossky, Vladimir. *Théologie négative et connaissance de Dieu chez Maître Eckhart*. Paris: J. Vrin, 1960.

McDonnell, Ernest W. *The Beguines and Beghards in Medieval Culture with Special Emphasis on the Belgian Scene*. New Brunswick, NJ: Rutgers University Press, 1954.

Mommaers, P., and N. de Paepe, eds. *Jan van Ruusbroec: The Sources, Content and*

Sequels of His Mysticism. Leuven: Leuven University Press, 1984.

Le mystique rhénane: Colloque de Strasbourg 1961. Paris: Presses universitaires de France, 1963.

Ozment, Steven E. *Homo Spiritualis: A Comparative Study of the Anthropology of Johannes Tauler, Jean Gerson and Martin Luther* (1509-16). Leiden: Brill, 1969.

Petroff, Elizabeth Alvida, ed. *Medieval Women's Visionary Literature*. New York: Oxford University Press, 1986.

Ruh, Kurt. *Kleine Schriften: Band II, Scholastik und Mystik im Spätmittelalter*. Berlin: de Gruyter, 1984.

_____ . Meister Eckhart: *Theologe, Prediger, Mystiker*. Munich: Beck, 1985.

Stoelen, Anselm. "Denys le Chartreux." In *Dict. Sp.* 3, cols. 430-49.

Szarmach, Paul, ed. *An Introduction to the Medieval Mystics of Europe*. Albany, NY: State University of New York Press, 1984.

Tobin, Frank. *Meister Eckhart: Thought and Language*. Philadelphia: University of Pennsylvania Press, 1986.

Tugwell, Simon. *Early Dominicans: Selected Writings*. Classics of Western Spirituality. New York: Paulist Press, 1982.

Vansteenberghe, Edmond. *Autour de la docte ignorance: une controverse sur la théologie mystique au XV siècle*. Münster: Aschendorff, 1915.

제7장 근대 경건

Barnikol, Ernst. *Studien zur Geschichte der Brüder vom gemeinsamen Leben. Ergänzungsband zu Zeitschrift für Theologie und Kinst*; Tübingen, 1917.

Busch, Johann. *Chronicon Windeshemense und Liber de Reformatione monasteriorum*. Edited by K. Grube. In *Der Augustinerpropst Johannes Busch*. Geschichtsquellen der Provinz Sachsen 19. Halle, 1886.

DeBeer, K. C. L. N. *Studie over de spiritualiteit van Geert Groote*. Nijmegen: N. V. Dekker & Van de Wegt, 1938.

Hyma, Albert. *The Christian Renaissance: A History of the Devotio Moderna*. 2nd ed. New York: Archon Books, 1965.

_____ . *The Brethren of the Common Life*. Grand Rapids: Eerdmans, 1950.

Iserloh, Erwin. "The Devotio Moderna." In *Handbook of Church History*. Vol. 3, *From the High Middle Ages to the Eve of the Reformation*. Edited by Hubert Jedin and John Dolan. Translated by Anselm Biggs. New York: Herder & Herder, 1970.

Janowski, H. J. Geert Groote, *Thomas von Kempen, und die Devotio Moderna*. Olten and Freiburg: Walter, 1978.

Persoons, Ernest. *Recente publicaties over de moderne devotie 1959-72*. Leeuwen: Institute voor Middeleewse Studies, 1972.

Pohl, M. Josef, ed. *Thomae Hemerken a Kempis Opera Omnia*. 7 vols. Freiburg:

Herder, 1902-1922.

Post, Regnerus R. *The Modern Devotion*. Leiden: Brill, 1968.

Spitz, Lewis. *The Religious Renaissance of the German Humanists*. Cambridge, MA: Harvard University Press, 1963.

Stupperich, Robert. *Das Herforder Fraterhaus and die devotio moderna*. Münster: Aschendorff, 1975.

Van Zijl, Theodore P. *Gerard Groote: Ascetic and Reformer*, 1340-1384. Washington, DC: Catholic University of America Press, 1963.

Zerbolt, Gerard. *The Spiritual Ascent*. Translated by J. P. Arthur. London: Burns & Oates, 1908.

제8장 영국의 신비가들

Alien, Hope Emily. *Writings Ascribed to Richard Rolle, Hermit of Hampole, and Material for His Biography*. London: Oxford University Press, 1927.

Atkinson, Clarissa W. *Mystic and Pilgrim: The Book and the World of Margery Kempe*. Ithaca, NY, and London: Cornell University Press, 1983.

Clark, J.P.H. 월터 힐튼에 관한 최상의 연구는 1977년부터 Downside Review에 발표된 클라크의 논문 시리즈일 것이다.

Colledge, Eric, ed. *The Medieval Mystics of England*. New York: Scribner, 1961.

Johnston, William. *The Mysticism of the Cloud of Unknowing*. Wheathampstead: Anthony Clarke Books, 1978.

Knowles, David. *The English Mystical Tradition*. London: Burns & Oates, 1961.

Lagorio, Valerie Marie, and Ritamary Bradley. *The 14th-Century English Mystics: A Comprehensive Annotated Bibliography*. New York and London: Garland, 1981.

Merton, Thomas. "The English Mystics. In *Mystics and Zen Masters*, 128-53. New York: Deli, 1967.

Molinari, Paul, S. J. *Julian of Norwich*. London: Longmans, 1958.

Pantin, W. A. *The English Church in the Fourteenth Century*. Cambridge: University Press, 1955.

Pelphrey, Brant. *Love Was His Meaning: The Theology and Mysticism of Julian of Norwich*. Salzburg: Universität Salzburg, 1982.

Pepler, Conrad, O. P. *The English Religious Heritage*. St. Louis, MO: Herder, 1958.

Riehle, Wolfgang. *The Middle English Mystics*. London and Boston: Routledge & Kegan Paul, 1981.

Walsh, James, S.J. ed., *Pre-Reformation English Spirituality*. London: Burns & Oates, n.d.

제9장 팔라마스주의의 영성 생활

Behr-Sigel, E. "Reflexion sur la doctrine de Grégoire Palamas." *Contacts* 12 (1960) 118-25.

Chrestou, P. "Gregory Palamas." In *Festschrift Honoring the Six Hundredth Anniversary of the Death of St. Gregory Palamas*, 255-71. Edited by P. Chrestou. Thessaloniki, 1960. In Greek.

Florovsky, G. "Gregory Palamas and the Patristic Tradition." In *Fesrschrift Honoring the Six Hundredth Anniversay of the Death of St. Gregory Palamas*, 240-54. In Greek.

Hausherr, I. "L'héchasme. Étude de spiritualité." *Orientalia Christiana Periodica* 22(1956) 5-40, 284-96.

Ivánka, E. von. "Hesychasmus und Palamismus: Ihr gegenseitiges Verhältnis und ihre geistesgeschichtliche Bedeutung." *Jahrbuch der Österreichischen Byzantinischen Gesellschaft* 2(1952) 23-24.

_____. "Palamismus und Vätertradition." In *L'Église et les Églises*, 2:29-46. Chevetogne, 1955.

Kiprian, C. *Antropologija sv. Grigorija Palamy*. Paris: YMCA-Press, 1950.

_____. "Duchovnye predki sv. Grigorija Palamy." *Bogoslovskaja Mysl'* 3 (1942) 102-13.

Krivochéine, B. "Asceti̇českoe i bogoslovskoe učenie sv. Gregorija Palamy." *Seminarium Kondakovianum* 8(1936) 99-154.

Lossky, V. "La théologie de la lumière chez saint Grégoire de Thessalonique." *Dieu Vivant* 1 (1945) 95-118.

_____. *Vision of God*. London: Faith Press, 1963.

Mantzaridis, G. *Palamika*. Thessaloniki, 1973. Reprint, Crestwood, NY: St. Vladimir's Seminary Press, 1983.

_____. "Tradition and Renewal in the Theology of St. Gregory Palamas." *Eastern Churches Review*, 9 (1977) 1-18.

Meyendorff, J. *St. Gregory Palamas and Orthodox Spirituality*. Crestwood, NY: St. Vladimir's Seminary Press, 1974.

_____. *A Study of Gregory Palamas*. 2nd ed. Crestwood, NY: St. Vladimir's Seminary Press, 1974.

Monk of the Eastern Church. *Orthodox Spirituality: An Outline of the Orthodox Ascetical and Mystical Tradition*. London: SPCK, 1961.

Romanides, J. "Notes on the Palamite Controversy and Related Topics, I-II." *Greek Orthodox Theological Review* 6(1960-61) 186-205; 9(1963-64) 225-70.

Staniloae, D. *Viatsa si invatsatura sf. Grigorie Palama*. Sibiu, 1938.

Ware, K. "The Debate about Palamism." *Eastern Churches Review* 9(1977) 45-63.

제10장 중세 후기의 러시아 / 1. 르네상스 인문주의의 영성

Fedotov, G. P. *The Russian Religious Mind.* Vol. 1, *Kievan Christianity: The Tenth to the Thirteenth Centuries.* Vol 2, *The Middle Ages: The Thirteenth to the Fifteenth Centuries.* Edited by J. Meyendorff. Cambridge, MA: Havard University Press, 1966.

Fedotov, G. P., ed. *A Treasury of Russian Spirituality.* New York: Sheed & Ward, 1948.

Maloney, G. A. *Russian Hesychasm: The Spirituality of Nil Sorskii.* The Hague: Mouton, 1973.

The Rule of Iosif Volotsky. Translated by D. Goldfrank. Kalamazoo, MI: Cistercian Publications, 1983.

Špídlik, T. *Joseph de Volokolamsk: Un chapitre de la spiritualité russe.* Oreintalia Christiani Analecta 146; Rome, 1956.

The 'Vita' of St. Sergii of Radonezh. Tranlated by M. Klimenko. Houston, 1980.

제11장 인문주의

Bynum, Caroline Walker. *Jesus as Mother: Studies in the Spirituality of the High Middle Ages.* Berkeley and Los Angeles: University of California Press, 1982.

Camporeale, Salvatore I., O.P. "Lorenzo Valla tra Medioevo e Rinascimento: Encomion S. Thomae- 1457." *Memorie Demenicane* n.s 7 [Rome] 1976.

Cassirer, Ernst, et al., eds. *The Renaissance Philosophy of Man.* Chicago: University of Chicago Press, 1949.

D'Amico, John F. *Renaissance Humanism in Papal Rome: Humanists and Churchmen of the Eve of the Reformation.* Baltimore, MD: Johns Hopkins University Press, 1983.

O'Malley, John W., S.J. *Praise and Blame in Renaissance Rome: Rhetoric, Doctrine, and Reform in the Sacred Orators of the Papal Court,* c. 1450-1521. Durham, NC: Labyrinth Press, 1979.

Petrarch. *Secretum.* Translated by William H. Draper. London: Chatto & Windus, 1911.

Steinberg, Leo. *The Sexuality of Christ in Renaissance Art and Modern Oblivion.* New York: Pantheon Books, 1983.

Trinkaus, Charles. *In Our Image and Likeness: Humanity and Divinity in Italian Humanist Thought.* 2 vols. Chicago: University of Chicago Press, 1970.

_____, and Heiki A. Oberman, eds. *The Pursuit of Holiness in Late Medieval and Renaissance Religion: Papers from the University of Michigan Conference.* Studies in Medieval and Reformation Thought 10. Leiden: Brill, 1974

제10장 중세 후기의 러시아 / 2. 인문주의자들의 성서 이해: 영혼의 양식

Bentley, Jerry H. *Humanists and Holy Writ*. Princeton, NJ: Princeton University Press, 1984.

Chomarat, Jacques. "Grammar and Rhetoric in the *Paraphrases* of the Gospel by Erasmus." *Erasmus of Rotterdam Society Yearbook* 1 (1980) 30-68.

Erasmus. *Collected Works of Erasmus*. Vol. 42, *New Testament Scholarship: Paraphrases on Romans and Galatians*. Edited by Robert D. Sider. Translated by John B. Payne, Albert Rabil, Jr., and Warren S. Smith, Jr. Toronto University of Toronto Press, 1984.

Hughes, Philip Edgcumbe. *Lefèvre: Pioneer of Ecclesiastical Renewal in France*. Grand Rapids: Baker, 1984.

More, Thomas. *The Yale Edition of the Complete Works of St. Thomas More*. Vol. 13, *Treatise on the Passion*. Edited by Garry E. Haupt. New Haven, CT: Yale University Press, 1967.

Smalley, Beryl. *The Study of the Bible in the Middle Ages*. 2nd ed. Oxford: Oxford University Press, 1952.

Trinkaus, Charles. *In Our Image and Likeness: Humanity and Divinity in Italian Humanist Thought*. 2 vols. Chicago: University of Chicago Press, 1970.

제13장 취리히의 종교개혁자 츠빙글리와 불링거의 영성

출전

The Creeds of Chrtstendom. Vol. 3, *The Evangelical Protestant Creeds*. Edited by Philip Schaff. New York and London: Harper & Row, 1931. Reprint. Grand Rapids, MI: Baker, 1983.

The Latin Works of Huldreich Zwingli. Edited by S. M. Jackson, W. J. Hinke, and C. N. Heller. Vol. 3. Philadelphia: Heidelberg Press, 1929.

Reformed Confessions of the 16th Century. Edited by Arthur C. Cochrane. Philadelphia: Westminster, 1966.

Reformed Protestantism. Sources of the 16th and 17th centuries on microfiche, 1. Switzerland, A. Heinrich Bullinger and the Zürich Reformation. Inter Documentation Company AG(IDC), Poststrasse 14, 6300 Zug, Switzerland.

Zwingli, Huldrych. *Writings*. Translated by Edward J. Furcha and H. Wayne Pipkin. 2 vols. Allison Park, PA: Pickwick Publications, 1984.

_____ . *Huldreich Zwinglis samtliche Werke*. Edited by E. Egli. Corpus Reformatorum. Zurich: Theologischer Verlag. 1905-.

연구도서

Baker, J. Wayne. *Heinrich Bullinger and the Covenant: The Other Reformed Tradition*.

Athens, OH: Ohio University Press, 1980.

Büsser, Fritz. "Bullinger, Heinrich." In *Theologlsche Realenzyklopädie*, 7:375ff. Berlin and New York: de Gruyter, 1981.

_____ . *Würzeln der Reformation in Zürich: Zum 500. Geburtstag des Reformators Huldrych Zwingli*. Studies in Medieval and Reformation Thought 31. Leiden: Brill, 1985.

Gabler, Ulrich. *Huldrych Zwingli im 20 Jahrhundert: Forschungsbericht und annotierte Bibliographie 1897-1972*. Zurich: Theologische Verlag, 1975.

Herkenrath, Erland. *Heinrich Bullinger: Bibliographie*. Vol. 2, *Beschreibendes Verzeichnis der Literatur über Heinrich Bullinger*. Zurich: Theologischer Verlag, 1977.

Locher, Gottfried W. *Die Zwinglische Reformation im Rahmen der europäischen Kirchengeschichte*. Göttingen and Zurich: Vandenhoeck & Ruprecht, 1979.

_____ . *Zwingli's Thought: New Perspectives*. Studies in the History of Christian Thought 25. Leiden: Brill, 1981.

Staedtke, Joachim. *Heinrich Bullinger: Bibliographie*. Vol. 1, *Beschreibendes Verzeichnis der gedruckten Werke von Heinrich Bullinger*. Zurich: Theologischer Verlag, 1972.

제14장 존 칼빈의 영성

학자들은 칼빈의 영성에 뚜렷한 관심을 두지 않았다. 그 부분적인 이유는, 후일의 칼빈주의자들이 칼빈을 주로 교리 신학자로 이해하는 경향 때문에, 영성의 개념이 개신교 학자들 간에는 거의 자리를 차지할 수 없었기 때문이었다. 칼빈의 영성이라는 주제와 직접 관련하여 글을 쓴 유일한 학자는 리처드(Richard)이다. 칼빈의 영성을 연구하려는 사람들을 위해서 적극 추천하고 싶은 학자로는 마일스(Miles)가 있다. 그렇지 않은 경우, 칼빈 자신의 저서들 통해서 접근하는 것이 최상의 방법이라고 여겨진다. 라이스(Leith)에 의해서 출판된 칼빈 선집은 특별히 칼빈의 영성에 대한 서론을 편리하게 제공해 준다. 가장 손쉽게 이용할 수 있는 칼빈의 『기독교강요』(Institutes)는 탁월한 서론과 주석을 제공하는 베틀즈(Battles)의 번역본이다. 칼빈 신학 일반에 대한 가장 뛰어난 연구서로는 벤델(Wendel)의 저서를 들 수 있다. 최신의 전기로는 파커(Parker)의 책을 참고하라.

Calvin, John. *Institutes of the Christian Religion*. Translated by Ford Lewis Battles. Philadelphia: Westminster, 1960.

Leith, John H. *The Christian Life*. San Francisco: Harper & Row, 1984.

Miles, Margaret R. "Theology, Anthropology, and the Human Body in Calvln's Institutes of the Christian Religion." *Harvard Theological Review*, 74 (1981) 303-23.

Parker, T. H. L. *John Calvin*. London: S. M. Dent and Sons, 1975.

Richard, Lucien Joseph. *The Spirituality of John Calvin*. Atlanta, GA: John Knox Press, 1974.

Wendel, François. *Calvin: The Origins and Development of His Religious Thought*. Translated by P. Mairet. London: Collins, 1960.

제15장 급진적 종교개혁의 영성

Clasen, Claus-Peter. *Anabaptism: A Social History, 1525-1618*. Ithaca, NY: Cornell University Press, 1972.

Dyck, Cornelius J. "The Life of the Spirit in Anabaptism." *Mennonite Quarterly Review* 47(1973) 309-26.

Friedmann, Robert. *The Theology of Anabaptism*. Scottdale, PA: Herald Press, 1973.

George, Timothy. *Theology of the Reformers*. Nashville, TN: Broadman, 1987.

Goertz, Hans-Jürgen, ed. *Profiles of Radical Reformers*. Translated by Walter Klassen. Kitchener, Ontario: Herald Press, 1982.

Klassen, John. "Women and the Family Among Dutch Anabaptist Martyrs." *Mennonite Quarterly Review* 60 (1986) 548-71.

Van Braght, Thieleman J. *The Bloody Theater or Martyrs' Mirror*. Scottdale, PA: Mennonite Publishing House, 1951.

Williams, George H. *The Radical Reformation*. Philadelphia: Westminster, 1962.

_____, and Angel M. Mergal. *Spiritual and Anabaptist Writers*. Philadelphia: Westminster, 1957.

제16장 그리스도의 인성과 수난

원전

Anselm of Canterbury. *The Prayers and Meditations of Saint Anselm*. Translated by Sister Benedicta Ward. New York: Penguin Books, 1973.

Bernard of Clairvaux. *Song of Songs* I. Translated by Killian Walsh. Kalamazoo, MI: Cistercian Publications, 1979.

_____. *The Nativity*. Translated by Leo Hickey. Dublin: Scepter, 1979.

Bonaventure: The Soul's Journey into God, The Tree of Life, The Life of St. Francis. Translated by Ewert Cousins. New York: Paulist Press, 1978.

Julian of Norwich: *Showings*. Translated by Edmund Colledge and James Walsh. New York: Paulist Press, 1978.

Meditations on the Life of Christ. Translation by Isa Ragusa. Princeton, NJ: Princeton University Press, 1961.

Thomas of Celano. *St. Francis of Assisi: First and Second Life of St. Francis*. Translated by Placid Hermann. Chicago: Franciscan Herald Press, 1963.

연구서

Bertaud, Emile, and Andre Ragan. "Devotions." In *Dict. Sp.* 3, cols. 747-78.

Chatillon, Jean. "Devotio." In *Dict. Sp.* 3, cols. 702-46.

Di Bernardo, Flavio. "Passion (Mystique de la)." In *Dict. Sp.* 12, cols. 312-38.

Kieckhefer, Richard. *Unquiet Souls: Fourteenth-Century Saints and Their Religious Milieu.* Chicago: University of Chicago Press, 1984.

Leclercq, Jean. *The Love of Learning and the Desire for God.* Translated by Catharine Misrahi. New York: Fordham University Press, 1974.

Leclercq, Jean, François Vandenbroucke, and Louis Bouyer. *The Spirituality of the Middle Ages.* Vol. 2 of *A History of Christian Spirituality.* Translated by the Benedictines of Holme Eden Abbey, Carlisle. New York: Seabury, 1982.

Ledeur, Étienne. "Imitation du Christ: II. Tradition Spirituelle." In *Dict. Sp.* 7, cols. 1562-87.

MacCandless, Joseph. "Meditation in Saint Bernard." *Collectanea Ordinis Cisterciensium Reformatorum* 26 (1964) 277-93.

Merton, Thomas. "The Humanity of Christ in Monastic Prayer," In *The Monastic Journey* 87-106. Edited by Patrick Hart. Kansas City: Sheed, Andrews & McMeel, 1977.

Noye, Irénèe et al., *Jesus in Christian Devotion and Contemplation.* Translated by Paul J. Oligny. St. Meinrad, IN: Abbey Press, 1974.

Squire, Aelred. *Aelred of Rievaulx: A Study.* Kalamazoo, MI: Cistercian Publications, 1981.

Von Severus, Emmanuel, and Aime Solignac. "Meitation: I. De l'Écriture aux Auteurs Medievaux." In *Dict. Sp.* 10, cols. 906-34.

Wilmart, André. *Auteurs spirtuels et textes dévots du Moyen Age Latin: Etudes d'histoire littéraire.* Reprint. Paris: Etudes Augustiniennes, 1971.

제17장 서방 교회에서의 마리아 숭배

Ahsmann, H. P. *Le culte de la sainte Viérge et la littérature française profane du moyen âge.* Paris: Picard, 1930.

Delaruelle, Etienne. *La piet*é *populaire au moyen âge.* Turin: Bottege d'Erasmo, 1975.

Delius, Walter. *Geschichte der Marienverehrung.* Munich: E. Reinhardt, 1963.

Graef, Hilda C. *Mary: A History of Doctrine and Devotion.* 2 vols. New York: Sheed & Ward, 1963-65.

Katzenellenbogen, Adolf. *The Sculptural Programs of Chartres Cathedral.* Baltimore, MD: Johns Hopkins University Press, 1959.

Koehler, Theodore. "Marie(Viérge): du moyen âge aux temps modernes." In Dict, Sp. 10, cols. 440-59.

Laurentin, René. *Queen of Heaven: A Short Treatise on Marian Theology*. Translated by G. Smith. London: Burns, Oates & Washbourne, 1956.

Leclercq, Jean, François Vandenbroucke, and Louis Bouyer. *The Spirituality of the Middle Ages*. Vol. 2 of *A History of Christian Spirituality*. Translated by the Benedictines of Holme Eden Abbey, Carlisle. London: Burns & Oates, 1968.

Mâle, Emile. *Religious Art: From the Twelfth to the Eighteenth Century*. New York: Noonday Press, 1958.

Manoir, Hubert du. *Maria: Études sur la Sainte Vièrge*, vol. 2. Paris: Beauchesne, 1952.

Manselli, Raoul. *La religion populaire au moyen âge: Problèmes de méthode et d'histoire*. Paris: J. Vrin, 1975.

Meier, Theo. *Die Gestalt Marias in geistlichen Schauspiel des deutschen Mittelalters*. Berlin: Erich Schmidt, 1959.

Scheffczyk, Lee. *Das Mariengeheimnis in Frömmigkeit und Lehre der Karolingerzeit*. Leipzig: St. Benno, 1959.

Sloyan, Gerard. "Marian Prayers." In *Mariology*, 3:64-87. Edited by Juniper Carol. Milwaukee, WI: Bruce, 1961.

Turner, Victor, and Edith Turner. *Image and Pilgrimage in Christian Culture*. New York: Columbia University Press, 1978.

Young, Earl. *The Drama of the Medieval Church*. 2 vols. Oxford: Clarendon Press, 1932.

제18장 전례와 성찬 / 1. 동방 교회

Bouyer, Louis. *Orthodox Spirituality and Protestant and Anglican Spirituality*. Vol. 3 of *A History of Christian Spirituality*. New York: Seabury, 1969.

Cabasilas, Nicholas. *A Commentary on the Divine Liturgy*. Translated by J. M. Hussey and P. A. McNulty. Crestwood, NY: St. Vladimir's Seminary Press, 1960.

_____. *The Life in Christ*. Translated by C. J. de Catanzaro. Crestwood, NY: St. Vladimir's Seminary Press, 1974.

Fedotov, George P. *The Russian Religious Mind*. 2 vols. Cambridge, MA: Harvard University Press, 1946, 1965.

_____, ed. *A Treasury of Russian Spirituality*. New York: Sheed & Ward, 1948.

Kovalevsky, Pierre. *Saint Sergius and Russian Spirituality*. Crestwood, NY: St. Vladimir's Seminary Press, 1976.

Meyendorff, John. *St. Gregory Palamas and Orthodox Spirituality*. Crestwood, NY: St. Vladimir's Seminary Press, 1974.

Schulz, Hans-Joachim. *The Byzantine Liturgy*. New York: Pueblo, 1986.

제18장 전례와 성찬 / 2. 서방 교회

Browe, Peter. *Die häufige Kommunion im Mittelalter*. Munich: Huebner, 1938.

_____. *Die Verehrung der Eucharistie im Mittelalter*. Munich: Huebner, 1933. Unaltered 2nd ed., Rome: Herder, 1967.

Corblet, J. *Histoire du Sacrement de l'Eucharistie*. 2 vols. Paris: Victor Palmé, 1883.

Denzinger, H., and A. Schönmetzer, eds. *Enchiridion symbolorum*. 32nd ed. Freiburg: Herder, 1963.

Duhr, Joseph. "Communion fréquente." In *Dict. Sp.* 2, cols. 1234-92.

Dumoutet, Edouard. *Le désir de voir l'hostie et les origines de la dévotion au Saint-Sacrement*. Paris: Beauchesne, 1926.

Franz, Adolf. *Die Messe im deutschen Mittelalter: Beiträge zur Geschichte Liturgie und des rellgiösen Volkslebens*. Freiburg: Herder, 1902. Reprint. Darmstadt: Wissenschaftliche Buchgesellschaft, 1963,

McCue, James. "Luther and Roman Catholicism on the Mass as Sacrifice." in *Lutherans and Catholics in Dialogue*, Vol. 3, *The Eucharist as Sacrifice*. New York: U. S. Catholic Conference, 1967.

Poschmann, Bernard. *Penance and the Anointing of the Sick*. Translated and edited by Francis Courtney. New York: Herder & Herder, 1964.

Tentler, Thomas. *Sin and Confession on the Eve of the Refomation*. Princeton, NJ: Princeton University Press, 1977.

제19장 교회의 두 가지 이상: 근대 전야의 동방과 서방

Baker, D., ed. *The Orthodox Churches and the West*. Studies in *Church History* 13. Oxford: University Press, 1976.

Congar, Yves *Lècclésiologie du Haut Moyen Âge de saint Grégoire le Grand à la désunion entre Byzance et Rome*. Paris: Cerf, 1968.

Dvornik, F. *The Legend of the Apostle Andrew, and the Idea of Apostolicity in Byzantium*. Cambridge, MA: Harvard University Press, 1958.

Gill, J. *Byzantium and the Papacy* 1198- 1400. New Brunswick, NJ: Rutgers University Press, 1979.

Meyendorff, J. *Byzantine Theology: Historical Trends and Doctrinal Themes*. 2nd printing with revisions. New York: Fordham University Press, 1983.

_____. *Byzantium and the Rise of Russia*. Cambridge: University Press, 1981.

_____, N. Afanassieff, A. Schmemann, and N. Koulomzine. *The Primacy of Peter in the Orthodox Church*. London: Faith Press, 1963.

Nicol, Donald M. *Byzantium: Its Ecclesiastical History and Relations with the Western World*. London: Variorum Reprints, 1972.

Podskalsky, G. *Theologie und Philosophie in Byzanz*. Munich: Beck, 1977.

Runciman, S. *The Byzantine Theocracy*. Cambridge: University Press, 1977.
_____ . *The Last Byzantine Renaissance. Cambridge*: University Press, 1970.

저자 소개

Jill Raitt, editor of this volume, is Professor of the History of Christianity and Chairwoman of the Department of Religious Studies at the University of Missouri, Columbia. Her books include *Shapers of Traditions in Germany, Switzerland and Poland, 1500-1600*(1981) and *The Eucharistic Theology of Theodore Beza: The Development of the Reformed Tradition*(1972).

Bernard McGinn, collaborating editor of this volume, is Professor of Historical Theology and the History of Christianity at the Divinity School of the University of Chicago. His books include *Meister Eckhart: Teacher and Preacher*(1986), *The Calabrian Abbot: Joachim of Fiore in the History of Western Thought*(1985), *Apocalyptic Spirituality*(1979), *Visions of the End: Apocalyptic Traditions in the Middle Ages*(1979).

John Meyendorff, collaborating editor of this volume, is Professor of History at Fordham University and Dean of St. Vladimir's Orthodox Theological Seminary in Tuckahoe, New York. He is the author of *Byzantine Theology: Historical Trends and Doctrinal Themes*(1983), *Catholicity and the Church*(1983), *The Byzantine Legacy in the Orthodox Church*(1982), *Byzantium and the Rise of Russia*(1981), and *Introduction à l'étude de Gregoire Palamas*(1959).

William J. Bouwnsma is Sather Professor of History at the University of California, Berkeley. He is author of *The Culture of Renaissance Humanism*(1973) and "The Two Faces of Humanism: Stoicism and Augustinianism in Renaissance Thought," in *Itineraritrm Italictrm: The Profile of the Italzan Renaissance in the Mirror of its European Transformations*(1975).

Fritz Büsser is Professor of the History of Church and Doctrine, University of Zurich, and Director of the Institute for Swiss Reformation History. His publications include Zwingli-Biographie(1973) and Aufsatzsammlung "An den Wurzeln der Refermation"(1985).

Caroline Walker Bynum is Professor of History at the University of Washington. Her publications include *Jesus as Mother: Studies in the Spirituality of the High Middle Ages*(1982), "Women Mystics and Eucharistic Devotion in the Thirteenth Century" in *Women's Studies* (1984), and "Women's Stories, Women's Symbols: A Critique of Victor Turner's Theory of Liminality," in *Anthropology and the Study of Religion*(1984).

William J. Courtenay is Professor of History at the University of Wisconsin, Madison. His publications include "Nominalism and Late Medieval Religion," in *The Pursuit of Holiness*(1974), "Augustinianism at Oxford in the Fourteenth Century" in *Augustiniana*(1980), *Adam Wodeham: An introduction to His Life and Writings*(1978), and *Covenant and Causality in Medieval Thought*(1984).

Ewert Cousins, general editor of World Spirituality: An Encyclopedic History of the Religious Quest, is Professor of Theology at Fordham University. He is the author of *Bonaventure and the Coincidence of Opposites*(1978) and editor and translator of the volume on *Bonaventure in Classics of Western Spirituality: Bonaventure: The Soul's Journey Into God, The Tree of Life, The Life of St. Francis*(1978).

Keith J. Egan is Professor and Chairman of the Department of Religious Studies and Co-Director of the Center for Spirituality at Saint Mary's College in Notre Dame, Indiana, and Adjunct Professor of Theology at Notre Dame University. His recent works include "The Foundations of Mystical Prayer: The Interior Castle, Mansions 1-3," in *Medieval Religious Women*(1985) and "Teresa of Jesus: Daughter of the Church and Woman of the Reformation," in *Carmelite Studies*(1984).

Timothy George is Associate Professor of Church History and Historical Theology at the Southern Baptist Theological Seminary in Louisville, Kentucky. His publications include *Theology of the Reformers*(1987), "The Presuppositions of Zwingli's Baptismal Theology," in *Prophet, Pastor, Protestant: The Work of Huldrych Zwingli after Five Hundred Years*(1984), and *John Robinson and the English Separatist Tradition* (1982).

Otto Gründler is Director of the Medieval Institute at Western Michigan University. He is the author of "Devotio moderna atique antiqua: The Modern Devotion and Carthusian Spirituality," in *The Roots of the Modern Christian Tradition*(1984), *Social Groups and Religious Ideas in the Sixteenth Century*(1978), "Ingrafting in Christ: The Spirituality of John Calvin," in *The Spirituality of Western Christendom*(1976), and *Die Gotteslehre Girolamo Zanchis and ihre Bedeutung für seine Lehre von der Prädestination*(1965).

Alois Maria Haas is Professor of the History of German Literature at the University of Zurich. He is the author of *Meister Eckhart als normative Gestalt geistlichen*(1979), *Sermo mysticus, Studien zu Theologie und Sprache der Deutschen Mystik*(1979), and *Geistliches Mittelalter*(1984).

Sergei Hackel is Reader in Russian Studies at the University of Sussex. He is the author of *The Poet and the Revolution: Alekandr Blok's "The Twelve"*1975) and *Pearl of Great Price: The Life of Mother Maria Skobtsova*(1981).

J. A. Wayne Hellmann, O.F.M. Conv., is Associate Professor of Theological Studies at St. Louis University and Adjunct Associate Professor of Franciscan Studies at the Franciscan Institute, St. Bonaventure University. He has published *Ordo: Untersuchung eines Grundgedankens in der Theologie Bonaventuras*(1974), and "Poverty: The Franciscan Way to God," in *Theology Digest*(1974).

Elizabeth A. Johnson, C.S.J., is Professor of Systematic Theology, Religious Studies Department, The Catholic University of America in Washington, D.C. She is author of "The Symbolic Character of Theological Statements about Mary"(1985), "The Marian Tradition and the Reality of Women" in Horizons, and "Mary and Contemporary Christology: Rahner and Schillebeeckx," in *Église et Teologie*(1984).

Richard Kieckhefer is Professor of the History and Literature of Religions at Northwestern University. He is the author of *Unquiet Souls: Fourteenth-Century*

Saints and Their Religious Milieu(1984), *Repression of Heresy in Medieval Germany*(1979), and *European Witch Trials: Their Foundations in Popular and Learned Culture, 1300-1500*(1976).

Marc Lienhard is Professor of the History of Modern and Contemporary Christianity at the University of Strasbourg(Sciences humaines) in Strasbourg, France. He is the author of *Luther: Witness to Jesus Christ. Stage and Themes of the Reformer's Christology*(1982), *Martin Luther: Un temps, une vie, un message*(1983), and *Foi et vie des protestants d'Alsace*(1981).

James F. McCue is Professor, The School of Religion, University of Iowa. He is the author of "Simul iustus et pecator in Augustine, Aquinas, and Luther: Putting the Debate in Context," in *Journal of the American Academy of Religion*(1980), "The Doctrine of Transubtantiation from Berenger Through Trent: The Point at Issue," in *Harvard Theological Review*(1968), and "Luther and Roman Catholicism on the Mass as Sacrifice," in *The Journal of Ecumenical Studies*(1965).

George Mantzaridis is Professor of Moral Theology and Christian Philosophy at the Aristotelian University of Thessalonica. His books include *The Deification of Man*(1984).

Robert Taft, S. J., is Ordinary Professor of Eastern Liturigies at Pontifical Oriental Institute, Rome, Italy. His publications include *The Liturgy of the Hours in East and West: The Origins of the Divine Office and Its Meaning for Today*(1986), *Beyond East and West: Problems in Liturgical Understanding*(1984), and *The Great Entrance: A History of the transfer of Gifts and Other Preanaphoral Rites of the Liturgy of St. John Chrysostom*(1978).

George H. Tavard, A. A., is the H. G. Werner Professor of Theology at the Methodist Theological School, Delaware, Ohia. His publications include *Images of the Christ: An Enquiry into Christology*(1982), *The Vision of the Trinity*(1981), *Woman in Christian Tradition*(1973), and *Holy Wirt or Holy Church: The Crisis of the Protestant Reformation*(1959).

James D. Tracy is Professor of History at the University of Minneapolis, Minnesota. His publications include *A Financial Revolution in the Habsburg Netherlands: 'Renten' and 'Renteniers' in the County of Holland, 1515-1565*(1985), *The Politics of Erasmus: A Pacifist Intellectual and His Political Milieu*(1978), and *Erasmus: The Growth of a Mind*(1972).

Simon Trugwell, O. P., is Lecturer in Theology at the University of Oxford and at the Pontifical University of St. Thomas, Rome, Italy, and Regent of Studies at Blackfiars, Oxford, England. His books include *Ways of Imperfection*(1984), *Early Dominicans*(19820, and *The Way of the Precher*(1979).

Adolar Zumkeller, O.S.A., is Director of the Augustinus-Instituts in Würzburg, West Germany. His publications include *Erbsünde, Gnade, Rechtfertigung und Verdienst nach der Lehre der Erfurter Augustinertheologen des Spätmittelaters*(1984), "Henrici de Frimaria tractatus ascetico-mystici," in *Corpus Scriptorum Augustinianorum* (1975), and "Die Lehrer des geistlichen Lebens unter den deutschen Augutiners…," in *S. Augustinus vitae spiritualis magister*(1959).

색인

ㄱ

가경자 비드 140
가경자 피터 25
가난한 클라라 수녀들 64
가브리엘 비엘 185, 614, 650
가이사랴의 유세비우스 491
가일러 폰 카이제르베르크 366
간더샤임의 흐로스위타 30
갈멜 수도회 15, 25, 92, 93, 94, 95, 96, 97, 99, 100, 101, 102, 103, 104, 105, 106, 175, 176, 186, 255
개혁 교회의 영성 436, 438, 444
거룩한 삶의 이야기 236
거룩한 전례에 관한 주석 600
거짓 선지자들에 대하여 253
게르마노스 1세 600
게르송의 강의 182
게르송의 영적 저술 182
게르트루드 206, 214, 617
게를라흐 페터스 262
게에르트 그로테 17, 245, 253, 259, 262, 263
게하르트 퇴베 263
결혼 신비주의 214, 232, 242, 248
계시록 주해 32
고백록 343, 349, 353, 354

고트프리트 로허 431
고해 성사 165
곳초크 홀렌 156
공동기도서 507
공동생활 형제회 17, 185, 260, 261, 263, 274, 276
공중 부양 198
관상의 기술 242
관상적인 삶의 모델 229
관상적 재세례파 479
광신자 431, 477, 479, 654
광야 수도회 108
교황의 교서 58
교회 권위에 대한 총론 115
교회 권징에 관한 권면 514
교회법 25, 165, 171, 259, 274, 277, 366, 389, 608, 613, 626, 630
구속주의 사역에 대하여 116
구이고 1세 264, 266, 270, 276
구이고 2세 268
국민 교회 614
그레고리 1세 149, 266
그레고리 9세 73, 75, 83
그레고리 팔라마스 18, 303, 304, 306, 307, 310, 312, 319, 631, 633
그레치오의 존 548
그리스도께 드리는 기도 541

그리스도를 닮음 242, 246, 257, 546
그리스도를 본받아 18, 123, 182, 252, 262, 269
그리스도를 본받음 268, 278, 279, 281
그리스도의 군대 512
그리스도의 생애 115, 116, 126, 128, 141, 242, 243, 269, 270, 273, 275, 300, 540, 542, 549, 551, 553
그리스도의 수난에 관한 묵상 119
그리스도의 탄생에 관한 묵상 545
그리스도인의 자유 109, 239, 322
근대 경건 259
근대 방식 185
근대 헌신운동 17, 18, 171, 182, 185, 247, 252, 253, 262, 263, 264, 267, 269, 271, 274, 278, 280, 281
급진적 종교개혁 477, 479, 480, 481, 485, 490, 497, 498, 500, 501, 504, 507, 509, 516, 519, 521, 522, 526, 528, 531, 533, 534, 654, 659
급진주의자들 478, 479, 480, 481, 482, 485, 486, 487, 488, 489, 490, 492, 494, 499, 502, 503, 505, 507, 508, 509, 510, 514, 515, 516, 519, 520, 521, 522, 523, 524, 525, 526, 527, 530, 532, 533
기도에 관하여 315
기독교 신앙의 근원 367
기독교적 자유에 관하여 399
기적에 관한 보고서 75

ⓝ

나우의 엘리자벳 545
노리지의 줄리안 18, 144, 283, 291, 296, 556, 558

농민전쟁 386, 516
뇌르들링겐의 하인리히 227, 236
니세포루스 308
니시비스의 아브디소 바르 브리카 606
니콜라스 17, 97, 104, 158, 160, 177, 219, 226, 255, 257, 300, 547, 596, 600, 610, 632
니콜라스 오뎃 104
니콜라스 카바실라스 596, 600, 610, 632
니콜라우스 게예르스빌러 523
니콜 오레슴 174
닐 마이코프 19, 323, 327

ⓓ

다섯 남자의 책 237
다이르 아부 마카르 608
단순한 영혼들의 거울 215
단지히의 성 도로시 617
담바흐의 존 128
대 바실 315
대 베냐민 28
대 알버트 47, 197, 216, 218, 239
덕목의 순서 29
도널드 바인슈타인 194
도덕률 폐기론 62, 395
도미니크 구즈만 43
도이츠의 루퍼트 25
독일 귀족들에게 고함 393
독일 신학 236
독일신학 17, 238, 239, 390, 481, 660
독일의 미사 403
동방교회의 전례 608
동정성 567, 569, 573
디르크 헤륵센 277
디에고 48

디오니시우스 18, 82, 183, 185, 229, 239, 242, 248, 254, 284, 291, 292, 313
디오니시우스 라이켈 185

(ㄹ)

라도네츠의 세르기 325
라브라 635
라자루스 스펭글러 411
라테란공의회 11, 14, 26, 35, 37, 38, 39, 43, 46, 51, 66, 95, 156, 160, 164, 261, 409
러시아 수도원 운동 333
레오 10세 88
레오나르도 브루니 342
레온 바티스타 알베르티 361
레온하르트 쉬머 490, 506
레온하르트 클로크 508
레이먼드 룰 242, 286
로딩턴의 존 175
로렌조 발라 344, 346, 364, 368, 453
로렌티우스 수리우스 247
로버트 킬와드비 45
로버트 홀코트 176
로사리오 기도 21, 580
루도비코 다 포솜브론 89
루돌프 그발터 435
루돌프 벨 194
루드비히 해처 486
루시우스 3세 32, 36
루이스브렉 17, 243, 244, 245, 246, 247, 248, 254
루키엔 페브레 481
루터주의 19
룰만 메르스빈 119, 236, 237
르페브르 19, 366, 369, 370, 371, 372

리딩의 존 175
리미니의 그레고리 175
리보의 앨레드 552
리보의 엘레드 545, 569
리처드 롤 18, 88, 168, 175, 283, 285, 288
리처드 피츠랄프 175, 179
리티의 콜롬바 198

(ㅁ)

마가레타 에브너 227, 235
마거릿 포르트 17, 196, 215
마르시글리오 피치노 382
마르시글리우스 파두아 9
마르실리우스 177
마르콰르트 스프렝거 257
마르틴 5세 643
마리아 숭배 16, 21, 123, 144, 146, 150, 162, 561, 562, 563, 564, 565, 566, 567, 568, 569, 570, 571, 573, 575, 577, 581, 583, 585, 588, 589, 590, 591, 592
마사의 마이클 115, 122, 175
미이너 교회 501
마이모니데스 27
마이클 구디히 205
마이클 새틀러 489
마이클 세르베투스 485
마저리 켐프 18, 202, 206, 285, 300
마크 린하드 19
마크 유게니코스 645
마틴 케첼 138
막데부르크의 메히트힐드 17, 30, 214
막데부르크의 메히틸드 200, 205
만투아의 침례자 104
만투아회 102, 103

색인 691

말씀이 세 곱으로 다가옴에 대하여 120
메노 시몬스 482, 484, 491, 503, 514, 528
메노파 479, 495, 503, 508, 514, 526, 534
메노파 교회 495, 508
메살린파 315
메츠의 아말라르 615
멜콰이어 호프만 517
명시선 128
모노마코스 607
몬타우의 도로시 156
몬테팔코의 클라라 76
몹수에스티아의 테오돌 606
무력에 관하여 509
무지의 구름 18, 283, 286, 291, 292
묵상의 계단 272, 273
묵시록에 대한 설교 85
묵주기도 481
문둥병자 67, 68, 69, 71, 82, 83
문장론에 관한 주석 112
문장론 주석 113
뮌스터파 491
미가엘 아이구아니 176
미사 정전 주해 185
미지의 학습에 관하여 255
믿음의 관상 408

(ㅂ)

바뇨레조 79
바톨로메 카란자 63
바톨로뮤 판티 104
발드윈 포드 27
발라암 306, 310, 311, 316, 318, 633, 645
발마의 휴 243

발타사르 후브마이어 480
방념 489, 490, 529
버리고 떠남 61
버트라이의 제임스 202, 207
베가드 212, 239, 254
베긴 16, 17, 187, 191, 192, 193, 196, 198, 199, 202, 205, 206, 212, 214, 215, 217, 227, 239, 245
베긴회의 메리 202
베긴회의 하데위치 17, 202
베냐민 28, 291
베네딕트의 규율 277
베루제로의 구리 투신 328
베르나르디노 다스티 89
베르나르딘 87, 88
베르나르 올리버 121
베르나르 웨이징 255, 257
베르첼리의 알버트 25
베르톨드 25, 128
베른드 모엘러 124
베아타스 191
보나벤투라 21, 371, 545, 546, 547, 548, 549, 550, 551, 552, 553, 554, 557, 558, 559, 565, 578, 650
보나벤투어 64, 71, 79, 80, 81, 82, 83, 84, 85, 88, 90, 91, 137, 141, 241, 245, 254, 300
보니페이스 7세 163
보니페이스 8세의 교서 95
보니페이스 9세 145
보라지네의 야코부스 216
보라진의 제임스 128
보르조 산 도니노의 제라르 84
보베의 빈센트 216
복음적인 완전에 대한 쟁점들 79

복음적 재세례파 479
복자 알폰소 122
볼로냐의 캐더린 17, 250
볼프강 울리만 501
부동의 이동자 360
부르크하르트 431
부정의 방법 248
불링거 20, 429, 430, 431, 432, 434, 435, 436, 437, 438, 439, 440, 441, 442, 443, 444, 445, 447, 448, 451, 452, 477, 499
불법의 비밀에 관한 짧은 선언문 525
불화살 97
브로크하우스 백과사전 430
브린디시의 로렌스 89
비베라흐의 루돌프 175, 241
비잔틴 전례 신학 596
비폭력 427, 510, 512
빈데스하임 회중 262, 263
빈센트 아그스바하 256
빈센트 페러 134
빌헬름 로이블린 532
빙겐의 힐데가르트 28

ⓢ

사돌레토 356, 369
사랑의 불 71, 286, 287, 288, 356, 603
사랑의 자극 30, 242
사랑의 폭풍 214
사보나롤라 48, 57, 494
사이코파니키아 520
삭소니의 요르단 47, 56, 110, 216
산투치아 카라보티 189
살루타티 19, 342, 351, 358, 359, 360, 361, 365
삶의 개선 286, 287, 288

삼위일체의 형상 245, 539
삼종기도 580
삼중 방식 229, 241
색소니의 루돌프 128
생명과 계시의 작은 책 235
생명의 나무 85, 545, 549, 550, 551, 552, 553, 557
샤프톨셰임의 존 138
설교의 직무에 관하여 447
설교자들의 수도회 43
설교자와 종교회의에 관한 규범 438
성독 268, 540
성례전 315, 396, 397, 401, 404, 409, 436, 443, 448, 458, 471, 498, 499, 503, 532, 533, 582, 588, 605, 608, 609, 610, 614, 615, 616, 617, 618, 619, 621, 622, 623, 624, 627, 632, 641, 642, 654, 660
성모 찬가 580, 589
성무일과 16, 52, 95, 124, 146, 161, 216, 260, 261, 272, 274, 279, 415, 539
성 베네딕트 규율 33, 65, 73, 278
성 빅볼 수도원의 휴 25
성 사바스 306, 327, 634
성상학 569, 600, 605
성 세르기우스 635
성 알버트의 규율 106
성 어거스틴 규율 108, 109, 110
성 어거스틴의 규율 15, 51, 106, 244
성유물 145, 168, 481, 492, 586
성인들의 유물 152
성인들의 전설 130, 154
성인 숭배 124, 146, 150, 151, 152, 154, 155
성전에 관하여 605

성 줄리아나 199
성직자들에게 보낸 편지 70
성직 제도 190
성찬 신앙 612, 616, 619, 620, 621, 623, 626, 627
성체축일 123, 125, 157, 158, 160, 162, 201, 621
성 토마스 114, 181
성 티에리의 윌리엄 25
성 프란시스의 생애 82, 83, 87, 241
성흔 71, 76, 80, 82, 83, 84, 86, 137, 198, 200, 240, 249, 250, 546, 553, 558
세르게이 해켈 18
세르치의 유밀리아나 200
세상의 세 번째 상태에 관하여 120
셀레스틴 3세 31
셀레스틴 5세 86
소기도서 415, 416
소 베냐민 28, 291
쇠나우 30
쇠나우의 에크베르트 30
수난의 직무 71
수녀 엘리자베스 30
수도사들의 노동에 관하여 110
수도 생활에 관한 책 120
수도원 규율 74, 262
수도원 운동 307, 325, 327, 333, 632, 634
수도원의 재산 19, 274, 332, 333, 334
수비아코의 사크로스페코 86
수사학 341, 342, 343, 347, 348, 349, 353, 354, 356, 358, 359, 363, 364, 372, 373, 374, 453, 454, 455, 457, 458, 462, 468, 470, 542, 544
수소 17, 60, 62, 155, 226, 227, 230, 231, 232, 233, 234, 236, 239, 241, 248
순교자의 거울 494, 495
쉬담의 리드비나 198, 200
슈말칼트 신조 397
슐라이타임 신앙고백서 499, 502, 513, 518
스원 룻거스 515
스웨덴의 브리짓트 197, 205
스위스 형제단 479, 493, 517, 528
스케테 326, 329, 330, 333, 335, 609, 610
스콜라주의 16, 171, 182, 185, 256, 264, 341, 342, 344, 345, 348, 353, 358, 367, 370, 371, 379, 389, 487, 639, 644, 646
스콧 아담 27
스키비아스 29, 30
스트라스부르크의 니콜라스 226
스트라스부르크의 토마스 175
스판하임의 유타 28
슬픔의 성모를 노래한 찬송 542
시나이의 그레고리 328, 340
시리아의 이삭 309, 328
시성 74, 151, 194
시에나의 베르나르디노 127, 132, 135
시에나의 캐더린 11, 17, 126, 155, 197, 198, 202, 205, 207, 249, 348
시에나의 케더린 116
시토 17, 27, 31, 54, 65, 146, 188, 189, 192, 193, 199, 201, 202, 212, 214, 245, 284, 540, 545
시토회의 베아트리체 17, 202
시험을 치료함에 대하여 116
신곡 249, 360, 585
신령파 64, 83, 84, 85, 86, 479, 480,

482, 483, 486, 506, 509
신비 신학 243, 255, 291
신비신학 설명 257
신비주의 17, 18, 27, 28, 29, 30, 59, 76, 77, 84, 88, 89, 98, 117, 119, 121, 122, 171, 183, 184, 192, 197, 201, 204, 211, 212, 213, 214, 215, 216, 217, 218, 225, 226, 229, 230, 231, 232, 233, 234, 236, 239, 240, 242, 243, 244, 245, 246, 247, 248, 250, 252, 253, 254, 255, 256, 257, 267, 285, 286, 287, 289, 295, 309, 390, 402, 489, 533, 549, 645, 647, 655, 672
신비주의 신학 17, 117, 211, 216, 217, 218, 248, 254, 255, 289, 309
신신학자 시므온 328
신의 섭리의 책 249, 250
신조, 혹은 신앙고백의 해석과 기초 435
신플라톤주의 211, 218, 223, 226, 255, 382
신학 대전 165
신학대전 60
신학의 위로 128
신현현 599
심령술사 431
심령에 말씀이 강림함에 대하여 117
십계명에 대한 논설 117
십자가의 요한 13, 15, 62, 98, 286, 649, 661

ㅇ

아가서 설교 543
아그네스 블란베킨 235
아그네스에게 쓴 두 번째 편지 74
아기 예수의 다섯 축일 88
아놀드파 37

아르날도 수사 77
아밀리우스 뷰렌 278
아브라함 카트라야 바르 립파 606
아빌라의 테레사 13, 224, 649, 661
아스토니쉥의 크리스티나 199
아씨시의 성 프란시스 64, 240
아씨시의 클라라 64, 73, 153, 189, 200
아씨시의 프란시스 14, 21, 26, 64, 65, 73, 90, 91, 137, 153
아씨시의 프랜시스 546, 558
아우크스부르크 신앙고백 12, 522
아칸겔라 길라니 104
아크의 조안 197, 205, 238
아타나시우스 I세 633
안드라데의 토마스 122
안드레아스 프롤레스 120
안젤로 클라레노 84, 86
알렉산더 3세 35, 37
알렉산더 4세 74, 108
알렉산더 5세 176
알렉산더 스타벤스비 46
알료시우스 라바타 104
알버트 사르테아노 87
알비파 9, 190, 191, 198
알텐스테이그 649, 650, 651
암브로스 376, 377, 378, 379, 626
앙겔루스 마징히 104
앙코나의 어거스틴 115
앨른윅의 윌리엄 175
앵크린 리월 283
야곱 빔펠링 366
야곱 후터 491, 510, 527
야네켄 문스트도르프 496
야노프의 매튜 177
야콥 오베레히트 150

색인 695

얀 반 아익 130
어거스티누스 트리움푸스 175
어거스틴 규율 108, 109, 110, 277
어거스틴 수도회 108, 112, 113, 114, 115, 116, 117, 119, 120, 121, 138, 173, 175, 176, 288, 366
어거스틴 은둔자 수도회 15
어거스틴회 12, 15
언약 신학 451
언어 철학적 비평 방식 354
에겔리누스 베커 185
에라스무스 19, 345, 349, 365, 366, 367, 368, 369, 370, 371, 372, 373, 374, 375, 376, 377, 378, 379, 380, 381, 382, 383, 384, 386, 453, 456, 459, 472, 498, 509, 533, 589
에른스트 트뢸치 479
에바그리우스 309, 338
에엘레드 리볼스 283
에큐메니컬 공의회 639, 641, 643
에크하르트 17, 60, 61, 62, 117, 118, 119, 160, 175, 212, 213, 215, 218, 219, 220, 221, 222, 223, 224, 225, 226, 227, 228, 229, 230, 231, 232, 233, 238, 239, 245, 246, 247, 255, 257, 291, 647
엘리자베스 크로이지거 411
엘스베스 폰 오예 234
엥겔탈 206, 234
여성 신비주의 17, 30, 192, 212, 217, 245, 672
여성 운동 187, 217
연도 414, 415, 580
연옥에 대하여 251
열정적인 사랑의 네 단계 28
영광의 빛 244

영국 신비가 18, 283, 284, 285, 293
영신수련 116, 243, 273, 549, 655
영원한 복음의 입문서 84
영원한 지혜의 작은 책 232
영원한 지혜의 종 231
영의 분별에 대하여 254
영적 결혼의 장식 245, 254
영혼의 토대 225, 229
예수 성심 123, 201
예수의 생애에 관한 신비적 본성의 관찰 122
예수의 테레사 97
오리겐 315, 378
오수나 63
오스발트 라인라인 120
오이쿠메네 525
오직 그리스도 81, 395, 418, 438, 444, 450
오직 믿음 229, 281, 395, 422, 485
오직 성경 435, 438
오캄의 신학 183, 387
오캄주의 183, 184, 185, 253, 391, 462
오트거 스테깅크 99
와디 안-나트룸 608
완전론 395
완전의 거울 85, 243
완전의 법칙 89
완전의 저울 288
완화 수도사 99
완화파 64
요셉 사닌 335
요크의 토마스 59
요하네스 자카리애 112, 113, 115
요하네스 클렌콕 112

요하네스 폰 도스텐 115
요하네스 폰 샤프톨즈하임 119
요한 12세 83, 84, 86, 95
요한 22세 220, 227
요한네스 바일하임 256
요한네스 벵크 255
요한네스 타울러 226, 227
요한네스 폰 도르스텐 120
요한네스 폰 스타우피츠 120
요한 도미니치 48, 57, 58
요한 소렛 101, 103, 104
요한 스타우피츠 279, 652
요한 타울러 62
요한 후이징가 124
우르반 3세 32
운동에 관한 계획 447
월터 벌리 175
월터 채튼 175
월터 힐튼 18, 283, 288, 291, 294, 674
월트 드레스 183
위 디오니시우스 18
위-디오니시우스 183, 242, 254, 291
위-아르벨라의 조지 606
윌리엄 보우스마 19, 20
윌리엄 오캄 9, 175, 253
윌리엄 코트네이 16
윌리엄 페랄두스 128
유노미우스 309
유명론 182, 183, 184, 185, 253, 365
유식한 무지에 관하여 255
유진 4세 103
유카이트파 315
은밀한 상담 291, 293, 294, 295
이냐시오 로욜라 13, 116, 242, 248, 273, 549, 654

이노센트 3세 11, 38, 43, 639, 641
이노센트 4세 15, 73, 74, 94, 98
이르메가르트 수녀의 생애 235
이성에 기반을 둔 본질 신비주의 211
이성의 작은 불꽃 224
이프레스의 마가렛 199
인간의 권위와 탁월성에 관하여 343
일곱 가지 대죄 167, 409
일곱 가지 사랑 법 212
일곱 가지 성례전 409, 498
일곱 환난의 역사 86

ⓧ

자연과 은혜에 관하여 111
자유 영 196, 215, 231, 232, 238, 239, 246
자유 의지에 관하여 113
자코포네 다 토디 84, 241
자크 레그랑 121
작은 기도서 393
잔 반 레우벤 247
잔 반 쇼호벤 247
장 게르송 17, 177, 650, 653
장 살리에르 드 게르송 253
재세례파 10, 412, 427, 478, 479, 480, 483, 484, 485, 491, 494, 499, 500, 501, 503, 504, 505, 509, 513, 516, 517, 519, 529, 532, 654
쟈크 코마랏 371
쟝 비트리에 368
정적주의 402, 520
제1 수도회 64
제2 수도회 64
제2 스위스 신앙고백 432, 436, 442, 447, 451

제3 수도회 64, 76, 262
제노바의 캐더린 17
제노아의 캐더린 251
제라르 84, 175
제르볼트 판 주트펜 266
제이콥 버크하르트 364
제이콥 팔래올로구스 523
제임스 트레이시 19
조반니 돌라도 33
조반디 다 파노 89
조지 와그너 493
조지 윌리엄스 479
조지 챈트레인 382
조지 타바드 14
존 게르손 146, 197
존 둔스 스코터스 175
존 몸바어 272
존 바콘토프 175
존 브루그만 134
존 스코투스 에리우게나 255
존 왈드비 121
존 웨셀 갠스포트 272, 273
존 카시안 328
존 콜렛 366, 369
존 클렝콕 176
존 클리마쿠스 328
존 파스카 138
존 프리드 193
종교 문화 127
종교 연극 126
주님의 강림에 대하여 117
중세 후기 헌신운동 16, 161, 163
지성적 신비주의 257
지옷토 139
지혜의 시야 232

진리론 121
진리의 작은 책 231

ㅊ

찰스 트린카우스 364
참 종교와 거짓 종교에 관한 주석 435
첼라노의 토마스 64, 75, 548
초기 규율 66, 67, 68, 69, 71
초기 여성 신비주의 212, 245
초본질적 요소 243
초연 61, 220, 221, 222, 224, 225, 229, 270, 533, 636
초자연적 현상 60
최고선에 대한 개요 218
최초 수도사들의 가르침 98, 99, 100, 106
추기경 휴 73, 75, 94
츠빙글리 370, 386, 405, 407, 408, 412, 429, 430, 431, 432, 433, 434, 435, 436, 437, 438, 439, 442, 443, 444, 445, 446, 447, 448, 449, 450, 451, 452, 490, 498, 499, 502, 517, 518, 533
치마부 138
침례자 스파놀리 103

ㅋ

카르투지오회 영성 17
카르투지오회의 마가릿 202
카밀로 레나토 506
카살의 우베르티노 149
카스파르 슈벵크펠트 483
카스파 아인도르퍼 256
카시안 266, 267, 328
카타리파 36, 37
카푸친회 65, 88, 89
카피스트라노의 요한 87

칸디아의 피터 176
칸팀프레의 토마스 216
칼리스투스 3세 37
칼빈의 개념 468
칼빈의 섭리론 463
칼빈의 이해 460, 466
칼스타트 386, 397, 410, 412, 482, 531
캐더린 수녀 239, 671
캐롤라인 바이넘 16
캔터베리의 요한 36
켄터베리의 안셀름 541, 567
코넬리우스 아에르츠 데 만 495
코르니욘의 줄리아나 201
콘라드 그레벨 486, 526
콘라드 폰 첸 120
콘스탄틴 9세 607
콘키오네스 122
콜루치오 살루타티 342, 365
콜포스 크리스티아눔 523
쿠르트 루 240
쿠사의 니콜라스 158, 160, 226, 255
퀸타발레의 베르나르 547
클라라 디 오프레두치오 73
클레르보의 베르나르 65, 136, 266, 292, 543, 569, 649
클레멘트 지글러 523
클루니 65

ⓣ

탁발수도사 11, 15, 16, 44, 46, 47, 49, 64, 69, 79, 80, 95, 96, 97, 106, 107, 124, 173, 174, 175, 189, 190, 191, 192, 193, 205, 218, 220, 381, 541
탁발수도사들의 변론 79

탁발 수도회 11, 14, 15, 93, 96, 101, 102, 106, 107, 122, 133, 155, 172, 173, 191, 195, 199, 211, 217, 261, 284
태양의 노래 67, 72
테 데움 586
테살로니카의 시메온 605
테오도르 비블리안더 435, 437
테오시스 11, 331
테오토코스 563
토르토사의 주교 윌리엄 94
토마스 머튼 286, 288
토마스 뮌찌 482, 516, 517, 523
토마스 브래드워딘 175, 178
토마스 브린톤 142
토마스 아 켐피스 262, 264, 267, 269, 271
토마스 아퀴나스 47, 50, 58, 59, 107, 158, 165, 181, 216, 226, 244, 248, 255, 257, 293, 365, 368, 578, 625, 650
토마스 에클레스톤 87
퇴스 206, 230, 234
투르의 그레고리 149
툴루핀 254
티모시 2세 606

ⓟ

파두아 58
파르마의 베르나르 196
판토크레토 538
팔라틴 고난 144
페켐프의 존 541
페테르 리데만 506, 530
페테르 마터 페르미클리 435
페트라르크 19, 249

색인 699

폴리뇨의 복자 안젤라 64, 76
폴 스페라투스 411
폴 오스카 크리스텔러 364
푸미첼의 다우핀 76
프라 안젤리코 139
프란시스 1세에 437
프란시스 드 살레 13
프란시스 메이로니스 175
프란시스 생애 75
프란시스 수도원 108, 235
프란시스 수도회 14, 49, 64, 67, 79, 80, 82, 83, 84, 90, 92, 101, 127, 128, 136, 137, 146, 155, 175, 176, 204, 217, 234
프란시스 수도회 영성 14, 64, 82, 83, 90
프란시스의 행전 234
프란시스코 다 예시 89
프레몽트레 수도회 27, 189
프로페짜이 435
프리드리히 폰 휘겔 251
프리츠 뷔저 20
프리츠 슈미트-클라우징 431
플로렌스의 라데빈스 266
플루의 니콜라우스 238
피사의 바톨로뮤 87
피사의 요르단 55
피에르 다일리 176, 253
피에타 123, 139, 147, 555
피오레티 85, 234
피오르의 요아킴 30, 79, 84
피조된 무 228
피터 그라실리스 176
피터 다미안 65, 541
피터 다일리 124
피터 드 폴샴 94

피터 롬바르드 25, 172, 565, 615
피터 아우레올리 175
피터 존 올리브 84, 85
피터 팔루드 175
필그램 마르페크 483
필라델피아의 테오렙투스 633
필로테오스 315
필리오케 640, 641
필립 리보트 99
필립 하벵 27

ㅎ

하나님과 인간의 의에 관하여 450
하나님께로 영혼의 순례 558
하나님께 이르는 영혼의 여정 79, 80
하나님은 왜 인간이 되셨나? 541
하나님을 봄 475
하나님을 향해 고양된 영혼 121
하나님의 계명 311, 415
하나님의 길에 관한 책 30
하나님의 도성 110
하나님의 벗들 119, 227, 236, 238, 245
하나님의 어린양 415
하나님의 역사에 관하여 29
하나님의 토대 62, 225
하데위치 17, 200, 202, 206, 212, 213, 214, 245
하드리안 4세 37
하이델베르크 요리문답 432
하인리히 불링거 20, 429, 477
하케본의 메히트힐드 30, 214
한스 레오폴드 528
한스 후트 487, 492, 500, 516
할레의 알렉산더 240
할리팍스의 로버트 175

합일의 종류 89
행위-의 459, 649, 652, 654, 656, 659
허버트 군드만 192
헌신운동 16, 17, 18, 62, 123, 124,
　　　125, 126, 127, 128, 129, 130,
　　　131, 132, 133, 134, 135, 136,
　　　138, 155, 161, 162, 163, 164,
　　　169, 171, 182, 185, 247, 252,
　　　253, 262, 263, 264, 266, 267,
　　　269, 271, 274, 278, 280, 281,
　　　284
헌신운동 신앙의 미술 129
헌신운동의 문학 126
헤르만 폰 쉴데쉬 115, 117, 118
헤시카스트 18, 306, 308, 310, 318,
　　　320, 322, 327, 331, 334, 596,
　　　609, 610, 630, 631, 633, 634,
　　　635, 636, 641, 645, 648
헤시카즘 306, 307, 310, 311, 316,
　　　318, 322, 326, 327, 610, 630,
　　　631, 635, 637
헨드릭 만데 262
헨드릭 헤르프 243
헨리 배로우 507

헨리 수소 60, 155
헨리 토팅 176, 177, 182
헬프타의 게르트루데 30
혁명적 재세례파 479
형제들의 삶에 관한 책 110
호노리우스 3세 44
화체설 156, 408, 444, 620, 621
환상가 줄리아나 157
황금 전설 128, 149, 154, 216
후기 스콜라주의 16, 171, 173, 182,
　　　185
후베르트 130
후앙 데 발데스 506
후터파 479, 501, 504, 505, 506, 512,
　　　523, 528, 529, 530, 531, 532
훌드리히 쯔빙글리 19
훌드리히 츠빙글리 429
훔버트 45, 47, 52, 54, 55, 216
훔버트 로만스 45
휴골리노 73, 75, 175
히폼네스티콘 112
힐데가르트 28, 29, 30, 31, 32, 33